2017 개정판

LAW SCHOOL
INTERNATIONAL
TRANSACTION LAW

로 스 쿨
국제거래법

변호사 **신현식** 저

法 文 社

머 리 말

저자가 국제거래법 교재를 출판한 것도 벌써 4년 전이다. 당시에는 국제거래법에 대하여 수험적으로 정리가 부족하여 본서를 집필하는 데 매우 힘들었던 기억이 난다. 하지만 이제는 훌륭한 교재가 많이 출판되어 본서가 아니더라도 수험에 불편이 없으므로 이는 수험생들에게 매우 바람직한 현상이라고 할 것이다.

올해 여러 가지 일들로 시간이 부족하여 본서의 개정을 하지 않을까도 생각해보았으나, 본서의 독자인 수험생들을 생각하면 늦게라도 개정하는 것이 저자의 도리라고 생각하였다. 먼저 본서의 개정이 너무 늦게 이루어져 수험생분들에게 사죄의 말씀을 드리며, 늦게라도 수험생분들에게 개정된 본 교재를 드릴 수 있게 되어 한편은 다행이라 생각한다.

이번 개정판의 특징은 다음과 같다.

1. 협약부분은 개정된 내용이 많지 않다. 협약부분은 관련 판례가 많지 않아 판례를 조금 추가하고, 인코텀즈(INCOTERMS)를 추가하는 정도이다.

2. 사법부분에 외국판결의 승인 및 집행에 대한 내용을 추가하였다. 이는 아직 기출된 바가 없고, 민사소송법의 내용이어서 그 동안 수록하지 않았으나, 교수님들의 여러 저서에는 서술되어 있을 뿐만 아니라 사법의 범위 안에 있는 내용이어서 언젠가는 출제될 가능성을 배제할 수 없기 때문이다.

3. 사법부분은 최근 중요한 판례가 많아 2010년부터 2016년까지 중요한 판례들을 모두 추가하였다. 사법부분은 판례가 많고, 실무는 물론 수험적으로도 중요한 쟁점을 다룬 판례가 많으므로 출제가능성도 높다고 할 것이다. 따라서 독자들은 본 교재의 판례를 학습하는 것만으로도 판례에 대한 걱정은 거의 하지 않아도 될 것이다.

이번 개정판에 도움을 주신 여러분들에게 감사의 말씀을 전한다. 특히 이번 출판과정에서 많은 조언을 주신 류준세 선배님께 우선 감사드린다. 그리고 출판과정에서 바쁜 시간을 쪼개어 직접 발로 뛰시며 도움을 주신 유진걸 대리님과, 부족한 시간에도 편집

과정 하나하나 그리고 글자 하나하나 꼼꼼하게 신경써주신 배은영님께도 감사의 말씀을 전한다.

　마지막으로, 올해 시험준비중인 대학친구 B군의 합격을 기원하며, 항상 옆에서 도움을 주는 Y군에게도 고마움을 전한다.

　모든 수험생들의 건투를 빈다.

2017. 11.

변호사 신 현 식

2016년판 머리말

제5회 변호사시험에서 국제거래법은 예전과 마찬가지로 결코 쉽지 않은 수준의 문제가 출제되었다. 하지만 올해는 교재에 있으나 아직 출제되지 않았던 부분에서 출제가 되었고, 새로운 판례를 쟁점으로 출제한 것이 아니었기에 본 교재로 공부한 수험생들은 어느 정도 대비가 가능하였을 것으로 보인다. 물론 가장 중요한 시간의 문제는 별개이므로 시간 배분을 잘하여야 함은 당연하다.

이번 개정판은 기존에 출판된 레인보우 시리즈 국제거래법 사례집을 고려하여 모의고사 기출문제를 제외하고 변호사시험 기출문제만 남겨 둠으로써 책의 분량을 간소화하였다. 그리고 여러 수험생분들의 요구사항을 반영하여 글자를 크게하고 여백을 많이 두도록하였다. 여러해에 걸쳐 행하여진 각종 모의고사와 변호사시험의 기출 문제 등을 고려하여 저자가 보완해온 본교재의 내용만으로도 수험생 여러분의 변호사시험 합격에 충분할 것임을 확신한다.

마지막으로 저자의 부족한 교재와 강의에 관심과 애정을 보내주시는 수험생분들에게 감사의 말씀을 전하며,

언제나처럼 모든 수험생들의 건투를 빈다.

2016. 8.

신 현 식

2015년판 머리말

올해 개정판을 내는 것이 당연하게 생각되다가도 굳이 필요한 것인가에 대하여 고민을 하곤 하였다. 그러던중 수험생 여러분들의 많은 문의와 건의를 전해 듣고 개정작업을 결심하고 이에 수험생 여러분들의 요청을 적극 참고하여 개정판 작업을 하였다. 다만 저자의 게으름과 개인적 사정으로 인하여 아직도 미흡한 점과 출판이 늦어진 점 고개숙여 사과드린다.

개정판의 특징은 다음과 같다.

1. 작년 신판 이후 시행된 제4회 변호사시험과 각종 모의고사 등 기출문제의 풀이를 추가하였다.

2. 판례가 변호사시험 등에 출제되고 있는 경향을 반영하여 최신 판례들을 다수 추가하였다.

3. 선하증권 등 변호사시험에 출제되었거나 출제가능성이 높은 쟁점들을 추가로 정리하여 수록하였다.

이번 개정판 작업에도 많은 분들의 도움이 있었다. 항상 격려와 관심을 보내주시는 이인규 박사님께 감사의 말씀을 전해드린다. 그리고 교정과정에서 큰 수고를 해주신 이기철 부장님과 편집과정에서 많은 도움을 주신 전희주님께도 감사드린다. 이분들의 도움이 없었다면 이번 개정판이 이처럼 훌륭하게 만들어질 수 없었을 것이다. 그리고 이번 개정 작업중에 친구인 남봉근 변호사가 자료 제공 등 여러 면에서 큰 도움을 주었다. 그에게 고마움을 전하고 앞으로 그의 길에 행운이 함께하길 빈다.

저자의 주관적인 생각으로는 작년 교재도 변호사시험에 충분하다고 생각하지만 최근 출제경향과 수험생들의 건의사항을 적극 고려하여 개정하게 된 이번 교재가 수험생 여러분들에게 더 큰 도움을 주었으면 하는 바람이다. 그리고 부족한 부분은 강의를 통해 보완해 드릴 것을 약속드린다.

부족한 저자의 교재를 기다려 주시고 관심과 격려를 주신 수험생 여러분들께 다시 한번 고개숙여 감사의 말씀을 전한다. 그리고 그분들의 합격을 진.심.으.로. 기원한다.

2015. 8. 5.

변호사 신 현 식

2014년판 머리말

작년 2013년에 나는 정말 우연한 기회에 강의를 하게 되었다. 강의 시작 한 달 전만 하더라도 강의를 한다는 사실을 실감하지 못할 정도로 나에게는 예상하지 못한 길이었다. 이처럼 우연히 시작한 강의가 나를 크게 변화시켰다. 아니 강의를 통해 많은 것을 배우고 깨달았다. 강의는 나에게 다양한 삶의 길을 알게 해주었고, 도전을 즐기도록 만들었으며, 많은 사람들과 교감하고 소통하는 법을 알게 해주었다. 인생의 다양한 맛을 알게 해준 "강의"에게 무척이나 고맙다. 그리고 한편으로는 부족한 강의에 호응해 주신 수험생여러분들에게 보답하고자 본 교재를 집필하게 되었다.

최근 변호사시험의 합격률이 하락하면서 수험의 난이도는 가파르게 증가하고 있다. 많은 공부량과 수많은 시험과목 속에서 시간과 싸워야 하는 우리 수험생들은 단 한 시간의 시험인 선택과목조차 소홀히 할 수 없다. 4일간의 긴 시험일정속에서 마지막 10번째 시험시간까지 무사히 마친 자만이 합격의 기쁨을 맛볼 수 있기 때문에 선택과목은 변호사시험에서 매우 중요하다고 할 것이다.

이처럼 공부량은 방대하고 시간이 매우 중요한 변호사시험 준비과정에서 우리 수험생들은 선택과목에 투자할 공부 시간이 매우 부족할 수 밖에 없다. 다른 주요한 과목들에 비해 결코 중요성을 간과할 수 없는 선택과목에 투자할 공부시간이 많지 않다는 모순속에서 저자는 수험생들의 입장에서 본 교재의 분량과 수험시간의 조화를 고민할 수 밖에 없었다. 물론 저자는 강사가 아닌 수험생일 때에도 똑같은 고민을 하였다.

수험생 입장과 강사입장 모두에서 고민을 해본 저자는 앞으로 국제거래법을 선택한 수험생들에게만큼은 그러한 고민을 덜어주고 싶다. 저자는 그러한 동기에서 강의를 시작하였고 그러한 동기에서 본 교재를 집필하였다. 이러한 동기가 없었다면 글쓰기를 매우 싫어하고 못하는 저자로서는 처음 생각보다 매우 길었던 집필기간을 견뎌내지 못했을 것이다. 본교재가 비록 많이 부족한 결과물이지만 수험생의 고민을 조금이라도 공감하는 한 사람으로서 수험생 여러분의 국제거래법 실력향상에 작은 보탬이 되었으면 하는 바람이다.

본서의 특징은 다음과 같다.

1. 요건사실 구조로 서술되어 있다.

법조문을 이해하고 암기하기 쉽도록 요건과 효과 등으로 분설하고 각각의 요건과 효과를 설명하였다. 법조문만을 보고 이러한 구조를 연상할 수만 있다면 국제거래법이라는 관문을 보다 편안하게 통과할 수 있을 것이다.

2. 법조문 중심으로 서술되었고, 중요판례도 수록되었다.

국제거래법은 법조문이 거의 전부라고 할 정도로 중요하다. 따라서 당연히 본교재도 법조문을 중심으로 서술하였다. 그러나 기출문제 등을 보면 판례를 기초로 만들어진 문제가 많고, 출제시 판례는 매우 중요한 참고자료가 될 것이기에 중요한 판례들을 수록하여 수험생들이 판례를 따로 찾아보는 수고를 덜 수 있도록 하였다.

3. 자세하고 방대한 양을 지양하고 수험준비의 효율성을 추구하였다.

많은 양으로 모든 내용을 다루는 것이 안전하기는 하지만 효율적이지는 못하다. 그리고 변호사시험의 특성상 그러한 공부는 불필요하고 오히려 금기시해야 하는 것일 수도 있다. 이 교재만으로 변호사시험 합격에 국제거래법이 장애가 되지 않도록 기본적이고 핵심적인 것들을 중심으로 서술하였다.

4. 모든 기출문제의 답안을 자세히 작성하였다.

국제거래법은 기출문제만 잘 풀어 보아도 사례적응력이 충분히 길러진다. 특히 3번에 걸친 변호사시험은 매우 좋은 문제들로 반드시 익혀두어야 할 것이다. 본교재는 반복되는 문제에 동일한 틀을 기준으로 풀이하여 기출문제 풀이만으로도 자주 출제되는 쟁점들에 대하여 자연스럽게 익숙해지면서 실전에서 기본적인 점수는 확보할 수 있게 하였다.

오늘의 내가 있기까지 많은 분들의 도움이 있었음을 부인할 수 없다. 특히 학업에 불성실한 제자였던 내가 "앞으로 뭐가 될까" 근심하시면서 로스쿨 3년간 언제나 나를 묵묵히 응원해주신 고려대학교 법학전문대학원 박종희 교수님과 항상 당당한 모습과 넓은 시야를 갖게 도와주신 고려대학교 법학전문대학원 김인현 교수님께 이 책을 통해서나마 존경과 감사의 말씀을 드리고 싶다. 그리고 내가 처음 강의를 할 수 있게 도와주셨고 지금도 항상 조언해주시는 류준세 선배님께도 진심으로 감사드린다. 2014년 올해 내가 강의가 아닌 변호사를 시작하는 힘든 시기에 편안하게 자리 잡아 갈 수 있도록 물심양면으로 배려해주시고 조언해주시는 따뜻한 도기영 변호사님께도 진심으로 감사드린다. 이 책이 출판되기까지 많은 수고를 해주시고 배려해주신 이인규 박사님의 조언과 도움이 없었다면 저자는 출판의 기쁨을 영원히 맛보지 못했을 것이다. 그리고 짧지 않은 나의 독일 생활동안 불편함 없이 좋은 추억을 갖도록 신경써준 나의 대학 동기 박성은군의 도움으로 이 책을 독일의 아름다운 도시 Freiburg에서 잘 마무리 지을 수 있었다. 이 분들에게도 진심어린 감사의 마음을 전한다. 마지막으로 나의 강의와 교재가 있게 해준 수험생 여러분들에게 진심으로 감사드리며, 그들이 힘든 과정을 통과하는데 이 교재가 작은 도움이 되어 훗날 좋은 추억의 소품으로 간직되길 바란다.

모든 수험생들의 건승을 빈다.

2014. 4월의 푸른 어느 날.
독일 Freiburg 대학 도서관에서
변호사 신 현 식

차 례

제1부 국제물품매매계약에 관한 UN협약 ▷ 1

제1편 적용범위 및 통칙 3
　제1장 적용범위 3
　제2장 총 칙 9

제2편 계약의 성립 14

제3편 물품의 매매 31
　제1장 총 칙 31
　제2장 매도인의 의무 34
　　제1절 물품의 인도와 서류의 교부 / 35
　　제2절 물품의 적합성 및 제3자의 권리주장 / 39
　　제3절 매도인의 계약위반에 대한 구제 / 50
　제3장 매수인의 의무 64
　　제1절 대금의 지급 / 64
　　제2절 인도의 수령 / 76
　　제3절 매수인의 계약위반에 대한 구제 / 77
　제4장 위험의 이전 84
　제5장 매도인과 매수인의 의무에 공통되는 규정 90
　　제1절 이행기 전의 계약위반과 분할인도계약 / 90
　　제2절 손해배상액 / 94
　　제3절 이 자 / 97
　　제4절 면 책 / 97
　　제5절 해제의 효력 / 99

제6절 물품의 보관 / 101
제7절 최종규정 / 102

제2부 //// 국제사법 ▷107

제1장 총 칙 ……………………………………………… 109
제2장 사 람 ……………………………………………… 150
제3장 법률행위 ………………………………………… 152
제4장 물 권 ……………………………………………… 157
제5장 채 권 ……………………………………………… 167
제6장 친 족 ……………………………………………… 212
제7장 상 속 ……………………………………………… 235
제8장 어음 수표 ……………………………………… 237
제9장 해 상 ……………………………………………… 239

제3부 //// 기출문제 ▷245

2012년도 시행 제1회 변호사시험 ……………………………… 247
　[변시 1회 1−1−(1)문 / 15점] ……………………………… 248
　[변시 1회 1−1−(2)문 / 15점] ……………………………… 252
　[변시 1회 1−2문 / 20점] …………………………………… 254
　[변시 1회 1−3문 / 30점] …………………………………… 256
　[변시 1회 2−1문 / 40점] …………………………………… 261
　[변시 1회 2−2문 / 40점] …………………………………… 266

2013년도 시행 제2회 변호사시험 ……………………………… 272
　[변시 2회 1−1문 / 25점] …………………………………… 274
　[변시 2회 1−2문 / 30점] …………………………………… 277

[변시 2회 1-3문 / 25점] ·· 281

[변시 2회 2-1문 / 10점] ·· 287

[변시 2회 2-2-가문 / 20점] ·· 289

[변시 2회 2-2-나문 / 20점] ·· 292

[변시 2회 2-3문 / 30점] ·· 297

2014년도 시행 제3회 변호사시험 ································ **302**

[변시 3회 1-1문 / 15점] ·· 304

[변시 3회 1-2-가문 / 25점] ·· 307

[변시 3회 1-2-나문 / 15점] ·· 310

[변시 3회 1-3문 / 25점] ·· 313

[변시 3회 2-1문 / 15점] ·· 320

[변시 3회 2-2-(1), (2), (3)문 / 50점] ···················· 322

[변시 3회 2-3문 / 15점] ·· 331

2015년도 시행 제4회 변호사시험 ································ **333**

[변시 4회 1-1문 / 30점] ·· 335

[변시 4회 1-2문 / 25점] ·· 340

[변시 4회 1-3문 / 15점] ·· 343

[변시 4회 1-4문 / 10점] ·· 346

[변시 4회 2-1문 / 10점] ·· 350

[변시 4회 2-2문 / 10점] ·· 352

[변시 4회 2-3문 / 25점] ·· 356

[변시 4회 2-4문 / 25점] ·· 363

[변시 4회 2-5문 / 10점] ·· 368

2016년도 시행 제5회 변호사시험 ································ **370**

[변시 5회 1-1문 / 30점] ·· 372

[변시 5회 1-2문 / 20점] ·· 375

[변시 5회 1-3문 / 30점] ·· 377

[변시 5회 2-1문 / 30점] ·· 381

[변시 5회 2-2문 / 10점] ·· 384

[변시 5회 2-3문 / 20점] ·· 386

[변시 5회 2-4문 / 20점] ·· 388

2017년도 시행 제6회 변호사시험 ──────────────────────────── **391**

    [변시 6회 1−1문 / 10점] ─────────────────────── 393

    [변시 6회 1−2문 / 15점] ─────────────────────── 395

    [변시 6회 1−3문 / 30점] ─────────────────────── 397

    [변시 6회 1−4문 / 25점] ─────────────────────── 402

    [변시 6회 2−1문 / 20점] ─────────────────────── 408

    [변시 6회 2−2문 / 30점] ─────────────────────── 410

    [변시 6회 2−3문 / 30점] ─────────────────────── 412

부 록 ////   **417**

   ■ 국제물품매매계약에 관한 국제연합 협약 ────────────── 419

   ■ 국제사법 ───────────────────────────── 442

   ■ 판례색인 ───────────────────────────── 457

제**1**부

국제물품매매계약에
관한 UN협약

국제물품매매계약에 관한 UN협약(이하에서는 협약이라고 약칭한다)은 가장 일반적인 거래형태인 국제물품매매에서 매도인과 매수인간의 권리의무를 통일적으로 규율하여 국제거래를 원활히 하기 위함이다. 당사자간 매매계약에 있어서 분쟁이 발생하였을 때 판단기준이 되는 준거법이 국가마다 상이하여 당사자들의 예측가능성을 해할 수 있기 때문에 협약이 필요한 것이다.

이러한 현실적 고려에서 만들어진 협약은 다음의 특성을 갖는다. 첫째, 협약은 국제물품계약에 직접 적용되는 실체법이다. 둘째, 협약은 국제물품매매계약에 적용되는 통일적인 법규범이다. 셋째, 협약은 원칙적으로 영업소를 달리하는 당사자간의 거래(즉 국제거래)에 적용되는 법이다.

제1편

적용범위 및 통칙

제1장 적용범위

0. 협약 적용일(제100조)

> 제100조
> (1) 이 협약은 제1조 제1항 (가)호 또는 (나)호의 체약국에게 협약의 효력이 발생한 날 이후에 계약체결을 위한 제안이 이루어진 경우에 한하여 계약의 성립에 대하여 적용된다.
> (2) 이 협약은 제1조 제1항 (가)호 또는 (나)호의 체약국에게 협약의 효력이 발생한 날 이후에 체결된 계약에 대해서만 적용된다.

가. 이 협약은 제1조 제1항 (가)호 또는 (나)호의 체약국에게 협약의 효력이 발생한 날 이후에 계약체결을 위한 제안이 이루어진 경우에 계약의 성립에 적용된다(제100조 제1항). 여기서 말하는 계약체결을 위한 제안이란 청약을 말한다. 청약시점에 당사자가 체약국이면 계약의 성립에 대하여 협약이 적용된다.

나. 체약국에게 협약효력이 발생한 날 이후에 체결된 계약에만 적용된다(제100조 제2항). 계약체결시점에 당사자가 체약국이면 계약의 효력에 대하여 협약이 적용된다.

1. 적용요건(제1조)

> 제1조
> (1) 이 협약은 다음의 경우에, 영업소가 서로 다른 국가에 있는 당사자간의 물품매매계약에 적용된다.
>   (가) 해당 국가가 모두 체약국인 경우, 또는
>   (나) 국제사법 규칙에 의하여 체약국법이 적용되는 경우
> (2) 당사자가 서로 다른 국가에 영업소를 가지고 있다는 사실은, 계약으로부터 또는 계약체결 전이나 그 체결시에 당사자간의 거래나 당사자에 의하여 밝혀진 정보로부터 드러나지 아니하는 경우에는 고려되지 아니한다.
> (3) 당사자의 국적 또는 당사자나 계약의 민사적·상사적 성격은 이 협약의 적용 여부를 결정하는 데에 고려되지 아니한다.

가. 공통요건 – 국제, 물품, 매매계약

1) 국제성

국제성은 당사자의 영업소가 서로 다른 국가에 있는 것을 의미한다. 즉 국제성은 국적을 기준으로 한 개념이 아니라 영업소 소재지를 기준으로 한 개념이다.

국제성 판단 기준인 영업소와 관련하여 일방이 복수영업소인 경우 가장 밀접한 영업소를 기준으로(제10조 가호) 판단하며, 일방이 영업소가 없는 경우에는 그의 상거소를 영업소로 본다(제10조 나호). 이러한 영업소는 반드시 본사일 필요는 없고 지사여도 무관하다. 따라서 매도인이 갑국과 을국에 각각 영업소를 가지고 있고 매수인이 갑국에만 영업소를 보유하고 있는 경우에는 매도인측에서 당해 매매계약과 가장 밀접한 영업소를 기준으로 국제성 여부를 판단해야 한다. 결국 매도인측의 갑국영업소가 당해 매매계약과 가장 밀접한 영업소라면 이 거래는 국제성을 충족하지 못하여 협약이 적용되지 않지만, 매도인측의 을국영업소가 당해 매매계약과 가장 밀접한 영업소라면 이 거래는 국제성을 충족하여 협약이 적용될 것이다.

국제성의 구비는 영업소가 서로 다른 국가에 있으면 충분하므로, 계약의 성립과정이나 이행과정 즉 청약과 승낙이나 물품인도와 대금지급이 서로 다른 국가에 걸쳐 이루어질 것은 고려하지 않는다.

국제성은 계약시(계약 이전 포함)에 그 사실(국제성)을 알 수 없는 경우에는 인정되지 않는다(제1조 제2항). 따라서 국내거래로 믿고 거래한 당사자의 신뢰가 보호된다.

2) 물 품

협약은 물품을 대상으로 하므로 부동산이나 채권에 대하여는 적용이 제외된다. 또한 용역이나 서비스, 지식재산권도 그 적용이 제외된다.

3) 매 매

협약이 적용되는 거래형태는 매매계약이어야 하므로 증여, 사용대차와 같은 무상계약은 물론 임대차, 교환계약 등의 유상계약은 적용대상이 아니다. 즉 유상계약형태 중 매매에 대해서만 적용된다. 또한 노무서비스공급계약, 자문계약, 건설계약 등은 적용이 제외된다. 그러나 물품을 제조·생산하여 공급하는 제작물 공급계약은 매매로 간주되는 경우가 있다(제3조 제1항 본문). 다만, 물품을 주문한 당사자가 그 제조·생산에 필요한 중요한 부분을 제공하는 경우에는 적용대상이 아니다(제3조 제1항 단서).

나. 직접적용과 간접적용

1) 직접적용 – 양당사자의 국가가 모두 체약국인 경우

직접적용이란 거래 당사자의 국가가 모두 체약국일 때 협약의 적용형태이다. 즉 해당국가가 모두 체약국인 경우에는 위 공통요건(국제성, 물품, 매매계약)만으로[1] 협약이 해당 거래에 직접적용된다(제1조 제1항 가호).

2) 간접적용 – 양당사자의 국가중 일부라도 비체약국인 경우

간접적용이란 국제사법 규칙에 따라 체약국의 법이 준거법으로 지정됨에 따라 협약이 적용되는 것을 의미한다. 즉 간접적용되는 경우는 직접적용이 가능한 양당사국이 모두 체약국인 경우를 제외한 것을 말한다. 해당국가 전부 또는 일부가 비체약국인 경우에는 위 공통요건과 국제사법에 의해 체약국법이 적용될 것, 제95조의 유보선언이 없을 것이 모두 구비된 경우에 협약이 간접적용된다. 간접적용을 피하고 싶은 국가는 협약 제95조에 근거하여 유보선언을 하면 협약의 적용을 거부할 수 있게 된다. 결국 이 경우는 국제사법으로 정해진 준거법국가가 체약국이더라도 그 체약국이 제95조에 따른 유보선언을 하고 있다면 협약의 간접적용이 배제되고, 협약이외의 준거법국가의 법률 등이 적용될 것이다. 이 협약을 제95조에 따라 유보선언을 하고 있는 국가에는 미국과 중국 등이 있다.

2. 적용 제외(제2조, 제3조, 제4조, 제5조)

제2조

이 협약은 다음의 매매에는 적용되지 아니한다.
   (가) 개인용 · 가족용 또는 가정용으로 구입된 물품의 매매
       다만, 매도인이 계약체결 전이나 그 체결시에 물품이 그와 같은 용도로 구입된 사실을 알지 못하였고, 알았어야 했던 것도 아닌 경우에는 그러하지 아니하다.
   (나) 경매에 의한 매매
   (다) 강제집행 그 밖의 법령에 의한 매매
   (라) 주식, 지분, 투자증권, 유통증권 또는 통화의 매매
   (마) 선박, 소선(小船), 부선(浮船), 또는 항공기의 매매
   (바) 전기의 매매

제3조

(1) 물품을 제조 또는 생산하여 공급하는 계약은 이를 매매로 본다. 다만, 물품을 주문한 당사자가 그 제조 또는 생산에 필요한 재료의 중요한 부분을 공급하는 경우에는 그러하지 아니

---

[1] 직접적용 요건으로 위 공통요건 이외에 "당사자간에 계약의 국제성에 대한 인식가능성이 있을 것"을 추가요건으로 요구하는 견해가 있다. 이 때 그 근거 조항은 협약 제1조 제2항이다.

> 하다.
> (2) 이 협약은 물품을 공급하는 당사자의 의무의 주된 부분이 노무 그 밖의 서비스의 공급에 있는 계약에는 적용되지 아니한다.
>
> 제4조
> 이 협약은 매매계약의 성립 및 그 계약으로부터 발생하는 매도인과 매수인의 권리의무만을 규율한다. 이 협약에 별도의 명시규정이 있는 경우를 제외하고, 이 협약은 특히 다음과 관련이 없다.
> (가) 계약이나 그 조항 또는 관행의 유효성
> (나) 매매된 물품의 소유권에 관하여 계약이 미치는 효력
>
> 제5조
> 이 협약은 물품으로 인하여 발생한 사람의 사망 또는 상해에 대한 매도인의 책임에는 적용되지 아니한다.

가. 매매 중 협약적용이 제외되는 매매

1) 개인용 · 가정용 물품매매 제외(제2조 가호)

가) 개인용, 가족용, 가정용 물품의 매매에는 협약이 적용제외된다.

나) 구입목적

구입목적은 구입시를 기준으로 판단하고, 이에 대한 입증책임은 매수인이 부담한다.

다) 협약이 적용되는 경우

매수인의 구입목적이 개인용, 가정용이었더라도 매매계약 체결시와 그 이전에 매도인이 매수인의 구입목적(용도)에 대하여 알지 못하였고, 알았어야 했던 것도 아닌 때는 협약이 적용된다(제2조 가호). 계약시(또는 그 이전) 구입목적과 용도에 대하여 매도인이 알지 못하였고 알았어야 했던 것도 아니라는 사정은 매도인이 입증책임을 부담한다. 개인용이나 가정용 구입계약은 소비자계약으로 보아 영업활동이나 직업활동 목적으로 구입한 경우와 달리 소비자보호를 위한 강행규정들을 각국이 두고 있어 협약적용을 배제하여 소비자를 더 강력하게 보호하고자하는 것이다.

2) 기타 적용제외되는 매매

경매에 의한 매매, 강제집행 등 법령에 의한 매매, 주식, 지분, 투자증권, 유통증권 또는 통화의 매매, 선박, 항공기의 매매, 전기의 매매에는 협약을 적용하지 않는다(제2조 나, 다, 라, 마, 바호).

나. 매매가 아닌 계약(제3조)

1) 매매가 아닌 노무서비스 공급계약은 당연히 적용이 제외된다(제3조 제2항). 계약의

전부가 노무서비스 공급계약인 경우는 물론 계약의 주된 부분이 노무서비스 공급계약인 경우에도 협약이 적용되지 않는다.

2) 물품 제조 · 생산 공급계약(제3조 제1항)

가) 원칙 – 매매로 간주 & 협약적용(제1항 본문)

물품(제조생산)공급계약은 매매로 간주하여 협약 적용된다(제1항 본문). 거래실정상 단순한 매매만큼이나 제조·생산 공급계약이 활발하고, 그 형태도 매매와 크게 다르지 않아 매매로 간주하여 협약을 적용하는 것이다.

나) 예외 – 협약적용 제외(제1항 단서)

(1) 매수인이 중요부분 공급시

물품공급계약이더라도 매수인이 중요한 부분을 공급하는 경우에는 매매로 보지 않아 협약의 적용에서 제외된다(제1항 단서). 매수인이 중요한 부분을 공급하는 경우에는 매매라기보다는 도급에 더 유사하다고 보이므로 이러한 규정이 타당하다. 이 때 매수인이 공급한 것이 중요한 부분인지는 경제적 가치, 질적 가치를 종합적으로 고려하여 판단한다. 따라서 질량이나 부피 등 외형적인 가치보다는 가격이나 비용 등 실질적인 가치를 기준으로 판단해야 할 것이다.

(2) 의무의 주된 부분이 노무기타서비스공급계약인 경우

물품공급계약이더라도 의무의 주된 부분이 노무 기타서비스공급계약인 경우에는 협약이 적용 제외된다(제3조 제2항).

다. 물품에 의한 인적손해에 적용제외(제5조)

물품으로 인한 사람의 사망, 상해에 대한 매도인의 책임에는 협약이 적용 제외된다(제조물책임 중 인적손해만 제외된다). 이 조문의 해석상 인적손해의 피해자는 거래당사자 이외의 제3자여도 무관하고, 이 조문의 반대해석상 인적손해 이외의 재산상 손해에는 협약이 적용된다.

라. 계약의 효력 등에 대한 적용제외(제4조)

이 협약은 매매계약의 성립 및 그 계약으로부터 발생하는 매도인과 매수인의 권리의무만을 규율한다. 이 협약에 별도의 명시규정이 없다면, 이 협약은 계약이나 그 조항 또는 관행의 유효성(가호)과 매매된 물품의 소유권에 관하여 계약이 미치는 효력(나호)에 적용되지 않는다. 따라서 계약 성립 이후의 문제인 계약의 효력과 관련된 문제 즉 착오·사기·강박에 의한 의사표시, 선량한 사회풍속 위반의 법률행위 등이 무효나 취소가 되는지는 협약이 아닌 준거법을 기준으로 판단하게 된다. 마찬가지로 소유권에 관련된 효력문제인 물품의 소유권 이전시기와 그 내용 등은 준거법을 기준으로 판단하게 된다.

3. 합의에 의한 적용배제(제6조)

> **제6조**
> 당사자는 이 협약의 적용을 배제할 수 있고, 제12조에 따를 것을 조건으로 하여 이 협약의 어떠한 규정에 대하여도 그 적용을 배제하거나 효과를 변경할 수 있다.
>
> **제11조**
> 매매계약은 서면에 의하여 체결되거나 입증될 필요가 없고, 방식에 관한 그 밖의 어떠한 요건도 요구되지 아니한다. 매매계약은 증인을 포함하여 어떠한 방법에 의하여도 입증될 수 있다.
>
> **제29조**
> (1) 계약은 당사자의 합의만으로 변경 또는 종료될 수 있다.
> (2) 서면에 의한 계약에 합의에 의한 변경 또는 종료는 서면에 의하여야 한다는 규정이 있는 경우에, 다른 방법으로 합의 변경 또는 합의 종료될 수 없다. 다만, 당사자는 상대방이 자신의 행동을 신뢰한 한도까지는 그러한 규정을 원용할 수 없다.
>
> **제96조**
> 그 국가의 법률상 매매계약의 체결 또는 입증에 서면을 요구하는 체약국은 제12조에 따라, 매매계약, 합의에 의한 매매계약의 변경이나 종료, 청약, 승낙 기타의 의사표시를 서면 이외의 방법으로 하는 것을 허용하는 이 협약 제11조, 제29조 또는 제2편의 어떠한 규정도 당사자 일방이 그 국가에 영업소를 가지고 있는 경우에는 적용하지 아니한다는 취지의 선언을 언제든지 행할 수 있다.
>
> **제12조**
> 매매계약, 합의에 의한 매매계약의 변경이나 종료, 청약·승낙 그 밖의 의사표시를 서면 이외의 방법으로 할 수 있도록 허용하는 이 협약 제11조, 제29조 또는 제2편은 당사자가 이 협약 제96조에 따라 유보선언을 한 체약국에 영업소를 가지고 있는 경우에는 적용되지 아니한다. 당사자는 이 조를 배제하거나 그 효과를 변경할 수 없다.

당사자는 합의에 의해 협약의 규정 전부 또는 일부를 배제하거나 또는 그 효과를 변경할 수 있다. 협약은 강행규정이 아니고 사적자치의 원칙에 기초하고 있으므로 당사자의 합의를 협약의 적용보다 우선시 하는 것은 당연하다. 협약의 전체의 적용을 배제하는 것에는 추가적인 제한이 없다(제6조 전단). 그러나 협약 중 일부규정을 배제하거나 그 효과를 변경하는 것에는 제12조에 따를 것, 즉 제12조 준수를 조건으로 하는 제한이 존재한다(제6조 후단). 즉 서면이외의 방식에 의한 매매계약의 체결, 변경에 관한 규정 유보시(제96조) 서면을 요구하는 국내법 규정의 적용을 받는다는 내용의 협약 제12조는 합의에 따라 적용배제나 효력변경이 불가능한 강행규정이다.

제2장 총 칙

1. 협약의 해석원칙(제7조)

> 제7조
> (1) 이 협약의 해석에는 그 국제적 성격 및 적용상의 통일과 국제거래상의 신의 준수를 증진할 필요성을 고려하여야 한다.
> (2) 이 협약에 의하여 규율되는 사항으로서 협약에서 명시적으로 해결되지 아니하는 문제는, 이 협약이 기초하고 있는 일반원칙, 그 원칙이 없는 경우에는 국제사법 규칙에 의하여 적용되는 법에 따라 해결되어야 한다.

가. 협약의 해석

협약의 해석에는 그 국제적 성격 및 적용상의 통일과 국제거래상의 신의 준수를 증진할 필요성을 고려하여야 한다.

나. 협약의 명문규정으로 해결하지 못하는 경우

협약에 의하여 규율되는 사항이 협약으로 명시적으로 해결되지 않는 경우에는 일차적으로 협약의 일반원칙에 의하고, 그것(협약의 일반원칙)이 없는 경우에는 국제사법상 결정된 준거법에 따라 해결한다(제7조 제2항).

2. 당사자의 진술이나 행위의 해석(제8조)

> 제8조
> (1) 이 협약의 적용상, 당사자의 진술 그 밖의 행위는 상대방이 그 당사자의 의도를 알았거나 모를 수 없었던 경우에는 그 의도에 따라 해석되어야 한다.
> (2) 제1항이 적용되지 아니하는 경우에 당사자의 진술 그 밖의 행위는, 상대방과 동일한 부류의 합리적인 사람이 동일한 상황에서 이해하였을 바에 따라 해석되어야 한다.
> (3) 당사자의 의도 또는 합리적인 사람이 이해하였을 바를 결정함에 있어서는 교섭, 당사자간에 확립된 관례, 관행 및 당사자의 후속 행위를 포함하여 관련된 모든 사항을 적절히 고려하여야 한다.

가. 일방의 진술 기타 행위를 상대방이 알았거나 모를 수 없었던 경우

당사자의 주관적 의사를 존중하는 취지에서 그 의도에 따라 해석한다.

나. (가와 달리)일방의 진술 기타 행위를 상대방이 알았거나 모를 수 없었던 경우가 아닌 경우

진술자가 아닌 상대방과 동일한 부류의 합리적인 사람이 동일한 상황에서 이해하였을 바에 따라 해석한다.

다. 위의 두 경우(즉 제1항의 의도와 제2항의 합리적인 사람이 이해하였을 바를 해석시) 교섭, 확립된 관행, 당사자간 후속행위 등을 포함한 모든 사항을 고려한다.

3. 관습과 관행의 구속력(제9조)

> 제9조
> (1) 당사자는 합의한 관행과 당사자간에 확립된 관례에 구속된다.
> (2) 별도의 합의가 없는 한, 당사자가 알았거나 알 수 있었던 관행으로서 국제거래에서 당해 거래와 동종의 계약을 하는 사람에게 널리 알려져 있고 통상적으로 준수되고 있는 관행은 당사자의 계약 또는 그 성립에 묵시적으로 적용되는 것으로 본다.

가. 사적자치의 원칙상 당사자는 당사자간 합의한 관행과 확립된 관례에 구속된다(제1항). 당사자간 합의한 관행은 합의의 효력에 의해서 구속력이 인정되고, 당사자간 확립된 관행은 이의가 없는 한 합의한 것과 동일하기 때문에 그 구속력이 인정된다는 의미이다.

나. 당사자가 알았거나 알 수 있었던 관행으로서 동종의 국제거래자들에게 널리 알려져 있고 통상적으로 준수되는 관행은 별도의 합의가 없는 경우 당사자의 계약에 묵시적으로 적용되는 것으로 본다(제2항). 동종의 국제거래자들에게 널리 알려져 있고 통상적으로 준수되는 관행은 (이를 배제하거나 변경하는) 별도의 합의가 없는 한 구속력을 갖는다. 객관적이고 일반적으로 인정되는 관행이기 때문에 당사자들 간에 별도의 합의를 하지 않는 경우 이를 적용하는 것이 당사자들에게 특별히 불리하지 않고, 오히려 당사자들의 의사에 합치할 수도 있기 때문이다.

다. 제9조 제1항과 제2항의 관행(또는 관례)은 모두 당사자간의 국제거래관계에 협약보다 우선하여 적용된다.

4. 영업소의 정의(제10조)

> **제10조**
> 이 협약의 적용상,
>   (가) 당사자 일방이 둘 이상의 영업소를 가지고 있는 경우에는, 계약체결 전이나 그 체결시에 당사자 쌍방에 알려지거나 예기된 상황을 고려하여 계약 및 그 이행과 가장 밀접한 관련이 있는 곳이 영업소로 된다.
>   (나) 당사자 일방이 영업소를 가지고 있지 아니한 경우에는 그의 상거소를 영업소로 본다.

이 협약의 적용여부를 판단할 때 필요한 국제성 요건과 관련하여 거래 당사자가 서로 다른 국가에 영업소를 가지고 있어야 한다. 제10조는 이러한 영업소 소재지를 판단할 때 일방이 둘 이상의 영업소를 가지고 있거나, 일방이 영업소를 가지지 않는 경우 적용되는 규정이다.

가. 일방이 둘 이상의 영업소를 가진 경우

계약시까지 당사자에게 알려진 사정을 고려하여 계약과 그 이행과 가장 밀접한 관련이 있는 곳이 영업소로 된다.

나. 일방이 영업소를 가지지 않는 경우

일방이 영업소를 가지고 있지 않은 경우에는 그의 상거소를 영업소로 본다.

5. 계약의 형식상 자유(제11조)

> **제11조**
> 매매계약은 서면에 의하여 체결되거나 입증될 필요가 없고, 방식에 관한 그 밖의 어떠한 요건도 요구되지 아니한다. 매매계약은 증인을 포함하여 어떠한 방법에 의하여도 입증될 수 있다.

가. 매매계약 방식의 자유

매매계약은 그 방식에 관하여 서면 등 어떠한 요건도 요구되지 않는다.

나. 매매계약 입증의 자유

매매계약은 어떠한 방법에 의해서도 입증될 수 있다.

6. 계약형식의 국내적 요건(제12조)

> **제12조**
> 매매계약, 합의에 의한 매매계약의 변경이나 종료, 청약·승낙 그 밖의 의사표시를 서면 이외의 방법으로 할 수 있도록 허용하는 이 협약 제11조, 제29조 또는 제2편은 당사자가 이 협약

> 제96조에 따라 유보선언을 한 체약국에 영업소를 가지고 있는 경우에는 적용되지 아니한다. 당사자는 이 조를 배제하거나 그 효과를 변경할 수 없다.

매매계약(제11조), 합의에 의한 매매계약의 변경이나 종료(제29조), 청약승낙 그 밖의 의사표시(제2편 계약의 성립)를 서면이외의 방법으로 할 수 있도록 허용하는 이 협약 규정부분은 제96조에 의한 유보선언을 한 체약국에 영업소가 있는 경우에는 적용되지 않는다. 즉 제96조의 유보선언을 한 체약국에 일방의 영업소가 있는 경우에는 제11조 등이 적용되지 않고, 본 협약이 규율하고 있으나 명시적으로 해결되지 아니하는 경우에 해당하여 준거법에 따라 해결된다(제7조 제2항). 또한 제12조는 강행규정으로서 당사자가 배제하거나 변경할 수 없다(제12조 후문).

7. 서면의 정의(제13조)

> 제13조
> 이 협약의 적용상 『서면』에는 전보와 텔렉스가 포함된다.

협약상 서면에는 전보와 텔렉스가 포함된다.

관련쟁점

1. 계약에 대한 서면 등의 요식성 정리

> 제11조
> 매매계약은 서면에 의하여 체결되거나 입증될 필요가 없고, 방식에 관한 그 밖의 어떠한 요건도 요구되지 아니한다. 매매계약은 증인을 포함하여 어떠한 방법에 의하여도 입증될 수 있다.
>
> 제12조
> 매매계약, 합의에 의한 매매계약의 변경이나 종료, 청약·승낙 그 밖의 의사표시를 서면 이외의 방법으로 할 수 있도록 허용하는 이 협약 제11조, 제29조 또는 제2편은 당사자가 이 협약 제96조에 따라 유보선언을 한 체약국에 영업소를 가지고 있는 경우에는 적용되지 아니한다. 당사자는 이 조를 배제하거나 그 효과를 변경할 수 없다.
>
> 제29조
> (1) 계약은 당사자의 합의만으로 변경 또는 종료될 수 있다.
> (2) 서면에 의한 계약에 합의에 의한 변경 또는 종료는 서면에 의하여야 한다는 규정이 있는 경우에, 다른 방법으로 합의 변경 또는 합의 종료될 수 없다. 다만, 당사자는 상대방이 자신의 행동을 신뢰한 한도까지는 그러한 규정을 원용할 수 없다.

> **제96조**
> 그 국가의 법률상 매매계약의 체결 또는 입증에 서면을 요구하는 체약국은 제12조에 따라, 매매계약, 합의에 의한 매매계약의 변경이나 종료, 청약, 승낙 기타의 의사표시를 서면 이외의 방법으로 하는 것을 허용하는 이 협약 제11조, 제29조 또는 제2편의 어떠한 규정도 당사자 일방이 그 국가에 영업소를 가지고 있는 경우에는 적용하지 아니한다는 취지의 선언을 언제든지 행할 수 있다.

가. 원 칙 – 계약의 형식상 자유

계약은 원칙적으로 어떠한 제한도 없는 자유로운 방식으로 가능하다. 따라서 체결이나 입증에 있어서 서면이 반드시 필요한 것도 아니다. 즉 협약상 적용대상이 되는 계약은 불요식 계약이다.

나. 예 외 – 제96조상의 유보선언

1) 제96조

국가의 법률상 매매계약 체결 또는 입증 등에 서면을 요구하는 체약국은 제12조를 근거로 계약의 변경이나 종료, 청약, 승낙의 의사표시를 서면으로 하지 않아도 되는 제11조, 제29조, 제2편의 규정에 대하여 당사자 일방이 그 체약국에 영업소를 가지고 있는 경우 위 규정들의 적용을 배제한다는 취지의 선언(유보선언)(서면성을 요구하겠다는)을 할 수 있다.

제96조와 관련하여 주의할 것은 첫째, 국내법상 계약체결 등에 서면성을 요구하는 국가만이 유보선언을 할 수 있고, 둘째, 제11조(계약의 방식), 제29조(계약의 변경, 종료), 제2편(계약의 성립)에 대하여만 유보선언을 할 수 있다는 점이다.

2) 제12조

제96조의 유보선언을 한 경우 유보선언 국가에 일방의 영업소가 있다면, 서면성을 배제하고 방식상 자유를 인정하는 제11조, 제29조, 제2편은 그 매매계약에 적용되지 않아 계약은 반드시 서면으로 체결되어야 한다. 이러한 제12조를 배제하거나 변경하는 합의는 효력이 없다.

3) 기 타

제96조의 유보선언을 한 국가로는 대표적으로 중국, 러시아, 헝가리 등이 있다. 따라서 이들 국가에 일방의 영업소가 있는 경우에는 계약은 반드시 서면으로 체결되어야 한다.

제2편

계약의 성립

계약은 청약과 이에 대한 승낙에 의해 성립한다.

1. 청약의 의의(제14조)

> 제14조
> (1) 1인 또는 그 이상의 특정인에 대한 계약체결의 제안은 충분히 확정적이고, 승낙시 그에 구속된다는 청약자의 의사가 표시되어 있는 경우에 청약이 된다. 제안이 물품을 표시하고, 명시적 또는 묵시적으로 수량과 대금을 지정하거나 그 결정을 위한 조항을 두고 있는 경우에, 그 제안은 충분히 확정적인 것으로 한다.
> (2) 불특정 다수인에 대한 제안은 제안자가 반대 의사를 명확히 표시하지 아니하는 한, 단지 청약의 유인으로 본다.

청약이란 일방 당사자가 타방 당사자에게 특정한 내용의 계약을 체결할 것을 제의하는 의사표시를 말한다. 청약은 계약체결의 확정적 의사가 있다는 점에서, 타인으로 하여금 자기에게 청약을 하게 하려는 청약의 유인과 구별된다.

가. 청약의 요건(제14조)

청약은 그 요건으로 특정성, 확정성, 구속성이 필요하다.

1) 특정성

1인 또는 그 이상의 특정인에 대한 계약체결의 제안이어야 하고, 불특정 다수인에 대한 제안은 청약의 유인으로 본다(제2항). 따라서 불특정 다수에 대한 제안은 청약이 아니고, 청약의 상대방은 반드시 1인일 필요는 없고 그 이상이 복수인이어도 가능하다.

2) 확정성

청약은 확정적이어야 한다. 이러한 확정성에 대하여 협약이 직접 그 판단 기준을 제시하고 있다. 즉 계약체결의 제안이 물품, 수량, 대금 또는 그 조항을 규정한 경우 충분히 확정적이라고 한다(제1항 후문). 물품, 수량, 대금 등이 절대적인 기준이라는 의미는 아니며 이러한 것들을 중심으로 종합적으로 판단하여 확정성을 인정하면 될 것이다.

3) 구속성

승낙시에 그에 구속된다는 청약자의 의사표시가 청약에 포함되어 있어야 한다. 구속성이 흠결된 청약은 청약의 유인에 불과하다.

관련쟁점

1. 제55조 대금이 불확정된 계약과 제14조의 관계

제55조는 계약이 일단 유효하게 성립한 후의 문제이지만 제14조는 계약성립의 문제이므로 구별가능하다.

2. 제55조가 적용되는 경우

제14조의 배제·변경의 합의가 있는 경우, 상관행상 제14조 배제, 계약이 청약 승낙이외의 방식으로 체결된 경우 등이 있다.

---

2. 청약의 효력발생(제15조)

> 제15조
> (1) 청약은 상대방에게 도달한 때에 효력이 발생한다.
> (2) 청약은 철회될 수 없는 것이더라도, 회수의 의사표시가 청약의 도달 전 또는 그와 동시에 상대방에게 도달하는 경우에는 회수될 수 있다.

가. 청약의 효력발생 시기

협약은 도달주의에 따라 청약의 효력은 청약이 상대방에게 도달한 때에 발생한다고 규정하고 있다(제1항).

나. 청약의 회수(가능시기)

청약의 회수란 청약의 효력이 발생하기 전에 청약이 없던 것으로 되돌리는 의사표시이다. 청약의 철회가 불가능한 경우라도 청약의 회수는 청약의 도달 전 또는 청약의 도달과 동시에 상대방에게 도달한 경우에 가능하다(제2항). 즉 청약은 청약이 상대방에게 도달하기 전, 즉 청약의 효력이 발생하기 전(또는 동시)에 회수될 수 있다. 주의할 것은 청약의 철회가 불가능한 경우라도 청약의 회수는 철회와 달리 가능하다는 점이다.

3. 청약의 철회(제16조)

> **제16조**
> (1) 청약은 계약이 체결되기까지는 철회될 수 있다. 다만, 상대방이 승낙의 통지를 발송하기 전에 철회의 의사표시가 상대방에게 도달되어야 한다.
> (2) 그러나 다음의 경우에는 청약은 철회될 수 없다.
>   (가) 승낙기간의 지정 그 밖의 방법으로 청약이 철회될 수 없음이 청약에 표시되어 있는 경우, 또는
>   (나) 상대방이 청약이 철회될 수 없음을 신뢰하는 것이 합리적이고, 상대방이 그 청약을 신뢰하여 행동한 경우

가. 청약의 철회 가능시기

청약의 철회란 청약의 효력이 발생한 후에 청약이 없던 것으로 되돌리는 의사표시이다. 청약의 철회는 청약의 회수와 구별해야 하므로 청약의 효력발생 후부터 계약체결 전까지 가능하다. 구체적으로 청약의 철회는 청약이 상대방에게 도달한 후(효력이 발생한 후) 상대방의 승낙이 발송되기 전에 상대방에게 도달해야 가능하다.

나. 청약의 철회 불가(제16조 제2항)

1) 승낙기간 지정 등 청약에 청약철회불가가 표시된 경우(가호)

승낙기간 지정 등 청약에 청약 철회불가가 표시된 경우에는 청약을 철회할 수 없다. 이 때 승낙기간 지정은 청약 철회불가가 표시된 하나의 예시이다. 승낙기간의 지정 없이 다른 방법으로 철회불가가 표시된 경우나, 명시적으로 청약 철회불가를 명시한 경우에는 청약을 철회할 수 없다.

2) 상대방이 청약이 철회될 수 없음을 합리적으로 신뢰하고 그 신뢰에 따라 행동한 경우(나호)(ex. 제조설비, 제조원료 구입, 인력 고용 등)

상대방이 청약이 철회될 수 없음을 합리적으로 신뢰하고 그 신뢰에 따라 행동한 경우 청약은 철회될 수 없다. 이러한 상대방의 신뢰는 합리적이어야 한다. 따라서 객관적인 신뢰상황이 없음에도 불구하고 상대방이 신뢰한 경우라면 상대방의 신뢰는 보호필요성이 없고, 따라서 이 경우에는 청약을 철회할 수 있다. 다만 이처럼 청약의 철회가 불가능한 경우라도 청약의 회수는 가능할 것이다(제15조 제2항).

4. 청약의 거절(제17조)

> **제17조**
> 청약은 철회될 수 없는 것이더라도, 거절의 의사표시가 청약자에게 도달한 때에는 효력을 상실한다.

가. 청약은 철회될 수 없는 경우에도, 상대방(승낙자)의 청약에 대한 거절이 청약자에게 도달한 때에는 (청약의) 효력이 상실된다. 따라서 승낙자의 청약 거절의사표시가 청약자에게 도달하기 전에 다시 승낙의 의사표시를 하여 거절의 의사표시 도달 전에 도달시키면 계약은 성립하게 된다.

나. 청약의 거절회수

만약 청약의 상대방의 청약 거절 후라도, 청약 거절이 청약자에게 도달하기 전에 청약의 상대방은 청약의 거절 회수가 가능하고, 결국 승낙이 청약자에게 도달한 때에 계약이 성립한다(제22조 유추). 그러나 청약의 상대방이 청약 거절하여 청약자에게 도달한 후에 승낙의 의사표시를 한 경우에는 계약은 성립하지 않고 승낙의 의사표시는 단순한 새로운 청약의 의미를 갖게 된다.

5. 승 낙

> **제18조**
> (1) 청약에 대한 동의를 표시하는 상대방의 진술 그 밖의 행위는 승낙이 된다. 침묵 또는 부작위는 그 자체만으로 승낙이 되지 아니한다.
> (2) 청약에 대한 승낙은 동의의 의사표시가 청약자에게 도달하는 시점에 효력이 발생한다. 동의의 의사표시가 청약자가 지정한 기간 내에, 기간의 지정이 없는 경우에는 청약자가 사용한 통신수단의 신속성 등 거래의 상황을 적절히 고려하여 합리적인 기간 내에 도달하지 아니하는 때에는, 승낙은 효력이 발생하지 아니한다. 구두의 청약은 특별한 사정이 없는 한 즉시 승낙되어야 한다.
> (3) 청약에 의하여 또는 당사자간에 확립된 관례나 관행의 결과로 상대방이 청약자에 대한 통지없이, 물품의 발송이나 대금지급과 같은 행위를 함으로써 동의를 표시할 수 있는 경우에는, 승낙은 그 행위가 이루어진 시점에 효력이 발생한다. 다만, 그 행위는 제2항에서 정한 기간 내에 이루어져야 한다.

가. 승낙의 의의(제18조 제1항)

승낙이란 청약에 대응하여 계약을 성립시킬 목적으로 청약자에 대하여 행하는 수령자의 의사표시를 말한다. 승낙은 청약에 대한 동의를 표시하는 상대방의 진술 기타 행위이다. 다만, 침묵이나 부작위는 그것만으로는 승낙이 되지 못하고, 청약의 성질이나 관행이 추가적으로 필요하다.

나. 승낙의 요건

1) 청약에 대한 동의를 표시하는 진술 기타 행위일 것

승낙은 반드시 진술일 필요는 없으며 청약에 대하여 동의를 표시하는 취지의 행위를 한 것도 승낙으로 볼 수 있다. 즉 매매계약의 성립을 위한 진행 행위인 물건의 인도와 수령, 매매 대금의 지급과 수령 등의 행위는 승낙으로 인정되는 행위들이다. 또한 청약에 의하여 또는 당사자간에 확립된 관례나 관행의 결과로 통지를 생략하고 위와 같은 행위를 하는 것만으로 승낙이 될 수 있다(제18조 제3항). 전술한 바와 같이 단순한 침묵이나 부작위는 그것만으로 승낙이 될 수 없고, 이것이 승낙이 되기 위해서는 추가적인 청약의 성질이나 관행이 필요하다.

2) 청약의 내용과 일치할 것

승낙은 계약을 성립시키는 것이므로 개념상 본질적으로 청약의 내용과 일치해야 한다. 청약의 내용과 다른 내용의 승낙은 계약을 성립시키는 승낙이 아니라 새로운 청약으로 보아야 할 것이다. 다만 협약은 변경된 승낙을 실질적 변경인 경우와 그렇지 않은 경우로 나누어 규정하고 있다(제19조).

다. 승낙의 효력발생시기(제18조 제2항)

승낙은 청약과 마찬가지로 도달주의에 따라 청약자(상대방)에게 도달한 때 효력이 발생하고(도달주의), 이때 계약이 성립한다(제23조). 즉 원칙적인 경우 승낙의 효력발생시기와 계약 성립시기는 동일하다. 그러나 만약 승낙이 의제된 경우에는 승낙의 의사표시가 없으므로 승낙기간 만료시에 계약이 성립한다. 청약에 의하여 또는 당사자간에 확립된 관례나 관행의 결과로 통지를 생략하고 위와 같은 행위를 하는 것만으로 승낙이 인정되는 경우(제18조 제3항)에는 그 행위시에 승낙의 효력이 발생한다.

라. 승낙기간(제18조 제2항)

1) 원칙적 승낙기간(승낙이 가능한 기간)

승낙기간은 승낙을 유효하게 할 수 있는 기간으로 그 기간 내에 승낙이 청약자에게 도달하여야 승낙의 효력이 발생한다. 승낙기간은 우선 청약자가 이를 지정한 경우 청약자가 지정한 기간 내, 승낙기간의 지정이 없으면 합리적 기간 내이다. 결국, 이러한 기간 내에 승낙이 청약자에게 도달하여야 승낙의 효력이 발생한다. 승낙기간의 구체적 계산방법에 대해서는 제20조가 추가적으로 규정하고 있다.

2) 구두청약의 승낙기간

구두의 청약의 승낙기간은 즉시이며, 특별한 사정이 없는 한 즉시 승낙되어야 한다. 따라서 구두의 청약에 대한 승낙은 즉시 이루어져 청약자에게 도달하여야 유효하게 된다.

3) 승낙기간 후 승낙의 도달

승낙기간 경과 후 승낙이 청약자에게 도달한 경우에는 승낙의 효력이 발생하지 않아 유효한 승낙이 아니므로 계약이 불성립한다. 다만, 이 경우 연착된 승낙(제21조)을 추가로 검토해야 할 것이다.

6. 행위에 의한 승낙(의사실현 계약성립, 제18조 제3항)

가. 의 의

승낙의 의사표시 없이 특정한 행위에 의하여 계약이 성립한 경우를 의사실현에 의한 계약성립이라고 한다. 명시적인 승낙의 의사표시가 없더라도 청약이나 기존의 관행에 따라 단순한 행위만으로도 승낙의 의사표시를 추정할 수 있기 때문에 양당사자의 거래상 편의나 의사존중 차원에서 인정되는 것이다.

나. 요 건

1) 청약이나 관행에 의하여,
2) 제18조 제2항의 승낙기간(청약자가 지정한 기간 또는 합리적 기간)내에
3) 명시적인 승낙 없이 대금지급이나 물품발송 등의 특정한 행위를 하여야 한다.

다. 효 과 - 계약성립시기

계약은 승낙의 효력이 발생하는 때 성립하므로(제23조), 이러한 특정행위를 한 때에 승낙의 효력이 발생하고(제18조 제3항), 결국 특정행위시에 계약이 성립하게 된다.

7. 변경된 승낙(제19조)

> **제19조**
> (1) 승낙을 의도하고 있으나, 부가, 제한 그 밖의 변경을 포함하는 청약에 대한 응답은 청약에 대한 거절이면서 또한 새로운 청약이 된다.
> (2) 승낙을 의도하고 있고, 청약의 조건을 실질적으로 변경하지 아니하는 부가적 조건 또는 상이한 조건을 포함하는 청약에 대한 응답은 승낙이 된다. 다만, 청약자가 부당한 지체없이 그 상위(相違)에 구두로 이의를 제기하거나 그러한 취지의 통지를 발송하는 경우에는 그러하지 아니하다. 청약자가 이의를 제기하지 아니하는 경우에는 승낙에 포함된 변경이 가하여진 청

> 약 조건이 계약 조건이 된다.
>
> (3) 특히 대금, 대금지급, 물품의 품질과 수량, 인도의 장소와 시기, 당사자 일방의 상대방에 대한 책임범위 또는 분쟁해결에 관한 부가적 조건 또는 상이한 조건은 청약 조건을 실질적으로 변경하는 것으로 본다.

가. 의 의(제19조 제1항)

승낙을 의도하고 있으나 원래의 청약을 변경하는 내용을 포함하고 있는 청약에 대한 응답을 변경된 승낙이라고 한다. 이러한 변경된 승낙은 그 변경의 정도가 실질적 변경인지에 따라 그 효과가 달라진다. 따라서 변경된 승낙에서는 그 변경이 실질적 변경인지가 매우 중요하다.

나. 실질적 변경 판단기준(제19조 제3항)

실질적 변경 판단을 용이하게 하기 위하여 제19조 제3항은 그 판단 기준을 구체적으로 규정하고 있다. 대금(지급), 품질과 수량, 인도 장소와 시기, 일방의 책임범위와 분쟁해결에 대한 부가적 또는 상이한 조건은 청약조건을 실질적으로 변경한 것으로 본다. 물론 이러한 내용이 단순한 예시로서 그 밖에도 실질적 변경으로 인정 가능한 요소들이 있을 수 있다.

다. 변경된 승낙의 종류와 효과

1) 실질적 변경인 경우

실질적 변경인 응답은 청약에 대한 거절이자 새로운 청약이 된다(제19조 제1항). 즉 대금(지급), 품질과 수량, 인도 장소와 시기, 일방의 책임범위와 분쟁해결에 대한 부가적 또는 상이한 조건은 실질적으로 변경된 승낙으로서 승낙이 아니라 청약에 대한 거절이자 새로운 청약이 된다.

2) 실질적 변경이 아니나 상대방이 이의제기한 경우

이러한 응답은 위의 경우와 동일하게 청약에 대한 거절이자 새로운 청약이 된다(제19조 제2항, 제19조 제1항). 실질적인 변경으로 보이지는 않아 사소한 변경으로 인정되지만 상대방이 이러한 점에 대하여 이의제기한 경우라면 그러한 변경에 대하여 간과하고 넘어갈 수는 없을 것이다. 이러한 경우는 양당사자간 의사의 합치가 존재하지 않으므로 승낙 및 계약의 성립이 인정되지 않고 이의를 제기한 상대방의 의사를 존중하여 변경된 승낙을 새로운 청약으로 보아 상대방에게 이에 대하여 다시 승낙여부를 결정할 기회를 주는 것이다.

3) 실질적 변경이 아니나 상대방이 이의제기하지 않은 경우

이러한 응답은 변경된 조건내용대로 승낙이 된다. 실질적 변경으로 인정될 정도로 중대한 변경은 아니어서, 상대방이 이에 대한 이의제기를 하지 않은 경우에는 변경된 승낙에 대한 양당사자간 의사의 합치가 존재하므로 더 이상 청약과 승낙을 문제삼지 않고 계약을 인정하는 것이 거래의 신속이나 의사존중 차원에서도 합리적일 것이다.

8. 승낙기간의 계산(제20조)

> **제20조**
> (1) 청약자가 전보 또는 서신에서 지정한 승낙기간은 전보가 발송을 위하여 교부된 시점 또는 서신에 표시되어 있는 일자, 서신에 일자가 표시되지 아니한 경우에는 봉투에 표시된 일 자로부터 기산한다. 청약자가 전화, 텔렉스 그 밖의 同時的 통신수단에 의하여 지정한 승낙기간은 청약이 상대방에게 도달한 시점으로부터 기산한다.
> (2) 승낙기간중의 공휴일 또는 비영업일은 기간의 계산에 산입한다. 다만, 기간의 말일이 청약자의 영업소 소재지의 공휴일 또는 비영업일에 해당하여 승낙의 통지가 기간의 말일에 청약자에게 도달될 수 없는 경우에는, 기간은 그 다음의 최초 영업일까지 연장된다.

가. 승낙기간의 기산점

1) 전보, 서신

발송을 위하여 교부된 시점, 또는 서신이나 봉투에 표시된 일자이다.

2) 전화나 텔렉스 등 동시적 통신수단

청약이 상대방에게 도달한 시점이 승낙기간의 기산점이 된다.

나. 승낙기간의 계산

승낙기간 중의 공휴일(비영업일)은 기간의 계산에 그대로 산입하지만, 기간의 말일이 공휴일인 경우에는 그 다음의 최초 영업일까지 연장된다.

9. 지연(연착)된 승낙

가. 원 칙(제18조 제2항)

승낙기간이 존재하는 경우에 청약에 대한 승낙이 승낙기간(청약자가 지정한 기간 또는 합리적 기간)의 경과 후에 청약자에게 도달하면 원칙적으로 승낙의 효력이 발생하지 않는다(제18조 제2항).

나. 예 외(제21조)

> **제21조**
> (1) 연착된 승낙은 청약자가 상대방에게 지체 없이 승낙으로서 효력을 가진다는 취지를 구두로 통고하거나 그러한 취지의 통지를 발송하는 경우에는 승낙으로서의 효력이 있다.
> (2) 연착된 승낙이 포함된 서신 그 밖의 서면에 의하여, 전달이 정상적이었다면 기간 내에 청약자에게 도달되었을 상황에서 승낙이 발송되었다고 인정되는 경우에는, 그 연착된 승낙은 승낙으로서의 효력이 있다. 다만, 청약자가 상대방에게 지체 없이 청약이 실효되었다는 취지를 구두로 통고하거나 그러한 취지의 통지를 발송하는 경우에는 그러하지 아니하다.

1) 예 외 – 다음 두 가지 경우

가) 청약자가 지체없이 연착된 승낙이 유효하다는 통지를 발송하는 경우(제21조 제1항)에는 연착된 승낙임에도 불구하고 승낙의 효력이 있다.

나) 연착된 승낙의 전달이 정상적이었다면 기간 내에 도달되었을 것이 인정되는 경우에 청약자가 지체없이 청약실효의 통지를 발송하지 않는 때에는 연착된 승낙임에도 불구하고 승낙의 효력이 있다(제21조 제2항). 만약 청약자가 연착된 승낙의 수령 후 지체 없이 청약의 실효 즉 연착된 승낙이 효력이 없음을 발송하였다면 연착된 승낙이 유효한 승낙이 될 수 없다.

2) 승낙효력발생시기(계약성립시기)(제23조)

계약성립시기는 원칙적으로 승낙의 효력발생시기와 동일하므로 연착된 승낙이 예외적으로 유효한 승낙이 되는 경우 연착된 승낙이 도달한 때 승낙의 효력이 인정되어 계약이 성립한다.

10. 승낙의 회수(제22조)

> **제22조**
> 승낙은 그 효력이 발생하기 전 또는 그와 동시에 회수의 의사표시가 청약자에게 도달하는 경우에는 회수될 수 있다.

승낙이 청약자에게 도달하면 승낙의 효력이 발생하고, 승낙의 효력이 발생하는 때에 계약이 성립한다. 그러나 승낙은 그 효력이 발생하기 전 또는 그와 동시에 회수의 의사표시가 청약자에게 도달하는 경우에는 회수될 수 있다.

1) 승낙의 효력이 발생하기 전(청약자에게 도달하기 전) 또는 그와 동시에
2) 승낙회수의 의사표시가 청약자에게 도달하는 경우에는 승낙의 회수가 가능하다.

승낙의 회수가 인정되는 경우에는 승낙이 원래 없던 것으로 되므로 계약이 성립하지 않게 된다.

11. 계약의 성립시기(제23조)

> **제23조**
> 계약은 청약에 대한 승낙이 이 협약에 따라 효력을 발생하는 시점에 성립된다.

가. 계약은 청약에 대한 승낙이 이 협약에 따라 효력이 발생하는 때에 성립한다.

나. 구체적으로 "이 협약에 따라 효력이 발생하는 때"란

1) 제18조 제2항에 따라 승낙이 승낙기간 내에 청약자에게 도달한 때,

2) 제18조 제3항에 따라 승낙기간 내에 의사실현 행위가 있는 때,

3) 제21조에 따라 연착된 승낙이 도달한 때를 의미한다.

12. 의사표시의 도달인정 시기(제24조)

> **제24조**
> 이 협약 제2편의 적용상, 청약, 승낙 그 밖의 의사표시는 상대방에게 구두로 통고된 때 또는 그 밖의 방법으로 상대방 본인, 상대방의 영업소나 우편주소에 전달된 때, 상대방이 영업소나 우편주소를 가지지 아니한 경우에는 그의 상거소에 전달된 때에 상대방에게 "도달"된다.

협약의 제2편상 의사표시 특히 청약과 승낙의 도달은 다음의 경우에 인정된다.

1) 구두의 의사표시는 상대방에게 구두로 통고된 때 즉시 그 도달이 인정된다.

2) 구두의 의사표시 이외의 경우에는 상대방 본인에게 전달된 때, 또는 상대방의 영업소나 우편주소에 전달된 때에 그 도달이 인정된다. 만약 이 경우에 상대방의 영업소나 우편주소가 없는 경우라면 상대방의 상거소에 전달된 때에 그 도달이 인정된다.

관련판례

서울고등법원 2013. 7. 19. 선고 2012나59871 판결 [물품대금]

[판시사항]

갑 주식회사가 타이완에 본사를 둔 을 외국회사에 제품의 수량과 대금을 특정하여 공장인도조건으로 제품을 제작·공급해 달라는 발주서를 보낸 후 을 회사가 송부한 견적송장에서 일부 변경을 가한 대로 타이완공항 본선인도조건으로 신용장을 개설하였는데, 갑 회사가 계속하여 제품 수정을 요구하다가 신용장을 개설한 이후에야 제품 사양에 관한 최종 승인을 한 사안에

서, 을 회사의 제품 인도의무와 갑 회사의 대금지급의무는 동시이행관계에 있다고 한 사례

[판결요지]

갑 주식회사가 타이완에 본사를 둔 을 외국회사에 제품의 수량과 대금을 특정하여 공장인도조건으로 제품을 제작·공급해 달라는 발주서를 보낸 후 을 회사가 송부한 견적송장에서 일부 변경을 가한 대로 타이완공항 본선인도조건으로 신용장을 개설하였는데, 갑 회사가 계속하여 제품 수정을 요구하다가 신용장을 개설한 이후에야 제품 사양에 관한 최종 승인을 한 사안에서, '국제물품매매계약에 관한 국제연합 협약'의 규정과 제반 사정에 비추어, 위 제품 제작·공급계약은 주문서의 청약조건에 견적송장에서 변경을 가한 대로 계약조건이 정해져서 견적송장이 송부된 날 성립되었고 그 이행기는 갑 회사의 최종 승인이 있는 날로부터 을 회사의 제작가능기간을 고려한 최단시간이 경과한 날 무렵으로 보아야 하는데, 신용장거래에서 매수인과 매도인의 각 의무의 이행은 전체적으로 보아 동시이행의 관계에 있다고 평가할 수 있으므로 을 회사의 제품 인도의무와 갑 회사의 대금지급의무는 동시이행관계에 있다고 한 사례.

[참조조문]

국제물품매매계약에 관한 국제연합 협약 제1조 제1항, 제3조 제1항, 제14조 제1항, 제18조 제1항, 제19조, 제33조, 제49조 제1항, 제58조 제1항, 제72조 제1항, 국제사법 제25조, 민법 제527조, 제536조, 제568조

[이 유]

1. 기초 사실

가. 당사자의 지위

원고는 타이완에 본사를 두고 전자부품 제조업 등을 목적으로 하는 회사이고, 피고는 대한민국에 본사를 두고 영상기기 개발 제조, 컴퓨터 및 주변기기 제조 및 도·소매업 등을 목적으로 하는 회사이다.

나. 피고의 원고에 대한 이 사건 물품의 제작, 발주 등

1) 피고는 2010. 4.경 원고에게, 피고가 제조하는 내비게이션에 사용될 터치 윈도우 패널(touch window panel)의 제작 주문 여부를 결정하기 위하여 그 무렵부터 같은 해 8월경까지 피고가 요구하는 위 터치 윈도우 패널의 디자인, 색상 등 사양에 관한 구체적인 요구사항을 전달하고, 원고로부터 이를 반영한 제작도면을 교부받아 검토하였다.

2) 피고는 2010. 8. 13. 터치 윈도우 패널 EP0700MLC3본문내 삽입된 이미지A0G(이하 '이 사건 제품'이라 한다) 5,000개(piece)를 124,000달러에 원고의 타이완 공장에서 인도받는 조건(Ex Works)으로 2010. 8. 30.까지 제작·공급해 달라는 발주서(이하 '이 사건 발주서'라 한다)를 교부하였다. 위 발주서에는 대금의 지급은 신용장에 의하고 이행기를 2010. 8. 30.로 한다고 기재되어 있으며, '승인상 문제로 공용자재인 IC를 제외한 센서판, 커버윈도우, FPCS를 사용할 수 없을 경우 IC를 제외한 나머지 자재 금액의 80%(99,200달러)를 피고가 지급한다.'는 특약(이하 '이 사건 특약'이라 한다)도 함께 기재되어 있다.

3) 원고는 2010. 8. 20. 그때까지 제시된 피고의 사양에 맞춘 샘플을 제작하여 피고의 승인

을 요구하였는데(위 승인요청서에 기재된 구체적 사항은 별지 기재와 같다), 피고는 최종 승인을 하지 아니하고 2010. 10. 8. 적용된 소프트웨어의 사양을 변경할 것을 요구하고, 2010. 10. 15. 전면 윈도우 디자인에 대한 시방서를 제시하며, 2010. 10. 25. 전면 윈도우의 강도에 문제를 제기하는 등으로 계속하여 이 사건 제품의 수정을 요구하였다. 피고는 2010. 10. 26.에 이르러 이 사건 제품의 소프트웨어를 승인하고 2010. 11. 4. 이 사건 제품의 커버 렌즈(Cover Lens) 부품 및 글씨, 색상, 디자인 등을 승인함으로써 원고가 제작한 샘플을 최종적으로 승인하였다(원고의 위 승인요청서에 기재된 사항은 변동이 없다).

다. 피고의 신용장 개설 및 원고의 제작 등

1) 원고는 2010. 9. 13. 피고의 신용장 개설을 위하여 견적송장(PROFOMA INVOICE, 이하 '이 사건 견적송장'이라 한다)을 송부하였다. 이 사건 견적송장의 다른 부분은 이 사건 발주서의 기재와 같으나 다만 대금은 타이완에서의 본선인도조건(FOB Taiwan)에 따른 전신환 사전송금(T/T in advance) 또는 일람불 신용장에 의하여 지급되어야 한다고 기재되어 있고 이행기가 공란으로 되어 있는 점은 이 사건 발주서의 기재와 다르다.

피고는 2010. 10. 21. 이 사건 견적송장을 첨부하여 이 사건 제품의 최종 선적기일을 2010. 11. 20., 수익자를 원고로 한 일람불 신용장(이하 '이 사건 신용장'이라 한다)을 개설하였는데, 이 신용장의 인도조건은 타이완공항 본선인도조건(FOB Taiwan Airport)이다.

2) 원고는 2011. 5. 12. 피고에게 이 사건 제품의 수령을 최고하였다. 이에 대하여 피고는 2011. 5. 23. '이 사건 계약의 이행기는 2010. 11. 20.인데 원고가 위 이행기 내에 이 사건 제품을 제작·공급하지 않았으므로 물품대금을 지급할 의무가 없으며 오히려 원고가 피고에 대하여 손해배상책임을 부담한다'는 취지의 내용증명을 원고에게 보냈다.

3) 원고는 이 사건 변론종결일 현재 이 사건 제품 655개의 제작을 완료하고 반제품 5,122개를 제작하여 보관하고 있다.

2. 주위적 청구에 관한 판단

(.......)

나. 판단

1) 준거법

원고의 주위적 청구는 이 사건 계약에 따른 대금청구이다. 국제사법 제25조는 계약에 관한 준거법에 관하여 사후적으로 합의할 수 있다고 규정하고 있고, 원고와 피고는 당심에서 이 사건에 적용될 준거법을 대한민국법으로 합의하였다.

한편 대한민국이 2004. 2. 17. 국제물품매매계약에 관한 국제연합 협약(United Nations Convention on Contracts for the International Sale of Goods 1980, 이하 'CISG'라 한다)에 가입함에 따라 CISG는 2005. 3. 1.부터 대한민국에서 효력을 가지게 되었는데, CISG 제1조 제1항에 의하면 CISG는 해당 국가가 모두 체약국인 경우(제1호), 또는 ② 국제사법 규칙에 의하여 체약국법이 적용되는 경우(제2호)에 있어서 영업소가 다른 국가에 소재한 당사자 간의 물품매매계약에 적용되고, 한편 CISG 제3조 제1항은 물품을 제조 또는 생산하여 공급하는 계약도 매매로 보고 있다.

앞서 본 인정 사실에 의하면, 이 사건 계약은 타이완에 주된 사무소를 두고 있는 원고와 대한민국에 주된 사무소를 두고 있는 피고 사이에 체결된 제작물공급계약인데 타이완은 CISG의 체약국이 아니지만 이 사건에는 앞서 본 바와 같이 법정지인 대한민국의 국제사법 규정에 따라 체약국인 대한민국의 법이 적용되므로 결국 이 사건에는 CISG가 적용되고, CISG에서 직접적으로 규율하지 않고 있는 법률관계에 관하여는 보충적으로 대한민국의 상법, 민법 등이 적용된다. 이하에서는 원·피고의 대한민국 상법, 민법에 기한 주장을 우선 CISG에 기한 주장으로 보고 CISG에 달리 규정이 없는 경우에는 대한민국 상법, 민법에 기한 주장으로 보고 판단한다.

2) 이 사건 계약의 성립 여부

가) CISG는 청약자의 특정인에 대한 계약체결의 제안이 물품을 표시하고, 명시적 또는 묵시적으로 수량과 대금을 지정하거나 그 결정을 위한 조항을 두고 있는 등으로 충분히 확정적이고, 승낙 시 그에 구속된다는 의사가 표시되어 있는 경우 이는 청약이 되고(제14조 제1항), 청약에 대한 동의를 표시하는 상대방의 진술 그 밖의 행위는 승낙이 되며(제18조 제1항), 승낙을 의도하고 있으나 부가, 제한 그 밖의 변경을 포함하는 청약에 대한 응답은 청약에 대한 거절이면서 또한 새로운 청약이 되고(제19조 제1항), 승낙을 의도하고 있고, 청약의 조건을 실질적으로 변경하지 아니하는 부가적 조건 또는 상이한 조건을 포함하는 청약에 대한 응답은 승낙이 되며, 다만 청약자가 부당한 지체 없이 그 상위에 구두로 이의를 제기하거나 그러한 취지의 통지를 발송하는 경우에는 그러하지 아니하고, 청약자가 이의를 제기하지 아니하는 경우에는 승낙에 포함된 변경이 가하여진 청약조건이 계약조건이 된다(제19조 제2항)고 규정하면서 다만 대금지급, 인도의 장소와 시기 등에 대한 부가적 조건 또는 상이한 조건은 청약조건을 실질적으로 변경한 것으로 보고 있으나(제19조 제3항), 위 제19조 제3항이 그에 정한 조건이 변경되는 경우는 항상 실질적 변경이라는 취지라고 보이지는 않으므로 전체적인 사정에 비추어 실질적 변경인지 여부를 평가할 수 있다고 봄이 상당하다. 한편으로 CISG는 매도인은 계약에 의해 지정되어 있거나 확정될 수 있는 경우에는 그 기일이나 기간, 그 밖의 경우에는 계약 체결 후 합리적인 기간 내 물품을 인도하여야 한다(제33조)고 규정하여 물품의 인도시기의 특정 여부가 계약의 성립과는 무관함을 간접적으로 밝히고 있다.

일반적으로 계약이 성립하기 위하여는 당사자의 서로 대립하는 수 개의 의사표시의 객관적 합치가 필요하고 객관적 합치가 있다고 하기 위하여는 당사자의 의사표시에 나타나 있는 사항에 관하여는 모두 일치하고 있어야 하는 한편 계약 내용의 '중요한 점' 및 계약의 객관적 요소는 아니더라도 특히 당사자가 그것에 중대한 의의를 두고 계약성립의 요건으로 할 의사를 표시한 때에는 이에 관하여 합치가 있어야 하지만(대법원 2012. 4. 26. 선고 2010다10689, 10696 판결 등 참조), 반드시 중요한 점 전부에 관하여 구체적으로 특정되어 있어야 할 필요는 없고 사후에라도 이를 특정할 수 있는 방법과 기준이 구체적으로 정해져 있는 이상 계약의 성립을 인정하는 데 장애가 되는 것은 아니다(대법원 2012. 8. 30. 선고 2010다73826, 73833 판결 등 참조).

나) 위 인정 사실과 갑 제1 내지 5호증의 각 기재, 제1심증인 소외 1, 소외 2의 각 증언에 변론 전체의 취지를 더하여 인정되는 다음과 같은 사정, 즉 이 사건 제품은 피고가 제조할 내비게이션에 특화된 제품으로 제작되어 다른 용도로는 전용할 수 없는 점, 피고는 2010. 8. 13.

원고에게 이 사건 제품의 수량과 대금, 이행기가 모두 기재된 이 사건 발주서를 보냈고, 위 발주서에는 위험부담에 관한 이 사건 특약까지 기재되어 있었던 점, 피고는 이 사건 발주서를 보내기 이전에도 수차례에 걸쳐 원고에게 피고의 요구 사양에 맞춘 제작도면 및 샘플제작을 요구하는 이메일을 보냈고, 원고도 이에 맞추어 이 사건 제품의 샘플 등을 제작하여 피고에게 보내 승인을 받았으며, 그 결과 피고가 이 사건 발주서를 보낸 점, 이 사건 발주서에는 이행기가 '2010. 8. 30.'임에도 그 이후까지 이 사건 제품에 대한 계속적인 사양 변경이 있다가 2010. 11. 4. 최종 승인이 이루어졌는데, 이 사건 제품은 피고의 최종 승인이 있어야 비로소 제작이 가능한 점, 피고가 이 사건 신용장 개설 의뢰 당시 이행기를 '2010. 11. 20.'로 기재한 점, 비록 원고가 2010. 9. 13. 이 사건 견적송장을 송부하면서 대금은 타이완에서의 본선인도조건에 따른 전신환 사전송금 또는 일람불 신용장에 의하여 지급되어야 한다고 기재하여 이 사건 발주서와 일부 상이하게 기재하였다고 하더라도, 위 지급방법을 선택적으로 기재하여 피고의 선택에 따르겠다는 취지를 표시하였고 이에 대하여 피고가 신용장을 개설함으로써 당초와 같이 신용장에 의한 대금지급으로 조건이 확정되었으며 대금지급이 이루어지게 되었고, 이 사건 발주서의 인도조건인 공장인도조건과 이 사건 견적송장 또는 이 사건 신용장의 인도조건인 타이완공항 본선인도조건은 실질적으로 그리 큰 차이가 아니므로, 원고가 이 사건 견적송장에서 변경한 것은 부가적인 것에 불과하고 그에 대하여 피고가 즉시 이의를 하였다고 볼 자료도 없는 점 등을 위에서 본 법리와 CISG 규정에 비추어 살펴보면, 피고는 이 사건 발주서 이전에 원고에게 사양에 따른 제작도면 등을 요구하는 등의 과정을 거치면서 원고의 제작능력을 신뢰하게 되어, 공급을 요구하는 물건의 수량 및 대금을 특정한 이 사건 발주서를 보냈고, 이에 대하여 원고가 별다른 이의 제기 없이 이 사건 제품의 제작을 위한 후속 조치에 착수하여 피고와 사이에 계속적인 협의를 통해 제작도면 및 샘플을 제작하는 등으로 피고의 청약을 승낙하면서 일부 부수적인 조건을 변경한 견적송장을 송부하였으니, 결국 이 사건 계약은 이 사건 주문서의 청약조건에 이 사건 견적송장에서 변경을 가한 대로 계약조건이 정해져 체결되었다고 할 것이고, 다만 이 사건 제품은 피고의 최종 승인을 거쳐야 제작이 가능하므로 원고와 피고는 이행기를 추후의 진행 경과를 보아 특정하기로 하였는데 뒤에서 보는 여러 사정에 비추어 보면 최소한 그 이행기를 특정할 수 있는 방법과 기준은 묵시적으로라도 정하고 있었다고 봄이 상당하다.

다) 따라서 이 사건 계약은 이 사건 견적송장이 송부된 날인 2010. 9. 13.경 성립되었다고 할 것이고, 이 사건 계약이 당초부터 이행기가 특정되지 않았거나 2010. 12. 말경까지 이행기의 합의가 없어 불성립하였다는 피고의 주장은 이유 없다.

3) 이 사건 계약의 효력발생 여부 및 이행기

가) 이 사건 계약이 정지조건부 계약인지

어떠한 법률행위가 조건의 성취 시 법률행위의 효력이 발생하는 소위 정지조건부 법률행위에 해당한다는 사실은 그 법률행위로 인한 법률효과의 발생을 저지하는 사유로서 그 법률효과의 발생을 다투려는 자에게 주장·입증책임이 있다(대법원 1993. 9. 28. 선고 93다20832 판결 등 참조). 이 사건 계약이 이 사건 제품 사양의 최종 확정일 이후 상당 기간 내에 이행기가 확정될 것을 조건으로 하는 정지조건부 계약인지 보건대, 이를 인정할 아무런 증거가 없고, 뒤에서 보는 바와 같이 이 사건 계약의 이행기는 2010. 12. 말 이전에 이미 확정되었다고 볼 것이므로, 이 부분 피고의 주장은 이유 없다.

나) 이 사건 계약의 이행기 확정 및 도달 여부

피고가 이 사건 발주서에 이행기를 2010. 8. 30.로 기재하였다가 2010. 10. 21. 이 사건 신용장 개설을 의뢰하면서 선적기일을 2010. 11. 20.로 기재한 사실은 앞서 본 바이고, 그 이후 원고와 피고가 달리 특정일을 이행기로 정하기로 하는 명시적인 합의를 하였다는 증거는 없다.

① 피고가 제조·판매하는 내비게이션은 제품의 라이프사이클이 짧고 경쟁이 치열한 상품으로 적기에 제품을 출시하지 못한다면 판매경쟁에서 뒤쳐질 위험이 큰 상품이므로 피고는 조기에 이 사건 제품을 공급받기를 원하였고, 이러한 사정은 원고도 충분히 알고 있었다.

② 그러나 원고는 이 사건 제품 사양에 관한 피고의 최종 승인을 받아야만 이 사건 제품의 제작을 완성할 수 있고 이 사건 발주서 교부 당시나 이 사건 견적송장 송부 당시에는 아직 최종 승인이 없었으므로 원고와 피고는 이 사건 제품의 이행기를 확정할 수 없었고, 피고는 이 사건 신용장을 개설한 이후인 2010. 11. 4.에야 원고에게 이 사건 제품 사양에 관한 최종 승인을 해 주었다.

(.......)

이러한 사정을 종합하여 보면, 원고와 피고는 이 사건 계약 체결 당시 그 이행기를 이 사건 제품의 제작도면 및 샘플이 최종 승인된 이후에 정하기로 하되, 원고의 제작가능기간을 고려한 최단시간으로 이를 특정하기로 합의하였다고 할 것이다. 그런데 피고의 최종 승인이 2010. 11. 4. 있었고 이로부터 커버 렌즈를 주문하여 수령한 후 원고가 추가적인 작업을 하는 데 필요한 기간이 적어도 4 내지 6주 정도 걸리는 것을 원고와 피고 모두 알고 있었다고 보이므로, 그 이행기는 2010. 12. 2.에서 2010. 12. 16. 무렵이라고 할 것이고, 피고가 이 사건 신용장상의 선적기일로 정한 2010. 11. 20.은 이 사건 신용장을 개설할 무렵 최종 승인이 있는 것을 전제로 피고의 희망 이행기를 나타낸 것에 불과하다고 보인다.

따라서 이 사건 계약의 이행기는 이미 확정되어 도달하였다고 할 것이므로, 이와 다른 전제에 서 있는 피고의 이 부분 주장은 이유 없다.

4) 이 사건 계약의 해제가 적법한지 여부

가) 이 사건 계약이 정기행위인지 여부

피고는 이 사건 계약의 이행기가 2010. 11. 20.임을 전제로 이 부분 주장을 하고 있으나 그 이행기는 2010. 12. 2.에서 2010. 12. 16. 무렵으로 보아야 할 것인 점은 앞서 판단한 바와 같다. 그러나 위 이행기에도 원고가 이행을 하지 아니한 것은 마찬가지이므로 위 주장을 나아가 살펴본다.

CISG 제49조 제1항 (가)호는 매도인의 의무 불이행이 본질적 계약 위반으로 되는 경우 매수인은 계약을 해제할 수 있다고 규정하고 있으므로, 계약의 성질이나 당사자의 합의에 따라 인도시기의 무조건적인 준수가 그 계약에 있어 본질적인 의미를 가지는 정기행위의 경우에는 이행기의 미준수는 계약의 본질적인 위반이 되어 매수인은 계약을 해제할 수 있다.

그러나 피고가 제조·판매하는 내비게이션이 라이프사이클이 짧고 경쟁이 치열한 상품으로 적기에 제품을 출시하지 못한다면 판매경쟁에서 뒤쳐질 위험이 큰 상품이라는 점이나 피고가 조기에 이 사건 제품을 공급받기를 원하였고 원고 역시 이러한 사정을 알았다는 점 등 앞서 본 사정만으로는 이 사건 계약의 성질이 정기행위라고 보기는 어렵고, 위에서 배척한 증거 이외에 원고와 피고 사이에 이 사건 계약이 이행기를 경과하여서는 피고에게 이행 받을 이익이 전혀 없는 계약이라는 점에 대한 합의가 있었다고 볼 증거도 없다. 따라서 이 부분 피고의 주장은 이유 없다.

나) 원고의 이행거절 또는 이행지체 여부

CISG 제49조 제1항 (나)호는 인도 불이행의 경우에는, 매도인이 CISG 제47조 제1항에 따라 매수인이 정한 부가기간 내에 물품을 인도하지 아니하거나 그 기간 내에 인도하지 아니하겠다고 선언한 경우에는 계약을 해제할 수 있고, 제72조 제1항은 계약의 이행기일 전에 당사자 일방이 본질적 계약 위반을 할 것이 명백한 경우에는, 상대방은 계약을 해제할 수 있다고 규정하고 있다.

을 제1, 2호증의 각 기재에 의하면, 소외 1은 2010. 11. 18. 원고를 대리하여 피고에게 '이번 주 중으로 이 사건 신용장의 선적기일 수정에 필요한 조치를 해 주셔야 원고가 앞서 제시한 일정을 맞출 수 있고, 만일 어떤 조치도 취하지 않으면 이 사건 계약을 포기하는 것으로 알겠다.'는 취지의 이메일을 보냈고, 원고는 2010. 12. 24. 소외 1에게 이 사건 제품의 납품이 취소된 것을 전제로 피고가 이 사건 특약에 따라 자재대금의 80%를 책임져야 한다는 취지를 피고에게 전달하여 달라고 하여 소외 1이 이를 피고의 담당자에게 전달한 사실을 인정할 수 있으나, 앞서 본 이 사건 신용장의 선적기일이 정해진 경위나 원고가 그 수정을 수차 요구하였던 점, 피고의 최종 승인이 늦어짐에 따라 이 사건 신용장이 정한 선적기일에 공급되지 않을 것이 객관적으로 명백하고 피고 역시 이를 알고 있었다고 보임에도 피고는 위 선적기일을 변경하지 아니한 점, 이 사건 특약은 원고의 제작도면 또는 샘플이 피고의 요구 사양에 미치지 못하여 승인을 받지 못한 경우의 정산관계를 정한 것인데 피고는 이미 이 사건 제품에 대한 최종 승인을 하였으므로 이 사건 특약이 규율하는 대상이 아니라는 점, 원고의 위와 같은 통지는 피고가 이행기 변경에 대한 명시적 입장을 제시하지 아니하고 대금지급에 대한 명확한 태도를 보이지 않음에 따라 그에 대한 분명한 입장을 요구하는 가운데 이루어진 것이라는 점, 원고는 실제로 이 사건 제품을 제작하였고, 비록 이행기가 경과하기는 하였으나 2011. 5. 12.경 그 수령을 최고하기도 한 점 등에 비추어 보면, 원고의 위와 같은 통지만으로 원고가 이 사건 계약의 이행을 확정적으로 거절한 의사를 표시한 것으로 보기는 부족하고, 위에서 배척한 증거 이외에 달리 이를 인정할 증거가 없다.

다음으로 원고의 이행지체 여부에 관하여 본다.

CISG 제58조 제1항은 매수인이 다른 특정한 시기에 대금을 지급할 의무가 없는 경우에는, 매수인은 매도인이 계약과 이 협약에 따라 물품 또는 그 처분을 지배하는 서류를 매수인의 처분하에 두는 때에 대금을 지급하여야 하며, 매도인은 그 지급을 물품 또는 서류의 교부를 위한 조건으로 할 수 있다고 규정하고 있을 뿐 동시이행항변권의 효과에 대한 특별한 규정을 두고 있지 않다. 쌍무계약에서 서로 대가관계에 있는 당사자 쌍방의 의무는 원칙적으로 동시이행의 관계에 있는 것이고(대법원 2011. 2. 10. 선고 2010다77385 판결 등 참조), 이 사건 계약에서 합의한 원래의 대금지급방법은 일람불 신용장에 의한 것으로, 신용장에 의한 대금지급절차는 먼저 매수인이 개설은행을 통하여 신용장을 개설하고(이때 통상적으로 매수인은 개설은행에 담보를 제공한다) 신용장이 개설되었음이 매도인에게 통지되면 매도인이 약정한 인도조건에 따라 물건을 운송인에게 인도한 후 선적서류 등을 교부받아 이를 은행에 매도하거나 추심위임을 하고, 선적서류 등이 매입은행이나 추심은행을 통하여 개설은행에 제시되면 개설은행이 신용장대금을 결제하게 되는데(이때 통상적으로 개설은행은 매수인으로부터 결제대금을 수령하여 신용장대금을 결제한다), 이러한 신용장거래에 있어서 매수인과 매도인의 각 의무의 이행은 전체적으로 보아 동시이행의 관계에 있다고 평가할 수 있다. 따라서 원고의 이 사건 제품 인도의무와 피고의 대금지급의무는 동시이행관계에 있다고 할 것이므로 대금의 지급을 신용장 이외의 방식으로 하게 되는 경우에도 이러한 동시이행관계는 유지되어야 한다. 쌍무계약에서 쌍방의 채무가 동시이행관계에 있는 경우 일방의 채무의 이행기가 도래하더라도 상대방 채무의 이행제공이 있을 때까지는 그 채무를 이행하지 않아도 이행지체의 책임을 지지 않는 것이며, 이와 같은 효과는 이행지체의 책임이 없다고 주장하는 자가 반드시 동시이행의 항변권을 행사하여야만 발생하는 것은 아니다(대법원 2010. 10. 14. 선고 2010다47438 판결 등 참조). 그러므로 비록 원고가 이 사건 제품을 위 이행기에 인도하지 아니하였다고 하더라도 피고가 자신의 채무를 이행하거나 이행의 제공을 하였다고 볼 아무런 주장·입증이 없는 이상 원고가 이행지체의 책임을 지는 것은 아니다.

다) 그러므로 이 사건 계약이 정기행위이라거나 원고가 이행거절 또는 이행지체를 하였다는 점을 전제로 한 피고의 해제는 부적법하다.

5) 동시이행의 항변에 관한 판단

원고의 이 사건 제품 인도의무와 피고의 대금지급의무가 동시이행관계에 있음은 앞서 본 바이므로, 피고는 원고의 이 사건 제품의 인도와 상환으로서만 대금을 지급할 의무를 부담한다. 이를 지적하는 피고의 이 부분 주장은 이유 있다.

6) 소결

그렇다면 피고는 원고로부터 이 사건 제품(그 구체적인 명세는 이 사건 발주서에 기재된 바에 따르되, 당사자 사이에 합의된 데 따라 별지에 기재된 규격을 충족하여야 한다) 5,000개를 이 사건 계약에서 정한 조건인 타이완공항 본선인도조건(FOB Taiwan Airport)으로 인도받음과 동시에, 원고에게 124,000달러를 지급할 의무가 있다(원고는 2011. 5. 13. 이후 지연손해금의 지급을 구하나 피고의 대금지급의무 역시 원고의 이 사건 제품 인도의무와 동시이행관계에 있는데 원고가 피고에게 이 사건 계약에 따른 이행 또는 이행의 제공을 하였다고 볼 증거가 없어 피고에게 이행지체책임을 물을 수 없으므로, 이 부분 청구는 이유 없다).

한편 원고의 예비적 청구는 이 사건 제품의 도면 등을 피고로부터 승인받지 못하여 피고에 대한 대금지급채권이 성립하지 않음을 전제로 하여 이 사건 특약에 기한 약정금을 청구하는 것인데, 위와 같이 피고의 이 사건 계약에 기한 대금지급채무가 인용되고 다만 동시이행을 명함에 불과하므로, 예비적 청구에 관하여는 따로 판단하지 아니한다.

제3편

물품의 매매

제1장 총 칙

1. 본질적 (계약)위반(제25조)

> **제25조**
> 당사자 일방의 계약위반은, 그 계약에서 상대방이 기대할 수 있는 바를 실질적으로 박탈할 정도의 손실을 상대방에게 주는 경우에 본질적인 것으로 한다. 다만, 위반 당사자가 그러한 결과를 예견하지 못하였고, 동일한 부류의 합리적인 사람도 동일한 상황에서 그러한 결과를 예견하지 못하였을 경우에는 그러하지 아니하다.

가. 요 건

당사자 일방의 계약위반이 본질적 위반으로 인정되기 위해서는

1) 당사자 일방의 계약위반이 있고,

2) 계약상 가능한 상대방의 기대를 실질적으로 박탈한 정도의 손실을 상대방에게 주는 경우이어야 한다.

3) 다만, 위반 당사자가 계약체결시 그러한 손실을 예견 불가능하였고(and) 동일부류의 합리적인 사람도 동일한 상황에서 예견 불가능하였을 경우가 아니어야 한다.

나. 효 과

본질적 계약위반의 경우에는 부가기간의 지정없이 즉시 계약해제가 가능하다(제49조 제1항 가호). 그 밖에도 대체물인도청구 등의 인정요건중 하나로서 본질적 계약위반이 필요하다.

다. 구체적인 예시

1) 본질적 계약위반인 경우

가) 단순한 지체가 아닌 미인도 또는 미지급(최종적인 이행거절 포함)

나) 확정된 이행기 도과한 경우(이행기가 중요한 정기계약 등)

2) 본질적 계약위반이 아닌 경우

가) 단순한 인도 지급의 지연

나) 반복된 급부의무 중 1회 불이행

다) 계약 일부를 불이행하였으나 전체목적 달성에 지장이 없는 경우

2. 계약해제의 통지(제26조)

> 제26조
> 계약해제의 의사표시는 상대방에 대한 통지로 행하여진 경우에만 효력이 있다.

계약해제의 의사표시는 상대방에 대한 통지로 행하여진 경우에만 효력이 있고, 자동으로 계약이 해제되지는 않는다. 즉 계약해제의 모든 요건이 충족되더라도 그 사실만으로 계약해제의 효과가 발생하는 것은 아니며, 해제권자가 해제권을 행사하여야 계약이 해제된다. 그리고 협약상 계약해제권 행사는 우리 민법과 달리 최고를 요건으로 하지 않으므로 이행의 최고를 할 필요없이 해제권을 행사하면 된다.

3. 통신상의 지연과 오류(제27조)

> 제27조
> 이 협약 제3편에 별도의 명시규정이 있는 경우를 제외하고, 당사자가 이 협약 제3편에 따라 상황에 맞는 적절한 방법으로 통지, 청구 그 밖의 통신을 한 경우에, 당사자는 통신의 전달 중에 지연이나 오류가 있거나 또는 통신이 도달되지 아니하더라도 그 통신을 주장할 권리를 상실하지 아니한다.

이 협약 제3편 물품의 매매에 별도의 명시적 규정이 있는 경우를 제외하고 적절한 방법으로 통지한 경우에는 상대방에게 도달하지 않더라도 주장할 권리를 상실하지 아니한다.(제3편에 대한 발신주의 규정, cf. 제2편 계약의 성립은 도달주의 규정)

즉 계약해제는 제3편에 규정되어 있으므로 제2편 계약의 성립의 의사표시(청약과 승낙)들과 달리 발신주의를 원칙으로 하고 있어, 별도의 규정이 없는 한 도달과 무관하게 효력이 발생한다.

4. 특정이행과 국내법

> **제28조**
> 당사자 일방이 이 협약에 따라 상대방의 의무이행을 요구할 수 있는 경우에도, 법원은 이 협약이 적용되지 아니하는 유사한 매매계약에 관하여 자국법에 따라 특정이행을 명하는 판결을 하여야 하는 경우가 아닌 한, 특정이행을 명하는 판결을 할 의무가 없다.

계약 위반 당사자에게 계약상 의무이행을 청구하는 특정이행청구가 협약상 인정되더라도, 자국법(국내법)상 특정이행이 인정되지 않는 경우라면 그 나라의 법원은 특정이행판결을 반드시 해야 하는 것은 아니다. 따라서 의무가 없다는 의미이므로 특정이행판결을 해도 무방하다.

5. 계약의 변경과 종료(제29조)

> **제29조**
> (1) 계약은 당사자의 합의만으로 변경 또는 종료될 수 있다.
> (2) 서면에 의한 계약에 합의에 의한 변경 또는 종료는 서면에 의하여야 한다는 규정이 있는 경우에, 다른 방법으로 합의 변경 또는 합의 종료될 수 없다. 다만, 당사자는 상대방이 자신의 행동을 신뢰한 한도까지는 그러한 규정을 원용할 수 없다.

가. 원 칙

원칙적으로 계약은 당사자의 합의만으로 변경·종료될 수 있다(제29조 제1항).

나. 예 외(제29조 제2항)

1) 다만, 서면계약상

2) 합의변경 또는 종료는 서면으로 해야 한다는 규정이 있는 경우에는

3) 다른 방법으로 합의변경 또는 종료될 수 없고, 서면에 의하여 합의변경 종료되어야 한다.

4) 그러나 자신의 행동에 의한 상대방의 신뢰는 그 한도 내에서 보호된다. 즉 자신의 행동을 믿고 행동한 상대방에 대해서는 계약의 변경 종료가 서면에 의한 것이 아니라는 이유로 변경종료가 무효라는 주장을 할 수 없다는 의미이다. 이러한 행동에 해당하는 경우로는 채무면제나 화해 등을 들 수 있다.

5) 만약 매매계약을 서면이 아닌 구두의 방식으로 체결하였다면, 구두계약에는 제29조 제2항이 적용되지 않으므로 구두계약상 계약의 변경종료는 서면에 의하기로 합의하였더라도 구두 합의만으로 계약의 변경종료가 가능하다. 원래의 계약이 서면에 의한 것

이 아니므로 그 후에 부수적으로 계약을 변경 종료하는 것도 서면에 의할 필요가 없기 때문으로 보인다.

제2장   매도인의 의무

협약 제3편 제2장은 매도인의 의무를 규정하고 있다. 매도인의 의무로는 물품인도의무, 서류교부의무, 소유권이전의무가 있다. 제30조는 매도인 의무의 종류를 개괄적으로 규정하고 있고, 제1절(제31조~제34조)은 물품의 인도와 서류의 교부에 대하여, 제2절(제35조~제44조)은 물품의 적합성 및 제3자의 권리주장(권리 적합성)에 대하여, 제3절(제45조~제52조)은 매도인의 계약위반에 대한 구제 즉 매도인의 의무위반시 매수인의 구제에 대하여 각각 규정하고 있다.

1. 매도인의 의무 개관(제30조)

> 제30조
> 매도인은 계약과 이 협약에 따라 물품을 인도하고, 관련 서류를 교부하며 물품의 소유권을 이전하여야 한다.

매도인은 계약과 이 협약에 따라

1) 물품을 인도하고(물품인도의무)

2) 관련 서류를 교부하며(서류교부의무)

3) 물품의 소유권을 이전해 주어야 할 의무를 매수인에게 부담한다(소유권이전의무).

4) (계약적합의무)제30조에 명시적으로 규정되어 있지는 않으나, 매매 계약의 성질상 물품의 계약적합의무도 당연히 부담한다.

5) 다만 물품의 소유권이전의무와 관련하여 그 구체적인 내용은 각국마다 다르기 때문에 협약이 적용되지 않고(제4조 나호), 법정지의 국제사법에 의해 정해진 준거법을 기준으로 정해질 것이다.

제1절 물품의 인도와 서류의 교부

1. 매도인의 인도 장소와 방법(제31조)

> **제31조**
> 매도인이 물품을 다른 특정한 장소에서 인도할 의무가 없는 경우에, 매도인의 인도의무는 다음과 같다.
> (가) 매매계약에 물품의 운송이 포함된 경우에는, 매수인에게 전달하기 위하여 물품을 제1운송인에게 교부하는 것.
> (나) (가)호에 해당되지 아니하는 경우로서 계약이 특정물에 관련되거나 또는 특정한 재고품에서 인출되는 불특정물이나 제조 또는 생산되는 불특정물에 관련되어 있고, 당사자 쌍방이 계약 체결시에 그 물품이 특정한 장소에 있거나 그 장소에서 제조 또는 생산되는 것을 알고 있었던 경우에는, 그 장소에서 물품을 매수인의 처분 하에 두는 것.
> (다) 그 밖의 경우에는, 계약 체결시에 매도인이 영업소를 가지고 있던 장소에서 물품을 매수인의 처분 하에 두는 것.

가. (계약상) 인도할 특정한 장소가 있는 경우

매도인의 인도의무에 대하여 특정한 장소가 있는 경우에는 그 특정한 장소에서 인도하여야 한다. 이는 당사자의 합의가 최우선이기도 하고, 또한 제31조가 당사자간에 장소에 대한 합의가 없는 경우에 적용됨을 명시하고 있으므로 그 반대해석상 당사자간에 장소에 대한 합의가 있으면 그에 따른다는 취지라고 할 것이다.

나. (계약상) 인도할 특정한 장소가 없는 경우(제31조)

1) 운송포함 매매인 경우

매매계약에 물품의 운송까지 포함된 경우를 운송포함 매매라고 칭한다. 즉, 매매계약상 특정한 장소가 없는 경우에 매매계약에 물품의 운송이 포함된(운송포함 매매) 경우에는 매도인은 제1운송인에게 교부하면 매도인의 인도의무를 다한 것이 된다(가호). 따라서 인도장소를 별도로 합의하지 않은 경우라면 제1운송인에게 교부한 것으로 충분하고, 추가적으로 목적지에 도착 후 매수인에게 인도하거나 매수인의 처분하에 둘 필요가 없다. 또한 제1운송인에게 교부하면 되므로 운송인이 여러 명인 경우에는 별도의 합의가 없는 한 첫 번째 운송인에게 교부한 것으로 매도인의 인도의무가 종료된다.

2) 운송포함 매매가 아닌 경우

매매계약상 특정한 장소가 없고, 운송포함 매매도 아닌 경우에 계약이 특정물에 관련되거나, 특정재고품과 관계있는 불특정물과 관련되어 있고, 쌍방이 계약 체결시에 물품이 특정한 장소에 있거나 생산되는 것을 알고 있는 경우에는 매도인이 그 장소에서 물건을 매수인의 처분하에 두는 것으로 매도인의 인도의무를 다한 것이 된다(나호). 매수인의 처분하에 둔다는 것은 매수인이 자유롭게 물건을 처분할 수 있어야 한다는 의미이지만 매수인에게 현실적인 점유이전을 해야 하는 것은 아니고, 물건을 특정하여 인도받을 것을 통지하는 것으로도 매수인의 처분은 가능하므로 매도인의 인도의무가 완료된다.

3) 그 밖의 경우

마지막으로 인도할 특정한 장소가 없는 경우로서 (가)호와 (나)호에 해당하지 않는 경우(즉 계약상 인도할 특정한 장소가 없고, 운송포함 매매가 아닌 경우이면서, 특정물과 관련성 등이 없는 경우)에는 계약체결시 매도인의 영업소가 있는 장소에서 매수인의 처분하에 두는 것이 매도인의 인도의무가 된다(다호). 이 때 매도인의 영업소가 복수이거나 없는 경우에는 제10조에 따라 결정하고, 매수인의 처분하에 두는 것의 의미도 운송포함 매매가 아닌 경우(나호)와 동일하다.

2. 물품인도에 부수하는 의무(제32조)

> **제32조**
> (1) 매도인이 계약 또는 이 협약에 따라 물품을 운송인에게 교부한 경우에, 물품이 하인(荷印), 선적서류 그 밖의 방법에 의하여 그 계약의 목적물로서 명확히 특정되어 있지 아니한 때에는, 매도인은 매수인에게 물품을 특정하는 탁송통지를 하여야 한다.
> (2) 매도인이 물품의 운송을 주선하여야 하는 경우에, 매도인은 상황에 맞는 적절한 운송수단 및 그 운송에서의 통상의 조건으로, 지정된 장소까지 운송하는 데 필요한 계약을 체결하여야 한다.
> (3) 매도인이 물품의 운송에 관하여 부보(附保)할 의무가 없는 경우에도, 매도인은 매수인의 요구가 있으면 매수인이 부보하는데 필요한 모든 가능한 정보를 매수인에게 제공하여야 한다.

가. 제32조는 계약 또는 협약에 따라 매도인이 물품을 운송인에게 교부해야 하는 경우 물품인도에 부수되는 의무를 규정하고 있다.

나. 물품 특정통지의무(제1항)

매도인이 매수인이 아닌 운송인에게 물품을 교부한 경우 명확히 특정되지 아니한 경우에는 물품을 특정하는 탁송통지를 하여야 한다. 이 의무는 위험부담과 관련하여 의미를 갖는다. 즉 물품의 운송이 포함된 계약에 관한 규정인 제67조 제2항은 위험은 물품이 하인(荷印), 선적서류, 매수인에 대한 통지 그 밖의 방법에 의하여 계약상 명확히 특정될 때까지 매수인에게 이전하지 아니한다고 규정하고 있어, 매도인이 제32조 제1항의 특정통지의무에 위반하여 특정되지 않는다면 위험부담도 매수인에게 이전되지 않는다. 그리고 기타의 경우에 관한 규정인 제69조 제3항도 불특정물에 관한 계약의 경우에, 물품은 계약상 명확히 특정될 때까지 매수인의 처분하에 놓여지지 아니한 것으로 본다고 규정하고 있어, 매도인이 제32조 제1항의 특정통지의무에 위반하여 특정되지 않는다면 위험부담도 매수인에게 이전되지 않는다. 본 조항을 위반하여 매수인에게 손해가 발생한 경우 매수인은 당연히 매도인에게 계약상 의무위반에 따른 손해배상청구권을 행사할 수 있다(제45조).

다. 운송계약체결의무(제2항)

매도인이 물품의 운송을 주선해야 하는 경우 지정된 장소까지 운송하는 데 필요한 계약을 체결해야 한다. 즉 매도인이 계약상 단순한 인도의무 이외에 물품의 운송도 주선해야하는 경우(ex. CIF조건 매매) 매도인은 필요한 합리적인 조건과 내용으로 지정된 장소까지 운송계약을 체결해야 한다.

라. 운송보험관련 정보제공의무(제3항)

매도인이 물품의 운송에 관하여 부보(보험)의무가 없는 경우(ex. FOB 조건 매매)에도 매수인의 요구가 있으면 매수인이 부보하는데 필요한 모든 가능한 정보를 제공하여야 한다. 매도인이 물품의 운송에 관하여 보험계약을 체결할 의무가 있는 경우라면 관련 정보제공이 불필요하다. 그러나 매도인이 보험계약체결의무가 없는 경우라면 매수인이 보험계약을 체결할 것인데, 매수인은 물품에 관련한 정보가 불충분하기 때문에 매수인의 요구가 있는 경우 충분한 정보를 가지고 있는 매도인에게 정보제공의무를 부과하고 있는 것이다.

관련쟁점

- **인코텀즈(INCOTERMS)**

인고텀즈(INCOTERMS)란 INternational COmmercial TERMS의 약자이다. 국제무역에 있어서 비용과 위험부담 등에 대한 조건을 명확히 규율하여 분쟁을 최소화하기 위해 국제상업회의소가 제정한 규칙이다. 그 중 실무상 널리 사용되는 것은 FOB와 CIF가 있다.

① FOB(Free On Board)는 물품이 본선(운송선)의 선상에 놓아 인도한 때까지 위험과 비용을 매도인이 부담하는 것이다. 따라서 그때 위험이 매도인에서 매수인으로 이전하고, 매도인은 운송과 보험계약에 대하여 책임이 없다.

② CIF(Cost, Insurance and Freight)는 FOB와 동일하게 물품이 본선(운송선)의 선상에 놓아 인도한 때까지 위험과 비용을 매도인이 부담하는 것은 물론, 추가적으로 목적항 까지의 보험료와 운임까지 판매자가 부담하는 것이다. 이 경우 FOB와 달리 매도인이 보험계약에 대한 책임을 부담한다.

결국 FOB와 CIF는 위험이전의 시기는 동일하나, 비용부담의 범위에 대하여만 차이가 있다.

3. 물품 인도의 시기(제33조)

제33조
매도인은 다음의 시기에 물품을 인도하여야 한다.
  (가) 인도기일이 계약에 의하여 지정되어 있거나 확정될 수 있는 경우에는 그 기일
  (나) 인도기간이 계약에 의하여 지정되어 있거나 확정될 수 있는 경우에는 그 기간 내의 어느 시기. 다만, 매수인이 기일을 선택하여야 할 사정이 있는 경우에는 그러하지 아니하다.
  (다) 그 밖의 경우에는 계약 체결 후 합리적인 기간 내.

제33조는 매도인의 물품인도 시기에 대하여 규정하고 있다.

가. 인도기일이 계약상 지정되어 있거나 계약상 확정 가능한 경우

매도인은 그 기일에 물품을 인도하여야 한다(가호).

나. 인도기간이 계약상 지정되었거나 확정 가능한 경우

매도인은 그 기간 내의 어느 시기에 물품을 인도하여야 한다. 다만, 매수인이 기일을 선택하여야 하는 경우에는 그러하지 아니하다(나호). 인도시기가 기간으로 정해진 경우라면 그 기간 내의 어느 시점에 인도하면 충분하다. 다만 매수인이 기일을 선택해야 하는 경우라면 매도인은 매수인의 기일 선택 후에 이행해야 할 것이다.

다. 그 밖의 경우

위의 (가)호와 (나)호 이외의 경우 매도인은 계약체결 후 합리적인 기간 내에 물품을 인도하여야 한다(다호).

라. 매도인의 인도시기 위반의 효과

매도인의 의무위반을 이유로 제45조 이하 매수인의 구제수단 행사가 가능하다.

4. 서류교부의무(제34조)

> **제34조**
> 매도인이 물품에 관한 서류를 교부하여야 하는 경우에, 매도인은 계약에서 정한 시기, 장소 및 방식에 따라 이를 교부하여야 한다. 매도인이 교부하여야 할 시기 전에 서류를 교부한 경우에는, 매도인은 매수인에게 불합리한 불편 또는 비용을 초래하지 아니하는 한, 계약에서 정한 시기까지 서류상의 부적합을 치유할 수 있다. 다만, 매수인은 이 협약에서 정한 손해배상을 청구할 권리를 보유한다.

가. (계약상 규정이 있거나 필요한 경우) 매도인은 물품에 관한 서류를 교부하여야 한다 (서류교부의무). 이 조문은 선하증권을 통한 거래에 적용되는 것으로 거래시 선하증권을 교부하였으나 그 선하증권이 부적합한 경우 치유가 가능함을 규정하고 있는 것이다.

나. 서류교부의무의 내용 - 원칙(제1문)

매도인은 계약에서 정한 시기, 장소, 방식에 따라 서류를 교부하여야 한다.

다. 서류교부의무의 내용 - 예외(제2문, 매도인의 서류부적합치유권)

전술한 바와 같이 매도인은 계약에서 정한 시기 등에 따라 서류를 교부하여야 한다. 다만 매도인이 교부하여야 할 시기 전에 서류를 교부한 경우에 매도인은 매수인의 불합리한 불편, 비용을 초래하지 않는 한, 계약에 정한 시기 전까지 서류상의 부적합을 치유할 수 있다. 그리고 매도인이 서류부적합치유권을 행사한 경우에도 매수인의 손해배상청구권은 상실되지 않으므로 매도인에게 손해배상을 청구할 수 있다(단서).

제2절 물품의 적합성 및 제3자의 권리주장

물품의 적합성은 제35조부터 제40조까지 규정되어 있고, 제3자의 권리주장은 권리의 적합성이라고도 하며 제41조부터 제44조까지 규정되어 있다. 물품의 적합성은 매도인이 계약에서 정한 수량, 품질, 종류에 적합한 물품을 계약상 적합한 용기 등으로 포장된 상태로 인도해야 한다는 것이다(제35조). 또한 권리의 적합성은 매도인은 매수인이 권리를 행사하는 데 지장이 없는 물품 즉 제3자의 권리의 대상이 아닌 물품을 인도해야 한다는 것이다.

1. 물품의 (계약)적합성(제35조)

> **제35조**
> (1) 매도인은 계약에서 정한 수량, 품질 및 종류에 적합하고, 계약에서 정한 방법으로 용기에 담겨지거나 포장된 물품을 인도하여야 한다.
> (2) 당사자가 달리 합의한 경우를 제외하고, 물품은 다음의 경우에 계약에 적합하지 아니한 것으로 한다.
> (가) 동종 물품의 통상 사용목적에 맞지 아니한 경우,
> (나) 계약 체결시 매도인에게 명시적 또는 묵시적으로 알려진 특별한 목적에 맞지 아니한 경우. 다만, 그 상황에서 매수인이 매도인의 기술과 판단을 신뢰하지 아니하였거나 또는 신뢰하는 것이 불합리하였다고 인정되는 경우에는 그러하지 아니하다.
> (다) 매도인이 견본 또는 모형으로 매수인에게 제시한 물품의 품질을 가지고 있지 아니한 경우.
> (라) 그러한 물품에 대하여 통상의 방법으로, 통상의 방법이 없는 경우에는 그 물품을 보존하고 보호하는 데 적절한 방법으로 용기에 담겨지거나 포장되어 있지 아니한 경우.
> (3) 매수인이 계약 체결시에 물품의 부적합을 알았거나 또는 모를 수 없었던 경우에는, 매도인은 그 부적합에 대하여 제2항의 (가)호 내지 (라)호에 따른 책임을 지지 아니한다.

가. 매도인의 계약적합의무

매도인은 계약에서 정한 수량, 품질 및 종류에 적합하고 계약에서 정한 용기에 담거나 포장하여 물품을 인도하여야 한다(제1항). 이것이 물품의 적합성의 개념이다.

나. 매도인의 물품의 적합의무 위반(물품부적합)

매도인의 물품적합성(물품 적합의무)위반이라고 보는 경우는 다음과 같다. 다만 합의로 달리 정한 경우를 제외(담보책임의 임의성)하므로 별도의 합의가 있는 경우라면 물품적합성 위반이 아닌 계약에 적합한 것이 된다.

1) 동종 물품의 통상 사용 목적에 맞지 않은 경우(가호)

2) 계약 체결시 매도인에게 명시적 또는 묵시적으로 알려진 특별한 목적에 맞지 않은 경우로서 매수인이 매도인의 기술과 판단을 신뢰하지 아니한 경우 또는 신뢰하는 것이 불합리한 경우는 제외(나호)

3) 매도인이 견본 또는 모형을 매수인에게 제시한 물품의 품질을 가지고 있지 아니한 경우

4) 물품에 대하여 통상의 방법으로 또는 적절한 방법으로 용기에 담겨지거나 포장되어 있지 않은 경우

다. 매도인의 물품부적합 면책

계약 체결시에 매수인이 물품의 부적합을 알았거나 모를 수 없었던 경우에는 매도인은 물품의 부적합에 대한 책임을 지지 아니한다. 다만 매도인이 악의라면 매수인의 악의과실 불문하고 물품의 부적합에 대하여 책임을 부담한다(견해대립).

2. 물품적합성의 판단시점(제36조)

> **제36조**
> (1) 매도인은 위험이 매수인에게 이전하는 때에 존재하는 물품의 부적합에 대하여, 그 부적합이 위험 이전 후에 판명된 경우라도, 계약과 이 협약에 따라 책임을 진다.
> (2) 매도인은 제1항에서 정한 때보다 후에 발생한 부적합이라도 매도인의 의무위반에 기인하는 경우에는 그 부적합에 대하여 책임을 진다. 이 의무위반에는 물품이 일정기간 통상의 목적이나 특별한 목적에 맞는 상태를 유지한다는 보증 또는 특정한 품질이나 특성을 유지한다는 보증에 위반한 경우도 포함된다.

가. 본조는 위험의 이전과 관련하여 계약적합성의 판단 시점을 규정하고 있다.

나. 위험이전시까지 존재하였던 부적합(제1항)

매수인에게 위험이 이전하는 시점까지 존재하였던 물품의 부적합에 대하여 그 부적합이 위험이전 후에 판명된 경우라도 매도인이 계약과 협약상 책임을 진다. 매도인은 위험이전 시점 이전에 존재했던 물품부적합에 대해 책임을 지는 것이 원칙이고 설령 그것이 위험이전 시점 이후에 판명되더라도 책임을 부담한다는 것이다. 즉 부적합 판명시기와는 무관하게 위험이전시기 전에 존재한 부적합에 대해 매도인이 책임을 부담한다.

다. 위험이전시 이후에 발생한 부적합(제2항)

위험이전시 이후에 발생한 부적합은 원칙적으로 매도인이 책임을 부담하지 않는다. 다만 위험이전시 이후에 발생한 부적합이라도 다음의 경우에는 매도인이 책임을 부담한다.

1) 그것이 매도인의 의무위반에 기인하는 경우에는 매도인이 물품부적합에 대하여 책임을 진다(ex. 포장 잘못으로 위험이전 후 물품손상).

2) 일정기간을 정하여 매도인이 한 품질이나 상태에 대한 보증에 위반하는 경우에도 매도인은 동일하게 책임을 진다. 즉, 품질상태보증기간이 10개월인 경우 그 기간 내에 물품의 부적합이 발생하면 이것이 위험이전 후라도 매도인이 책임을 부담하게 된다.

3. 인도기일 전의 부적합치유권(제37조)

> **제37조**
> 매도인이 인도기일 전에 물품을 인도한 경우에는, 매수인에게 불합리한 불편 또는 비용을 초래하지 아니하는 한, 매도인은 그 기일까지 누락분을 인도하거나 부족한 수량을 보충하거나 부적합한 물품에 갈음하여 물품을 인도하거나 또는 물품의 부적합을 치유할 수 있다. 다만, 매수인은 이 협약에서 정한 손해배상을 청구할 권리를 보유한다.

가. 매도인의 권리

제2절 물품의 적합성과 제3자의 권리주장에는 매도인의 의무위반과 이에 대한 매수인의 권리들이 규정되어 있다. 그러나 제37조는 매도인의 인도기일 만기 전 부적합치유권으로서 매수인의 권리가 아닌 매도인의 권리라는 점이 특이하다. 매도인이 물품 인도기일 전에 물품을 인도한 경우에는 원래 약속한 기일이 아직 도래하지 않았으므로 채무자인 매도인에게 어느 정도 기한의 이익이 남아 있고 따라서 특별한 사정이 없는 한 부적합한 물건이 인도되었다면 원래의 약정 기일까지 그 부적합을 치유할 수 있도록 하는 것이다. 이는 원칙적으로 매도인과 매수인에게 부당한 결과가 아니며 양당사자의 의사에도 부합한다고 볼 것이다. 다만 매수인에게 부당하거나 매수인의 의사에 반하는 특별한 사정이 있는 경우에는 매도인의 부적합치유권을 부정함이 타당할 것이다. 따라서 제34조는 매수인에게 불합리한 불편 또는 비용을 초래하는 경우에는 매도인의 부적합치유권을 부정하고 있다. 즉 매수인에게 불합리한 불편 또는 비용을 초래하는 경우가 매수인의 이익을 해하거나 매수인의 의사에 반하는 특별한 사정이 있는 경우라고 이해된다.

또한 제37조는 제34조와 구별할 필요가 있다. 즉 제34조는 기일 전 서류교부시 서류의 부적합치유권을 규정하고 있는 반면, 제37조는 기일 전 물품인도시 물품의 부적합치유권을 규정하고 있다.

나. 요 건

1) 매도인이 인도기일 전에 물품을 인도한 경우에(즉 매도인이 인도기일 전에 물품을 인도했어야)

2) 매수인에게 불합리한 불편이나 비용을 초래하지 않는 한(즉 매수인에게 불합리한 불편이나 비용을 초래하지 않아야),

3) 매도인은 그 기일까지 누락분 인도, 부족분 보충하는 등으로 물품의 부적합을 치유할 수 있다(즉 매도인은 원래 약정된 기일까지 치유해야).

다만, 매수인의 협약상 손해배상 청구권은 상실되지 않는다.

다. 행사효과

매도인이 인도기일 전에 인도하고 그 인도한 물품의 부적합치유권을 행사한 경우에 매수인의 권리는 다음과 같다.

1) 매수인의 손해배상청구권(제37조 단서)

부적합이 치유되었으므로 매수인은 제45조 이하 구제수단을 주장할 수 없고, 단지 부적합물품 인도로 인한 손해배상청구만 가능하다.

2) 매수인의 계약해제권(제72조)

매도인의 기일 전 부적합한 물건 인도가 이행기 전임에도 본질적 계약위반이 명백한 경우라면 매수인의 계약해제가 가능하다(제72조, 이행기일 전 해제). 다만, 구체적인 사례에서 이행기일 전 해제는 본질적 계약위반이 명백한 경우이므로 매수인에게 불합리한 불편이나 비용을 초래할 경우가 대부분일 것이므로 실질적으로 제37조의 매도인의 이행기 전 치유권행사가 불가능할 것이다. 즉 현실적으로 제37조 매도인의 이행기 전 치유권행사와 제72조 이행기일전 매수인의 계약해제권 행사가 동시에 인정되는 경우는 거의 없을 것이다.

3) 매수인이 매도인의 치유권 행사를 부당거절한 경우(명문 규정 없음)

이러한 경우에 대하여 협약상 명문의 규정은 없으나 매수인은 계약해제권, 대금감액청구권, 손해배상청구권을 행사할 수 없다는 견해가 존재한다.

4. 물품의 검사의무(제38조)

> **제38조**
> (1) 매수인은 그 상황에서 실행가능한 단기간 내에 물품을 검사하거나 검사하게 하여야 한다.
> (2) 계약에 물품의 운송이 포함되는 경우에는, 검사는 물품이 목적지에 도착한 후까지 연기될 수 있다.
> (3) 매수인이 검사할 합리적인 기회를 가지지 못한 채 운송중에 물품의 목적지를 변경하거나 물품을 전송(轉送)하고, 매도인이 계약 체결시에 그 변경 또는 전송의 가능성을 알았거나 알 수 있었던 경우에는, 검사는 물품이 새로운 목적지에 도착한 후까지 연기될 수 있다.

가. 매도인의 물품부적합담보책임의 전제요건

매도인의 물품부적합담보책임을 묻기 위해서 매수인은 물품을 검사하여야(제38조) 하고, 그 결과 부적합을 발견하였다면 매도인에게 통지하여야(제39조) 한다. 제38조는 매수인의 물품 검사의무가 부과되는 기간을 규정하고 있다.

나. 원칙적인 검사기간(제1항)

매수인은 실행 가능한 단기간 내에 물품을 검사하여야 한다.

다. 운송포함 매매시 검사기간(제2항)

계약에 물품의 운송이 포함되는(운송포함 매매) 경우에 매수인은 물품이 목적지 도착한 후까지 검사하여야 한다.

라. 운송중 목적지 변경 또는 재송부시 검사기간(제3항)

1) 매수인이 검사할 합리적인 기회를 갖지 못한 채

2) (매수인이) 운송 중에 목적지를 변경하거나 전송(재송부)한 경우에

3) 매도인이 계약 체결시 목적지 변경 또는 전송의 가능성을 알았거나 알 수 있었던 경우 물품이 새로운 목적지에 도착한 후까지 검사하여야 한다.

마. 제38조 검사기간 위반의 효과

5. 매수인의 물품부적합의 통지의무(제39조)

> 제39조
> (1) 매수인이 물품의 부적합을 발견하였거나 발견할 수 있었던 때로부터 합리적인 기간 내에 매도인에게 그 부적합한 성질을 특정하여 통지하지 아니한 경우에는, 매수인은 물품의 부적합을 주장할 권리를 상실한다.
> (2) 매수인은 물품이 매수인에게 현실로 교부된 날부터 늦어도 2년 내에 매도인에게 제1항의 통지를 하지 아니한 경우에는, 물품의 부적합을 주장할 권리를 상실한다. 다만, 이 기간제한이 계약상의 보증기간과 양립하지 아니하는 경우에는 그러하지 아니하다.

매수인의 부적합통지의무 규정의 취지는 매수인이 물품 수령 후 오랜 시간 후에 물품의 부적합을 근거로 계약해제나 손해배상 등을 주장하는 경우에 그 사유의 정당성 유무를 확인하기 곤란하기 때문이다.

가. 요 건(제39조 제1항, 제2항)

1) 매수인이 부적합을 발견하였거나 발견 가능한 때부터 합리적인 기간 내에(and)

2) 발견하였거나 발견가능한 부적합에 대하여(and)

3) 매도인에게 그 부적합을 특정하여 통지해야 하고(and)

4) 그 통지는 늦어도 제척기간(2년) 또는 보증기간 내에 해야 한다.

제척기간이란 현실교부시부터 2년 내를 의미하므로 매수인은 자신에게 현실 교부된 때부터 2년 내에 매도인에게 통지해야 한다. 다만 매도인이 매수인에게 부적합을 알리

지 않았으나 그 부적합에 대하여 매도인이 알았거나 모를 수 없었던 경우에는 매도인은 매수인에게 제척기간을 주장할 수 없다(제40조). 따라서 이러한 경우 매수인이 제척기간 경과 후에 부적합을 통지하였더라도 매도인은 제척기간 경과를 주장할 수 없고, 결국 매수인은 이러한 경우에도 부적합통지의무를 다한 것이 된다. 그 결과 매도인은 부적합담보책임을 부담하게 될 것이다. 제39조 제2항 단서가 2년의 제척기간이 보증기간과 양립하지 않은 경우에는 그러하지 아니하다고 규정하고 있으므로 만약 계약상 보증기간이 제척기간인 2년을 초과하는 경우에는 그 보증기간 내에 통지해야 한다. 2년을 초과한 보증기간의 경우에도 제40조가 동일하게 적용된다.

나. 위반의 효과

1) 매수인의 물품부적합 주장 권리 상실

매수인이 제39조의 물품부적합 통지의무를 위반한 경우에 매수인은 제3절 제45조 이하에 있는 매도인의 계약위반에 대한 매수인의 구제로서 권리들을 주장할 수 없게 된다. 이 때 상실되는 매수인의 권리들은 다음과 같다.

가) 매도인에 대한 이행청구권(제46조)

나) 계약해제권(제49조)

다) 대금감액청구권(제50조)

라) 손해배상청구권(제45조 제1항 나호, 제74조~제77조)

2) 매수인의 물품부적합 주장권리 상실의 예외(유지)

다만 매수인이 위 기간 내에 부적합 통지를 해태한 경우에도

가) 매도인이 알았거나 모를 수 없었던 물품의 부적합에 대하여 매수인에게 알리지 않은 경우에는 매수인은 그 부적합을 주장할 권리를 상실하지 않는다(제40조).

나) 매수인이 부적합을 발견하였거나 발견 가능한 때부터 합리적인 기간 내에 부적합 통지를 해태한 경우라도 이에 합리적인 이유가 있는 경우에는 제50조의 대금감액청구나 (이익의 상실을 제외한) 손해배상청구를 할 수 있다(제44조). 단, 이행청구권이나 계약해제권은 인정되지 않는다.

제44조와 관련하여 주의할 점은 제39조 제1항만 규정하고 있을 뿐 제39조 제2항을 규정하고 있지 않다는 것이다. 따라서 매수인이 부적합 통지의무 위반에 합리적인 이유가 있더라도 제39조 제2항의 제척기간(보증기간)은 그대로 진행하여 그 제척기간(보증기간) 후에는 매수인은 대금감액이나 손해배상청구도 할 수 없다(제44조 반대해석).

6. 매도인의 악의(제40조)

> **제40조**
> 물품의 부적합이 매도인이 알았거나 모를 수 없었던 사실에 관한 것이고, 매도인이 매수인에게 이를 밝히지 아니한 경우에는, 매도인은 제38조와 제39조를 원용할 수 없다.

물품의 부적합을 매도인이 알았거나 모를 수 없었던 것이고 매도인이 매수인에게 이를 알리지 않은 경우 매도인은 제38조(물품의 검사의무)와 제39조(매수인의 통지의무)를 원용할 수 없다. 따라서 이러한 경우 매도인은 매수인이 부적합 검사의무 또는 부적합 통지의무를 위반하였다고 하여 부적합에 대한 면책을 주장할 수 없고, 매수인은 부적합 주장 권리들을 상실하지 않는다. 또한 이 경우 2년의 제척기간(보증기간)도 원용할 수 없다. 따라서 제척기간 경과 후에 매수인이 부적합을 통지하였다고 하더라도 매도인은 이를 주장할 수 없고, 매수인은 부적합 주장 권리들을 상실하지 않게 된다.

7. 제3자의 권리의 대상(제41조)

> **제41조**
> 매수인이 제3자의 권리나 권리주장의 대상이 된 물품을 수령하는 데 동의한 경우를 제외하고, 매도인은 제3자의 권리나 권리주장의 대상이 아닌 물품을 인도하여야 한다. 다만, 그러한 제3자의 권리나 권리주장이 공업소유권 그 밖의 지적재산권에 기초하는 경우에는, 매도인의 의무는 제42조에 의하여 규율된다.

제41조부터 제44조까지는 권리의 적합성에 대한 조문들이다.

가. 매도인의 권리적합의무

매수인이 제3자의 권리나 권리주장의 대상이 된 물품을 수령하는 데 동의한 경우를 제외하고, 매도인은 제3자의 권리나 권리주장의 대상이 아닌 물품을 인도하여야 한다. 즉 매수인이 동의한 경우를 제외하고, 매도인은 제3자의 권리나 권리주장의 대상이 아닌 물품을 인도하여야 한다.

나. 매도인의 권리적합의무위반(권리부적합) 효과

이를 위반한 경우 제45조 이하 매도인의 계약위반에 대한 매수인의 구제책으로서 권리들(제46조 이행청구, 제49조 계약해제, 제74조 이하 손해배상청구)을 주장할 수 있다.

8. 제3자의 지적재산권의 대상(제42조)

> **제42조**
> (1) 매도인은, 계약 체결시에 자신이 알았거나 모를 수 없었던 공업소유권 그 밖의 지적재산권에 기초한 제3자의 권리나 권리주장의 대상이 아닌 물품을 인도하여야 한다. 다만, 제3자의 권리나 권리주장이 다음 국가의 법에 의한 공업소유권 그 밖의 지적재산권에 기초한 경우에 한한다.
>   (가) 당사자 쌍방이 계약 체결시에 물품이 어느 국가에서 전매되거나 그 밖의 방법으로 사용될 것을 예상하였던 경우에는, 물품이 전매되거나 그 밖의 방법으로 사용될 국가의 법
>   (나) 그 밖의 경우에는 매수인이 영업소를 가지는 국가의 법
> (2) 제1항의 매도인의 의무는 다음의 경우에는 적용되지 아니한다.
>   (가) 매수인이 계약 체결시에 그 권리나 권리주장을 알았거나 모를 수 없었던 경우
>   (나) 그 권리나 권리주장이 매수인에 의하여 제공된 기술설계, 디자인, 방식 그 밖의 지정에 매도인이 따른 결과로 발생한 경우

제42조는 제3자의 권리가 지적재산권인 경우로서 제41조의 특별규정의 성격을 갖는다.

가. 매도인의 권리적합의무(제42조 제1항) 내용

매도인은, 계약 체결시에 자신이 알았거나 모를 수 없었던 공업소유권 그 밖의 지적재산권에 기초한 제3자의 권리나 권리주장의 대상이 아닌 물품을 인도하여야 한다. 다만, 제3자의 권리나 권리주장이 특정 국가의 법에 의한 공업소유권 그 밖의 지적재산권에 기초한 경우에 한한다. 이 때 특정국가의 법은 첫째, 당사자 쌍방이 계약 체결시에 물품이 어느 국가에서 전매되거나 그 밖의 방법으로 사용될 것을 예상하였던 경우에는, 물품이 전매되거나 그 밖의 방법으로 사용될 국가의 법(가호) 둘째, 그 밖의 경우에는 매수인이 영업소를 가지는 국가의 법(나호) 두 가지 경우이다.

즉 매도인은 계약 체결시 자신이 알았거나 또는 모를 수 없었던 제3자의 지적재산권 대상 아닌 물품을 인도해야 하고 이때 제3자의 지적재산권은 쌍방이 계약 체결시 전매 등 사용을 예상한 경우 전매 등 사용될 국가의 법 또는 그 외 경우 매수인의 영업소 국가의 법에 기초한 것이어야 한다는 것이다.

나. 매도인의 권리적합의무의 면제(제42조 제2항)

제42조 제1항의 매도인의 지적재산권 적합 인도의무는 첫째, 매수인이 계약 체결시에 그 권리나 권리주장을 알았거나 모를 수 없었던 경우(가호) 둘째, 그 권리나 권리주

장이 매수인에 의하여 제공된 기술설계, 디자인, 방식 그 밖의 지정에 매도인이 따른 결과로 발생한 경우(나호)에는 면제된다. 즉 매수인이 계약 체결시 제3자의 지적재산권을 알았거나 모를 수 없었던 경우 또는 매수인이 제공한 방식을 매도인이 따른 결과인 경우에는 매도인이 제3자의 지적재산권의 대상인 물품을 인도하였더라도 책임이 없다.

다. 결과적으로 제42조 제1항 단서 가호와 나호의 근거법 한정 규정과 제2항 가호의 나호의 면제(예외)규정으로 인하여 제42조의 지적재산권인 경우는 제41조 일반적인 권리적합성에 비하여 매도인의 책임이 완화된 것이다.

9. 매수인의 권리부적합통지의무 위반(제43조)

> **제43조**
> (1) 매수인이 제3자의 권리나 권리주장을 알았거나 알았어야 했던 때로부터 합리적인 기간 내에 매도인에게 제3자의 권리나 권리주장의 성질을 특정하여 통지하지 아니한 경우에는, 매수인은 제41조 또는 제42조를 원용할 권리를 상실한다.
> (2) 매도인이 제3자의 권리나 권리주장 및 그 성질을 알고 있었던 경우에는 제1항을 원용할 수 없다.

가. 요 건
1) 매수인이 제3자의 권리나 권리주장을 알았거나 알았어야 했을 때부터 합리적인 기간 내에
2) 매도인에게 이를 통지해야 한다.
3) 물품부적합통지의무와 달리 제척기간(2년)이 없다.

나. 위반의 효과
1) 매수인의 권리부적합 주장권리 상실
매수인은 합리적인 기간 내 권리부적합통지의무를 위반한 경우에는 매도인에 대하여 제41조, 제42조의 권리부적합을 주장할 수 있는 권리를 상실한다. 즉 매도인이 권리부적합한 물품을 인도한 경우라도 매수인은 권리적합한 물건의 인도를 청구할 수 없다.

2) 매수인의 권리부적합 주장권리 상실의 예외
매도인이 제3자의 권리나 권리주장을 알고 있었던 경우(모를 수 없었던 경우는 제외)에는 매수인이 합리적인 기간 내 권리부적합통지의무를 위반한 경우라도 매수인의 권리부적합 주장권리가 상실되지 않는다.

다. 물품부적합과 권리부적합 구별

권리부적합의 경우에는 매수인의 검사의무(기간)가 없고, 2년의 제척기간이 없으며, 매도인의 악의의 경우에만 매수인의 부적합주장권리가 상실되지 않는다는 점에서 물품부적합의 경우와 구별된다.

10. 정당한 통지의무 불이행(제44조)

> **제44조**
> 제39조 제1항과 제43조 제1항에도 불구하고, 매수인은 정하여진 통지를 하지 못한 데에 합리적인 이유가 있는 경우에는 제50조에 따라 대금을 감액하거나 이익의 상실을 제외한 손해배상을 청구할 수 있다.

가. 물품부적합, 권리부적합에 모두 적용되는 규정이다. 제35조부터 제40조까지는 물품의 적합성에 대한 규정들이고, 제41조부터 제43조까지는 권리의 적합성에 대한 규정들이다. 그리고 제2절의 마지막 조문인 제44조는 물품의 적합성과 권리의 적합성에 모두 적용되는 규정이다.

나. 대금감액청구와 손해배상청구

1) 물품부적합의 경우 매수인이 이를 발견하였거나 발견가능한 때부터 합리적 기간 내에,
2) 권리부적합의 경우에는 매수인이 이를 알았거나 알 수 있었을 때부터 합리적 기간 내에,
3) 매수인이 부적합을 매도인에게 통지하지 못하였으나
4) 이에 대하여 합리적인 이유가 있는 경우에는
5) 매수인이 제50조에 따라 대금감액청구나 손해배상청구를 할 수 있다.

다. (물품부적합의) 제척기간문제(제39조 제2항)

그러나 동 조항은 2년의 제척기간을 규정하고 있는 제39조 제2항은 포함하고 있지 않으므로 매수인이 물품부적합통지의무를 위반하여 2년의 제척기간을 도과한 경우에는 그 통지 불이행에 합리적인 이유가 있더라도 매수인이 대금감액청구나 손해배상청구를 할 수 없다(물품부적합의 제척기간 적용).

제3절 매도인의 계약위반에 대한 구제

협약의 제3절 즉 제45조부터 제52조까지는 매도인의 의무위반에 대한 다양한 매수인의 구제수단을 규정하고 있다.

1. 매수인의 구제수단 개관(제45조)

> **제45조**
> (1) 매도인이 계약 또는 이 협약상의 의무를 이행하지 아니하는 경우에 매수인은 다음을 할 수 있다.
>   (가) 제46조 내지 제52조에서 정한 권리의 행사
>   (나) 제74조 내지 제77조에서 정한 손해배상의 청구
> (2) 매수인이 손해배상을 청구하는 권리는 다른 구제를 구하는 권리를 행사함으로써 상실되지 아니한다.
> (3) 매수인이 계약위반에 대한 구제를 구하는 경우에, 법원 또는 중재판정부는 매도인에게 유예기간을 부여할 수 없다.

가. 매도인의 의무불이행

매도인의 계약 또는 이 협약상 의무불이행사실만으로, 즉 매도인의 과실 여부를 불문하고 매수인은 매도인의 계약위반에 대하여 구제수단들을 강구할 수 있다. 그리고 매수인이 계약위반 구제를 구하는 경우에 법원 등은 매도인에게 유예기간을 부여할 수 없다.

나. 매수인의 구제방법 개관

1) 손해배상외 구제수단

매수인의 구제수단에는 매수인의 이행청구권(제46조 제1항), 매수인의 대체물인도청구권(제46조 제2항), 매수인의 부적합치유청구권(제46조 제3항), 매수인의 부가기간지정권(제47조), 매수인의 계약해제권(제49조), 매수인의 대금감액청구권(제50조) 등이 있다.

2) 손해배상청구(제45조 제1항, 제74조~제77조)

매수인은 제74조 내지 제77조에서 정한 손해배상청구가 가능하며, 매수인의 손해배상청구권은 위와 같은 다른 구제수단을 행사하더라도 상실되지 않는다(제45조 제2항). 즉, 제45조 제2항은 손해배상청구권의 양립가능성을 규정하고 있다.

3) 제45조 이외의 규정(제71조, 제72조, 제73조)

매수인은 제45조에 규정된 권리들 이외에 이행의 정지권(제71조), 이행기일전의 계약해제(제72조), 분할이행계약의 해제(제73조) 등을 행사할 수 있으므로 이들에 대한 추가적인 검토도 필요하다.

다. 매도인의 의무불이행의 특수한 경우와 매수인의 그 구제수단

제51조(물품 일부의 부적합), 제52조(기일전의 인도 및 초과수량)

2. 매수인의 이행청구권(제46조)

> **제46조**
> (1) 매수인은 매도인에게 의무의 이행을 청구할 수 있다. 다만, 매수인이 그 청구와 양립하지 아니하는 구제를 구한 경우에는 그러하지 아니하다.
> (2) 물품이 계약에 부적합한 경우에, 매수인은 대체물의 인도를 청구할 수 있다. 다만, 그 부적합이 본질적 계약위반을 구성하고, 그 청구가 제39조의 통지와 동시에 또는 그 후 합리적인 기간 내에 행하여진 경우에 한한다.
> (3) 물품이 계약에 부적합한 경우에, 매수인은 모든 상황을 고려하여 불합리한 경우를 제외하고, 매도인에게 수리에 의한 부적합의 치유를 청구할 수 있다. 수리 청구는 제39조의 통지와 동시에 또는 그 후 합리적인 기간 내에 행하여져야 한다.
>
> **제82조**
> (1) 매수인이 물품을 수령한 상태와 실질적으로 동일한 상태로 그 물품을 반환할 수 없는 경우에는, 매수인은 계약을 해제하거나 매도인에게 대체물을 청구할 권리를 상실한다.
> (2) 제1항은 다음의 경우에는 적용되지 아니한다.
>   (가) 물품을 반환할 수 없거나 수령한 상태와 실질적으로 동일한 상태로 반환할 수 없는 것이 매수인의 작위 또는 부작위에 기인하지 아니한 경우
>   (나) 물품의 전부 또는 일부가 제38조에 따른 검사의 결과로 멸실 또는 훼손된 경우
>   (다) 매수인이 부적합을 발견하였거나 발견하였어야 했던 시점 전에, 물품의 전부 또는 일부가 정상적인 거래과정에서 매각되거나 통상의 용법에 따라 소비 또는 변형된 경우

가. 의무이행청구권(제46조 제1항)

1) 요 건

가) 매도인의 의무불이행이 존재하고,

나) 이행청구와 양립불가능한 권리행사가 없어야 한다. 여기서 말하는 이행청구와 양립불가능한 권리행사란 해제권, 대금감액권 등을 말한다.

다) 제28조의 제한이 없어야 한다. 자국법에서 특정이행을 인정하지 않으면 법원은 특정이행을 명하는 판결을 하지 않아도 된다.

나. 대체물인도청구권(제46조 제2항)

1) 요 건

가) 물품부적합의 경우

제46조 제2항 법문상 "물품부적합"이라고 명문으로 규정하고 있으므로 권리부적합의 경우에는 협약상 명문의 근거가 없어 대체물 인도청구권이 부정된다고 볼 것이다.

나) 본질적 계약위반을 구성

본질적 계약위반의 경우에만 대체물인도청구권이 인정된다. 따라서 제25조 본질적 계약위반에 해당하는지가 매우 중요한 논점이 된다.

당사자 일방의 계약위반이 본질적 위반으로 인정되기 위해서는 제25조에서 설명한 바와 같이

    a) 당사자 일방의 계약위반이 있고,

    b) 계약상 가능한 상대방의 기대를 실질적으로 박탈한 정도의 손실을 상대방에게 주는 경우이어야 한다.

    c) 다만, 위반 당사자가 계약체결시 그러한 손실을 예견 불가능하였고(and) 동일부류의 합리적인 사람도 동일한 상황에서 예견 불가능하였을 경우가 아니어야 한다.

다) 청구가 제39조 물품부적합 통지기간 내의 통지와 동시에 또는 그 후 합리적 기

간 내에 있어야 대체물인도청구가 제39조의 물품부적합 통지기간을 준수한 물품부적합통지와 동시에 있거나 통지 후 합리적인 기간 내에 있어야 할 것이다. 이는 물품부적합을 알았을 때 적절한 조치로서 제39조에 따라 물품부적합통지를 하고, 이에 대한 구제수단으로서 대체물인도청구 여부를 결정하여 그 통지와 동시에 또는 그 통지 후 합리적인 기간 내에 대체물인도청구까지 하여야 한다는 것이다.

그리고 여기서 말하는 제39조 물품부적합통지는 전술한 바와 같이

    a) 매수인이 부적합을 발견하였거나 발견 가능한 때부터 합리적인 기간 내에 (and)

    b) 발견하였거나 발견가능한 부적합에 대하여(and)

    c) 매도인에게 그 부적합을 특정하여 통지해야 하고(and)

    d) 그 통지는 늦어도 제척기간(2년) 또는 보증기간 내에 해야 한다는 요건을 갖출 것을 요구한다.

라) 매수인이 수령한 상태와 동등한 상태로 반환할 수 없는 경우가 아니어야 한다(제

82조 제1항).

매수인이 물품을 수령한 상태와 실질적으로 동일한 상태로 그 물품을 반환할 수 없는 경우에는, 매수인은 계약을 해제하거나 매도인에게 대체물을 청구할 권리를 상실한다(제82조 제1항). 다만, 제82조 제2항의 예외 3가지가 존재한다. 이러한 3가지 예외에 해당하는 경우에는 매수인이 수령한 상태와 동등한 상태로 반환이 가능한지 불문하고 대체물인도청구가 가능하다. 즉 예외 3가지 경우에는 라) 반환불능 아닐 것이라는 요건을 제외한 위 3가지 요건만으로 대체물인도청구가 가능하다.

2) 계약해제권과의 관계

대체물 인도청구권은 이처럼 본질적 계약위반의 경우에 가능한 것이므로 일반적으로 계약해제권도 행사 가능한 경우에 해당하지만 전자는 계약존속을 전제로 하고 후자는 계약의 소멸을 전제로 하므로 이 두 권리의 관계는 양립불가능한 관계이다. 따라서 대체물인도청구권과 계약해제권은 선택적으로 행사되어야만 한다.

다. 부적합치유청구권(제46조 제3항)

1) 요 건

가) 물품부적합의 경우

제46조 제3항 법문상 "물품부적합"이라고 명문으로 규정하고 있으므로 권리부적합의 경우에는 협약상 명문의 근거가 없어 부합치유청구권적 부정된다고 볼 것이다. 이는 제46조 제2항과 동일한 요건이다.

나) (매도인에게) 불합리한 경우를 제외

모든 상황을 고려하여 불합리하지 않을 것을 요구하고 있다. 법문상 명시적 규정이 없으므로 불합리함이 누구를 기준으로 정해지는지가 문제이다. 매수인이 매도인에게 청구하는 권리들이므로 여기서 말하는 불합리는 의무자인 매도인을 기준으로 한 것으로 보인다. 즉 부적합치유청구권 행사를 위해서는 그것이 매도인에게 불합리한 경우가 아니어야 한다. 매도인에게 불합리한 경우로서 부적합치유에 필요한 수리비가 과다하게 필요한 경우 등을 생각할 수 있을 것이다. 또한 명문규정은 없으나 성질상 계약해제권 행사시 하자치유청구 불가능하다[1].

다) 제39조 물품부적합통지 기간 내의 통지와 동시에 또는 그 후 합리적인 기간 내에 매수인의 부적합치유청구가 있어야 한다.

이 요건도 제46조 제2항 대체물인도청구와 동일한 요건이다.

---

1) 계약해제 후 하자치유청구는 불합리한 경우에 해당하여 불가능하다고 볼 수도 있을 것이다.

부적합치유청구가 제39조의 물품부적합 통지기간을 준수한 물품부적합 통지와 동시에 있거나 통지 후 합리적인 기간 내에 있어야 할 것이다. 이는 물품부적합을 알았을 때 적절한 조치로서 제39조에 따라 물품부적합통지를 하고, 이에 대한 구제수단으로서 부적합치유청구 여부를 결정하여 그 통지와 동시에 또는 그 통지 후 합리적인 기간 내에 부적합치유청구까지 하여야 한다는 것이다.

그리고 여기서 말하는 제39조 물품부적합통지는 전술한 바와 같이

    a) 매수인이 부적합을 발견하였거나 발견 가능한 때부터 합리적인 기간 내에 (and)

    b) 발견하였거나 발견가능한 부적합에 대하여(and)

    c) 매도인에게 그 부적합을 특정하여 통지해야 하고(and)

    d) 그 통지는 늦어도 제척기간(2년) 또는 보증기간 내에 해야 한다는 요건을 갖출 것을 요구한다.

3. 매수인의 부가기간지정권(제47조)

> **제47조**
> (1) 매수인은 매도인의 의무이행을 위하여 합리적인 부가기간을 정할 수 있다.
> (2) 매도인으로부터 그 부가기간 내에 이행을 하지 아니하겠다는 통지를 수령한 경우를 제외하고, 매수인은 그 기간중 계약위반에 대한 구제를 구할 수 없다. 다만, 매수인은 이행지체에 대한 손해배상을 청구할 권리를 상실하지 아니한다.

가. 매수인의 부가기간지정(제1항)

매수인은 매도인의 의무이행을 위하여 합리적인 부가기간을 정할 수 있다(제1항). 계약이 해제되어 소멸하는 것을 방지하기 위한 목적으로 인정되는 것으로서, 매도인이 이행하지 않은 모든 의무에 대하여 매수인은 부가기간을 정할 수 있다(이에 대하여 인도의 무불이행에 한정된다는 반대견해도 존재한다).

나. 부가기간설정의 효과(제2항)

매수인이 정한 부가기간 내에 매도인이 이행거절 통지한 경우를 제외하고,

1) 매수인은 그 부가기간 중 계약위반 구제를 청구할 수 없다.

여기서 말하는 청구불가능한 계약위반 구제수단은 계약해제, 대금감액, 손해배상청구 등을 의미한다. 따라서 매수인은 자신이 지정한 부가기간 경과 후에 이들 권리를 행사할 수 있다. 부가기간 설정의 개념에 대하여 단순히 특정일까지 인도하기를 요망한다는 독촉 정도로는 부가기간 설정이 아니고 부가기간 설정임을 최종적이고 명백하게 표시해

야한다는 견해가 있다.

2) 다만 매수인은 이행을 위한 부가기간 등으로 인한 이행지체에 대한 손해배상청구는 가능하다.

부가기간 지정으로 인하여 매도인의 이행지체책임이 면제되는 것은 아니므로 그 기간중에도 이행지체로 인한 손해배상청구는 가능하다. 매도인측에서 이를 부당하다고 생각하면 최대한 빠른 시일 안에 이행하여 그 이후부터 이행지체책임을 면할 수 있기 때문이다.

다. 계약해제의 요건

부가기간설정은 계약해제와 관련하여 중요한 의미를 가진다. 계약해제에 있어서 본질적 계약위반의 경우에는 그 즉시 해제가 가능하지만 본질적 계약위반이 아닌 경우에는 즉시 해제가 불가능하고 부가기간을 지정하고 의무이행 없이 그 기간이 도과하여야 해제 가능하다(제49조 제1항). 즉 부가기간 지정은 본질적 계약위반이 아닌 경우에 계약해제의 요건이 된다.

4. 매도인의 불이행치유권(제48조)

> **제48조**
> (1) 제49조를 따를 것을 조건으로, 매도인은 인도기일 후에도 불합리하게 지체하지 아니하고 매수인에게 불합리한 불편 또는 매수인의 선급 비용을 매도인으로부터 상환받는 데 대한 불안을 초래하지 아니하는 경우에는, 자신의 비용으로 의무의 불이행을 치유할 수 있다. 다만, 매수인은 이 협약에서 정한 손해배상을 청구할 권리를 보유한다.
> (2) 매도인이 매수인에게 이행의 수령 여부를 알려 달라고 요구하였으나 매수인이 합리적인 기간 내에 그 요구에 응하지 아니한 경우에는, 매도인은 그 요구에서 정한 기간 내에 이행을 할 수 있다. 매수인은 그 기간중에는 매도인의 이행과 양립하지 아니하는 구제를 구할 수 없다.
> (3) 특정한 기간 내에 이행을 하겠다는 매도인의 통지는 매수인이 그 결정을 알려야 한다는 제2항의 요구를 포함하는 것으로 추정한다.
> (4) 이 조 제2항 또는 제3항의 매도인의 요구 또는 통지는 매수인에 의하여 수령되지 아니하는 한 그 효력이 발생하지 아니한다.

제48조는 매수인의 구제수단 부분에 규정되어 있지만 매도인의 계약위반에 대한 매수인의 권리가 아니라 매도인의 권리라는 특징이 있다. 또한 제48조는 매도인에게 인도기일 후라도 스스로 의무불이행을 치유할 권리를 인정하는 것이다.

가. 요 건(제48조 제1항)

1) 인도기일 후에 의무불이행이 존재하는 경우

2) 매수인의 계약해제(제49조)를 수용하는 조건

매수인의 계약해제를 수용하는 조건이란 매수인의 계약해제에 대항하여 매도인이 불이행치유권을 주장할 수 없다는 것이다. 즉 매도인은 인도기일 후에도 불이행한 의무를 이행할 수 있지만 의무이행 없이 이미 기일을 경과한 책임이 있기 때문에 불이행으로 인해 매수인의 계약해제가 있는 경우라면 매도인은 불이행치유로 계약의 존속을 주장할 수 없고 매수인의 계약해제에 따라야 할 것이다. 계약해제와 의무불이행청구는 결국 양립불가능한 관계임을 알 수 있다. 계약이 해제되어 소멸하는지 또는 계약이 존속되어 의무가 이행되어 불이행이 치유되는지는 결국 매수인의 의사에 따라 결정될 것이다.

3) 매도인의 불합리한 지체가 없어야 하고, 매수인에게 불합리한 불편 또는 선급비용 상환에 대한 불안을 초래하지 않는 경우

인도기일 후에 매도인의 불합리한 지체가 없어야 하는데, 매도인이 불합리하게 지체한 경우라면 매도인의 비난가능성이 크기 때문에 이러한 매도인에게까지 불이행치유권을 인정하여 보호할 필요성이 없다고 보기 때문이다. 그리고 매수인에게 불합리한 불편 또는 선급비용 상환에 대한 불안을 초래하지 않는 경우라야 한다. 이 경우는 매도인의 귀책사유로 이행기일이 도과한 것이기 때문에 매수인의 보호필요성이 상대적으로 큰 경우라 할 것이므로 매수인에게 불합리한 불편이나 선급비용 불안을 부담시키면서까지 책임 있는 매도인을 보호하는 것은 부당하기 때문이다.

4) 매도인 자신의 비용으로 의무불이행 치유 가능

제48조의 경우는 매도인의 불이행(책임)으로 인도기일이 경과한 경우이므로 매수인이 그 비용을 부담하게 할 수는 없을 것이다. 불이행치유에 소요되는 비용은 매도인이 부담하는 것이 합리적이고, 다만 이 경우에도 매수인은 이 협약상 손해배상청구권을 보유한다.

나. 매수인에 대한 수령여부 최고의 경우(제48조 제2항)

1) 매도인의 매수인에 대한 수령여부최고

즉 매도인이 매수인에게 이행의 수령여부를 알려달라고 요구할 것을 의미한다. 제48조 제1항은 매도인 스스로 인도기일 경과 후 다른 절차 없이 바로 불이행을 치유하는 것을 규정하고 있으나 제48조 제2항은 인도기일 후 매수인의 수령의사를 확인하고 그

의사에 따라 매도인이 따르고자 했을 때 적용되는 조문이다. 매수인이 수령의사가 있다고 통지하였으면 매도인은 이행기일 후라도 의무이행을 준비하여 불이행치유를 하게 될 것이고, 매수인이 수령의사가 없다고 통지하였으면 매도인은 불이행치유를 단념하고 매수인의 계약해제를 대비할 것이다.

2) 이에 매수인이 합리적 기간 내에 무응답한 경우

그러나 매도인의 매수인에 대한 수령여부 최고에 대하여 매수인이 아무런 확답을 하지 않는 경우에는 매도인은 위에서 말한대로 수령여부에 대한 매수인의 의사에 따른 후속 행동을 취할 수 없는 매우 불안정한 지위에 있게 된다. 이러한 경우 최고한 매도인의 불안정한 지위를 제거해 주기 위하여 일정한 경우에 불이행치유권을 인정하는 것이다. 또한 매수인의 측면에서 살펴보면, 최고를 받은 매수인은 그에 대한 답을 해줄 어느 정도의 책임이 있기 때문에 이를 해태한 경우 매수인의 보호필요성이 약화된다고 볼 수도 있다.

3) 매도인은 수령여부 확답요구(수령여부최고)에서 정한 기간 내에 이행가능

매도인이 매수인에게 수령여부 최고시에 그 이행기간을 정하였을 것이므로 그 때 통보한 이행기간 내에 매도인이 이행을 하여 불이행치유가 가능하도록 해준 것이다.

4) 또한 매수인은 그 기간 중에 매도인의 이행과 양립불가능한 청구불가

매도인의 수령여부 최고에 대하여 아무런 대답도 하지 않은 매수인은 매도인이 최고시 정한 이행기간 동안에 매도인의 이행과 양립불가능한 청구를 할 수 없다. 여기서 말하는 이행과 양립불가능한 청구란 계약해제권을 말하므로 매수인은 최고에서 정해진 이행기간 동안 계약을 해제하여 자신의 무응답을 신뢰하여 이행을 준비하고 있는 매도인의 신뢰와 이행행위들을 해할 수 없게 된다.

다. 특정기간 내에 이행을 하겠다는 매도인의 통지는 매수인이 답을 통지해야 하는 제2항의 매도인의 요구가 포함된 것으로 추정한다(제3항).

매도인이 수령여부에 대한 매수인의 응답요구 없이 단순히 특정한 기간 내에 이행을 하겠다고 매수인에게 통지한 경우라고 할지라도 명시적인 매수인의 수령여부에 대한 문의는 없지만 제2항에서 규정하고 있는 매수인의 수령여부에 대한 응답요구(최고)가 포함된 것으로 추정된다. 결국 매도인이 특정기간 내에 이행하겠다고 매수인에게 통지한 경우에는 매수인의 수령여부에 대한 응답요구가 포함된 것으로 추정되어 제2항이 동일하게 적용된다. 따라서 매도인이 매수인에게 이행의 수령 여부를 알려 달라고 요구한 경우(제2항)처럼 매수인이 합리적인 기간 내에 그 요구에 응답하지 아니한 경우에는, 매도인은 그 요구에서 정한 기간 내에 이행을 할 수 있고, 다만 매수인은 그 기간 중에는 매도인의 이행과 양립하지 아니하는 구제를 구할 수 없게 된다.

라. 매도인의 요구 또는 통지는 매수인에게 도달해야 그 효력이 발생한다(제4항). 매도인의 제2항의 요구가 매수인에게 도달해야 효력이 발생하고, 매도인의 제3항의 통지도 매수인에게 도달해야 그 효력이 발생한다. 따라서 제2항과 제3항이 적용되기 위해서는 매도인의 요구 또는 통지가 매수인에게 도달해야 할 것이다. 이는 아직 수령하지 않은 매수인은 보호필요성이 남아 있기 때문이라고 생각된다.

5. 매수인의 계약해제권(제49조)

> **제49조**
> (1) 매수인은 다음의 경우에 계약을 해제할 수 있다.
>   (가) 계약 또는 이 협약상 매도인의 의무 불이행이 본질적 계약위반으로 되는 경우
>   (나) 인도 불이행의 경우에는, 매도인이 제47조 제1항에 따라 매수인이 정한 부가기간 내에 물품을 인도하지 아니하거나 그 기간 내에 인도하지 아니하겠다고 선언한 경우.
> (2) 그러나 매도인이 물품을 인도한 경우에는, 매수인은 다음의 기간 내에 계약을 해제하지 아니하는 한 계약해제권을 상실한다.
>   (가) 인도지체의 경우, 매수인이 인도가 이루어진 것을 안 후 합리적인 기간 내
>   (나) 인도지체 이외의 위반의 경우, 다음의 시기로부터 합리적인 기간 내
>   (i) 매수인이 그 위반을 알았거나 또는 알 수 있었던 때
>   (ii) 매수인이 제47조 제1항에 따라 정한 부가기간이 경과한 때 또는 매도인이 그 부가기간 내에 의무를 이행하지 아니하겠다고 선언한 때.
>   (iii) 매도인이 제48조 제2항에 따라 정한 부가기간이 경과한 때 또는 매수인이 이행을 수령하지 아니하겠다고 선언한 때

가. 해제권의 발생 요건

1) 매도인의 본질적 계약위반(제25조)이 존재하는 경우(제49조 제1항 가호)

당사자 일방의 계약위반이 본질적 위반으로 인정되기 위해서는

    a) 당사자 일방의 계약위반이 있고,

    b) 계약상 가능한 상대방의 기대를 실질적으로 박탈한 정도의 손실을 상대방에게 주는 경우이어야 한다.

    c) 다만, 위반 당사자가 계약체결시 그러한 손실을 예견 불가능하였고(and) 동일 부류의 합리적인 사람도 동일한 상황에서 예견불가능하였을 경우가 아니어야 한다.

이상과 같이 본질적 계약위반에 해당하면 그 사실만으로 계약해제가 가능하다. 다만

해제권을 행사하여야 하며, 요건사실 충족만으로 해제의 효과가 당연히 발생하는 것은 아니다.

2) 매도인의 본질적 계약위반이 아닌 경우(제49조 제1항 나호)

가) 매도인의 인도의무불이행으로서 본질적 계약위반(제25조)이 아닌 경우,

나) 매수인이 부가기간 지정(제47조 제1항)을 하고, 매도인이 그 부가기간 내에 물품 인도의무 이행하지 아니하거나 거절하는 때,

매수인은 계약을 해제할 수 있다.

3) 매도인의 인도의무 이외의 의무불이행의 경우

본질적 계약위반이 아니면서 인도의무 이외의 의무불이행인 경우에는 부가기간의 지정은 가능하지만 매수인의 해제는 불가능하다고 보아야 한다.

나. 해제권의 상실(제49조 제2항)

매도인이 매수인에게 물품을 인도한 경우 다음의 기간 내에 해제하지 않으면 (매수인의) 해제권이 상실된다. 즉 해제권의 상실은 매도인이 매수인에게 물품인도를 완료한 경우에만 발생하는 문제이다. 매도인의 가장 중요한 의무인 물품인도를 완료한 매도인의 신뢰와 행위를 보호하기 위한 취지라고 이해된다.

1) 인도지체의 경우(제2항 가호)

매도인이 인도를 지체하여 매수인에게 계약해제권이 발생한 경우라도 매도인이 매수인에게 물품을 인도한 경우에는 요건을 충족하여 발생한 해제권이 상실될 수 있다. 이 경우 매수인이 (매도인이 자신에게 한) 인도사실을 안 후 합리적인 기간 내에 매수인이 해제권을 행사하지 않으면 해제권은 상실된다.

2) 인도지체 이외의 위반의 경우(제2항 나호)

매수인이 다음의 기간 내에 해제하지 않으면 해제권을 상실한다.

   a) 매수인이 그 위반을 알았거나 알 수 있었던 때로부터 합리적인 기간 내
   b) 매수인이 제47조 제1항(매수인의 부가기간지정권)의 부가기간이 경과한 때 또는 매도인이 그 부가기간 내에 이행거절한 때로부터 합리적인 기간 내
   c) 매도인이 제48조 제2항(매도인의 불이행치유권) 권한 행사시 매도인이 정한 부가기간이 경과한 때 또는 매수인이 그 이행수령 거절한 때로부터 합리적인 기간 내

다. 해제의 효과(제81조)

> **제81조**
> (1) 계약의 해제는 손해배상의무를 제외하고 당사자 쌍방을 계약상의 의무로부터 면하게 한다. 해제는 계약상의 분쟁해결조항 또는 해제의 결과 발생하는 당사자의 권리의무를 규율하는 그 밖의 계약조항에 영향을 미치지 아니한다.
> (2) 계약의 전부 또는 일부를 이행한 당사자는 상대방에게 자신이 계약상 공급 또는 지급한 것의 반환을 청구할 수 있다. 당사자 쌍방이 반환하여야 하는 경우에는 동시에 반환하여야 한다.

계약이 해제되면 당사자들은 미이행부분에 대해서는 이행의무가 없고, 기이행부분에 대해서는 원상회복해야 한다. 다만 불이행으로 인한 손해배상은 원상회복과 별도로 청구할 수 있다. 즉 해제의 효과는 다음과 같이 정리할 수 있다.

1) 손해배상의무 부담(제81조 제1항)

2) 손해배상의무 이외의 모든 의무 면제(제81조 제1항)

그리고 해제는 계약상의 분쟁해결조항(중재조항, 재판관할조항) 또는 해제의 결과 발생하는 당사자의 권리의무를 규율하는 그 밖의 계약조항(손해배상예정조항 등)에 영향을 미치지 아니한다.

3) 이미 이행한 부분 원상회복의무 부담(쌍방 원상회복의무간 동시이행관계)

양당사자는 이미 이행한 부분은 원상회복의무를 부담하고(제81조 제2항 전문), 이들 쌍방 원상회복의무 사이에는 동시이행관계가 인정된다(제81조 제2항 후문). 따라서 매도인은 수령한 매매대금을 매수인에게 반환하여야 하고, 매수인은 인도받은 물품을 반환해야 한다.

6. 대금감액권(제50조)

> **제50조**
> 물품이 계약에 부적합한 경우에, 대금의 지급 여부에 관계없이 매수인은 현실로 인도된 물품이 인도시에 가지고 있던 가액이 계약에 적합한 물품이 그때에 가지고 있었을 가액에 대하여 가지는 비율에 따라 대금을 감액할 수 있다. 다만, 매도인이 제37조나 제48조에 따라 의무의 불이행을 치유하거나 매수인이 동 조항에 따라 매도인의 이행 수령을 거절한 경우에는 대금을 감액할 수 없다.

대금감액청구권은 손해를 공평하게 분담하는 차원에서 인정되는 권리이므로 손해배상청구권의 일종으로 보아 대금감액청구로 감액된 범위 내에서는 손해배상청구를 부정

함이 타당하다. 다만 감액 범위를 초과하는 별도의 손해에 대하여는 배상청구가 가능할
것이다. 대금감액청구권은 매도인의 귀책사유로 인한 불이행의 경우보다 불가항력에 의
한 불이행의 경우에 실익이 크다. 매도인의 불가항력으로 인한 경우에는 제79조에 의해
매도인이 면책될 수 있기 때문이다.

가. 요 건

1) 물품부적합의 경우

협약 제50조의 명문상 물품부적합이라고 규정하고 있으므로 권리부적합의 경우에는
대금감액청구가 불가능하다.

2) 매도인의 귀책사유와 대금지급여부 불문

대금감액은 매도인의 귀책사유와 매도인의 대금지급여부를 불문한다. 매도인의 귀책
사유가 없어도 대금감액은 객관적인 가액을 기준으로 인정되고, 매수인이 이미 대금을
지급하였더라도 그 지급금액이 감액 후 인정된 대금보다 크다면 그 차액만큼 매수인은
반환청구하면 되기 때문이다.

3) 매도인이 제37조나 제48조에 따라 불이행, 부적합을 치유한 경우 제외(제50조 단서)

매도인이 제37조 인도기일 전의 부적합치유권이나 제48조 매도인의 불이행치유권에
따라 부적합, 불이행을 치유한 경우라면 매매계약에 의해 매매하기로 한 완전한 물품을
매매한 것이 되어 감액청구가 불가능하다.

4) 매수인이 매도인의 제37조, 제48조의 치유제의를 부당거절한 경우 제외(제50조 단서)

매도인이 제37조 인도기일 전의 부적합치유권이나 제48조 매도인의 불이행치유권에
따라 부적합, 불이행을 치유 제의하였으나, 매수인이 이러한 치유제의를 부당거절한 경
우라면 매도인의 치유로 매매하기로 한 완전한 물품을 매매한 것이 될 수 있었음에도
매수인의 귀책사유(부당거절)로 그것이 불가능하게 되었으므로 매수인의 보호필요성이
소멸하여 매수인의 감액청구를 부정함이 타당하다.

나. 효 과 – "인도시" 가액비율로 대금감액

대금감액의 비율을 산정하기 위한 전제로서 각 가액의 기준시점은 바로 인도시이다.
매매대금으로 계약시 인정된 금액을 인도시 가액의 비율로 감액할 수 있다. 인도시 가
액의 비율이란 현실로 인도된 물품의 인도시 가액이 계약에 적합한 물품의 인도시 가
액에 대하여 가지는 비율을 의미한다. 결국 매수인은 현실로 인도된 물품의 인도시 가
액이 계약에 적합한 물품의 인도시 가액에 대하여 가지는 비율로 원래 계약매매대금을

감액할 수 있다.

7. 물품의 일부 부적합(제51조)

> **제51조**
> (1) 매도인이 물품의 일부만을 인도하거나 인도된 물품의 일부만이 계약에 적합한 경우에, 제46조 내지 제50조는 부족 또는 부적합한 부분에 적용된다.
> (2) 매수인은 인도가 완전하게 또는 계약에 적합하게 이루어지지 아니한 것이 본질적 계약위반으로 되는 경우에 한하여 계약 전체를 해제할 수 있다.

이상 제50조까지는 의무이행의 전부가 불이행되거나 전부가 부적합한 경우 매수인의 구제수단들을 규정한 것이다. 그러나 불이행이나 부적합이 항상 전부에 존재하는 것은 아니므로 일부 불이행 또는 일부 부적합의 경우에도 매수인의 구제수단은 필요하다. 그러나 불이행 또는 부적합 부분이 전부인지 일부인지는 구제수단이 크게 달라지는 것은 아니며, 단지 그 구제수단을 행사하는 범위만 다를 것이다. 따라서 제51조는 일부 불이행 또는 일부 부적합의 경우 구제수단인 제46조 내지 제50조는 부족 또는 부적합한 부분에만 적용된다고 규정하고 있다.

가. 요 건
1) 매도인이 물품의 일부만을 인도하거나
2) 인도된 물품의 일부만이 계약에 적합한 경우를 의미한다.

나. 법적 취급
1) 매수인과 매도인의 권리행사(주로 매수인의 권리행사 제46조 내지 제50조)는 불이행 또는 부적합 부분에만 적용된다.

2) 매수인의 구제수단(제51조 제1항, 제2항)
부족, 부적합한 부분에 대하여만 매수인은 제46조 의무이행청구권(제1항), 대체물인도청구권(제2항), 부적합치유청구권(제3항)을 행사할 수 있고, 제47조 부가기간지정권, 제49조 계약해제권, 제50조 대금감액권을 행사할 수 있다.

부족 또는 부적합한 일부만을 해제함이 원칙(제1항)이나, 부족 또는 부적합이 본질적 계약위반인 경우에는 계약 전체를 해제할 수 있다(제2항).

3) 매도인의 권리행사(제51조 제1항)
매도인의 불이행치유권에 있어서도 일부에만 적용된다. 즉 매도인도 부족 또는 부적합한 부분에 대해서만 제48조 불이행치유권을 행사할 수 있다.

8. 기일전의 인도 및 초과인도(제52조)

제52조
(1) 매도인이 이행기 전에 물품을 인도한 경우에, 매수인은 이를 수령하거나 거절할 수 있다.
(2) 매도인이 계약에서 정한 것보다 다량의 물품을 인도한 경우에, 매수인은 초과분을 수령하거나 이를 거절할 수 있다. 매수인이 초과분의 전부 또는 일부를 수령한 경우에는 계약대금의 비율에 따라 그 대금을 지급하여야 한다.

제52조는 인도기일전의 인도와 초과인도의 경우를 별도로 규정하고 있다. 일반적으로 인도기일은 채무자의 이익을 위해 존재하는 것이므로 채무자가 자신의 기한의 이익을 포기하고 약정한 기일보다 일찍 채무를 이행하는 것은 굳이 문제삼을 필요가 없고, 또한 채권자입장에서도 채권자의 이익을 해하지 않을 가능성이 있다. 초과인도의 경우도 동일하게 채권자의 입장에서 채권자의 이익을 해하지 않을 가능성이 있다. 즉 일반적인 불이행, 부적합등의 의무불이행은 반드시 채권자의 이익을 해하는 것이지만 기일전 인도와 초과인도의 경우는 그것만으로 채권자의 이익을 해한다는 것이 불분명하므로 채권자인 매수인에게 수령하거나 거절할 수 있는 선택권을 주는 것이다.

가. 매도인이 이행기 전에 물품을 인도한 경우(제52조 제1항)

1) 매수인은 이를 수령하거나 거절할 수 있다.
2) 다만 이행기 전에 물품을 수령한 경우에 제37조 매도인의 인도기일 전 부적합치유권 행사가 가능하다.

나. 매도인이 계약에서 정한 것보다 초과량을 인도한 경우(제52조 제2항)

1) 매수인은 초과분을 수령하거나 초과분을 거절할 수 있다.
2) 다만 초과분의 전부 또는 일부를 수령한 경우에는 계약대금 비율에 따라 그 대금을 지급해야 한다.

제3장 매수인의 의무

매수인의 의무개관(제53조)

> **제53조**
> 매수인은 계약과 이 협약에 따라, 물품의 대금을 지급하고 물품의 인도를 수령하여야 한다.

제2장에서 매도인의 의무를 규정하고 있는 것과 상응하여 제3장에서는 매수인의 의무를 규정하고 있다. 매수인의 주된 의무는 대금지급의무와 인도수령의무이다. 즉 매수인은 계약과 이 협약에 따라 다음의 두 가지 의무를 부담한다.

1) 물품 대금을 지급하고(대금지급의무)
2) 물품의 인도를 수령해야 한다(인도수령의무).

제 1 절 대금의 지급

매매계약에서 매수인은 대금의 지급을 이행하는 것이 가장 중요한 의무이다. 매수인의 대금지급의무에 대하여 협약은 세부적으로 제54조 대금지급을 위한 조치, 제55조 대금불확정계약, 제56조 순중량에 의한 대금결정, 제57조 대금지급의 장소, 제58조 대금지급의 시기, 제59조 기일지급원칙 등을 규정하고 있다.

1. 대금지급을 위한 조치(제54조)

> **제54조**
> 매수인의 대금지급의무에는 그 지급을 위하여 계약 또는 법령에서 정한 조치를 취하고 절차를 따르는 것이 포함된다.

매수인은 대금지급의무를 이행하여야 하고, 여기에는 당연히 그 지급의무 이행을 위하여 필요한 절차나 조치가 포함된 것이다. 지급의무이행에 필요한 절차나 조치에는 어음의 인수나 신용장 개설, 지급보증 등이 있다.

1-(1). 대법원 2013. 11. 28. 선고 2011다103977 판결 [손해배상]

[판시사항]

'국제물품매매계약에 관한 국제연합 협약'(United Nations Convention on Contracts for the International Sale of Goods)이 준거법으로 적용되는 국제물품매매계약에서 당사자가 대금 지급을 신용장에 의하기로 하였으나 매수인이 계약에서 합의된 조건에 따른 신용장 개설을 거절한 경우, 매도인이 계약을 해제할 수 있는지 여부(적극)

[판결요지]

'국제물품매매계약에 관한 국제연합 협약'(United Nations Convention on Contracts for the International Sale of Goods, 이하 '협약'이라고만 한다)에 의하면, 매수인은 계약과 협약에 따라 물품대금을 지급할 의무가 있고(제53조), 매수인의 대금지급의무에는 그 지급을 위하여 계약 또는 법령에서 정한 조치를 취하고 절차를 따르는 것이 포함된다(제54조). 그리고 당사자 일방의 계약위반이 그 계약에서 상대방이 기대할 수 있는 바를 실질적으로 박탈할 정도의 손실을 상대방에게 주는 경우 이는 본질적인 계약위반이 되며(제25조), 매도인은 계약 또는 협약상 매수인의 의무 불이행이 본질적인 계약위반으로 되는 경우 계약을 해제할 수 있다[제64조 제1항 제(가)호]. 따라서 협약이 준거법으로 적용되는 국제물품매매계약에서 당사자가 대금의 지급을 신용장에 의하기로 한 경우 매수인은 계약에서 합의된 조건에 따라 신용장을 개설할 의무가 있고, 매수인이 단순히 신용장의 개설을 지체한 것이 아니라 계약에서 합의된 조건에 따른 신용장의 개설을 거절한 경우 이는 계약에서 매도인이 기대할 수 있는 바를 실질적으로 박탈하는 것으로서 협약 제25조가 규정한 본질적인 계약위반에 해당하므로, 매도인은 계약을 해제할 수 있다.

[참조조문]

'국제물품매매계약에 관한 국제연합 협약'(United Nations Convention on Contracts for the International Sale of Goods) 제25조, 제53조, 제54조, 제64조 제1항 제(가)호

[이 유]

상고이유(상고이유서 제출기간이 지난 후에 제출된 상고이유보충서 기재는 상고이유를 보충하는 범위 내에서)를 판단한다.

1. 이 사건 계약의 준거법인 「국제물품매매계약에 관한 국제연합 협약」(United Nations Convention on Contracts for the International Sale of Goods, 이하 '협약'이라고만 한다)에 의하면, 매수인은 계약과 협약에 따라 물품대금을 지급할 의무가 있고(제53조), 매수인의 대금지급의무에는 그 지급을 위하여 계약 또는 법령에서 정한 조치를 취하고 절차를 따르는 것이 포함된다(제54조). 그리고 당사자 일방의 계약위반이 그 계약에서 상대방이 기대할 수 있는 바를 실질적으로 박탈할 정도의 손실을 상대방에게 주는 경우 이는 본질적인 계약위반이 되며(제25조), 매도인은 계약 또는 협약상 매수인의 의무 불이행이 본질적인 계약위반으로 되는 경우

계약을 해제할 수 있다[제64조 제1항 제(가)호].

따라서 협약이 준거법으로 적용되는 국제물품매매계약에서 당사자가 대금의 지급을 신용장에 의하기로 한 경우 매수인은 계약에서 합의된 조건에 따라 신용장을 개설할 의무가 있고, 매수인이 단순히 신용장의 개설을 지체한 것이 아니라 계약에서 합의된 조건에 따른 신용장의 개설을 거절한 경우 이는 계약에서 매도인이 기대할 수 있는 바를 실질적으로 박탈하는 것으로서 협약 제25조가 규정한 본질적인 계약위반에 해당하므로, 매도인은 계약을 해제할 수 있다.

2. 원심은 채택 증거를 종합하여 그 판시와 같은 사실을 인정한 다음, 피고가 이 사건 계약에 부합하는 신용장을 개설하지 않고 40피트 컨테이너 포장, 환적 불허, 피고에 의하여 지정된 자가 발행한 검사증명서, 비유전자변형생물체 증명서 등 실현이 곤란하거나 이 사건 계약에서 합의되지 아니한 것으로서 원고의 책임과 비용으로 돌릴 수 없는 사항을 신용장조건 또는 요구서류에 추가하고, 원고가 합리적인 부가기간을 정하여 그 수정을 요구하였음에도 이를 거절한 이상, 이러한 피고의 행위는 본질적인 계약위반 및 부가기간 내 의무불이행에 모두 해당하고, 이 사건 신용장은 2009. 5. 선적분에 관한 것이지만, 위와 같은 피고의 행위는 장래의 분할부분에 대한 본질적인 계약위반의 발생을 추단하는 데 충분한 근거가 되므로, 원고는 협약 제73조 제2항에 의하여 장래에 향하여 나머지 선적분에 관한 계약도 해제할 수 있으며, 따라서 이 사건 계약은 그 전체가 원고의 해제통보에 의하여 적법하게 해제되었다고 판단하였다.

3. 위 법리와 기록에 비추어 살펴보면, 원심의 위와 같은 판단은 정당한 것으로 수긍이 가고, 거기에 상고이유 주장과 같이 논리와 경험의 법칙을 위반하여 자유심증주의의 한계를 벗어나거나 신용장통일규칙 또는 「유전자변형생물체의 국가간 이동 등에 관한 법률」의 해석·적용 내지 협약이 규정한 매도인과 매수인의 의무, 본질적인 계약위반으로 인한 계약해제, 합리적인 부가기간 설정에 의한 계약해제, 분할인도계약에 있어서의 계약해제, 당사자자치에 의한 협약의 적용배제에 관한 법리를 오해하는 등의 위법이 없다.

4. 그러므로 상고를 기각하고 상고비용은 패소자가 부담하도록 하여, 관여 대법관의 일치된 의견으로 주문과 같이 판결한다.

1-(2). 서울고등법원 2011. 10. 27. 선고 2011나8463 판결 [손해배상]

[원고, 피항소인] 리베리나 오스트레일리아 주식회사

[피고, 항소인] 주식회사 대현교역

[이 유]

1. 기초사실

이 부분에서 설시할 이유는 제1심 판결문 제2면 제12행부터 제6면 제8행까지의 '1. 기초사실' 부분 기재와 같으므로, 민사소송법 제420조 본문에 의하여 이를 그대로 인용한다.

(.......)

3. 판단

가. 이 사건 계약의 준거법

(1) 국제물품매매계약에 관한 국제연합 협약

「국제물품매매계약에 관한 국제연합 협약」United Nations Convention on Contracts for the International Sale of Goods 1980 (Vienna Sale Convention)(이하 '비엔나협약'이라 하고, 이 사건과 관련된 주요 내용은 [별지 1] 기재와 같다) 제1조 제1항에 의하면, 비엔나협약은 영업소가 다른 국가에 소재한 당사자 간의 물품매매계약에 적용되고, 이때 당사자들의 영업소는 모두 체약국에 있거나(같은 항 a호), 법정지의 국제사법에 따라 어느 체약국의 법이 준거법이 되는 경우이어야 한다(같은 항 b호).

앞서 기초사실에서 본 바에 의하면, 이 사건 계약은 호주 퀸즐랜드주에 주된 사무소를 두고 있는 원고와 대한민국에 주된 사무소를 두고 있는 피고 사이에 체결된 물품매매계약이고, 호주는 1988. 3. 17. 비엔나협약에 가입하여 1989. 4. 1.부터, 대한민국은 2004. 2. 17. 가입하여 2005. 3. 1.부터 각 그 효력이 발생하였으므로, 2008. 8. 29. 원고와 피고 사이에 체결된 이 사건 계약에 관하여는 비엔나협약이 준거법이 된다고 할 것이다.

(2) 호주 퀸즐랜드주 법

한편, 비엔나협약에서 직접적으로 규율하지 않고 있는 법률관계에 관한 보충적인 준거법은 대한민국 「국제사법」에 의하여 정하여야 할 것인바, 원고와 피고 사이에 준거법 선택에 관한 합의가 있었음을 인정할 증거가 없는 이상, 「국제사법」 제26조 제1항, 제2항 제1호에 기하여 양도계약 체결 당시 양도인의 주된 사무소가 있는 국가의 법인 호주 법이 적용되어야 할 것인데, 호주는 연방제 국가로서 각 주마다 다른 법체계를 가지고 있으므로, 호주 법 가운데 원고가 주된 사무소를 두고 있는 퀸즐랜드주 법이 보충적인 준거법이 된다 할 것이다.

나. 이 사건 계약의 해제 여부

(1) 이 사건 계약 및 비엔나협약 제53조, 제54조의 규정에 의하면, 피고는 원고에게 물품대금을 지급할 의무가 있고, 그 대금지급 의무에는 그 지급을 위하여 계약 또는 법령에서 정한 조치를 취하고 절차를 따르는 것이 포함되는바, 대금지급을 신용장에 의하기로 합의한 이 사건에 있어서 피고는 이 사건 계약에서 합의된 조건에 따라 신용장을 개설할 의무가 있고, 피고가 단순히 신용장 개설을 지체한 것이 아니라 이 사건 계약에서 합의된 조건에 따른 신용장 개설을 거절한 경우 이는 본질적인 계약위반에 해당하므로, 원고는 비엔나협약 제64조 제1항 가호에 기하여 이 사건 계약을 해제할 수 있다.

또한, 피고의 신용장개설 의무는 비엔나협약 제54조의 규정에 따라 대금지급 의무에 포함되므로, 피고의 신용장개설 의무 지체 시에 원고가 피고에게 합리적인 부가기간을 정하여 이행을 청구하였음에도 피고가 그 부가기간 내에 이 사건 계약상의 합의조건에 부합하는 신용장을 개설하지 않거나 그 개설을 거절한 경우, 원고는 비엔나협약 제63조 제1항, 제64조 제1항 나호에 기하여 피고의 계약위반이 본질적인지 여부에 관계없이 이 사건 계약을 해제할 수 있다 할 것이다.

따라서 피고가 개설한 이 사건 신용장에 부가된 조건들이 이 사건 계약에 위반되어 원고가 이 사건 계약을 해제할 수 있는지에 관하여 살펴본다.

(2) 먼저, 이 사건 면실의 포장방법에 관하여 보건대, 갑 제6, 7, 11, 12호증(이하 가지번호

포함)의 각 기재 및 영상에 변론 전체의 취지를 종합하면, △ 원고를 비롯한 대다수 호주의 곡물 수출업체들이 20피트 컨테이너 적재시설을 갖추고 있었던 반면 40피트 컨테이너 적재시설은 갖추지 못하여서 40피트 컨테이너 포장은 사실상 곤란하거나 과도한 비용이 소요되는 것이고, △ 피고는 이와 같은 상황을 계약 체결 이전부터 중개인 등을 통하여 알고 있었던 것으로 보이는바, 원고와 피고는 이 사건 계약을 체결함에 있어서 면실을 20피트 컨테이너에 적재하기로 합의하였다고 할 것이다.

가사, 위와 같은 합의가 당사자 간에 명시적으로 성립하지 않았다 하더라도, 이 사건 계약상 포장방법을 "컨테이너 벌크(bulk in container)"로만 합의하고 컨테이너 규격을 특정하지 않은 이상, CFR 조건에 따라 하역항까지의 운송비를 부담하는 원고로서는 20피트 컨테이너와 40피트 컨테이너 중에서 포장방법을 선택할 수 있다 할 것이고, 피고가 주장하는 바와 같이 40피트 컨테이너가 좀 더 일반적으로 사용되는 컨테이너이고 40피트 컨테이너의 육상운송비 부담이 크다 하더라도 당사자 사이에 별도의 합의가 없이 당연히 40피트 컨테이너 포장이 계약조건이 되었다고 할 수는 없으며, 피고가 40피트 컨테이너를 신용장 조건에 부가하기 위해서는 이 사건 계약 당시에 원고와 사이에 이 점에 관하여 합의하였어야 할 것인데, 이와 같은 합의가 성립하였다는 점을 인정할 만한 증거가 없다.

그렇다면 피고가 신용장의 포장방법 및 추가조건에 40피트 컨테이너 포장을 요구한 것은 이 사건 계약에서 합의되지 않은 조건을 임의로 부가한 것이라 할 것이다.

(3) 다음으로, 환적 불허용 조건에 관하여 보건대, 갑 제1, 7, 8호증의 각 기재에 변론 전체의 취지를 종합하면, △ 이 사건 계약 체결 당시 호주에서 광양항까지의 직항선편이 없었고, △ 이 사건 계약에서는 인도 지시사항에 "CFR 부산항", 특별조건에 "광양항 인도시 부산항 대비 톤당 미화 5달러 할증"이라고 합의하였을 뿐, 환적의 허부에 관하여 별도로 명시한 바 없었다. 그럼에도 피고는 임의로 광양항을 하역항으로 지정하면서 환적 불허용 조건을 부가하였는바, 이 또한 이 사건 계약상에서 합의되지 않은 조건을 임의로 부가한 것에 해당한다.

이에 대하여 피고는, 이 사건 신용장에 적용되는 국제상업회의소제6차 개정 「신용장 통일규칙」 제20조 c항 ii호에 의하면 신용장조건에서 환적을 금지하더라도 물품이 컨테이너에 선적되었다는 것이 선하증권에 의하여 증명되는 경우에는 신용장대금이 결제될 수 있으므로 피고가 환적불허용 조건을 부가하였다 하더라도 원고는 자유로이 환적할 수 있고, 따라서 피고가 환적 불허용 조건을 부가했다고 해서 이 사건 계약에 어긋나는 조건이라 할 수 없다고 주장한다.

그러나 앞서 기초사실에서 본 바와 같이 원고가 환적을 허용하는 것으로 신용장조건을 변경해 달라고 요청하였음에도 피고는 환적 불허용이라는 종전 신용장조건을 그대로 유지하였는바, 이러한 사정에 비추어 보면, 피고가 원고의 환적에 대하여 「신용장 통일규칙」에 따라 이의하지 않겠다는 의사를 표시하였다고 볼 수 없어, 원고로서는 피고가 부가한 신용장조건과 다르게 환적을 할 경우 피고 또는 신용장 개설은행으로부터 이의제기나 지급거절을 당할 우려를 완전히 배제하기 어렵다 할 것이므로, 결국 피고의 위 주장은 이유 없다.

(4) 끝으로, 피고는 이 사건 계약에서 명시적으로 합의되지 않은 각종 요구서류의 제출을 신용장조건으로 추가하였는데, 피고는 그 중 △ '신용장 개설의뢰인인 피고에 의해 지정된 자가

발행한 검사증명서(요구서류 9)' 및 '비유전자변형생물체(NON－GMO) 관련 증명서(추가조건 8)'에 관해서는 2009. 5. 6. 및 2009. 5. 21.자 각 신용장조건 변경 신청 당시에도 삭제를 하지 않았는바, 이에 관하여 살펴본다.

먼저, '개설의뢰인에 의해 지정된 자가 발행한 검사증명서'에 관하여 보건대, 국제상업회의소 제정 「인코텀즈 2000」(Incoterms 2000, 이 사건과 관련된 주요 내용은 [별지 2] 기재와 같고, 이하 '인코텀즈'라 한다. 인코텀즈는 2010년에 다시 개정되었으나 이 사건에 관해서는 인코텀즈 2000이 적용된다.)은 CFR 조건 하에서 선적전 검사(pre－shipment inspection)가 행해질 경우 그 비용을 매수인이 부담하여야 한다고 규정하고 있을 뿐(5.B.9.) 위 검사가 필수적이라거나 반드시 매수인 또는 매수인이 의뢰하는 자에 의해서 검사가 행하여져야 한다고 명시하지는 않고 있고, 이 사건 계약에서 선적전 검사에 관하여 아무런 합의가 없었는바, 원고와의 사전 합의 없이 피고가 일방적으로 개설의뢰인에 의해 지정된 자가 발행한 검사증명서를 신용장 요구서류에 추가할 수는 없다 할 것이다.

다음으로, '비유전자변형생물체(NON－GMO) 관련 증명서'에 관하여 보건대, 「유전자변형생물체의 국가간 이동 등에 관한 법률」 및 관련 시행령, 시행규칙 등은 이 사건 면실이 유전자변형생물체인 경우에만 적용되고 이 사건 면실이 유전자변형생물체가 아닌 경우에는 적용되지 않는바, 이 사건 면실이 유전자변형생물체라는 점을 인정할 증거가 없는 이상 이 사건 면실에 관하여 위 법률이 적용된다고 할 수 없다.

또한 이 사건 면실이 유전자변형생물체가 아니라는 취지의 NON－GMO 증명서가 있다면 피고의 수입통관이 신속하거나 용이해지게 될 가능성은 있으나, 인코텀즈의 규정에 의하면, CFR 조건인 경우 특별한 사정이 없는 한 수출통관은 매도인, 수입통관은 매수인의 책임이고 (5.A.2., 5.B.2. 참조), 또한 매도인은 매수인의 요청에 따라 매수인의 위험과 비용으로, 매수인이 물품의 수입을 위하여 필요한 모든 서류를 취득함에 있어서 모든 협조를 제공하여야 할 의무가 있지만(5.A.10. 참조) 이는 협조의무에 그치고 수입통관과 관련된 위험과 비용은 어디까지나 매수인에게 귀결되어야 하므로, NON－GMO 증명서에 관하여 원고와 피고 간에 합의가 성립하지 않았던 이 사건에서 위 증명서를 신용장 요구서류로 임의로 추가하는 것은 위 서류의 취득을 매도인의 위험과 비용으로 귀결시키는 것으로서 허용될 수 없다고 할 것이다.

결국 피고가 위와 같이 '개설의뢰인에 의해 지정된 자가 발행한 검사증명서' 및 '비유전자변형생물체(NON－GMO) 관련 증명서'를 신용장 요구서류에 추가한 것은 이 사건 계약 위반에 해당한다.

(5) 그렇다면 피고는 이 사건 계약에 부합하는 신용장을 개설하지 않고 실현이 곤란하거나 원고의 책임과 비용으로 돌릴 수 없는 조건을 신용장조건 또는 요구서류에 추가하였으며, 원고가 10일 이상의 합리적인 부가기간을 정하여 신용장의 수정을 요구하였음에도 피고가 핵심적인 부분의 수정을 거절한 이상, 피고의 행위는 본질적인 계약위반 및 대금지급 의무 위반 모두에 해당한다.

다. 해제 범위

(1) 이 사건 신용장은 2009. 5. 선적분에 관한 것이나, 앞서 본 기초사실에 의하면, 피고는

이 사건 계약에 위반한 신용장조건의 수정을 거부하였고 2009. 6. 이후의 나머지 분할선적분에 관한 신용장 개설에 관해서도 피고가 동일한 태도를 유지할 것임이 충분히 추단되므로, 이는 당사자 일방의 의무불이행이 장래의 분할부분에 대한 본질적 계약위반의 발생을 추단하는 데에 충분한 근거가 되는 경우에 해당하여, 원고는 비엔나협약 제73조 제2항 "비엔나협약 제73조 (2) 어느 분할부분에 관한 당사자 일방의 의무 불이행이 장래의 분할부분에 대한 본질적 계약위반의 발생을 추단하는 데에 충분한 근거가 되는 경우에는, 상대방은 장래에 향하여 계약을 해제할 수 있다. 다만, 그 해제는 합리적인 기간 내에 이루어져야 한다."에 따라 장래에 향하여 나머지 부분의 계약 또한 해제할 수 있고, 따라서 이 사건 계약은 그 전체가 원고의 2009. 5. 25.자 해제통보에 의하여 적법하게 해제되었다 할 것이다.

(2) 이에 대하여 피고는, 이 사건 계약서에 기재된 '계약불이행의 경우 불이행된 인도 또는 선적분에 한하여 거절사유가 되고, 전체 계약 또는 매수인 및 매도인 간의 기타 계약의 취소사유가 되지 않는다'라는 조항에 따라 이 사건 계약의 해제 범위는 2009. 5. 선적분에 한정된다고 주장한다.

살피건대, 이 사건 계약서에 '계약조건에 부합하는 이행에 실패한 경우 불이행된 인도 또는 선적분에 한하여 거절사유가 되고, 전체 계약 또는 매수인 및 매도인 간의 기타 계약의 취소사유가 되지 않는다'라는 조항이 기재되어 있으나, 이 사건 계약의 성격 및 체결 경위 등에 비추어 볼 때, 위 조항은 비엔나 협약 제73조 제1항 "비엔나 협약 제73조 (1) 물품을 분할하여 인도하는 계약에서 어느 분할부분에 관한 당사자 일방의 의무 불이행이 그 분할부분에 관하여 본질적 계약위반이 되는 경우에는, 상대방은 그 분할부분에 관하여 계약을 해제할 수 있다."의 규정과 유사한 것으로서, '어느 분할부분에 관한 당사자 일방의 의무 불이행이 장래의 분할부분에 대한 본질적 계약위반의 발생을 추단하는 데에 충분한 근거가 되는 경우'에 해제권을 인정하고 있는 비엔나협약 제73조 제2항의 적용을 배제하는 조항이라고 보기 어렵다. 따라서 피고의 위 주장은 이유 없다.

라. 피고의 주장에 대한 판단

피고는, CFR 조건의 경우 매도인의 선적세부사항 통보 의무는 매수인의 신용장개설 의무보다 앞서는 선이행 의무인데도 원고가 선적세부사항을 통보하지 않았으므로, 원고에게 이행기전 계약위반의 책임이 있으므로 원고가 이 사건 계약을 해제할 수 없으며, 가사 이 사건 계약이 해제되었더라도 이러한 사정을 고려하여 손해액 산정에 있어서 과실상계를 하여야 한다고 주장한다.

살피건대, 신용장에 의한 대금지급 약정이 있는 이상 매도인으로서는 이행에 착수하기 전에 매수인의 대금지급 의사 및 능력을 확인하여야 할 필요가 있으므로, CFR 조건이라고 해서 매수인이 신용장을 개설하기도 전에 매도인이 먼저 자신의 비용을 들여 선박운송계약을 하고 그 선적정보를 매수인에게 통지할 의무는 없다 할 것이고, 매수인이 적법한 신용장을 개설한 경우에 한하여 비로소 운송계약을 체결하고 선적기한까지 물품을 본선에 인도하여 그 사실을 매수인에게 통지할 의무를 부담한다 할 것이다[인코텀즈 5.A.3.a) 및 5.A.4.와 5.A.7.].

따라서 원고는 피고가 이 사건 계약에 부합하는 신용장을 개설한 경우 이 사건 계약에 따라 그로부터 30일 이내에 선적의무를 이행하고 이를 통지하면 되는 것이고, 피고가 이 사건 계약에 부합하는 신용장을 개설하지 못한 이 사건에 있어서는 원고가 피고에 대해 어떠한 사전 통지의무를 부담한다 할 수 없으므로, 원고에게 이행기전 계약위반의 책임이 있음을 전제로 한 피고의 위 주장은 이유 없다.

마. 손해배상액의 산정

이 부분에서 설시할 이유는 제1심 판결문 제10면 제16행부터 제11면 제13행까지의 '가. 손해배상 원본채권의 산정' 부분 기재와 같으므로, 민사소송법 제420조 본문에 의하여 이를 그대로 인용한다.

바. 손해배상의 통화 및 지연손해금

(1) 앞서 본 바와 같이 피고는 이 사건 계약에서 정한 대금과 원고가 이 사건 면실을 미쓰비시에게 재매각한 대금과의 차액인 미화 159,000달러를 원고에게 배상할 의무가 있는바, 원고는 호주 법인이고 피고는 대한민국 법인이므로, 피고가 위와 같은 손해배상금을 어느 나라의 통화로 지급해야 하는지, 위 손해배상금에 대한 지연손해금도 지급해야 하는지가 문제된다.

이 사건 계약의 준거법인 비엔나협약에서는 위와 같은 차액을 배상할 것을 규정하고 있을 뿐 위와 같은 통화나 지연손해금에 관하여는 별도로 규정하지 않고 있으므로, 이에 관하여는 이 사건 계약의 보충적인 준거법인 호주 퀸즐랜드주 법에 의할 것이다.

(2) 그러므로 먼저 통화에 관하여 보건대, 이에 관하여 호주 퀸즐랜드주 법에 명문의 규정은 없으나, 호주의 연방법원은 채무불이행으로 인한 손해배상에 있어 원고가 외국 통화로 손해배상금의 지급을 구하고 그 통화가 원고의 손실을 가장 잘 반영해 주는 통화일 경우 그 외국 통화로 배상금을 지급하도록 판결한 바 있고, 호주의 각 주법원도 위 연방법원의 판결과 동일한 취지로 구체적인 사실관계에 따라 외국 통화 또는 호주 통화로 지급하도록 판결하고 있다.

그런데 이 사건 계약에서는 원고와 피고가 처음부터 대금을 미화로 정하였고 원고가 미쓰비시에게 재매각할 당시에도 대금을 미화로 정하였으며, 원고는 이 사건에서 손해배상금을 미화로 지급하거나 또는 민법 제394조에 의하여 한화로 지급할 것을 선택적으로 청구하고 있다.

그렇다면 원고가 선택적으로 지급을 구하는 외국 통화인 미화 또는 원화 가운데 미화가 원고의 손실을 가장 잘 반영해 주는 통화라고 할 것이고, 민법 제394조는 손해는 금전으로 배상한다는 규정으로서 이는 준거법이 대한민국 법인 경우에 적용할 것인데 이 사건 계약에 관해서는 비엔나협약 및 호주 퀸즐랜드 주법이 준거법이므로, 결국 피고는 원고에게 위와 같은 미화 159,000달러를 지급할 의무가 있다.

(3) 다음으로 지연손해금에 관하여 보건대, 호주 퀸즐랜드주의 대법원법(Supreme Court Act 1995)과 대법원규칙(Supreme Court Regulation 2008)에서는, 청구원인이 발생한 날로부터 판결전까지의 기간 중 전부 또는 일부에 관하여 이자 지급을 명할 수 있되 그 이율은 법원이 정하고(위 대법원법 제47조), 판결일부터 지급일까지는 미지급 금액에 관하여 이자 지급을 명하여야 하며(위 대법원법 제48조), 그 이율은 법원이 달리 정하지 않는 한 연 10%로 한다고 규정하고 있다(위 대법원규칙 제4조). 한편으로 호주 퀸즐랜드주 법원의 판결에서는 통상적으로

판결전까지의 이율과 판결일로부터의 이율을 일치시키고 있다.

그렇다면 피고가 앞서 손해배상금 미화 159,000달러에 대하여 손해발생일인 2009. 5. 26.부터 다 갚는 날까지 연 10%의 비율로 계산한 지연손해금을 지급하도록 함이 상당하다고 할 것이다.

그런데 원고는 미화 159,000달러에 대하여 2009. 5. 26.부터 이 사건 소장부본 송달일(2010. 3. 22.)까지는 연 10%의 비율로 계산한 지연손해금의 지급을 구하는 한편, 이 사건 소장부본 송달 다음날부터 다 갚는 날까지는 「소송촉진 등에 관한 특례법」 소정의 연 20%의 비율로 계산한 지연손해금을 구하고 있다.

살피건대, 지연손해금이란 채무의 이행지체에 대한 손해배상으로서 본래의 채무에 부수하여 지급되는 것이므로 본래의 채권채무관계를 규율하는 준거법에 의하여 결정되어야 하는 것이고, 한편 「소송촉진 등에 관한 특례법」 제3조 제1항 소정의 법정이율에 관한 규정은 비록 소송촉진을 목적으로 소송절차에 의한 권리구제와 관련하여 적용되는 것이기는 하지만 그 실질은 금전채무의 불이행으로 인한 손해배상의 범위를 정하기 위한 것이므로 이를 절차법적인 성격을 가지는 것이라고만 볼 수 없으므로, 지연손해금의 지급을 명함에 있어서는 원본채권의 준거법을 적용할 것이지 「소송촉진 등에 관한 특례법」을 적용할 것은 아니다(대법원 1997. 5. 9. 선고 95다34385 판결).

따라서 이 사건 소장 부본 송달 다음날부터 다 갚는 날까지의 지연손해금 역시 「소송촉진 등에 관한 특례법」 소정의 연 20%의 비율이 아니라, 연 10%의 비율로 계산하여 지급하도록 함이 상당하다고 할 것이다.

사. 소결론

따라서 피고는 원고에게 앞서 본 손해배상금 미화 159,000달러 및 이에 대하여 2009. 5. 26.부터 다 갚는 날까지는 위와 같이 호주 퀸즐랜드주 법에 따라 정해진 연 10%의 비율로 계산한 지연손해금을 지급할 의무가 있다.

2. 대금불확정 계약(제55조)

> 제55조
> 계약이 유효하게 성립되었으나 그 대금을 명시적 또는 묵시적으로 정하고 있지 아니하거나 이를 정하기 위한 조항을 두지 아니한 경우에는, 당사자는 반대의 표시가 없는 한, 계약 체결 시에 당해 거래와 유사한 상황에서 매도되는 그러한 종류의 물품에 대하여 일반적으로 청구되는 대금을 묵시적으로 정한 것으로 본다.

가. 대금불확정 계약의 개념

1) 계약이 유효하게 성립되었으나

2) 그 대금을 명시적 묵시적으로 정하고 있지 아니하거나, 이를 위한 조항도 없는 경우

대금불확정계약은 계약의 성립이 인정되나 대금을 정하고 있지 않은 것을 말하고,

이는 계약의 성립 자체가 부정된 경우와는 구별된다.

나. 법적 취급

1) 당사자의 반대의사표시가 없는 한

대금불확정계약의 법적 효과에 있어서, 사적자치의 원칙상 당사자들의 합의가 가장 우선시 되어야 할 것이므로 당사자의 반대표시가 있는 경우에는 제55조에 따른 법적효과가 인정되지 않는다.

2) 계약체결시 유사한 상황에서 매매되는 물품의 일반적 매매대금을 묵시적으로 정한 것으로 본다.

대금에 대한 명시적인 합의가 없기 때문에 합의를 대체할 대금에 대한 기준을 계약체결시 유사한 상황에서 매매되는 물품의 일반적 매매대금으로 보고 있다. 우선 대금의 기준시점이 계약체결시인 것은 양당사자가 매매대금을 정하였다면 매매계약체결시 상황을 고려하는 것이 가장 합리적이고 그들의 의사에 가장 가깝기 때문이다. 그리고 매매대금도 가장 유사한 매매의 일반적 대금으로 가장 객관적인 대금으로 정함으로써 합리적이고 객관적인 대금을 지정한 것으로 본다. 명시적인 합의가 없는 상황에서 이를 대체할 수 있는 것은 가장 유사한 상황의 가장 객관적인 가격임을 고려한 것이다.

이 때 "계약체결시 유사한 상황에서 매매되는 물품의 일반적인 매매대금"이란 계약체결시 그 물품의 객관적인 통용가격을 의미한다.

3. 순중량에 의한 대금결정(제56조)

제56조
대금이 물품의 중량에 따라 정하여지는 경우에, 의심이 있는 때에는 순중량에 의하여 대금을 결정하는 것으로 한다.

4. 대금지급의 장소(제57조)

제57조
(1) 매수인이 다른 특정한 장소에서 대금을 지급할 의무가 없는 경우에는, 다음의 장소에서 매도인에게 이를 지급하여야 한다.
　(가) 매도인의 영업소, 또는
　(나) 대금이 물품 또는 서류의 교부와 상환하여 지급되어야 하는 경우에는 그 교부가 이루어지는 장소
(2) 매도인은 계약 체결후에 자신의 영업소를 변경함으로써 발생하는 대금지급에 대한 부수비용의 증가액을 부담하여야 한다.

가. 원 칙(제57조 제1항 반대해석)

합의(특정)한 장소가 있으면 그 장소에서 대금을 지급해야 한다. 대금지급의 장소도 계약의 한 내용이므로 당사자의 합의가 우선하기 때문이다.

나. 예 외 – 합의한 장소가 없는 경우(제57조 제1항)

다만, 합의한 대금지급장소가 없는 경우에는 매수인은 다음의 장소에서 매도인에게 이를 지급하여야 한다.

1) 매도인의 영업소(지참채무원칙) 또는
2) 물품(또는 서류)과 대금이 상환 지급되어야 하는 경우에는 그 상환교부장소에서 지급되어야 한다.

매도인의 영업소가 대금지급장소인 것은 지참채무원칙을 채택하였기 때문이고, 상환교부장소가 대금지급장소인 것은 물품과 대금이 상환지급되기로 계약상 정해진 경우에는 대금지급장소를 상환교부장소로 정한 합의가 당연히 계약에 포함된 것이기 때문이다.

다. 계약 후 매도인의 영업소 변경

매도인은 계약 체결후에 자신의 영업소를 변경함으로써 발생하는 대금지급에 대한 부수비용의 증가액을 부담하여야 한다(제57조 제2항). 계약 즉 합의 후에 매도인이 일방적으로 변경한 것은 의무위반은 아니지만 그로 인하여 발생하는 부담을 매수인에게 전가시킬 수는 없다. 따라서 계약체결 후에 매도인이 영업소를 변경한 경우에는 그 대금지급에 있어서 증가한 비용을 매도인이 부담하도록 하는 것이 공평하다.

5. 대금지급 시기(제58조)

> **제58조**
> (1) 매수인이 다른 특정한 시기에 대금을 지급할 의무가 없는 경우에는, 매수인은 매도인이 계약과 이 협약에 따라 물품 또는 그 처분을 지배하는 서류를 매수인의 처분하에 두는 때에 대금을 지급하여야 한다. 매도인은 그 지급을 물품 또는 서류의 교부를 위한 조건으로 할 수 있다.
> (2) 계약에 물품의 운송이 포함되는 경우에는, 매도인은 대금의 지급과 상환하여서만 물품 또는 그 처분을 지배하는 서류를 매수인에게 교부한다는 조건으로 물품을 발송할 수 있다.
> (3) 매수인은 물품을 검사할 기회를 가질 때까지는 대금을 지급할 의무가 없다. 다만, 당사자 간에 합의된 인도 또는 지급절차가 매수인이 검사 기회를 가지는 것과 양립하지 아니하는 경우에는 그러하지 아니하다.

가. 원 칙(제58조 제1항 반대해석)

사적자치원칙에 따라 대금지급시기에 대하여 합의(특정)한 경우 그 합의가 협약의 규정에 우선한다. 대금지급시기에 대한 합의가 존재하는 경우에는 매수인의 대금지급은 그 합의된 시기에 의한다.

나. 예 외 – 합의된 시기가 없는 경우(제58조 제1항)

1) 합의가 없는 경우에는 매도인이 물품 또는 처분서류(ex. 선하증권)를 매수인의 처분하에 두는 때에 매수인은 대금을 지급해야 한다(제1항).

대금지급시기에 대한 합의가 없다면 매매계약의 특성상 양당사자의 이익을 고려하여 동시이행 하는 것이 가장 합리적일 것이다. 따라서 매도인이 물품 등을 매수인의 처분하에 두게 되면 매도인의 이행을 마친 것이 되므로 이 때가 대금지급시기가 된다고 본 것이다.

2) 계약에 물품의 운송이 포함(운송포함 매매)되는 경우에는 매도인은 대금지급과 상환으로만 물품 또는 처분서류를 매수인에게 교부하는 조건으로 물품을 발송할 수 있다(제2항).

물품의 운송까지 계약의 한 내용으로 포함된 운송포함 매매의 경우에는 매도인과 매수인이 직접 상대방에게 물품의 인도와 대금지급을 하는 것이 아니라 중간에 운송인이 개입하게 된다. 이러한 경우에 운송인이 매수인에게 물품(서류)을 아무런 조건없이 인도하면 매도인의 이익을 해하게 되므로 매수인의 대금지급과 상환하여서만 물품을 인도할 것을 조건으로 물품을 (운송인을 통하여) 발송하도록 한 것이다.

다. 매수인의 대금지급 거절 항변(제3항)

1) 매수인은 물품을 검사할 기회를 가질 때까지 대금지급의무가 없다(본문).

매수인은 대금지급시기에 대한 특별한 합의가 없는 경우에는 물품을 검사할 기회를 가질 때까지 대금지급의무가 없다. 물품을 매수인의 처분하에 두게 되면 매수인의 대금지급의무가 발생하는데 이 경우 매수인은 하자있는 물건을 받고도 (하자 없는) 대금을 지급하는 경우가 발생하여 매수인의 이익을 해할 수 있기 때문이다. 제58조 제3항은 명시적으로 검사할 기회라고 규정하고 있으므로 매수인이 물품을 실제로 검사하였는지는 묻지 않고, 검사할 기회를 갖는 것만으로 충분하다고 볼 것이다.

2) 다만, 당사자간에 합의된 인도 또는 지급절차가 매수인이 검사 기회를 가지는 것과 양립하지 아니하는 경우에는 그러하지 아니하다(단서).

당사자간의 합의된 인도(지급)절차가 매수인의 검사기회와 양립불가능한 경우에는 사적 자치의 원칙상 합의가 우선해야 할 것이다. 따라서 그러한 경우에는 매수인은 물품을 검사할 기회를 가지지 못했더라도 합의된 대금지급시기가 있다면 매수인은 그 때에 대금을 지급해야 한다. 만약 합의된 대금지급시기는 없으나 합의된 인도절차가 있는 경우라면 매수인은 그 인도를 받아 자신의 처분하에 두게 된 때에 대금을 지급해야 할 것이다.

6. 확정기일 지급의 원칙(제59조) (즉시이행의 원칙)

> **제59조**
> 매수인은 계약 또는 이 협약에서 지정되거나 확정될 수 있는 기일에 대금을 지급하여야 하며, 이 경우 매도인의 입장에서는 어떠한 요구를 하거나 절차를 따를 필요가 없다.

가. 매수인은 계약 또는 이 협약에서 지정되었거나 확정될 수 있는 기일에 대금을 지급해야 한다.

다만 이러한 경우에 매도인이 어떠한 요구를 하거나 절차를 따를 필요가 없다. 즉 매수인은 대금지급을 하지 않고 확정되거나 확정될 수 있는 대금지급기일을 도과한 사실만으로 대금지급의무 위반이 된다.

나. 지급기일 도과의 효과

1) 이 지급 기일이 지나면 즉시 매수인의 계약위반이 되므로,
2) 매도인은 제61조 이하의 구제수단을 행사할 수 있고,
3) 제78조에 의하여 연체금액에 대한 이자가 발생한다.

제2절 인도의 수령

1. 인도수령의 의무(제60조)

> **제60조**
> 매수인의 수령의무는 다음과 같다.
> (가) 매도인의 인도를 가능하게 하기 위하여 매수인에게 합리적으로 기대될 수 있는 모든 행위를 하는 것, 및
> (나) 물품을 수령하는 것

매수인의 인도수령 의무에 대하여는 제60조만이 규정하고 있다. 매도인의 인도의무에 대하여 제31조는 인도장소, 제33조는 인도시기 등으로 자세히 규정하고 있는 것과

대조된다. 매도인이 인도하면 매수인이 수령하는 것이 일반적이기 때문에 매수인의 인도수령의무는 매도인의 인도의무에 비하여 문제되는 경우도 적고, 구체적으로 규정할 필요성도 적기 때문이다.

매수인의 수령의무란 매도인의 인도를 위하여 매수인에게 합리적으로 기대될 수 있는 모든 행위를 하는 것과 물품을 수령하는 것을 의미한다(제60조). 이러한 규정내용을 통해 매수인의 인도수령의무는 매도인의 인도의무에 어느 정도 종속적이고 부수적인 특성을 갖는다고 볼 수 있다. 따라서 매수인의 수령의무는 매도인의 인도의무와 관련지어 이해하는 것이 필요할 것이다.

제 3 절 매수인의 계약위반에 대한 구제

1. 매도인의 구제방법 개관(제61조)

> **제61조**
> (1) 매수인이 계약 또는 이 협약상의 의무를 이행하지 아니하는 경우에 매도인은 다음을 할 수 있다.
>   (가) 제62조 내지 제65조에서 정한 권리의 행사
>   (나) 제74조 내지 제77조에서 정한 손해배상의 청구
> (2) 매도인이 손해배상을 청구하는 권리는 다른 구제를 구하는 권리를 행사함으로써 상실되지 아니한다.
> (3) 매도인이 계약위반에 대한 구제를 구하는 경우에, 법원 또는 중재판정부는 매수인에게 유예기간을 부여할 수 없다.

제3절은 제61조부터 제65조까지 매수인의 계약위반에 대한 매도인의 구제방법을 규정하고 있다. 제62조는 의무이행청구권, 제63조 제1항은 부가기간지정권, 제64조는 계약해제권, 제61조 제1항 나호와 제74조 내지 제77조는 손해배상청구권을 각각 규정하고 있다. 이러한 매도인의 구제방법은 크게 제74조 내지 제77조에서 정한 손해배상청구와 손해배상청구외의 다른 구제 수단으로 구별된다.

가. 매수인의 의무불이행

매수인의 계약 또는 이 협약상 의무불이행사실만으로, 즉 매수인의 과실 여부를 불문하고 매도인은 매수인의 계약위반에 대하여 구제수단들을 강구할 수 있다. 그리고 매도인이 계약위반 구제를 구하는 경우에 법원 등은 매수인에게 유예기간을 부여할 수 없다.

나. 매도인의 구제방법 개관

1) 손해배상외 구제수단

손해배상청구외의 구제수단에는 제62조(매도인의 이행청구권), 제63조(부가기간의 지정권), 제64조(매도인의 계약해제권), 제65조(물품명세의 확정권) 등이 있다.

2) 손해배상청구(제61조 제1항 나호, 제74조~제77조)

매도인은 제74조 내지 제77조에서 정한 손해배상청구가 가능하며, 매도인의 손해배상청구권은 위와 같은 다른 구제수단을 행사하더라도 상실되지 않는다(제61조 제2항). 즉, 제61조 제2항은 손해배상청구권의 양립가능성을 규정하고 있다.

3) 제61조 이외의 규정(제71조, 제72조, 제73조)

매도인은 제45조에 규정된 권리들 이외에 이행의 정지권(제71조), 이행기일전의 계약해제권(제72조), 분할이행계약의 해제권(제73조) 등을 행사할 수 있으므로 이들에 대한 추가적인 검토도 필요하다.

2. 매도인의 의무이행청구권(제62조)

> **제62조**
> 매도인은 매수인에게 대금의 지급, 인도의 수령 또는 그 밖의 의무의 이행을 청구할 수 있다. 다만, 매도인이 그 청구와 양립하지 아니하는 구제를 구한 경우에는 그러하지 아니하다.

가. 매도인은 매수인에게 대금지급, 수령의무 등 기타 의무 이행을 청구할 수 있다.

나. 제 한

다만 매도인이 의무이행 청구와 양립하지 아니하는 구제를 구한 경우, 즉 계약해제권이나 부가기간지정권을 행사한 경우에는 의무이행청구를 할 수 없다.

3. 매도인의 부가기간지정권(제63조)

> **제63조**
> (1) 매도인은 매수인의 의무이행을 위하여 합리적인 부가기간을 정할 수 있다.
> (2) 매수인으로부터 그 부가기간 내에 이행을 하지 아니하겠다는 통지를 수령한 경우를 제외하고, 매도인은 그 기간중 계약위반에 대한 구제를 구할 수 없다. 다만, 매도인은 이행지체에 대한 손해배상을 청구할 권리를 상실하지 아니한다.

가. 매도인은 매수인의 의무이행을 위하여 합리적인 부가기간을 정할 수 있다(제1항).

나. 부가기간설정의 효과

매수인이 매도인이 정한 부가기간내의 이행거절을 통지한 경우를 제외하고,

1) 매도인은 그 부가기간 중 계약위반에 대한 구제를 청구할 수 없다.

여기서 말하는 청구불가능한 계약위반 구제수단은 계약해제, 대금감액, 손해배상청구 등을 의미한다. 즉 매수인이 거절통지한 경우에는 매수인의 의무이행을 위해 부가기간의 경과를 기다릴 필요가 없으므로 매도인은 부가기간 중에도 계약위반에 대한 구제를 청구할 수 있다.

2) 다만 부가기간 중의 이행지체에 대한 손해배상은 청구 가능하다.

부가기간이 매수인의 의무이행을 위해 필요한 경우라도(즉 매수인이 부가기간 중 이행거절 통지한 경우가 아닌 경우) 이행지체 손해배상청구는 가능하다. 부가기간 중의 의무이행이라도 기존에 발생한 이행지체에 대한 책임이 면제 또는 소멸되는 것은 아니다. 부가기간 지정은 기존에 발생한 이행지체책임을 면제하기 위한 것이 아니고, 계약의 효력을 존속시키기 위한 것이기 때문이다. 그러나 이러한 경우라도 이행지체 손해배상청구가 아닌 전체 의무 불이행으로 인한 손해배상책임청구는 불가능하다. 이것은 계약위반에 대한 구제 청구로서 부가기간 중에는 청구할 수 없기 때문이다(제63조 제2항).

다. 계약해제의 요건

부가기간설정은 계약해제와 관련하여 중요한 의미를 가진다. 계약해제에 있어서 본질적 계약위반의 경우에는 그 즉시 해제가 가능하지만 본질적 계약위반이 아닌 경우에는 즉시 해제가 불가능하고 부가기간을 지정하고 의무이행 없이 그 기간이 도과하여야 해제 가능하다(제64조 제1항). 즉 부가기간 지정은 본질적 계약위반이 아닌 경우에 계약해제의 요건이 된다.

4. 매도인의 계약해제권(제64조)

> 제64조
> (1) 매도인은 다음의 경우에 계약을 해제할 수 있다.
>   (가) 계약 또는 이 협약상 매수인의 의무 불이행이 본질적 계약위반으로 되는 경우
>   (나) 매수인이 제63조 제1항에 따라 매도인이 정한 부가기간 내에 대금지급 또는 물품수령 의무를 이행하지 아니하거나 그 기간 내에 그러한 의무를 이행하지 아니하겠다고 선언한 경우.
> (2) 그러나 매수인이 대금을 지급한 경우에는, 매도인은 다음의 기간 내에 계약을 해제하지 아니하는 한 계약해제권을 상실한다.
>   (가) 매수인의 이행지체의 경우, 매도인이 이행이 이루어진 것을 알기 전

> (나) 매수인의 이행지체 이외의 위반의 경우, 다음의 시기로부터 합리적인 기간 내
> (ⅰ) 매도인이 그 위반을 알았거나 또는 알 수 있었던 때
> (ⅱ) 매도인이 제63조 제1항에 따라 정한 부가기간이 경과한 때 또는 매수인이 그 부가기간 내에 의무를 이행하지 아니하겠다고 선언한 때.

가. 해제권의 발생 요건

1) 매수인의 본질적 계약위반(제25조)이 존재하는 경우(제64조 제1항 가호)

당사자 일방의 계약위반이 본질적 위반으로 인정되기 위해서는

    a) 당사자 일방의 계약위반이 있고,

    b) 계약상 가능한 상대방의 기대를 실질적으로 박탈한 정도의 손실을 상대방에게 주는 경우이어야 한다.

    c) 다만, 위반 당사자가 계약체결시 그러한 손실을 예견 불가능하였고(and) 동일 부류의 합리적인 사람도 동일한 상황에서 예견불가능하였을 경우가 아니어야 한다.

이상과 같이 본질적 계약위반에 해당하면 그 사실만으로 계약해제가 가능하다. 다만 해제권을 행사하여야 하며, 요건사실 충족만으로 해제의 효과가 당연히 발생하는 것은 아니다.

2) 매수인의 본질적 계약위반이 아닌 경우(제64조 제1항 나호)

가) 매수인의 의무(대금지급·물품수령의무)불이행으로서 본질적 계약위반(제25조)이 아닌 경우,

나) 매도인이 부가기간 지정(제63조 제1항)을 하고, 매수인이 그 부가기간 내에 대금지급 또는 물품수령의무를 이행하지 아니하거나 거절하는 때에

매도인은 계약을 해제할 수 있다.

3) 매수인의 대금지급위반 또는 물품수령의무위반 이외의 의무불이행의 경우

본질적 계약위반이 아니면서 대금지급의무위반 또는 물품수령의무위반 이외의 불이행인 경우에는 부가기간의 지정은 가능하지만 매도인의 계약해제는 불가능하다고 보아야 한다.

나. 해제권의 상실(제64조 제2항)

매수인이 매도인에게 대금을 지급한 경우 다음의 기간 내에 해제하지 않으면 (매도인의) 해제권이 상실된다. 즉 해제권의 상실은 매수인이 매도인에게 대금지급을 완료한 경우에만 발생하는 문제이다. 대금지급의무라는 가장 중요한 의무를 이행한 매수인의

신뢰와 행위를 보호하고자 하는 취지라고 이해된다.

1) 이행지체의 경우(제2항 가호)

매수인이 이행을 지체하여 매도인에게 계약해제권이 발생한 경우라도 매수인이 매도인에게 대금을 지급한 경우에는 요건을 충족하여 발생한 해제권이 상실될 수 있다. 이 경우 매도인이 (매수인이 자신에게 한) 대금지급사실을 알기 전까지 매도인이 해제권을 행사하지 않으면 매도인의 해제권은 상실된다. 즉 매도인이 매수인의 대금지급사실을 알게 된 즉시 매도인의 해제권은 소멸된다.

제49조 제2항 가호는 매수인의 해제권 상실을 규정하고 있으므로, 매도인이 인도를 지체하여 매수인에게 계약해제권이 발생한 경우라도 매도인이 매수인에게 물품을 인도한 경우에는 요건을 충족하여 발생한 해제권이 상실될 수 있다. 매수인의 해제권 상실의 경우 매수인이 (매도인이 자신에게 한) 인도사실을 안 후 합리적인 기간 내에 매수인이 해제권을 행사하지 않으면 해제권은 상실된다. 해제권 상실의 기간이 매수인의 경우와 매도인의 경우가 다름을 유의해야 한다.

2) 이행지체 이외의 위반의 경우(제2항 나호)

매도인이 다음의 기간 내에 해제하지 않으면 해제권을 상실한다.

　　a) 매도인이 그 위반을 알았거나 알 수 있었던 때로부터 합리적인 기간 내 또는

　　b) 매도인이 제63조 제1항(매도인의 부가기간지정권)의 부가기간이 경과한 때 또는
　　　매수인이 그 부가기간 내에 이행거절한 때로부터 합리적인 기간 내

다. 해제의 효과(제81조)

> **제81조**
> (1) 계약의 해제는 손해배상의무를 제외하고 당사자 쌍방을 계약상의 의무로부터 면하게 한다. 해제는 계약상의 분쟁해결조항 또는 해제의 결과 발생하는 당사자의 권리의무를 규율하는 그 밖의 계약조항에 영향을 미치지 아니한다.
> (2) 계약의 전부 또는 일부를 이행한 당사자는 상대방에게 자신이 계약상 공급 또는 지급한 것의 반환을 청구할 수 있다. 당사자 쌍방이 반환하여야 하는 경우에는 동시에 반환하여야 한다.

계약이 해제되면 당사자들은 미이행부분에 대해서는 이행의무가 없고, 기이행부분에 대해서는 원상회복해야 한다. 다만 불이행으로 인한 손해배상은 원상회복과 별도로 청구할 수 있다. 즉 해제의 효과는 다음과 같이 정리할 수 있다.

1) 손해배상의무 부담(제81조 제1항)

2) 손해배상의무 이외의 모든 의무 면제(제81조 제1항)

그리고 해제는 계약상의 분쟁해결조항 또는 해제의 결과 발생하는 당사자의 권리의무를 규율하는 그 밖의 계약조항에 영향을 미치지 아니한다.

3) 이미 이행한 부분 원상회복의무 부담(쌍방 원상회복의무간 동시이행관계)

양당사자는 이미 이행한 부분 원상회복의무 부담하고(제81조 제2항 전문), 이들 쌍방 원상회복의무 사이에는 동시이행관계가 인정된다(제81조 제2항 후문). 따라서 매도인은 수령한 매매대금을 매수인에게 반환하여야 하고, 매수인은 인도받은 물품을 반환해야 한다.

5. 매도인의 명세지정권(제65조)

> 제65조
> (1) 계약상 매수인이 물품의 형태, 규격 그 밖의 특징을 지정하여야 하는 경우에, 매수인이 합의된 기일 또는 매도인으로부터 요구를 수령한 후 합리적인 기간 내에 그 지정을 하지 아니한 경우에는, 매도인은 자신이 보유하는 다른 권리를 해함이 없이, 자신이 알고 있는 매수인의 필요에 따라 스스로 지정할 수 있다.
> (2) 매도인은 스스로 지정하는 경우에 매수인에게 그 상세한 사정을 통고하고, 매수인이 그와 다른 지정을 할 수 있도록 합리적인 기간을 정하여야 한다. 매수인이 그 통지를 수령한 후 정하여진 기간 내에 다른 지정을 하지 아니하는 경우에는, 매도인의 지정이 구속력을 가진다.

가. 의의

명세지정권이란 물품의 형태, 규격, 그 밖의 특징을 지정하는 것을 말한다. 계약상 매도인의 물품인도의무이행에 물품의 형태, 규격, 그 밖의 특징을 지정하는 것이 반드시 필요한 경우에는 명세지정권의 행사가 있어야만 매도인의 물품인도가 가능하다. 이러한 명세지정권은 별도의 합의가 없는 한, 원칙적으로 매수인이 갖는 것이 일반적일 것이다. 그런데 매도인의 물품인도에 필수적인 명세지정권을 가진 매수인이 이를 행사하지 않으면 물품인도의무 불이행책임은 매도인이 부담하게 될 것이므로 이러한 불합리를 피하고자 매수인이 명세지정권을 행사하지 않는 경우에는 매도인이 행사하여 물품인도의무를 완료할 수 있게 한 것이다.

나. 매도인의 물품명세지정권 행사요건

1) 매수인이 계약상 명세를 지정해야 하는 경우

원래 성립된 계약상 합의가 물품명세권을 매도인이 행사하기로 되어 있는 경우라면,

그 합의에 따라 매도인이 물품명세를 지정하고 물품인도의무를 이행하면 충분하므로 제65조가 적용되는 경우가 아니다. 제65조가 적용되기 위한 전제로서 계약상 매수인이 물품명세지정권을 갖는 경우라야 한다.

2) 매수인이 합리적 기간 내에 명세를 지정하지 않을 경우

매수인이 명세를 지정하는 경우에는 이를 기준으로 매도인은 물품을 준비하여 인도하면 된다. 그러나 매수인이 합리적인 기간내에 명세를 지정하지 않는다면 제65조가 적용된다.

3) 매도인이 알고 있는 매수인의 필요에 따라 명세지정을 매수인에게 통지하였을 것

과 매도인이 매수인을 대신하여 명세지정을 하는 경우에도 물품은 매수인의 필요에 따라 매매되는 것이지, 매도인의 필요에 따라 매매되는 것은 아니라 할 것이므로 매도인이 알고 있는 매수인의 필요를 최대한 참고하여 명세지정권을 행사해야 할 것이다. 매도인이 명세지정권을 행사한 경우에도 행사만으로 효력이 발생하는 것은 아니며, 매수인에게 이를 통지해야 한다. 매도인은 그 통지에 합리적인 기간을 정하여야 하고 명세지정의 효력은 그 이후에 발생하는 문제이다.

4) 매수인이 통지를 수령한 후 매도인이 정해준 합리적인 기간 내에 다른 지정을 하지 않았을 것이 요구된다(제2항).

매수인이 통지를 수령한 후 매도인이 지정한 합리적인 기간 내에 이의제기 등을 포함한 다른 지정을 매수인이 하지 않으면 매도인이 지정 통지하였던 명세지정권의 내용대로 구속력이 발생한다. 만약 매수인이 매도인이 정한 합리적인 기간 내에 다른 지정을 하였다면 매도인의 명세지정 내용이 아닌 매수인이 한 다른 내용의 지정대로 구속력이 발생한다. 매도인의 명세지정권은 최후의 수단으로만 인정되는 것으로 통지한 합리적인 기간 내에 매수인의 지정권이 존재한다면 매수인의 지정권이 매도인의 명세지정권에 우선한다. 이는 물품의 매매가 매수인의 필요에 따른 것이고 따라서 매도인의 명세지정권은 매수인의 명세지정권에 대하여 보충적으로만 인정되어야 하기 때문이다.

다. 효 과

이러한 요건을 구비하여 매도인의 명세확정권이 행사된 경우 매도인이 행한 명세지정 내용대로 매매의 구속력이 발생한다.

제4장 **위험의 이전**

민법상 관련 개념들의 설명을 하면 다음과 같다. 위험이란 당사자 쌍방의 책임없는 사유로 급부가 불능이 된 경우에 발생한 불이익을 의미하며, 물건의 위험(급부위험)과 대가의 위험(반대급부의 위험)으로 나뉜다. 물건의 위험이란 물건이 멸실됨으로써 이를 인도받지 못하는 불이익을 말하고, 대가의 위험이란 물건의 멸실로 인하여 물건을 인도하지 못함으로써 그 반대급부인 대가를 받지 못하는 불이익을 말한다. 동산에 대한 매매에서 위험의 이전 시기는 인도시이고, 부동산 매매의 경우에는 일반적으로 등기시 또는 인도시라고 본다.

협약의 제4장은 위험의 이전 즉 물품의 멸실·훼손시 위험이 이전되어 매수인이 대금지급의무를 지는지에 대하여 규정하고 있다. 협약상 문제되는 매매의 위험이란 계약 체결 후 쌍방의 책임없는 사유로 인하여 물품이 멸실·훼손되는 것을 말한다. 즉 물품의 멸실·훼손이 일방의 귀책사유에 의한 것이라면 그에게 책임을 추궁하면 되지만, 물품의 멸실·훼손이 쌍방의 귀책사유없이 발생한 경우에는 그 위험을 누구에게 부담시켜야 하는지가 문제되고 이를 위험의 이전이라고 한다. 제66조는 위험이전의 효과에 대하여, 제67조부터 제69조까지는 각종 매매계약에서 위험의 이전 시기에 대하여, 제70조는 매도인의 본질적 계약위반과 위험이전의 관계에 대하여 각각 규정하고 있다. 제4장의 위험이전문제는 중간단계로서 위험이전 시기를 파악하여 궁극적으로 위험부담 즉 매수인이 대금지급의무를 부담하는지를 결정하는 문제라고 할 것이다. 다만, 위험의 이전에 대하여도 협약 규정보다 당사자간 합의가 우선하므로 실무에서는 이에 대한 합의가 존재하는 경우가 많아 협약의 규정이 적용되는 경우는 드물다.

1. 위험이전의 효과(제66조)

> 제66조
> 위험이 매수인에게 이전된 후에 물품이 멸실 또는 훼손되더라도 매수인은 대금지급의무를 면하지 못한다. 다만, 그 멸실 또는 훼손이 매도인의 작위 또는 부작위로 인한 경우에는 그러하지 아니하다

가. 위험이 매수인에게 이전된 후 물품 멸실 훼손된 경우라도 매수인은 대금을 지급해야 한다(제66조 본문).

위험이 매수인에게 이전된 후에 물품이 멸실·훼손되었다면 매수인은 대금지급의무를 부담한다고 규정하고 있다. 이를 민법상 개념들로 바꿔 이해하면 대가위험이 매수인에게 이전된 후에 물품이 멸실훼손된 경우라면 매수인은 대가위험을 부담한다는 의미에서 대금지급의무를 부담한다라는 의미이다.

나. 다만 멸실·훼손이 매도인의 작위·부작위로 인한 경우에는 매수인은 대금지급의무를 면한다(제66조 단서).

물건의 멸실·훼손이 매도인의 행위(작위 또는 부작위)로 인한 경우에는 멸실·훼손의 잘못이 매도인에게 있으므로 그 책임을 궁극적으로 매도인에게 부담시키는 것이 공평할 것이므로 매수인은 대금지급의무를 면한다고 하는 것이 타당할 것이다.

물론 멸실·훼손의 원인이 되는 매도인의 작위 또는 부작위는 계약위반행위가 아니어도 상관없다. 이는 매도인의 행위가 계약위반여부 불문하고 멸실·훼손의 원인이 된 것만으로도 매도인에게 멸실·훼손의 책임을 부담시키는 데 논리적으로 충분하기 때문이다.

위험이전시기

조 문	종 류	위험이전시기
제67조 운송포함 매매	특정장소 인도	그 장소에서 운송인에게 교부시
	불특정장소 인도	제1운송인에게 교부시
제68조 운송중 매매	원칙	계약체결시
	특별한 사정	운송서류(선하증권)를 발행한 운송인에게 교부시
	예외	매도인이 계약체결시 물품의 멸실훼손을 알았거나 알 수 있었음에도 매수인에게 알리지 않은 경우 매도인이 위험부담
제69조 운송불포함 매매	매도인영업소(공장)수령	(매수인 적시 수령시)매수인 수령시
		(매수인이 적시 수령하지 않는 경우) 매수인의 처분하이고, 불수령이 계약위반이 되는 때(단, 불특정물은 특정되어야 매수인 처분하 인정)
	매도인영업소(공장)이외 수령	인도기일도래, 매수인의 처분하를 매수인이 안 때(단, 불특정물은 특정되어야 매수인 처분하 인정)

2. 운송포함 매매의 위험이전시기(제67조)

> **제67조**
> (1) 매매계약에 물품의 운송이 포함되어 있고, 매도인이 특정한 장소에서 이를 교부할 의무가 없는 경우에, 위험은 매매계약에 따라 매수인에게 전달하기 위하여 물품이 제1운송인에게 교부된 때에 매수인에게 이전한다. 매도인이 특정한 장소에서 물품을 운송인에게 교부하여야 하는 경우에는, 위험은 그 장소에서 물품이 운송인에게 교부될 때까지 매수인에게 이전하지 아니한다. 매도인이 물품의 처분을 지배하는 서류를 보유할 권한이 있다는 사실은 위험의 이전에 영향을 미치지 아니한다.
> (2) 제1항에도 불구하고 위험은 물품이 하인(荷印), 선적서류, 매수인에 대한 통지 그 밖의 방법에 의하여 계약상 명확히 특정될 때까지 매수인에게 이전하지 아니한다.

운송포함 매매계약이란 매매계약에 물품의 운송이 포함되어 있는 경우를 말한다.

가. 운송포함 매매에서 매도인이 특정장소에서 교부의무가 없는 경우(제67조 제1항 제1문)

위험은 매매계약에 따라 매수인에게 전달하기 위하여 물품이 제1운송인에게 교부된 때에 매수인에게 이전한다. 즉 물품이 제1운송인에게 교부된 때에 위험이 이전된다. 이 경우는 위험이전 시기는 물론 매도인의 교부장소에 대한 합의도 없는 경우이다. 또한 매도인이 물품의 처분을 지배하는 서류를 보유할 권한이 있다는 사실은 위험의 이전에 영향을 미치지 아니한다.

나. 운송포함 매매에서 매도인이 특정한 장소에서 교부의무가 있는 경우(제67조 제1항 제2문)

매도인이 특정한 장소에서 물품을 운송인에게 교부하여야 하는 경우에는, 위험은 그 장소에서 물품이 운송인에게 교부될 때까지 매수인에게 이전하지 아니한다. 즉 그 특정 장소에서 물품의 운송인에게 교부된 때에 위험이 이전된다. 사적자치의 원칙상 협약의 규정보다도 합의가 우선하는 것은 당연하다. 따라서 위험이전 시기에 대한 합의가 있다면 본 규정이 적용되지 않고 그 합의에 따라 결정될 것이지만, 위험이전 시기의 합의가 아닌 매도인의 교부장소에 대한 합의가 있는 경우에는 본 규정이 적용되는 것이다. 또한 매도인이 물품의 처분을 지배하는 서류를 보유할 권한이 있다는 사실은 위험의 이전에 영향을 미치지 아니한다.

다. 특정시기와의 관계(제67조 제2항)

제1항에도 불구하고 위험은 물품이 하인(荷印), 선적서류, 매수인에 대한 통지 그 밖

의 방법에 의하여 계약상 명확히 특정될 때까지 매수인에게 이전하지 아니한다. 즉 제1 항의 제1문과 제2문의 경우 모두 물품이 특정될 때까지는 위험이 이전되지 않는다. 즉 물품이 특정되어야만 제1문과 제2문이 정한 시기에 위험이 이전된다.

3. 운송중 매매의 위험이전시기(제68조)

> ### 제68조
> 운송중에 매도된 물품에 관한 위험은 계약 체결시에 매수인에게 이전한다. 다만, 특별한 사정이 있는 경우에는, 위험은 운송계약을 표창하는 서류를 발행한 운송인에게 물품이 교부된 때부터 매수인이 부담한다. 그럼에도 불구하고, 매도인이 매매계약의 체결시에 물품이 멸실 또는 훼손된 것을 알았거나 알았어야 했고, 매수인에게 이를 밝히지 아니한 경우에는, 그 멸실 또는 훼손은 매도인의 위험으로 한다.

가. 운송중에 매도된 물품의 위험은 계약체결시에 매수인에게 이전된다.

물품의 운송 도중에 매매계약이 체결된 경우에는 그 계약체결시에 위험이 매수인에게 이전된다. 운송포함 매매로 보아 운송인에게 인도시에 위험이 이전된다고 보면 체결을 예상하지 못한 계약체결 이전까지 매수인이 책임을 부담하여 부당하고, 매수인에게 인도(수령)시에 위험이 이전된다고 보면 계약체결 후 매수인 수령 전까지도 매도인이 책임을 부담하게 되어 부당한 것으로 보인다. 운송중 매매된 물품의 위험은 위 두 가지 시점의 절충점으로 매도인과 매수인의 이익을 조화하는 계약체결시로 규정하고 있다.

나. 특별한 사정이 있는 경우에는 운송계약 서류를 발행한 운송인에게 물품이 교부된 때에 위험이 매수인에게 이전된다.

운송인에게 물품이 교부된 때란 계약체결시 이전의 시기를 말한다. 따라서 매수인에게 매매계약체결시 이전에 위험이 이전된다고 하여 매수인에게 책임을 부담하기 위해서는 위에서 말한 부당함을 제거할 특별한 사정이 있어야 할 것이다. 이러한 관점에서 협약은 "특별한 사정이 있는 경우"라고 규정하고 있다. 여기서 말하는 "특별한 사정"이란 운송서류(선하증권 등)를 발행한 운송인에게 물품이 교부된 때에 매수인에게 위험이 이전된다고 볼만한 사정을 의미한다. 예를 들면, 보험증권이 발행되어있어 운송중 매매시 선적서류등과 함께 보험증권이 인도된 경우이다. 이처럼 보험증권이 발행 인도된 경우에는 매매이전의 물건 멸실훼손에 대하여 매수인이 위험을 부담하여도 보험계약에 따라 보험금을 청구하여 매수인에게 부당한 결과가 제거되기 때문이다.

다. 그럼에도 불구하고 매도인이 매매계약의 체결시에 물품이 멸실 또는 훼손된 것을 알았거나 알았어야 했고, 매수인에게 이를 밝히지 아니한 경우에는 매도인의 위험으로 한다.

매도인이 물품의 멸실훼손에 대하여 알았거나 알았어야 했고 매수인에게 알리지 아니한 경우에는 물품의 멸실 훼손에 대한 책임을 당연히 매도인이 부담하는 것이 타당할 것이다. 따라서 이러한 경우에는 제68조가 규정한 시기에 매수인에게 위험이 이전되지 않는다고 볼 것이다. 다만 이 규정이 제68조 제1문의 단서에만 적용되는지 제1문과 단서 모두에 적용되는지에 대하여는 견해대립이 있으나 제1문과 단서 모두의 경우에 매도인에게 위험을 부담시키는 것이 타당해 보인다.

4. 기타 경우의 위험이전시기(제69조)

> **제69조**
> (1) 제67조와 제68조가 적용되지 아니하는 경우에, 위험은 매수인이 물품을 수령한 때, 매수인이 적시에 이를 수령하지 아니한 경우에는 물품이 매수인의 처분 하에 놓여지고 매수인이 이를 수령하지 아니하여 계약을 위반하는 때에 매수인에게 이전한다.
> (2) 매수인이 매도인의 영업소 이외의 장소에서 물품을 수령하여야 하는 경우에는, 위험은 인도기일이 도래하고 물품이 그 장소에서 매수인의 처분 하에 놓여진 것을 매수인이 안 때에 이전한다.
> (3) 불특정물에 관한 계약의 경우에, 물품은 계약상 명확히 특정될 때까지 매수인의 처분하에 놓여지지 아니한 것으로 본다.

제69조는 제67조와 제68조가 적용되지 않는 경우에 매수인에게 위험이 이전되는 시기를 규정하고 있다.

가. 위험이전시기

1) 원 칙(제1항)

가) 제67조와 제68조가 적용되지 아니한 경우에

나) 매수인이 물품을 수령한 때에

매수인에게 위험이 이전한다.

2) 예 외(제1항)

가) 제67조와 제68조가 적용되지 아니한 경우에

나) 매수인이 적시에 이를 수령하지 아니한 경우에는

다) 물품이 매수인의 처분하에 있으나 매수인이 이를 수령하지 아니하여 계약위반되는 때에 매수인에게 위험이 이전한다.

3) 특별한 경우 (제2항)

가) 제67조와 제68조가 적용되지 아니한 경우에

나) 매수인이 매도인의 영업소 이외의 장소에서 물품을 수령해야 하는 경우에는

다) 위험은 인도기일이 도래하고 그 장소에서 물품이 매수인의 처분하에 있는 것을 매수인이 안 때에 매수인에게 위험이 이전한다.

나. 불특정물(종류물) 매매의 경우

위 2) 또는 3)과 관련되어 매수인의 처분하에 있음을 인정하는 것과 관련된 문제이다. 물품이 특정될 때까지 매수인의 처분하에 놓여지지 않는 것으로 본다. 즉 불특정매매는 물품이 특정되어야 매수인의 처분하에 있음이 인정될 수 있다.

5. 매도인의 계약위반과 위험이전(제70조)

> **제70조**
> 매도인이 본질적 계약위반을 한 경우에는, 제67조, 제68조 및 제69조는 매수인이 그 위반을 이유로 구할 수 있는 구제를 방해하지 아니한다.
>
> **제66조**
> 위험이 매수인에게 이전된 후에 물품이 멸실 또는 훼손되더라도 매수인은 대금지급의무를 면하지 못한다. 다만, 그 멸실 또는 훼손이 매도인의 작위 또는 부작위로 인한 경우에는 그러하지 아니하다.

제70조는 매도인이 본질적 계약위반을 한 경우에 제67조, 제68조, 제69조의 위험이전시기와 관계를 규정한 조문이다. 제70조는 매도인의 본질적 계약위반과 물품의 멸실훼손간에 인과관계가 있는 경우에 대한 규율을 의도한 것이 아니라 매도인의 본질적 계약위반과 물품의 멸실훼손 간에 인과관계가 없는 경우에 대한 규율을 의도한 규정이라는 견해가 있다.

제70조는 제66조와 관련하여 이해해야 한다. 제66조는 위험이 매수인에게 이전된 후에 물품이 멸실 또는 훼손되더라도 매수인은 대금지급의무를 면하지 못한다. 다만, 그 멸실 또는 훼손이 매도인의 작위 또는 부작위로 인한 경우에는 그러하지 아니하다고 규정하고 있다. 제66조 단서에 따르면 물품의 멸실·훼손이 매도인의 작위 또는 부작위로 인한 경우라면 매수인에게 결국 위험이 이전되지 않는다는 의미이다.

결국 제70조를 정리하면 다음과 같다.

가. 매도인이 본질적 계약위반을 한 경우

나. 제67조, 제68조, 제69조에 의해 물품의 위험이 매수인에게 이전되더라도

다. 매수인이 매도인의 본질적 계약위반을 이유로 행사할 수 있는 계약해제권(제49조), 손해배상청구권(제74조 내지 제77조), 대체물인도청구권(제46조 제2항)을 행사할 수 있다.

제5장 매도인과 매수인의 의무에 공통되는 규정

제5장은 매도인과 매수인의 의무에 대하여 공통적으로 적용되는 내용들을 규정하고 있다. 각 절의 내용을 살펴보면 다음과 같다.

제1절은 이행기전의 계약위반과 분할인도계약에서는 이행정지권(제71조), 이행기 전 계약해제(제72조), 분할인도계약의 계약해제(제73조)를 규정하고 있다.

제2절은 손해배상액에 대하여 손해배상액산정(제74조), 대체거래시 손해배상액(제75조), 시가에 의한 손해배상액(제76조), 손해경감의무(제77조)를 규정하고 있다.

제3절은 이자에 대하여 제78조 하나의 조문으로 규정하고 있다.

제4절은 면책에 관하여 손해배상책임의 면책(제79조), 상대방의 불이행 주장제한(제80조)을 규정하고 있다.

제5절은 해제의 효력에 관하여 계약해제의 효력(제81조), 물품반환 불가능(제82조), 반환불능시 매수인의 구제방법(제83조), 이익반환의무(제84조)를 규정하고 있다.

제6절은 물품의 보관의무(제85조 내지 제88조)에 대하여 규정하고 있다.

제 1 절 이행기 전의 계약위반과 분할인도계약

1. 이행정지권(제71조)

제71조
(1) 당사자는 계약체결 후 다음의 사유로 상대방이 의무의 실질적 부분을 이행하지 아니할 것이 판명된 경우에는, 자신의 의무 이행을 정지할 수 있다.
　(가) 상대방의 이행능력 또는 신용도의 중대한 결함
　(나) 계약의 이행 준비 또는 이행에 관한 상대방의 행위
(2) 제1항의 사유가 명백하게 되기 전에 매도인이 물품을 발송한 경우에는, 매수인이 물품을 취득할 수 있는 증권을 소지하고 있더라도 매도인은 물품이 매수인에게 교부되는 것을 저지할 수 있다. 이 항은 매도인과 매수인간의 물품에 관한 권리에 대하여만 적용된다.
(3) 이행을 정지한 당사자는 물품의 발송 전후에 관계없이 즉시 상대방에게 그 정지를 통지하

> 여야 하고, 상대방이 그 이행에 관하여 적절한 보장을 제공한 경우에는 이행을 계속하여
> 야 한다.

이행정지권은 매매계약이라는 쌍무계약에서 상대방의 의무불이행이 판명된 경우 자신의 의무이행을 정지할 수 있도록 하는 권리이다. 상대방의 의무불이행이 명백한 경우에도 자신의 의무를 반드시 이행해야 하는 것은 부당하다. 상대방의 의무이행의 정도에 따라 자신의 의무이행 정도도 조절할 수 있어야 하고 상대방 의무의 실질적 부분이 불이행될 것이 판명되었다면 이행정지가 가능하는 것이 형평의 원칙에도 부합한다. 민법상 불안의 항변권과도 같은 취지로 이해된다.

또한 이행의 정지이므로 이미 이행한 부분을 무효로 하거나 반환청구하는 권리는 아님을 주의해야 한다.

가. 요 건 1(제1항)

1) 계약체결 후
2) 상대방의 이행능력 또는 신용도의 중대한 결함(가호) 또는 이행(준비)에 관한 상대방의 행위(나호)를 사유로 하여
3) 상대방이 의무의 실질적 부분을 불이행할 것이 판명된 경우

이때의 실질적 부분 불이행은 본질적 계약위반과는 구별되는 개념으로 구체적인 판단을 필요로 한다.

자신의 의무이행을 정지할 수 있다.

나. 요 건 2(제2항)

1) 계약체결 후
2) 상대방의 이행능력 또는 신용도의 중대한 결함(가호) 또는 이행(준비)에 관한 상대방의 행위(나호)를 사유로 하여
3) 상대방이 의무의 실질적 부분을 불이행할 것이 판명된 경우
4) 위 사유 명백해지기 전에 매도인이 물품을 발송한 경우(즉 법문상 매도인 물품발송 후 위 사유가 명백해진 경우)
5) 매수인에게 교부되기 전이라면(매수인에게 교부된 후에는 불가능하다)

매도인은 매수인에게 물품의 교부 정지(저지) 가능하다.

다. 효 과(제3항)

1) 이행정지한 당사자 자신의 의무이행을 정지 가능하다.

2) 이행정지한 당사자의 의무(제71조 제3항)

이행을 정지한 당사자는

가) 즉시 상대방에게 정지를 통지하여야 하고,

나) 상대방이 적절한 보장시 이행을 계속하여야 한다.

2. 이행기 전의 계약해제(제72조)

> 제72조
> (1) 계약의 이행기일 전에 당사자 일방이 본질적 계약위반을 할 것이 명백한 경우에는, 상대방은 계약을 해제할 수 있다.
> (2) 시간이 허용하는 경우에는, 계약을 해제하려고 하는 당사자는 상대방이 이행에 관하여 적절한 보장을 제공할 수 있도록 상대방에게 합리적인 통지를 하여야 한다.
> (3) 제2항의 요건은 상대방이 그 의무를 이행하지 아니하겠다고 선언한 경우에는 적용되지 아니한다.

가. 요 건

1) 일반적인 경우(제1항)

가) 이행기 전 상대방의 본질적 계약위반이 명백한 경우이면 이행기전 해제가 가능하다.

이행기 전에 상대방의 본질적 계약위반 할 것이 명백한 경우라면 이행기 전 계약해제 가능하다. 상대방의 본질적 계약위반은 장래의 사실이고 명백성 판단 시점은 현재이다. 상대방의 본질적 계약위반 할 것이 명백한 경우에 해당하는 경우로는 목적물이 제3자에게 매각되었거나 물품제조 공장이 매각 또는 화재로 제조가 불가능한 경우 등을 들 수 있다.

2) 시간이 허용하는 경우(제2항)

가) 이행기 전 상대방의 본질적 계약위반이 명백한 경우

나) 계약해제 전에 이행이 가능하도록 상대방에게 합리적인 통지를 하여야

이행기전 해제가 가능하다.

시간이 허용하는 경우라면 신의칙상 해제 전에 상대방에게 이행이 가능하도록 통지를 할 것을 요건으로 한다.

3) 상대방이 이행거절한 경우(제3항)

가) 이행기 전 상대방의 본질적 계약위반이 명백한 경우여야

나) 시간이 허용되는 경우라도

다) 상대방에 대한 합리적인 통지 없이 이행기 전 해제가 가능하다.

상대방이 이행거절한 경우에는 시간이 허용하는 경우라도 이행을 위한 합리적인 통지 불필요하다. 즉 이행기 전 상대방의 본질적 계약위반이 명백한 경우라면 계약해제 가능하다.

3. 분할인도계약의 해제(제73조)

> **제73조**
> (1) 물품을 분할하여 인도하는 계약에서 어느 분할부분에 관한 당사자 일방의 의무 불이행이 그 분할부분에 관하여 본질적 계약위반이 되는 경우에는, 상대방은 그 분할부분에 관하여 계약을 해제할 수 있다.
> (2) 어느 분할부분에 관한 당사자 일방의 의무 불이행이 장래의 분할부분에 대한 본질적 계약위반의 발생을 추단하는 데에 충분한 근거가 되는 경우에는, 상대방은 장래에 향하여 계약을 해제할 수 있다. 다만, 그 해제는 합리적인 기간 내에 이루어져야 한다.
> (3) 어느 인도에 대하여 계약을 해제하는 매수인은, 이미 행하여진 인도 또는 장래의 인도가 그 인도와의 상호 의존관계로 인하여 계약 체결시에 당사자 쌍방이 예상했던 목적으로 사용될 수 없는 경우에는, 이미 행하여진 인도 또는 장래의 인도에 대하여도 동시에 계약을 해제할 수 있다.

분할인도계약이란 일정한 기간에 걸쳐 물품을 수회에 나누어 인도하는 것을 말한다. 예를 들면 1년에 걸쳐 매월 1일에 물건 10개씩 인도하는 계약을 말한다. 제73조는 분할인도계약에서 발생할 수 있는 계약해제를 불이행부분해제(제1항), 장래부분해제(제2항), 상호의존관계부분해제(제3항) 3가지로 구분하여 규정하고 있다.

가. 불이행분할부분의 계약해제(제1항)

1) 물품분할 인도계약의 경우

2) 일방의 분할부분 불이행이 그 부분의 본질적 계약위반이 되는 경우
상대방은 그 분할부분 계약해제 가능하다.

불이행부분할부분을 하나의 계약의 분리가능한 독립적인 계약으로 보아 해제권을 인정하는 것과 같은 취지이며 법적인 처리도 동일하다.

나. 장래분할부분의 계약해제(제2항)

1) 물품분할 인도계약의 경우

2) 일방의 분할부분 불이행이 존재

3) 그 불이행이 장래 분할부분의 본질적 계약위반을 추단하기에 충분한 경우

4) 합리적인 기간 내라면

상대방은 장래에 대하여 계약해제가 가능하다.

동조항의 해제는 불이행부분과 계약해제 부분간의 관계가 본질적 계약위반이라는 점에 근거하고 있다.

다. 상호의존관계의 계약해제(제3항)

1) 어느 인도부분에 대하여 해제하는 경우(매수인이)

2) 이미 인도한 부분 또는 장래의 인도가 해제되는 인도부분과의 상호의존관계에 있고

3) 그로 인하여 계약시 쌍방이 예상했던 목적으로 사용불가한 경우에는

매수인은 이미 인도한 부분 또는 장래의 인도에 대하여도 동시에 계약해제 가능하다.

동조항의 해제는 (선)해제부분과 (후)계약해제 부분간의 관계가 상호의존관계라는 점에 근거하고 있다. 동조항을 근거로 장래 인도부분을 해제하는 경우는 제2항에서 본질적 계약위반과 겹치는 경우가 많을 것이므로 제3항은 이미 인도한 부분을 해제하는 데에 더 큰 실익이 있을 것이다.

제2절 손해배상액

협약은 상대방의 의무불이행이 있는 경우 당사자 일방은 손해배상을 청구할 수 있다고 규정하고 있다(제45조 제1항 나호, 제61조 제1항 나호). 제2절은 제74조부터 제77조까지 일방(매수인과 매도인)이 상대방에게 손해배상을 청구하는 경우 그 손해배상액을 산정하는 방법들에 대하여 규정하고 있다. 이 규정들은 매도인과 매수인에게 모두 적용된다.

1. 손해배상액 산정의 원칙(제74조)

> **제74조**
> 당사자 일방의 계약위반으로 인한 손해배상액은 이익의 상실을 포함하여 그 위반의 결과 상대방이 입은 손실과 동등한 금액으로 한다. 그 손해배상액은 위반 당사자가 계약 체결시에 알았거나 알 수 있었던 사실과 사정에 비추어, 계약위반의 가능한 결과로서 발생할 것을 예견하였거나 예견할 수 있었던 손실을 초과할 수 없다.

제74조는 손해배상액 산정의 일반적인 원칙을 규정하고 있다.

가. 손해배상액은 이익의 상실을 포함하여 일방의 계약위반으로 상대방이 입은 손실액으로 한다.

손해배상은 금전배상이 원칙이고, 계약위반과 인과관계가 있는 손실을 기준으로 산

정한다.

나. 다만 그 손해배상액은 위반당사자의 계약시 알았거나 알 수 있었던 사정에 비추어 그가 예견하였거나, 예견가능한 손실을 그 한도로 한다.

전문은 객관적 기준에 의한 손해산정이고 후문은 주관적 기준에 의한 손해산정이며 협약은 양자를 모두 고려하는 입장을 취하고 있다.

2. 대체거래시의 손해배상액(제75조)

> **제75조**
> 계약이 해제되고 계약해제 후 합리적인 방법으로, 합리적인 기간 내에 매수인이 대체물을 매수하거나 매도인이 물품을 재매각한 경우에, 손해배상을 청구하는 당사자는 계약대금과 대체거래대금과의 차액 및 그 외에 제74조에 따른 손해액을 배상받을 수 있다.

가. 요 건

1) 계약의 해제

2) 계약 해제 후, 합리적인 방법과 기간 내에 대체거래시(매수인이 대체물 매수 또는 매도인이 물품을 재매각한 경우)

이 때 대체거래는 매수인이 대체물을 매수한 경우와 매도인이 물품을 재매각한 경우를 모두 포함한다.

나. 효과 - 손해배상액

1) 계약대금과 대체거래대금의 차액

2) 그 외(차액 초과액)에 제74조에 따른 손해액을 배상청구 가능

3. 시가 존재시 손해배상액(제76조)

> **제76조**
> (1) 계약이 해제되고 물품에 시가가 있는 경우에, 손해배상을 청구하는 당사자는 제75조에 따라 구입 또는 재매각하지 아니하였다면 계약대금과 계약해제시의 시가와의 차액 및 그 외에 제74조에 따른 손해액을 배상받을 수 있다. 다만, 손해배상을 청구하는 당사자가 물품을 수령한 후에 계약을 해제한 경우에는, 해제시의 시가에 갈음하여 물품 수령시의 시가를 적용한다.
> (2) 제1항의 적용상, 시가는 물품이 인도되었어야 했던 장소에서의 지배적인 가격, 그 장소에 시가가 없는 경우에는 물품 운송비용의 차액을 적절히 고려하여 합리적으로 대체할 수 있는 다른 장소에서의 가격을 말한다.

가. 요 건

1) 계약의 해제

2) 계약해제시 시가가 존재하는 경우

나. 효 과 – 손해배상액

1) 계약대금과 해제시 시가와의 차액

2) 그 외(차액초과액)에 제74조에 따른 손해배상액을 청구 가능

3) 이 때의 시가는

가) 원칙상 해제시 시가이나,

나) 물품 수령 후 계약해제한 경우에는 물품수령시 시가를 적용하여야 한다.

다) 또한 시가는 물품을 인도하기로 한 장소의 지배적인 가격으로 하고 그 장소에 그러한 가격(시가 또는 지배적인 가격)이 없는 경우에는 운송비 등을 고려하여 합리적 대체가능한 다른 장소에서의 가격으로 한다.

4. 손해경감의 의무(제77조)

> 제77조
> 계약위반을 주장하는 당사자는 이익의 상실을 포함하여 그 위반으로 인한 손실을 경감하기 위하여 그 상황에서 합리적인 조치를 취하여야 한다. 계약위반을 주장하는 당사자가 그 조치를 취하지 아니한 경우에는, 위반 당사자는 경감되었어야 했던 손실액만큼 손해배상액의 감액을 청구할 수 있다.

가. 의무부담자

계약위반을 주장하는 당사자는 손실경감을 위한 합리적인 조치를 취할 손실경감의무가 있다.

나. 위반효과 – 위반당사자의 손해배상액 감액청구

계약위반을 주장하는 당사자가 이러한 합리적인 조치를 취하지 아니하여 손실경감의무를 위반한 경우에는 위반당사자는 경감되었어야 했던 손실액만큼 손해배상액의 감액을 청구할 수 있다.

제3절 이   자

1. 연체금의 이자청구권(제78조)

> **제78조**
> 당사자가 대금 그 밖의 연체된 금액을 지급하지 아니하는 경우에, 상대방은 제74조에 따른 손해배상청구권을 해함이 없이, 그 금액에 대한 이자를 청구할 수 있다.

대금 등 연체금액 지급 불이행시, 상대방은 제74조에 의한 손해배상청구권과 함께 연체금에 대한 이자를 청구할 수 있다.

제4절 면   책

1. 손해배상책임의 면책(제79조)

> **제79조**
> (1) 당사자는 그 의무의 불이행이 자신이 통제할 수 없는 장애에 기인하였다는 것과 계약 체결시에 그 장애를 고려하거나 또는 그 장애나 그로 인한 결과를 회피하거나 극복하는 것이 합리적으로 기대될 수 없었다는 것을 증명하는 경우에는, 그 의무불이행에 대하여 책임이 없다.
> (2) 당사자의 불이행이 계약의 전부 또는 일부의 이행을 위하여 사용한 제3자의 불이행으로 인한 경우에는, 그 당사자는 다음의 경우에 한하여 그 책임을 면한다.
> (가) 당사자가 제1항의 규정에 의하여 면책되고, 또한
> (나) 당사자가 사용한 제3자도 그에게 제1항이 적용된다면 면책되는 경우
> (3) 이 조에 규정된 면책은 장애가 존재하는 기간 동안에 효력을 가진다.
> (4) 불이행 당사자는 장애가 존재한다는 것과 그 장애가 자신의 이행능력에 미치는 영향을 상대방에게 통지하여야 한다. 불이행 당사자가 장애를 알았거나 알았어야 했던 때로부터 합리적인 기간 내에 상대방이 그 통지를 수령하지 못한 경우에는, 불이행 당사자는 불수령으로 인한 손해에 대하여 책임이 있다.
> (5) 이 조는 어느 당사자가 이 협약에 따라 손해배상 청구권 이외의 권리를 행사하는 것을 방해하지 아니한다.

가. 요 건(제1항)

1) 불이행 당사자는

2) 불이행이 통제 불가능한 장애에 기인한다는 점과,

3) 계약시 장애 고려(예측)가능성 없다는 것 또는

4) 장애시 결과 회피가능성 없다는 것을 입증하는 경우

나. 효 과

1) 불이행으로 인한 손해배상책임을 면한다.

2) 이 조에 의한 면책은 손해배상책임만 면책될 뿐, 그 외 권리행사는 가능하다.

다. 제3자 사용시 면책(제2항)

1) 요 건

가) 전부 또는 일부 이행에 제3자를 사용하여

나) 그 사용한 제3자의 불이행으로 인한 경우에는

다) 당사자(본인)와 사용한 제3자가 모두 제1항에 의해 면책되는 경우라면

2) 효 과

당사자(본인)의 손해배상책임이 면제된다.

라. 이 조의 면책은 장애가 존재하는 동안에만 효력을 가지므로 장애가 소멸된 경우에는 새로운 장애사유가 없는 한 이행해야 한다.

마. 장애의 통지(제79조 제4항)

1) 불이행 당사자는

2) 장애의 존재와 장애가 자신의 불이행에 미치는 영향을 상대방에게 통지해야

3) 위반 효과

면책요건과 무관하다. 장애의 통지의무 불이행 당사자는 상대방에 대하여 손해배상책임을 부담하게 된다.

가) 불이행 당사자가

나) 장애를 알았거나 알았어야 하는 때로부터 합리적인 기간 내에

다) 상대방이 그 통지를 수령하지 못한 경우에는

라) 통지의무불이행자는 불수령으로 인한 상대방의 손해를 배상하여야 한다.

2. 상대방의 불이행 주장제한(제80조)

> 제80조
> 당사자는 상대방의 불이행이 자신의 작위 또는 부작위에 기인하는 한, 상대방의 불이행을 주장할 수 없다.

가. 상대방의 불이행이 자신의 작위, 부작위에 기인하는 경우

나. 상대방의 불이행을 주장할 수 없다.

제 5 절   해제의 효력

1. 계약해제의 효력(제81조)

> **제81조**
> (1) 계약의 해제는 손해배상의무를 제외하고 당사자 쌍방을 계약상의 의무로부터 면하게 한다. 해제는 계약상의 분쟁해결조항 또는 해제의 결과 발생하는 당사자의 권리의무를 규율하는 그 밖의 계약조항에 영향을 미치지 아니한다.
> (2) 계약의 전부 또는 일부를 이행한 당사자는 상대방에게 자신이 계약상 공급 또는 지급한 것의 반환을 청구할 수 있다. 당사자 쌍방이 반환하여야 하는 경우에는 동시에 반환하여야 한다.

이 협약상 계약해제로 계약은 청산관계로 전환되어 해제는 다음과 같은 효력을 갖는다.

1) 손해배상의무 부담

2) 손해배상의무 이외의 모든 의무 면제

3) 이미 이행한 부분 원상회복의무 부담(쌍방 의무간 동시이행관계)

2. 물품반환 불가능(제82조)

> **제82조**
> (1) 매수인이 물품을 수령한 상태와 실질적으로 동일한 상태로 그 물품을 반환할 수 없는 경우에는, 매수인은 계약을 해제하거나 매도인에게 대체물을 청구할 권리를 상실한다.
> (2) 제1항은 다음의 경우에는 적용되지 아니한다.
>   (가) 물품을 반환할 수 없거나 수령한 상태와 실질적으로 동일한 상태로 반환할 수 없는 것이 매수인의 작위 또는 부작위에 기인하지 아니한 경우
>   (나) 물품의 전부 또는 일부가 제38조에 따른 검사의 결과로 멸실 또는 훼손된 경우
>   (다) 매수인이 부적합을 발견하였거나 발견하였어야 했던 시점 전에, 물품의 전부 또는 일부가 정상적인 거래과정에서 매각되거나 통상의 용법에 따라 소비 또는 변형된 경우

가. 요 건

1) 매수인이 수령한 상태와 실질적으로 동일한 상태로

2) 물품의 반환이 불가능한 경우

나. 효 과

매수인은

1) 계약해제권 상실

2) 대체물 청구권 상실

3) 그 외 모든 구제권 행사 가능(제83조)

다. 상실의 예외(제82조 제2항)

1) 반환불능이 매수인의 작위, 부작위에 기인하지 않는 경우

2) 매수인의 제38조에 따른 검사의 결과로 물품이 멸실 또는 훼손된 경우

3) 매수인이 부적합 발견 했거나 발견하였어야 했던 시점 전에 물품이 매각, 소비, 변형된 경우

즉 이러한 경우에는 동일상태 반환불능이라 하더라도 매수인은 계약해제권과 대체물청구권을 행사할 수 있다.

3. 반환불능시 매수인의 기타 구제방법(제83조)

> 제83조
> 매수인은, 제82조에 따라 계약해제권 또는 대체물인도청구권을 상실한 경우에도, 계약과 이 협약에 따른 그 밖의 모든 구제권을 보유한다.

제82조에 따라 매수인이 계약해제권과 대체물인도청구권을 상실하더라도 그외 모든 구제권을 보유한다.

4. 이익반환의무(제84조)

> 제84조
> (1) 매도인은 대금을 반환하여야 하는 경우에, 대금이 지급된 날부터 그에 대한 이자도 지급하여야 한다.
> (2) 매수인은 다음의 경우에는 물품의 전부 또는 일부로부터 발생된 모든 이익을 매도인에게 지급하여야 한다.
> (가) 매수인이 물품의 전부 또는 일부를 반환하여야 하는 경우
> (나) 물품의 전부 또는 일부를 반환할 수 없거나 수령한 상태와 실질적으로 동일한 상태로 전부 또는 일부를 반환할 수 없음에도 불구하고, 매수인이 계약을 해제하거나 매도인에게 대체물의 인도를 청구한 경우

가. 매도인의 이익반환의무

매도인은 대금반환시 지급된 날로부터 그에 대한 이자도 지급하여야 한다.

나. 매수인의 이익반환의무

1) 요 건

가) 매수인이 물품의 전부 또는 일부를 반환해야 하는 경우, 또는

나) 반환불능임에도 상실의 예외(제82조 제2항)로서 매수인이 계약해제하거나 대체물 인도청구한 경우에 발생한다.

2) 효 과

매수인은 물품의 전부 또는 일부로부터 발생된 모든 이익을 매도인에게 지급해야 한다.

제6절 물품의 보관

제85조
매수인이 물품 인도의 수령을 지체하거나 또는 대금지급과 물품 인도가 동시에 이루어져야 함에도 매수인이 대금을 지급하지 아니한 경우로서, 매도인이 물품을 점유하거나 그 밖의 방법으로 그 처분을 지배할 수 있는 경우에는, 매도인은 물품을 보관하기 위하여 그 상황에서 합리적인 조치를 취하여야 한다. 매도인은 매수인으로부터 합리적인 비용을 상환 받을 때까지 그 물품을 보유할 수 있다.

제86조
(1) 매수인이 물품을 수령한 후 그 물품을 거절하기 위하여 계약 또는 이 협약에 따른 권리를 행사하려고 하는 경우에는, 매수인은 물품을 보관하기 위하여 그 상황에서 합리적인 조치를 취하여야 한다. 매수인은 매도인으로부터 합리적인 비용을 상환받을 때까지 그 물품을 보유할 수 있다.

(2) 매수인에게 발송된 물품이 목적지에서 매수인의 처분하에 놓여지고, 매수인이 그 물품을 거절하는 권리를 행사하는 경우에, 매수인은 매도인을 위하여 그 물품을 점유하여야 한다. 다만, 대금 지급 및 불합리한 불편이나 경비소요없이 점유할 수 있는 경우에 한한다. 이 항은 매도인이나 그를 위하여 물품을 관리하는 자가 목적지에 있는 경우에는 적용되지 아니한다. 매수인이 이 항에 따라 물품을 점유하는 경우에는, 매수인의 권리와 의무에 대하여는 제1항이 적용된다.

제87조
물품을 보관하기 위한 조치를 취하여야 하는 당사자는 그 비용이 불합리하지 아니하는 한, 상대방의 비용으로 물품을 제3자의 창고에 임치할 수 있다.

제88조

(1) 제85조 또는 제86조에 따라 물품을 보관하여야 하는 당사자는 상대방이 물품을 점유하거나 반환받거나 또는 대금이나 보관비용을 지급하는 데 불합리하게 지체하는 경우에는, 상대방에게 매각의사를 합리적으로 통지하는 한, 적절한 방법으로 물품을 매각할 수 있다.

(2) 물품이 급속히 훼손되기 쉽거나 그 보관에 불합리한 경비를 요하는 경우에는, 제85조 또는 제86조에 따라 물품을 보관하여야 하는 당사자는 물품을 매각하기 위하여 합리적인 조치를 취하여야 한다. 이 경우에 가능한 한도에서 상대방에게 매각의사가 통지되어야 한다.

(3) 물품을 매각한 당사자는 매각대금에서 물품을 보관하고 매각하는 데 소요된 합리적인 비용과 동일한 금액을 보유할 권리가 있다. 그 차액은 상대방에게 반환되어야 한다.

제 7 절   최종규정

1. 제92조 일부규정의 채택

제92조

(1) 체약국은 서명, 비준, 수락, 승인 또는 가입시에 이 협약 제2편 또는 제3편에 구속되지 아니한다는 취지의 선언을 할 수 있다.

(2) 제1항에 따라 이 협약 제2편 또는 제3편에 관하여 유보선언을 한 체약국은, 그 선언이 적용되는 편에 의하여 규율되는 사항에 관하여는 이 협약 제1조 제1항에서 말하는 체약국으로 보지 아니한다.

2. 제1조 제1항 제(나)호의 배제(제95조)

제95조

어떤 국가든지 비준서, 수락서, 승인서 또는 가입서를 기탁할 때, 이 협약 제1조 제1항 (나)호에 구속되지 아니한다는 취지의 선언을 행할 수 있다.

어떤 국가든지 비준서 승인서 가입서를 기탁할 때, 제1조 제1항 (나)호에 구속되지 않는다는 선언(간접적용 배제 선언)을 할 수 있다.

3. 계약에 대한 적용일(제100조)

제100조

(1) 이 협약은 제1조 제1항 (가)호 또는 (나)호의 체약국에게 협약의 효력이 발생한 날 이후에 계약체결을 위한 제안이 이루어진 경우에 한하여 계약의 성립에 대하여 적용된다.

(2) 이 협약은 제1조 제1항 (가)호 또는 (나)호의 체약국에게 협약의 효력이 발생한 날 이후에 체결된 계약에 대하여만 적용된다.

가. 이 협약은 체약국에게 협약의 효력이 발생한 날 이후에 계약체결의 제안이 이루어진 경우에만 계약의 성립에 대하여 적용된다.

나. 그리고 이 협약은 체약국에게 협약의 효력이 발생할 날 이후에 체결된 계약에 대해서만 적용된다.

4. 기타 규정

제89조
국제연합 사무총장은 이 협약의 수탁자가 된다.

제90조
이미 발효하였거나 또는 앞으로 발효하게 될 국제협정이 이 협약이 규율하는 사항에 관하여 규정을 두고 있는 경우에, 이 협약은 그러한 국제협정에 우선하지 아니한다. 다만, 당사자가 그 협정의 당사국에 영업소를 가지고 있는 경우에 한한다.

제91조
(1) 이 협약은 국제물품매매계약에 관한 국제연합회의 최종일에 서명을 위하여 개방되고, 뉴욕의 국제연합 본부에서 1981년 9월 30일까지 모든 국가에 의한 서명을 위하여 개방된다.
(2) 이 협약은 서명국에 의하여 비준, 수락 또는 승인되어야 한다.
(3) 이 협약은 서명을 위하여 개방된 날부터 서명하지 아니한 모든 국가의 가입을 위하여 개방된다.
(4) 비준서, 수락서, 승인서 또는 가입서는 국제연합 사무총장에게 기탁되어야 한다.

제92조
(1) 체약국은 서명, 비준, 수락, 승인 또는 가입시에 이 협약 제2편 또는 제3편에 구속되지 아니한다는 취지의 선언을 할 수 있다.
(2) 제1항에 따라 이 협약 제2편 또는 제3편에 관하여 유보선언을 한 체약국은, 그 선언이 적용되는 편에 의하여 규율되는 사항에 관하여는 이 협약 제1조 제1항에서 말하는 체약국으로 보지 아니한다.

제93조
(1) 체약국이 그 헌법상 이 협약이 다루고 있는 사항에 관하여 각 영역마다 다른 법체계가 적용되는 2개 이상의 영역을 가지고 있는 경우에, 그 국가는 서명, 비준, 수락, 승인 또는 가입시에 이 협약을 전체 영역 또는 일부영역에만 적용한다는 취지의 선언을 할 수 있으며, 언제든지 새로운 선언을 함으로써 전의 선언을 수정할 수 있다.
(2) 제1항의 선언은 수탁자에게 통고하여야 하며, 이 협약이 적용되는 영역을 명시하여야 한다.
(3) 이 조의 선언에 의하여 이 협약이 체약국의 전체영역에 적용되지 아니하고 하나 또는 둘 이상의 영역에만 적용되며 또한 당사자의 영업소가 그 국가에 있는 경우에는, 그 영업소는 이 협약의 적용상 체약국에 있지 아니한 것으로 본다. 다만, 그 영업소가 이 협약이

적용되는 영역에 있는 경우에는 그러하지 아니하다.

(4) 체약국이 제1항의 선언을 하지 아니한 경우에 이 협약은 그 국가의 전체영역에 적용된다.

제94조

(1) 이 협약이 규율하는 사항에 관하여 동일하거나 또는 밀접하게 관련된 법규를 가지는 둘 이상의 체약국은, 양당사자의 영업소가 그러한 국가에 있는 경우에 이 협약을 매매계약과 그 성립에 관하여 적용하지 아니한다는 취지의 선언을 언제든지 행할 수 있다. 그러한 선언은 공동으로 또는 상호간에 단독으로 할 수 있다.

(2) 이 협약이 규율하는 사항에 관하여 하나 또는 둘 이상의 비체약국과 동일하거나 또는 밀접하게 관련된 법규를 가지는 체약국은 양 당사자의 영업소가 그러한 국가에 있는 경우에 이 협약을 매매계약과 그 성립에 대하여 적용하지 아니한다는 취지의 선언을 언제든지 행할 수 있다.

(3) 제2항에 의한 선언의 대상이 된 국가가 그 후 체약국이 된 경우에, 그 선언은 이 협약이 새로운 체약국에 대하여 효력이 발생하는 날부터 제1항의 선언으로서 효력을 가진다. 다만, 새로운 체약국이 그 선언에 가담하거나 또는 상호간에 단독으로 선언하는 경우에 한한다.

제95조

어떤 국가든지 비준서, 수락서, 승인서 또는 가입서를 기탁할 때, 이 협약 제1조 제1항 (나)호에 구속되지 아니한다는 취지의 선언을 행할 수 있다.

제96조

그 국가의 법률상 매매계약의 체결 또는 입증에 서면을 요구하는 체약국은 제12조에 따라 매매계약, 합의에 의한 매매계약의 변경이나 종료, 청약, 승낙 기타의 의사표시를 서면 이외의 방법으로 하는 것을 허용하는 이 협약 제11조, 제29조 또는 제2편의 어떠한 규정도 당사자 일방이 그 국가에 영업소를 가지고 있는 경우에는 적용하지 아니한다는 취지의 선언을 언제든지 행할 수 있다.

제97조

(1) 서명시에 이 협약에 따라 행한 선언은 비준, 수락 또는 승인시 다시 확인되어야 한다.

(2) 선언 및 선언의 확인은 서면으로 하여야 하고, 또한 정식으로 수탁자에게 통고하여야 한다.

(3) 선언은 이를 행한 국가에 대하여 이 협약이 발효함과 동시에 효력이 생긴다. 다만, 협약의 발효 후 수탁자가 정식으로 통고를 수령한 선언은 수탁자가 이를 수령한 날부터 6월이 경과된 다음달의 1일에 효력이 발생한다. 제94조에 따른 상호간의 단독선언은 수탁자가 최후의 선언을 수령한 후 6월이 경과한 다음달의 1일에 효력이 발생한다.

(4) 이 협약에 따라 선언을 행한 국가는 수탁자에게 서면에 의한 정식의 통고를 함으로써 언제든지 그 선언을 철회할 수 있다. 그러한 철회는 수탁자가 통고를 수령한 날부터 6월이 경과된 다음달의 1일에 효력이 발생한다.

(5) 제94조에 따라 선언이 철회된 경우에는 그 철회의 효력이 발생하는 날부터 제94조에 따라 다른 국가가 행한 상호간의 선언의 효력이 상실된다.

제98조

이 협약에 의하여 명시적으로 인정된 경우를 제외하고는 어떠한 유보도 허용되지 아니한다.

제99조

(1) 이 협약은 제6항의 규정에 따를 것을 조건으로, 제92조의 선언을 포함하고 있는 문서를 포함하여 10번째의 비준서, 수락서, 승인서 또는 가입서가 기탁된 날부터 12월이 경과된 다음달의 1일에 효력이 발생한다.

(2) 10번째의 비준서, 수락서, 승인서 또는 가입서가 기탁된 후에 어느 국가가 이 협약을 비준, 수락, 승인 또는 가입하는 경우에, 이 협약은 적용이 배제된 편을 제외하고 제6항에 따를 것을 조건으로 하여 그 국가의 비준서, 수락서, 승인서 또는 가입서가 기탁된 날부터 12월이 경과된 다음달의 1일에 그 국가에 대하여 효력이 발생한다.

(3) 1964년 7월 1일 헤이그에서 작성된 『국제물품매매계약의 성립에 관한 통일법』(1964년 헤이그성립협약)과 『국제물품매매계약에 관한 통일법』(1964년 헤이그매매협약)중의 하나 또는 모두의 당사국이 이 협약을 비준, 수락, 승인 또는 이에 가입하는 경우에는 네덜란드 정부에 통고함으로써 1964년 헤이그매매협약 및/또는 1964년 헤이그성립협약을 동시에 폐기하여야 한다.

(4) 1964년 헤이그매매협약의 당사국으로서 이 협약을 비준, 수락, 승인 또는 가입하는 국가가 제92조에 따라 이 협약 제2편에 구속되지 아니한다는 뜻을 선언하거나 또는 선언한 경우에, 그 국가는 이 협약의 비준, 수락, 승인 또는 가입시에 네덜란드 정부에 통고함으로써 1964년 헤이그매매협약을 폐기하여야 한다.

(5) 1964년 헤이그성립협약의 당사국으로서 이 협약을 비준, 수락, 승인 또는 가입하는 국가가 제92조에 따라 이 협약 제3편에 구속되지 아니한다는 뜻을 선언하거나 또는 선언한 경우에, 그 국가는 이 협약의 비준, 수락, 승인 또는 가입시 네덜란드정부에 통고함으로서 1964년 헤이그성립협약을 폐기하여야 한다.

(6) 이 조의 적용상, 1964년 헤이그성립협약 또는 1964년 헤이그매매협약의 당사국에 의한 이 협약의 비준, 수락, 승인 또는 가입은 이들 두 협약에 관하여 당사국에게 요구되는 폐기의 통고가 효력을 발생하기까지 그 효력이 발생하지 아니한다. 이 협약의 수탁자는 이에 관한 필요한 상호조정을 확실히 하기 위하여 1964년 협약들의 수탁자인 네덜란드 정부와 협의하여야 한다.

제100조

(1) 이 협약은 제1조 제1항 (가)호 또는 (나)호의 체약국에게 협약의 효력이 발생한 날 이후에 계약체결을 위한 제안이 이루어진 경우에 한하여 계약의 성립에 대하여 적용된다.

(2) 이 협약은 제1조 제1항 (가)호 또는 (나)호의 체약국에게 협약의 효력이 발생한 날 이후에 체결된 계약에 대하여만 적용된다.

제101조

(1) 체약국은 수탁자에게 서면에 의한 정식의 통고를 함으로써 이 협약 또는 이 협약 제2편 또는 제3편을 폐기할 수 있다.

(2) 폐기는 수탁자가 통고를 수령한 후 12월이 경과한 다음달의 1일에 효력이 발생한다. 통고에 폐기의 발효에 대하여 보다 장기간이 명시된 경우에 폐기는 수탁자가 통고를 수령한 후 그 기간이 경과되어야 효력이 발생한다.

협약의 작성

1980년 4월 11일에 비엔나에서 동등하게 정본인 아랍어, 중국어, 영어, 프랑스어, 러시아어 및 스페인어로 각 1부가 작성되었다.

그 증거로서 각국의 전권대표들은 각국의 정부로부터 정당하게 위임을 받아 이 협약에 서명하였다.

제**2**부

국제사법

제1장 총 칙

1. 국제사법 적용대상(제1조)

> **제1조(목적)**
> 이 법은 외국적 요소가 있는 법률관계에 관하여 국제재판관할에 관한 원칙과 준거법을 정함을 목적으로 한다.

국제사법은 외국적 요소가 있는 법률관계에 대하여 국제재판관할과 준거법을 정하는 것을 목적으로 한다(제1조). 국제사법이 적용되는 외국적 요소가 있는 법률관계란 법률관계의 구성요소 일부가 다른 국가와 관련이 있는 경우 즉 당사자 1인이 외국인, 목적물이 외국소재, 법률관계(또는 손해)가 외국에서 발생한 경우 등을 말한다. 다만 외국적 요소가 있는 법률관계로서 국제사법이 적용되기 위해서는 위와 같이 법률관계 구성요소 일부가 다른 국가와 관련성만으로는 부족하고, 추가적으로 법정지의 법을 적용하는 것이 부당한 반면 국제사법으로 정해진 국가의 법을 적용하는 것이 합리적인 경우이어야 한다.

관련판례

1. 서울고등법원 1994. 3. 4. 선고 92나61623 제10민사부판결: 확정 [보증채무금청구사건]

국내회사들이 미국 뉴욕주법에 따르기로 하고 보증계약을 체결한 경우의 준거법

한국법에 의하여 설립된 회사들 사이에 체결된 보증계약이라 하더라도 그 보증계약이 미합중국 뉴욕주에서 뉴욕주법에 따라 체결된 것이고, 보증대상인 주채무도 외국회사가 채권자와 사이에 뉴욕주법에 따라 체결한 계약으로 인하여 부담하는 채무라면 이는 섭외적 생활관계를 내용으로 하는 것인바, 보증계약의 내용으로 그 보증이 뉴욕주법에 따라 규율, 해석, 이해되며 채권자가 뉴욕주 통일상법전에 따라 보증인에 대한 권리 및 구제책을 보유하는 것으로 약정하고 있다면 그 준거법은 미합중국 뉴욕주법이 된다.

2. 대법원 2014. 12. 11. 선고 2012다119443 판결 [공탁금출급청구권확인]

[판시사항]

[1] 국제사법에 따라 준거법을 정하여야 하는 법률관계

[2] 갑 주식회사가 을 외국법인에서 나용선한 선박을 다시 병 주식회사에 용선하는 연속항해용선계약을 체결한 다음, 용선료 채권을 을 법인을 거쳐 정 은행에 순차 양도하는 양도약정

을 체결하고 이를 병 회사에 통지하였는데, 그 후 갑 회사의 채권자들이 용선료 채권을 가압류
하자 병 회사가 채무액을 혼합공탁하고, 정 은행이 공탁금출급청구권 확인을 구한 사안에서, 이
경우 외국적 요소가 있으므로 국제사법에 따라 준거법을 정하여야 하고, 연속항해용선계약 등
의 당사자가 준거법을 영국법으로 선택하였으므로 용선료 채권의 성립이나 소멸 등에 관한 준
거법은 영국법이 된다고 본 원심판단이 정당하다고 한 사례

[이 유]

1. 국제사법 적용 여부 및 준거법 결정에 관하여

가. 국제사법 제1조는 "이 법은 외국적 요소가 있는 법률관계에 관하여 국제재판관할에 관
한 원칙과 준거법을 정함을 목적으로 한다"고 규정하고 있는바, 외국적 요소가 있는지 여부는
거래당사자의 국적뿐만 아니라 주소, 물건 소재지, 행위지, 사실발생지 등이 외국과 밀접하게
관련되어 있는지 등을 종합적으로 고려하여야 하고, 그 결과 곧바로 내국법을 적용하기보다는
국제사법을 적용하여 그 준거법을 정하는 것이 더 합리적이라고 인정되는 법률관계에 대하여는
국제사법의 규정을 적용하여 준거법을 정하여야 한다(대법원 2008. 1. 31. 선고 2004다26454
판결 참조).

(.......)

2. 국제재판관할권(제2조)

제2조(국제재판관할)
① 법원은 당사자 또는 분쟁이 된 사안이 대한민국과 실질적 관련이 있는 경우에 국제재판관
할권을 가진다. 이 경우 법원은 실질적 관련의 유무를 판단함에 있어 국제재판관할 배분의
이념에 부합하는 합리적인 원칙에 따라야 한다.
② 법원은 국내법의 관할 규정을 참작하여 국제재판관할권의 유무를 판단하되, 제1항의 규정
의 취지에 비추어 국제재판관할의 특수성을 충분히 고려하여야 한다.

가. 의 의

국제재판관할권이란 외국적(＝섭외적) 요소를 가지는 사건이 특정 국가의 법원에 제
소된 경우 그 국가의 법원이 그 사건에 대하여 재판할 수 있는 권한을 말한다. 이는 한
국가의 여러 법원 중에서 어느 법원이 처리할지의 문제인 토지관할과는 구별된다.

나. 결정기준

특정한 국가의 법원으로의 재판관할 합의(즉 합의재판관할)가 있거나 피고가 소제기된
국가의 법원의 재판권에 이의 없이 응소한다면(즉 변론재판관할) 그 국가의 법원이 당연
히 재판권을 갖는다. 그러나 이러한 합의재판관할이나 변론재판관할이 없는 경우에 국
제재판관할권을 어느 국가의 법원이 갖는지 문제가 된다.

1) 종래학설

가) 역추지설(민소법상 토지관할규정 유추)

국내 민사소송법상 토지관할 규정을 역으로 파악하여 재판적이 있는 나라에 재판권을 정하는 견해이다.

나) 조리설(국제민사소송법의 기본이념)

재판의 적정·공평·신속·경제 등 소송법상 이념에 의해 정하는 견해이다.

다) 수정역추지설(원칙적 역추지설, 여기에 공평 신속 등의 이념고려)

원칙적으로 민소법상 토지관할규정을 유추해서 국제재판관할권을 정하되, 그 결과가 재판의 적정·공평·신속·경제 등 소송법상 이념에 반하는 예외적인 경우에는 조리설에 따른다는 견해이다.

2) 국제사법 규정

가) 실질적 관련성(제2조 제1항)

당사자 또는 사안이 대한민국과 실질적 관련성이 있을 때 국제재판관할권을 인정하고, 이 때 실질적 관련성은 합리적인 원칙에 따라 판단한다. 이 때 실질적 관련성은 법정지 국가의 법원에 제소될 것임을 합리적으로 예견할 수 있을 정도로 법정지 국가와의 관련성을 의미한다.

나) 실질적 관련성의 구체적 판단(제2조 제2항)

국내토지관할규정을 참작하여 국제재판관할권의 유무를 판단하되, 이 때 국제재판관할의 특수성도 고려한다. 즉 토지관할규정을 참작하여 재판적(피고주소지, 의무이행지, 재산소재지, 불법행위지 등)이 있는 곳에 국제재판관할이 인정된다. 다만 국제재판관할의 특수성(재판의 적정·공평·신속·경제)을 충분히 고려하여 조리에 반하는 특별한 사정(원고와 피고의 소송수행상의 불편, 법원의 증거조사 불편, 피고의 법정지 국가에서의 의도적인 경제적인활동의 부존재 등)이 있으면 재판관할권이 부정된다.

다. 국제재판관할의 합의

1) 특정법률관계에 대하여, 특정한 국가의 법원이 관할권을 갖는 것으로 합의하는 국제재판관할의 합의도 가능하다. 이러한 합의에는 합의한 특정 국가의 법원을 재판관할법원으로 추가하는 부가적 합의와 합의한 특정국가의 법원만 배타적으로 재판관할법원으로 하는 전속적 합의가 있다. 이 중 전속적 국제관할합의의 요건에 대하여 논의가 있다. 이러한 요건을 충족하여 전속적 국제관할합의가 유효한 경우 합의한 국가가 아닌 곳에 소가 제기되면 각하하게 된다.

2) 전속적 국제관할 합의 유효요건(판례)

대한민국 법원의 관할을 배제하고 외국의 법원을 관할법원으로 하는 전속적인 국제관할의 합의가 유효하기 위해서는, 당해 사건이 대한민국 법원의 전속관할에 속하지 아니하고 지정된 외국법원이 그 외국법상 당해 사건에 대하여 관할권을 가져야 하는 외에, 당해 사건이 그 외국법원에 대하여 합리적인 관련성을 가질 것이 요구되고, 그와 같은 전속적인 관할 합의가 현저하게 불합리하고 불공정하여 공서양속에 반하는 법률행위에 해당하지 않는 한 그 관할 합의는 유효하다(대법원 2010. 8. 26. 선고 2010다28185 판결).

관련판례

1. 대법원 2008. 3. 13. 선고 2006다68209 판결 [양수금]

법정 관할법원 중 하나를 관할법원으로 하기로 약정한 경우의 재판관할권 및 그 후 채권양도 등의 사유로 외국적 요소가 있는 법률관계에 해당하게 된 경우에도 위 약정의 효력이 미치는지 여부(소극)

[1] 당사자들이 법정 관할법원에 속하는 여러 관할법원 중 어느 하나를 관할법원으로 하기로 약정한 경우, 그와 같은 약정은 그 약정이 이루어진 국가 내에서 재판이 이루어질 경우를 예상하여 그 국가 내에서의 전속적 관할법원을 정하는 취지의 합의라고 해석될 수 있지만, 특별한 사정이 없는 한 다른 국가의 재판관할권을 완전히 배제하거나 다른 국가에서의 전속적인 관할법원까지 정하는 합의를 한 것으로 볼 수는 없다. 따라서 채권양도 등의 사유로 외국적 요소가 있는 법률관계에 해당하게 된 때에는 다른 국가의 재판관할권이 성립할 수 있고, 이 경우에는 위 약정의 효력이 미치지 아니하므로 관할법원은 그 국가의 소송법에 따라 정하여진다고 봄이 상당하다.

[2] 일본국에 거주하던 채권자와 채무자가 일본국에서 일본국 통화를 대차하면서 작성한 차용증에 채무자들의 일본 내 주소를 기재하고 차용금액 등을 기재하였는데, 위 증서는 당시 문구점에서 판매하던 것으로서 분쟁 발생시 채권자의 주소지 법원을 제1심 관할법원으로 한다는 문구가 부동문자로 인쇄되어 있던 사안에서, 위 문구는 예문이 아니고 법정 관할법원 중 하나인 일본국 내 채권자 주소지 법원을 관할법원으로 하기로 하는 전속적 관할합의에 해당한다고 한 사례.

[3] 일본국에 거주하던 채권자와 채무자가 돈을 대차하면서 채권자 주소지 법원을 제1심 관할법원으로 하는 전속적 관할합의를 하였는데, 그 후 위 채권이 국내에 주소를 둔 내국인에게 양도되어 외국적 요소가 있는 법률관계가 된 경우, 위 관할합의의 효력이 이에 미치지 아니하여 대한민국 법원에 재판관할권이 있다고 한 사례.

2. 대법원 1998. 12. 17. 선고 97다39216 전원합의체 판결 [해고무효확인]

[1] 외국국가에 대한 재판권에 관한 국제관습법

국제관습법에 의하면 국가의 주권적 행위는 다른 국가의 재판권으로부터 면제되는 것이 원칙이라 할 것이나, 국가의 사법적 행위까지 다른 국가의 재판권으로부터 면제된다는 것이 오늘날의 국제법이나 국제관례라고 할 수 없다.

[2] 우리나라 법원의 외국국가에 대한 재판권의 유무 및 그 범위

우리나라의 영토 내에서 행하여진 외국의 사법적 행위가 주권적 활동에 속하는 것이거나 이와 밀접한 관련이 있어서 이에 대한 재판권의 행사가 외국의 주권적 활동에 대한 부당한 간섭이 될 우려가 있다는 등의 특별한 사정이 없는 한, 외국의 사법적 행위에 대하여는 당해 국가를 피고로 하여 우리나라의 법원이 재판권을 행사할 수 있다.

3. 대법원 2006. 5. 26. 선고 2005므884 판결 [이혼및위자료등]

[1] 미합중국 미주리 주에 법률상 주소를 두고 있는 미합중국 국적의 남자(원고)가 대한민국 국적의 여자(피고)와 대한민국에서 혼인 후, 미합중국 국적을 취득한 피고와 거주기한을 정하지 아니하고 대한민국에 거주하다가 피고를 상대로 이혼, 친권자 및 양육자지정 등을 청구한 사안에서, 원·피고 모두 대한민국에 상거소를 가지고 있고, 혼인이 대한민국에서 성립되었으며, 그 혼인생활의 대부분이 대한민국에서 형성된 점 등을 고려하면 위 청구는 대한민국과 실질적 관련이 있다고 볼 수 있으므로 국제사법 제2조 제1항의 규정에 의하여 대한민국 법원이 재판관할권을 가진다고 할 수 있고, 원·피고가 선택에 의한 주소(domicile of choice)를 대한민국에 형성했고, 피고가 소장 부본을 적법하게 송달받고 적극적으로 응소한 점까지 고려하면 국제사법 제2조 제2항에 규정된 '국제재판관할의 특수성'을 고려하더라도 대한민국 법원의 재판관할권 행사에 아무런 문제가 없다고 한 사례.

4. 대법원 2005. 1. 27. 선고 2002다59788 판결 [손해배상(지)]

[1] 국제재판관할을 결정함에 있어서는 당사자 간의 공평, 재판의 적정, 신속 및 경제를 기한다는 기본이념에 따라야 할 것이고, 구체적으로는 소송당사자들의 공평, 편의 그리고 예측가능성과 같은 개인적인 이익뿐만 아니라 재판의 적정, 신속, 효율 및 판결의 실효성 등과 같은 법원 내지 국가의 이익도 함께 고려하여야 할 것이며, 이러한 다양한 이익 중 어떠한 이익을 보호할 필요가 있을지 여부는 개별 사건에서 법정지와 당사자와의 실질적 관련성 및 법정지와 분쟁이 된 사안과의 실질적 관련성을 객관적인 기준으로 삼아 합리적으로 판단하여야 할 것이다.

[2] 대한민국 내에 주소를 두고 영업을 영위하는 자가 미국의 도메인 이름 등록기관에 등록·보유하고 있는 도메인 이름에 대한 미국의 국가중재위원회의 이전 판정에 불복하여 제기한 소송에 관하여 분쟁의 내용이 대한민국과 실질적 관련성이 있다는 이유로 대한민국 법원의 국제재판관할권을 인정한 사례.

5. 대법원 2000. 6. 9. 선고 98다35037 판결 [신용장금액지급청구]

[1] 섭외사건에 관하여 국내의 재판관할을 인정할지의 여부는 국제재판관할에 관하여 조약이나 일반적으로 승인된 국제법상의 원칙이 아직 확립되어 있지 않고 이에 관한 우리나라의 성문법규도 없는 이상 결국 당사자 간의 공평, 재판의 적정, 신속을 기한다는 기본이념에 따라 조

리에 의하여 이를 결정함이 상당하다 할 것이고, 이 경우 우리나라의 민사소송법의 토지관할에 관한 규정 또한 위 기본이념에 따라 제정된 것이므로 기본적으로 위 규정에 의한 재판적이 국내에 있을 때에는 섭외사건에 관한 소송에 관하여도 우리나라에 재판관할권이 있다고 인정함이 상당하다.

[2] 우리 민사소송법 제4조에 의하면 외국법인 등이 대한민국 내에 사무소, 영업소 또는 업무담당자의 주소를 가지고 있는 경우에는 그 사무소 등에 보통재판적이 인정된다고 할 것이므로, 증거수집의 용이성이나 소송수행의 부담 정도 등 구체적인 제반 사정을 고려하여 그 응소를 강제하는 것이 민사소송의 이념에 비추어 보아 심히 부당한 결과에 이르게 되는 특별한 사정이 없는 한, 원칙적으로 그 분쟁이 외국법인의 대한민국 지점의 영업에 관한 것이 아니라 하더라도 우리 법원의 관할권을 인정하는 것이 조리에 맞는다.

6. 서울지방법원 1997. 1. 23. 선고 95가합39156 판결: 확정 [손해배상(기)]

[1] 섭외사건에 관하여 국내의 재판관할을 인정할지의 여부는 국제재판관할에 관하여 조약이나 일반적으로 승인된 국제법상의 원칙이 아직 확립되어 있지 않고 이에 관한 우리나라의 성문법규도 없는 이상 결국 당사자 간의 공평, 재판의 적정, 신속을 기한다는 기본 이념에 따라 조리에 의하여 이를 결정함이 상당하다 할 것이고, 이 경우 우리나라 민사소송법의 토지관할에 관한 규정 또한 위 기본 이념에 따라 제정된 것이므로 위 규정에 의한 재판적이 국내에 있을 때에는 섭외사건에 관한 소송에 관하여도 우리나라에 재판관할권이 있다고 인정함이 상당하며, 다만 구체적인 제반 사정을 고려하여 위와 같은 국내재판적에 관한 규정을 유추적용하여 국제재판관할권을 인정함이 위 민사소송의 제 이념에 비추어 보아 심히 부당한 결과에 이르게 되는 특별한 사정이 있는 때에는 그렇지 아니하다고 봄이 상당하다고 할 것인바, 외국 법인을 상대로 제기한 선박 충돌로 인한 불법행위에 기한 손해배상 청구에 관하여 선박충돌지가 우리나라의 영해이고, 외국 법인의 영업소 및 사무소가 대한민국에 소재하고 있는 이상, 대한민국의 법원은 국제재판관할권이 있다.

7. 서울가정법원 1996. 11. 1. 선고 95드27138 판결: 확정 [위자료및재산분할, 위자료등]

[1] 미국시민권자가 부(夫)인 대한민국 국민을 피고로 하여 이혼을 원인으로 한 위자료, 재산분할, 양육비 등을 청구하고 그에 대한 반소로서 친권행사자 및 양육자 지정, 면접교섭권 등을 구하는 소가 우리나라 법원에 제기된 경우, 그 미국시민권자가 스스로 미국법원의 재판관할을 주장하지 아니하고 우리나라 법원에 소를 제기하였으므로 본소는 물론 반소에 대하여도 우리나라 법원에 재판관할권이 있고, 이혼에 따른 위자료에 대하여는 그 혼인 공동생활의 주된 근거지 및 그 파탄 원인의 발생지가 우리나라라면 섭외사법 제13조 제1항에 의하여 우리나라의 법률이 그 준거법이 되고, 재산분할은 이혼에 부수하여 부부간의 재산관계를 조정하는 것이므로 혼인의 효력에 관한 같은 법 제16조 및 제17조, 이혼에 관한 같은 법 제18조의 규정을 유추적용하여 부(夫)인 피고의 본국법인 우리나라의 법률이 그 준거법이 되며, 양육비는 부양의무에 관한 사항으로서 같은 법 제23조에 따라 부양의무자인 피고의 본국법인 우리나라의 법률이, 면접교섭은 친자간의 법률관계에 과한 사항으로서 부(父)인 피고의 본국법인 우리나라의 법률

이 각각 그 준거법이 된다.

　[2] 미국법원의 이혼 확정판결이 우리나라에 거주하고 있는 대한민국 국민을 피고로 한 것이고 그 피고가 이에 적극적으로 응소한 것이 아니라면, 그 판결은 재판관할권이 없는 채 이루어진 것이어서 민사소송법 제203조 제1호의 요건을 구비하였다고 할 수 없어 그 효력이 없을뿐만 아니라, 그 미국법원의 판결이 있기 전에 이미 우리나라 법원에서 이혼 확정판결이 있었다면, 그 미국법원의 판결은 우리나라 법원의 확정판결에 의하여 이미 혼인관계가 해소된 혼인에 대하여 다시 이혼을 선언한 셈이 되어 이 점에서도 그 미국법원의 판결은 효력이 없다.

8. 서울가정법원 1996. 10. 31. 선고 94드9245 판결

　섭외사법상 파양은 양친의 본국법에 의할 것이나 그 법에 파양에 관한 규정이 없고 양부가 양자를 악의로 유기하고 소재불명인 상태라면 양자의 의사에 반하여 양친자관계를 강요하는 것은 양자제도의 본질과 선량한 사회풍속에 반하므로 국제사법 제10조에 의하여 우리나라에 재판관할권이 있다(양자인 원고는 대한민국국민으로 우리나라에 주소, 양친인 피고는 미국인으로 미국 알라바마주에 최후주소).

9. 대법원 1995. 11. 21. 선고 93다39607 판결 [집행]

　[1] 섭외사건의 국제 재판관할에 관하여 일반적으로 승인된 국제법상의 원칙이 아직 확립되어 있지 아니하고 이에 관한 우리나라의 성문법규도 없는 이상, 섭외사건에 관한 외국 법원의 재판관할권 유무는 당사자간의 공평, 재판의 적정, 신속을 기한다는 기본이념에 따라 조리에 의하여 결정함이 상당하고, 이 경우 우리나라의 민사소송법의 토지관할에 관한 규정 또한 그 기본이념에 따라 제정된 것이므로, 그 규정에 의한 재판적이 외국에 있을 때에는 이에 따라 외국 법원에서 심리하는 것이 조리에 반한다는 특별한 사정이 없는 한 그 외국 법원에 재판관할권이 있다고 봄이 상당하다.

　[2] 물품을 제조하여 판매하는 제조자의 불법행위로 인한 손해배상 책임에 관한 제조물책임 소송에 있어서 손해 발생지의 외국 법원에 국제재판관할권이 있는지 여부는 제조자가 당해 손해 발생지에서 사고가 발생하여 그 지역의 외국 법원에 제소될 것임을 합리적으로 예견할 수 있을 정도로 제조자와 손해 발생지와의 사이에 실질적 관련이 있는지 여부에 따라 결정함이 조리상 상당하고, 이와 같은 실질적 관련을 판단함에 있어서는 예컨대 당해 손해 발생지의 시장을 위한 제품의 디자인, 그 지역에서의 상품광고, 그 지역 고객들을 위한 정기적인 구매상담, 그 지역 내에서의 판매대리점 개설 등과 같이 당해 손해 발생지 내에서의 거래에 따른 이익을 향유하려는 제조자의 의도적인 행위가 있었는지 여부가 고려될 수 있다.

10. 대법원 2008. 5. 29. 선고 2006다71908, 71915 판결 [매매대금 · 부당이득반환]

　[판시사항]

　대한민국 회사가 일본 회사에게 러시아에서 선적한 냉동청어를 중국에서 인도하기로 하고 그 대금은 선적 당시의 임시 검품 결과에 따라 임시로 정하여 지급하되 인도지에서 최종 검품을 하여 최종가격을 정한 후 위 임시가격과의 차액을 정산하기로 한 매매계약에서, 그 차액 정산에 관한 분쟁은 최종 검품 여부 및 그 결과가 주로 문제되므로 인도지인 중국 법원이 분쟁이 된 사안과 가장 실질적 관련이 있는 법원이나, 대한민국 법원에도 당사자 또는 분쟁이 된 사안과 실질적 관련이 있어 국제재판관할권을 인정할 수 있다고 한 사례

[참조조문]

국제사법 제2조 제1항, 제2항

[이 유]

1. 국제재판관할에 관하여

....

이와 같은 사실에 의하면, 이 사건 소송은 매매계약에 따라 정해진 임시가격과 최종가격의 차액 정산, 즉 매매대금의 지급과 관련된 분쟁으로서, 대한민국 회사가 일본 회사에게 러시아에서 선적한 냉동청어를 중국에서 인도하고, 인도지인 중국에서 청어 더미의 일정 수량을 해동시켜 최종적으로 검품을 한 결과에 따라 임시가격과 최종가격의 차액을 정산하기로 하였기 때문에, 중국에서 이 사건 청어에 대하여 최종적인 검품이 이루어졌는지 여부 및 그 결과가 무엇인지가 주로 문제되고 있으므로 분쟁이 된 사안과 가장 실질적 관련이 있는 법원은 이 사건 청어의 인도지로서 최종 검품의 예정지였던 중국 법원이었다고 할 것이나, 앞서 본 바와 같이 피고가 원고를 상대로 하여 중국 법원에 제기한 소가 각하되었고, 청어에 포함된 성자의 비율을 직접 확인할 수 있는 증거인 이 사건 청어가 더 이상 존재하지 않으며, 피고가 이 사건 청어를 인도받고 처분해 버린 시점으로부터 약 5년이 경과하여 이제 와서 대한민국 법원의 국제재판관할을 부정한다면 당사자의 권리구제를 도외시하는 결과를 야기할 수 있는 점, 피고가 이 사건 본소에 대하여 반소를 제기하고 있으므로, 원·피고 사이의 분쟁을 종국적으로 일거에 해결할 필요성이 있는 점, 원고가 대한민국 회사로서 우리나라에서 계약의 체결과 관련된 서류를 팩스로 전송받는 방법으로 이 사건 계약을 체결하였고, 이 사건 정산금을 송금받기로 한 곳이 대한민국인 점 등을 고려할 때, 대한민국에도 당사자 또는 분쟁이 된 사안과 실질적 관련이 있다고 할 것이고, 따라서 대한민국 법원에 국제재판관할권을 인정할 수 있다고 할 것이다.

11. 대법원 2014. 4. 10. 선고 2012다7571 판결 [대여금]

[판결요지]

일본국에 주소를 둔 재외동포 갑이 일본국에 주소를 둔 재외동포 을을 상대로 3건의 대여금 채무에 대한 변제를 구하는 소를 대한민국 법원에 제기한 사안에서, 3건의 대여금 청구 중 2건은 분쟁이 된 사안과 대한민국 사이에 실질적 관련성이 있어 대한민국 법원에 국제재판관할권이 인정되고, 나머지 1건도 당사자 또는 분쟁이 된 사안과 법정지인 대한민국 사이에 실질적 관련성이 있다고 볼 수는 없지만 변론관할에 의하여 대한민국 법원에 국제재판관할권이 생겼다고 봄이 타당하다고 한 사례.

[이 유]

상고이유를 판단한다.

1. 국제사법 제2조가 제1항에서 "법원은 당사자 또는 분쟁이 된 사안이 대한민국과 실질적 관련이 있는 경우에 국제재판관할권을 가진다. 이 경우 법원은 실질적 관련의 유무를 판단함에 있어 국제재판관할 배분의 이념에 부합하는 합리적인 원칙에 따라야 한다"고 규정하고, 이어 제2항에서 "법원은 국내법의 관할 규정을 참작하여 국제재판관할권의 유무를 판단하되, 제1항의 규정의 취지에 비추어 국제재판관할의 특수성을 충분히 고려하여야 한다"고 규정하고 있으므로, 당사자 간의 공평, 재판의 적정, 신속 및 경제를 기한다는 기본이념에 따라 국제재판관할을 결정하여야 한다. 구체적으로는 소송당사자들의 공평, 편의 그리고 예측가능성과 같은 개인적인 이익뿐만 아니라 재판의 적정, 신속, 효율 및 판결의 실효성 등과 같은 법원 내지 국가의 이익도 함께 고려하여야 하며, 이러한 다양한 이익 중 어떠한 이익을 보호할 필요가 있는지는 개별 사건에서 법정지와 당사자의 실질적 관련성 및 법정지와 분쟁이 된 사안과의 실질적 관련성을 객관적인 기준으로 삼아 합리적으로 판단하여야 한다(대법원 2010. 7. 15. 선고 2010다18355 판결 등 참조).

2. 가. 원심은, 이 사건 소가 민사소송법 제11조의 재산권에 관한 소이고 원고가 가압류를 집행한 피고 소유의 부동산 소재지가 대한민국이지만, 법정지인 대한민국과 당사자 또는 분쟁이 된 사안 사이에 실질적 관련성이 없다는 이유로 대한민국 법원의 국제재판관할권이 인정되지 않는다고 판단하였다.

나. 그러나 원심의 위와 같은 판단은 다음과 같은 이유로 수긍하기 어렵다.

(1) 기록에 의하면, 이 사건 대여금 청구 중 2003. 9. 11.자 5백만 엔은 피고가 공동대표이사인 주식회사 원우주택이 추진하던 순천시 문화테마파크 개발 등 사업과 관련하여 지급된 돈으로 채권의 발생 자체가 대한민국 내 개발사업과 직접 관련이 있고, 원고가 가압류집행한 피고 소유의 부동산 역시 위 개발사업의 부지로서 당해 재산과 분쟁의 사안 사이에 실질적 관련도 있음을 알 수 있다.

또한 기록에 의하면, 이 사건 대여금 청구 중 2003. 10. 9.자 2천만 원은 원고가 대한민국 내 거주자인 소외인 명의의 계좌로 2천만 원에 해당하는 일본국 돈 1,938,699엔을 송금한 후 대한민국 수표로 인출된 돈인 사실을 알 수 있으므로, 돈의 수령 및 사용 장소가 대한민국이고 수령인도 대한민국 내 거주자라는 점에서 위 2천만 원 청구 역시 대한민국과 실질적 관련이 있다고 할 것이다.

따라서 위 5백만 엔 및 2천만 원 청구는 당해 분쟁의 사안과 대한민국 사이에 실질적 관련성이 있어 대한민국 법원에 국제재판관할권을 인정함이 상당하다.

(2) 한편 기록에 의하면, 이 사건 대여금 청구 중 4천만 엔은 그에 관한 분쟁의 합의관할이 일본국 내 원고 주소지 법원인 사실을 알 수 있고, 달리 당사자 또는 분쟁이 된 사안이 법정지인 대한민국과 어떠한 실질적 관련이 있다고 볼 만한 근거를 찾기가 어렵다.

그러나 피고는 제1심법원에서 국제재판관할권의 존부에 관한 관할위반 항변을 하지 아니한 채 본안에 관한 변론만을 하였고, 그 결과 본안에 관한 사항만을 쟁점으로 한 제1심판결이 선고되었으며, 피고는 원심에 이르러서야 국제재판관할권에 관한 관할위반 주장을 하였는바, 국제재판관할에서 민사소송법 제30조에 규정된 바와 같은 변론관할을 인정하더라도 당사자 사이의 공평을 해칠 우려가 없는 점, 오히려 같은 당사자 사이의 분쟁을 일거에 해결할 수 있고 효과적인 절차의 진행 및 소송경제에도 적합한 점 등에 비추어 보면, 이 부분 4천만 엔 청구에 관하여 비록 당사자 또는 분쟁이 된 사안과 법정지인 대한민국 사이에 실질적 관련성이 없다 하더라도 이에 관하여 제1심법원에 국제재판관할권이 생겼다고 봄이 상당하다.

(3) 그럼에도 원심은 이 사건 각 대여금 청구에 관하여 대한민국 법원에 국제재판관할권이 인정되지 아니한다고 단정하였는바, 이는 국제재판관할권의 유무에 관한 판단에 있어 실질적 관련성 및 변론관할에 관한 법리를 오해함으로써 판단을 그르친 것이다.

12. 대법원 2015. 2. 12. 선고 2012다21737 판결 [집행판결]

[판시사항]

[1] 미국 플로리다 주에 본점을 둔 갑 기업이 국내 기업인 을 주식회사가 미국 뉴욕 주에 본점을 둔 병 기업에 주문자상표부착방식으로 제작·수출한 전기압력밥솥을 다시 구매하여 미국 전역에 판매하였다가 위 밥솥의 하자로 피해를 입은 소비자들에게 손해배상금을 지급하고 합의한 다음 을 회사와 그로부터 분할·설립된 정 주식회사를 상대로 미국 뉴욕 남부 연방지방법원에 구상금 청구소송을 제기하여 정 회사로 하여금 구상금 지급을 명하는 판결을 선고받은 사안에서, 정 회사와 미국 뉴욕 주 사이에 실질적 관련성이 있다고 보기 어려워 위 법원에 국제재판관할권이 없다고 한 사례

[이 유]

상고이유를 판단한다.

1. 상고이유 제1점에 대하여

원심판결 이유에 의하면, 원심은 그 판시와 같은 이유로 원고와 피고 사이에는 명시적 또는 묵시적 관할합의가 존재하지 않는다고 판단하였다.

기록을 살펴보면 원심의 위와 같은 판단은 정당하고, 거기에 관할합의에 관한 법리를 오해하여 필요한 심리를 다하지 아니한 위법이 없다.

2. 상고이유 제2점에 대하여

국제사법 제2조는 제1항에서 "법원은 당사자 또는 분쟁이 된 사안이 대한민국과 실질적 관련이 있는 경우에 국제재판관할권을 가진다. 이 경우 법원은 실질적 관련의 유무를 판단함에 있어 국제재판관할 배분의 이념에 부합하는 합리적인 원칙에 따라야 한다."고 규정하고, 제2항에서 "법원은 국내법의 관할 규정을 참작하여 국제재판관할권의 유무를 판단하되, 제1항의 규정의 취지에 비추어 국제재판관할의 특수성을 충분히 고려하여야 한다."고 규정하고 있다. 법원은 당사자 간의 공평, 재판의 적정, 신속 및 경제를 도모한다는 기본이념에 따라 국제재판관할을 결정하여야 하고, 구체적으로는 소송당사자들의 공평, 편의 그리고 예측가능성과 같은 개인적인 이익뿐만 아니라, 재판의 적정, 신속, 효율 및 판결의 실효성 등과 같은 법원 및 국가의 이익도 함께 고려하여야 하며, 이러한 다양한 이익 중 어떠한 이익을 보호할 필요가 있을지 여

부는 개별 사건에서 법정지와 당사자의 실질적 관련성 및 법정지와 분쟁이 된 사안과의 실질적 관련성을 객관적인 기준으로 삼아 합리적으로 판단하여야 한다(대법원 2008. 5. 29. 선고 2006다71908, 71915 판결 참조). 특히 물품을 제조·판매하는 제조업자에 대한 제조물책임 소송에서 손해발생지의 외국 법원에 국제재판관할권이 있는지 여부를 판단하는 경우에는 제조업자가 그 손해발생지에서 사고가 발생하여 그 지역의 외국 법원에 제소될 것임을 합리적으로 예견할 수 있을 정도로 제조업자와 손해발생지 사이에 실질적 관련성이 있는지를 고려하여야 한다(대법원 1995. 11. 21. 선고 93다39607 판결 참조). 마찬가지로 제조물의 결함으로 인하여 발생한 손해를 배상한 제조물 공급자 등이 제조업자를 상대로 외국 법원에 구상금 청구 소송을 제기한 경우에도 제조업자가 그 외국 법원에 구상금 청구의 소를 제기당할 것임을 합리적으로 예견할 수 있을 정도로 제조업자와 그 법정지 사이에 실질적 관련성이 있는지를 고려하여야 한다.

(.......)

이와 같은 사실관계를 앞서 본 법리에 따라 살펴보면, 드레코가 미국에 주소나 영업소, 판매대리점 등을 두거나 미국 소비자에게 이 사건 압력밥솥에 관하여 상품광고 또는 구매상담 등의 영업행위를 한 것이 전혀 없는 이상, 단지 미국 뉴욕 주에 주소를 둔 에이씨에이에 2회에 걸쳐 이 사건 압력밥솥을 주문자상표부착방식으로 제작하여 수출하였고, 이 사건 압력밥솥의 결함으로 인해 손해를 입은 피해자 중 일부가 미국 뉴욕 주에 거주하고 있다는 사정만으로는, 피고가 이 사건 뉴욕법원에 그 구상금 청구의 소를 제기당할 것임을 합리적으로 예견할 수 있을 정도로 피고와 미국 뉴욕 주 사이에 실질적 관련성이 있다고 보기 어렵다.

13. 대법원 2014. 5. 16. 선고 2013므1196 판결 [이혼및위자료·재산분할등]

[판시사항]

[1] 국제재판관할을 결정할 때 고려하여야 할 사항

[2] 대한민국 국적을 가진 갑이 현재 스페인 국적을 가지고 있는 을을 상대로 제기한 이혼소송의 국제재판관할권이 문제 된 사안에서, 갑의 청구가 대한민국과 실질적 관련성이 있으므로 대한민국 법원에 국제재판관할권이 인정된다고 본 원심판단을 정당하다고 한 사례

[참조조문]

[1] 국제사법 제2조 [2] 국제사법 제2조, 제39조

[이 유]

상고이유를 판단한다.

1. 국제사법 제2조 제1항은 "법원은 당사자 또는 분쟁이 된 사안이 대한민국과 실질적 관련이 있는 경우에 국제재판관할권을 가진다. 이 경우 법원은 실질적 관련의 유무를 판단함에 있어 국제재판관할 배분의 이념에 부합하는 합리적인 원칙에 따라야 한다."고 규정하고, 제2항은 "법원은 국내법의 관할 규정을 참작하여 국제재판관할권의 유무를 판단하되, 제1항의 규정의 취지에 비추어 국제재판관할의 특수성을 충분히 고려하여야 한다."고 규정하고 있다. 그러므로 국제재판관할은 당사자 간의 공평, 재판의 적정, 신속 및 경제를 기한다는 기본이념에 따라 결

정하여야 하고, 구체적으로는 소송당사자들의 공평, 편의 그리고 예측 가능성과 같은 개인적인 이익뿐만 아니라, 재판의 적정, 신속, 효율 및 판결의 실효성 등과 같은 법원과 국가의 이익도 함께 고려하여야 한다. 그리고 이러한 다양한 이익 중 어떠한 이익을 보호할 필요가 있을지 여부는 개별 사건에서 법정지와 당사자의 실질적 관련성 및 법정지와 분쟁이 된 사안과의 실질적 관련성을 객관적인 기준으로 삼아 합리적으로 판단하여야 한다(대법원 2010. 7. 15. 선고 2010다18355 판결, 대법원 2012. 5. 24. 선고 2009다22549 판결 등 참조).

2. 원심은 그 채택 증거를 종합하여, 원고는 대한민국 국적을 가지고 있고, 피고는 대한민국 국적을 가진 부모에게서 대한민국 국적을 가지고 태어나 스페인으로 이주하여 현재 스페인 국적을 가지고 있고, 사건본인은 대한민국과 스페인 국적을 모두 가지고 있는 사실, 원고와 피고는 대한민국에서 2006. 8. 15. 결혼식을 마치고 한 달가량 대한민국에서 혼인생활을 한 사실, 그 후 원고가 수술, 임신 및 사건본인의 출산 등으로 대한민국에 계속 거주하게 되자, 피고가 대한민국과 스페인을 왕래하면서 생활하다가, 2009. 3. 14.경에야 원고가 사건본인과 함께 스페인으로 출국하여 그때부터 스페인에서의 혼인생활이 시작된 사실, 원고와 피고는 피고가 스페인 여성과 부정한 행위를 하였다는 이유로 다투었고, 원고는 2011. 6. 29. 사건본인과 함께 대한민국에 돌아와 현재까지 대한민국에 거주하면서 사건본인을 양육하고 있는 사실 등을 인정하였다.

그리고 원심은 위와 같은 사실관계 등을 토대로 하여, ① 국제재판관할권은 배타적인 것이 아니라 병존할 수 있는 것이므로, 스페인 법원이 대한민국 법원보다 심리에 더 편리하다는 것만으로 대한민국 법원의 재판관할권을 쉽게 부정하여서는 곤란하고, 원고가 대한민국 법원에서 재판을 받겠다는 의사를 명백히 표명하여 재판을 청구하고 있는 점도 고려하여야 하는 점, ② 원고 및 사건본인이 대한민국 국적을 가지고 있고, 사건본인이 대한민국에서 출생하여 현재 대한민국 유치원에 다니고 있으며, 결혼식과 혼인신고가 원·피고가 대한민국에 거주할 때 이루어졌으므로 피고 역시 이혼소송이 대한민국에서 제기될 수 있음을 예측할 수 있었다고 보이는 점, ③ 원고는 혼인기간 내내 사건본인과 함께 대한민국에 주민등록이 되어 있었고, 실제 혼인 중 상당기간 대한민국에서 거주하였을 뿐만 아니라, 2011. 6. 29.경부터 현재까지 대한민국에서 생활하고 있어 원고의 상거소가 대한민국에 존재하는 점, ④ 국제사법 제39조 단서는 이혼의 준거법을 정함에 있어 "부부 중 일방이 대한민국에 상거소가 있는 대한민국 국민인 경우에는 이혼은 대한민국 법에 의한다."고 규정하고 있어 이 사건 소송의 준거법은 대한민국 법이 되므로, 대한민국 국민인 원고의 이익을 위해서도 대한민국 법원에 재판관할권을 인정할 필요가 있는 점, ⑤ 원고의 이 사건 청구에는 대한민국 국적을 가지고, 대한민국에 거주하며, 대한민국 국민에 의하여 양육되고 있는 사건본인에 대한 친권자 및 양육자 지정청구도 포함되어 있는데, 그러한 사항까지도 대한민국 법원이 관할할 수 없다는 것은 대한민국 국민에 대한 법의 보호를 포기하는 결과가 되는 점, ⑥ 피고가 소유하고 있는 재산이 대한민국 내에 존재하고, 원고가 위 재산을 가압류한 상황에서 원고의 위자료 및 재산분할청구의 실효성 있는 집행을 위해서도 대한민국 법원에 이혼소송을 제기할 실익이 있는 점 등의 사정을 근거로 원고의 이 사건 청구는 대한민국과 실질적 관련성이 있으므로 대한민국 법원에 국제재판관할권이 인정된다고 판단하였다.

앞서 본 법리와 기록에 의하여 살펴보면 원심의 판단은 정당하고, 거기에 국제재판관할에 관한 법리를 오해하여 판결에 영향을 미친 위법이 없다.

3. 그러므로 상고를 기각하고 상고비용은 패소자가 부담하기로 하여, 관여 대법관의 일치된 의견으로 주문과 같이 판결한다.

14. 광주고등법원 2016. 7. 6. 선고 2014나1166 판결: 상고 [대여금]

[판결요지]

중국에서 사채업을 하던 중국 국적의 갑이 대한민국에서 영업을 하기 위하여 대한민국에 입국하였는데, 중국에서 부동산개발사업을 하던 중국 국적의 부부 을 등을 상대로 중국에서 이루어진 금전대여행위에 따른 대여금의 지급을 구하는 소를 대한민국 법원에 제기한 사안에서, 을이 대한민국에 입국한 뒤 대한민국에 소재한 부동산과 차량을 취득하여 이를 소유하였고, 그 무렵부터 소 제기일까지 대한민국에 생활의 근거를 둔 채 자녀를 양육하면서 위 부동산에서 실제로 거주해 왔으며, 을의 남편 역시 중국으로 출국하기 전까지는 상당한 기간을 대한민국에 거주하면서 을 및 자녀와 함께 생계를 같이해 온 점 등에 비추어 볼 때, 소 제기 당시에는 갑 또는 을 등의 실질적인 생활 기반이 대한민국에 형성되어 있었으므로, 갑 및 을 등과 대한민국 사이에 실질적 관련성이 부정된다고 볼 수 없고, 분쟁을 회피하고자 중국을 떠난 뒤 대한민국에서 생활의 기반을 마련하고 재산을 취득하게 된 을 등의 입장에서 갑이 대한민국 법원에 소를 제기하리라는 것을 전혀 예상하지 못했을 것이라고 보기는 어려운 점 등의 사정까지 고려하면, 대한민국 법원의 국제재판관할권이 인정된다고 한 사례.

15. 서울지방법원 2002. 12. 24. 선고 2002가합32672 중간판결 [손해배상(기)]

[판결요지]

[1] 대한민국 법원의 관할을 배제하고 외국의 법원을 관할법원으로 하는 전속적인 국제관할의 합의가 유효하기 위하여는, 당해 사건이 대한민국 법원의 전속관할에 속하지 아니하고, 지정된 외국법원이 그 외국법상 당해 사건에 대하여 관할권을 가져야 하는 외에, 당해 사건이 그 외국법원에 대하여 합리적인 관련성을 가질 것이 요구되고, 한편 전속적인 관할 합의가 현저하게 불합리하고 불공정한 경우에는 그 관할 합의는 공서양속에 반하는 법률행위에 해당하는 점에서도 무효이다.

[2] 분쟁의 대상인 계약이나 불법행위 등과는 아무런 관련이 없고 단지 피고의 본점 소재지 법원일 뿐인 캐나다 온타리오주 법원에서 재판을 담당하는 것은 재판의 편의나 당사자 사이의 공평의 견지에서 볼 때 합리적이라 볼 수 없으므로 그러한 내용의 전속적인 국제관할합의는 그 효력을 인정할 수 없다.

16. 울산지방법원 2014. 2. 6. 선고 2012가합3810 판결: 항소 [손해배상(기)]

[판결요지]

[1] 갑 주식회사가 을 중국 법인으로부터 수입한 화물이 운송 중 훼손되었다고 주장하면서

을 법인과 용선계약을 체결하여 화물을 운송한 병 러시아국 법인을 상대로 채무불이행 또는 불법행위에 따른 손해배상을 구하는 소를 대한민국 법원에 제기하자, 병 법인이 국제재판관할 위반이라고 본안전 항변을 한 사안에서, 용선계약에 '영국 법에 따라 홍콩에서 중재에 의하여 분쟁을 해결한다'는 중재조항이 있으나, 선하증권에는 위 중재조항이 선하증권에 편입된다거나 용선계약상 일반 조항이 모두 선하증권에 편입된다는 규정이 없고 선하증권 기재상 용선계약 자체가 특정되어 있지도 않으므로 위 중재조항이 선하증권에 편입된다고 볼 수 없고, 설령 **병 법인이 선하증권 이면약관으로 '선박의 기국 또는 운송인과 상인 간에 합의된 곳'을 관할로 하기로 정하였다 하더라도 위 관할 합의는 법정관할에 부가하여 선적국인 러시아 또는 당사자가 합의한 곳의 관할권을 창설하는 부가적 합의라고 봄이 타당하므로, 대한민국 법원은 재판관할권이 있다고 한 사례.**

[2] 갑 주식회사가 을 중국 법인으로부터 수입한 화물이 운송 중 훼손되었다고 주장하면서 을 법인과 용선계약을 체결하여 화물을 운송한 병 러시아국 법인을 상대로 채무불이행 또는 불법행위에 따른 손해배상을 구한 사안에서, 병 법인은 해상 운송업체로서 전 세계에 걸쳐 영업활동을 하고 있는 기업인데 반해 갑 회사는 대한민국 법인으로서 대한민국에 주소가 있고, 용선계약의 체결 장소는 중국이지만 의무이행지가 대한민국이어서 계약과 가장 밀접한 관련이 있는 국가가 대한민국이라고 할 수 있는 점과 화물이 손상된 장소가 대한민국이고 이로 인해 침해되는 갑 회사의 법익 소재지 역시 대한민국인 점에 비추어 갑 회사와 병 법인 사이에 운송인의 채무불이행책임, 불법행위의 성립 및 효과, 병 법인의 손해배상책임 발생 여부에 관하여는 대한민국 법(민법, 상법)이 준거법이 된다고 한 사례.

17. 대법원 2011. 4. 28. 선고 2009다19093 판결 [특허권이전등록]

[판결요지]

[1] 외국 법원의 관할을 배제하고 대한민국 법원을 관할법원으로 하는 전속적인 국제관할의 합의가 유효하기 위해서는, 당해 사건이 외국 법원의 전속관할에 속하지 아니하고, 대한민국 법원이 대한민국법상 당해 사건에 대하여 관할권을 가져야 하는 외에, 당해 사건이 대한민국 법원에 대하여 합리적인 관련성을 가질 것이 요구되며, 그와 같은 전속적인 관할 합의가 현저하게 불합리하고 불공정하여 공서양속에 반하는 법률행위에 해당하지 않는 한 그 관할 합의는 유효하다.

[2] 당해 사건이 외국 법원의 전속관할에 속하는지 여부와 관련하여 특허권은 등록국법에 의하여 발생하는 권리로서 법원은 다른 국가의 특허권 부여행위와 그 행위의 유효성에 대하여 판단할 수 없으므로 **등록을 요하는 특허권의 성립에 관한 것이거나 유·무효 또는 취소 등을 구하는 소는 일반적으로 등록국 또는 등록이 청구된 국가 법원의 전속관할에 속하는 것으로 볼 수 있으나, 그 주된 분쟁 및 심리의 대상이 특허권의 성립, 유·무효 또는 취소와 관계없는 특허권 등을 양도하는 계약의 해석과 효력 유무일 뿐인 그 양도계약의 이행을 구하는 소는 등록국이나 등록이 청구된 국가 법원의 전속관할에 속하는 것으로 볼 수 없다.**

[3] 갑이 을에게서, 을이 특허권자 또는 출원인으로 된 일본국 내 특허권 또는 특허출원과

그 특허발명들에 대응하는 일본국 외에서의 특허출원 및 등록된 특허권 일체와 관련한 모든 권리를 무상양도받기로 하는 계약을 체결하면서, 위 양도계약과 관련한 분쟁이 발생할 경우 관할법원을 대한민국 법원으로 하기로 약정한 사안에서, 위 양도계약에 기하여 특허권의 이전등록 또는 특허출원인 명의변경을 구하는 소는 주된 분쟁 및 심리의 대상이 위 양도계약의 해석 및 효력의 유무일 뿐 위 특허권의 성립, 유·무효 또는 취소를 구하는 것과 무관하므로 위 특허권의 등록국이나 출원국인 일본국 등 법원의 전속관할에 속한다고 볼 수 없고, 또한 대한민국법상 당사자 사이에 전속적 국제관할합의를 하는 것이 인정되고 당해 사건이 대한민국 법원과 합리적 관련성도 있으며, 달리 위 전속적 국제관할합의가 현저하게 불합리하거나 불공정하여 공서양속에 반한다고 볼 수 없으므로, 위 전속적 국제관할합의가 유효하다고 한 사례.

18. 대법원 2010. 8. 26. 선고 2010다28185 판결 [손해배상(기)]

[판결요지]

[1] 대한민국 법원의 관할을 배제하고 외국의 법원을 관할법원으로 하는 전속적인 국제관할의 합의가 유효하기 위해서는, 당해 사건이 대한민국 법원의 전속관할에 속하지 아니하고 지정된 외국법원이 그 외국법상 당해 사건에 대하여 관할권을 가져야 하는 외에, 당해 사건이 그 외국법원에 대하여 합리적인 관련성을 가질 것이 요구되고, 그와 같은 전속적인 관할 합의가 현저하게 불합리하고 불공정하여 공서양속에 반하는 법률행위에 해당하지 않는 한 그 관할 합의는 유효하다.

[2] 국제사법 제27조에서 소비자 보호를 위하여 준거법 지정과 관련하여 소비자계약에 관한 강행규정을 별도로 마련해 두고 있는 점이나 약관의 규제에 관한 법률의 입법 목적을 고려하면, 외국법을 준거법으로 하여 체결된 모든 계약에 관하여 당연히 약관의 규제에 관한 법률을 적용할 수 있는 것은 아니다.

[3] 국내회사와 외국회사가, 국내회사가 외국회사의 제품을 국내에서 배급·판매대리 하는 내용의 계약을 체결하면서 준거법을 외국법으로 정하고, 계약해지사유의 하나로 '특별한 사유가 없더라도 전적으로 계약을 해지하려는 당사자의 편의에 따라 60일 전에 사전통보를 함으로써 계약을 해지할 수 있다'고 약정한 사안에서, 위 계약이 외국법을 준거법으로 정함으로써 현저하게 불합리하거나 불공정한 결과가 초래된다고 볼 근거가 없어 그 준거법 약정은 유효하고, 외국법을 준거법으로 하는 위 계약에 관하여 우리나라 약관의 규제에 관한 법률이 적용될 여지가 없으므로 위 해지조항도 유효하다고 본 원심판단을 수긍한 사례.

[4] 외국회사가 국내회사와 외국회사 제품의 국내 배급·판매대리 계약을 체결하였다가 그 계약 체결일로부터 3년 6개월 정도 지난 후에 계약 당시 계약해지사유의 하나로서 '특별한 사유가 없더라도 전적으로 계약을 해지하려는 당사자의 편의에 따라 60일 전에 사전통보를 함으로써 계약을 해지할 수 있다'고 정한 해지조항에 따라 계약을 해지한 것이, 독점규제 및 공정거래에 관한 법률 및 그 시행령에서 불공정거래행위의 한 유형으로 정한 '불이익제공'이나 '기타의 거래거절'에 해당하지 않는다고 한 사례.

19. 대법원 2010. 7. 15. 선고 2010다18355 판결 [손해배상(기)]

[판결요지]

[1] 법원이 국제재판관할권의 유무를 판단함에 있어서 당사자 간의 공평, 재판의 적정, 신속 및 경제를 기한다는 기본이념에 따라 국제재판관할을 결정하여야 하고, 구체적으로는 소송당사자들의 공평, 편의 그리고 예측가능성과 같은 개인적인 이익뿐만 아니라 재판의 적정, 신속, 효율 및 판결의 실효성 등과 같은 법원 내지 국가의 이익도 함께 고려하여야 하며, 이러한 다양한 이익 중 어떠한 이익을 보호할 필요가 있을지 여부는 개별 사건에서 법정지와 당사자의 실질적 관련성 및 법정지와 분쟁이 된 사안과의 실질적 관련성을 객관적인 기준으로 삼아 합리적으로 판단하여야 한다.

[2] 2002년 김해공항 인근에서 발생한 중국 항공기 추락사고로 사망한 중국인 승무원의 유가족이 중국 항공사를 상대로 대한민국 법원에 손해배상청구소송을 제기한 사안에서, 민사소송법상 토지관할권, 소송당사자들의 개인적인 이익, 법원의 이익, 다른 피해유가족들과의 형평성 등에 비추어 위 소송은 대한민국과 실질적 관련이 있다고 보기에 충분하므로, 대한민국 법원의 국제재판관할권을 인정한 사례.

20. 서울고등법원 2014. 1. 17. 선고 2013나17874 판결 [채무부존재확인]

[판결요지]

갑이 을로부터 홍콩 소재 부동산의 지분을 매수하였다고 주장하면서 갑의 상속인 병 등이 을을 상대로 주위적으로는 부동산 지분에 관한 소유권이전등기절차의 이행을 구하고 예비적으로는 매매대금지급채무의 부존재확인을 구한 사안에서, 외국에 소재하고 있는 부동산 또는 그 지분의 이전등기를 구하는 소송은 대한민국과 실질적 관련성을 인정하기 어렵고 오히려 부동산 소재국 법원인 중화인민공화국 홍콩특별행정구 법원이 전속적 국제재판관할을 가지므로, 주위적 청구의 소는 국제재판관할이 없는 대한민국 법원에 제기되어 부적법하고, 예비적 청구의 소는 병 등이 을을 상대로 법적 지위의 불안·위험을 제거하기 위하여 가장 유효·적절한 수단이라고 보이는 부동산 지분에 관한 소유권이전등기절차이행의 소를 전속적 국제재판관할을 가진 중화인민공화국 홍콩특별행정구 법원에 제기할 수 있는데도 대한민국 법원에 매매대금지급채무의 부존재확인을 구한 것이므로 확인의 이익이 없어 부적법하다고 본 사례.

[이 유]

1. 기초 사실

홍콩 코우룬 (주소 생략) 2층 아파트 에이에 대하여 1992. 1. 14. 소외 1, 피고, 소외 2, 3의 공유로 소유권이전등기가 마쳐졌는데 그중 피고의 지분이 43/261(이하 '이 사건 부동산 지분'이라 한다)인 사실, 소외 1은 2013. 5. 25. 사망하였고, 그 상속인으로 처인 원고 1, 자녀들인 원고 2, 3이 있는 사실은 당사자 사이에 다툼이 없거나, 갑 제7, 8, 9호증의 각 기재에 변론 전체의 취지를 더하면 이를 인정할 수 있다.

(.......)

관련쟁점

■ 토지관할

1. 종류(보통재판적과 특별재판적)

보통재판적이란 모든 사건에 일반적으로 적용되는 재판적이고, 특별재판적은 특정사건에만 적용되는 재판적이다.

2. 보통재판적

소는 피고의 보통재판적이 있는 곳의 법원이 관할한다(민소법 제2조).

가. 피고가 자연인인 경우

사람의 보통재판적은 그의 주소에 따라 정한다. 다만, 대한민국에 주소가 없거나 주소를 알 수 없는 경우에는 거소에 따라 정하고, 거소가 일정하지 아니하거나 거소도 알 수 없으면 마지막 주소에 따라 정한다(제3조).

나. 피고가 법인(비법인사단 또는 비법인재단)인 경우

법인, 그 밖의 사단 또는 재단의 보통재판적은 이들의 주된 사무소 또는 영업소가 있는 곳에 따라 정하고, 사무소와 영업소가 없는 경우에는 주된 업무담당자의 주소에 따라 정한다(제5조 제1항). ② 제1항의 규정을 외국법인, 그 밖의 사단 또는 재단에 적용하는 경우 보통재판적은 대한민국에 있는 이들의 사무소·영업소 또는 업무담당자의 주소에 따라 정한다(제5조 제2항).

3. 특별재판적(제7조 이하)

가. 근무지(제7조)

사무소 또는 영업소에 계속하여 근무하는 사람에 대하여 소를 제기하는 경우에는 그 사무소 또는 영업소가 있는 곳을 관할하는 법원에 제기할 수 있다.

나. 재산권에 관한 소(제8조)

재산권에 관한 소를 제기하는 경우에는 거소지 또는 의무이행지의 법원에 제기할 수 있다. 의무이행지는 우선 합의한 곳, 특정물인도채무는 채권성립당시 그 물건 소재지, 이외 채무는 지참채무원칙상 채권자의 현주소 또는 채권자의 현영업소 순서로 인정된다.

다. 어음(수표)에 관한 소(제9조)

어음·수표에 관한 소를 제기하는 경우에는 지급지의 법원에 제기할 수 있다.

라. 선원에 대한 소(제10조)

선원에 대하여 재산권에 관한 소를 제기하는 경우에는 선적(船籍)이 있는 곳의 법원에 제기할 수 있다.

마. 재산권에 관한 소(제11조)

대한민국에 주소가 없는 사람 또는 주소를 알 수 없는 사람에 대하여 재산권에 관한 소를 제기하는 경우에는 청구의 목적 또는 담보의 목적이나 압류할 수 있는 피고의 재산이 있는 곳의 법원에 제기할 수 있다.

바. 영업에 관한 소(제12조)

사무소 또는 영업소가 있는 사람에 대하여 그 사무소 또는 영업소의 업무와 관련이 있는 소를 제기하는 경우에는 그 사무소 또는 영업소가 있는 곳의 법원에 제기할 수 있다.

사. 불법행위에 관한 소(제18조)

불법행위에 관한 소를 제기하는 경우에는 행위지의 법원에 제기할 수 있다(제1항). 선박 또는 항공기의 충돌이나 그 밖의 사고로 말미암은 손해배상에 관한 소를 제기하는 경우에는 사고 선박 또는 항공기가 맨 처음 도착한 곳의 법원에 제기할 수 있다(제2항). 여기의 불법행위지란 가해행위지, 결과(손해)발생지를 포함하는 개념이다.

아. 부동산에 관한 소(제20조)

부동산에 관한 소를 제기하는 경우에는 부동산이 있는 곳의 법원에 제기할 수 있다.

관련쟁점

■ 연결점과 준거법 결정

1. 연결점

섭외적 분쟁의 법률관계 종류가 확정된 후, 이에 적용될 국제사법 규정이 확정되고 이 국제사법 규정의 적용을 통해 준거법을 확정하는 단계를 거치게 된다. 이 때 준거법을 정하는 기준으로 작용하는 국제사법 규정의 내용을 이루고 있는 요소를 연결점이라고 한다. 국제사법 규정상 이러한 연결점으로는 국적, 상거소지, 물건의 소재지, 행위지, 사실발생지 등이 있으며, 각각 본국법, 상거소지법, 물건 소재지법, 행위지법, 사실발생지법 등이 준거법으로 결정된다.

2. 준거법 결정 방법

1) 추상적 준거법 결정방법

국제사법 규정에 따라 본국법, 상거소지법 등으로 결정된다.

2) 구체적 준거법 결정방법

본국법 등에 대응하는 연결점을 사안에서 파악하여 당사자 국적 등을 고려하여 본국법 즉 국적에 따라 미국법, 일본법 등이 구체적 준거법으로 결정된다.

3. 국적결정의 준거법

국적을 결정하여야 할 경우에 법정지법이 아닌 국적소지여부가 문제된 국적 국가의 국적법이 기준이 된다. 즉 우리나라의 법원에 사건이 제소되어 중국국적을 갖는지가 문제되는 경우에는 국적 소지여부는 우리나라의 국적법이 아닌 중국국적법을 기준으로 판단하게 된다.

관련쟁점

■ 준거법의 연결방법

1. 누적적(중복적) 연결방법

필요한 준거법상 요건을 누적적으로 모두 구비할 것을 요구하는 것이다. 제44조가 제41조, 제42조, 제43조에 의한 친자관계성립에 자의 본국법이 자 또는 제3자의 승낙이나 동의 등을 요건으로 한 경우 이러한 요건도 누적적으로 갖추어야 한다. 즉 제41조, 제42조, 제43조의 요건에 제44조가 규정한 요건(자 또는 제3자의 동의)을 추가적으로 갖추어야 친자관계가 성립하므로 이를 누적적 연결이라고 한다.

2. 배분적(결합적) 연결방법

국제사법 제36조 제1항은 혼인의 실질적 성립요건의 법률관계는 각 당사자의 본국법에 의한다고 규정하고 있다. 즉 부가 될 자에 대한 요건은 그의 본국법에 의하고, 처가 될 자에 대한 요건은 그녀의 본국법에 의한다.

3. 선택적 연결방법

국제사법 제17조 제1항과 제2항에서 법률행위 방식은 그 법률행위의 준거법이나 행위지법 중 어느 것에 의하든 그 효력을 인정한다. 또한 제36조 제2항에서는 혼인의 방식은 혼인거행지법 또는 당사자 일방의 본국법에 의한다고 규정하고 있다.

4. 단계적 연결방법

준거법을 복수로 규정하고 있지만, 단계적으로 결정되는 것이다. 즉 첫 번째 단계의 준거법이 있으면 그것을 준거법으로 하고, 그것이 없으면 두 번째 단계의 준거법을, 그것도 없으면 세 번째 단계의 준거법을 따르는 연결방법이다. 예를 들어 제37조 혼인의 일반적 효력은 첫째 부부의 동일한 본국법, 둘째 부부의 동일한 상거소지법, 셋째 부부와 가장 밀접한 관련이 있는 곳의 법의 순위에 따라 준거법이 결정된다.

5. 보정적 연결방법

준거법을 복수로 규정하고 단계적으로 결정되는 것은 단계적 연결방법과 공통된다. 하지만 단계적 연결과 보정적 연결방법의 차이는 전자는 앞단계의 준거법이 부존재가 문제되는 반면, 후자는 앞단계의 준거법에 의한 법률관계의 부정이 문제된다는 점이다. 예를 들어 국제사법 제46조 제1항에서 부양의무는 우선 부양권리자의 상거소지법에 의하지만 만약 이 법에 의하여 부양의무가 인정되지 않는 경우에는 당사자의 공통인 본국법에 의하도록 규정하고 있다.

6. 종속적 연결방법

어떤 법률관계에 대하여 그 법률관계의 근거(원인)가 되는 법률관계의 준거법을 그 준거법으로 사용하는 것을 말한다. 예를 들어 제30조 제1항 사무관리는 그 관리가 행하여진 곳의 법에 의하지만 사무관리가 당사자간의 기존 법률관계에 기하여 행하여진 경우에는 그 법률관계의 준거법에 의하도록 한 것이다. 제31조 부당이득과 제32조 제3항 불법행위도 사무관리와 마찬가지로 동일한 형식의 종속적 연결방법을 취하고 있다.

3. 본국법(제3조)

> **제3조(본국법)**
> ① 당사자의 본국법에 의하여야 하는 경우에 당사자가 둘 이상의 국적을 가지는 때에는 그와 가장 밀접한 관련이 있는 국가의 법을 그 본국법으로 정한다. 다만, 그 국적중 하나가 대한민국인 때에는 대한민국 법을 본국법으로 한다.
> ② 당사자가 국적을 가지지 아니하거나 당사자의 국적을 알 수 없는 때에는 그의 상거소(常居所)가 있는 국가의 법(이하 "상거소지법"이라 한다)에 의하고, 상거소를 알 수 없는 때에는 그의 거소가 있는 국가의 법에 의한다.
> ③ 당사자가 지역에 따라 법을 달리하는 국가의 국적을 가지는 때에는 그 국가의 법 선택규정에 따라 지정되는 법에 의하고, 그러한 규정이 없는 때에는 당사자와 가장 밀접한 관련이 있는 지역의 법에 의한다

가. 당사자의 본국법에 의할 경우에 둘 이상의 국적이 있는 경우 – 이중(복수)국적자

당사자가 둘이상의 국적을 가지는 경우에는 당사자와 가장 밀접한 관련이 있는 국가의 법이 본국법(제3조 제1항 본문)이 되고, 다만 그 국적들 중 하나가 대한민국이면 대한민국법을 본국법으로 한다(제3조 제1항 단서). 주의할 점은 제3조 제1항 단서가 본문에 우선 적용된다는 것이다. 본문의 밀접관련성은 당사자의 주소, 상거소, 경제적 활동 등 제반사정을 고려하여 판단한다.

나. 당사자가 국적이 없거나 알 수 없는 경우 – 무국적자

당사자가 국적이 없거나 국적을 알 수 없는 경우에는 우선 그의 상거소가 있는 국가의 법에 의하고, 그의 상거소를 알 수 없으면 거소가 있는 국가의 법에 의한다.

다. 당사자가 지역에 따라 법을 달리하는 국가(불통일법국가, ex. 미국)의 국적을 가지는 경우

불통일법국가(연방국가)의 국민인 경우에는 우선 그 불통일법국가의 법 선택규정에 의하고, 그러한 규정이 없으면 가장 밀접한 관련있는 지역의 법에 의한다. 예를 들어 미국인의 본국법이 문제되는 사안에서는 우선 미국법의 선택규정에 따라 결정된 주의 법을 적용하고, 그러한 선택규정이 없는 경우에는 당사자와 가장 밀접한 관련이 있는 주의 법이 준거법이 될 것이다.

주의할 점은 제3조 제3항이 문제되는 경우는 불통일법국가의 국민의 본국법(국적)이 문제되는 경우이고, 상거소지 등 다른 연결점이 문제되는 경우에는 적용될 여지가 없다는 것이다. 이는 제3조 제1항과 제2항의 경우에도 마찬가지이다.

4. 상거소지법(제4조)

> **제4조(상거소지법)**
> 당사자의 상거소지법(常居所地法)에 의하여야 하는 경우에 당사자의 상거소를 알 수 없는 때에는 그의 거소가 있는 국가의 법에 의한다.

당사자의 상거소지법에 의해야 하는 경우 상거소를 알 수 없으면 거소가 있는 국가의 법에 의한다.

상거소지(habitual residence)란 법적인 개념인 주소와 비교되는 사실상 개념이다. 즉 주관적으로 한곳에 머무르고자하는 의사와 객관적으로 법률관계를 형성하는 장소를 그 요소로 한다. 일반적으로 상거소지는 자연인의 경우에는 사실상 살고 있는 곳이고, 법인의 경우에는 영업소가 될 것이다.

5. 외국법의 적용(제5조)

> **제5조(외국법의 적용)**
> 법원은 이 법에 의하여 지정된 외국법의 내용을 직권으로 조사·적용하여야 하며, 이를 위하여 당사자에게 그에 대한 협력을 요구할 수 있다.

국제사법에 의하여 정해진 준거법이 외국법인 경우에는 그 외국법의 조사와 증명을 누가 부담할 것인지 또는 그 외국법의 내용이 불분명한 경우에 그 내용을 어떻게 확정할 것인지 문제가 발생한다. 즉 외국법이 사실이라면 당사자들이 주장 입증책임을 부담하지만 외국법이 법률이라면 법원의 직권조사에 의해 파악될 것이다. 우리 국제사법 제5조는 외국법의 내용을 법원이 직권조사해야 한다고 규정하고 있으므로 외국법을 법률이라고 파악하고 있다.

관련판례

1. 대법원 1990. 4. 10. 선고 89다카20252 판결 [집행판결]
우리나라 법률상으로는 준거법으로서의 외국법의 적용 및 조사에 관하여 특별한 규정을 두고 있지 아니하나 외국법은 법률이어서 법원이 권한으로 그 내용을 조사하여야 하고, 그 방법에 있어서 법원이 합리적이라고 판단하는 방법에 의하여 조사하면 충분하고, 반드시 감정인의 감정이나 전문가의 증언 또는 국내외 공무소, 학교 등에 감정을 촉탁하거나 사실조회를 하는 등의 방법만에 의하여야 할 필요는 없다.

2. 대법원 2016. 5. 12. 선고 2015다49811 판결 [채무부존재확인]

[판결요지]

[1] 외국적 요소가 있는 법률관계에 관하여 적용될 외국 법규의 내용을 확정하고 의미를 해석하는 경우에는 외국법이 본국에서 현실로 해석·적용되고 있는 의미·내용대로 해석·적용하는 것이 원칙이며, 소송 과정에서 외국의 판례나 해석기준에 관한 자료가 제출되지 아니하여 내용의 확인이 불가능한 경우에만 일반적인 법해석 기준에 따라 법의 의미·내용을 확정할 수 있다.

[2] 라이베리아국 해상법상으로 미국의 해상 판례법은 라이베리아국 해상법 제114조 제3항의 해석에 관한 중요한 법원(法源)이 되는데, 1910년부터 1971년까지 유효하였던 미국 연방해상법 제46편(이하 '구 미국 연방해상법'이라 한다) 제973조가 삭제됨으로써 공급자에게 조사의무를 부과하지 아니한 1971년 이후의 미국법원의 판례를 적용한다면 이는 현행 라이베리아국 해상법 제114조 제3항의 조문 내용과 부합하지 아니하고 조항의 입법 취지에도 어긋나게 되므로, 위 조항을 해석할 때 구 미국 연방해상법 제973조가 존속하고 있을 당시의 이에 관한 미국법원의 판례에 따르는 것이 합리적인 해석이다. 즉 라이베리아국 해상법 제114조 제3항에 따르면, 선박의 운항에 필요한 물품이나 용역의 공급자는 선박의 용선 여부 및 용선자에게 선박을 기속할 권한이 있는지를 질문하고 조사할 의무가 있고, 공급자가 이러한 의무를 이행하지 아니하였으면 선박우선특권을 주장할 수 없다.

관련쟁점

▪ 외국법의 흠결 또는 불분명

준거법으로 외국법이 지정되었는데 그 외국법에는 당해 사건에 적용될 법이 없거나(흠결), 법원의 조사에도 외국법의 내용을 알 수 없는 경우(불분명)에 법원은 이를 어떻게 처리해야 하는지의 문제이다.

관련판례

1. 대법원 2003. 1. 10. 선고 2000다70064 판결 [구상금]

[1] 용선계약상의 중재조항이 선하증권에 편입되어 선하증권의 소지인과 운송인 사이에서도 효력을 가지는지 여부는 선하증권의 준거법에 의하여 판단하여야 할 것인데, 구 섭외사법

(2001. 4. 7. 법률 제6465호 국제사법으로 전문 개정되기 전의 것) 제9조는 '법률행위의 성립 및 효력에 관하여는 당사자의 의사에 의하여 적용할 법을 정한다. 그러나 당사자의 의사가 분명하지 아니한 때에는 행위지법에 의한다.'고 규정하고 있는바, 따라서 선하증권이 그 약관에서 명시적으로 적용할 나라의 법을 정하고 있는 경우에는 그 정한 법률에 의하여, 선하증권의 발행인이 선하증권에 적용될 법을 명시적 혹은 묵시적으로 지정하지 않은 경우에는 선하증권이 발행된 나라의 법에 의하여 이를 판단하여야 한다.

　　[2] 섭외적 사건에 관하여 적용될 외국법규의 내용을 확정하고 그 의미를 해석함에 있어서는 그 외국법이 그 본국에서 현실로 해석·적용되고 있는 의미·내용대로 해석·적용되어야 하는 것인데, 소송과정에서 적용될 외국법규에 흠결이 있거나 그 존재에 관한 자료가 제출되지 아니하여 그 내용의 확인이 불가능한 경우 법원으로서는 법원에 관한 민사상의 대원칙에 따라 외국 관습법에 의할 것이고, 외국 관습법도 그 내용의 확인이 불가능하면 조리에 의하여 재판할 수밖에 없다.

2. 서울고등법원 2001. 2. 27. 선고 2000나8863 판결: 확정 [보증채무금]

　　섭외적 사건에 관하여 적용될 외국법규의 내용을 확정하고 그 의미를 해석함에 있어서는 그 외국법이 그 본국에서 현실로 해석·적용되고 있는 의미·내용대로 해석·적용되어야 하는 것인데, 소송과정에서 적용될 외국법규에 흠결이 있거나 그 존재에 관한 자료가 제출되지 아니하여 그 내용의 확인이 불가능한 경우 법원으로서는 법원에 관한 민사상의 대원칙에 따라 외국 관습법에 의할 것이고, 외국 관습법도 그 내용의 확인이 불가능하면 조리에 의하여 재판할 수밖에 없는바, 그러한 조리의 내용은 가능하면 원래 적용되어야 할 외국법에 의한 해결과 가장 가까운 해결 방법을 취하기 위해서 그 외국법의 전체계적인 질서에 의해 보충·유추되어야 할 것이다.

　　사우디아라비아의 관련 법령을 준거법으로 정한 독립적 은행보증에서, 채무자의 채무불이행 사실을 명시한 서류의 제시가 보증금 지급청구의 요건인지 여부에 관한 사우디아라비아의 관련 법령 자료가 없으나, 사우디아라비아 금융분쟁조정위원회가 채무자의 채무불이행 사실을 명시한 서류의 제시가 없음에도 보증인에게 보증금지급을 명하였다면 위 위원회는 자국의 관련 법령에 따라 적법하게 이와 같은 결정을 내렸다고 추정함이 상당하고, 따라서 사우디아라비아의 법령에 의하면 채무불이행 사실을 명시한 서류의 제시가 보증금 지급청구의 요건이 아니라고 한 사례.

3. 서울가정법원 1985. 10. 31. 선고 84드7150 제2부심판: 확정 [이혼청구사건]

　　- 섭외사건에 있어서 적용되어야 할 외국법이 불명인 경우의 준거법

　　우리나라 국적을 가진 부가 콜롬비아국적을 가진 부를 상대로 이혼심판청구를 할 경우 그 이혼사건에 관하여 적용될 준거법은 섭외사법 제18조(국제사법 제39조)에 따라 부의 본국법인 콜롬비아국의 이혼에 관한 법률이지만 그 법률이 내용의 불명으로 확정하기 어렵다면 위 콜롬비아국과 풍속, 전통, 관습에서 가장 유사한 사회인 베네주엘라국, 에쿠아도르국, 페루국 등의

이혼에 관한 법률을 참조로 적용하여 판단함이 가장 조리에 합당하다.

4. 대법원 2011. 2. 8. 자 2010마970 결정 [경매개시결정에대한이의]

[판시사항]

[1] 외국적 요소가 있는 법률관계에 적용할 외국법규의 의미와 내용의 확정 방법

[2] 선박에 적재한 화물의 침수로 발생한 용선자의 운송인에 대한 손해배상채권이 선적국인 파나마국 해상법의 선박우선특권에 의하여 담보되는 채권인지가 문제된 사안에서, 파나마국 대법원판례 및 용선자가 제출한 파나마국 법률사무소의 의견서만으로는 위 손해배상채권이 파나마국 해상법에 의한 선박우선특권의 피담보채권으로 인정되는지가 명확하지 아니하므로, 이는 한국법 및 일반 법원리에 따라 판단하여야 하고, 최후 항해 이전에 운송인의 감항능력 주의의무 위반으로 인하여 발생한 위 손해배상채권은 선박우선특권에 의하여 담보되는 채권으로 볼 수 없다는 원심판단을 수긍한 사례

[참조조문]

[1] 국제사법 제1조, 제5조, 민법 제1조

[2] 국제사법 제1조, 제5조, 제60조, 민법 제1조, 상법 제777조

관련쟁점

■ 법원의 사건에 대한 외국법 해석과 적용

국제사법에 따라 지정된 준거법이 외국법인 경우, 법정지법원은 이를 내국법으로 해석하는 것이 아니라 외국법으로 해석한다. 따라서 그 법상 개념을 우리 법의 개념이나 판례를 기준으로 파악하지 않고, 그 외국법의 개념과 외국법원의 판례를 기준으로 파악하게 된다.

관련판례

대법원 2004. 7. 9. 선고 2003다23168 판결 [배당이의]

섭외적 사건에 적용될 외국법규의 내용 확정 및 그 의미의 해석 방법

그런데 섭외적 사건에 관하여 적용될 외국법규의 내용을 확정하고 그 의미를 해석함에 있어서는 그 외국법이 그 본국에서 현실로 해석·적용되고 있는 의미·내용대로 해석·적용되어야 하고(대법원 1991. 2. 22. 선고 90다카19470 판결 및 1996. 2. 9. 선고 94다30041 판결 등 참조), 그 본국에서 최고법원의 법해석에 관한 판단은 특별한 사정이 없는 한 존중되어야 할 것인바, 기록에 의하면 위 Haiti 사건 판례는 파나마국 법원공보에 수록되어 출간되었고, 파나마국

해상법 관련 주석서에도 그대로 인용되어 소개되고 있는 사실을 알 수 있고, 위 Haiti 사건 판례 이후 그에 배치되는 판단을 한 사례는 찾아보기 어려우므로, 원심이 파나마국 상법 제1507조 제5호를 파나마 대법원의 위 Haiti 사건 판시와 다르게 해석한 것은 잘못이라 할 것이다.

6. 준거법의 범위(제6조)

> **제6조(준거법의 범위)**
> 이 법에 의하여 준거법으로 지정되는 외국법의 규정은 공법적 성격이 있다는 이유만으로 그 적용이 배제되지 아니한다.

국제사법은 원래 사법적인 분쟁에 대한 준거법을 지정하는 것이지만 공법과 사법 불분명, 국가간 차이를 고려하여 공법적 성격만으로 적용배제하지 않는다는 것이 제6조의 취지이다.

7. 대한민국 법의 강행적 적용(제7조)

> **제7조(대한민국 법의 강행적 적용)**
> 입법목적에 비추어 준거법에 관계없이 해당 법률관계에 적용되어야 하는 대한민국의 강행규정은 이 법에 의하여 외국법이 준거법으로 지정되는 경우에도 이를 적용한다.

입법목적에 비추어 준거법에 관계없이 해당 법률관계에 적용되어야 하는 대한민국의 강행규정은 외국법이 준거법일 경우에도 해당 법률관계에 적용된다.

8. 준거법 지정의 예외(= 예외조항, 준거법 수정)(제8조)

> **제8조(준거법 지정의 예외)**
> ① 이 법에 의하여 지정된 준거법이 해당 법률관계와 근소한 관련이 있을 뿐이고, 그 법률관계와 가장 밀접한 관련이 있는 다른 국가의 법이 명백히 존재하는 경우에는 그 다른 국가의 법에 의한다.
> ② 제1항의 규정은 당사자가 합의에 의하여 준거법을 선택하는 경우에는 이를 적용하지 아니한다.

가. 요 건

1) 이 법에 의해 지정된 준거법이 해당법률관계와 근소한 관련뿐일 것
2) 가장 밀접한 관련이 있는 다른 국가의 법이 명백히 존재할 것
3) 합의에 의한 준거법 선택이 아닐 것

나. 효 과

이 법상 지정된 준거법이 아닌 가장 밀접한 관련이 있는 국가의 법에 의한다. 합의에 의한 준거법 선택의 경우는 적용배제되므로 합의로 선택한 준거법의 경우 그대로 이에 따른다.

관련판례

1. 대법원 2006. 5. 26. 선고 2005므884 판결 [이혼 및 위자료등]

미합중국 국적을 보유하고 대한민국에 거주하는 부부인 원·피고가 모두 대한민국에 상거소(常居所)를 가지고 있을 뿐 아니라 종전 주소지인 미합중국 미주리 주의 법에 따른 선택에 의한 주소(domicile of choice)를 대한민국에 형성하였으므로 대한민국의 법률인 민법은 원·피고 사이의 이혼, 친권자 및 양육자지정 등 청구 사건에 대하여 충분한 관련성을 구비한 준거법으로 볼 수 있어 국제사법 제8조 제1항이 적용되지 않는다고 한 사례.

2. 대법원 2014. 7. 24. 선고 2013다34839 판결 [배당이의]

[판결요지]

[1] 국제사법 제8조 제1항, 제60조 제1호, 제2호의 내용과 취지에 비추어 보면, 선원의 임금채권을 근거로 하는 선박우선특권의 성립 여부나 선박우선특권과 선박저당권 사이의 우선순위를 정하는 준거법은 원칙적으로 선적국법이라고 할 것이나, 선박이 편의치적이 되어 있어 그 선적만이 선적국과 유일한 관련이 있을 뿐이고, 실질적인 선박 소유자나 선박 운영회사의 국적과 주된 영업활동장소, 선박의 주된 항해지와 근거지, 선원들의 국적, 선원들의 근로계약에 적용하기로 한 법률, 선박저당권의 피담보채권을 성립시키는 법률행위가 이루어진 장소 및 그에 대하여 적용되는 법률, 선박경매절차가 진행되는 법원이나 경매절차에 참가한 이해관계인 등은 선적국이 아닌 다른 특정 국가와 밀접한 관련이 있어 앞서 본 법률관계와 가장 밀접한 관련이 있는 다른 국가의 법이 명백히 존재하는 경우에는 다른 국가의 법을 준거법으로 보아야 한다.

[2] 파나마국에 편의치적 되어 있는 선박의 선장 갑 등이 선박의 근저당권자인 주식회사 을 은행을 상대로 '선박에 관한 임의경매절차에서 을 은행의 근저당권이 갑 등의 임금채권보다 선순위임을 전제로 작성된 배당표'의 경정을 구한 사안에서, 선박우선특권의 성립 여부 등과 가장 밀접한 관련이 있는 법은 선적국인 파나마국 법이 아니라 대한민국 상법이고, 국제사법 제8조 제1항에 따라 대한민국 상법을 적용하면 갑 등의 임금채권이 선박우선특권 있는 채권으로서 을 은행의 근저당권보다 우선하므로, 위 배당표가 위법하다고 본 원심판단을 정당하다고 한 사례.

9. 준거법 지정시의 반정(제9조)

> 제9조(준거법 지정시의 반정(反定))
> ① 이 법에 의하여 외국법이 준거법으로 지정된 경우에 그 국가의 법에 의하여 대한민국 법이 적용되어야 하는 때에는 대한민국의 법(준거법의 지정에 관한 법규를 제외한다)에 의한다.
> ② 다음 각호중 어느 하나에 해당하는 경우에는 제1항의 규정을 적용하지 아니한다.
>   1. 당사자가 합의에 의하여 준거법을 선택하는 경우
>   2. 이 법에 의하여 계약의 준거법이 지정되는 경우
>   3. 제46조의 규정에 의하여 부양의 준거법이 지정되는 경우
>   4. 제50조 제3항의 규정에 의하여 유언의 방식의 준거법이 지정되는 경우
>   5. 제60조의 규정에 의하여 선적국법이 지정되는 경우
>   6. 그 밖에 제1항의 규정을 적용하는 것이 이 법의 지정 취지에 반하는 경우

가. (직접)반정의 허용

우리 국제사법은 직접반정만 명문으로 허용하고 있다. 직접반정이란 우리 국제사법에 의해 외국법이 준거법이 되는 경우에 그 외국의 국제사법이 대한민국법을 준거법으로 하는 경우 대한민국법에 의하는 것을 말한다.

나. (직접)반정의 요건

1) 대한민국(법정지) 국제사법에 의해 외국법이 준거법 지정된 경우에

2) 그 지정된 외국의 국제사법이 다시 대한민국(법정지)법을 준거법으로 지정하면

3) 대한민국(법정지)의 국제사법 규정(우리 국제사법 제9조)에 따라 대한민국(법정지)법을 준거법으로 한다.

다. (직접)반정의 예외적 불허

반정의 요건이 구비된 경우라도 다음의 경우에는 반정이 불허된다.

1) 당사자가 합의에 의해 준거법을 선택한 경우

2) 이 법에 의해 계약의 준거법이 지정된 경우

3) 제46조에 의해 부양의 준거법이 지정된 경우

4) 제50조 제3항의 규정에 의하여 유언의 방식의 준거법이 지정되는 경우

5) 제60조의 규정에 의하여 선적국법이 지정되는 경우

6) 그 밖에 제1항의 규정을 적용하는 것이 이 법의 지정 취지에 반하는 경우

▪ 숨은 반정의 원리

1. 의 의

숨은 반정이란 법정지국가의 국제사법에 의하여 지정된 준거법국가가 외국인 경우에 그 외국인 준거법국가의 재판관할 규정에 의하여 법정지국가의 재판관할을 인정할 때 법정지국가의 법을 준거법으로 인정하는 것을 말한다. 이는 반정 규정인 국제사법 제9조 제1항을 유추적용하는 것이다.

2. 인정여부(판례)

대법원은 미합중국 국적을 보유하고 대한민국에 거주하는 부부 쌍방이 모두 선택에 의한 주소(domicile of choice)를 대한민국에 형성한 상태에서 남편(원고)이 처(피고)를 상대로 대한민국 법원에 이혼, 친권자 및 양육자지정 청구의 소를 제기한 경우, 원·피고의 현재 주소(domicile)가 소속된 법정지의 법률이 준거법이 되어야 할 것이므로, '준거법 지정시의 반정(反定)'에 관한 국제사법 제9조 제1항을 유추적용한 '숨은 반정'의 법리에 따라 법정지법인 대한민국 민법을 적용해야 한다고 하여 숨은 반정을 인정하고 있다(대법원 2006. 5. 26. 선고 2005므884 판결).

3. 요 건

가. 법정지의 국제사법에 의하여 준거법이 외국법으로 지정될 것
나. 그 외국법의 국제사법 등에 의하여 준거법이 아닌 재판관할이 법정지국가로 지정될 것

4. 효 과

숨은 반정의 효과는 직접 반정과 동일하다. 다만, 숨은 반정의 경우는 준거법이 인정되는 법정지국가의 법 대신에 재판관할이 인정되는 법정지국가의 법이 준거법이 된다.

1. 서울가정법원 1991. 5. 9. 선고 90드75828 제5부판결: 확정 [이혼청구사건]

우리나라 국적의 처가 미합중국 펜실바니아주 시민인 부를 상대로 우리나라 법원에 이혼소송을 제기한 경우의 준거법은, 섭외사법 제18조 본문의 규정에 따라 부의 본국법인 미합중국법이라 할 것인데, 미합중국은 지방에 따라 법이 상이한 국가이므로 섭외사법 제2조 제3항에 의하여 부가 속하는 지방인 펜실바니아주의 법이 적용되어야 할 것이나, 한편 미합중국의 경우 판례와 학설에 의하여 인정된 이혼에 관한 섭외사법의 일반원칙에 따르면 부부 일방의 주소지

에 재판관할권이 인정됨과 동시에 그 법정지법이 준거법으로 인정되므로, 결국 처가 우리나라에 미합중국법상의 주소를 가지고 있다면 섭외사법 제4조의 규정에 의하여 우리나라 민법이 준거법이 된다.

2. 대법원 2006. 5. 26. 선고 2005므884 판결 [이혼및위자료등]

[1] 미합중국 미주리 주에 법률상 주소를 두고 있는 미합중국 국적의 남자(원고)가 대한민국 국적의 여자(피고)와 대한민국에서 혼인 후, 미합중국 국적을 취득한 피고와 거주기한을 정하지 아니하고 대한민국에 거주하다가 피고를 상대로 이혼, 친권자 및 양육자지정 등을 청구한 사안에서, 원·피고 모두 대한민국에 상거소(常居所)를 가지고 있고, 혼인이 대한민국에서 성립되었으며, 그 혼인생활의 대부분이 대한민국에서 형성된 점 등을 고려하면 위 청구는 대한민국과 실질적 관련이 있다고 볼 수 있으므로 국제사법 제2조 제1항의 규정에 의하여 대한민국 법원이 재판관할권을 가진다고 할 수 있고, 원·피고가 선택에 의한 주소(domicile of choice)를 대한민국에 형성했고, 피고가 소장 부본을 적법하게 송달받고 적극적으로 응소한 점까지 고려하면 국제사법 제2조 제2항에 규정된 '국제재판관할의 특수성'을 고려하더라도 대한민국 법원의 재판관할권 행사에 아무런 문제가 없다고 한 사례.

[2] 미합중국 국적을 보유하고 대한민국에 거주하는 부부 쌍방이 모두 선택에 의한 주소(domicile of choice)를 대한민국에 형성한 상태에서 남편(원고)이 처(피고)를 상대로 대한민국 법원에 이혼, 친권자 및 양육자지정 청구의 소를 제기한 경우, 원·피고의 현재 주소(domicile)가 소속된 법정지의 법률이 준거법이 되어야 할 것이므로, '준거법 지정시의 반정(反定)'에 관한 국제사법 제9조 제1항을 유추적용한 '숨은 반정'의 법리에 따라 법정지법인 대한민국 민법을 적용해야 한다고 한 사례.

[3] 미합중국 국적을 보유하고 대한민국에 거주하는 부부인 원·피고가 모두 대한민국에 상거소를 가지고 있을 뿐 아니라 종전 주소지인 미합중국 미주리 주의 법에 따른 선택에 의한 주소(domicile of choice)를 대한민국에 형성하였으므로 대한민국의 법률인 민법은 원·피고 사이의 이혼, 친권자 및 양육자지정 등 청구 사건에 대하여 충분한 관련성을 구비한 준거법으로 볼 수 있어 국제사법 제8조 제1항이 적용되지 않는다고 한 사례.

[4] 공서양속 위반에 관한 국제사법 제10조의 규정 취지

국제사법 제10조는 "외국법에 의하여야 하는 경우에 그 규정의 적용이 대한민국의 선량한 풍속 그 밖의 사회질서에 명백히 위반되는 때에는 이를 적용하지 아니한다."라고 규정하고 있는데, 이는 대한민국 법원이 외국적 요소가 있는 소송사건에 대하여 준거법으로 외국법을 적용해야 할 경우에 이로 인하여 대한민국의 선량한 풍속 그 밖의 사회질서에 명백히 위반되는 결과가 발생하는지 여부 등을 심리해야 한다는 것일 뿐이고, 이와는 달리 대한민국 법원이 국내법을 적용함으로 인하여 외국법상의 공서양속에 위반하는 결과가 야기되는지 여부를 심리해야 한다는 취지는 아니다.

10. 사회질서에 반하는 외국법의 규정(제10조)

> 제10조(사회질서에 반하는 외국법의 규정)
> 외국법에 의하여야 하는 경우에 그 규정의 적용이 대한민국의 선량한 풍속 그 밖의 사회질서에 명백히 위반되는 때에는 이를 적용하지 아니한다.

가. 적용 요건

1) 외국법에 의하는 경우(즉 외국법이 준거법인 경우)

2) 외국법 규정이 대한민국의 선량한 풍속 기타 사회질서에 위반되는 경우

나. 효 과

1) 외국법 적용을 배제한다.

2) 그 흠결에 우리법을 적용한다.

관련판례

1. 대법원 1999. 12. 10. 선고 98다9038 판결 [손해배상(기)]

[2] 섭외법률관계에서 당사자가 준거법으로 정한 외국법의 규정이나 그 적용의 결과가 우리 법의 강행규정에 위반되는 경우, 그 외국법 규정의 적용 여부(한정 적극)

섭외법률관계에 있어서 당사자가 준거법으로 정한 외국법의 규정이나 그 적용의 결과가 우리 법의 강행규정들에 위반된다고 하더라도, 그것이 섭외사법 제5조가 규정하는 '선량한 풍속 기타 사회질서'에 관한 것이 아닌 한 이를 이유로 곧바로 당사자 사이의 섭외법률관계에 그 외국법의 규정을 적용하지 아니할 수는 없다.

[3] 운송인의 손해배상책임을 정함에 있어 멕시코 국내법이나 이를 준거법으로 정한 선하증권상의 멕시코책임조항을 적용하는 것이 섭외사법 제5조 소정의 '선량한 풍속 기타 사회질서'에 반하지 않는다고 한 사례.

2. 대법원 2005. 11. 25. 선고 2002다59528 판결 [채무부존재확인 · 보험금]

영국 협회선박기간보험약관은 그 첫머리에 이 보험은 영국의 법률과 관습에 따른다고 규정하고 있는바, 이러한 영국법 준거약관은 오랜 기간에 걸쳐 해상보험업계의 중심이 되어 온 영국의 법률과 관습에 따라 당사자 사이의 거래관계를 명확하게 하려는 것으로서, 그것이 우리나라의 공익규정 또는 공서양속에 반하는 것이라거나 보험계약자의 이익을 부당하게 침해하는 것이라고 볼 수 없어 유효하다.

3. 대법원 1996. 3. 8. 선고 95다28779 판결 [보험금]

해상보험증권 아래에서 야기되는 일체의 책임문제는 영국의 법률 및 관습에 의하여야 한다는 영국법준거약관은 오랜 기간 동안에 걸쳐 해상보험업계의 중심이 되어 온 영국의 법률과 관습에 따라 당사자간의 거래관계를 명확하게 하려는 것으로서 우리나라의 공익규정 또는 공서양속에 반하는 것이라거나 보험계약자의 이익을 부당하게 침해하는 것이라고 볼 수 없어 유효하므로, 영국법준거약관이 적용되는 선박보험계약에 있어서 고지의무 위반을 이유로 한 보험계약의 해지에 관하여는 영국 해상보험법 제18조, 제17조가 적용되고 같은 법 소정의 고지의무 위반을 이유로 한 보험계약의 해지는 우리 상법 제651조 소정의 그것과는 그 요건과 효과를 달리하고 있어 이에 대하여 상법 제655조의 인과관계에 관한 규정은 적용될 여지가 없다.

4. 서울지방법원동부지원 1995. 2. 10. 선고 93가합19069 판결: 항소 [집행판결]

징벌적 배상이란 가해자에게 특히 고의 등의 주관적인 악사정이 있는 경우에 보상적 손해배상에 덧붙여 위법행위에 대한 징벌과 동종행위의 억지를 주목적으로 하여 과하여지는 손해배상으로 코몬로(common law)상 인정되고 있는 구제방법의 일종으로서, 불법행위의 효과로 손해의 전보만을 인정하는 우리의 민사법 체계에서 인정되지 아니하는 형벌적 성질을 갖는 배상형태로서 우리나라의 공서양속에 반할 수 있다.

5. 서울가정법원 1990. 11. 28. 선고 89드73468 제2부심판: 확정 [파양]

대한민국 국민인 양자가 미합중국 국민인 양친을 만난 일 조차 없고 양친 역시 양자를 전혀 돌보지 아니하는 등 그들 사이에 실질적인 양친자관계가 전혀 존재하지 아니할 뿐 아니라 양자가 그 관계의 청산을 간절히 바라고 있는 이 사건에 있어서 섭외사법 제21조 제2항에 따른 그들 사이의 파양에 관한 준거법으로서 파양을 인정하지 아니하는 미합중국 테네시주법을 적용하여 양자에게 형식적인 양친자관계의 존속을 강요하는 것은 우리나라의 선량한 민속 기타 사회질서에 위반되는 결과가 되므로 섭외사법 제5조에 따라 위 법을 적용하지 아니하고 법정지법인 우리나라 법률을 적용함이 상당하다.

6. 서울가정법원 1984. 2. 10. 선고 83드209 제1부심판: 미정 [이혼청구사건]

한국 국적의 여인이 남편인 필리핀공화국 국적의 남자를 상대로 하여 재판상 이혼을 구하는 경우의 준거법

부의 본국법인 필리핀공화국의 민법은 이혼을 금지하고 있는 것으로 해석되며 반정도 인정되지 아니하므로 결국 부의 본국법인 필리핀공화국의 법률이 준거법으로 적용되어야 할 것이나 필리핀공화국의 이혼에 관한 위 법제도는 우리의 선량한 풍속이나 사회질서에 위반하는 것이라고 할 수 밖에 없어서 본건에서는 우리의 섭외사법 제5조에 의하여 필리핀공화국의 법률을 적용하지 아니하고 우리의 민법을 적용하기로 한다.

7. 서울지방법원 1999. 7. 20. 선고 98가합48946 판결: 확정 [대여금반환]

[판결요지]

[1] 섭외사법 제5조에 의하여 당사자들이 합의한 준거법 규정의 적용을 배제하기 위하여는 당사자들이 합의한 준거법의 규정 그 자체가 대한민국의 강행법규에 위반되는지 여부뿐만 아니라, 위 규정이 적용된 결과가 대한민국의 사법질서에 미치는 영향과 위 규정의 적용을 배척하는 것이 국제사법질서를 현저하게 무시하게 되는 결과가 되는지 여부 등을 종합적으로 고려하여 판단하여야 할 것이다.

[2] 일정한 도박채무의 유효성과 법적 절차에 의한 도박채무의 강제회수를 보장하고 있는 미합중국 네바다주법의 규정은 도박행위를 엄격하게 제한하고 있는 대한민국의 강행법규에 명백히 위배되고, 위 규정을 적용하여 도박채무의 유효성을 인정하고 법적 절차에 의한 도박채무의 강제회수에 조력하는 것은 대한민국의 사법질서를 중대하게 침해하는 결과를 초래할 뿐만 아니라 위 규정을 적용하지 않는 것이 국제사법질서를 현저하게 무시하게 되는 결과를 초래한다고 볼 수 없으므로 위 규정은 섭외사법 제5조에서 규정하고 있는 대한민국의 선량한 풍속 기타 사회질서에 위반하는 사항을 내용으로 하는 것이라고 보지 않을 수 없고, 따라서 카지노 도박장에서 사용되는 **칩을 빌려주는 것을 내용으로 한** 신용대부약정의 성립 및 효력에 관하여는 섭외사법 제5조의 규정에 따라 당사자들이 합의한 준거법인 위 네바다주법의 규정을 적용하지 아니하고 법정지법인 대한민국의 규정을 적용함이 상당하다.

11. 외국판결의 승인 및 집행

> **민사소송법 제217조(외국재판의 승인)**
> ① 외국법원의 확정판결 또는 이와 동일한 효력이 인정되는 재판(이하 "확정재판등"이라 한다)은 다음 각호의 요건을 모두 갖추어야 승인된다. <개정 2014.5.20>
>   1. 대한민국의 법령 또는 조약에 따른 국제재판관할의 원칙상 그 외국법원의 국제재판관할권이 인정될 것
>   2. 패소한 피고가 소장 또는 이에 준하는 서면 및 기일통지서나 명령을 적법한 방식에 따라 방어에 필요한 시간여유를 두고 송달받았거나(공시송달이나 이와 비슷한 송달에 의한 경우를 제외한다) 송달받지 아니하였더라도 소송에 응하였을 것
>   3. 그 확정재판등의 내용 및 소송절차에 비추어 그 확정재판등의 승인이 대한민국의 선량한 풍속이나 그 밖의 사회질서에 어긋나지 아니할 것
>   4. 상호보증이 있거나 대한민국과 그 외국법원이 속하는 국가에 있어 확정재판등의 승인 요건이 현저히 균형을 상실하지 아니하고 중요한 점에서 실질적으로 차이가 없을 것
> ② 법원은 제1항의 요건이 충족되었는지에 관하여 직권으로 조사하여야 한다. <신설 2014.5.20>
>
> **제217조의2(손해배상에 관한 확정재판등의 승인)**
> ① 법원은 손해배상에 관한 확정재판등이 대한민국의 법률 또는 대한민국이 체결한 국제조약

의 기본질서에 현저히 반하는 결과를 초래할 경우에는 해당 확정재판등의 전부 또는 일부를 승인할 수 없다.

② 법원은 제1항의 요건을 심리할 때에는 외국법원이 인정한 손해배상의 범위에 변호사보수를 비롯한 소송과 관련된 비용과 경비가 포함되는지와 그 범위를 고려하여야 한다.

민사집행법 제26조(외국재판의 강제집행)

① 외국법원의 확정판결 또는 이와 동일한 효력이 인정되는 재판(이하 "확정재판등"이라 한다)에 기초한 강제집행은 대한민국 법원에서 집행판결로 그 강제집행을 허가하여야 할 수 있다. <개정 2014.5.20>

② 집행판결을 청구하는 소(소)는 채무자의 보통재판적이 있는 곳의 지방법원이 관할하며, 보통재판적이 없는 때에는 민사소송법 제11조의 규정에 따라 채무자에 대한 소를 관할하는 법원이 관할한다.

제27조(집행판결)

① 집행판결은 재판의 옳고 그름을 조사하지 아니하고 하여야 한다.

② 집행판결을 청구하는 소는 다음 각호 가운데 어느 하나에 해당하면 각하하여야 한다. <개정 2014.5.20>

　　1. 외국법원의 확정재판등이 확정된 것을 증명하지 아니한 때

　　2. 외국법원의 확정재판등이 민사소송법 제217조의 조건을 갖추지 아니한 때

1. 의 의

일반적으로 판결을 받는 목적은 그 집행의 실현이다. 한 국가 내에서 판결을 받아 집행하는 경우와 달리, 판결과 그 집행의 국가가 다른 경우에는 국가의 주권이 자국의 영토로 한정되므로 판결의 집행이 문제될 수 있다. 따라서 외국의 판결은 효력이 없는 것이 원칙이므로 집행만을 위해 다시 소송을 해야 하는 문제가 발생한다. 이러한 문제해결을 위해 각국은 일정한 요건하에 외국판결의 효력을 자국내에서 인정하여 집행하는 제도를 두고 있다. 대한민국은 민사소송법 제217조 등에서 일정한 요건하에 이를 인정하고 있다.

2. 외국판결 승인의 요건(민사소송법 제217조 제1항)

가. 외국의 확정판결

승인의 대상인 외국의 판결은 확정판결이어야 한다. 이때 '판결'은 재산관계는 물론 가족관계에 대한 판결도 포함하며, 이때 '확정'이란 그 외국판결이 동일 소송절차내에서 통상의 방법으로 더 이상 불복할수 없는 상태를 말한다.

나. 외국법원의 국제재판관할

이때 외국법원의 국제재판관할 유무 판단[1]은 국제사법 제2조 등을 기초로 그 외국법원(법정지)이 재판관할권을 행사하는 것을 정당화할 정도로 당사자 또는 분쟁사건과 실질적 관련성을 갖는지를 검토해야 한다.

다. 피고에 대한 송달 또는 피고의 응소

패소한 피고가 소장 또는 이에 준하는 서면 및 기일통지서나 명령을 적법한 방식에 따라 방어에 필요한 시간여유를 두고 송달받았거나(공시송달이나 이와 비슷한 송달에 의한 경우를 제외한다) 송달받지 아니하였더라도 소송에 응하였을 것이 필요하다(민사소송법 제217조 제1항 제2호). 즉 이는 피고인의 방어권을 실질적으로 보장하기 위한 요건으로서, 이때의 '송달'은 공시송달을 제외한 것을 의미한다.

라. 선량한 풍속 기타 사회질서에 반하지 않을 것

그 확정재판 등의 내용 및 소송절차에 비추어 그 확정재판 등의 승인이 대한민국의 선량한 풍속이나 그 밖의 사회질서에 어긋나지 아니할 것이 필요하다(민사소송법 제217조 제1항 제3호).

이때의 공서양속은 국제적 고려를 필요로 하는 것(국제적 공서양속)으로 민법 제103조의 공서약속(국내적 공서양속)과 다른 의미로 해석해야 할 것이다.

마. 상호보증 또는 승인요건의 실질적 동일

상호보증이 있거나 대한민국과 그 외국법원이 속하는 국가에 있어 확정재판 등의 승인요건이 현저히 균형을 상실하지 아니하고 중요한 점에서 실질적으로 차이가 없을 것이 필요하다(민사소송법 제217조 제1항 제4호). 판결국이 승인국인 우리나라의 판결을 승인하는 제도를 둔 경우에만 우리나라도 그 나라의 판결을 승인하겠다는 취지의 규정이다.

3. 외국판결의 집행(민사집행법 제26조, 제27조)

가. 집행판결의 의의

외국판결이 위와 같은 승인요건을 갖추면 우리나라의 확정판결과 동일한 효력을 가지게 되나, 추가적으로 그 판결에 기한 강제집행은 우리나라 법원에서 집행판결로 강제집행을 허가한 경우에 한하여 할 수 있다. 집행판결이 필요한 외국판결은 원칙적으로

---

1) 엄밀하게 보면, 이때의 국제재판관할은 승인국에서 판결국의 재판관할권을 판단하는 승인관할 또는 간접관할의 문제로 외국적 요소가 있는 사건에 대하여 재판권의 존부를 판단하는 직접관할의 문제(일반적인 국제재판관할)와 구별될 수 있다.

이행판결[2]이다.

나. 집행판결의 절차

집행판결의 당사자는 외국판결에 당사자로 표시되어 있는 자로서, 외국판결의 집행을 구하는 자가 집행판결의 원고이고, 그 상대방이 피고가 된다.

집행판결을 청구하는 소는 채무자의 보통재판적이 있는 곳의 지방법원이 관할하며, 보통재판적이 없는 때에는 민사소송법 제11조의 규정에 따라 채무자에 대한 소를 관할하는 법원(즉 청구의 목적 또는 담보의 목적이나 압류할 수 있는 채무자의 재산이 있는 곳의 지방법원)이 관할한다.

관련판례

1. 대법원 2017. 5. 30. 선고 2012다23832 판결 [외국판결의승인및집행판결]

[판결요지]

[1] 민사소송법 제217조 제1항 제4호는 외국법원의 확정재판 등의 승인요건으로 '상호보증이 있거나 대한민국과 그 외국법원이 속하는 국가에 있어 확정재판 등의 승인요건이 현저히 균형을 상실하지 아니하고 중요한 점에서 실질적으로 차이가 없을 것'을 규정하고 있다. 이에 의하면 우리나라와 외국 사이에 동종 판결의 승인요건이 현저히 균형을 상실하지 아니하고 외국에서 정한 요건이 우리나라에서 정한 그것보다 전체로서 과중하지 아니하며 중요한 점에서 실질적으로 거의 차이가 없는 정도라면 민사소송법 제217조 제1항 제4호에서 정하는 상호보증의 요건을 갖춘 것으로 보아야 한다. 이러한 상호보증은 외국의 법령, 판례 및 관례 등에 의하여 승인요건을 비교하여 인정되면 충분하고 반드시 당사국과 조약이 체결되어 있을 필요는 없으며, 해당 외국에서 구체적으로 우리나라의 같은 종류의 판결을 승인한 사례가 없다고 하더라도 실제로 승인할 것이라고 기대할 수 있을 정도이면 충분하다.

[2] 민사집행법 제26조 제1항은 "외국법원의 확정판결 또는 이와 동일한 효력이 인정되는 재판(이하 '확정재판 등'이라고 한다)에 기초한 강제집행은 대한민국 법원에서 집행판결로 그 강제집행을 허가하여야 할 수 있다."라고 규정하고 있다. 여기서 정하여진 집행판결제도는, 재판권이 있는 외국의 법원에서 행하여진 판결에서 확인된 당사자의 권리를 우리나라에서 강제적으로 실현하고자 하는 경우에 다시 소를 제기하는 등 이중의 절차를 강요할 필요 없이 외국의 판결을 기초로 하되 단지 우리나라에서 판결의 강제실현이 허용되는지만을 심사하여 이를 승인하는 집행판결을 얻도록 함으로써 권리가 원활하게 실현되기를 원하는 당사자의 요구를 국가의 독점적·배타적 강제집행권 행사와 조화시켜 그 사이에 적절한 균형을 도모하려는 취지에서 나온 것이다. 이러한 취지에 비추어 보면, 위 규정에서 정하는 '외국법원의 확정재판 등'이라고 함

---

2) 다만, 확인판결과 형성판결도 이익이 있는 한 집행판결을 구할 수 있다.

은 재판권을 가지는 외국의 사법기관이 그 권한에 기하여 사법상의 법률관계에 관하여 대립적 당사자에 대한 상호 간의 심문이 보장된 절차에서 종국적으로 한 재판으로서 구체적 급부의 이행 등 강제적 실현에 적합한 내용을 가지는 것을 의미한다.

[3] 미국법원은 손해배상(Damages)이 채권자에게 적절한 구제수단이 될 수 없는 경우에 형평법(equity)에 따라 법원의 재량에 의하여 계약에서 정한 의무 자체의 이행을 명하는 특정이행 명령(decree of specific performance)을 할 수 있는데, 특정이행 명령을 집행하기 위해서는 그 대상이 되는 계약상 의무가 충분히 구체적이고 명확하지 않으면 아니 된다(캘리포니아주 민법 제3390조 제5호 참조). 이러한 특정이행 명령의 법적 성격과 우리나라의 민사소송법 및 민사집행법에 규정된 외국판결의 승인과 집행에 관한 입법 취지를 함께 살펴보면, 확정판결 또는 이와 동일한 효력이 인정되는 재판(이하 '확정재판 등'이라고 한다) 등에 표시된 특정이행 명령의 형식 및 기재 방식이 우리나라 판결의 주문 형식이나 기재 방식과 상이하다 하더라도, 집행국인 우리나라 법원으로서는 민사집행법에 따라 외국법원의 확정재판 등에 의한 집행과 같거나 비슷한 정도의 법적구제를 제공하는 것이 원칙이라고 할 것이다.

그러나 특정이행 명령의 대상이 되는 계약상 의무가 충분히 특정되지 못하여 판결국인 미국에서도 곧바로 강제적으로 실현하기가 어렵다면, 우리나라 법원에서도 강제집행을 허가하여서는 아니 된다.

[4] 외국법원에서 특정한 의무의 이행에 대한 명령과 함께 소송에 소요된 변호사보수 및 비용의 지급을 명하는 판결이 있는 경우, 변호사보수 및 비용의 지급을 명하는 부분에 대한 집행판결이 허용되는지는 특정한 의무의 이행에 대한 명령과는 별도로 그 부분 자체로서 민사집행법 제27조 제2항이 정한 요건을 갖추었는지를 살펴 판단하여야 한다.

[이 유]

(.......)

3. 특정이행 명령 부분의 집행권원 적격성에 대한 상고이유에 관하여

가. 민사집행법 제26조 제1항은 "외국법원의 확정판결 또는 이와 동일한 효력이 인정되는 재판(이하 '확정재판 등'이라고 한다)에 기초한 강제집행은 대한민국 법원에서 집행판결로 그 강제집행을 허가하여야 할 수 있다."라고 규정하고 있다. 여기서 정하여진 집행판결제도는, 재판권이 있는 외국의 법원에서 행하여진 판결에서 확인된 당사자의 권리를 우리나라에서 강제적으로 실현하고자 하는 경우에 다시 소를 제기하는 등 이중의 절차를 강요할 필요 없이 그 외국의 판결을 기초로 하되 단지 우리나라에서 그 판결의 강제실현이 허용되는지 여부만을 심사하여 이를 승인하는 집행판결을 얻도록 함으로써 권리가 원활하게 실현되기를 원하는 당사자의 요구를 국가의 독점적·배타적 강제집행권 행사와 조화시켜 그 사이에 적절한 균형을 도모하려는 취지에서 나온 것이다. 이러한 취지에 비추어 보면, 위 규정에서 정하는 '외국법원의 확정재판 등'이라고 함은 재판권을 가지는 외국의 사법기관이 그 권한에 기하여 사법상의 법률관계에 관하여 대립적 당사자에 대한 상호 간의 심문이 보장된 절차에서 종국적으로 한 재판으로서 구체적 급부의 이행 등 그 강제적 실현에 적합한 내용을 가지는 것을 의미한다(대법원 2010. 4. 29. 선고 2009다68910 판결 참조).

한편 미국법원은 손해배상(Damages)이 채권자에게 적절한 구제수단이 될 수 없는 경우에 형평법(equity)에 따라 법원의 재량에 의하여 계약에서 정한 의무 자체의 이행을 명하는 특정이행 명령(decree of specific performance)을 할 수 있는데, 특정이행 명령을 집행하기 위해서는 그 대상이 되는 계약상 의무가 충분히 구체적이고 명확하지 않으면 아니 된다(캘리포니아주 민법 제3390조 제5호 참조). 이러한 특정이행 명령의 법적 성격과 우리나라의 민사소송법 및 민사집행법에 규정된 외국판결의 승인과 집행에 관한 입법 취지를 함께 살펴보면, 외국법원의 확정재판 등에 표시된 특정이행 명령의 형식 및 기재 방식이 우리나라 판결의 주문 형식이나 기재 방식과 상이하다 하더라도, 집행국인 우리나라 법원으로서는 민사집행법에 따라 외국법원의 확정재판 등에 의한 집행과 같거나 비슷한 정도의 법적구제를 제공하는 것이 원칙이라고 할 것이다. **그러나 특정이행 명령의 대상이 되는 계약상 의무가 충분히 특정되지 못하여 판결국인 미국에서도 곧바로 강제적으로 실현하기가 어렵다면, 우리나라 법원에서도 그 강제집행을 허가하여서는 아니 된다.**

나. 앞서 본 사실관계에 의하면, 이 사건 특정이행 명령 부분은 '원고들은 피고들에 대하여 이 사건 합의각서와 독점적 라이센스 계약의 특정이행 명령을 받을 권리가 있다'고 표시하고 있을 뿐이다. 그런데 위 합의각서 등에서 당사자 사이에 양도하기로 합의한 내용은 '외국 및 국내의 특허출원, 특허권 등'을 총 망라하는 것으로서 매우 포괄적이고 광범위하다. 이와 같이 특정이행의 대상이 충분히 구체적이고 명확하지 않다면 이 사건 특정이행 명령의 판결국인 미국에서도 곧바로 강제적 실현이 가능할 것으로 보이지 아니하므로, 우리나라 법원에서도 그 강제집행을 허가할 수 없다.

다. 원심이, 이 사건 특정이행 명령 부분이 우리나라 민사집행법에 따라 강제집행으로 실현될 급부의 종류·내용·범위 등이 직접·구체적으로 표시되지 않았다는 이유를 들어 집행권원으로서의 적격을 갖출 수 없다고 판단한 것은 적절하지 아니하나, 이 부분 원고들의 청구를 배척한 결론은 결과적으로 정당하므로, 이 부분 원심의 판단은 판결에 영향을 미친 잘못이 없다.

4. **변호사보수 및 비용 부분**에 대한 상고이유에 관하여

가. 외국법원에서 특정한 의무의 이행에 대한 명령과 함께 그 소송에 소요된 변호사보수 및 비용의 지급을 명하는 판결이 있는 경우, 변호사보수 및 비용의 지급을 명하는 부분에 대한 집행판결이 허용되는지 여부는 특정한 의무의 이행에 대한 명령과는 별도로 그 부분 자체로서 민사집행법 제27조 제2항이 정한 요건을 갖추었는지 여부를 살펴 판단하여야 한다.

미국 캘리포니아주 민법 제1717조 (a)항은 '계약의 강제적 실현을 위해 발생한 변호사보수와 비용을 일방 당사자 또는 승소한 당사자에게 지급하도록 계약에서 정하였다면, 그 계약에 기한 소송에서 승소한 당사자는 비용과 함께 적절한 변호사보수를 지급받을 권리가 있다'고 규정하고 있고, 미국 캘리포니아주 민사소송법 제1021조는 '법률(statute)에서 특별히 정한 경우를 제외하고는 변호사보수의 보상방식과 기준은 당사자의 명시적 또는 묵시적 합의에 의한다'고 규정하고 있다.

나. 앞서 본 사실관계를 위 법리 및 미국 캘리포니아주 민법과 민사소송법 규정에 비추어 보면, **이 사건 대상판결 중 변호사보수 및 비용에 관한 부분은 특정이행을 구하는 부분과 별개**

의 소송물로서 특정이행 명령을 구하는 재판에 종속된 것이라고 보기 어렵다. 따라서 특정이행 명령 부분과는 별도로 민사집행법 제27조 제2항이 정한 요건을 갖추었는지 여부를 살펴 위 부분에 대한 집행판결이 허용되는지를 판단하여야 한다.

다. 그럼에도 이와 달리 원심은 소송비용의 재판을 본안의 재판에 종속하는 재판으로 보고, 외국법원의 판결에서 확인된 급부의무를 우리나라에서 강제실현하는 것이 허용되지 않는 경우에는 그 외국판결을 얻기 위하여 지출한 비용의 상환의무만을 우리나라에서 강제실현하는 것이 허용되지 않는다는 이유로 변호사보수 및 비용 부분에 관하여도 집행판결이 허용되지 않는다고 판단하였다. 이러한 원심의 판단에는 소송물과 외국판결의 집행에 관한 법리 등을 오해하여 필요한 심리를 다하지 아니함으로써 판결에 영향을 미친 잘못이 있다. 이를 지적하는 이 부분 상고이유 주장은 이유 있다.

2. 서울지방법원동부지원 1995. 2. 10. 선고 93가합19069 판결: 항소 [집행판결]

[판결요지]

[1] 외국법원에서 선고된 판결이 우리나라에서 승인되기 위하여는 먼저 그 판결이 확정되어 있어야 하는바, 이 경우의 확정이라 함은 그 판결을 한 외국의 절차에 있어 통상의 불복방법으로는 더이상 불복할 수 없는 상태를 의미하고, 무엇이 통상의 불복방법에 해당하는가는 당해 판결국법에 의하여 결정할 문제이다.

[2] 우리나라에서 민사사건에 관하여 일반적으로 외국법원의 재판관할권을 부정하는 취지의 법령 또는 조약은 물론 구체적으로 미합중국 미네소타주에 거주하는 피고에 대한 불법행위로 인한 손해배상청구소송에 관하여 미국법원의 재판관할권을 부정하는 법령이 존재하지 아니함을 법원에 현저한 사실로 본 사례.

[3] 상호보증의 요건은 국제관계에서 형평을 도모하기 위한 것이지만 우리나라와 외국은 서로 법제도가 다르고 섭외생활관계가 현저히 발전, 확대되고 있는 국제사회의 실정에 비추어 볼 때, 외국판결의 승인요건이 우리나라의 그것과 모든 사항에 걸쳐 완전히 동일할 것을 요구하는 것은 지나치게 외국판결의 승인을 협소하게 하는 결과가 되므로 우리나라와 외국 사이에 판결의 승인요건이 현저히 균형을 상실하지 아니하고 각각 중요한 점에서 상호 동일하거나 외국에서 정한 요건이 우리나라에서 정한 그것보다 전체로서 과중하지 않고 실질적으로 거의 차이가 없는 정도라면 민사소송법 제203조 제4호 소정 상호보증의 요건을 구비하였다고 봄이 상당하다.

[4] 징벌적 배상이란 가해자에게 특히 고의 등의 주관적인 악사정이 있는 경우에 보상적 손해배상에 덧붙여 위법행위에 대한 징벌과 동종행위의 억지를 주목적으로 하여 과하여지는 손해배상으로 코몬로(common law)상 인정되고 있는 구제방법의 일종으로서, 불법행위의 효과로 손해의 전보만을 인정하는 우리의 민사법 체계에서 인정되지 아니하는 형벌적 성질을 갖는 배상형태로서 우리나라의 공서양속에 반할 수 있다.

[5] 이른바 내국관련성의 정도와 비례의 원칙 등의 관점에서 출발하여 미국법원의 손해배상 판결을 1/2 한도로 승인 제한한 사례.

3. 대법원 2015. 10. 15. 선고 2015다1284 판결 [집행판결청구]

[판결요지]

[1] 민사소송법 제217조의2 제1항은 "법원은 손해배상에 관한 확정재판 등이 대한민국의 법률 또는 대한민국이 체결한 국제조약의 기본질서에 현저히 반하는 결과를 초래할 경우에는 해당 확정재판 등의 전부 또는 일부를 승인할 수 없다."라고 규정하고 있는데, 이는 징벌적 손해배상과 같이 손해전보의 범위를 초과하는 배상액의 지급을 명한 외국법원의 확정판결 또는 이와 동일한 효력이 인정되는 재판(이하 '확정재판 등'이라 한다)의 승인을 적정 범위로 제한하기 위하여 마련된 규정이므로, 외국법원의 확정재판 등이 당사자가 실제로 입은 손해를 전보하는 손해배상을 명하는 경우에는 민사소송법 제217조의2 제1항을 근거로 승인을 제한할 수 없다.

[2] 민사집행법 제27조 제2항 제2호, 민사소송법 제217조 제1항 제3호에 의하면 외국법원의 확정판결 또는 이와 동일한 효력이 인정되는 재판(이하 '확정재판 등'이라 한다)의 효력을 인정하는 것이 대한민국의 선량한 풍속이나 그 밖의 사회질서에 어긋나지 아니하여야 한다는 점이 외국판결의 승인 및 집행의 요건인데, 확정재판 등을 승인한 결과가 선량한 풍속이나 그 밖의 사회질서에 어긋나는지를 심리한다는 명목으로 실질적으로 확정재판 등의 옳고 그름을 전면적으로 재심사하는 것은 "집행판결은 재판의 옳고 그름을 조사하지 아니하고 하여야 한다."라고 규정하고 있는 민사집행법 제27조 제1항에 반할 뿐만 아니라, 외국법원의 확정재판 등에 대하여 별도의 집행판결제도를 둔 취지에도 반하는 것이므로 허용되지 아니한다.

[3] 민사소송법 제217조 제1항 제3호는 외국법원의 확정판결 또는 이와 동일한 효력이 인정되는 재판(이하 '확정재판 등'이라 한다)의 승인이 대한민국의 선량한 풍속이나 그 밖의 사회질서에 어긋나지 아니할 것을 외국재판 승인요건의 하나로 규정하고 있는데, 여기서 확정재판 등을 승인한 결과가 대한민국의 선량한 풍속이나 그 밖의 사회질서에 어긋나는지는 승인 여부를 판단하는 시점에서 확정재판 등의 승인이 우리나라의 국내법 질서가 보호하려는 기본적인 도덕적 신념과 사회질서에 미치는 영향을 확정재판 등이 다룬 사안과 우리나라와의 관련성의 정도에 비추어 판단하여야 한다.

[이 유]

(.......)

3. 이 사건 미국판결이 채택한 손해배상액 산정방식에 관한 상고이유에 대하여

(.......)

③ 이 사건 미국판결에서 인정된 원고의 손해액은 모두 전보적 손해배상액에 해당하고 제재적 성격의 손해액이 포함되어 있지 않은데, 민사소송법 제217조의2의 입법 취지가 징벌적 손해배상이 아닌 전보적 손해배상의 경우에도 손해액이 과다하다는 이유만으로 외국판결의 승인을 제한할 수 있도록 한 것이라고 볼 수 없는 점 등에 비추어, 이 사건 미국판결이 인정한 손해액이 전보배상의 범위를 초과한다거나 이 사건 미국판결의 손해액 산정방식이 우리나라 법원에서 사용하는 방식과 본질적인 차이가 있다고 보기 어려우므로, 그에 기초하여 내려진 이 사건 미국판결을

승인하는 것이 선량한 풍속이나 그 밖의 사회질서에 어긋난다고 볼 수 없다고 판단하였다.

앞서 본 법리와 기록에 비추어 살펴보면, 이러한 원심의 판단은 정당하고, 거기에 상고이유 주장과 같이 외국판결의 승인에 관한 법리 등을 오해한 위법이 없다.

4. 내국 관련성에 관한 상고이유에 대하여

(.......)

원심은, 이 사건 미국판결이 우리나라의 선량한 풍속이나 그 밖의 사회질서에 반하는지 여부는 판결을 승인한 결과를 기준으로 판단하여야 하는데, 이 사건 미국판결이 승인될 경우 피고의 파산이라는 결과로 이어진다는 점에서 우리나라와의 관련성이 크다고 보아야 하므로 이 사건 미국판결을 승인하는 것은 선량한 풍속이나 그 밖의 사회질서에 위반된다는 피고의 주장에 대하여, ① 이 사건 미국판결에서 문제 된 사안은 미국 법인이 미국에서 등록한 특허권을 우리나라 법인인 피고가 미국에서 침해한 사안으로, 불법행위지와 결과발생지가 모두 미국이고, 특허권의 유·무효 등도 미국 특허법에 따라 판단되어야 하는 사안이므로 우리나라와의 관련성이 크다고 볼 수 없는 점, ② 이 사건 미국판결이 인정한 손해액이 전보배상의 범위를 초과한다고 볼 수 없고, 그 손해액 산정방식이 우리나라 법원에서 사용하는 방식과 본질적인 차이가 있다고 볼 수 없는 이상 이 사건 미국판결을 승인하는 것이 공서양속에 반한다고 볼 수 없는 점 등에 비추어, 설령 이 사건 미국판결을 승인할 경우 피고가 파산위기에 처할 수 있다 하더라도 이러한 사정만으로 이 사건 미국판결의 승인을 제한할 수 없다고 판단하였다.

앞서 본 법리와 기록에 비추어 살펴보면, 이러한 원심의 판단은 정당하고, 거기에 상고이유 주장과 같이 외국판결의 승인에 관한 법리를 오해한 위법이 없다.

4. 대법원 2016. 1. 28. 선고 2015다207747 판결 [집행판결]

[판결요지]

[1] 민사소송법 제217조 제1항 제2호는 외국법원의 확정판결 또는 이와 동일한 효력이 인정되는 재판의 승인요건으로 '패소한 피고가 소장 또는 이에 준하는 서면 및 기일통지서나 명령을 적법한 방식에 따라 방어에 필요한 시간여유를 두고 송달받았거나(공시송달이나 이와 비슷한 송달에 의한 경우를 제외한다) 송달받지 아니하였더라도 소송에 응하였을 것'을 규정하고 있다. 여기서 패소한 피고가 소장 등을 적법한 방식에 따라 송달받았을 것 또는 적법한 방식에 따라 송달받지 아니하였더라도 소송에 응하였을 것을 요구하는 것은 소송에서 방어의 기회를 얻지 못하고 패소한 피고를 보호하려는 데 목적이 있다. 따라서 법정지인 재판국에서 피고에게 방어할 기회를 부여하기 위하여 규정한 송달에 관한 방식과 절차를 따르지 아니한 경우에도, 패소한 피고가 외국법원의 소송절차에서 실제로 자신의 이익을 방어할 기회를 가졌다고 볼 수 있는 때는 민사소송법 제217조 제1항 제2호에서 말하는 피고의 응소가 있는 것으로 봄이 타당하다.

[2] 민사소송법 제217조 제1항 제3호는 외국법원의 확정판결 또는 이와 동일한 효력이 인정되는 재판(이하 '확정재판 등'이라 한다)의 승인이 대한민국의 선량한 풍속이나 그 밖의 사회질서에 어긋나지 아니할 것을 외국재판 승인요건의 하나로 규정하고 있다. 여기서 확정재판 등을

승인한 결과가 대한민국의 선량한 풍속이나 그 밖의 사회질서에 어긋나는지는 승인 여부를 판단하는 시점에서 확정재판 등의 승인이 우리나라의 국내법 질서가 보호하려는 기본적인 도덕적 신념과 사회질서에 미치는 영향을 확정재판 등이 다룬 사안과 우리나라와의 관련성의 정도에 비추어 판단하여야 한다.

그리고 민사소송법 제217조의2 제1항은 "법원은 손해배상에 관한 확정재판 등이 대한민국의 법률 또는 대한민국이 체결한 국제조약의 기본질서에 현저히 반하는 결과를 초래할 경우에는 해당 확정재판 등의 전부 또는 일부를 승인할 수 없다."라고 규정하고 있는데, 이는 징벌적 손해배상과 같이 손해전보의 범위를 초과하는 배상액의 지급을 명한 외국법원의 확정재판 등의 승인을 적정범위로 제한하기 위하여 마련된 규정이다. 따라서 외국법원의 확정재판 등이 당사자가 실제로 입은 손해를 전보하는 손해배상을 명하는 경우에는 민사소송법 제217조의2 제1항을 근거로 승인을 제한할 수 없다.

[3] 민사소송법 제217조 제1항 제4호는 외국법원의 확정판결 또는 이와 동일한 효력이 인정되는 재판(이하 '확정재판 등'이라 한다)의 승인요건으로 "상호보증이 있거나 대한민국과 그 외국법원이 속하는 국가에 있어 확정재판 등의 승인요건이 현저히 균형을 상실하지 아니하고 중요한 점에서 실질적으로 차이가 없을 것"을 규정하고 있다. 우리나라와 외국 사이에 같은 종류의 판결의 승인요건이 현저히 균형을 상실하지 아니하고 외국에서 정한 요건이 우리나라에서 정한 그것보다 전체로서 과중하지 아니하며 중요한 점에서 실질적으로 거의 차이가 없는 정도라면 민사소송법 제217조 제1항 제4호에서 정하는 상호보증의 요건을 갖춘 것이다. 이러한 상호보증은 외국의 법령, 판례 및 관례 등에 따라 승인요건을 비교하여 인정되면 충분하고 반드시 당사국과의 조약이 체결되어 있을 필요는 없으며, 외국에서 구체적으로 우리나라의 같은 종류의 판결을 승인한 사례가 없더라도 실제로 승인할 것이라고 기대할 수 있는 정도이면 충분하다.

제2장 사 람

1. 권리능력(제11조)

> **제11조(권리능력)**
> 사람의 권리능력은 그의 본국법에 의한다.

권리능력이란 권리를 가질 수 있고 의무를 부담할 수 있는 일반적인 자격을 말한다. 반면 행위능력이란 독자적으로 유효하게 법률행위를 할 수 있는 지위를 말하며, 획일적으로 판단한다.

2. 실종선고(제12조)

> **제12조(실종선고)**
> 법원은 외국인의 생사가 분명하지 아니한 경우에 대한민국에 그의 재산이 있거나 대한민국 법에 의하여야 하는 법률관계가 있는 때, 그 밖에 정당한 사유가 있는 때에는 대한민국 법에 의하여 실종선고를 할 수 있다.

실종선고란 부재자의 생사불명상태가 일정기간 계속된 경우에 가정법원의 선고에 의하여 부재자를 사망한 것으로 간주하고, 종래의 주소나 거소를 중심으로 한 법률관계를 종료하는 제도를 말한다. 실종선고의 효과는 사망 간주이고, 그 시기는 실종기간 만료 시이다. 그리고 그 범위는 해당 주소나 거소를 중심으로 하는 사법적 법률관계에 국한된다.

3. 행위능력(제13조)

> **제13조(행위능력)**
> ① 사람의 행위능력은 그의 본국법에 의한다. 행위능력이 혼인에 의하여 확대되는 경우에도 또한 같다.
> ② 이미 취득한 행위능력은 국적의 변경에 의하여 상실되거나 제한되지 아니한다.

가. 행위능력은 그의 본국법에 의한다.

나. 혼인에 의한 성년의제의 경우에도 그의 본국법에 의한다.

다. 이미 취득한 행위능력은 국적의 변경으로 상실되거나 제한되지 않는다. 즉 한번 취득한 행위능력은 국적의 변경의 영향을 받지 아니한다.

예를 들어 19세인 갑이 A국민이었다가 후에 B국민으로 국적이 변경된 경우에 A국법에 따르면 행위능력이 인정되나 B국법에 따르면 행위능력이 부정되는 경우에도 갑은 한번 취득한 행위능력은 국적변경으로 영향받지 않으므로 B국민이 된 후에도 행위능력자(성년자)로 인정된다.

4. 한정후견개시, 성년후견개시 심판 등(제14조[3])

> 제14조(한정후견개시, 성년후견개시 심판 등)
> 법원은 대한민국에 상거소 또는 거소가 있는 외국인에 대하여 대한민국 법에 의하여 한정후견개시, 성년후견개시, 특정후견개시 및 임의후견감독인선임의 심판을 할 수 있다. <개정 2016.1.19>

대한민국에 상거소 또는 거소가 있는 외국인에 대하여 대한민국 법에 의하여 한정후견개시, 성년후견개시, 특정후견개시 및 임의후견감독인선임의 심판을 할 수 있다.

5. 거래보호(제15조)

> 제15조(거래보호)
> ① 법률행위를 행한 자와 상대방이 법률행위의 성립 당시 동일한 국가안에 있는 경우에 그 행위자가 그의 본국법에 의하면 무능력자이더라도 법률행위가 행하여진 국가의 법에 의하여 능력자인 때에는 그의 무능력을 주장할 수 없다. 다만, 상대방이 법률행위 당시 그의 무능력을 알았거나 알 수 있었을 경우에는 그러하지 아니하다.
> ② 제1항의 규정은 친족법 또는 상속법의 규정에 의한 법률행위 및 행위지 외의 국가에 있는 부동산에 관한 법률행위에는 이를 적용하지 아니한다.

행위능력 결정은 원칙적으로 행위무능력자 보호를 위해 그의 본국법(제13조)에 의하지만, 예외적으로 거래보호와 거래 상대방의 신뢰보호를 위해 행위지법에 의하도록 제15조를 두고 있다.

가. 적용요건

1) 쌍방이 법률행위시 동일 국가 안에 있는 경우
2) 행위자가 본국법에 의해 무능력자이지만 행위지 국가법에 의해 능력자일 때
3) 법률행위시 행위자의 무능력에 대해 상대방이 선의 무과실이어야 한다.

나. 적용효과(제1항)

행위자가 그의 본국법에 의하면 무능력자이더라도 법률행위가 행하여진 국가의 법에

---

3) 국제사법 일부개정 2016. 1. 19. [법률 제13759호, 시행 2016. 1. 19.]

의하여 능력자인 때에는 그의 무능력을 주장할 수 없다. 즉 본국법상 무능력자인 행위자를 행위지법에 의해 능력자로 취급한다(무능력자라는 주장 불가).

다. 적용배제(제2항)

다음의 경우에는 제15조 적용이 배제되고 제13조가 적용된다. 즉 다음의 2가지 경우 행위자의 행위능력은 결국 그의 본국법에 의해 결정된다.

1) 친족법과 상속법상 법률행위

2) 행위지 외의 국가에 소재한 부동산에 대한 법률행위

6. 법인 및 단체(제16조)

> 제16조(법인 및 단체)
> 법인 또는 단체는 그 설립의 준거법에 의한다. 다만, 외국에서 설립된 법인 또는 단체가 대한민국에 주된 사무소가 있거나 대한민국에서 주된 사업을 하는 경우에는 대한민국 법에 의한다.

법인 및 단체에 관한 준거법은 영업소나 주된 사무소 소재지법(본거지법)이 아닌 그 설립의 준거법에 의한다. 다만, 외국에서 설립된 법인 또는 단체가 대한민국에 주된 사무소가 있거나, 대한민국에서 주된 사업을 하는 경우에는 대한민국법에 의한다.

법인 및 단체의 설립, 조직(기관과 그 권한)등 내부관계, 법인의 소멸에 대한 법률관계에 대하여 제16조가 적용된다. 법인의 행위능력은 법인의 기관의 권한 범위이므로 당연히 제16조에 따르고, 법인의 권리능력도 제16조에 의한다.

제3장　법률행위

1. 법률행위의 방식(제17조)

> 제17조(법률행위의 방식)
> ① 법률행위의 방식은 그 행위의 준거법에 의한다.
> ② 행위지법에 의하여 행한 법률행위의 방식은 제1항의 규정에 불구하고 유효하다.
> ③ 당사자가 계약체결시 서로 다른 국가에 있는 때에는 그 국가중 어느 한 국가의 법이 정한 법률행위의 방식에 의할 수 있다.
> ④ 대리인에 의한 법률행위의 경우에는 대리인이 있는 국가를 기준으로 제2항에 규정된 행위지법을 정한다.

⑤ 제2항 내지 제4항의 규정은 물권 그 밖에 등기하여야 하는 권리를 설정하거나 처분하는 법률행위의 방식에 관하여는 이를 적용하지 아니한다.

법률행위의 방식이란 그 성립요건 중 형식적 성립요건(ex. 날인, 서명, 서면방식, 물권행위에서의 등기나 인도 등)을 의미한다.

가. 실질 기준(행위 기준)

(물권행위와 신분행위를 포함한) 법률행위의 방식은 그 행위의 준거법에 의한다(제1항).

나. 형식 기준

1) 법률행위의 방식(행위지법)

법률행위의 방식에 대한 준거법에 대하여 원칙적으로 행위지법에 의하여 행한 법률행위 방식도 유효하다(제2항). 즉 행위지법도 행위의 준거법과 함께 법률행위 방식의 준거법으로서 인정된다.

2) 서로 다른 국가에 있는 당사자간의 계약의 방식

격지자간 계약(계약체결시 당사자가 서로 다른 국가에 있는 때)의 방식은 계약시 어느 한 당사자가 있던 국가의 법에 의할 수 있다(제3항).

3) 대리인에 의한 법률행위의 방식

대리인에 의한 법률행위의 방식에 대한 준거법도 행위지법에 의할 수 있다. 다만 이 경우에 적용되는 행위지법은 대리인이 있는 국가의 법을 기준으로 한다(제4항).

다. 물권행위의 방식

제2항 내지 제4항의 규정은 물권 그 밖에 등기하여야 하는 권리를 설정하거나 처분하는 법률행위의 방식에 관하여는 이를 적용하지 아니한다(제5항). 즉 물권행위(물권 그 밖의 등기해야 하는 권리를 설정·처분하는 법률행위)의 방식(등기나 인도 등)에 행위지법에 관한 제2항, 제3항, 제4항은 적용하지 않아 행위지법(제2항), 격지자간 계약에서 당사자가 있던 국가의 법(제3항) 대리행위에서 대리인이 있는 국가의 법(제4항)에 의할 수 없다. 그러나 물권행위의 방식에 행위의 준거법(제1항)은 적용되어 물권의 준거법(제19조)은 적용된다. 결국 제19조에 따라 물권은 목적물의 소재지법이, 물권의 득실변경은 원인행위 완성당시 목적물 소재지법이 준거법이 된다.

대법원 1988. 2. 23. 선고 86다카737 판결 [부동산소유권이전등기말소등기]

섭외적 인지신고의 방식

섭외사법 제20조 제1항, 제2항(국제사법 제41조)에 의하여 인지의 요건과 효력은 부의 본국법에 의하되 인지의 방식은 법률행위 방식에 관한 같은 법 제10조(국제사법 제17조)에 따라야 할 것인즉, 같은 조 제1항에는 법률행위의 방식은 그 행위의 효력을 정한 법에 의한다고 규정하고 제2항에는 행위지법에 의하여 한 법률행위의 방식은 전항의 규정에 불구하고 이를 유효로 한다고 규정하고 있으므로, 외국에서 하는 한국인의 인지는 한국법이 정한 방식에 따라 외국에 주재하는 한국의 재외공관의 장에게 인지신고를 할 수도 있고 행위지인 외국법이 정하는 방식에 따라 그 나라 호적공무원에게 인지신고를 할 수도 있다.

관련쟁점

■ **대리행위**

1. 대리의 의의

대리인이 본인을 위하여 제3자에 대한 의사표시를 하거나 수령하는 것으로 그 법률효과가 직접 본인에게 발생하는 것을 말한다.

2. 대리의 종류

법정대리와 임의대리

3. 대리행위시 법률관계

대리의 법률관계는 본인과 대리인간, 본인과 제3자간, 대리인과 제3자간 이렇게 3가지 법률관계가 존재한다.

2. 임의대리(제18조)

제18조(임의대리)
① 본인과 대리인간의 관계는 당사자간의 법률관계의 준거법에 의한다.
② 대리인의 행위로 인하여 본인이 제3자에 대하여 의무를 부담하는지의 여부는 대리인의 영업소가 있는 국가의 법에 의하며, 대리인의 영업소가 없거나 영업소가 있더라도 제3자가 이를 알 수 없는 경우에는 대리인이 실제로 대리행위를 한 국가의 법에 의한다.
③ 대리인이 본인과 근로계약 관계에 있고, 그의 영업소가 없는 경우에는 본인의 주된 영업소를 그의 영업소로 본다.

④ 본인은 제2항 및 제3항의 규정에 불구하고 대리의 준거법을 선택할 수 있다. 다만, 준거법의 선택은 대리권을 증명하는 서면에 명시되거나 본인 또는 대리인에 의하여 제3자에게 서면으로 통지된 경우에 한하여 그 효력이 있다.

⑤ 대리권이 없는 대리인과 제3자간의 관계에 관하여는 제2항의 규정을 준용한다.

가. 본인과 대리인간 관계(주로 유권대리)

당사자간의 법률관계의 준거법에 의한다(제1항). 즉 본인이 대리인에게 대리권을 수여한 법률행위 즉 수권행위의 준거법에 따른다. 다만, 수권행위는 현실적으로 위임계약, 고용계약, 도급계약 등과 동시에 이루어지기 때문에 이러한 원인계약의 준거법에 의하면 될 것이다.

나. 본인과 제3자간 관계(유권대리)

1) 본인이 준거법 선택한 경우(제4항)

본인은 대리인의 영업소(제2항, 제3항)와 무관하게 대리행위의 준거법을 정할 수 있다. 다만 대리행위의 준거법 선택은 대리권 증명 서면에 명시되거나 제3자에게 통지된 경우에 한하여 효력이 있다.

2) 본인이 준거법 선택하지 않은 경우(제2항, 제3항)

대리행위로 본인이 제3자에게 의무를 부담하는지 여부는 대리인의 영업소가 있는 국가의 법에 의하고, 이것이 없거나 알 수 없는 경우에는 대리인이 실제로 대리행위를 한 국가의 법에 의한다(제2항). 대리인이 본인과 근로계약관계에 있고 대리인의 영업소가 없는 경우에는 본인의 주된 영업소를 대리인의 영업소로 본다(제3항).

다. 대리인과 제3자간 관계(유권대리)

대리인과 제3자간의 관계는 대리행위가 목적으로 하는 법률행위의 준거법에 따른다. 즉 대리행위가 매매계약을 목적으로 하고 있는 경우 대리인과 제3자간의 관계는 채권계약의 준거법인 제25조 이하에 따르고, 행위능력이 문제되는 경우에는 제13조에 따른다.

라. 무권대리

1) 본인과 무권대리인간의 관계

당사자간의 법률관계(수권행위)의 준거법에 의한다. 하지만 실질적으로 무권대리이므로 법률관계가 없어 문제 발생 가능성은 거의 없고 다만 불법행위가 문제될 여지가 있다.

2) 본인과 제3자간의 관계

본인과 제3자간의 관계도 무권대리의 경우이므로 법률관계가 없어 문제 발생 가능성이 거의 없다. 다만 불법행위가 문제될 여지가 있다.

3) 무권대리인과 제3자간의 관계(제5항)

무권대리의 경우 대리권이 없는 대리인과 제3자간의 관계(표현대리를 포함한 무권대리)에 대하여 대리인의 영업소 국가의 법, 그 법이 없거나 제3자가 그 법을 알 수 없으면 대리행위의 국가의 법이 적용된다(제2항이 적용). 무권대리이기 때문에 제3자에게 책임을 지는 자가 무권대리인이 될 것이므로 무권대리의 경우에는 원칙적으로 무권대리인과 제3자간의 관계만 문제된다.

관련쟁점

■ 법정대리의 준거법

1. 법정대리의 준거법

1) 본인과 법정대리인간의 관계

대리권의 발생, 범위, 소멸 등에 관한 문제로서 (법정)대리권발생 원인이 된 법률관계의 준거법에 의한다. 즉 친권자의 법정대리권의 경우 친권의 준거법(제45조)에 따르고, 후견인의 대리권의 경우 후견의 준거법(제48조)에 따르게 된다.

2) 본인과 제3자간의 관계

대리행위의 효과가 본인에게 발생하는지의 문제로서 이에 대하여 위와 동일하게 (법정)대리권 발생 원인이 된 법률관계의 준거법에 의한다.

3) 법정대리인과 제3자간의 관계

대리인과 제3자간의 관계는 대리행위가 목적으로 하는 법률행위의 준거법에 따른다. 즉 대리행위가 매매계약을 목적으로 하고 있는 경우 대리인과 제3자간의 관계는 채권계약의 준거법인 제25조 이하에 따르고, 행위능력이 문제되는 경우에는 제13조에 따른다.

관련판례

대법원 1990. 4. 10. 선고 89다카20252 판결 [집행판결]

임의대리에 있어서 대리인 혹은 대리인으로 칭한 자와 거래를 한 상대방에 대하여 본인에게 거래당사자로서의 책임이 있는지의 여부는 거래의 안전 내지 상대방 보호를 위한 측면을 고려할 때 대리행위지법에 의하여 판단되어야 함이 상당하다고 하겠으므로 영국에서 한국회사인 을의 런던사무소책임자인 병이 을을 대리하여 영국회사인 갑과 사이에 중재계약을 체결한 경우에 있어서 위 병의 중재계약상의 대리행위에 관한 준거법은 대리 행위지법인 영국법이다.

제4장 물 권

1. 물권의 준거법(제19조)

> **제19조(물권의 준거법)**
> ① 동산 및 부동산에 관한 물권 또는 등기하여야 하는 권리는 그 목적물의 소재지법에 의한다.
> ② 제1항에 규정된 권리의 득실변경은 그 원인된 행위 또는 사실의 완성 당시 그 목적물의 소재지법에 의한다.

가. 동산과 부동산에 관한 물권 그리고 등기해야하는 권리는 목적물의 소재지법에 의한다 (제1항).

나. 이러한 권리의 득실변경은 원인행위 또는 사실의 완성 당시 목적물 소재지법에 의한다 (제2항).

물권의 성립, 내용, 효력 등 물권의 모든 것에 대하여 제19조에 따라 목적물의 소재지법에 의한다. 즉 점유권의 득실, 선의취득 인정여부, 소유권의 내용 등은 제19조에 따라 모두 목적물의 소재지법에 따른다. 따라서 법정담보물권(ex. 유치권)과 약정담보물권 중 물건에 대한 약정담보물권(ex. 부동산에 대한 저당권)의 성립과 내용에는 제19조가 적용되어 그 물건의 소재지법이 준거법이 된다. 다만, 권리에 대한 약정담보물권인 경우 성립과 효력에 대하여는 제19조가 아닌 제23조가 적용되어 담보대상인 권리의 준거법에 따른다. 그러나 권리에 대한 약정담보물권 중 무기명증권에 대한 약정담보물권은 무기명증권의 소재지법에 따른다(제23조 단서, 제21조).

물권관계에서 파생되는 물권적 반환청구권, 방해배제청구권 등과 같은 물권적 청구권도 제19조 물권의 준거법에 따라 물건의 소재지법에 의한다. 또한 물권은 아니지만 등기하여야할 권리도 제19조에 따라 물건의 소재지법에 따른다. 다만 이 경우 물권적 효력(대항력) 이외에 그 채권관계 문제는 채권관계의 준거법에 따를 것이다.

특히 물권행위와 채권행위가 동시에 이루어지는 부동산의 매매의 경우 부동산의 소유권이전에 등기가 필요한지는 제19조에 따라 물권의 준거법인 물건의 소재지법에 의하고, 부동산 매매에 대한 유효성과 내용 등은 매매계약에 대한 준거법인 제25조 이하가 적용된다.

제19조 제2항은 물권변동의 원인이나 요건사실이 완성되지 않은 상태에서 목적물의 소재지가 변경된 경우를 규율하고 있다. 즉 이러한 경우 원인된 사실의 완성당시 목적

물 소재지법에 따른다(제19조 제2항).

예를 들면, 소유권취득시효기간 진행 중 A국에서 B국으로 물건 소재지가 변경되어 B국 소재 중에 시효 완성된 경우라면, 소유권취득시효기간에 대한 준거법은 완성당시 목적물 소재지법인 B국법을 따르나 진행한 시효기간에 대하여는 B국뿐만 아니라 A국에서 진행한 시효기간도 인정된다.

관련판례

1. 대전지방법원천안지원 1989. 3. 14. 선고 88드2012 가사심판부심판: 항소 [이혼및위자료]

[판결요지]

가. 재판상이혼에 따른 위자료, 결혼비용반환청구는 이혼의 준거법에 따라야 할 것이므로 섭외사법 제18조(국제사법 제39조) 본문에 의하여 부의 본국법에 의할 것이나, 재판상이혼청구에 이혼당사자 사이의 소유재산반환청구가 병합되어 제기된 경우에는 그 준거법은 성질상 별도로 결정되어야 하며 이 경우 그 준거법은 섭외사법 제12조(국제사법 제19조) 제1항에 의하여 목적물 소재지법이 된다.

....

[판결이유]

성립에 다툼이 없는 갑 제1호증(호적등기부등본), 갑 제2호증(결혼증서), 갑 제4호증(외국인거주증명원)의 각 기재에 의하면, 우리나라에 거주하는 중화민국 국적의 청구인과 피청구인은 1987.5.12. 결혼식을 올리고 혼인신고를 한 법률상부부인 사실을 인정할 수 있고 반증이 없다.

그런데, 청구인은 중화민국 국적을 가진 자로로 중화민국 국적을 가진 피청구인을 상대로 이 사건 심판청구를 우리나라의 법원에 제기하고 있으므로 이는 이른바 섭외적 사법관계에 속한 사건이라 할 것인 바, 먼저 이 사건에 적용될 준거법에 관하여 살피건대, 우리나라의 섭외사법 제18조 본문은 "이혼은 그 원인된 사실이 발생한 당시의 부의 본국법에 의한다"라고 규정되어 있고 이혼에 따른 위자료등 청구도 이혼의 효력으로 보아 이혼의 준거법에 따른 것이라고 봄이 상당하므로 이 사건 이혼 및 위자료, 결혼비용청구에 대하여는 부인 피청구인의 본국법인 중화민국의 법률을 적용하기로 하고, 또한 이 사건에는 청구인의 특유재산에 대한 소유권에 기한 인도청구가 병합되어 제기되었는 바, 이와 같이 재판상 이혼당사자 사이에서 특유재산의 반환을 구하는 것은 가사심판법 제9조, 인사소송법 제6조에 의하여 가사심판과 병합청구할 수 있는 이른바 가사심판과 관련있는 재산상 청구라고 할 것이나 그것이 가사심판과 함께 제기되었다 하더라도 이는 성질을 달리하는 법률관계이므로 그 준거법도 별도로 결정되어야 할 것인데 섭외사법 제12조 제1항은 "동산 및 부동산에 관한 물권 기타 등기하여야 할 권리는 그 목적물의 소재지법에 의한다"라고 규정되어 있으므로 이 사건 동산인도청구는 별지목록 기재 동산의 소재지인 우리나라의 민법을 적용하여 판단하기로 한다.

2. 대법원 2008. 1. 31. 선고 2004다26454 판결 [가처분이의]

[판시사항]

[1] 국제사법에 따라 준거법을 정해야 하는 법률관계

국제사법 제1조가 '이 법은 외국적 요소가 있는 법률관계에 관하여 국제재판관할에 관한 원칙과 준거법을 정함을 목적으로 한다'고 규정하고 있으므로, 거래 당사자의 국적·주소, 물건 소재지, 행위지, 사실발생지 등이 외국과 밀접하게 관련되어 있어 곧바로 내국법을 적용하기보다는 국제사법을 적용하여 그 준거법을 정하는 것이 더 합리적이라고 인정되는 법률관계에 대하여는 국제사법의 규정을 적용하여 준거법을 정하여야 한다.

이 사건은 필리핀국 국립노동위원회에 대한 채권자로서 필리핀국 국민인 해고근로자들이 필리핀국 내에 있던 이 사건 기계를 낙찰받은 것이 유효한지, 그 뒤 필리핀국 내에서 이 사건 기계에 대하여 순차로 체결된 위 해고근로자들과 내국인인 신청외인 사이의 매매계약, 신청외인과 채무자 사이의 매매계약의 효력은 어떤지가 문제되는 사건으로서, 위와 같은 각 매매계약이 체결된 후 우연한 사정에 의하여 이 사건 기계가 국내로 반입되었고, 이 사건 채권자와 채무자가 모두 내국인이라고 하더라도 그 전에 이루어진 모든 외국적 요소를 무시한 채 국제사법의 규정에 따르지 않고 곧바로 내국법을 적용하는 것은 합리적이라고 할 수 없다.

[2] 가압류 목적물인 기계에 대한 채무자의 소유권 유무가 문제된 사건에서, 가압류 채무자에 이르기까지 필리핀국에서 순차 체결된 위 기계에 대한 매매계약의 효력에 관하여 매매계약 체결 당시 목적물 소재지법인 필리핀국법을 적용하여야 한다고 한 사례

[3] 필리핀국 법원조직법 및 대법원판결에 의하면 국립노동위원회의 판결·결정·명령에 대한 배타적 항소심 관할권은 항소법원에 있으므로, 국립노동위원회의 낙찰허가결정에 관하여 항소법원이 무효라고 결정하였다면 그 경매는 모두 무효가 되었다고 한 사례

[4] 외국적 요소가 있는 법률관계에 적용할 외국법규의 의미와 내용의 확정 방법

[5] 필리핀국 민법 제1505조의 해석상 매도인이 무권리자일지라도 매수인이 유효한 소유권을 취득할 수 있는 경우인 '법령이 준 매각권한 또는 합법적 관할권이 있는 법원의 명령에 따라 이루어진 매매계약'에 '공매(public sale)'가 포함되는지 여부(적극)

[6] 필리핀국 민법 제1506조에 정한 '선의의 매수인'의 의미와 판단 기준 및 이 조항이 '공매(public sale)'에도 적용되는지 여부(적극)

[7] 필리핀국 민법의 해석상, 무효이거나 취소될 수 있는 공매절차에서 물건을 취득한 사람으로부터 다시 이를 매수한 사람이 유효한 소유권을 취득하기 위한 요건

2. 운송수단(제20조)

> **제20조(운송수단)**
> 항공기에 관한 물권은 그 국적소속국법에 의하고, 철도차량에 관한 물권은 그 운행허가국법에 의한다.

이 조항은 운송중인 목적물에 관한 물권을 규율한 조항이 아니고, 운송수단 자체(항공기와 철도차량)에 관한 물권을 규정한 조항이다. 선박에 대하여는 선적국법에 따른다는 제60조 별도 규정이 존재하고, 차량에 대하여는 특별한 규정이 없으므로 제19조에 따라 목적물(차량) 소재지법에 따를 것이다.

3. 무기명증권(제21조)

> **제21조(무기명증권)**
> 무기명증권에 관한 권리의 득실변경은 그 원인된 행위 또는 사실의 완성 당시 그 무기명증권의 소재지법에 의한다.

무기명증권(채권)이란 증서면에 권리자의 이름이 표시되지 않아, 증서의 소지인에게 변제하는 증권을 말하며, 무기명 주식이나 수표 또는 상품권, 기차표, 입장권 등을 그 예로 들 수 있다. 무기명증권에 관한 권리의 득실변경은 그 원인된 행위 또는 사실의 완성 당시 그 무기명증권의 소재지법에 의한다. 무기명채권은 대부분 동산의 법리가 적용되므로 동산과 동일하게 준거법을 그 소재지법으로 하게 된 것이다.

4. 이동 중의 물건(제22조)

> **제22조(이동중의 물건)**
> 이동중의 물건에 관한 물권의 득실변경은 그 목적지법에 의한다.

이동 중의 물건에 관한 물권의 득실변경은 그 목적지법에 의한다. 이동 중이란 일반적으로 운송 중을 의미할 것이다.

5. 채권 등에 대한 약정담보물권(제23조)

> **제23조(채권 등에 대한 약정담보물권)**
> 채권·주식 그 밖의 권리 또는 이를 표창하는 유가증권을 대상으로 하는 약정담보물권은 담보대상인 권리의 준거법에 의한다. 다만, 무기명증권을 대상으로 하는 약정담보물권은 제21조의 규정에 의한다.

권리에 대한 약정담보물권인 경우 그 성립과 효력에 대하여는 제19조가 아닌 제23조가 적용되어 담보대상인 권리의 준거법에 따른다. 그러나 권리에 대한 약정담보물권 중 무기명증권에 대한 약정담보물권은 무기명증권의 소재지법에 따른다(제23조 단서, 제21조). 따라서 법정담보물권(ex. 유치권)과 약정담보물권중 물건에 대한 약정담보물권(ex. 부동산에 대한 저당권)의 성립과 내용에는 제19조가 적용되어 그 물건의 소재지법이 준거법이 된다.

1-(1). 대법원 2013. 8. 22. 선고 2013다32574 판결 [임대차보증금반환]

[판결요지]

민법 제347조는 채권을 질권의 목적으로 하는 경우에 채권증서가 있는 때에는 질권의 설정은 그 증서를 질권자에게 교부함으로써 효력이 생긴다고 규정하고 있다. 여기에서 말하는 '채권증서'는 채권의 존재를 증명하기 위하여 채권자에게 제공된 문서로서 특정한 이름이나 형식을 따라야 하는 것은 아니지만, 장차 변제 등으로 채권이 소멸하는 경우에는 민법 제475조에 따라 채무자가 채권자에게 그 반환을 청구할 수 있는 것이어야 한다. 이에 비추어 임대차계약서와 같이 계약 당사자 쌍방의 권리의무관계의 내용을 정한 서면은 그 계약에 의한 권리의 존속을 표상하기 위한 것이라고 할 수는 없으므로 위 채권증서에 해당하지 않는다.

[이 유]

원고는 주식회사 유비원(이하 '유비원'이라 한다)의 피고들에 대한 임대차보증금 반환채권에 관하여 유비원으로부터 질권을 설정받은 질권자로서 피고들을 상대로 임대차보증금의 반환을 구하였다. 이에 대하여 원심은, 임대차계약 시 유비원과 피고들이 작성한 이 사건 임대차계약서는 민법 제347조에서 말하는 채권증서에 해당하는데도, 원고는 유비원으로 하여금 피고들에게 질권설정계약 사실을 통지하게 하였을 뿐 위 임대차계약서를 교부받지 못하였으므로 결국 질권을 유효하게 취득하지 못하였다는 이유로 원고의 청구를 기각한 제1심의 판단을 그대로 유지하였다.

그러나 이러한 원심의 판단은 앞서 본 법리에 비추어 수긍할 수 없다. 원심판결 이유에 의하더라도 이 사건 임대차계약서는 임대인과 임차인의 권리의무관계를 정한 약정서일 뿐이고, 그 밖에 증거와 기록을 살펴보아도 그것이 임대차보증금 반환채권의 존재를 증명하기 위하여 임대인이 임차인에게 제공한 문서라고 볼 만한 사정은 나타나지 않는다. 따라서 이 사건 임대차계약서는 민법 제347조에서 말하는 채권증서에 해당하지 않는다고 보아야 하므로, 원고가 질권설정자인 유비원으로부터 이 사건 임대차계약서를 교부받지 않았어도 임대차보증금 반환채권에 관한 질권설정의 효력에는 아무런 영향이 없다고 할 것이다. 원심판결에는 채권질권의 설정을 위하여 교부되어야 하는 채권증서의 의미에 관한 법리를 오해하여 판결에 영향을 미친 위법이 있다. 이 부분 상고이유의 주장은 이유 있다.

1-(2). 서울고등법원 2013. 3. 28. 선고 2012나72225 판결 [임대차보증금반환]

[이 유]

(.......)

2. 주장 및 판단

가. 원고의 주장 요지

원고가 이 사건 질권설정계약을 체결하고 유비원이 피고들에게 이를 통지하였으므로, 원고는 이 사건 임대차보증금 반환채권에 관한 적법한 질권자이다. 피고들은 위 임대차계약의 해지로 유비원으로부터 2008. 1. 12. 이 사건 사무실을 인도받았으므로, 연대하여 질권자인 원고에게 이 사건 임대차보증금에서 연체차임 등을 공제한 잔액 111,234,175원을 지급할 의무가 있다.

나. 준거법

국제사법 제23조는 채권을 대상으로 하는 약정담보물권은 담보 대상인 권리의 준거법에 의한다고 규정하고 있으므로, 이 사건 임대차보증금 반환채권에 관한 질권이 유효하게 성립하였는지 여부는 이 사건 임대차보증금 반환채권의 준거법인 대한민국법에 따라 판단하여야 한다.

다. 판단

그러므로 먼저 원고가 이 사건 임대차보증금 반환채권에 관한 질권자인지 여부에 관하여 본다. 따라서 임대차계약서는 임대차보증금 반환채권을 질권의 목적으로 할 경우 교부받아야 할 채권증서에 해당한다.

그런데 원고가 유비원과 피고들 사이에 작성된 위 임대차계약서를 교부받지 못한 사실은 당사자 사이에 다툼이 없으므로(원고는 당초 임대차계약서를 교부받았다는 주장을 하다가 이를 철회하였다), 결국 원고는 이 사건 임대차보증금 반환채권에 대한 질권을 유효하게 취득하였고 볼 수 없다. 따라서 원고가 이 사건 임대차보증금 반환채권의 질권자임을 전제로 하는 원고의 주장은 나머지 점에 관하여 더 나아가 살필 필요 없이 이유 없다.

6. 지식재산권의 보호(제24조)

> 제24조(지식재산권의 보호)
> 지식재산권의 보호는 그 침해지법에 의한다.

지식재산권의 보호는 그 침해지법에 의한다. 이는 지식재산권의 침해에 대한 불법행위의 준거법에 대하여 제32조 불법행위 준거법에 대한 특별규정으로 이해된다.

관련판례

1. 대법원 2004. 7. 22. 선고 2003다62910 판결 [손해배상(기)]

국제사법 제24조에 의하면, 지적재산권의 침해로 인한 불법행위의 준거법은 그 침해지법이 된다 할 것이므로 일본 보따리상들의 일본에서의 일본 상표권 침해행위에 피고가 교사 또는 방조하였음을 이유로 하는 이 부분 손해배상청구의 당부는 침해지법인 일본 상표법 제37조 등의 해석에 따라야 할 것인데, 위조한 상표를 부착한 의류를 일본 보따리상들에게 대량으로 판매함으로써 일본에서의 일본 상표권 침해행위를 용이하게 하여 준 피고의 행위가 위 침해행위에 대한 방조가 될 수 있다 하더라도, 기록에 나타난 지적재산권에 관한 일본 법원의 해석론에 비추어 보면, 속지주의 원칙을 채용하고 있는 일본 상표법하에서는 상표권이 등록된 나라의 영역

외에서 당해 상표권의 등록국에서의 침해행위를 유도하는 등 이에 관여하는 행위는 불법행위를 구성하지 아니하는 것으로 해석됨을 알 수 있으므로 이 부분 원심의 설시에 일부 적절하지 아니한 점은 있으나 피고의 공동불법행위책임의 성립을 인정하지 아니한 그 결론에 있어서는 정당하다 할 것이고 거기에 상고이유에서 주장하는 바와 같은 법리오해 및 심리미진 등의 위법이 있다고 할 수 없다. 이 부분 상고이유의 주장도 이유 없다.

2. 서울고등법원 2008. 7. 8. 선고 2007나80093 판결 [저작권침해금지]

[판시사항]

[1] 국제사법 제24조의 해석상 저작권자의 결정이나 권리의 성립, 이전 등 지적재산권에 관한 전반적인 법률관계에 관하여 보호국법을 준거법으로 적용할 수 있는지 여부(적극)

[판결요지]

[1] 저작권자의 결정 등의 문제를 본국법에 의할 경우에는 우선 본국법을 정하는 것 자체가 쉽지 않을 뿐만 아니라, 같은 영토 내에서도 저작물의 본국이 어디냐에 따라 저작권 침해 여부 판단이나 저작권자 결정의 결론이 달라져 저작물 이용자나 법원 등이 이를 판단, 적용하기가 쉽지 아니하다. 반면, 저작권자의 결정 문제는 저작권의 존부 및 내용과 밀접하게 결부되어 있어 각 보호국이 이를 통일적으로 해석 적용할 필요가 있고, 그렇게 하는 것이 각 동맹국이 자국의 영토 내에서 통상 법정지와 일치하기 마련인 보호국법을 간편하게 적용함으로써 내국민대우에 의한 보호를 부여하기에도 용이하다. 이러한 점에 비추어 보면, 국제협약에서 명시적으로 본국법에 의하도록 규정하지 아니한 이상 저작권자의 결정이나 권리의 성립, 소멸, 양도성 등 지적재산권에 관한 일체의 문제를 보호국법에 따라 결정함이 타당하다. 우리나라 국제사법 제24조가 지적재산권에 관한 모든 분야에 관하여 보호국법주의를 명시하는 대신 지적재산권 침해의 경우만을 규정하는 방식을 취하고 있다 하더라도, 이를 넓게 해석하여 지적재산권의 성립, 이전 등 전반에 관하여 보호국법주의 원칙을 채택한 것으로 해석함이 상당하다.

3. 서울중앙지법 2007. 8. 30. 선고 2006가합53066 판결 [도메인이전결정취소등]

[판시사항]

[1] 국제사법 제2조 제1항에 정한 '실질적 관련'의 의미 및 법원이 국제재판관할 유무를 판단함에 있어 고려해야 할 사항

[2] 미국 국가중재위원회의 도메인이름 이전결정에 불복하여 제기한 소송에 관하여, 분쟁이 된 사안과 우리나라 사이에 우리나라 법원이 재판관할권을 행사하는 것을 정당화할 수 있을 정도로 실질적 관련성이 있다는 이유로 우리나라 법원의 국제재판관할권을 인정한 사례

[3] 외국적 요소가 있는 법률관계에 있어서 상표권의 효력의 준거법(=상표권이 등록된 국가의 법률)

[4] 외국법을 적용하는 것이 우리나라의 사회질서에 반하여 허용될 수 없는 경우, 우리나라의 법률로써 그 법률의 흠결을 보충할 수 있는지 여부(적극)

[5] 미국 상표권에 기초한 도메인이름의 사용금지청구와 이전등록청구에 관하여 미국 반사이버스

쿼팅 소비자보호법(ACPA)을 적용하는 것은 국제사법 제10조에 정한 우리나라의 사회질서에 반하는 것이라고 보아, 미국 ACPA를 적용하지 않고 우리나라의 부정경쟁방지 및 영업비밀보호에 관한 법률을 적용한 사례

[판결요지]

[1] 국제사법 제2조는 국제재판관할권 인정 기준에 관해 실질적 관련의 원칙을 받아들여 소송원인인 분쟁이 된 사안 또는 원·피고 등의 당사자가 법정지인 우리나라와 '실질적 관련'을 가지는 경우에 우리나라 법원에 국제재판관할권을 인정하고, 이러한 실질적 관련의 유무는 국제재판관할 배분의 이념과 합리적인 원칙에 따라 결정되어야 함을 선언하고 있는바, 여기서 '실질적 관련'이라 함은 우리나라 법원이 재판관할권을 행사하는 것을 정당화할 수 있을 정도로 당사자 또는 분쟁의 대상이 우리나라와 관련성을 갖는 것을 말하고, 그 인정 여부는 법원이 구체적인 개별 사건마다 종합적인 사정을 고려하여 판단하여야 한다. 또, 법원이 구체적인 관할 유무를 판단함에 있어서는 민사소송법의 토지관할 규정 등 국내법의 관할규정을 참작하되 국내법상의 재판적에 관한 규정은 국내적 관점에서 제정된 것이므로 국제재판관할의 특수성을 고려하여야 하는바, 법원으로서는 소송당사자들의 공평, 편의 그리고 예측가능성과 같은 개인적인 이익 뿐만 아니라 재판의 적정, 신속, 효율 및 판결의 실효성 등과 같은 법원 내지 국가의 이익도 함께 고려함이 상당하다.

[2] 미국 국가중재위원회(National Arbitration Forum)의 도메인이름 이전결정에 불복하여 제기한 소송에 관하여, 분쟁이 된 사안 또는 당사자와 우리나라 사이에는 우리나라 법원이 재판관할권을 행사하는 것을 정당화할 수 있을 정도로 실질적 관련성이 있고, 그 결정에 대한 불복과 관련하여 관할법원으로 우리나라 법원이 특정되어 있었으므로 우리나라 법원이 재판관할권을 행사하는 것이 소송당사자의 예견에 부합하여 당사자 사이의 공평과 소송의 편의를 도모하는 데에도 기여할 뿐만 아니라, 소송경제와 재판의 효율성 및 집행 등을 통한 판결의 실효성을 꾀하는 측면에서도 가장 밀접한 관련을 갖고 있다는 이유로 우리나라 법원의 국제재판관할권을 인정한 사례.

[3] 상표권의 효력의 준거법은 국제사법 제24조의 침해지법에 해당하는 당해 상표권과 가장 밀접한 관계가 있는 국가인 당해 상표권이 등록되어 있는 국가의 법률에 의한다고 해석함이 상당하다. 상표권이 국가별로 출원과 등록을 거쳐 권리로서 인정되는 것이고, 상표권에 관해서는 속지주의 원칙을 채용하는 국가가 많고, 그에 따르면 각국의 상표권이 그 성립, 이전, 효력 등에 관해 당해 국가의 법률에 따라 정해지며, 상표권의 효력이 당해 국가의 영역 내에서만 인정되고, 상표권이 효력이 당해 국가의 영역 내에서만 인정되고 있는 한 당해 상표권의 보호가 요구되는 국가는 등록된 국가라는 사정에 비추어 상표권과 가장 밀접한 관계가 있는 국가는 당해 상표권이 등록된 국가라고 보아야 하기 때문이다.

[4] 외국법의 적용이 우리나라의 사회질서에 반하여 당해 외국법을 문제된 법률관계에 적용할 수 없는 법률의 흠결이 발생하게 될 경우에는 우리나라의 공서양속과 사회질서를 유지하기 위해 예외적으로 외국법의 적용을 배제하는 취지에 비추어 우리나라의 법률로써 그 법률의 흠결을 보충해야 한다.

　　[5] 미국 상표권에 기초한 도메인이름의 사용금지청구와 이전등록청구에 관해서는 당해 상표권이 등록되어 있는 국가인 미국 법률이 준거법이 되지만, 미국의 상표권에 기초하여 우리나라에서의 도메인이름의 등록말소(사용금지)나 이전등록을 인정하는 것은 미국 상표권의 효력을 그 영역인 미국 이외인 우리나라에 미치게 하는 것과 실질적으로 동일한 결과를 가져오게 되어 우리나라가 채용하고 있는 속지주의의 원칙에 반하고, 우리나라와 미국 사이에서 서로 상대국의 상표권의 효력을 자국에 있어서도 인정하여야 하는 내용을 정한 조약도 존재하지 않으므로, 미국 상표권의 침해행위에 대하여 미국 반사이버스쿼팅 소비자보호법(Anticybersquatting Consumer Protection Act, ACPA)을 적용하여 우리나라 국내에서 그 침해행위의 금지의 효과로서 도메인이름의 사용금지의무나 이전의무를 인정하는 것은 우리나라의 상표법 질서의 기본이념에 비추어 받아들일 수 없고, 이는 국제사법 제10조에서 말하는 우리나라의 사회질서에 반하는 것이라고 보아, 미국 ACPA를 적용하지 않고 우리나라의 부정경쟁방지 및 영업비밀보호에 관한 법률을 적용한 사례.

4. 대법원 2015. 1. 15. 선고 2012다4763 판결 [영업방해금지]

　　[1] 갑 주식회사의 을에 대한 영업방해금지청구의 선결문제로서, 을이 갑 회사와 맺은 근로계약에 따라 완성되어 대한민국에서 등록한 특허권 및 실용신안권에 관한 직무발명에 기초하여 외국에서 등록되는 특허권 또는 실용신안권에 대하여 갑 회사가 통상실시권을 취득하는지가 문제 된 사안에서, 을이 직무발명을 완성한 곳이 대한민국이고, 갑 회사가 직무발명에 기초하여 외국에 등록되는 특허권이나 실용신안권에 대하여 통상실시권을 가지는지는 특허권이나 실용신안권의 성립이나 유·무효 등에 관한 것이 아니어서 그 등록국이나 등록이 청구된 국가 법원의 전속관할에 속하지도 아니하므로, 위 당사자 및 분쟁이 된 사안은 대한민국과 실질적인 관련성이 있어 대한민국 법원이 국제재판관할권을 가진다고 본 원심판결을 수긍한 사례.

　　[2] 직무발명에서 특허를 받을 권리의 귀속과 승계, 사용자의 통상실시권의 취득 및 종업원의 보상금청구권에 관한 사항은 사용자와 종업원 사이의 고용관계를 기초로 한 권리의무 관계에 해당한다. 따라서 직무발명에 의하여 발생되는 권리의무는 비록 섭외적 법률관계에 관한 것이라도 성질상 등록이 필요한 특허권의 성립이나 유·무효 또는 취소 등에 관한 것이 아니어서, 속지주의의 원칙이나 이에 기초하여 지식재산권의 보호에 관하여 규정하고 있는 국제사법 제24조의 적용대상이라 할 수 없다. 직무발명에 대하여 각국에서 특허를 받을 권리는 하나의 고용관계에 기초하여 실질적으로 하나의 사회적 사실로 평가되는 동일한 발명으로부터 발생한 것이며, 당사자들의 이익보호 및 법적 안정성을 위하여 직무발명으로부터 비롯되는 법률관계에 대하여 고용관계 준거법 국가의 법률에 의한 통일적인 해석이 필요하다. 이러한 사정들을 종합하여 보면, 직무발명에 관한 섭외적 법률관계에 적용될 준거법은 발생의 기초가 된 근로계약에 관한 준거법으로서 국제사법 제28조 제1항, 제2항 등에 따라 정하여지는 법률이라고 봄이 타당하다. 그리고 이러한 법리는 실용신안에 관하여도 마찬가지로 적용된다.

5. 서울고등법원 2013. 1. 23. 선고 2012나24622 판결 [저작권침해금지등]

[원고, 피항소인 겸 항소인]

썬양왠류쑤칸파싱 요우시엔꽁쓰 (소송대리인 법무법인 세종 담당변호사 김윤희 외 1인)

[피고, 항소인 겸 피항소인]

주식회사 위즈덤에프에이치 (소송대리인 법무법인 청목 담당변호사 오동렬)

[이 유]

(.......)

2. 당사자의 주장

원고는 이 사건 중문 서적에 실린 각 이야기와 평가글 뿐만 아니라 그 이야기의 선택과 배열에 창작성이 있는 이 사건 중문 서적의 저작재산권자이다. 피고는 원고의 허락 없이 이 사건 중문 서적을 한국어로 번역한 이 사건 번역 서적을 대한민국에서 출판하고, 판매회사들을 통하여 이 사건 번역 서적을 일반 독자들에게 판매하여 이 사건 중문 서적에 관한 원고의 저작재산권을 침해하였다. 따라서 피고는 원고에게 그로 말미암아 원고가 입은 손해를 배상할 의무가 있다.

3. 판단

가. 국제재판관할과 준거법

(1) 이 사건은 중국에서 설립된 법인인 원고가 대한민국에서 설립된 법인을 피고로 하여 중국 어문저작물에 관한 저작재산권에 기초하여 손해배상을 청구하는 사건으로서, 외국적 요소가 있는 법률관계에 해당한다. 피고의 본점 소재지가 대한민국 내인 점, 이 사건 중문 서적에 대한 번역, 출판, 배포 등의 행위가 대한민국 내에서 이루어진 점, 원고가 스스로 대한민국 법원에 이 사건 소를 제기하였고 피고가 이의 없이 응소한 점을 고려할 때, '당사자 또는 분쟁이 된 사안이 대한민국과 실질적 관련이 있는 경우'에 해당하므로(국제사법 제1조 제1항) 대한민국 법원에 국제재판관할이 인정된다.

(2) 원고는 자신의 저작재산권이 침해됨을 원인으로 한 손해배상을 구하고 있다. ① 지적재산권의 침해는 일반 불법행위와는 다른 특수한 성격이 있음을 고려하여 국제사법이 불법행위에 관한 준거법 규정(제32조) 이외에 '지적재산권의 보호'에 관한 법률관계에 적용될 준거법 규정(제24조)을 별도로 두고 있고, ② 손해배상 청구 역시 지적재산권의 침해행위에 대하여 저작재산권자의 권리를 보호하기 위한 구제수단이므로 지적재산권의 침해를 원인으로 한 손해배상 청구는 '지적재산권의 보호'에 관한 법률관계로서 원칙적으로 국제사법 제24조에 의해 그 준거법을 '침해지법'으로 정함이 상당하다(대법원 2004. 7. 22. 선고 2003다62910 판결 참조).

(3) 다만 국제사법 제24조는 지적재산권에 관한 국제조약에 준거법에 관한 규정이 없는 경우를 대비한 보충적 성격의 규정이므로, 국제조약에 이 사건에서 문제된 법률관계에 적용될 준거법에 관한 규정이 있는 경우에는 그에 따라 준거법을 결정하여야 할 것이다. 그런데 대한민국과 중국은 모두 베른협약의 가입국이고, 이 사건 중문 서적은 베른협약 제1조, 제2조 제1항

의 '문학적·예술적 저작물(literary and artistic works)'에 해당하며, 베른조약 제5조 제2항 제2문은 '저작자의 권리에 대한 보호의 범위와 이를 보호하기 위하여 주어지는 구제의 수단은 오로지 보호가 요구된 국가의 법률에 의해 규율된다.'라고 하여, 저작재산권의 보호의 준거법에 관해 규정하고 있으므로, 저작재산권의 보호에 관해서는 베른협약 제5조 제2항에 의하여 준거법이 결정된다.

(4) 한편, 베른협약 제5조 제2항에 규정된 '보호가 요구된 국가(the country where protection is claimed)'라 함은 '그 영토 내에서의 보호가 요구되고 있는 국가', 즉 '보호국'을 의미하며, 특히 저작재산권의 침해 문제에 관련해서는 '그 영토 내에서의 침해행위에 대하여 보호가 요구되고 있는 국가', 즉 '침해지국'을 의미하는바(국제사법 제24조도 같음), 이 사건에서 원고는 자신의 저작재산권에 대한 침해행위가 대한민국 영토 내에서 발생하였음을 주장하며 이에 대한 보호를 요구하고 있으므로, 결국 대한민국 법률이 보호국법이자 침해지국법으로서 이 사건에 적용될 준거법이 된다.

(.......)

제5장 채 권

1. 당사자자치(제25조)(= 계약의 준거법, 주관적 연결)

> 제25조(당사자 자치)
> ① 계약은 당사자가 명시적 또는 묵시적으로 선택한 법에 의한다. 다만, 묵시적인 선택은 계약내용 그 밖에 모든 사정으로부터 합리적으로 인정할 수 있는 경우에 한한다.
> ② 당사자는 계약의 일부에 관하여도 준거법을 선택할 수 있다.
> ③ 당사자는 합의에 의하여 이 조 또는 제26조의 규정에 의한 준거법을 변경할 수 있다. 다만, 계약체결 후 이루어진 준거법의 변경은 계약의 방식의 유효성과 제3자의 권리에 영향을 미치지 아니한다.
> ④ 모든 요소가 오로지 한 국가와 관련이 있음에도 불구하고 당사자가 그 외의 다른 국가의 법을 선택한 경우에 관련된 국가의 강행규정은 그 적용이 배제되지 아니한다.
> ⑤ 준거법 선택에 관한 당사자의 합의의 성립 및 유효성에 관하여는 제29조의 규정을 준용한다.

가. 명시적·묵시적 선택(제1항)

제25조 제1항은 당사자자치의 원칙을 규정하고 있다. 즉 계약의 성립과 효력은 당사자가 명시적·묵시적으로 선택한 법에 의한다. 다만, 묵시적 선택은 모든 사정으로부터 합리적으로 인정 가능한 경우이어야 한다.

나. 계약의 일부 준거법 선택(제2항)

계약의 일부에 대하여도 준거법을 선택할 수 있다.

다. 준거법 변경 합의(제3항)

제25조(주관적 연결)와 제26조(객관적 연결)에 의한 준거법을 합의로 변경할 수 있으나, 계약체결 후 이루어진 준거법 변경은 계약의 방식의 유효성과 제3자의 권리에 영향을 미치지 아니한다.

라. 모든 요소가 관련 있는 국가와 다른 국가의 법을 선택(제4항)

모든 요소가 오로지 한 국가와 관련이 있음에도 불구하고, 당사자가 다른 국가의 법을 선택한 경우에는 그 관련된 국가의 강행규정은 적용이 배제되지 않고 반드시 적용되어야 한다. 모든 요소와 관련 있는 국가의 법을 준거법에서 배제하는 합의는 가능하나 이 경우에도 그 관련국가의 강행규정은 준거법 합의에도 불구하고 배제될 수 없고 적용되어야 한다는 것이다.

마. 동조항의 준거법 선택 합의(제5항)

준거법 선택에 관한 당사자 합의의 성립 및 유효성에 대한 준거법에 제29조(계약의 성립 및 유효성)가 준용된다. 결국 제29조에 따라 계약의 성립 및 유효성 판단(제1항)은 그 계약이 유효하게 성립하였을 경우(가정적)라면 이 법상 적용될 준거법을 기준으로 한다. 단, 계약의 불성립 주장(제2항)이 가능한 경우도 있다. 즉 1) 제1항에 의해 결정된 준거법에 의하여 당사자 행위의 효력을 판단하는 것이 모든 사정에 비추어 명백히 부당한 경우에는 2) 당사자는 그의 상거소지법을 원용하여 3) 계약에 동의하지 않았음(계약의 불성립)을 주장할 수 있다.

관련판례

1. 대법원 2005. 11. 25. 선고 2002다59528 판결 [채무부존재확인·보험금]

영국 협회선박기간보험약관은 그 첫머리에 이 보험은 영국의 법률과 관습에 따른다고 규정하고 있는바, 이러한 영국법 준거약관은 오랜 기간에 걸쳐 해상보험업계의 중심이 되어 온 영국의 법률과 관습에 따라 당사자 사이의 거래관계를 명확하게 하려는 것으로서, 그것이 우리나라의 공익규정 또는 공서양속에 반하는 것이라거나 보험계약자의 이익을 부당하게 침해하는 것이라고 볼 수 없어 유효하다.

2. 부산고등법원 2001. 2. 2. 선고 99나5033 판결: 상고 [보증채무금]

　[1] 독일법인과 러시아법인 사이의 매매계약의 준거법을 섭외사법 제9조(국제사법 제25조) 및 제11조(국제사법 제26조) 제2항에 따라 러시아법으로 정한 사례.

　[2] 주된 계약의 준거법이 그대로 보증계약의 준거법이 된다고 할 수는 없으며, 일반적으로 보증채무는 주채무에 대하여 어떤 의미에서든 부종성이 있다고 보아야 할 경우가 많겠지만, 그 부종성은 주채무와 관련하여 보증채무의 내용과 범위를 결정하는 것으로 먼저 보증계약의 준거법이 결정된 다음, 그 준거법에 따라 판단되어야 한다.

　[3] 준거법인 러시아 민법상 보증채무의 소멸시효기간은 1년이고, 그 유일한 중단요건인 소제기가 러시아가 아닌 외국에서 이루어졌으나 러시아연방중재절차법(민사소송법에 해당)에서 정하고 있는 소장의 형식과 내용을 갖추지 않아 소제기의 효력이 없으며, 그 소 또한 취하되어 시효중단의 효과가 없어 보증채무가 소멸시효의 완성으로 소멸되었다고 본 사례.

3. 서울고등법원 1994. 3. 4. 선고 92나61623 제10민사부판결: 확정 [보증채무금청구사건]

　국내회사들이 미국 뉴욕주법에 따르기로 하고 보증계약을 체결한 경우의 준거법

　한국법에 의하여 설립된 회사들 사이에 체결된 보증계약이라 하더라도 그 보증계약이 미합중국 뉴욕주에서 뉴욕주법에 따라 체결된 것이고, 보증대상인 주채무도 외국회사가 채권자와 사이에 뉴욕주법에 따라 체결한 계약으로 인하여 부담하는 채무라면 이는 섭외적 생활관계를 내용으로 하는 것인바, 보증계약의 내용으로 그 보증이 뉴욕주법에 따라 규율, 해석, 이해되며 채권자가 뉴욕주 통일상법전에 따라 보증인에 대한 권리 및 구제책을 보유하는 것으로 약정하고 있다면 그 준거법은 미합중국 뉴욕주법이 된다.

4. 대법원 1998. 7. 14. 선고 96다39707 판결 [보험금]

　해상적하보험증권상 영국법 준거약관이 보험계약의 성립 여부에 관한 사항에도 적용되는지 여부(소극)

　해상적하보험증권상 "이 보험증권에 포함되어 있거나 또는 이 보험증권에 첨부되는 어떠한 반대되는 규정이 있음에도 불구하고, 이 보험은 일체의 전보청구 및 결제에 관해서 영국의 법률과 관습에만 의한다."라는 영국법 준거약관은 보험계약의 보험목적물이 무엇인지 여부에 관한 사항, 즉 보험계약의 성립 여부에 관한 사항에까지 영국의 법률과 실무에 따르기로 하기로 한 것으로는 볼 수 없으므로, 이와 같은 사항에는 우리나라의 법률이 적용되어야 한다.

5. 대법원 2008. 2. 1. 선고 2006다71724 판결 [주권인도]

　[판시사항]
　[1] 구 섭외사법 제9조 전단에 따른 준거법의 결정 기준
　[2] 동기의 착오를 이유로 법률행위를 취소하기 위한 요건

[참조조문]

[1] 구 섭외사법(2001. 4. 7. 법률 제6465호 국제사법으로 전문 개정되기 전의 것) 제9조(현행 국제사법 제25조 참조) [2] 민법 제109조

[이 유]

1. 상고이유 제1점에 대하여

가. 원고들과 피고 사이에 이루어진 2001. 6. 21.자 합의(이하 '이 사건 합의'라고 한다)의 효력에 관한 법적 판단을 함에 있어 그 준거법으로 일본 민법을 적용하여야 함에도 대한민국 민법을 적용한 원심은 위법하다는 취지의 원고들의 상고이유는 당심에 이르러 처음으로 제기된 주장으로서 적법한 상고이유가 될 수 없다.

나. 나아가, 이 사건 합의의 효력에 관하여 적용할 준거법에 대하여 살펴보더라도 아래와 같은 이유에서 대한민국 민법을 준거법으로 함이 상당하다.

이 사건 합의 당시 시행되던 구 섭외사법 제9조에서는, '법률행위의 성립 및 효력에 관하여는 당사자의 의사에 의하여 적용할 법을 정한다. 그러나 당사자의 의사가 분명하지 아니한 때에는 행위지법에 의한다'고 규정하고 있다. 이에 따라 당사자의 의사에 의하여 준거법을 정함에 있어서는 당사자 사이에 준거법 선택에 관하여 명시적인 합의가 있는 경우에는 그에 의하여야 할 것이고, 그러한 명시적인 합의가 없는 경우에는 이 사건 합의에 포함되어 있는 준거법 이외의 다른 의사표시의 내용이나 소송행위를 통하여 나타난 당사자의 태도 등을 기초로 당사자의 묵시적 의사를 추정하여야 할 것이며, 그러한 묵시적 의사를 추정할 수 없는 경우에도 당사자의 국적, 주소 등 생활본거지, 이 사건 합의의 성립 배경과 그 경위, 기타 여러 가지 객관적 사정을 종합하여 볼 때 이 사건 합의 당시 당사자가 준거법을 지정하였더라면 선택하였을 것으로 판단되는 가정적 의사를 추정하여 준거법을 결정할 수 있다고 할 것이다(대법원 2004. 6. 25. 선고 2002다56130, 56147 판결 등 참조).

위와 같은 법리 및 기록에 비추어 살펴보면, 이 사건 합의의 효력에 관하여 적용할 준거법은 대한민국 민법으로 정하는 것이 당사자들의 묵시적 의사에 부합한다고 판단된다.

2. 상고이유 제2점에 대하여

가. 착오에 기한 이 사건 합의의 취소 주장에 관하여

동기의 착오가 법률행위의 내용의 중요부분의 착오에 해당함을 이유로 표의자가 법률행위를 취소하려면 그 동기를 당해 의사표시의 내용으로 삼을 것을 상대방에게 표시하고 의사표시의 해석상 법률행위의 내용으로 되어 있다고 인정되면 충분하고 당사자들 사이에 별도로 그 동기를 의사표시의 내용으로 삼기로 하는 합의까지 이루어질 필요는 없지만, 그 법률행위의 내용의 착오는 보통 일반인이 표의자의 입장에 섰더라면 그와 같은 의사표시를 하지 아니하였으리라고 여겨질 정도로 그 착오가 중요한 부분에 관한 것이어야 할 것이다(대법원 1998. 2. 10. 선고 97다44737 판결, 대법원 2000. 5. 12. 선고 2000다12259 판결 등 참조).

원심은, 그 채용 증거들을 종합하여 그 판시와 같은 사실들 및 사정들을 인정한 다음, 이에 비추어 볼 때, (......) 이 사건 합의에 이르게 된 경위 및 그 합의의 내용 등에 비추어 볼 때,

그러한 착오가 없었다면 원고들이 이 사건 합의를 체결하지 아니하였으리라고 여겨질 정도로 그 착오가 중요한 부분에 관한 것이라고 볼 수 없으며, ④ 나아가, 설사 원고들에게 위 주장과 같은 착오가 있었고 그러한 착오가 이 사건 합의에 있어 중요한 부분에 관한 것이라고 가정하더라도, (......) 적어도 원고들로서는 이 사건 합의서 작성 이전에 어떠한 형태로든 소외 1의 의사를 확인해 보았어야 할 것임에도 이를 확인해보지 않았으므로 원고들에게 중대한 과실이 있다고 보아, 결국 어느 모로 보나 이 사건 합의에 대하여 원고들의 착오를 이유로 그 취소를 주장하는 것은 허용될 수 없다고 판단하였다.

위와 같은 원심의 사실 인정과 판단은 정당하여 수긍할 수 있고, 법리오해 등의 위법이 있다고 할 수 없다.

나. 사기에 기한 이 사건 합의의 취소 주장에 관하여

원심은, 그 채용증거들을 종합하여 이에 비추어 볼 때, 피고측이 이 사건 합의 체결 당시 원고들에게 '원고들이 이 사건 주식을 피고에게 양도하기를 소외 1이 원하고 있다'는 취지의 거짓말을 전하여 원고들을 기망하였다는 취지의 원고들의 주장을 인정하기 어렵고, 나아가 설사 그와 같은 기망행위가 있었다고 가정하더라도, 원고들이 오로지 그와 같은 기망행위 때문에 판단을 잘못하여 이 사건 합의에 이르게 된 것이라고 보기는 어렵다고 판단하였다.

위와 같은 원심의 사실 인정과 판단은 정당하여 수긍할 수 있고, 법리오해 등의 위법이 있다고 할 수 없다.

6. 대법원 2012. 10. 25. 선고 2009다77754 판결 [손해배상]

[판시사항]

[1] 당사자가 계약의 준거법으로 지역에 따라 법을 달리하는 이른바 연방제국가의 특정 지역 법을 지정하지 않고 단순히 연방제국가의 법이라고만 약정한 경우, 이러한 약정의 효력 및 그 해석

[2] 가해자와 피해자 간에 존재하는 법률관계가 불법행위에 의하여 침해되는 경우, 불법행위에 대한 준거법(=침해되는 법률관계의 준거법)

[3] 채권자가 채권액이 외국통화로 지정된 금전채권인 외화채권을 우리나라 통화로 환산하여 청구하는 경우, 환산 기준 시기(=사실심 변론종결 당시)

[4] 본래 채권채무관계의 준거법이 외국법인 경우, 지연손해금에 관하여 소송촉진 등에 관한 특례법 제3조 제1항에서 정한 법정이율을 적용할 수 있는지 여부(소극)

[판결요지]

[1] 국제사법 제25조 제1항은 "계약은 당사자가 명시적 또는 묵시적으로 선택한 법에 의한다. 다만 묵시적인 선택은 계약 내용 그 밖에 모든 사정으로부터 합리적으로 인정할 수 있는 경우에 한한다."고 규정하여 계약의 준거법을 당사자가 자유롭게 선택할 수 있도록 하면서, 당사자의 준거법 선택은 명시적인 지정뿐만 아니라 묵시적인 지정도 가능하도록 하고, 다만 그것이 부당하게 확대되는 것을 방지하기 위하여 묵시적인 선택은 계약 내용 그 밖에 모든 사정으로부터 합리적으로 인정할 수 있는 경우로 제한하고 있다. 따라서 당사자가 계약의 준거법으로

지역에 따라 법을 달리하는 이른바 연방제국가의 어느 특정 지역의 법을 지정하지 않고 단순히 연방제국가의 법이라고만 약정한 경우, 선택된 법이 특정 지역의 법이 아니라 연방제국가의 법이라는 사정만으로 그러한 준거법 약정이 내용을 확정할 수 없는 것으로 당연 무효라고 보아서는 아니 되고 계약 문언, 계약 전후의 사정, 거래 관행 등 모든 사정을 고려하여 당사자가 그 국가의 어느 지역의 법을 지정한 것으로 합리적으로 인정되는지까지 살펴보아야 한다. 나아가 지역에 따라 법을 달리하는 연방제국가라고 하더라도, 어느 법률관계에 관하여 그 국가 전체에 통일적으로 적용되는 이른바 연방법이 존재한다면 적어도 그 법률관계에 관하여는 연방법이 적용되어 지역에 따라 법을 달리한다고 할 수는 없으므로, 당사자가 그 법률관계에 관한 준거법으로 연방제국가의 법을 준거법으로 선택한 약정은 그 국가의 연방법을 준거법으로 선택한 약정으로서 유효하다.

[2] 국제사법 제32조는 제1항에서 "불법행위는 그 행위가 행하여진 곳의 법에 의한다."고 하여 불법행위의 준거법으로 불법행위지법 원칙을 규정하면서도, 나아가 제3항에서 "가해자와 피해자 간에 존재하는 법률관계가 불법행위에 의하여 침해되는 경우에는 제1항 및 제2항의 규정에 불구하고 그 법률관계의 준거법에 의한다."고 규정한다. 따라서 가해자와 피해자 간에 존재하는 법률관계가 불법행위에 의하여 침해되는 경우에 불법행위에 대한 준거법은 불법행위지법이 아니라 침해되는 법률관계의 준거법이 우선적으로 적용된다.

[3] 채권액이 외국통화로 지정된 금전채권인 외화채권을 채무자가 우리나라 통화로 변제할 경우, 민법 제378조가 그 환산시기에 관하여 외화채권에 관한 민법 제376조, 제377조 제2항의 '변제기'라는 표현과는 다르게 '지급할 때'라고 규정한 취지에 비추어 볼 때, 그 환산시기는 이행기가 아니라 현실로 이행하는 때, 즉 현실이행 시의 외국환 시세에 의하여 환산한 우리나라 통화로 변제하여야 한다고 풀이함이 타당하다. 따라서 채권자가 위와 같은 외화채권을 대용급부의 권리를 행사하여 우리나라 통화로 환산하여 청구하는 경우에도, 법원은 원고가 청구취지로 구하는 금액 범위 내에서는, 채무자가 현실로 이행할 때에 가장 가까운 사실심 변론종결 당시를 우리나라 통화로 환산하는 기준시로 삼아 그 당시의 외국환 시세를 기초로 채권액을 다시 환산한 금액에 대하여 이행을 명하여야 한다.

[4] 지연손해금은 채무의 이행지체에 대한 손해배상으로서 본래의 채무에 부수하여 지급되는 것이므로, 본래의 채권채무관계를 규율하는 준거법에 의하여 결정되어야 한다. 한편 소송촉진 등에 관한 특례법(이하 '특례법'이라 한다) 제3조 제1항에서 정하는 법정이율에 관한 규정은 비록 소송촉진을 목적으로 소송절차에 의한 권리구제와 관련하여 적용되는 것이기는 하지만 절차법적인 성격을 가지는 것이라고만 볼 수는 없고 그 실질은 금전채무의 불이행으로 인한 손해배상의 범위를 정하기 위한 것이므로, 본래의 채권채무관계의 준거법이 외국법인 경우에는 특례법 규정을 적용할 수 없다고 해석함이 타당하다.

7. 대법원 2015. 5. 28. 선고 2012다104526 판결 [회생채권조사확정재판에대한이의 · 채권조사확정재판에대한이의의소]

[판시사항]

[1] 외국적 요소가 있는 계약을 체결한 당사자에 대한 회생절차가 개시된 경우, 계약이 쌍방미이행 쌍무계약에 해당하여 관리인이 이행 또는 해제 · 해지를 선택할 수 있는지와 계약의 해제 · 해지로 발생한 손해배상채권이 회생채권인지에 관한 준거법(＝도산법정지법) 및 계약의 해제 · 해지에 따른 손해배상의 범위에 관한 준거법(＝국제사법에 따른 계약의 준거법)

[2] 영국법상 장래손해(future loss)의 현가 산정에서 중간이자를 공제하지 않더라도 과잉배상이 되지 않은 경우, 반드시 중간이자를 공제하여 손해액을 할인하여야 하는지 여부(소극)

[판결요지]

[1] 외국적 요소가 있는 계약을 체결한 당사자에 대한 회생절차가 개시된 경우, 계약이 쌍방미이행 쌍무계약에 해당하여 관리인이 이행 또는 해제 · 해지를 선택할 수 있는지, 그리고 계약의 해제 · 해지로 인하여 발생한 손해배상채권이 회생채권인지는 도산법정지법(倒産法廷地法)인 채무자 회생 및 파산에 관한 법률에 따라 판단되어야 하지만, 계약의 해제 · 해지로 인한 손해배상의 범위에 관한 문제는 계약 자체의 효력과 관련된 실체법적 사항으로서 도산전형적인 법률효과에 해당하지 아니하므로 국제사법에 따라 정해지는 계약의 준거법이 적용된다.

[2] 영국법상 향후 발생할 손해를 일정 시점을 기준으로 일시금(一時金)으로 지급하기 위한 장래손해(future loss)의 현가 산정은, 정당한 배상액을 정하기 위한 배상액의 조정으로 과잉배상 내지 과소배상을 방지하기 위한 것이므로, 이러한 배상액 산정에서 중간이자를 공제하지 않더라도 과잉배상이 되지 않는 경우에는 반드시 중간이자를 공제하여 손해액을 할인하여야 하는 것은 아니다.

8. 대법원 2015. 1. 29. 선고 2012다108764 판결 [추심금]

[판결요지]

[1] 영국법상의 상계 제도는 보통법상 상계(legal set-off, 법률상 상계라고도 한다)와 형평법상 상계(equitable set-off)가 있는데, 그중 보통법상 상계는 양 채권 사이의 견련관계를 요구하지 않는 등 형평법상 상계와 비교하여 상계의 요건을 완화하고 있지만 소송상 항변권으로만 행사할 수 있어 절차법적인 성격을 가진다고 해석된다. 그러나 영국 보통법상 상계 역시 상계권의 행사에 의하여 양 채권이 대등액에서 소멸한다는 점에서는 실체법적인 성격도 아울러 가진다고 할 것이므로 상계의 요건과 효과에 관하여 준거법으로 적용될 수 있다.

[2] 상계제도의 목적 및 기능, 채무자의 채권이 압류된 경우 관련 당사자들의 이익 상황 등에 비추어 보면, 민사집행법에 의하여 채권압류명령 또는 채권가압류명령(이하 채권압류명령의 경우만을 두고 논의하기로 한다)을 받은 제3채무자가 압류채무자에 대한 반대채권을 가지고 있는 경우에, 가압류의 효력 발생 당시에 대립하는 양 채권이 모두 변제기가 도래하였거나, 그 당시 반대채권(자동채권)의 변제기가 도래하지 아니한 때에는 그것이 피가압류채권(수동채권)의

변제기와 동시에 또는 그보다 먼저 도래하면, 상계로써 가압류채권자에게 대항할 수 있다.

[3] 외국적 요소가 있는 채권들 사이에서의 상계의 요건과 효과에 관한 법률관계가 상계의 준거법에 따라 해석·적용된다고 하더라도, 채권자가 대한민국의 민사집행법에 의하여 가압류명령 또는 채권압류명령 및 추심명령을 받아 채권집행을 한 경우에, 채권가압류명령 또는 채권압류명령을 받은 제3채무자가 채무자에 대한 반대채권을 가지고 상계로써 가압류채권자 또는 압류채권자에게 대항할 수 있는지는 집행절차인 채권가압류나 채권압류의 효력과 관련된 문제이므로, 특별한 사정이 없는 한 대한민국의 민사집행법 등에 의하여 판단함이 원칙이고 상계의 준거법에 의할 것은 아니다.

[이 유]

(·······)

2. 상고이유 제2점 내지 제5점에 대하여

상계제도의 목적 및 기능, 채무자의 채권이 압류된 경우 관련 당사자들의 이익상황 등에 비추어 보면, 민사집행법에 의하여 채권압류명령 또는 채권가압류명령(이하 채권압류명령의 경우만을 두고 논의하기로 한다)을 받은 제3채무자가 압류채무자에 대한 반대채권을 가지고 있는 경우에, 가압류의 효력 발생 당시에 대립하는 양 채권이 모두 변제기가 도래하였거나, 그 당시 반대채권(자동채권)의 변제기가 도래하지 아니한 때에는 그것이 피가압류채권(수동채권)의 변제기와 동시에 또는 그보다 먼저 도래하면, 상계로써 가압류채권자에게 대항할 수 있다(대법원 2012. 2. 16. 선고 2011다45521 전원합의체 판결 참조).

그리고 외국적 요소가 있는 채권들 사이에서의 상계의 요건과 효과에 관한 법률관계가 상계의 준거법에 따라 해석·적용된다고 하더라도, 채권자가 대한민국의 민사집행법에 의하여 가압류명령 또는 채권압류명령 및 추심명령을 받아 채권집행을 한 경우에, 채권가압류명령 또는 채권압류명령을 받은 제3채무자가 채무자에 대한 반대채권을 가지고 상계로써 가압류채권자 또는 압류채권자에게 대항할 수 있는지 여부는 집행절차인 채권가압류나 채권압류의 효력과 관련된 문제이므로, 특별한 사정이 없는 한 대한민국의 민사집행법 등에 의하여 판단함이 원칙이고 상계의 준거법에 의할 것은 아니다.

원심은 판시와 같은 이유를 들어, (1) 피고가 2011. 12. 15. 선우상선 주식회사(이하 '선우상선'이라 한다)에 대하여 가지는 미지급용선료 채권 및 손해배상채권(이하 '이 사건 자동채권'이라 한다)과 선우상선이 피고에 대하여 가지는 회생채권인 이 사건 피가압류채권(이하 '이 사건 수동채권'이라 한다)에 대하여 대등액에서 상계하는 의사표시를 할 당시에 이 사건 자동채권과 수동채권이 모두 사법적으로 확정되었고 이행기에 이르러 상계적상에 있었으므로, 상계의 요건을 갖추었다는 취지로 판단한 다음, (2) **원고가 민사집행법에 따라 이 사건 수동채권을 가압류 및 압류하여 추심명령을 받고 이에 기하여 제3채무자인 피고에 대하여 추심금 청구를 하는 이 사건에서, 원고가 위 가압류로 피고의 상계 주장을 저지할 수 있는 것인지 여부는 상계의 준거법인 영국법이 아니라 대한민국 민사집행법에 따라 결정되어야 한다고 판단하고,** 위 대법원판결의 법리에 비추어 보면 2010. 3. 31. 이 사건 가압류 당시 이 사건 자동채권의 변제기는 도래한 반면 이 사건 수동채권은 회생계획에 따라 변제되는 회생채권에 해당하므로 제3채무자인 피고는 상계로써 가압류채권자인 원고에게 대항할 수 있다는 취지로 판단하여, 이 사건 수동채권은 피고의 2011. 12. 15.자 상계로써 모두 소멸하였다고 인정하였다.

(.......)

9. 대법원 2016. 6. 23. 선고 2015다5194 판결 [보험금]

[판결요지]

[1] 국제사법 제25조는 제1항 본문 및 제2항에서, "계약은 당사자가 명시적 또는 묵시적으로 선택한 법에 의한다.", "당사자는 계약의 일부에 관하여도 준거법을 선택할 수 있다."라고 규정하고, 제26조 제1항에서 "당사자가 준거법을 선택하지 아니한 경우에 계약은 그 계약과 가장 밀접한 관련이 있는 국가의 법에 의한다."라고 규정하고 있다. 따라서 외국적 요소가 있는 계약에서 당사자가 계약의 일부에 관하여만 준거법을 선택한 경우에 해당 부분에 관하여는 당사자가 선택한 법이 준거법이 되지만, 준거법 선택이 없는 부분에 관하여는 계약과 가장 밀접한 관련이 있는 국가의 법이 준거법이 된다.

[2] 약관의 규제에 관한 법률 제3조 제3항이 사업자에 대하여 약관에 정하여져 있는 중요한 내용을 고객이 이해할 수 있도록 설명할 의무를 부과하고, 제4항이 이를 위반하여 계약을 체결한 경우에는 해당 약관을 계약의 내용으로 주장할 수 없도록 한 것은, 고객으로 하여금 약관을 내용으로 하는 계약이 성립되는 경우에 각 당사자를 구속하게 될 내용을 미리 알고 약관에 의한 계약을 체결하도록 함으로써 예측하지 못한 불이익을 받게 되는 것을 방지하여 고객을 보호하려는 데 입법 취지가 있다. 따라서 고객이 약관의 내용을 충분히 잘 알고 있는 경우에는 약관이 바로 계약내용이 되어 당사자에 대하여 구속력을 가지므로, 사업자로서는 고객에게 약관의 내용을 따로 설명할 필요가 없다.

[참조조문]

[1] 국제사법 제25조 제1항, 제2항, 제26조 제1항 [2] 약관의 규제에 관한 법률 제3조 제3항, 제4항

[이 유]

1. 상고이유 제1점에 대하여

가. 국제사법 제25조는 제1항 본문 및 제2항에서, "계약은 당사자가 명시적 또는 묵시적으로 선택한 법에 의한다.", "당사자는 계약의 일부에 관하여도 준거법을 선택할 수 있다."라고 규정하고, 제26조 제1항에서 "당사자가 준거법을 선택하지 아니한 경우에 계약은 그 계약과 가장 밀접한 관련이 있는 국가의 법에 의한다."라고 규정하고 있다. 따라서 외국적 요소가 있는 계약에서 당사자가 계약의 일부에 관하여만 준거법을 선택한 경우에 그 해당 부분에 관하여는 당사자가 선택한 법이 준거법이 되지만, 준거법 선택이 없는 부분에 관하여는 계약과 가장 밀접한 관련이 있는 국가의 법이 준거법이 된다.

그리고 약관의 규제에 관한 법률(이하 '**약관규제법**'이라고 한다) **제3조 제3항**이 사업자에 대하여 약관에 정하여져 있는 중요한 내용을 고객이 이해할 수 있도록 설명할 의무를 부과하고,

제4항이 이를 위반하여 계약을 체결한 경우에는 해당 약관을 계약의 내용으로 주장할 수 없도록 한 것은, 고객으로 하여금 약관을 내용으로 하는 계약이 성립되는 경우에 각 당사자를 구속하게 될 내용을 미리 알고 약관에 의한 계약을 체결하도록 함으로써 예측하지 못한 불이익을 받게 되는 것을 방지하여 고객을 보호하려는 데 입법 취지가 있다. 따라서 **고객이 약관의 내용을 충분히 잘 알고 있는 경우에는** 그 약관이 바로 계약내용이 되어 당사자에 대하여 구속력을 갖는다고 할 것이므로, 사업자로서는 고객에게 약관의 내용을 따로 설명할 필요가 없다(대법원 2010. 9. 9. 선고 2009다105383 판결 참조).

(.......)

다. 위와 같은 사실관계를 앞서 본 법리에 비추어 살펴본다.

1) 이 사건 준거법 약관은 이 사건 보험계약 전부에 대한 준거법을 지정한 것이 아니라 보험자의 '책임' 문제에 한정하여 영국의 법률과 관습에 따르기로 한 것이므로 보험자의 책임에 관한 것이 아닌 사항에 관하여는 이 사건 보험계약과 가장 밀접한 관련이 있는 우리나라의 법이 적용된다고 할 것인데, 약관의 설명의무에 관한 사항은 약관의 내용이 계약내용이 되는지 여부에 관한 문제로서 보험자의 책임에 관한 것이라고 볼 수 없으므로(대법원 2001. 7. 27. 선고 99다55533 판결 참조), 이에 관하여는 영국법이 아니라 우리나라의 약관규제법이 적용된다.

(.......)

3) 위와 같은 여러 사정에 비추어 보면, 이 사건 보험계약 체결 당시 원고는 이 사건 갑판적재 약관의 내용을 잘 알고 있었다고 보이므로, 피고가 그 내용을 설명하지 않았더라도 이 사건 갑판적재 약관은 이 사건 보험계약의 내용이 된다고 봄이 상당하다.

따라서 원심이 이 사건 보험계약에 약관규제법이 적용되지 아니한다고 판단한 것은 잘못이나, 원고가 이 사건 갑판적재 약관의 내용을 잘 알고 있었으므로 이 사건 갑판적재 약관은 약관규제법이 정하는 설명의무의 대상이 되지 아니하고, 따라서 피고가 그 내용을 설명하지 않았더라도 이 사건 보험계약의 내용이 된다고 본 원심판단의 결론은 정당하므로, 거기에 상고이유 주장과 같이 약관규제법의 적용 및 해석에 관한 법리 등을 오해하여 판결에 영향을 미친 위법은 없다.

10. 서울고등법원 2015. 6. 9. 선고 2012나29269 판결: 상고 [손해배상(기)]

[판결요지]

내국법인인 해상운송인 갑 주식회사가 내국법인인 을 주식회사와 태국에서 사우디아라비아까지 공사 설비 등을 운송하기로 하는 계약을 체결한 후 을 회사에 수하인을 사우디아라비아국 병 법인으로 하는 선창 내 적재조건의 선하증권을 발행하였고, 내국법인인 정 보험회사와 피보험자를 갑 회사로 하고 '선창 내 적재조건으로 선하증권이 발행되었는데도 갑판에 적재됨으로써 화물에 손상이 발생한 경우'를 부보위험으로 하는 해상적하책임보험을 체결하였는데, 화물이 갑판에 적재되어 운송되던 중 일부 화물이 멸실되거나 손상되는 사고가 발생하자, 정 회사를 상대로 주위적으로는 병 법인이 보험금의 직접 지급을 청구하고, 예비적으로는 병 법인과 적하보험계약의 재보험계약을 체결한 영국의 무 법인 등이 병 법인의 직접청구권을 대위하여 보험금 지급을 구한 사안에서, 갑 회사와 정 회사 사이의 해상적하책임보험계약에 따른 책임에 관하여는 당사자가 정한 바에 따라 영국법인 1906년 영국 해상보험법(Marine Insurance Act 1906)과 관습이 적용되고, 국제사법에는 피해자가 보험자에 대하여 직접청구권을 주장하는 경우에 관한 규정은 존재하지 않으나, 피해자가 보험자에 대하여 직접청구를 하는 것은 보험자가 보험계약을 체결하였다는 것에 직접적인 근거를 두고 있는 점 등을 종합하면 피해자가 보험자에 대하여 직접청구권을 행사하는 경우에는 '보험계약에 따른 준거법'에 의하여야 하므로, 영국법이 준거법이 되어 영국 '제3자 권리법'[Third Parties (Rights against Insurers) Act 1930]이 적용된다고 한 사례.

11. 대법원 2011. 11. 24. 선고 2010다76290 판결 [보험금]

[판시사항]

갑 외국법인이 을 주식회사와 체결한 하도급계약을 해제하고 보증보험회사를 상대로 이행보증보험금 지급을 구한 사안에서, 이행보증보험계약 약관상 갑 법인이 보험금을 청구하기 위해서는 먼저 주계약인 하도급계약을 해지 또는 해제하여야 하는데, 하도급계약에서 정한 준거법인 일본국 민법 제635조 규정과 일본국 최고재판소의 판결 취지 등에 비추어 을 회사가 토지의 공작물로서 저장탱크 건설공사인 하도급공사를 완공한 이상 갑 법인의 계약 해제는 부적법하다는 이유로 갑 법인의 보험금 청구를 배척한 원심판단을 수긍한 사례

[참조조문]

상법 제665조, 국제사법 제5조, 제25조, 민법 제668조

2. 준거법 결정시의 객관적 연결(제26조)

> **제26조(준거법 결정시의 객관적 연결)**
> ① 당사자가 준거법을 선택하지 아니한 경우에 계약은 그 계약과 가장 밀접한 관련이 있는 국가의 법에 의한다.
> ② 당사자가 계약에 따라 다음 각호중 어느 하나에 해당하는 이행을 행하여야 하는 경우에는 계약체결 당시 그의 상거소가 있는 국가의 법(당사자가 법인 또는 단체인 경우에는 주된 사무소가 있는 국가의 법)이 가장 밀접한 관련이 있는 것으로 추정한다. 다만, 계약이 당사자의 직업 또는 영업활동으로 체결된 경우에는 당사자의 영업소가 있는 국가의 법이 가장 밀접한 관련이 있는 것으로 추정한다.
> 　1. 양도계약의 경우에는 양도인의 이행
> 　2. 이용계약의 경우에는 물건 또는 권리를 이용하도록 하는 당사자의 이행
> 　3. 위임·도급계약 및 이와 유사한 용역제공계약의 경우에는 용역의 이행
> ③ 부동산에 대한 권리를 대상으로 하는 계약의 경우에는 부동산이 소재하는 국가의 법이 가장 밀접한 관련이 있는 것으로 추정한다.

제26조 객관적 연결은 준거법을 당사자가 선택하지 않은 경우에 준거법을 객관적으로 결정하는 방법이다.

가. (준거법을 당사자가 선택하지 않은 경우) 그 계약과 가장 밀접한 관련이 있는 국가의 법에 의한다(제1항).

나. 밀접관련성 추정(제2항, 제3항)

준거법을 당사자들이 선택하지 않은 경우 그 계약과 가장 밀접한 관련이 있는 국가의 법이 제1항에 따라 준거법이 된다. 이때 가장 밀접한 국가의 법을 결정하는 것을 보다 용이하게 하기 위해 제2항과 제3항에서 추정규정을 두었다.

1) 특징적 이행계약(제2항)

가) 원칙

당사자가 계약(양도계약, 이용계약, 위임·도급계약, 용역제공계약)에 따라 이행해야 하는 경우 계약체결시 이행의무자의 상거소가 있는 국가의 법이 가장 밀접한 관련이 있는 것으로 추정한다.

나) 예외

다만 이러한 계약이 영업활동으로 체결된 경우 영업소 국가의 법이 가장 밀접한 관련이 있는 것으로 추정한다.

2) 부동산에 대한 권리 대상 계약(제3항)

부동산에 대한 권리를 대상으로 하는 계약은 부동산 소재 국가의 법이 가장 밀접한 관련이 있는 것으로 추정한다.

관련판례

1. 대법원 2011. 1. 27. 선고 2009다10249 판결 [신용장대금등]

[판시사항]

[1] 신용장 개설은행과 매입은행 사이의 신용장대금 상환의 법률관계에 관한 준거법(=신용장 개설은행의 소재지법)

[2] 원본채권의 준거법이 외국법인 경우, 신용장에 따른 대금지급의무의 지체에 대한 지연손해금의 지급을 명함에 있어 소송촉진 등에 관한 특례법 제3조 제1항을 적용할 수 있는지 여부(소극)

[판결요지]

[1] 국제사법 제26조 제1항은 외국적 요소가 있는 법률관계에서 당사자가 준거법을 선택하지 아니한 경우에 계약은 그 계약과 가장 밀접한 관련이 있는 국가의 법에 의하여야 한다고 규정하고, 제26조 제2항 제3호에서는 위임사무의 준거법은 위임사무 이행의무 당사자의 계약체결 당시의 주된 사무소 등의 소재지법을 가장 밀접한 관련이 있는 법으로 추정하고 있다. 그런데 신용장에 기한 환어음 등을 매입하는 매입은행은 신용장 개설은행의 수권에 의하여 매입하긴 하지만, 이는 어디까지나 자기의 계산에 따라 독자적인 영업행위로서 매입하는 것이고 신용장 개설은행을 위한 위임사무의 이행으로서 신용장을 매입하는 것은 아니므로, 신용장 개설은행과 매입은행 사이의 신용장대금 상환의 법률관계에 관한 준거법의 결정에는 위임사무의 이행에 관한 준거법의 추정 규정인 국제사법 제26조 제2항 제3호를 적용할 수 없고, 환어음 등의 매입을 수권하고 신용장대금의 상환을 약정하여 신용장대금 상환의무를 이행하여야 하는 신용장 개설은행의 소재지법이 계약과 가장 밀접한 관련이 있는 국가의 법으로서 준거법이 된다.

[2] 지연손해금은 채무의 이행지체에 대한 손해배상으로서 본래의 채무에 부수하여 지급되는 것이므로 본래의 채권채무관계를 규율하는 준거법에 의하여 결정되어야 한다. 한편 소송촉진 등에 관한 특례법 제3조 제1항에서 정하는 법정이율에 관한 규정은 비록 소송촉진을 목적으로 소송절차에 의한 권리구제와 관련하여 적용되는 것이기는 하지만 그 실질은 금전채무의 불이행으로 인한 손해배상의 범위를 정하기 위한 것이다. 따라서 소송촉진 등에 관한 특례법 제3조 제1항에서 정한 법정이율에 관한 규정을 절차법적인 성격을 가지는 것이라고만 볼 수는 없다.

[참조조문]

[1] 국제사법 제26조 제1항, 제2항 제3호 [2] 소송촉진 등에 관한 특례법 제3조 제1항

2. 대법원 2016. 12. 29. 선고 2013므4133 판결 [재산분할등]

[판결요지]

채권에 관한 법률관계에 외국적 요소가 있을 경우에, 당사자가 준거법을 선택한 바가 없고, 국제사법에도 당해 법률관계에 적용할 준거법을 정하는 기준에 관한 직접적 규정이 없는 경우에는 법률관계와 가장 밀접한 관련이 있는 국가의 법에 의하여야 한다(국제사법 제26조 등). 외국의 법률에 의하여 권리를 취득한 채권자가 우리나라에서 채권자취소권을 행사할 경우의 준거법에 관해서도 국제사법은 달리 정한 바가 없다. 그러므로 이때에도 법률관계와 가장 밀접한 관련이 있는 국가의 법이 준거법이 되어야 하는데, 채권자취소권의 행사에서 피보전권리는 단지 권리행사의 근거가 될 뿐이고 취소 및 원상회복의 대상이 되는 것은 사해행위이며, 사해행위 취소가 인정되면 채무자와 법률행위를 한 수익자 및 이를 기초로 다시 법률관계를 맺은 전득자 등이 가장 직접적으로 이해관계를 가지게 되므로 거래의 안전과 제3자의 신뢰를 보호할 필요도 있다. 이러한 요소 등을 감안하면, 외국적 요소가 있는 채권자취소권의 행사에서 가장 밀접한 관련이 있는 국가의 법은 취소대상인 사해행위에 적용되는 국가의 법이다.

[참조조문]

국제사법 제26조 제1항, 제3항, 민법 제406조, 제407조

[이 유]

상고이유를 판단한다.

1. 채권에 관한 법률관계에 외국적 요소가 있을 경우에, 당사자가 그 준거법을 선택한 바가 없고, 「국제사법」에도 당해 법률관계에 적용할 준거법을 정하는 기준에 관한 직접적 규정이 없는 경우에는 그 법률관계와 가장 밀접한 관련이 있는 국가의 법에 의하여야 한다(국제사법 제26조 등). 외국의 법률에 의하여 권리를 취득한 채권자가 우리나라에서 채권자취소권을 행사할 경우의 준거법에 관해서도 「국제사법」은 달리 정한 바가 없다. 그러므로 이때에도 그 법률관계와 가장 밀접한 관련이 있는 국가의 법이 준거법이 되어야 할 것인데, 채권자취소권의 행사에서 피보전권리는 단지 권리행사의 근거가 될 뿐이고 취소 및 원상회복의 대상이 되는 것은 사해행위이며, 사해행위 취소가 인정되면 채무자와 법률행위를 한 수익자 및 이를 기초로 다시 법률관계를 맺은 전득자 등이 가장 직접적으로 이해관계를 가지게 되므로 거래의 안전과 제3자의 신뢰를 보호할 필요도 있다. 이러한 요소 등을 감안하면, 외국적 요소가 있는 채권자취소권의 행사에서 가장 밀접한 관련이 있는 국가의 법은 취소대상인 사해행위에 적용되는 국가의 법이라고 할 것이다.

2. 원심판결 이유와 기록에 의하면 다음과 같은 점을 알 수 있다.

가. 러시아국 사람인 원고와 원심공동피고 1은 러시아국에서 혼인하였다가 2011. 11. 4. 이혼한 사이인데, 원심공동피고 1은 원고와 혼인 중에 대한민국에서 거주하던 러시아국 사람인 피고와 내연관계를 맺고, 2010. 2. 25. 피고에게 본인 소유의 이 사건 아파트에 관하여 2010. 2. 24.자 매매계약(이하 '이 사건 매매계약'이라고 한다)을 원인으로 소유권이전등기를 하였다.

나. 원고는 이 사건 소로써, 원심공동피고 1에 대해서는 주위적으로 2006. 4. 25. 러시아국법에 따라 체결한 재산분할계약에 따라 이 사건 아파트에 대한 소유권이전등기절차의 이행을 구하고, 예비적으로 러시아 가족법에 의하여 이혼에 따른 재산분할청구로서 이 사건 부동산 1/2 지분에 해당하는 금전 지급을 구하였다. 또 피고에 대해서는 주위적으로는 러시아 가족법상 부부 일방 명의의 재산을 타방의 동의 없이 양도한 경우 양수인이 악의이면 그 양도는 무효인데 피고는 내연녀이므로 악의의 양수인이라고 하여 피고 명의로 된 소유권이전등기의 말소를 구하였다. 그리고 예비적으로는, 위 재산분할계약의 이행불능을 이유로 원심공동피고 1에 대하여 가지는 손해배상청구권 또는 이혼으로 인한 재산분할청구권 및 위자료청구권을 피보전채권으로 하여, 이 사건 매매계약에 대한 사해행위취소 및 원상회복으로 그 소유권이전등기의 말소등기절차의 이행을 구하였다.

다. 원심은 원심공동피고 1 및 피고에 대한 각 주위적 청구는 모두 기각하고, 예비적 청구 중 원심공동피고 1에 대한 이혼을 원인으로 한 재산분할청구는 이 사건 아파트 가격의 1/2 상당의 금전 지급을 명하는 범위에서 인용하였다. 그리고 피고에 대해서는 원고가 주장하는 채권자취소권에 관하여는 그 피보전채권의 준거법인 러시아국법과 사해행위의 준거법인 대한민국법

이 누적적으로 준거법이 되어 양쪽 준거법 모두에서 채권자취소권을 행사할 수 있어야 하는데, 러시아국법상 채권자취소권의 근거 규정이 있다거나 러시아국법에 따라 채권자취소권이 성립하였음을 인정할 자료가 없으므로 더 나아가 살펴볼 필요 없이 이유 없다고 하여 기각하였다.

3. 그러나 피고에 대한 예비적 청구에 관한 위 원심의 판단은 다음의 이유로 수긍할 수 없다.

우선 앞에서 본 법리에 비추어 보면, 원고가 주장하는 이 사건 채권자취소권의 성립과 효력에 관한 준거법은 사해행위취소의 대상인 이 사건 매매계약에 적용되는 준거법이 되어야 한다. 그런데 기록상 이 사건 매매계약의 당사자인 원심공동피고 1과 피고가 모두 러시아국 사람이지만 그 계약에 적용할 준거법의 선택에 관한 별도의 합의가 있었다고 볼 자료는 없다. 이와 같이 외국적 요소가 있는 계약의 당사자가 거기에 적용할 준거법을 선택하지 아니한 경우에는 당해 계약과 가장 밀접한 관련이 있는 국가의 법이 준거법이 되고(국제사법 제26조 제1항), 특히 그 계약이 부동산에 관한 권리를 대상으로 하는 경우에는 부동산이 소재하는 국가의 법이 가장 밀접한 관련이 있는 것으로 추정하므로(국제사법 제26조 제3항), 결국 이 사건 아파트가 소재한 대한민국법이 이 사건 매매계약과 가장 밀접한 관련이 있는 것으로 추정된다.

따라서 특별한 사정이 없는 한 이 사건 매매계약의 준거법은 대한민국법이라 할 것이므로 이 사건 채권자취소권의 행사 등과 관련한 법률관계에 적용할 준거법도 대한민국법이라고 봄이 타당하다.

그럼에도 원심은, 피보전채권의 준거법과 사해행위 취소의 대상인 법률행위의 준거법이 다른 경우에 채권자취소권을 행사하려면 두 준거법에서 정한 행사요건을 누적적으로 충족하여야 한다고 전제한 다음, 피보전채권의 준거법인 러시아국법에 일반 채권자들을 보호하기 위한 사해행위 취소 제도가 존재하지 않는다는 이유로 원고의 채권자취소권이 성립하지 않는다고 판단하였다.

이러한 원심의 판단에는 외국적 요소가 있는 채권자취소권의 준거법 결정에 관한 법리를 오해하여 판결에 영향을 미친 잘못이 있다. 이를 지적하는 취지의 상고이유 주장은 이유 있다.

(.......)

3. 대법원 2012. 7. 16. 자 2009마461 결정 [선박임의경매결정에대한즉시항고]

[판시사항]

[1] 국내에 영업소가 있는 선박대리점이 외국의 선박소유자 등과 선박대리점계약을 체결하면서 준거법을 따로 선택하지 않은 경우, 위 계약에 따른 권리의무에 관한 사항에 적용할 준거법(＝선박대리점의 영업소가 있는 우리나라의 법)

[2] 선박대리점이 선박소유자 등을 대리하여 체결한 계약에서 발생한 채무를 자신의 재산을 출연하여 대신 변제하기로 한 약정의 법적 성질 및 위 약정에 따른 선박대리점의 변제가 '제3자의 변제'에 해당하는지 여부(원칙적 적극)

[3] 민법 제481조에 의하여 법정대위를 할 수 있는 '변제할 정당한 이익이 있는 자'의 의미 및 이행인수인이 '변제할 정당한 이익이 있는 자'에 해당하는지 여부(적극)

[4] 국내에서 선박대리점업을 영위하는 갑 주식회사가 선박 용선자인 미국 법인 을 회사와 체결한 선박대리점계약에서 선박의 입·출항시 발생하는 항비 등 비용을 을 회사가 부담하되

갑 회사가 을 회사를 대신하여 채권자에게 우선 지급하기로 약정한 사안에서, 갑 회사가 위 약정에 따른 변제로 인하여 항비 등 채권을 당연히 대위할 수 있는데도, 이와 달리 본 원심판결에 법리오해 등 위법이 있다고 한 사례

[결정요지]

[1] 국내에 영업소가 있는 선박대리점이 외국의 선박소유자 등과의 선박대리점계약에 기하여 외국 선적의 선박에 관하여 항해 등에 관한 사무의 처리를 위탁받아 그 사무를 처리하는 경우에, 선박대리점계약에 의하여 발생하는 채권 및 채무의 종류·내용과 효력, 그리고 변제 그 밖의 방법에 의한 소멸 등의 사항에 관하여 당사자가 준거법을 따로 선택하지 아니하였다면, 다른 특별한 사정이 없는 한 국제사법 제26조 제2항 단서에 의하여 계약과 가장 밀접한 관련이 있는 것으로 추정되는 선박대리점의 영업소가 있는 우리나라의 법이 준거법이 된다.

[2] 선박대리점이 선박소유자 등을 대리하여 선박의 항해에 필요한 계약을 체결하는 것은 통상 상법 제87조 소정의 대리상의 지위에서 하는 것이다. 그러나 선박대리점은 선박소유자 등의 상업사용인이 아니라 독자적으로 영리를 추구하는 독립한 상인으로서 자신의 명의로 영업을 영위하는 것으로서, 선박대리점이 선박소유자 등과 사이에 그러한 계약으로부터 발생한 채무를 선박소유자 등을 대신하여 자신의 재산을 출연하여 변제하기로 한 경우 그 법적 성질은 특별한 사정이 없는 한 이행인수약정으로 보아야 한다. 그리고 선박대리점이 이러한 이행인수약정에 따라 자신의 재산을 출연하여 한 변제는 선박소유자 등의 대리인으로서 한다는 점을 밝히는 등 본인의 변제라고 평가되어야 할 만한 사정이 없는 한 민법 제469조에서 정하는 '제3자의 변제'에 해당한다고 봄이 상당하다.

[3] 민법 제481조에 의하여 법정대위를 할 수 있는 '변제할 정당한 이익이 있는 자'라고 함은 변제함으로써 당연히 대위의 보호를 받아야 할 법률상의 이익을 가지는 자를 의미한다. 그런데 이행인수인이 채무자와의 이행인수약정에 따라 채권자에게 채무를 이행하기로 약정하였음에도 불구하고 이를 이행하지 아니하는 경우에는 채무자에 대하여 채무불이행의 책임을 지게 되어 특별한 법적 불이익을 입게 될 지위에 있다고 할 것이므로, 이행인수인은 그 변제를 할 정당한 이익이 있다고 할 것이다.

[4] 국내에서 선박대리점업을 영위하는 갑 주식회사가 선박 용선자인 미국 법인 을 회사와 체결한 선박대리점계약에서 선박의 입·출항시 발생하는 항비 등 비용을 을 회사가 부담하되 갑 회사가 을 회사를 대신하여 채권자에게 우선 지급하기로 약정한 사안에서, 위 약정은 이행인수약정으로 보아야 하고, 나아가 갑 회사가 이러한 이행인수약정에 따라 자신의 출연으로 항비 등을 변제한 것은 특별한 사정이 없는 한 민법 제481조에서 정한 '변제할 정당한 이익이 있는 자'의 변제에 해당하여 항비 등 채권을 당연히 대위할 수 있는데도, 이와 달리 본 원심판결에 민법 제481조가 규정하는 법정대위 등에 관한 법리오해 등 위법이 있다고 한 사례

[참조조문]

[1] 국제사법 제26조 제2항 [2] 상법 제87조, 민법 제469조 [3] 민법 제481조 [4] 국제사법 제26조 제2항, 상법 제87조, 민법 제469조, 제481조

4. 대법원 2011. 4. 28. 선고 2010도15350 판결 [사기·장물취득·외국환거래법위반]

[판결요지]

[1] '장물'이라 함은 재산죄인 범죄행위에 의하여 영득된 물건을 말하는 것으로서 절도·강도·사기·공갈·횡령 등 영득죄에 의하여 취득된 물건이어야 한다. 여기에서의 범죄행위는 절도죄 등 본범의 구성요건에 해당하는 위법한 행위일 것을 요한다. 그리고 본범의 행위에 관한 법적 평가는 그 행위에 대하여 우리 형법이 적용되지 아니하는 경우에도 우리 형법을 기준으로 하여야 하고 또한 이로써 충분하므로, 본범의 행위가 우리 형법에 비추어 절도죄 등의 구성요건에 해당하는 위법한 행위라고 인정되는 이상 이에 의하여 영득된 재물은 장물에 해당한다.

[2] 횡령죄가 성립하기 위하여는 그 주체가 '타인의 재물을 보관하는 자'이어야 하고, 타인의 재물인가 또는 그 재물을 보관하는가의 여부는 민법·상법 기타의 민사실체법에 의하여 결정되어야 한다. 따라서 타인의 재물인가 등과 관련된 법률관계에 당사자의 국적·주소, 물건 소재지, 행위지 등이 외국과 밀접하게 관련되어 있어서 국제사법 제1조 소정의 외국적 요소가 있는 경우에는 다른 특별한 사정이 없는 한 국제사법의 규정에 좇아 정하여지는 준거법을 1차적인 기준으로 하여 당해 재물의 소유권의 귀속관계 등을 결정하여야 한다.

[3] 대한민국 국민 또는 외국인이 미국 캘리포니아주에서 미국 리스회사와 미국 캘리포니아주의 법에 따라 차량 이용에 관한 리스계약을 체결하면서 준거법에 관하여는 별도로 약정하지 아니하였는데, 이후 자동차수입업자인 피고인이 리스기간 중 위 리스이용자들이 임의로 처분한 리스계약의 목적물인 차량들을 수입한 사안에서, 국제사법에 따라 위 리스계약에 적용될 준거법인 미국 캘리포니아주의 법에 의하면, 위 차량들의 소유권은 리스회사에 속하고, 리스이용자는 일정 기간 차량의 점유·사용의 권한을 이전받을 뿐이어서(미국 캘리포니아주 상법 제10103조 제a항 제10호도 참조), 리스이용자들은 리스회사에 대한 관계에서 위 차량들에 관한 보관자로서의 지위에 있으므로, 위 차량들을 임의로 처분한 행위는 형법상 횡령죄의 구성요건에 해당하는 위법한 행위로 평가되고 이에 의하여 영득된 위 차량들은 장물에 해당한다는 이유로, 피고인에게 장물취득죄를 인정한 원심판단의 결론을 정당하다고 한 사례.

[참조조문]

[1] 형법 제362조 [2] 형법 제355조 제1항, 국제사법 제1조 [3] 형법 제355조 제1항, 제362조 제1항, 국제사법 제1조, 제26조 제1항, 제2항 제2호

관련쟁점

1. 채권의 준거법(제25조, 제26조) 적용범위

계약 당사자의 행위능력(제13조)과 계약의 방식(제17조)을 제외한 모든 문제에 적용된다. 즉 계약의 성립과 유효성뿐만 아니라 권리의무의 내용, 면책이나 구제수단 등에 대한 문제는 제25

조와 제26조에 따라 정해진 준거법에 따른다. 다만 계약의 성립과 유효성에 대하여 제29조 제1항이 특별히 규정하고 있는 것은 계약의 성립과 유효성을 판단하기 위해 계약의 준거법을 이용하는 것은 선후관계가 맞지 않기 때문에 이를 입법적으로 해결한 것이다.

3. 소비자계약(제27조)

제27조(소비자계약)

① 소비자가 직업 또는 영업활동 외의 목적으로 체결하는 계약이 다음 각호중 어느 하나에 해당하는 경우에는 당사자가 준거법을 선택하더라도 소비자의 상거소가 있는 국가의 강행규정에 의하여 소비자에게 부여되는 보호를 박탈할 수 없다.

1. 소비자의 상대방이 계약체결에 앞서 그 국가에서 광고에 의한 거래의 권유 등 직업 또는 영업활동을 행하거나 그 국가 외의 지역에서 그 국가로 광고에 의한 거래의 권유 등 직업 또는 영업활동을 행하고, 소비자가 그 국가에서 계약체결에 필요한 행위를 한 경우
2. 소비자의 상대방이 그 국가에서 소비자의 주문을 받은 경우
3. 소비자의 상대방이 소비자로 하여금 외국에 가서 주문을 하도록 유도한 경우

② 당사자가 준거법을 선택하지 아니한 경우에 제1항의 규정에 의한 계약은 제26조의 규정에 불구하고 소비자의 상거소지법에 의한다.

③ 제1항의 규정에 의한 계약의 방식은 제17조 제1항 내지 제3항의 규정에 불구하고 소비자의 상거소지법에 의한다.

④ 제1항의 규정에 의한 계약의 경우에 소비자는 그의 상거소가 있는 국가에서도 상대방에 대하여 소를 제기할 수 있다.

⑤ 제1항의 규정에 의한 계약의 경우에 소비자의 상대방이 소비자에 대하여 제기하는 소는 소비자의 상거소가 있는 국가에서만 제기할 수 있다.

⑥ 제1항의 규정에 의한 계약의 당사자는 서면에 의하여 국제재판관할에 관한 합의를 할 수 있다. 다만, 그 합의는 다음 각호중 어느 하나에 해당하는 경우에 한하여 그 효력이 있다.

1. 분쟁이 이미 발생한 경우
2. 소비자에게 이 조에 의한 관할법원에 추가하여 다른 법원에 제소하는 것을 허용하는 경우

가. 당사자가 준거법 선택한 경우(소비자 보호 박탈 금지)

1) 소비자가 직업 또는 영업활동 이외의 목적으로 계약(이하 소비자계약) 체결한 경우,

2) 당사자가 준거법을 선택하였더라도

3) 소비자의 상거소가 있는 국가의 강행규정상 소비자 보호를 박탈할 수 없다.

나. 당사자가 준거법 선택하지 않은 경우

이러한(영업활동 이외 목적) 소비자계약에서 당사자가 준거법을 선택하지 않은 경우에는 제26조(객관적 연결)가 아닌 상거소법에 의한다.

다. (영업활동 이외 목적) 소비자계약의 방식

제17조(법률행위의 방식)가 아닌 제27조 제3항이 적용되어 소비자계약의 방식은 소비자의 상거소지법에 의한다. 이는 제17조에 대한 특별규정이다.

라. 소비자계약의 국제재판관할 특칙

1) 소비자가 원고(제4항)

소비자계약의 경우 소비자는 자신의 상거소국가에서도 추가적으로 소제기가 가능하다. 즉 소비자가 원고인 경우에는 제2조를 배제하는 것이 아니라 제2조에 의한 재판관할권 인정 국가 이외에 추가하여 소비자의 상거소국가에도 재판관할권을 인정하는 것이다.

2) 소비자가 피고(제5항)

소비자의 상대방이 제기하는 소는 소비자의 상거소국가에서만 제기할 수 있다. 즉 소비자의 상대방(즉 일반적으로 기업)이 원고인 경우 즉 소비자가 피고인 경우에는 소비자의 상거소국가에만 재판관할권이 인정되고, 제2조에 의한 재판관할권은 부정된다.

3) 국제재판관할 서면 합의(제6항)

가) 서면합의

소비자계약의 당사자들은 서면에 의하여 국제재판관할 합의가 가능하다.

나) 사후적 합의

분쟁이 이미 발생한 경우 국제재판관할합의(사후적 합의)가 가능하다.

다) 사전적 합의 & 추가적 합의

소비자의 제소 가능한 관할법원을 추가적으로 허용하는 경우에만 사전적 합의가 가능하다.

관련판례

대법원 2015. 3. 20. 선고 2012다118846 판결 [채무부존재확인 · 채무부존재확인]

[판시사항]

[1] 구체적인 계약에서의 개별적 합의 등이 약관의 규제에 관한 법률의 규제 대상인 약관에 해당하는지 여부(소극)

[2] 외국적 요소가 있는 법률관계에 관하여 적용될 외국법규의 의미와 내용의 확정 방법

[3] 갑 보험회사와 영국 협회기간약관이 적용되는 선박보험계약을 체결한 을 주식회사가 갑 회사에 당초 부보된 항해구역의 확장을 요청하여 1개월의 담보기간 동안 항해구역을 확장하는 승낙을 받았는데, 확장담보 기간 만료일로부터 2일째 되는 날 새벽에 피보험선박이 확장된 항해구역을 항해하다가 침몰하자, 을 회사가 갑 회사에 확장담보 기간 만료일 다음 날부터 1개월간을 담보기간으로 하는 추가확장담보를 요청한 사안에서, 위 요청은 영국 협회기간약관에서 정한 계속담보가 성립하기 위한 유효한 통지라고 보기 어렵다고 한 사례

[4] 외국법을 준거법으로 하여 체결된 모든 계약에 관하여 약관의 규제에 관한 법률을 적용할 수 있는지 여부(소극)

[참조조문]

[1] 약관의 규제에 관한 법률 제2조 제1호, 제4조 [2] 국제사법 제1조, 제5조 [3] 국제사법 제1조, 제5조, 영국 협회기간약관[Institue Time Clauses (Hull−1/10/83)] 제3조 [4] 국제사법 제27조, 약관의 규제에 관한 법률 제1조

[이 유]

1. 상고이유 제1점, 제2점에 대하여

약관의 규제에 관한 법률(이하 '약관규제법'이라 한다)의 규제 대상인 약관은 그 명칭이나 형태 또는 범위에 관계없이 계약의 일방당사자가 다수의 상대방과 계약을 체결하기 위하여 일정한 형식으로 미리 마련한 계약의 내용을 말하는 것이므로, 구체적인 계약에서 개별적으로 이루어진 합의 등은 약관에 해당한다고 할 수 없다(대법원 2001. 11. 27. 선고 99다8353 판결 등 참조).

원심은 채택 증거에 의하여 그 판시와 같은 사실을 인정한 다음, 이 사건 적하보험증권 등의 문언 내용, 보험계약을 체결한 동기와 경위, 그로 인하여 달성하려는 목적, 당사자의 진정한 의사 등을 종합적으로 고려하면, 이 사건 적하보험은 남빙양 어장의 경우 남위 60도 이북의 수역을 조업구역으로 한정하여 체결된 것으로 봄이 상당하다고 판단하였다. 나아가 원심은 원고가 이 사건 적하보험이 남빙양의 일부분만을 조업구역으로 삼고 있다는 점을 설명하지 않았으므로 조업구역 제한에 관한 규정이 약관규제법 제3조에 의하여 이 사건 적하보험에 편입되지 않았다는 피고의 주장에 대하여, 원고와 피고가 이 사건 적하보험을 체결하기 전에 피고 소유의 선박 전부에 관한 적하보험 조건을 협의하면서 조업구역을 남위 60도 이북의 남빙양으로 제한하기로 합의한 것이므로, 원고가 조업구역에 관하여 설명의무를 이행하지 않았다는 피고의 주장은 더 나아가 살필 필요 없이 받아들일 수 없다고 판단하여 이를 배척하였다.

앞서 본 법리와 기록에 비추어 살펴보면, 원심의 위와 같은 사실인정과 판단은 정당하고, 거기에 상고이유 주장과 같이 논리와 경험의 법칙을 위반하여 자유심증주의의 한계를 벗어나거나 처분문서 해석에 관한 법리를 오해하여 심리를 다하지 아니한 위법이 없다.

(.......)

3. 상고이유 제4점에 대하여

(.......)

외국적 요소가 있는 법률관계에 관하여 적용될 외국법규의 내용을 확정하고 그 의미를 해석함에 있어서는 외국법이 그 본국에서 현실로 해석·적용되고 있는 의미와 내용에 따라 해석·적용하여야 하고, 그 본국에서 최고법원의 법해석에 관한 판단은 특별한 사정이 없는 한 존중하여야 할 것이나, 소송과정에서 그에 관한 판례나 해석 기준에 관한 자료가 충분히 제출되지 아니하여 그 내용의 확인이 불가능한 경우 법원으로서는 일반적인 법해석 기준에 따라 법의 의미와 내용을 확정할 수밖에 없다(대법원 2007. 6. 29. 선고 2006다5130 판결 등 참조).

(.......)

4. 상고이유 제5점에 대하여

국제사법 제27조에서 소비자 보호를 위하여 준거법 지정과 관련하여 소비자계약에 관한 강행규정을 별도로 마련해 두고 있는 점이나 약관규제법의 입법 목적을 고려하면, 외국법을 준거법으로 하여 체결된 모든 계약에 관하여 당연히 약관규제법을 적용할 수 있는 것은 아니다(대법원 2010. 8. 26. 선고 2010다28185 판결 등 참조).

원심은, 이 사건 선박보험에 적용되는 협회기간약관[Institute Time Clauses (Hull－1/10/83)]에서 이 보험은 영국의 법률 및 관례에 준거한다고 정하고 있고, 제3조에서 계속담보가 성립하기 위한 요건과 통지 등에 관하여 규정하고 있으며, 협회담보약관에는 앞서 본 바와 같은 워런티 조항에 관하여 규정하고 있는 사실 등을 인정한 다음, 원고가 영국법상 워런티 조항의 내용과 효력, 그 위반의 효과 등에 관하여 설명하지 아니하였으므로 약관규제법 제3조에 의하여 협회담보약관이 이 사건 선박보험에 편입되었다고 볼 수 없다는 피고의 주장에 대하여, 이 사건 선박보험에서 해상보험업계의 일반적 관행에 따라 영국법 준거약관을 사용하고 있고 그것이 대한민국의 공익이나 공서양속에 반한다거나 피고의 이익을 부당하게 침해하는 것이라고 볼 수 없으므로, 이 사건 선박보험과 관련된 모든 법률관계의 준거법은 영국법이고 달리 약관규제법을 적용하여야 할 사정이 없어, 이 사건 선박보험에는 약관규제법이 적용되지 않는다고 판단하여 피고의 위 주장을 배척하였다.

원심의 위와 같은 판단은 앞서 본 법리에 따른 것으로서 정당하다. 따라서 이 사건 선박보험에 약관규제법이 적용됨을 전제로 원심판결에 설명의무 위반이 있었는지 여부에 관하여 일부 판단을 누락한 위법이 있다는 이 부분 상고이유 주장은 나아가 살필 필요 없이 받아들일 수 없다.

(.......)

4. 근로계약(제28조)

> **제28조(근로계약)**
> ① 근로계약의 경우에 당사자가 준거법을 선택하더라도 제2항의 규정에 의하여 지정되는 준거법 소속 국가의 강행규정에 의하여 근로자에게 부여되는 보호를 박탈할 수 없다.
> ② 당사자가 준거법을 선택하지 아니한 경우에 근로계약은 제26조의 규정에 불구하고 근로자가 일상적으로 노무를 제공하는 국가의 법에 의하며, 근로자가 일상적으로 어느 한 국가안에서 노무를 제공하지 아니하는 경우에는 사용자가 근로자를 고용한 영업소가 있는 국가

의 법에 의한다.

③ 근로계약의 경우에 근로자는 자신이 일상적으로 노무를 제공하거나 또는 최후로 일상적 노무를 제공하였던 국가에서도 사용자에 대하여 소를 제기할 수 있으며, 자신이 일상적으로 어느 한 국가안에서 노무를 제공하지 아니하거나 아니하였던 경우에는 사용자가 그를 고용한 영업소가 있거나 있었던 국가에서도 사용자에 대하여 소를 제기할 수 있다.

④ 근로계약의 경우에 사용자가 근로자에 대하여 제기하는 소는 근로자의 상거소가 있는 국가 또는 근로자가 일상적으로 노무를 제공하는 국가에서만 제기할 수 있다.

⑤ 근로계약의 당사자는 서면에 의하여 국제재판관할에 관한 합의를 할 수 있다. 다만, 그 합의는 다음 각호 중 어느 하나에 해당하는 경우에 한하여 그 효력이 있다.

1. 분쟁이 이미 발생한 경우
2. 근로자에게 이 조에 의한 관할법원에 추가하여 다른 법원에 제소하는 것을 허용하는 경우

가. 당사자가 준거법 선택한 경우(근로자 보호 박탈 금지)(제1항)

1) 당사자가 준거법을 선택하였더라도

2) 제2항(당사자가 준거법 선택하지 않은 경우)에 의해 정해진 준거법 소속 국가의 강행 규정상 근로자 보호를 박탈할 수 없다.

나. 당사자가 준거법 선택하지 않은 경우(제2항)

1) 당사자가 준거법을 선택하지 않은 경우에 제26조(객관적 연결)에 의하지 않고,

2) 근로자가 일상적으로 노무를 제공하는 국가의 법에 의하며,

3) 일상적으로 노무제공을 한 국가에서 하지 않은 경우에는 사용자가 근로자를 고용한 영업소가 있는 국가의 법에 의한다.

다. 근로계약의 국제재판관할 특칙

1) 근로자가 원고인 경우(제3항)

근로자는 일상적 노무제공 국가 또는 최후 노무제공 국가에서도 추가적으로 소제기가 가능하다. 다만, 근로자가 일상적으로 한 국가에서 노무를 제공하지 않은 경우에는 사용자가 근로자를 고용한 영업소가 있는(또는 영업소 있었던) 국가에서도 추가적으로 소제기가 가능하다.

2) 근로자가 피고인 경우(제4항)

사용자가 (근로자를 피고로) 제기하는 소는 근로자의 상거소 국가 또는 근로자의 일상적 노무제공 국가에서만 제기할 수 있다. 그 이외에 다른 국가에서의 소제기는 추가적으로라도 허용되지 않는다.

3) 국제재판관할 서면 합의(제5항)

가) 서면합의(제5항 1호, 2호)

근로계약의 당사자들은 서면에 의하여 국제재판관할 합의가 가능하다. 단 그 서면합의는 다음 각호의 요건을 구비한 경우에만 효력을 가진다.

나) 사후적 합의(1호)

분쟁이 이미 발생한 경우 국제재판관할합의(사후적 합의)가 가능하다.

다) 사전적 합의 & 추가적 합의(2호)

근로자의 제소(근로자가 원고인 경우) 가능한 관할법원을 추가적으로 허용하는 경우에만 사전적 합의가 가능하다.

관련판례

1. 대법원 2006. 12. 7. 선고 2006다53627 판결 [임금]

[판결요지]

근로계약의 당사자가 분쟁이 발생하기 전에 대한민국 법원의 국제재판관할권을 배제하기로 하는 내용의 합의를 하였다고 하더라도, 그러한 합의는 국제사법 제28조 제5항에 위반하여 효력이 없다.

[판결이유]

국제사법 제2조 제1항에 의하면, 대한민국 법원은 당사자 또는 분쟁이 된 사안이 대한민국과 실질적 관련이 있는 경우에 국제재판관할권을 갖는 것이고, 같은 법 제28조 제5항에 의하면, 국제재판관할에 관한 합의는 분쟁이 이미 발생한 경우(제1호) 또는 근로자에게 이 조에 의한 관할법원에 추가하여 다른 법원에 제소하는 것을 허용하는 경우(제2호)에 한하여 허용되는 것이므로, 근로계약의 당사자가 분쟁이 발생하기 전에 대한민국 법원의 국제재판관할권을 배제하기로 하는 내용의 합의를 하였다고 하더라도, 그러한 합의는 국제사법 제28조 제5항에 위반하는 것이어서 아무런 효력이 없다.

원심이 같은 취지에서, 이 사건 소가 재판관할에 관한 당사자의 합의에 위반하여 제기되어 부적법하다는 피고의 본안전 항변을 배척한 조치는 옳고, 거기에 재판관할에 관한 법리오해 등의 위법이 있다고 할 수 없다.

2. 서울행법 2008. 6. 19. 선고 2007구합26322 판결 [부당해고구제재심판정취소]

[판시사항]

[1] 외국 법인과 대한민국 국적의 근로자가 준거법을 대한민국 법으로 하는 내용의 근로계약을 체결한 경우의 준거법(= 대한민국법)

[2] 외국 회사가 대한민국 근로자와 기간을 정한 근로계약을 체결한 후 그 기간이 만료하자 재계약을 거부한 사안에서, 근로계약기간이 단지 형식에 불과하여 기한의 정함이 없는 근로계약으로 되었다거나 근로계약 갱신에 대한 합리적인 기대가 형성되었다는 특별한 사정을 인정할 수 없어 재계약거부를 해고라고 볼 수 없다고 한 사례

[판결요지]

[1] 외국 법인과 대한민국 국적의 근로자가 대한민국 내 영업소에서의 근로제공을 목적으로 한 근로계약의 준거법을 대한민국 법으로 하는 내용의 근로계약을 체결한 경우, 근로관계의 준거법은 국제사법 제25조 제1항, 제28조 제1항의 규정에 따라 당사자가 준거법으로 선택한 대한민국법이다.

[2] 외국 회사가 대한민국 근로자와 기간을 정한 근로계약을 체결한 후 그 기간이 만료하자 재계약을 거부한 사안에서, 근로계약기간이 단지 형식에 불과하여 기한의 정함이 없는 근로계약으로 되었다거나 근로계약 갱신에 대한 합리적인 기대가 형성되었다는 특별한 사정을 인정할 수 없어 근로자에 대한 재계약거부를 해고라고 볼 수 없다고 한 사례.

[참조조문]

[1] 국제사법 제25조 제1항, 제28조 제1항 [2] 근로기준법 제23조

3. 대법원 2007. 11. 15. 선고 2006다72567 판결 [대여금]

[판시사항]

[1] 구 섭외사법이 적용되는 근로계약의 준거법 결정 기준

[2] 우리나라 국적의 원·피고 사이의 근로계약이 일본국에서 체결되었고, 그 근로제공의 사업장 또한 일본국에 소재하고 있는 점 등을 고려할 때 근로계약의 효력에 관한 준거법은 일본국 법률로 봄이 상당하다고 한 사례

[3] 우리나라 국적의 종업원이 일본국 소재 주점에 취업하면서 결근, 지각, 손님 동반의무 불이행시에는 일정 금액을 월급에서 공제하고 손님의 외상주대채무를 대신 변제하기로 하는 등의 약정을 우리나라 국적의 업주와 맺은 경우, 이는 일본국의 노동기준법 제16조를 위반하여 무효라고 한 사례

[참조조문]

[1] 구 섭외사법(2001. 4. 7. 법률 제6465호 국제사법으로 전문 개정되기 전의 것) 제9조(현행 국제사법 제25조, 제28조 참조) [2] 구 섭외사법(2001. 4. 7. 법률 제6465호 국제사법으로 전문 개정되기 전의 것) 제9조(현행 국제사법 제25조, 제28조 참조) [3] 구 섭외사법(2001. 4. 7. 법률 제6465호 국제사법으로 전문 개정되기 전의 것) 제9조(현행 국제사법 제25조, 제28조 참조)

[이 유]

....

2. 상고이유 제2점에 대하여

....

나. 준거법

우리나라 국적의 원고와 피고 1이 일본국에서 일본국 소재 주점(원고가 운영하는)에서의 근로제공을 내용으로 근로계약을 체결하고, 그 근로계약의 내용이 된 이 사건 약정의 유무효가 다투어지는 이 사건은, 외국적 요소가 있는 법률관계에 해당하므로, 우선 그 준거법이 결정되어야 하는바, 이 사건은 2001. 4. 17. 법률 제6465호로 전문 개정되어 2001. 7. 1.부터 시행된 국제사법 시행 이전에 생긴 사항이므로, 구 섭외사법에 의하여 그 준거법을 정하여야 한다.

구 섭외사법 제9조는 법률행위의 성립 및 효력에 관하여 당사자의 의사에 의하여 법을 정하되 당사자의 의사가 분명하지 아니한 때에는 행위지법에 의하도록 규정하고 있는바, 근로계약의 당사자 사이에 준거법 선택에 관한 명시적인 합의가 없는 경우에는 근로계약에 포함된 준거법 이외의 다른 의사표시의 내용이나 소송행위를 통하여 나타난 당사자의 태도 등을 기초로 당사자의 묵시적 의사를 추정하여야 하고, 그러한 묵시적 의사를 추정할 수 없는 경우에도 당사자의 국적, 주소 등 생활본거지, 사용자인 법인의 설립 준거법, 노무 급부지, 직무 내용 등 근로계약에 관한 여러 가지 객관적 사정을 종합하여 볼 때 근로계약 당시 당사자가 준거법을 지정하였더라면 선택하였을 것으로 판단되는 가정적 의사를 추정하여 준거법을 결정할 수 있다(대법원 2004. 6. 25. 선고 2002다56130, 56147 판결 참조).

위 법리에 비추어 볼 때, 원고와 피고 1 사이의 근로계약에서 준거법에 관한 명시적 정함이 없는 이 사건에 있어서, 원고와 피고 1이 모두 우리나라 국적이기는 하나, 그 근로계약이 일본국에서 체결되었고, 그 근로제공의 사업장 또한 일본국에 소재하고 있는 점 및 당사자들의 합리적인 의사 등을 고려하면, 원고와 피고 1 사이에 체결된 근로계약의 효력에 관한 준거법은 일본국 법률로 봄이 상당하다.

다. 이 사건 약정의 효력

일본국의 노동기준법 제16조는 "사용자는 근로계약의 불이행에 대한 위약금을 정하거나 손해배상액을 예정하는 계약을 체결하지 못한다"고 규정하고 있고, 그 취지는 근로자가 근로계약을 불이행한 경우 반대급부인 임금을 지급받지 못하는 것에 더 나아가서 위약금이나 손해배상을 지급하여야 한다면 근로자로서는 비록 불리한 근로계약을 체결하였다 하더라도 그 근로계약의 구속에서 쉽사리 벗어날 수 없을 것이므로, 위와 같은 위약금이나 손해배상액 예정의 약정을 금지함으로써 근로자가 퇴직의 자유를 제한받아 부당하게 근로의 계속을 강요당하는 것을 방지하고, 근로계약 체결시의 근로자의 직장선택의 자유를 보장하며 불리한 근로계약의 해지를 보호하려는 데 있고, 따라서 위 노동기준법 제16조를 위반한 약정은 무효라고 보아야 하는바, 이 사건 약정은, 피고 1이 결근이나 지각시 및 동반의무를 이행하지 않은 때 등의 경우에 월급여에서 일정한 약정금액을 공제하고, 피고 1의 손님이 주대 외상대금채무를 변제하지 않는 때에는 피고 1이 이를 대신 변제하기로 하는 내용으로서, 실질적으로 근로계약 불이행에 대한 위약금 또는 손해배상액의 예정에 해당하므로 무효이다.

라. 피고들의 원고에 대한 채무의 존부

기록에 의하면, 원고가 이 사건 약정에 기하여 피고 1의 월 급여에서 공제하거나 피고 1의 채무에 산입한 수액이 합계 일화 4,733,000엔임을 알 수 있는바, 이 사건 약정이 무효인 이상 위 금원은 피고 1의 원고에 대한 채무 변제에 충당되었다고 보아야 하는 점, 앞서 본 바와 같이 원고와 피고 1이 2000. 6. 13. 이 사건 약정이 유효함을 전제로 하여 피고 1의 원고에 대한 채무가 일화 280만 엔이 남아있다고 정산한 점 등을 종합하면, 피고 1의 원고에 대한 채무는 2000. 6. 13.경에는 이미 소멸하였음이 계산상 분명하고, 한편, 피고 1이 2000. 6. 13. 원고에 대하여 2,800만 원(일화 280만 엔)을 2001. 6. 13.까지 변제하겠다고 약정한 것은 무효인 이 사건 약정에 기한 위 각 약정금액 및 손님의 외상주대 상당액을 변제하겠다고 약정한 것과 다를 바 없으므로 위 채무부담의 의사표시 또한 무효라고 보아야 한다.

4. 대법원 2006. 12. 7. 선고 2006다53627 판결 [임금]

[판시사항]

[1] 근로계약의 당사자가 분쟁이 발생하기 전에 대한민국 법원의 국제재판관할권을 배제하기로 한 합의의 효력(무효)

[2] 외국인 근로자에게 근로기준법의 퇴직금 지급에 관한 규정이나 최저임금법의 최저임금 보장에 관한 규정이 적용되는지 여부(적극)

[3] 국내 회사의 중국 현지법인과 출국연수약정 명목의 계약을 체결하고 해외투자법인 산업연수생의 신분으로 입국한 중국인 근로자들이 근로기준법 및 최저임금법상의 근로자에 해당한다고 본 사례

[판결요지]

[1] 근로계약의 당사자가 분쟁이 발생하기 전에 대한민국 법원의 국제재판관할권을 배제하기로 하는 내용의 합의를 하였다고 하더라도, 그러한 합의는 국제사법 제28조 제5항에 위반하여 효력이 없다.

[2] 외국인 근로자에 대하여도 국내의 근로자들과 마찬가지로 근로기준법상의 퇴직금 지급에 관한 규정이나 최저임금법상의 최저임금의 보장에 관한 규정이 그대로 적용된다.

[3] 중국인 근로자들이 국내 회사의 중국 현지법인과 출국연수약정 명목의 계약을 체결하고 해외투자법인 산업연수생의 신분으로 입국하여 국내 회사에서 근로를 제공한 사안에서, 국내 회사가 중국 현지법인에 전액 출자하였고, 출국연수계약의 내용이 단순히 기술 연수에 그치지 않고 국내 회사가 지시하는 바에 따라 1일 최소한 8시간 동안 근로를 제공하고 그 대가로 임금을 받기로 되어 있으며, 이에 따라 중국인 근로자들이 기술 연수는 거의 받지 못한 채 약 1년 6개월 동안 국내 회사의 공장에서 국내 근로자들과 마찬가지로 회사의 지시·감독하에 근로를 제공하였고, 상시로 연장근로와 야간근로까지 하고 그에 대한 수당을 받아온 점 등에 비추어 볼 때 중국인 근로자들이 근로기준법 및 최저임금법상의 근로자에 해당한다고 본 사례.

[참조조문]

　[1] 국제사법 제2조 제1항, 제28조 제5항 [2] 근로기준법 제14조, 제34조, 근로자퇴직급여
보장법 제8조 제1항, 최저임금법 제2조, 제6조 [3] 근로기준법 제14조, 제34조, 최저임금법 제2
조, 제6조

5. 계약의 성립 및 유효성(제29조)

> **제29조(계약의 성립 및 유효성)**
> ① 계약의 성립 및 유효성은 그 계약이 유효하게 성립하였을 경우 이 법에 의하여 적용되어야
> 　하는 준거법에 따라 판단한다.
> ② 제1항의 규정에 의한 준거법에 따라 당사자의 행위의 효력을 판단하는 것이 모든 사정에
> 　비추어 명백히 부당한 경우에는 그 당사자는 계약에 동의하지 아니하였음을 주장하기 위
> 　하여 그의 상거소지법을 원용할 수 있다.

가. 계약의 성립 및 유효성 판단(제1항)

계약의 성립 및 유효성 판단은 그 계약이 유효하게 성립하였을 경우(가정적)라면 이
법상 적용될 준거법을 기준으로 한다.

나. 계약의 불성립 주장(제2항)

1) 제1항에 의해 결정된 준거법에 의하여 당사자 행위의 효력을 판단하는 것이 모든
사정에 비추어 명백히 부당한 경우에는

2) 당사자는 그의 상거소지법을 원용하여

3) 계약에 동의하지 않았음(계약의 불성립)을 주장할 수 있다.

6. 사무관리(제30조)

> **제30조(사무관리)**
> ① 사무관리는 그 관리가 행하여진 곳의 법에 의한다. 다만, 사무관리가 당사자간의 법률관계
> 　에 기하여 행하여진 경우에는 그 법률관계의 준거법에 의한다.
> ② 다른 사람의 채무를 변제함으로써 발생하는 청구권은 그 채무의 준거법에 의한다.

사무관리란 법률상 의무 없이 타인을 위하여 그의 사무를 처리해 주는 것을 말한다.
그 성립요건으로는 법적인 의무없이, 타인을 위한 의사로, 타인의 사무를 관리하고, 본
인에게 불리하거나 본인의 의사에 반하지 않을 것을 요한다. 예를 들어 갑이 휴가중에
장마로 낡은 지붕이 크게 훼손될 우려가 있어 이웃주민인 을이 직접 수리하거나 제3자

(병)와 공사도급계약을 한 경우를 들 수 있다. 이때 도급계약을 하였다면 사무관리의 성립 및 효력에 대한 문제는 제30조(사무관리)의 준거법이 적용되지만, 사무관리로서 행하여진 법률행위에는 그 성질에 따른 준거법 개별규정이 적용되어야 하므로 도급계약에는 계약의 준거법(제25조, 제26조)에 의하여 준거법이 결정될 것이다.

가. 사무관리가 당사자간 법률관계에 기하여 행하여진 경우(종속적 연결)

그 법률관계의 준거법에 의한다(제1항 단서).

나. 그 이외의 경우

사무관리가 행하여진 곳의 법이 준거법이 된다(제1항 본문).

다. 다른 사람의 채무를 변제하여 발생하는 청구권

그 채무의 준거법에 의한다(제2항). 이 경우는 사무관리를 전제로 하므로 변제할 법적인 의무가 없는 제3자가 변제하여 그 채무가 소멸한 경우에 제3자가 채무자에게 청구하는 권리의 준거법은 종전 채무의 준거법에 따른다는 내용이다.

라. 제33조 사후적 합의 최우선

그러나 이러한 준거법보다 가장 우선 적용되는 것은 제33조 사후적 합의에 의한 대한민국법이다. 사무관리가 행하여진 후에 대한민국법(법정지법)을 준거법으로 합의하면 그 합의가 최우선적으로 적용되어 제30조(사무관리)에 불구하고 대한민국법이 준거법이 된다.

마. 적용범위

사무관리의 성립 및 효력에 대한 문제는 제30조(사무관리)의 준거법이 적용되지만, 사무관리로서 행하여진 법률행위에는 그 성질에 따른 준거법 개별규정이 적용되어야 하므로 만약 사무관리로서 도급계약이 체결된 경우에는 도급계약은 계약의 준거법(제25조, 제26조)에 의하여 준거법이 결정될 것이다.

7. 부당이득(제31조)

> 제31조(부당이득)
> 부당이득은 그 이득이 발생한 곳의 법에 의한다. 다만, 부당이득이 당사자간의 법률관계에 기하여 행하여진 이행으로부터 발생한 경우에는 그 법률관계의 준거법에 의한다.

부당이득의 요건은 법률상 원인 없이, 타인의 노무 또는 재산으로 이익을 얻고, 이로 인하여 타인에게 손해가 발생하였고, 그 이익과 손해 간에 인과관계가 인정될 것이다.

가. 부당이득이 당사자간의 법률관계에 기한 이행으로부터 발생한 경우(종속적 연결)

그 법률관계의 준거법에 의한다(제31조 단서). 이 때 당사자간 법률관계에 기한 이행으로부터 부당이득이 발생하였다는 것의 의미는 유효한 법률관계를 전제로 부당이득이 발생하였다는 것이 아니라, 유효한 법률관계로 이미 이행한 후에 계약이 무효 또는 취소되어 부당이득이 발생한 경우를 말한다.

나. 그 이외의 경우

부당이득이 발생한 곳의 법에 의한다(제31조 본문).

다. 제33조 사후적 합의 최우선

그러나 이러한 준거법보다 가장 우선 적용되는 것은 제33조 사후적 합의에 의한 대한민국법이다. 부당이득이 발생한 후에 대한민국법(법정지법)을 준거법으로 합의하면 그 합의가 최우선적으로 적용되어 제31조(부당이득)에 불구하고 대한민국법이 준거법이 된다.

라. 적용범위

부당이득의 성립 및 효력에 대한 문제에는 부당이득의 준거법(제31조)에 적용된다. 즉 부당이득의 각 성립요건들과 그 효과(반환의무와 범위)에 대하여는 부당이득의 준거법에 따를 것이다.

관련판례

1-(1). 대법원 2008. 4. 24. 선고 2005다75071 판결 [손해배상(지)]

[판결요지]

[2] 구 섭외사법(2001. 4. 7. 법률 제6465호 국제사법으로 전문 개정되기 전의 것) 제13조에 의하면, 외국적 요소가 있는 섭외사건에 있어서 불법행위 또는 부당이득으로 인하여 생긴 법정채권의 성립 및 효력은 그 원인된 사실이 발생한 곳의 법에 의하여야 하는데, 불법행위에 있어 원인된 사실이 발생한 곳이라 함은 불법행위를 한 행동지뿐만 아니라 손해의 결과발생지도 포함하고, 부당이득에 있어 원인된 사실이 발생한 곳은 그 이득이 발생한 곳을 말한다.

[3] "hp"라는 표장에 대한 상표권자인 미합중국 법인이 도메인이름 "hpweb.com"의 등록인인 갑(한국인)을 상대로 하여 국제인터넷주소관리기구(ICANN)의 '통일 도메인이름 분쟁해결정책'에서 정한 바에 따라 분쟁해결기관에 분쟁조정신청을 하고 그 결과에 따라 위 도메인이름을 이전받은 행위에 대하여 갑이 불법행위에 기한 손해배상을 청구한 사안에서, 위 이전등록으로 갑이 국내에서 위 도메인이름을 사용하지 못하게 되었으므로 대한민국법이 준거법이 되며, 우

리 법상 위 이전등록행위는 위법성이 없다고 판단한 사례.

　[4] "hp"라는 표장에 대한 상표권자인 미합중국 법인이 도메인이름 "hpweb.com"의 등록인인 한국인 갑을 상대로 하여 국제인터넷주소관리기구(ICANN)의 '통일 도메인이름 분쟁해결정책'에서 정한 바에 따라 분쟁해결기관에 분쟁조정신청을 하고 그 결과에 따라 위 도메인이름을 이전받은 사안에서, 이전등록 당시 상표권자에게 도메인이름의 사용금지를 구할 실체법적 권리가 없었다면 비록 그 이전등록이 분쟁해결기관의 조정결정에 따른 것이라 하더라도 법률상 원인이 없는 것으로서 부당이득이 성립할 여지가 있으므로, 구 섭외사법(2001. 4. 7. 법률 제6465호 국제사법으로 전문 개정되기 전의 것) 제13조에 따라 준거법을 결정하여 갑의 도메인이름 반환청구의 당부를 판단하여야 한다고 한 사례.

　[참조조문]

　[2] 구 섭외사법(2001. 4. 7. 법률 제6465호 국제사법으로 전문 개정되기 전의 것) 제13조(현행 국제사법 제31조, 제32조 참조) [3] 민법 제750조, 구 섭외사법(2001. 4. 7. 법률 제6465호 국제사법으로 전문 개정되기 전의 것) 제13조(현행 국제사법 제32조 참조) [4] 민법 제741조, 구 섭외사법(2001. 4. 7. 법률 제6465호 국제사법으로 전문 개정되기 전의 것) 제13조(현행 국제사법 제31조 참조)

1-(2). 대법원 2011. 5. 26. 선고 2009다15596 판결 [손해배상(지)]

　[판결요지]

　[1] 구 섭외사법(2001. 4. 7. 법률 제6465호 국제사법으로 전부 개정되기 전의 것) 제13조에 의하면, 외국적 요소가 있는 섭외사건에서 부당이득으로 인하여 생긴 채권의 성립 및 효력은 원인된 사실이 발생한 곳의 법에 의하여야 하는데, 여기서 부당이득의 원인된 사실이 발생한 곳은 이득이 발생한 곳을 말한다.

　[2] 대한민국에 주소를 둔 갑이 인터넷 도메인이름 "hpweb.com"을 등록하여 사용하던 중 미국 캘리포니아주에 본사를 둔 을 회사가 갑의 도메인이름 등록·사용으로 미국에 등록되어 있던 "hp"로 구성된 자신의 상표 등에 대한 권리가 침해되었음을 이유로 국제인터넷주소관리기구(The Internet Corporation for Assigned Names and Numbers, ICANN)의 '통일 도메인이름 분쟁해결정책(Uniform Domain Name Dispute Resolution Policy, UDRP)'에 따라 분쟁해결기관인 미국의 국가중재위원회(National Arbitration Forum)에 분쟁조정신청을 하여 도메인이름의 등록을 이전받자, 갑이 을 회사에 부당이득을 원인으로 하여 도메인이름 반환을 구한 사안에서, 이전등록에 의해 을 회사가 도메인이름에 관한 권리를 보유하게 됨으로써 이득이 발생한 곳은 을 회사 본사 소재지인 미국 캘리포니아주이므로, 부당이득반환채권의 성립 및 효력에 관하여는 미국 캘리포니아주법이 준거법이 된다고 한 사례.

　[3] 대한민국에 주소를 둔 갑이 인터넷 도메인이름 "hpweb.com"을 등록하여 사용하던 중 미국에 본사를 둔 을 회사가 미국에 등록되어 있던 "hp"로 구성된 자신의 상표 등에 대한 권리 침해를 이유로 인터넷주소 분쟁해결기관에 분쟁조정신청을 하여 도메인이름 등록을 이전받자, 갑이 을 회사에 부당이득을 원인으로 하여 도메인이름 반환을 구한 사안에서, 도메인이름

이전등록 당시 을 회사에 도메인이름 사용금지를 구할 실체법적 권리가 인정되지 않는다면 비록 분쟁해결기관의 결정에 따른 이전등록이라 하더라도 그 이전은 법률상 원인이 없어 부당이득이 성립할 여지가 있으므로, 을 회사의 부당이득이 성립하는지를 판단하기 위해서는 을 회사에 도메인이름 사용금지를 구할 실체법적 권리가 있는지 먼저 살펴야 하는데, 이는 부당이득반환채권의 성립 및 효력과는 별개의 문제이므로, 이에 관하여는 구 섭외사법(2001. 4. 7. 법률 제6465호 국제사법으로 전부 개정되기 전의 것) 규정에 따라 부당이득과는 별도로 준거법을 정해야 한다고 한 사례.

[4] 대한민국에 주소를 둔 갑이 인터넷 도메인이름 "hpweb.com"을 등록·사용하는 것에 대하여 미국에 본사를 둔 을 회사가 미국에 등록되어 있던 "hp"로 구성된 자신의 상표에 대한 상표권이 침해되었다는 이유로 인터넷주소 분쟁해결기관에 분쟁조정신청을 하여 그 결정에 따라 도메인이름의 등록을 이전받기 위한 전제로서, 을 회사에 도메인이름 사용금지를 구할 실체적 권리가 있는지 문제된 사안에서, 사용금지청구권은 갑의 도메인이름 등록·사용행위가 을 회사의 상표권을 침해하는 불법행위임을 원인으로 하므로, 준거법은 구 섭외사법(2001. 4. 7. 법률 제6465호 국제사법으로 전부 개정되기 전의 것) 제13조에 따라 원인된 사실이 발생한 곳, 즉 상표권 침해행위가 행하여지고 권리 침해 결과가 발생한 미국법이고, 미국법에 의할 때 갑의 도메인이름 등록·사용행위는 사이버스쿼팅(cybersquatting) 방지에 관한 15 U.S.C. §1125(d)(1)(A)에 해당하는 것으로서 미국에 등록된 을 회사 상표권을 침해하는 위법한 행위이므로, 을 회사는 금지명령구제(injunctive relief)에 관한 15 U.S.C. §1116 규정에 의하여 갑을 상대로 도메인이름 사용금지를 구할 실체법적 권리가 있다고 한 사례.

[5] 대한민국에 주소를 둔 갑이 인터넷 도메인이름 "hpweb.com"을 등록하여 사용하던 중 미국에 본사를 둔 을 회사가 미국에 등록되어 있던 "hp"로 구성된 자신의 상표에 대한 상표권 침해를 이유로 인터넷주소 분쟁해결기관에 분쟁조정신청을 하여 도메인이름 등록을 이전받자, 갑이 을 회사에 부당이득을 원인으로 하여 도메인이름 반환을 구한 사안에서, 도메인이름 등록·사용은 미국 연방법상 15 U.S.C. §1125(d)(1)(A)에 해당하여 위법하므로, 갑은 15 U.S.C. §1116(2)(D)(v) 규정에 의하여 을 회사에 도메인이름 반환을 구할 수 없고, 미국 캘리포니아주법상 부당이득(Unjust Enrichment)은 타인의 손실로 인해 적절한 법적인 근거가 없는 부당한 이득을 얻는 경우에 성립하는데, 미국 연방법상 을 회사에 도메인이름 사용금지를 구할 실체적 권리가 인정되는 이상 도메인이름 등록이 갑에게서 을 회사에 이전된 것을 두고 적절한 법적 근거가 없는 부당한 것이라고도 볼 수 없으므로, 갑은 미국 캘리포니아주법상 부당이득을 원인으로 하여서도 을 회사에 도메인이름 반환을 청구할 수 없다고 한 사례.

2. 대법원 2015. 2. 26. 선고 2012다79866 판결 [선수금환급보증금]

[판결요지]

가집행선고부 제1심판결에 기하여 금원을 지급하였다가 다시 상소심판결의 선고에 의해 가집행선고가 실효됨에 따라 금원의 수령자가 부담하게 되는 원상회복의무는 성질상 부당이득의 반환채무이지만, 이러한 원상회복의무는 가집행선고의 실효가 기왕에 소급하는 것이 아니기 때문에 본래부터 가집행이 없었던 것과 같은 원상으로 회복시키려는 공평의 관념에서 민사소송법이 인정한 법정채무이므로, 국제사법 제31조 단서에 정한 '부당이득이 당사자 간의 법률관계에 기하여 행하여진 이행으로부터 발생한 경우'에 해당한다고 볼 수 없다.

[이 유]

(.......)

가. 원고들의 상고이유에 관하여

(1) 상고이유 제1, 2점에 관하여

지연손해금은 채무의 이행지체에 대한 손해배상으로서 본래의 채무에 부수하여 지급되는 것이므로, 본래의 채권채무관계를 규율하는 준거법에 의하여 결정되어야 한다. 한편 소송촉진 등에 관한 특례법(이하 '특례법'이라고 한다) 제3조 제1항에서 정하는 법정이율에 관한 규정은 비록 소송촉진을 목적으로 소송절차에 의한 권리구제와 관련하여 적용되는 것이기는 하지만 절차법적인 성격을 가지는 것이라고만 볼 수는 없고 그 실질은 금전채무의 불이행으로 인한 손해배상의 범위를 정하기 위한 것이므로(대법원 1997. 5. 9. 선고 95다34385 판결, 대법원 2011. 1. 27. 선고 2009다10249 판결 등 참조), 본래의 채권채무관계의 준거법이 외국법인 경우에는 위 특례법 규정을 적용할 수 없다고 해석함이 상당하다(대법원 2012. 10. 25. 선고 2009다77754 판결 참조).

원심이 이 사건 보증서를 규율하는 준거법이 영국법이므로 이 사건 보증서에 기한 채무의 불이행으로 인한 손해배상금도 영국법에 의하여 결정되어야 한다고 판단한 것은 위와 같은 법리에 따른 것으로서, 거기에 상고이유 주장과 같이 국제사법 제25조, 특례법 제3조 제1항에 관한 법리를 오해한 위법이 없다.

상고이유에서 들고 있는 대법원판결들은 이 사건과 사안을 달리하는 것이어서 이 사건에 원용하기에 적절하지 아니하다.

(2) 상고이유 제3점에 관하여

원심판결 이유와 기록에 의하면, 영국법상 금전채무의 불이행으로 인한 지연손해금은 판결선고일 이후에는 연 8%로 정해져 있고, 판결선고일까지는 계약에서 특별히 정한 바가 없다면 채권자의 선택에 따라 채무불이행으로 인한 손해배상을 청구하거나 법정이율에 따른 지연손해금을 청구하는 방식에 따르게 되는 점, 청구인(claimant)이 법정이율에 따른 지연손해금을 청구하는 경우 그 법정이율은 법원이 재량으로 정하는데, 그 합리적인 수준을 정하기 위하여 청구인이 그 채무액으로 얻을 수 있는 금액의 수준뿐만 아니라 그 채무액과 동일한 금액을 차용하는 데에 지급하여야 하는 이자의 수준도 고려할 수 있는 점을 알 수 있다.

위와 같은 점과 이 사건 기록에 나타난 제반 사정에 비추어 보면, 원심이 판결선고 전 지연손해금 비율을 연 5%로 정한 조치는 정당한 것으로 수긍할 수 있고, 거기에 상고이유 주장과 같이 영국법상 판결선고 전 지연손해금에 관한 법리를 오해한 위법이 없다.

(3) 상고이유 제4점에 관하여

가집행선고부 제1심판결에 기하여 금원을 지급하였다가 다시 상소심판결의 선고에 의해 그

가집행선고가 실효됨에 따라 금원의 수령자가 부담하게 되는 원상회복의무는 성질상 부당이득의 반환채무이지만(대법원 2005. 1. 14. 선고 2001다81320 판결 참조), 이러한 원상회복의무는 가집행선고의 실효가 기왕에 소급하는 것이 아니기 때문에 본래부터 가집행이 없었던 것과 같은 원상으로 회복시키려는 공평의 관념에서 민사소송법이 인정한 법정채무이므로, 국제사법 제31조 단서에 정한 '부당이득이 당사자 간의 법률관계에 기하여 행하여진 이행으로부터 발생한 경우'에 해당한다고 볼 수 없다.

원심이 가지급물은 그 성질이 당사자 간의 법률관계에 기하여 행하여진 이행으로부터 발생한 경우가 아니라 법원의 가집행선고부 판결에 기한 것이라는 이유로 이 사건 가지급물반환신청의 지연손해금 비율에 관하여 영국법이 적용되어야 한다는 원고들의 주장을 배척하고 특례법 제3조 제1항을 적용한 조치는 정당하고, 거기에 상고이유 주장과 같이 국제사법 제31조에 관한 법리를 오해한 위법이 없다.

(.......)

8. 불법행위(제32조)

> 제32조(불법행위)
> ① 불법행위는 그 행위가 행하여진 곳의 법에 의한다.
> ② 불법행위가 행하여진 당시 동일한 국가안에 가해자와 피해자의 상거소가 있는 경우에는 제1항의 규정에 불구하고 그 국가의 법에 의한다.
> ③ 가해자와 피해자간에 존재하는 법률관계가 불법행위에 의하여 침해되는 경우에는 제1항 및 제2항의 규정에 불구하고 그 법률관계의 준거법에 의한다.
> ④ 제1항 내지 제3항의 규정에 의하여 외국법이 적용되는 경우에 불법행위로 인한 손해배상 청구권은 그 성질이 명백히 피해자의 적절한 배상을 위한 것이 아니거나 또는 그 범위가 본질적으로 피해자의 적절한 배상을 위하여 필요한 정도를 넘는 때에는 이를 인정하지 아니한다.

불법행위란 고의 또는 과실로, 위법하게, 가해행위를 하여, 그로 인하여, 타인에게 손해가 발생 경우를 말한다.

가. 가해자와 파해자간에 법률관계가 불법행위로 침해된 경우(제3항)
불법행위지법과 상거소지법에 우선하여 그 침해된 법률관계의 준거법에 의한다.

나. 불법행위가 행하여진 당시 동일한 국가 안에 가해자와 피해자의 상거소가 있는 경우(제2항)
불법행위지법에 우선하여 상거소지법에 의한다.

다. 그 이외의 경우(제1항)

불법행위의 준거법은 불법행위지의 법에 의한다.

라. 제33조 사후적 합의 최우선

그러나 이러한 준거법보다 가장 우선 적용되는 것은 제33조 사후적 합의에 의한 대한민국법이다. 다만 사전적 합의는 적용대상이 아님을 유의하여야 한다.

결국 불법행위의 준거법 결정은 제33조 사후적합의, 제32조 제3항 침해된 법률관계 준거법, 제32조 제2항 불법행위시 가해자와 피해자의 동일한 상거소지법, 제32조 제1항 불법행위지법의 순서에 따른다.

마. (가. 나. 다의 경우) 외국법이 적용되는 경우 손해배상청구권의 제한

침해된 법률관계의 준거법, 공통된 상거소지법, 불법행위지법에 의하는 경우에 외국법이 적용되어 불법행위 손해배상청구권의 성질이 명백히 피해자의 적절한 배상을 위한 것이 아니거나 필요정도를 넘는 때에는 이를 인정하지 않는다.

관련판례

---

1. 서울지방법원동부지원 1999. 10. 8. 선고 98가합17242 판결: 확정 [손해배상(기)]

영국법에 의하여 설립되어 영국에 사무소를 두고 있는 회사가 그 대표이사를 상대로 임무해태 등을 원인으로 제기한 손해배상청구소송에서, 위 회사가 국내법인의 실질을 가진 채 국내법적 경제활동과 기능적·실질적 관련성을 가지면서 국내법적 경제적 이해관계를 보유하여 왔다는 이유로 국내법을 준거법으로 적용한다.

2. 대법원 1985. 5. 28. 선고 84다카966 판결 [구상금]

섭외사법 제13조 제1항은 불법행위로 인하여 생긴 채권의 성립 및 효력은 그 원인된 사실이 발생한 곳의 법에 의한다고 규정하여 불법행위의 준거법에 관한 행위지법주의를 채택하였고 여기에서 원인된 사실이 발생한 곳이라 함은 불법행위의 행위지 뿐만 아니라 손해의 결과발생지도 포함한다고 할 것인바 공해를 항해중인 선박의 침몰로 인한 불법행위에 있어서는 행위지법이 존재하지 아니하므로 그 준거법은 같은법 제44조, 제46조의 규정취지에 따라 그 선박의 선적국법이 준거법이 된다.

3. 대법원 1994. 1. 28. 선고 93다18167 판결 [구상금]

섭외사법 제13조(국제사법 제32조) 제1항에 의하면, 불법행위로 인하여 생긴 채권의 성립 및 효력은 그 원인된 사실이 발생한 곳의 법에 의한다고 규정하고 있는바, 여기에서 원인된 사실이 발생한 곳이라 함은 불법행위를 한 행동지 뿐만 아니라 손해의 결과발생지도 포함하는 개념이라고 풀이함이 타당하고, 가해행위 및 손해발생의 대부분이 공해상을 운항중이던 선박 내에서 이루어졌다는 이유만으로 손해의 결과발생지에 포함되는 대한민국의 법을 준거법에서 배제하고 위 선박의 선적국법이 준거법이 되어야 한다고는 볼 수 없다.

선박의 소유자 아닌 정기용선자라 하여도 다른 특별한 사정이 없는 한 대외적인 책임관계에 있어서는 선박임차인에 관한 상법 제766조가 유추적용되어 선박소유자와 동일한 책임을 진다.

섭외사법 제44조 제5호(국제사법 제60조 제3호)에 의하면 선장과 해원의 행위에 대한 선박소유자의 책임범위는 선적국법에 의한다고 규정하고 있으나, 위 조항이 민법상의 불법행위를 원인으로 한 손해배상청구의 경우까지도 섭외사법 제13조(국제사법 제32조)를 배제하고 선적국법을 준거법으로 하라는 취지라고 볼 수는 없다.

4. 서울지방법원동부지원 1995. 2. 10. 선고 93가합19069 판결: 항소 [집행판결]

징벌적 배상이란 가해자에게 특히 고의 등의 주관적인 악사정이 있는 경우에 보상적 손해배상에 덧붙여 위법행위에 대한 징벌과 동종행위의 억지를 주목적으로 하여 과하여지는 손해배상으로 코몬로(common law)상 인정되고 있는 구제방법의 일종으로서, 불법행위의 효과로 손해의 전보만을 인정하는 우리의 민사법 체계에서 인정되지 아니하는 형벌적 성질을 갖는 배상형태로서 우리나라의 공서양속에 반할 수 있다.

이른바 내국관련성의 정도와 비례의 원칙 등의 관점에서 출발하여 미국법원의 손해배상 판결을 1/2 한도로 승인 제한한 사례.

5. 서울고등법원 2007. 12. 4. 선고 2006나112603 판결

[손해배상(기)][미간행]

[원고, 항소인 겸 피항소인] 원고

[피고, 피항소인 겸 항소인] 중국국제항공공사

[이 유]

....

2. 적용법률

이 사건은, 대한민국 영토 내에서 발생한 이 사건 사고에 관하여 항공여객운송계약상의 채무불이행 또는 불법행위로 인한 손해의 배상을 청구하고 있는 것으로서 국제사법 제32조에 의하여 대한민국 법률이 적용된다.

3. 손해배상책임의 발생

위 인정사실에 의하면, 이 사건 항공운송계약상의 운송인인 피고는 자신 및 그의 고용인 또는 대리인들이 이 사건 사고의 발생을 방지하기에 필요한 모든 조치를 취하였다거나 그 조치를 취할 수 없었다는 점에 관하여 아무런 주장, 입증이 없는 이 사건에 있어서, 위 운송계약상의 채무불이행으로 인하여 이 사건 항공기에 탑승하고 있던 중 이 사건 사고로 인하여 사망한 위 망인들과 그들의 모 또는 외조모인 원고가 입은 손해를 배상할 책임이 있다.

    4. 손해배상의 범위
        가. 일실수입
        나. 장례비
        다. 위자료
        라. 상속관계
    망인들의 유일한 상속인인 원고가 이 사건 사고로 인한 망인들의 손해배상채권을 단독으로
상속하였다.

9. 준거법에 관한 사후적 합의(제33조)

> **제33조(준거법에 관한 사후적 합의)**
> 당사자는 제30조 내지 제32조의 규정에 불구하고 사무관리 · 부당이득 · 불법행위가 발생한
> 후 합의에 의하여 대한민국 법을 그 준거법으로 선택할 수 있다. 다만, 그로 인하여 제3자의
> 권리에 영향을 미치지 아니한다.

가. 우선 적용

    당사자는 제30조(사무관리), 제31조(부당이득), 제32조(불법행위) 규정에도 불구하고, 사
무관리 · 부당이득 · 불법행위가 각각 발생한 후 합의에 의하여 대한민국법을 준거법으
로 선택가능하다.

    나. 다만 그로 인하여 제3자의 권리에 영향을 미치지 못한다(제33조 단서).

> **관련쟁점**

> **■ 신용장과 국제무역거래 구조**
>
> **1. 신용장(letter of credit, L/C, 信用狀)**
>   신용장이란 은행이 거래선기업의 의뢰에 의하여 그 신용을 보증하기 위해 발행한 증서를 말
> 한다. 특히 국제무역거래에서 많이 쓰이는 상업신용장은 수입업자의 거래은행이 수입업자의 의
> 뢰에 의하여 자기의 신용을 제공하여 일정의 조건하에 수출업자가 수입업자 앞으로 발행한 환
> 어음의 인수지불을 보증하고 나아가서 자기앞으로 어음을 발행케 하여 그 어음의 인수지불을
> 약속하는 보증장이다.

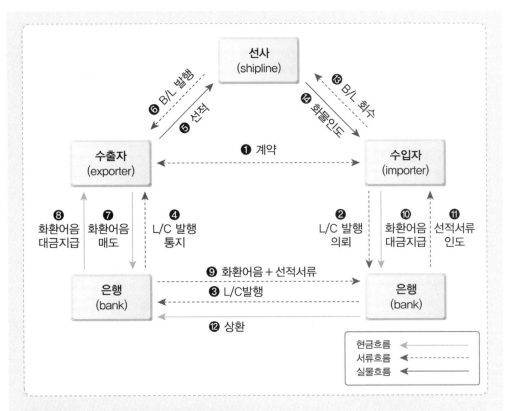

2. 선하증권(bill of lading, B/L, 船荷證券)

가. 개념

　선하증권이란 일정한 운송물의 선적 또는 수취를 인증하고, 또 지정항에 있어서 그 운송물을 증권의 소지인에게 인도할 것을 약정하는 유가증권 또는 그 소지인으로 하여금 운송인에 대하여 운송물인도를 청구할 수 있는 권리를 표창하고 있는 유가증권이다. 이는 육상운송의 경우에서 화물상환증(貨物相換證)에 해당된다. 선하증권은 해상운송인인 선박소유자 등이 발행하거나, 선장 기타의 대리인으로 하여금 발행하게 할 수도 있다(상법 제852조 3항).

상법

제129조(화물상환증의 상환증권성)
화물상환증을 작성한 경우에는 이와 상환하지 아니하면 운송물의 인도를 청구할 수 없다.

제132조(화물상환증의 처분증권성)
화물상환증을 작성한 경우에는 운송물에 관한 처분은 화물상환증으로써 하여야 한다.

제133조(화물상환증교부의 물권적 효력)
화물상환증에 의하여 운송물을 받을 수 있는 자에게 화물상환증을 교부한 때에는 운송물 위에 행사하는 권리의 취득에 관하여 운송물을 인도한 것과 동일한 효력이 있다.

> 제854조(선하증권 기재의 효력)
> ① 제853조 제1항에 따라 선하증권이 발행된 경우 운송인과 송하인 사이에 선하증권에 기재된 대로 개품운송계약이 체결되고 운송물을 수령 또는 선적한 것으로 추정한다.
> ② 제1항의 선하증권을 선의로 취득한 소지인에 대하여 운송인은 선하증권에 기재된 대로 운송물을 수령 혹은 선적한 것으로 보고 선하증권에 기재된 바에 따라 운송인으로서 책임을 진다.
>
> 제861조(준용규정)
> 제129조·제130조·제132조 및 제133조는 제852조 및 제855조의 선하증권에 준용한다.

나. 효력

1) 상환증권성(상법 제861조, 제129조)

상환증권성이란 증권과의 상환으로 하는 것이 아니면 채무를 이행할 필요가 없는 유가증권의 성질을 말한다. 따라서 선하증권을 작성한 경우에는 이와 상환하지 아니하면 운송물의 인도를 청구할 수 없다. 대법원도 "상법 제820조[4], 제129조의 규정은 운송인에게 선하증권의 제시가 없는 운송물인도청구를 거절할 수 있는 권리와 함께 선하증권의 제시가 없는 경우 운송물의 인도를 거절하여야 할 의무가 있음을 규정하고 있다고 봄이 상당하다."고 판시하여 선하증권의 상환증권성을 인정하고 있다(대법원 1991. 12. 10. 선고 91다14123 판결).

2) 처분증권성(상법 제861조, 제132조)

처분증권성이란 물건에 관한 처분행위를 유가증권으로서 하는 것을 말한다. 즉 선하증권을 작성한 경우에는 운송물에 관한 처분은 선하증권으로써 하여야 한다.

3) 채권적 효력(상법 제854조)

채권적 효력이란 운송인이 선하증권을 발행한 경우 운송인과 그 소지인(제3자) 사이에 "선하증권에 기재된 바에 따라 권리와 의무를 가지게 되는 효력을 말한다. 선하증권 소지인은 이러한 채권적 효력에 기하여 운송인에 대한 운송물인도청구권, 손해배상청구권을 갖게 된다.

운송인과 송하인 사이에는 선하증권이 추정적 효력을 갖고(제1항), 운송인과 선하증권을 선의로 취득한 소지인 사이에서는 선하증권이 간주적 효력이 있다.

4) 물권적 효력(상법 제861조, 제133조)

물권적 효력이란 선하증권의 교부가 운송물의 인도와 동일한 효력이 있다는 것을 의미한다. 즉 동산의 물권변동에 필요한 물건의 점유이전을 대신(소유자가 물건을 직접 점유하지 않고 물건이 운송중이므로 현실적인 점유이전이 곤란함)하여 선하증권의 교부로서 물권변동[5]이 이루어진다. 이때 선하증권 교부의 구체적 의미 즉 "운송물의 인도와 동일한 효력이 있다"는 의미에 대하여는 견해[6]가 대립한다.

---

4) 개정상법 제861조를 말한다.
5) 만약 선하증권이 발행되지 않고 운송계약만으로 운송물이 운송되는 경우라면 운송물의 매매(물권변

관련판례

1. 대법원 1997. 7. 25. 선고 97다19656 판결 [부당이득금반환]

선하증권은 해상운송인이 운송물을 수령한 것을 증명하고 지정된 양륙항에서 정당한 소지인에게 운송물을 인도할 채무를 부담하는 유가증권으로서, 운송인과 그 증권소지인 간에는 증권 기재에 따라 운송계약상의 채권관계가 성립하는 채권적 효력이 발생하고, 운송물을 처분하는 당사자 간에는 운송물에 관한 처분은 증권으로서 하여야 하며 운송물을 받을 수 있는 자에게 증권을 교부한 때에는 운송물 위에 행사하는 권리의 취득에 관하여 운송물을 인도한 것과 동일한 물권적 효력이 발생하므로, 운송물의 권리를 양수한 수하인 또는 그 이후의 자는 선하증권을 교부받음으로써 그 채권적 효력으로 운송계약상의 권리를 취득함과 동시에 그 물권적 효력으로 양도 목적물의 점유를 인도받은 것이 되어 그 운송물의 소유권을 취득한다.

2. 대법원 2005. 3. 24. 선고 2003다5535 판결 [손해배상]

선하증권은 운송물의 인도청구권을 표창하는 유가증권인바, 이는 운송계약에 기하여 작성되는 유인증권으로 상법은 운송인이 송하인으로부터 실제로 운송물을 수령 또는 선적하고 있는 것을 유효한 선하증권 성립의 전제조건으로 삼고 있으므로 운송물을 수령 또는 선적하지 아니하였는데도 발행된 선하증권은 원인과 요건을 구비하지 못하여 목적물의 흠결이 있는 것으로서 무효라고 봄이 상당하고, 이러한 경우 선하증권의 소지인은 운송물을 수령하지 않고 선하증권을 발행한 운송인에 대하여 불법행위로 인한 손해배상을 청구할 수 있다.

3. 대법원 2003. 10. 24. 선고 2001다72296 판결 [손해배상]

선하증권이 발행되지 아니한 해상운송에 있어 수하인은 운송물이 목적지에 도착하기 전에는 송하인의 권리가 우선되어 운송물에 대하여 아무런 권리가 없지만, 운송물이 목적지에 도착한 때에는 송하인과 동일한 권리를 보유하고, 운송물이 목적지에 도착한 후 수하인이 그 인도를 청구한 때에는 수하인의 권리가 송하인에 우선하게 되는바, 그와 같이 이미 수하인이 도착한 화물에 대하여 운송인에게 인도 청구를 한 다음에는 비록 그 운송계약에 기한 선하증권이 뒤늦게 발행되었다고 하더라도 그 선하증권의 소지인이 운송인에 대하여 새로이 운송물에 대한 인도청구권 등의 권리를 갖게 된다고 할 수는 없다.

4. 대법원 1991. 12. 10. 선고 91다14123 판결 [손해배상]

가. 상법 제820조, 제129조의 규정은 운송인에게 선하증권의 제시가 없는 운송물인도청구를 거절할 수 있는 권리와 함께 선하증권의 제시가 없는 경우 운송물의 인도를 거절하여야 할 의무가 있음을 규정하고 있다고 봄이 상당하다.

나. 해상운송인이나 운송대리점이 운송물의 인도를 청구하는 자로부터 후일 선하증권의 반환

동)에는 당사자간의 물권적 합의와 인도가 필요하고 이 때의 인도는 목적물반환청구권의 양도(민법 제190조)에 의할 것이다.

6) 절대설, 엄정상대설, 대표설, 유가증권적 효력설 등의 견해가 대립한다.

을 받을 약정하에 선하증권과 상환하지 아니하고 운송물을 인도하는 이른바 '가도'가 국제상관습으로 행해진다고 하더라도 이는 전적으로 운송인 또는 운송대리점의 위험부담 하에 행해지는 것으로 '가도'로 인하여 선하증권의 정당한 소지인의 권리가 침해되는 경우 그로 인한 손해를 배상함을 당연히 전제로 하는 것이다.

다. '보증도' 등으로 운송물이 멸실된 경우 채무불이행으로 인한 손해배상청구권은 물론 불법행위로 인한 손해배상청구권도 선하증권에 화체되어 선하증권이 양도됨에 따라 선하증권 소지인에게 이전되는 것이다.

라. 불법행위에 있어서 가해자의 과실은 의무위반이라는 강력한 과실인 데 비하여 피해자의 과실을 따지는 과실상계에 있어서 과실이란 전자의 것과는 달리 사회통념상, 신의성실의 원칙상, 공동생활상 요구되는 약한 부주의를 가리키는 것으로 보아야 한다.

마. 선하증권과 상환함이 없이 위조된 화물선취보증장에 의해 실수요자에게 화물을 인도한 선박대리점의 선하증권 소지인에 대한 손해배상책임에 있어 피해자가 신용장개설 및 화물선취보증장 발행은행으로서의 주의의무를 게을리한 과실을 30퍼센트로 본 원심의 조치를 수긍한 사례.

5. 대법원 1991. 4. 26. 선고 90다카8098 판결 [손해배상]

[판시사항]

가. 보증도에 관하여 선하증권 소지인의 운송물에 대한 고의 아니면 중과실로 인한 불법행위가 성립한다고 본 사례

나. 선하증권에 기재된 면책약관의 불법행위책임에의 적용 범위

다. 준거법에 관한 선하증권의 약관이 불법행위를 원인으로 한 손해배상청구에도 적용되는지 여부(소극) 및 위 손해배상청구의 준거법

라. 보증도 후의 선하증권 취득자에게 불법행위를 원인으로 한 손해배상청구권도 양도되는지 여부(적극)와 위 취득자가 보증도 사실을 알고 있었던 경우 위 청구권의 취득 여부(적극)

마. 신용장 개설은행이 제시된 선적서류와 신용장상의 조건이 불일치한 사항이 있어 개설의뢰인의 인수동의서를 받고 신용장대금을 결제한 것이 선하증권에 의한 담보력을 포기한 것이 아니라고 본 사례

바. 선하증권 소지인으로서의 운송인에 대한 손해배상청구권과 신용장 개설은행으로서의 개설의뢰인에 대한 신용장 거래상의 채권과의 관계

[판결요지]

가. 보증도에 관하여 선하증권 소지인의 운송물에 대한 고의 아니면 중과실로 인한 불법행위가 성립한다고 본 사례

나. 선하증권 이면에 선하증권의 소지인 등은 운송인의 대리인 등에게 운송과 관련하여 손해배상청구를 하지 아니하기로 하고, 운송인은 선하증권상의 화물의 인도일 또는 인도되었어야 할 날로부터 1년 내에 소송이 제기되지 않으면 운송인은 화물의 멸실이나 손해에 대한 모든 책임으로부터 면책된다는 등의 면책약관이 있는 경우, 이러한 약관은 특단의 사정이 없는 한 운송계약상의 채무불이행책임뿐만 아니라 그 운송물의 소유권 침해로 인한 불법행위책임에 대하

여도 적용된다고 할 것이지만, 고의 또는 중대한 과실로 인한 불법행위의 책임을 추궁하는 경우에는 적용되지 아니한다.

다. 준거법에 관한 선하증권의 약관은 운송계약상의 채무불이행을 원인으로 한 손해배상책임에만 적용되며, 법정책임인 불법행위를 원인으로 한 손해배상청구의 경우까지 준거법의 적용이 있다고 볼 수 없고, 섭외사법 제13조 제1항의 규정에 의하면 불법행위를 원인으로 한 손해배상청구에 대하여서는 행위지법인 우리나라의 법을 준거법으로 하고 있다.

라. 보증도 등으로 운송물이 멸실된 경우 채무불이행으로 인한 손해배상청구권은 물론 불법행위로 인한 손해배상청구권도 선하증권에 화체되어 선하증권이 양도됨에 따라 선하증권 소지인에게 이전되고, 가사 선하증권의 취득자가 운송물이 선하증권과 상환하지 아니하고 인도된(보증도) 사실을 알고 있었다고 하더라도 손해배상청구권의 취득에 소장이 없다.

마. 신용장 개설은행이 제시된 선적서류와 신용장상의 조건이 불일치한 사항이 있어 개설의뢰인의 인수동의서를 받고 신용장대금을 결제한 것이 선하증권에 의한 담보력을 포기한 것이 아니라고 본 사례

바. 원고가 선하증권 소지인으로서 운송인에 대하여 갖게 된 선하증권에 관한 손해배상청구권과 신용장 개설은행으로서 개설의뢰인에 대한 신용장 거래상의 채권은 법률상 별개의 권리로서, 원고에 대한 신용장대금채무가 변제 등으로 소멸된다고 하더라도 원고가 위 손해배상청구권을 전전 양도받아 그 양수인의 지위에서 그 이행을 구함에는 장애가 되지 아니한다.

6. 대법원 2004. 3. 25. 선고 2001다53349 판결 [손해배상]

[판시사항]

[1] 외국의 법원을 관할법원으로 하는 전속적인 국제관할 합의의 유효 요건 및 전속적인 관할 합의가 현저하게 불공정한 경우의 효력(무효)

[2] 관할법원으로 지정된 외국법원에 대하여 당해 사건이 합리적인 관련성을 갖지 못하고, 당해 사건의 준거법도 외국법이 아니라 대한민국 법이라는 점 등을 고려하여 외국법원을 관할법원으로 지정한 전속적 국제관할 합의가 무효라고 한 사례

[3] 선하증권에 관한 손해배상청구권과 신용장 거래로 인한 채권은 법률상 별개의 권리로서 신용장대금채무의 일부가 일부변제 등으로 소멸되었다고 하더라도 운송인을 상대로 한 선하증권에 기한 손해배상청구에서 이를 공제할 것이 아니라고 한 원심을 수긍한 사례

[4] 변제충당에 관한 사전 약정이 있는 경우, 변제자에 대한 충당의 의사표시가 필요한지 여부(소극) 및 채무자가 그 약정과 달리 지정변제충당을 할 수 있는지 여부(소극)

[5] 선하증권과 상환 없이 화물이 인도됨으로써 선하증권의 정당한 소지인인 신용장 개설은행이 손해를 입은 경우, 신용장 개설은행이 신용장대금의 지급과 관련하여 별도의 담보나 수입보증금을 제공받지 않았다거나 선적서류를 송부받고도 화물의 소재를 파악하지 않았다는 사정이 과실상계사유에 해당하는지 여부(소극) 및 기한부신용장을 발행한 신용장 개설은행에게 특별한 주의의무가 있는지 여부(소극)

[판결요지]

[1] 대한민국 법원의 관할을 배제하고 외국의 법원을 관할법원으로 하는 전속적인 국제관할의 합의가 유효하기 위하여는, 당해 사건이 대한민국 법원의 전속관할에 속하지 아니하고, 지정된 외국법원이 그 외국법상 당해 사건에 대하여 관할권을 가져야 하는 외에, 당해 사건이 그 외국법원에 대하여 합리적인 관련성을 가질 것이 요구된다고 할 것이고, 한편 전속적인 관할합의가 현저하게 불합리하고 불공정한 경우에는 그 관할 합의는 공서양속에 반하는 법률행위에 해당하는 점에서도 무효이다.

[2] 관할법원으로 지정된 외국법원에 대하여 당해 사건이 합리적인 관련성을 갖지 못하고, 당해 사건의 준거법도 외국법이 아니라 대한민국 법이라는 점 등을 고려하여 외국법원을 관할법원으로 지정한 전속적 국제관할 합의가 무효라고 한 사례.

[3] 선하증권에 관한 손해배상청구권과 신용장 거래로 인한 채권은 법률상 별개의 권리로서 신용장대금채무의 일부가 일부변제 등으로 소멸되었다고 하더라도 운송인을 상대로 한 선하증권에 기한 손해배상청구에서 이를 공제할 것이 아니라고 한 원심을 수긍한 사례.

[4] 변제충당 지정은 상대방에 대한 의사표시로서 하여야 하는 것이기는 하나, 변제충당에 관한 민법 제476조 내지 제479조의 규정은 임의규정이므로 변제자(채무자)와 변제수령자(채권자)는 약정에 의하여 위 각 규정을 배제하고 제공된 급부를 어느 채무에 어떤 방법으로 충당할 것인가를 결정할 수 있고, 이와 같이 채권자와 채무자 사이에 미리 변제충당에 관한 약정이 있으며, 그 약정 내용이, 변제가 채권자에 대한 모든 채무를 소멸시키기에 부족한 경우 채권자가 적당하다고 인정하는 순서와 방법에 의하여 충당하기로 한 것이라면, 채권자가 위 약정에 터잡아 스스로 적당하다고 인정하는 순서와 방법에 좇아 변제충당을 한 이상 채무자에 대한 의사표시와 관계없이 그 충당의 효력이 있고, 위와 같이 미리 변제충당에 관한 별도의 약정이 있는 경우에는 채무자가 변제를 하면서 위 약정과 달리 특정 채무의 변제에 우선적으로 충당한다고 지정하더라도 그에 대하여 채권자가 명시적 또는 묵시적으로 동의하지 않는 한 그 지정은 효력이 없어 채무자가 지정한 채무가 변제되어 소멸하는 것은 아니다.

[5] 선하증권과 상환 없이 화물이 인도됨으로써 정당한 선하증권의 소지인인 신용장 개설은행이 손해를 입은 경우, 신용장 개설은행이 신용장대금 지급과 관련하여 별도의 담보를 제공받지 아니하였거나 수입보증금을 징수하지 않았다고 하더라도 그것이 손해 발생 또는 확대의 원인이 되었다고 할 수 없고, 신용장 개설은행이 선적서류를 송부받고도 화물의 행방을 알아보지 아니하였다는 사실만으로는 신용장 개설은행에게 사회통념상 또는 신의성실의 원칙상 주의의무를 게을리한 잘못이 있다고 보기 어렵다고 할 것이며, 또한 신용장 개설은행이 기한부신용장을 발행하였다는 사유만으로 화물에 관하여 일반 신용장을 발행한 경우와 다른 주의의무가 있다고 할 수 없다.

10. 채권의 양도 및 채무의 인수(제34조)

> 제34조(채권의 양도 및 채무의 인수)
> ① 채권의 양도인과 양수인간의 법률관계는 당사자간의 계약의 준거법에 의한다. 다만, 채권의 양도가능성, 채무자 및 제3자에 대한 채권양도의 효력은 양도되는 채권의 준거법에 의한다.
> ② 제1항의 규정은 채무인수에 이를 준용한다.

가. 채권의 양도(제34조 제1항)

1) 채권의 양도인과 양수인간의 법률관계(제34조 제1항 본문)

채권의 양도가 있을 때 양당사자 간의 법률관계에 대해서는 이들간의 계약의 준거법에 의한다(제34조 제1항 본문). 즉 채권을 매매하거나 증여한 경우라면 채권의 양도가 발생하나 이때 채권 양도인과 양수인간의 법률관계는 양당사자간의 법률관계인 매매나 증여의 준거법을 따르게 된다.

2) 채권의 양도가능성, 채무자 및 제3자에 대한 채권양도의 효력(제34조 제1항 단서)

채권양도시 채권양도가능성, 채무자와 제3자에 대한 채권양도의 효력은 양도되는 채권의 준거법에 의한다(제34조 제1항 단서). 따라서 채권양도에서 중요한 문제인 채무자 또는 채권의 압류권자나 이중양수인 등 제3자에 대하여 대항하기 위해 채무자에 대한 통지나 채무자의 승낙이 필요한지는 채무자와 제3자에 대한 채권양도의 효력의 문제로서 동 조항 단서에 따라 양도되는 채권의 준거법에 따르게 된다. 참고로 주된 채권에 부수된 담보물권이나 보증채권이 주된 채권의 양도로 당연히 이전되는지에 대하여 이는 양도가능성의 문제이므로 단서에 따라 양도 목적인 채권의 준거법이 적용된다는 견해가 있다. 단, 무기명채권에 대해서는 동 조항의 문제가 아니라 제21조가 적용되어 동산과 동일하게 그 소재지법이 준거법이 된다는 점을 주의해야 한다.

나. 채무의 인수(제34조 제2항 – 채권양도 규정 준용)

채무인수는 채권양도와 유사하기 때문에 준거법에 있어서도 채권양도 규정을 준용한다.

1) 채무자와 채무인수자간의 법률관계

채무인수시 채무자와 채무인수자 간의 법률관계는 채권양도에서 채권양도인과 채권양수인의 법률관계(제1항 본문)를 준용하여 당사자간의 계약의 준거법에 의한다.

2) 채무의 인수가능성, 채무인수의 효력

채무인수 가능성과 채권자 및 제3자에 대한 채무인수의 효력은 채권양도에서 채권양도 가능성과 채권양도의 효력(제1항 단서)을 준용하여 인수되는 당해 채무의 준거법에 의한다.

11. 법률에 의한 채권의 이전(제35조)

> 제35조(법률에 의한 채권의 이전)
> ① 법률에 의한 채권의 이전은 그 이전의 원인이 된 구채권자와 신채권자간의 법률관계의 준거법에 의한다. 다만, 이전되는 채권의 준거법에 채무자 보호를 위한 규정이 있는 경우에는 그 규정이 적용된다.
> ② 제1항과 같은 법률관계가 존재하지 아니하는 경우에는 이전되는 채권의 준거법에 의한다.

가. 원 칙(제1항)

1) 본 문

그 이전의 원인이 된 구채권자와 신채권자간의 법률관계의 준거법에 의한다. 예를 들어 보증인이 보증계약에 따라 피보증인의 채무를 변제한 경우 법정대위로서 법률에 의한 채권의 이전이므로 제35조 제1항이 적용되므로 보증인이 채권자의 권리를 대위하는지는 보증계약의 준거법(양채권자간의 법률관계의 준거법)에 따라 결정된다.

2) 단 서

다만 이전되는 채권의 준거법에 채무자 보호규정이 있는 경우 그 규정이 적용된다. 즉 단서에 따라 양채권자간의 법률관계의 준거법에 채무자 보호규정이 없더라도 이전되는 채권의 준거법에 채무자 보호규정이 존재하면 그 채무자 보호규정이 적용된다.

나. 예 외(제2항)

만약 법률상 채권의 이전의 원인이 되는 구채권자와 신채권자간의 법률관계가 존재하지 않는 경우에는 이전되는 채권의 준거법에 의한다. 따라서 위에서 서술한 예시에서 보증계약과 같은 양채권자간 법률관계가 존재하지 않는 경우 즉 제3자가 의무가 없음에도 임의로 변제한 경우에는 법률에 의한 채권의 이전은 이전되는 채권의 준거법에 따른다.

관련쟁점

1. 법정대위 vs 임의대위

가. 법정대위

법정대위란 변제할 정당한 이익 있는 자가 변제하여 법률상 당연히 채권자의 권리를 취득하는 것을 의미한다(민법 제481조). 이때 변제할 정당한 이익이 있는 자란 변제로 법률상 당연히 이익을 받는 자를 말하며, 예를 들면 1) 채무자와 함께 채무를 부담하는 자로서 불가분채무자·연대채무자·보증인등, 2) 타인을 위하여 채무 또는 책임을 부담하는 자로서 물상보증인, 3) 담보물의 제3취득자 등을 들 수 있다.

나. 임의대위

임의대위란 변제할 정당한 이익이 없는 자가 변제와 동시에 채권자의 승낙을 얻음으로써 채권자를 대위하는 것을 말한다(민법 제480조). 임의대위의 경우 채무자보호를 위해 지명채권양도의 대항요건과 효력에 관한 제450조, 제451조, 제452조를 준용한다. 결국 임의대위는 법정대위와 달리 법률상 채권이전이 아니다.

2. 채권자대위권 vs 채권자취소권

가. 채권자대위권

채권자대위권의 성립과 효력에 대한 준거법은 채권자의 채권(피보전채권)의 준거법이고, 피대위채권의 준거법은 그 준거법에서 제외된다(반대견해有).

나. 채권자취소권

채권자취소권의 성립과 효력에 대한 준거법은 채권자의 채권(피보전채권)의 준거법과 사해행위의 준거법이 모두 기준이 된다.

3. 채권의 소멸

가. 채권의 소멸사유(변제, 상계, 경개, 면제, 소멸시효 등)는 채권의 효력의 일부이므로 그 준거법은 채권의 준거법에 따르는 것이 원칙일 것이다. 다만, 각 사유의 특성에 따라 그 모습이 조금 달라질 수도 있다.

나. 상계의 경우

채권의 소멸이 자동채권과 수동채권 모두에 나타나므로 양채권의 준거법을 모두 적용해야 한다. 따라서 두 개의 준거법상 요건을 구비하지 못하면 상계가 성립하지 않게 된다.

다. 경개의 경우

경개란 채무의 중요한 부분을 변경함으로써 신채무를 성립시키는 동시에 구채무를 소멸시키는 유상계약으로 구채무의 소멸원인이 된다. 채권소멸 측면에서 소멸하는 구채무의 준거법만이 적용되지만, 경개는 그 요건상 신채무의 성립이 필수적이므로 신채무의 성립 측면에서 신채무의 준거법이 추가적으로 적용된다.

제6장 친 족

1. 혼인의 성립(제36조)

> **제36조(혼인의 성립)**
> ① 혼인의 성립요건은 각 당사자에 관하여 그 본국법에 의한다.
> ② 혼인의 방식은 혼인거행지법 또는 당사자 일방의 본국법에 의한다. 다만, 대한민국에서 혼인을 거행하는 경우에 당사자 일방이 대한민국 국민인 때에는 대한민국 법에 의한다.

가. 혼인의 성립요건(제1항, 실질적 성립요건)

1) 혼인의 성립요건은 혼인당시 각 당사자의 본국법에 의한다. 이때 성립요건은 방식을 제외한 실질적 성립요건을 의미한다. 제36조 제1항은 "각" 당사자의 본국법에 의한다고 규정하고 있는 바, 양당사자의 혼인시 본국법에 따를 때에도 양당사자의 본국법이 다른 경우에 준거법 처리가 문제될 수 있다. 혼인은 근본적으로 양당사자 즉 남녀간의 대등한 지위에서 이루어지는 것이므로 각자의 준거법이 누적적 연결이 아닌 배분적 연결이 타당하며, 우리 국제사법 제36조도 그 규정상 배분적 연결을 취하고 있다고 보아야 할 것이다. 즉 혼인의 당사자는 자신의 본국법에 따라 자신의 요건구비를 개별적으로 검토하게 될 것이다.

2) 실질적 성립요건의 구체적 검토

혼인의 성립요건은 실질적 성립요건과 형식적 성립요건이 있다(제36조 제1항의 성립요건은 실질적 요건을 의미함은 전술한 바와 같다). 실질적 성립요건에는 혼인적령, 부모 등의 동의와 같은 적극적 요건과 중혼 제외, 근친혼 제외와 같은 소극적 요건이 있다. 이 중 실질적 성립요건에 속하는 개개의 사유들을 검토해 보면 다음과 같다.

가) 혼인연령은 혼인의 실질적 성립요건이자 일면적 요건으로서 각 당사자의 본국법에 의한다(제36조 제1항).

나) 미성년자 금치산자등이 혼인할 때 부모 등의 동의를 요하는 경우 부모 등의 동의도 혼인의 실질적 성립요건이자 일면적 요건으로서 각 당사자의 본국법에 의한다(제36조 제1항).

다) 중혼 금지는 혼인의 실질적 성립요건이자 쌍면적 요건으로서 각 당사자의 본국법에 의한다(제36조 제1항).

라) 근친혼 금지도 혼인의 실질적 성립요건이자 쌍면적 요건으로서 각 당사자의 본국법에 의한다(제36조 제1항).

중혼 금지와 근친혼 금지는 본질적으로 양당사자 모두와 관련된 요건이므로 쌍면적 요건으로 보아야하고 따라서 양당사자의 본국법 중 하나라도 금지하고 있으면 혼인은 성립하지 않는다.

나. 혼인의 방식(제2항, 형식적 성립요건)

혼인거행지법 또는 당사자 일방의 본국법에 의한다. 다만, 대한민국에서 혼인을 거행하였고 당사자 일방이 대한민국 국민인 때에는 대한민국법에 의한다. 제2항 본문이 혼인의 방식에 대하여 혼인거행지법 또는 당사자 일방의 본국법에 의한다고 규정하고 있으므로 두 개의 법 중 하나만이라도 의할 때 방식이 구비되면 방식은 유효하게 된다. 혼인의 성립을 가급적 인정하고자하는 취지가 반영된 것이다. 제2항 단서는 대한민국에서 혼인을 거행하고, 일방이 대한민국 국민이면 다른 당사자의 본국법에 따르지 않고 대한민국법을 우선 적용시킨다는 내용이다.

관련판례

1. 청주지방법원 1997. 6. 27. 선고 96드1493 판결

장차 혼인할 중국국적의 조선족 여자를 국내에 입국시킬 목적으로 우선 중국에서 그 나라의 법에 따라 혼인등기한 경우, 그 혼인 등기는 그 조선족 여자를 대한민국에 입국시키기 위한 방편으로서 미리 한 것일 뿐 아직 진정한 혼인의사의 합치에 의한 것이라고 보기 어렵고, 나아가 예정대로 그 남자와 그 조선족 여자가 대한민국에서 결혼식을 거행하고 혼인생활에 들어갈 때 비로소 완전한 혼인의사의 합치가 있어 적법한 혼인이 성립한다고 해석함이 상당한바, 그 조선족 여자가 대한민국에 들어온 후 결혼식을 준비하던 중에 분쟁이 발생하여 각 당사자 쌍방의 혼인하려는 의사가 소멸하였다면, 결국 그 혼인등기에 의한 혼인은 혼인에 대한 실질적 합의가 결여된 상태에서 이루어진 것이다.

2. 서울가정법원 2009. 12. 18. 선고 2009르2577 판결 [혼인의무효]

[주 문]

1. 원고의 항소를 기각한다.

[이 유]

1. 준거법

원고는 혼인성립 당시 필리핀공화국(이하 '필리핀'이라고 한다) 국적인 피고가 원고와 혼인할 의사가 없었다고 주장하면서, 혼인성립의 실질적 요건이 결여되었음을 이유로 그 무효 확인을 구하고 있다. 그런데 국제사법 제36조 제1항에 의하면, 혼인성립의 실질적 요건에 관하여는 각 혼인 당사자에 관하여 그 본국법이 준거법이 되므로, 이 사건의 준거법은 원고에 관하여는 대한민국 민법, 피고에 관하여는 필리핀의 혼인관계법이 된다. 그러나 필리핀 혼인관계법에 관한 자료가 이 법원에 제출되지 않았고, 달리 이를 알 방법이 없으므로, 법정지법인 대한민국 민법을 적용하기로 한다.

....

3. 주장 및 판단

원고는 피고가 처음부터 혼인의 의사 없이 단지 한국에 입국하여 돈을 벌기 위한 목적으로 원고와 결혼을 한 것이므로, 이 사건 혼인은 무효라고 주장한다.

앞서 본 증거들에 의하면, 원고가 혼인생활 유지를 위하여 많은 노력을 하고, 피고를 위한 세심한 배려를 마다하지 않은 점을 인정할 수 있기는 하나, 피고가 한국에 입국한 후 한 달 동안 원고와 피고는 정상적인 부부로 함께 생활하였고, 가출 직전에는 함께 제주도로 여행까지 다녀온 점, 피고가 남겨놓은 편지를 보더라도 원고와의 혼인관계의 계속과 본국에 있는 가족에 대한 부양의무 사이에서 갈등하다가 가출에 이르게 된 것으로 여겨지는 점 등을 종합할 때, 앞서 본 증거들만으로는 피고가 처음부터 혼인의 의사 없이 단지 한국에 입국할 목적으로 원고와 혼인을 하였다고 보기는 어렵고, 달리 원고의 주장을 인정할 증거가 없다.

3. 대법원 1996. 11. 22. 선고 96도2049 판결 [공정증서원본불실기재 · 불실기재공정증서 원본행사]

[1] 우리나라 섭외사법 제15조(국제사법 제36조) 제1항 단서에 의하면 혼인의 방식은 혼인 거행지의 법에 의하도록 되어 있기는 하나, 같은 법 제15조(국제사법 제36조) 제1항 본문은 혼인의 성립요건은 각 당사자에 관하여 그 본국법에 의하여 정한다고 규정하고 있고, 같은 법 제16조(국제사법 제37조) 제1항은 "혼인의 효력은 부(夫)의 본국법에 의한다."고 규정하고 있으므로, 대한민국 남자와 중국 여자 사이의 혼인이 중국에서 중국의 방식에 의하여 성립되었다 하더라도 혼인의 실질적 성립요건을 구비한 것으로서 유효한지 여부는 부(夫)의 본국법인 우리나라 법에 의하여 정하여져야 한다.

[2] 우리나라 민법 제815조 제1호는 '당사자간에 혼인의 합의가 없는 때'에는 그 혼인은 무효로 한다라고 규정하고 있고, 이 혼인무효 사유는 당사자간에 사회관념상 부부라고 인정되는 정신적, 육체적 결합을 생기게 할 의사를 갖고 있지 않은 경우를 가리킨다고 해석할 것이므로, 당사자 사이에 비록 혼인의 계출 자체에 관하여 의사의 합치가 있어 일응 법률상의 부부라는 신분관계를 설정할 의사는 있었다고 인정되는 경우라도 그것이 단지 다른 목적을 달성하기 위한 방편에 불과한 것으로서 그들간에 참다운 부부관계의 설정을 바라는 효과의사가 없을 때에는 그 혼인은 민법 제815조 제1호의 규정에 따라 그 효력이 없다고 해석하여야 한다.

[3] 피고인들이 중국 국적의 조선족 여자들과 참다운 부부관계를 설정할 의사 없이 단지 그들의 국내 취업을 위한 입국을 가능하게 할 목적으로 형식상 혼인하기로 한 것이라면, 피고인

들과 조선족 여자들 사이에는 혼인의 계출에 관하여는 의사의 합치가 있었으나 참다운 부부관계의 설정을 바라는 효과의사는 없었다고 인정되므로 피고인들의 혼인은 우리나라의 법에 의하여 혼인으로서의 실질적 성립요건을 갖추지 못하여 그 효력이 없고, 따라서 피고인들이 중국에서 중국의 방식에 따라 혼인식을 거행하였다고 하더라도 우리나라의 법에 비추어 그 효력이 없는 혼인의 신고를 한 이상 피고인들의 행위는 공정증서원본불실기재 및 동행사 죄의 죄책을 면할 수 없다고 한 사례.

4. 대법원 1994. 6. 28. 선고 94므413 판결 [혼인무효확인]

[판시사항]

혼인거행지인 외국에서 외국법에 의한 혼인신고를 마친 경우 우리나라 법에 의한 별도의 혼인신고의 요부

[판결요지]

섭외사법 제15조(국제사법 제36조) 제1항의 규정은 우리나라 사람들 사이 또는 우리나라 사람과 외국인 사이의 혼인이 외국에서 거행되는 경우 그 혼인의 방식 즉 형식적 성립요건은 그 혼인거행지의 법에 따라 정하여야 한다는 취지라고 해석되므로, 그 나라의 법이 정하는 방식에 따른 혼인절차를 마친 경우에는 혼인이 유효하게 성립하는 것이고 별도로 우리나라의 법에 따른 혼인신고를 하지 않더라도 혼인의 성립에 영향이 없으며, 당사자가 호적법 제39조, 제40조에 의하여 혼인신고를 한다 하더라도 이는 창설적 신고가 아니라 이미 유효하게 성립한 혼인에 관한 보고적 신고에 불과하다.

[판결이유]

섭외사법 제15조 제1항은 "혼인의 성립요건은 각 당사자에 관하여 그 본국법에 의하여 이를 정한다. 그러나 그 방식은 혼인거행지의 법에 의한다"라고 규정하고 있는바, 이 규정은 우리나라 사람들 사이 또는 우리나라 사람과 외국인 사이의 혼인이 외국에서 거행되는 경우 그 혼인의 방식 즉 형식적 성립요건은 그 혼인거행지의 법에 따라 정하여야 한다는 취지라고 해석되므로, 그 나라의 법이 정하는 방식에 따른 혼인절차를 마친 경우에는 혼인이 유효하게 성립하는 것이고 별도로 우리나라의 법에 따른 혼인신고를 하지 않더라도 혼인의 성립에 영향이 없으며, 당사자가 호적법 제39조, 제40조에 의하여 혼인신고를 한다 하더라도 이는 창설적 신고가 아니라 이미 유효하게 성립한 혼인에 관한 보고적 신고에 불과하다고 할 것이다(당원 1991. 12. 10. 선고 91므535 판결; 1983. 12. 13. 선고 83도41 판결 각 참조).

원심은, 소외 망인은 이리시 신동에 본적을 둔 재일교포로서 1967.3.경부터 일본인인 피고와 일본 삿포로시에서 동거하다가 1990. 9. 12. 삿포로시 북구장에게 혼인신고를 하여 일본국법에서 정한 방식에 따라 혼인한 사실, 소외 망인 1990. 11. 6. 사망하였고 피고는 1991. 3. 7. 혼인신고서를 작성하여 1991. 3. 19. 삿포로시 관할 한국 총영사에게 제출하였으며 그 신고서가 외무부장관을 경유하여 1991. 5. 13. 이리시장에게 접수된 사실을 인정한 다음, 소외 망인과 피고 사이의 혼인은 1990. 9. 12. 일본 삿포로시 북구장에게 일본국 법에 따라 신고함으로써 적

법하게 성립하였다고 할 것이고, 피고가 소외 망인의 사망 후인 1991. 3. 19. 삿포로시 관할 한 국 총영사에게 혼인신고를 하였다 하더라도 이는 이미 유효하게 성립한 혼인을 우리나라의 호 적부에 기재하기 위하여 하는 단순한 보고적 신고에 불과하므로 혼인의 효력에 아무런 영향을 미치지 못한다고 판단하여 원고의 이 사건 혼인무효확인청구를 기각하였는바, 이러한 판단은 위의 법리에 따른 것으로서 정당한 것으로 수긍되고 거기에 소론과 같은 법리오해의 위법이 있 다고 할 수 없다. 논지는 섭외사법 제15조 제1항 및 제16조 제1항에 관한 독자적 해석에 터잡 은 것에 불과하다. 논지는 이유 없다.

그러므로 상고를 기각하고 소송비용은 패소자의 부담으로 하기로 하여 관여 법관의 일치된 의견으로 주문과 같이 판결한다.

5. 서울가정법원 2014. 6. 27. 선고 2013드단91378 판결: 확정 [혼인의무효확인]

[판결요지]

갑이 미국 네바다 주 소재 지방법원에서 확정된 을과 갑 사이의 이혼판결을 기초로 이혼신 고를 한 후 병과 혼인하여 미국 네바다 주 혼인등록관에게 혼인등록을 하고 혼인증서를 발급받 아 증서등본을 서울 강서구청장에게 제출하여 혼인신고를 마쳤는데, 을이 대한민국 국적인 갑 과 미국 국적인 병을 상대로 갑과 병 사이의 혼인 무효 확인을 구한 사안에서, 갑과 을 사이의 이혼이 을의 진정한 이혼 의사 없이 편취된 판결에 기하여 이루어진 것이어서 이혼신고는 무효 이고, 따라서 갑과 병 사이의 혼인은 중혼에 해당하는데, 중혼의 효력에 관하여 당사자의 본국 법이 서로 다른 경우에는 일반적으로 혼인의 유효성을 보다 부정하는 나라의 법률을 적용함이 타당하므로, 갑과 병 사이의 혼인은 미국 네바다 주 법을 적용하여 무효라고 본 사례.

[참조조문]

국제사법 제36조 제1항, 민법 제810조, 제816조 제1호

[주 문]

1. 피고들 사이에 2011. 8. 31. 미국 네바다 주 클라크카운티 혼인등록관에게 혼인등록을 하 고 혼인증서를 발급받아 2013. 4. 22. 그 증서등본을 서울 강서구청장에게 제출하여 한 혼인은 무효임을 확인한다.

2. 소송비용은 피고들이 부담한다.

[이 유]

1. 인정 사실

가. 원고와 피고 1은 1978. 10. 26. 혼인신고를 마친 법률상 부부로서, 그 사이에 성년이 된 자녀를 두고 있었다.

나. 한편 피고 1은 2007년경 원고를 상대로 장기간의 별거 등을 이유로 하여 서울가정법원 2007드단45145호로 이혼 소송을 제기하였다가 청구 기각 판결을 받았는데, 그 이후로도 피고 1은 귀가하지 아니하고 계속적으로 원고 및 자녀와 별거하였다.

다. 그런데 피고 1은, 미국 네바다 주 나이카운티 지방법원에서 2011. 8. 11. 확정된 원고와

피고 1 사이의 이혼판결을 기초로, 2013. 4. 18. 이혼신고를 하였는데, 위 네바다 주 이혼판결에는, 원고와 피고 1이 공동으로 이혼을 신청하여 판결을 받았다고 기재되어 있고, 네바다 주에서 6주 동안 거주한 원고가, 네바다 주 클라크 카운티에 있는 공증인의 면전에서 이혼에 동의하여 직접 서명하였다는 내용이 첨부되어 있으나, 원고는 1995. 6. 6. 대한민국에 입국한 이후로는 단 한 차례도 출국한 사실이 없다.

라. 한편 피고들은 위 이혼 판결 직후인 2011. 8. 31. 혼인하여, 2013. 4. 22. 미국 네바다 주 클라크카운티 혼인등록관이 작성한 혼인증서등본을 서울 강서구청장에게 제출함으로써 청구취지 기재 혼인신고를 마쳤다.

2. 판단

가. 앞서 본 인정 사실에 의하면, 원고와 피고 사이에 미국 네바다 주 나이카운티 지방법원의 이혼판결에 기하여 2013. 4. 18. 서울 강서구청장에게 신고하여 한 이혼은 원고의 진정한 이혼 의사 없이 편취된 판결에 기하여 이루어진 것이라 봄이 상당하여 원고와 피고 사이의 이혼신고는 무효라 할 것이고, 따라서 피고들 사이의 청구취지 기재 혼인신고는 중혼에 해당한다.

나. 한편 원고가 대한민국 국적의 피고 1과 미국 국적의 피고 2를 상대로 피고들 사이의 혼인이 중혼에 해당함을 이유로 피고들 사이의 청구취지 기재 혼인의 무효를 구하는 이 사건은 이른바 섭외적 사법관계에 속하는 사건이라 할 것이고, 나아가 국제사법 제36조 제1항은 혼인 성립의 장해 요건인 혼인의 무효나 취소 사유를 포함한 혼인의 실질적 성립요건은 각 당사자에 관하여 그 본국법에 의하도록 정하고 있으므로, 피고 1에 대하여는 우리나라 민법을, 피고 2에 대하여는 미국 네바다 주 혼인관계법에 따라 청구취지 기재 혼인신고의 효력을 판단하여야 할 것이다.

다. 그런데 우리나라 민법 규정은 중혼을 혼인 취소 사유로 정하고 있고, 미국 네바다 주 법은 원칙적으로 중혼을 무효 사유로 정하고 있는바, 위와 같이 중혼의 효력에 관하여 당사자의 본국법이 서로 다른 경우에는 일반적으로 혼인의 유효성을 보다 부정하는 나라의 법률을 적용함이 타당하다 할 것이다.

라. 따라서 피고들 사이의 청구취지 기재 혼인은 중혼의 유효성을 보다 부정하고 있는 미국 네바다 주 법을 적용하여 무효라 봄이 상당하다.

2. 혼인의 일반적 효력(제37조)

> 제37조(혼인의 일반적 효력)
> 혼인의 일반적 효력은 다음 각호에 정한 법의 순위에 의한다.
> 1. 부부의 동일한 본국법
> 2. 부부의 동일한 상거소지법
> 3. 부부와 가장 밀접한 관련이 있는 곳의 법

가. 혼인의 효력에 대하여는 1) 부부의 동일한 본국법, 2) 부부의 동일한 상거소지법, 3) 부부와 가장 밀접한 관련이 있는 곳으로 법문상 규정되어 있는 각호의 순서에

따라 판단한다(제37조). 준거법 결정시 각호의 순서에 따라야 하므로 이는 단계적 연결 방법의 규정이다. 제1순위인 부부의 동일한 본국법은 공통인 본국법(제46조 부양)과 구별할 필요가 있다는 견해가 있다. 즉 당사자들이 복수국적자인 경우 준거법인 공통인 본국법은 공통인 국적국법으로 충분하지만, 준거법인 동일한 본국법이라면 복수국적국 중에 제3조 제1항에 따라 본국법을 정하여야하고 이렇게 정해진 본국법이 양당사자의 본국법으로서 동일해야 한다.

나. 효력의 구체적 검토

혼인의 효력에는 신분적 효력과 재산적 효력이 있다. 부부간의 동거의무나 일상가사 대리시 책임에 대한 것이 혼인의 효력으로서 제37조에 따라 준거법이 결정된다. 다만, 혼인의 효력에 속하지만 준거법 결정시 제37조가 적용되지 않는 경우가 있다. 국제사법 상 특별규정이 있는 경우로서, 부부재산제는 제38조에 따라, 부부간의 부양은 제46조에 따라, 그리고 성년의제는 행위능력의 문제로 보아 제13조 제1항에 따라 결정된다. 성년 의제는 전술하였고, 부부재산제와 부부간 부양은 후술한다.

3. 부부재산제(제38조)

> **제38조(부부재산제)**
> ① 부부재산제에 관하여는 제37조의 규정을 준용한다.
> ② 부부가 합의에 의하여 다음 각호의 법중 어느 것을 선택한 경우에는 부부재산제는 제1항의 규정에 불구하고 그 법에 의한다. 다만, 그 합의는 일자와 부부의 기명날인 또는 서명이 있는 서면으로 작성된 경우에 한하여 그 효력이 있다.
>   1. 부부중 일방이 국적을 가지는 법
>   2. 부부중 일방의 상거소지법
>   3. 부동산에 관한 부부재산제에 대하여는 그 부동산의 소재지법
> ③ 외국법에 의한 부부재산제는 대한민국에서 행한 법률행위 및 대한민국에 있는 재산에 관하여 이를 선의의 제3자에게 대항할 수 없다. 이 경우 그 부부재산제에 의할 수 없는 때에는 제3자와의 관계에 관하여 부부재산제는 대한민국 법에 의한다.
> ④ 외국법에 의하여 체결된 부부재산계약은 대한민국에서 등기한 경우 제3항의 규정에 불구하고 이를 제3자에게 대항할 수 있다.

부부재산제란 부부재산계약과 동일한 개념이 아니라 부부재산계약을 포함한 개념이다. 따라서 부부재산계약과 법정재산제에 모두 부부재산제의 준거법인 제38조가 적용된다. 즉 부부재산계약이 부정되는 경우 또는 부부재산계약이 인정되나 그 계약이 적용되지 않는 경우 인정되는 법정재산제(별산제, 공유제 등)의 준거법에도 제38조 부부재산제가 적용된다. 부부간 재산계약의 존부와 무관하게 특정재산이 특유재산인지 공유재산인

지는 제38조에 따른다.

부부재산제에서 주의할 것은 부부재산제는 혼인의 유효한 성립을 전제로 하므로 혼인의 유효성이 확실하게 인정되지 않는 경우라면 혼인의 유효성에 대하여 제36조에 따라 먼저 판단해야 한다.

가. 준거법

1) 부부가 서면합의를 한 경우

가) 부부가 일자와 부부의 기명날인 또는 서명이 있는 서면으로 작성된 합의에 의하여

나) 다음 각호(1. 부부일방의 국적국법, 2. 일방의 상거소지법, 3. 부동산에 관한 부부재산제에서 부동산소재지법)의 법 중 하나를 선택한 경우

다) 제37조에 우선하여 그 법에 의한다.

2) 부부가 우선적용되는 서면합의를 하지 않은 경우

부부재산제에는 제37조의 순서에 따른 준거법(동일한 본국법, 동일한 상거소지법, 가장 밀접한 관련지의 법)이 적용된다.

나. 제3자 보호

1) 외국법에 의한 부부재산제와 선의의 제3자 보호(내국거래보호)

가) 외국법에 의한 부부재산제는

나) 대한민국에서 행한 법률행위 및 대한민국에 있는 재산에 대하여

다) 선의의 제3자에게 대항할 수 없고,

라) 외국법에 의한 부부재산제를 이처럼 선의의 제3자에게 대항할 수 없는 경우 제3자와의 관계에서는 대한민국법에 의한다.

2) 예외적으로 선의의 제3자에게라도 대항가능한 경우(등기대항)

가) 외국법에 의하여 체결된 부부재산계약이

나) 대한민국에 등기된 경우

다) 대한민국에서의 법률행위와 대한민국 소재 재산에 대하여도

라) (선의의) 제3자에게도 대항가능하다.

관련판례

서울가정법원 1996. 11. 1. 선고 95드27138 판결: 확정 [위자료및재산분할, 위자료등]

　재판관할 및 준거법

　미국시민권자인 원고가 대한민국 국민인 피고에 대하여 본소로써 이혼에 따른 위자료의 지급과 재산분할, 사건본인에 대한 양육비의 지급을 구하고, 피고는 반소로써 원고와의 이혼에 따른 위자료의 지급과 원고가 사건본인에 대한 양육자임을 전제로 하여 사건본인에 대한 면접교섭의 허용을 구하고 있는바, 원고 스스로 미국법원의 재판관할을 주장하지 아니하고 이 법원에 소를 제기하였으므로 본소는 물론 반소에 대하여도 이 법원에 재판관할권이 있다고 할 것인 한편, 이혼에 따른 위자료에 대하여는 아래에서 설시하는 바와 같이 원고와 피고의 혼인공동생활의 주된 근거지 및 그 파탄 원인의 발생지가 우리나라이므로 섭외사법 제13조(국제사법 제32조) 제1항에 의하여 우리나라의 법률이 그 준거법이라고 할 것이고, 재산분할은 이혼에 부수하여 부부간의 재산관계를 조정하는 것이므로 혼인의 효력에 관한 같은 법 제16조(국제사법 제37조) 및 제17조(국제사법 제38조), 이혼에 관한 같은 법 제18조(국제사법 제39조)의 규정을 유추 적용하여 부(夫)인 피고의 본국법인 우리나라의 법률이 그 준거법이 된다고 할 것이고, 양육비는 부양의무에 관한 사항으로서 같은 법 제23조(국제사법 제46조)에 따라 부양의무자인 피고의 본국법인 우리나라의 법률이, 면접교섭은 친자간의 법률관계에 관한 사항으로서(국제사법 제45조) 부(父)인 피고의 본국법인 우리나라의 법률이 각각 그 준거법이 된다고 할 것이므로 원고의 본소 및 피고의 반소 청구는 어느 것이나 이 법원의 관할에 속하고 그 준거법은 모두 우리나라의 법률이라고 할 것이다.

4. 이혼(제39조)

> **제39조(이혼)**
> 이혼에 관하여는 제37조의 규정을 준용한다. 다만, 부부중 일방이 대한민국에 상거소가 있는 대한민국 국민인 경우에는 이혼은 대한민국 법에 의한다.

가. 원 칙(본문)

　이혼에 관하여 제37조를 준용하므로 부부의 동일한 본국법, 동일한 상거소지법, 부부와 가장 밀접지의 법의 순서대로 준거법이 정해진다(제39조 본문, 제37조). 이혼의 준거법을 혼인의 효력의 준거법을 준용하는 것은 이혼이란 혼인의 효력을 소멸시키는 것으로 혼인의 효력의 문제로 파악할 수 있기 때문이다.

나. 예 외(단서)

　단, 부부 일방이 대한민국국민이고 그의 상거소지가 대한민국이라면 이혼은 대한민국법에 의한다.

다. 적용범위

1) 원칙적으로 이혼과 관련된 모든 문제에 제39조가 적용된다. 즉 이혼의 허용여부, 이혼의 사유, 이혼의 방법(법원의 이혼의사 확인, 협의상 이혼 또는 재판상 이혼의 허용여부), 이혼의 효력(재산분할) 등의 준거법 결정시 제39조에 따른다.

2) 구체적 검토

가) 이혼의 허용여부와 관련하여 이혼을 금지하는 외국법이 준거법으로 지정된 경우에는 국제사법 제10조에 의해 그 적용을 배척하고 우리 민법을 적용하여 이혼을 허용할 수 있다. 우리 가정법원도 동일한 판시를 한 바가 있다(서울가정법원 1984. 2. 10. 선고 83드209 판결 참조).

나) 이혼의 방식은 혼인의 방식(제36조 제2항)과 달리 국제사법에 특별한 규정이 없어 법률행위의 방식에 관한 일반규정인 제17조에 따른다고 봄이 타당하다. 즉 제17조에 따라 이혼의 방식은 이혼의 준거법(제17조 제1항, 행위의 준거법) 또는 이혼행위지의 준거법(제17조 제2항, 행위지의 준거법)에 따른다.

다) 이혼의 효력과 관련하여 이혼 배우자간 부양의무는 제46조가 적용된다. 판례도 이와 동일하다(서울가정법원 1996. 11. 1. 선고 95드27138 판결 참조).

라) 유책배우자의 배상문제인 이혼에 따른 위자료청구는 이혼의 준거법에 따른다는 견해가 있으나 판례는 일반 불법행위로 보아 국제사법 제32조를 적용하고 있다(서울가정법원 1996. 11. 1. 선고 95드27138 판결 참조).

마) 재산분할은 혼인의 존속을 전제로 하는 부부재산제와는 달리 혼인의 소멸을 전제로 하는 것이므로 이혼의 준거법에 따르는 것이 타당하고, 판례도 이와 동일하다(서울가정법원 1996. 11. 1. 선고 95드27138 판결 참조).

바) 이혼 후 친권 문제 등에 대하여는 이혼의 효력으로 보아 이혼의 준거법으로 보는 견해가 있으나, 이는 친자간의 법률관계로서 부부간의 혼인 존속(혼인, 이혼)과는 무관한 문제이므로 이혼의 준거법인 제39조가 아닌 친자간 법률관계 제45조에 따르는 것이 타당하다. 판례는 이혼시 (친권문제 아닌) 면접교섭권에 대하여 국제사법 입법 전에 제45조를 적용하는 취지로 판시한 바 있다(서울가정법원 1996. 11. 1. 선고 95드27138 판결 참조).

1. 서울가정법원 1996. 11. 1. 선고 95드27138 판결: 확정 [위자료및재산분할, 위자료등]

[1] 미국시민권자가 부(夫)인 대한민국 국민을 피고로 하여 이혼을 원인으로 한 위자료, 재산분할, 양육비 등을 청구하고 그에 대한 반소로서 친권행사자 및 양육자 지정, 면접교섭권 등을 구하는 소가 우리나라 법원에 제기된 경우, 그 미국시민권자가 스스로 미국법원의 재판관할을 주장하지 아니하고 우리나라 법원에 소를 제기하였으므로 본소는 물론 반소에 대하여도 우리나라 법원에 재판관할권이 있고, 이혼에 따른 위자료에 대하여는 그 혼인 공동생활의 주된 근거지 및 그 파탄 원인의 발생지가 우리나라라면 섭외사법 제13조(국제사법 제32조) 제1항에 의하여 우리나라의 법률이 그 준거법이 되고, 재산분할은 이혼에 부수하여 부부간의 재산관계를 조정하는 것이므로 혼인의 효력에 관한 같은 법 제16조(국제사법 제37조) 및 제17조(국제사법 제38조), 이혼에 관한 같은 법 제18조(국제사법 제39조)의 규정을 유추 적용하여 부(夫)인 피고의 본국법인 우리나라의 법률이 그 준거법이 되며, 양육비는 부양의무에 관한 사항으로서 같은 법 제23조(국제사법 제46조)에 따라 부양의무자인 피고의 본국법인 우리나라의 법률이, 면접교섭은 친자간의 법률관계에 관한 사항으로서(국제사법 제45조) 부(父)인 피고의 본국법인 우리나라의 법률이 각각 그 준거법이 된다.

[2] 미국법원의 이혼 확정판결이 우리나라에 거주하고 있는 대한민국 국민을 피고로 한 것이고 그 피고가 이에 적극적으로 응소한 것이 아니라면, 그 판결은 재판관할권이 없는 채 이루어진 것이어서 민사소송법 제203조 제1호의 요건을 구비하였다고 할 수 없어 그 효력이 없을 뿐만 아니라, 그 미국법원의 판결이 있기 전에 이미 우리나라 법원에서 이혼 확정판결이 있었다면, 그 미국법원의 판결은 우리나라 법원의 확정판결에 의하여 이미 혼인관계가 해소된 혼인에 대하여 다시 이혼을 선언한 셈이 되어 이 점에서도 그 미국법원의 판결은 효력이 없다.

[3] 이혼소송에 있어서는 당해 소송에서의 원고가 주장하는 이혼사유가 이유 있는지의 여부만이 심판대상으로 되는 것이므로, 그 소송물은 원고가 주장하는 이혼사유의 존부 및 그에 기한 이혼청구권의 유·무임에 비하여 이혼에 따른 위자료청구 소송의 소송물은 혼인관계 파탄에 상대방의 귀책사유가 있음을 이유로 하는 손해배상 청구권의 존부이므로, 그 두 개의 소송물은 서로 밀접한 관련이 있기는 하지만 서로 법적 근거와 성질을 달리 하는 별개의 소송물이고, 따라서 이혼소송의 확정판결의 효력이 곧바로 그 판결에서 귀책당사자로 판단된 자의 이혼을 원인으로 한 위자료 청구에까지 미친다고 할 수 없다.

2. 서울가정법원 1984. 2. 10. 선고 83드209 제1부심판: 미정 [이혼청구사건]

한국 국적의 여인이 남편인 필립핀공화국 국적의 남자를 상대로 하여 재판상 이혼을 구하는 경우의 준거법

부의 본국법인 필립핀공화국의 민법은 이혼을 금지하고 있는 것으로 해석되며 반정도 인정되지 아니하므로 결국부의 본국법인 필립핀공화국의 법률이 준거법으로 적용되어야 할 것이나 필립핀공화국의 이혼에 관한 위 법제도는 우리의 선량한 풍속이나 사회질서에 위반하는 것이라

고 할 수밖에 없어서 본건에서는 우리의 섭외사법 제5조에 의하여 필립핀공화국의 법률을 적용하지 아니하고 우리의 민법을 적용하기로 한다.

3. 서울가법 2009. 3. 20. 선고 2008르2020, 3283 판결 [이혼·이혼등]

[판시사항]

[1] 외국에서 출생하여 우리나라 가족관계등록부에 친생자로 등재되어 있지 않은 자(子)에 대하여도 친생추정의 효력이 미친다고 한 사례[7]

[2] 남편이 한국생활에 적응하지 못하는 외국인 처를 배려하지 않고, 그 때문에 가출하여 출산한 처와의 연락을 피하고 연락두절되었다는 이유로 이혼소송을 제기하자 처도 반소를 제기한 사안에서, 처의 반소청구를 받아들여 이혼과 남편의 위자료 지급을 명한 사례

5. 혼인중의 친자관계(제40조)

> 제40조(혼인중의 친자관계)
> ① 혼인중의 친자관계의 성립은 자(子)의 출생 당시 부부중 일방의 본국법에 의한다.
> ② 제1항의 경우 부(夫)가 자(子)의 출생전에 사망한 때에는 사망 당시 본국법을 그의 본국법으로 본다.

가. 혼인중 친자관계의 성립은 자의 출생당시 부부일방의 본국법에 의한다(제40조 제1항). 이 때 부부 중 일방의 본국법에 의한다는 의미는 부부 중 일방의 본국법에 의하여 친자관계가 인정되면 부부 양당사자에 대하여 친자관계가 성립되게 된다(선택적 연결방법).

나. 이 때 부(夫)가 자의 출생 전에 사망한 때에는 사망당시 본국법을 그의 본국법으로 본다(제40조 제2항). 이러한 경우에 친자관계성립을 검토하면 제40조 제2항에 따라 부의 사망당시 본국법을 제1항의 출생당시 부(夫)의 본국법으로 보아 친자관계성립을 검토하게 된다(제40조 제1항, 제2항). 이는 부가 자의 출생 전에 사망한 경우에는 자의 출생당시 부의 본국법을 정할 수 없기 때문에 둔 것으로 당연한 규정이라 생각된다.

다. 적용범위

1) 제40조는 혼인중 친자관계의 성립에 관하여 적용된다. 따라서 혼인중 친자관계 성립은 추정에 의하므로 본조항은 혼인중의 친자추정문제(혼인중 포태한 자가 부의 자로 추정되는지, 혼인 성립일로부터 며칠 후 출생해야 혼인중 임신으로 추정되는지 등)에 적용된다.

2) 혼인중 친자관계(효력)에 대하여 적용되는 조문이 아니라, 친자관계의 성립여부에

---

7) 따라서 자의 양육비 청구가 가능하다.

대하여 적용되는 것이다. 따라서 국제사법 규정이 혼인중 친자관계의 성립에 관하여만 명문으로 규정하고 있더라도 그 성립여부를 다투는 경우(즉 친생부인)에도 제40조가 적용된다고 보아야 한다. 국제사법 개정 전 섭외사법이 적용된 사건에서 가정법원은 동일한 취지의 내용으로 판시하였다(서울가정법원 1992. 2. 18. 선고 91드82748 판결 참조).

3) 만약 혼인이 유효하게 성립하지 않은 경우라면 이때의 친자관계성립여부는 혼인 중 친자관계규정(제40조)이 적용될 수 없고, 혼인외 친자관계규정(제41조)이 적용되어야 할 것이다.

관련판례

서울가정법원 1992. 2. 18. 선고 91드82748 제4부판결: 확정 [이혼등]

일본국 국적을 가진 부가 일본국 국적을 가진 자를 상대로 제기한 친생부인을 구하는 소는 이른바 섭외적 법률관계에 속한 사건이고, 섭외사법 제19조(국제사법 제40조)에 의하면 친생부인은 그 출생 당시의 모의 부의 본국법에 의하게 되므로, 위 소는 일본국 민법이 그 준거법으로 되고, 일본국 민법 제774조, 제775조에는 적출부인의 소가 인정되는바, 위 조문은 우리나라 민법 제846조, 제847조에 정해진 친생부인의 소에 관한 규정과 동일하므로, 위 소는 결국 위 적출부인의 소에 해당된다고 보고 처리하여야 한다.

6. 혼인 외의 친자관계(제41조)

제41조(혼인 외의 친자관계)
① 혼인 외의 친자관계의 성립은 자(子)의 출생 당시 모의 본국법에 의한다. 다만, 부자간의 친자관계의 성립은 자(子)의 출생 당시 부(父)의 본국법 또는 현재 자(子)의 상거소지법에 의할 수 있다.
② 인지는 제1항이 정하는 법 외에 인지 당시 인지자의 본국법에 의할 수 있다.
③ 제1항의 경우 부(父)가 자(子)의 출생전에 사망한 때에는 사망 당시 본국법을 그의 본국법으로 보고, 제2항의 경우 인지자가 인지전에 사망한 때에는 사망 당시 본국법을 그의 본국법으로 본다.

가. 혼인 외의 친자관계 성립(제41조 제1항)

자의 출생당시 모의 본국법에 의한다(제41조 제1항 본문). 이 때 부자간의 친자관계 성립은 자의 출생당시 부의 본국법 또는 현재 자의 상거소지법에 의할 수도 있다(제41조 제1항 단서). 부가 자의 출생 전에 사망한 경우는 사망당시 부의 본국법을 그의 본국법으로 본다(제41조 제3항 전문). 제1항의 내용에 따르면 혼인외 친자관계성립은 모자관계 성립의 경우에는 자의 출생당시 모의 본국법에 의하고, 부자관계 성립의 경우에는 자의 출생당시 모의 본국법, 자의 출생당시 부의 본국법, 현재 자의 상거소지법, 출생 전 부 사망시 부의 본국법 중 어느 하나에 의한다(선택적 연결). 다만 제41조 친자관계의 성립에 관하여 자의 본국법이 자 또는 제3자의 동의를 요건으로 하고 있는 경우에는 그 (동의)요건도 구비해야 한다(제44조, 누적적 연결).

나. 인 지(제41조 제2항, 제1항)

1) 인지는 제41조 제1항이 정하는 법(자의 출생당시 모의 본국법, 자의 출생당시 부의 본국법, 현재 자의 상거소지법)외에 인지당시 인지자의 본국법에 의할 수 있다(제41조 제2항). 인지자가 인지 전에 사망한 경우 사망당시 본국법을 그의 본국법으로 본다(제41조 제3항 후문). 제2항의 내용에 따르면 인지의 경우 모가 인지자인 경우 자의 출생당시 모의 본국법(제1항), 인지 당시인지자인 모의 본국법(제2항) 중 하나에 따른다(선택적 연결). 또한 부가 인지자인 경우에는 자의 출생당시 모의 본국법, 자의 출생당시 부의 본국법, 현재 자의 상거소지법(이상 제1항) 외에 인지당시 인지자인 부의 본국법(제2항) 중 하나에 따른다(선택적 연결). 인지의 경우에도 제44조가 누적적으로 적용된다. 즉 인지의 경우에도 친자관계성립(인지)에 관하여 자의 본국법이 자 또는 제3자의 동의를 요건으로 하고 있는 경우에는 그 (동의)요건도 구비해야 한다(제44조, 누적적 연결). 제44조에 따라 자가 인지를 원하지 않는 경우에 친자관계 성립을 부정할 수도 있게 된다.

2) 적용범위

가) 인지의 (실질적)성립요건과 효력에 대하여 제41조 제2항이 적용된다. 즉 인지의 실질적 성립요건과 관련된 인지의 허용여부, 임의인지와 강제인지 인정여부, 태아나 사망자에 대한 인지여부, 유언에 의한 인지 인정여부 등에 적용된다. 또한 인지의 효력 문제인 피인지자의 신분 변동내용과 소급효 여부에도 동조항이 적용된다.

나) 다만 인지의 형식적 성립요건인 방식에 대하여는 국제사법상 명문규정이 없으므로 법률행위의 방식에 관한 일반규정인 제17조가 적용된다. 판례도 동일한 취지로 판시한 바가 있다(대법원 1988. 2. 23. 선고 86다카737 판결 참조).

다) 또한 주의할 것은 인지가 인정된 후에 발생하는 친자간 법률관계, 부양관계, 또는 상속관계는 인지 자체의 효력이 아니므로 제41조 제2항에 의할 것이 아니라 각 해당규정(제45조, 제46조, 제49조)에 따른다는 것이다.

다. 제44조(동의 등) 누적적 적용

친자관계성립에 관하여 자의 본국법이 자 또는 제3자의 승낙이나 동의 등을 요건으로 할 때에는 그 요건도 갖추어야 함은 전술하였다.

대법원 1988. 2. 23. 선고 86다카737 판결 [부동산소유권이전등기말소등기]

[판시사항]

섭외적 인지신고의 방식

[판시요지]

섭외사법 제20조 제1항, 제2항에 의하여 인지의 요건과 효력은 부의 본국법에 의하되 인지의 방식은 법률행위 방식에 관한 같은 법 제10조에 따라야 할 것인즉, 같은 조 제1항에는 법률행위의 방식은 그 행위의 효력을 정한 법에 의한다고 규정하고 제2항에는 행위지법에 의하여한 법률행위의 방식은 전항의 규정에 불구하고 이를 유효로 한다고 규정하고 있으므로, 외국에서 하는 한국인의 인지는 한국법이 정한 방식에 따라 외국에 주재하는 한국의 재외공관의 장에게 인지신고를 할 수도 있고 행위지인 외국법이 정하는 방식에 따라 그 나라 호적공무원에게 인지신고를 할 수도 있다.

7. 혼인외 출생자에 대한 준정(제42조)

제42조(혼인외 출생자에 대한 준정(準正))
① 혼인외의 출생자가 혼인중의 출생자로 그 지위가 변동되는 경우에 관하여는 그 요건인 사실의 완성 당시 부(父) 또는 모의 본국법 또는 자(子)의 상거소지법에 의한다.
② 제1항의 경우 부(父) 또는 모가 그 요건인 사실이 완성되기 전에 사망한 때에는 사망 당시본국법을 그의 본국법으로 본다.

가. 준 정

혼인외의 출생자가 혼인중의 출생자로 그 지위가 변동되는 경우(준정)에 관하여 그 요건인 사실의 완성당시 부 또는 모의 본국법 또는 자의 상거소지법에 의한다(제42조제1항, 선택적 연결). 동조항의 준거법들은 선택적 연결관계이므로 준정의 경우 준거법은부의 본국법, 모의 본국법, 자의 상거소지법 중 하나에 따라 성립되면 준정이 인정되게된다. 이 경우 부 또는 모가 요건인 사실이 완성되기 전에 사망한 때에는 사망당시 본국법을 그의 본국법으로 본다(제42조 제2항).

나. 제44조(동의 등) 누적적 적용

친자관계성립에 관하여 자의 본국법이 자 또는 제3자의 승낙이나 동의 등을 요건으로 할 때에는 그 요건도 갖추어야 한다.

8. 입양 및 파양(제43조, 양자의 성립과 종료)

> 제43조(입양 및 파양)
> 입양 및 파양은 입양 당시 양친(養親)의 본국법에 의한다.

가. 입 양(제43조)

1) 입양 및 파양은 입양당시 양친의 본국법에 의한다. 입양과 파양의 준거법을 동일하게 규정하여 통일적 규율을 꾀하고 있다.

2) 제44조(동의) 적용

친자관계성립에 관하여 자의 본국법이 자 또는 제3자의 승낙이나 동의 등을 요건으로 할 때에는 그 요건도 갖추어야 한다.

3) 적용범위

가) 입양의 실질적 성립요건

입양의 허용여부, 양친이 가능한 연령, 양자가 될 수 있는 연령, 입양에 필요한 요건 등에 적용된다. 입양의 준거법이 양친의 본국법이기 때문에 양부모의 본국법(국적)이 다른 경우에는 부부 각자의 본국법에 따라 성립여부를 판단한다. 이 때 양부모 중 일방과는 입양이 성립하지만 다른 일방과는 성립하지 않은 경우라면 입양이 성립한 본국법이 부부공동입양주의(우리 민법처럼)라면 입양은 부정될 것이다.

나) 입양의 방식

입양의 방식에 대하여 국제사법에 특별한 규정이 없으므로, 법률행위의 방식에 관한 일반규정인 제17조가 적용된다. 즉 입양의 방식은 입양의 준거법인 양친의 본국법 또는 행위지법인 입양지법에 따르게 된다.

다) 입양의 효력

입양의 효력에도 제43조가 적용된다. 입양의 효력은 입양자체의 효력을 말하는 바, 양자가 취득하는 신분의 내용과 그 시기(소급효여부), 양자와 양친의 혈족간의 친족관계 발생여부 등을 의미한다. 주의할 점은 입양이 인정된 후에 양자로서 지위를 취득한 후에 문제되는 양친자간의 법률관계, 부양관계, 상속관계는 입양 자체의 효력이 아니므로 제43조에 의할 것이 아니라 각 해당규정(제45조, 제46조, 제49조)에 따른다는 것이다.

나. 파 양(제43조)

파양의 실질적 성립요건과 그 효력에는 제43조에 따라 입양당시(파양당시가 아님) 양친의 본국법이 적용된다. 파양의 방식에는 입양의 방식과 동일하게 제17조가 적용될 것이다.

관련판례

1. 서울가정법원 1992. 4. 23. 선고 91드63419 제2부판결: 확정 [파양]

가. 대한민국 국적을 가지고 대한민국에 주소를 두고 있는 양자가 미합중국 국적을 가지고 오하이오주에 주소를 두고 있는 양부의 유기를 이유로 파양청구를 한 경우의 재판관할권

파양사건은 신분관계의 소멸에 관련된 중대한 사항으로 당사자가 대립하는 소송사건이므로 원칙적으로 피고의 주소가 있는 국가에 이른바 국제재판관할권을 인정함이 타당하나, 대한민국 국적을 가지고 대한민국에 주소를 두고 있는 양자가 미합중국 국적을 가지고 오하이오주에 주소를 두고 있는 양부의 유기를 이유로 파양청구를 한 경우에는 양자의 주소가 있는 우리나라에도 재판관할권이 있다고 할 것이며, 양부가 대한민국 내에 주소, 거소 또는 최후주소가 없다면 대법원 소재지의 가정법원이 관할법원이 된다.

나. 위 양부의 본국법에 파양제도가 인정되지 않는 경우의 준거법

전항의 경우 준거법은 섭외사법 제21조(국제사법 제43조) 제2항, 제2조(국제사법 제3조) 제3항에 의하여 양부의 본국법인 미합중국 오하이오주의 법률이라고 할 것이나, 오하이오주 법에 의하면 파양제도가 인정되지 않기 때문에 위 법에 준거하는 한 어떠한 경우에도 파양을 할 수가 없는바, 이러한 입법례도 이른바 완전부양제를 채택한 결과로서 그 나름대로의 합리적인 근거가 없다 할 수 없으나, 입양 이후 미합중국에 거주하고 있는 양부가 양자를 성년에 이르도록 부양하지 않았을 뿐만 아니라 한번도 상면하지 않고 있는 경우에까지 파양을 인정하지 않는다면 양부의 유기에 의하여 전혀 실체를 갖고 있지 않은 양친자관계가 양자의 의사에 반하여 영속되어 장래 당사자 사이에 서로 예기하지도 않고 희망하지도 않는 상속, 부양 등과 같은 여러 가지 법률관계가 발생하도록 하는 부당한 결과가 생길 수 있어 양자의 복지를 최우선으로 하는 양자제도의 취지에 비추어 선량한 풍속 기타 사회질서에 반하므로, 위 사건에 관하여는 섭외사법 제5조(국제사법 제10조)에 의하여 외국법으로서 양친의 본국법인 미합중국 오하이오주법을 적용하지 아니하고 파양을 인정하는 법정지법인 우리나라 민법을 적용하여야 한다.

다. 양자가 양부만을 상대로 한 재판상 파양청구의 적부(적극)

양자관계는 양부모 각자와 양자 사이에 별개로 성립하는 것이고 또한 법률상 파양에 관하여 부부공동파양을 강제하는 명문의 규정이 없을 뿐만 아니라 개인 의사를 존중한다는 원칙 아래 자를 위한 양자제도를 취하고 있는 양자법의 취지에 비추어 양부모의 양자에 대한 2개의 양자관계를 불가분이라고 해석할 합리적인 이유도 없으므로 양친에 대한 양자의 재판상 파양청구를 필요적 공동소송으로 보아 양자와 양친의 일방과 사이에 사정이 있어 양친부부의 일방만을 피고로 하는 재판상 파양청구를 부적법하다 할 것도 아니므로, 양자가 양부만을 상대로 한 파양청구는 적법한 것으로 보아야 한다.

2. 서울가정법원 2013. 2. 22. 자 2012느합356 심판: 확정 [친권제한등]

[심판요지]

갑이 미혼모자가족복지시설에 입소한 후 입양관계자 등을 통해 출생 전인 을의 입양을 추진하여 을은 출생 후 곧바로 미국 국적의 부부 병 등에게 인도되었는데, 병 등이 입양 목적의 이민비자 없이 비자면제프로그램을 이용하여 을을 미국으로 입국시키려다 미국 출입국관리소에 의해 을의 입국이 불허되었고, 이에 서울특별시장이 아동복지법에 근거하여 갑을 상대로 갑의 을에 대한 친권상실 및 을의 후견인 선임을 청구한 사안에서, 국제사법이 입양은 입양 당시 양친의 본국법에 의하고(제43조), 입양에 의한 친자관계의 성립에 관하여 자의 본국법이 자 또는 제3자의 승낙이나 동의 등을 요건으로 할 때에는 그 요건도 갖추어야 한다(제44조)고 정하고 있으므로, 아동복지법상 보호대상아동으로서 어머니인 갑이 입양에 동의하여 국민기초생활보장법에 의한 보장시설인 미혼모자가족복지시설에 보호의뢰된 을의 입양에 관한 절차는 구 입양촉진 및 절차에 관한 특례법(2011. 8. 4. 법률 제11007호 입양특례법으로 전부 개정되기 전의 것)에 따라야 하는데도, 외국인으로서 45세가 넘은 병 등이 위 특례법에 따른 해외입양기관 허가를 받지 않은 시설을 통하여 보건복지부장관에게서 을의 해외이주에 관한 허가도 받지 아니한 채 입양관계자에게 금전을 지급하면서 입양을 시도하고 비자면제프로그램을 이용하여 을을 미국에 입국시키는 방법으로 을을 입양하려고 한 점, 갑은 위 특례법상 요건·절차 등을 위반하여 입양을 시도하는 병 등에게 협조하고 금전을 받았으며, 현재도 을을 양육할 능력이 없다고 진술하면서 병 등이 을을 양육하는 것에 대하여 아무런 이의를 제기하지 아니하는 점 등에 비추어, 갑에게 친권을 행사할 수 없는 중대한 사유가 있고 갑의 을에 대한 친권을 상실시키는 것이 을의 복지를 위하여 필요하다고 한 사례.

9. 동 의(제44조)

> **제44조(동의)**
> 제41조 내지 제43조의 규정에 의한 친자관계의 성립에 관하여 자(子)의 본국법이 자(子) 또는 제3자의 승낙이나 동의 등을 요건으로 할 때에는 그 요건도 갖추어야 한다.

제41조(혼인외 친자관계, 인지), 제42조(혼인외 출생자에 대한 준정), 제43조(입양 및 파양)의 규정에 의한 친자관계성립에 관하여 자의 본국법이 자 또는 제3자의 승낙이나 동의 등을 요건으로 할 때에는 그 요건도 갖추어야 한다. 제40조 혼인중의 친자관계의 성립에는 적용되지 않는다.

10. 친자간의 법률관계(제45조)

> **제45조(친자간의 법률관계)**
> 친자간의 법률관계는 부모와 자(子)의 본국법이 모두 동일한 경우에는 그 법에 의하고, 그 외의 경우에는 자(子)의 상거소지법에 의한다.

가. 친자간의 법률관계는 부모와 자의 본국법이 모두 동일한 경우에는 그 법에 의하고, 그렇지 않은 경우에는 자의 상거소지법에 의한다(제45조).

나. 제45조의 친자간의 법률관계란 친자관계가 유효하게 성립한 경우에 친자간의 권리의무 내용을 의미한다. 따라서 친권과 부양이 있으나 부양에 대하여는 특별규정(제46조)이 있으므로 본 조항이 적용되는 것은 주로 친권(법정대리권 등)일 것이다. 이는 친자관계가 인정된 이후의 문제이므로 친자관계의 성립 자체가 문제되었던 제40조(혼인중의 친자관계), 제41조(혼인외의 친자관계, 인지), 제42조(혼인외 출생자에 대한 준정), 제43조(입양 및 파양)의 규정에 의한 친자관계성립의 준거법들과는 반드시 구별해야 할 것이다.

다. 적용범위

제45조(친자간의 법률관계)는 제40조(혼인중의 친자관계), 제41조(혼인외의 친자관계, 인지), 제42조(혼인외 출생자에 대한 준정), 제43조(입양 및 파양)의 규정에 따른 준거법을 적용하여 친자관계의 성립이 인정되는 경우에 친자간의 법률관계에 적용된다. 구체적으로 친권자의 결정, 친권의 내용, 재산관리권이나 법정대리권이 이에 속한다. 특히 이혼 후 친권 문제 등에 대하여는 이혼의 효력으로 보아 이혼의 준거법으로 보는 견해가 있으나, 이는 친자간의 법률관계로서 부부간의 혼인 존속(혼인, 이혼)과는 무관한 문제이므로 이혼의 준거법인 제39조가 아닌 친자간 법률관계 제45조에 따르는 것이 타당하다.

판례는 이혼시 (친권문제 아닌) 면접교섭권에 대하여 국제사법 입법 전에 제45조를 적용하는 취지로 판시 바 있다(서울가정법원 1996. 11. 1. 선고 95드27138 판결 참조). 그리고 친자간의 부양의무에 대하여는 제46조(부양)가 적용되는 것은 전술한 바와 같다.

11. 부 양(제46조)

> **제46조(부양)**
> ① 부양의 의무는 부양권리자의 상거소지법에 의한다. 다만, 그 법에 의하면 부양권리자가 부양의무자로부터 부양을 받을 수 없는 때에는 당사자의 공통 본국법에 의한다.
> ② 대한민국에서 이혼이 이루어지거나 승인된 경우에 이혼한 당사자간의 부양의무는 제1항의 규정에 불구하고 그 이혼에 관하여 적용된 법에 의한다.
> ③ 방계혈족간 또는 인척간의 부양의무의 경우에 부양의무자는 부양권리자의 청구에 대하여

당사자의 공통 본국법에 의하여 부양의무가 없다는 주장을 할 수 있으며, 그러한 법이 없
는 때에는 부양의무자의 상거소지법에 의하여 부양의무가 없다는 주장을 할 수 있다.

④ 부양권리자와 부양의무자가 모두 대한민국 국민이고, 부양의무자가 대한민국에 상거소가
있는 경우에는 대한민국 법에 의한다.

가. 부양의무(제1항)

부양의무는 부양권리자의 상거소지법에 의한다(제46조 제1항 본문). 이 때 부양권리자
의 상거소지법에 의하면 부양권리자가 부양받을 수 없는 경우에는 당사자의 공통의 본
국법에 의한다(제46조 제1항 단서). 이 때 "공통의 본국법"은 "동일한 본국법"(ex. 제37조
혼인의 준거법)과 구별해야 한다. 즉 당사자들이 복수국적자인 경우 준거법인 공통인 본
국법은 공통인 국적국법으로 충분하지만, 준거법인 동일한 본국법이라면 복수 국적국
중에 제3조 제1항에 따라 본국법을 정하여야 하고 이렇게 정해진 본국법이 양당사자의
본국법으로서 동일해야 한다.

나. 대한민국에서 이혼(또는 이혼승인)한 당사자간의 부양의무(제2항)

대한민국에서 이혼(또는 이혼승인)한 이혼당사자 간의 부양의무는 제1항의 준거법(부
양권리자의 상거소지법, 불가시 공통의 본국법)에 우선하여 이혼에 관하여 적용된 법에 의
한다(제46조 제2항). 이혼에 관하여 적용된 법이란 이혼의 준거법이 아니라 실제 이혼에
적용된 법을 의미한다. 이혼이 우리나라에서 이루어지거나 또는 외국에서 이혼판결이
있었고, 이를 우리나라 법원이 승인한 때에는 부양의무에 대하여는 제46조 제1항이 아
닌 제46조 제2항에 따라 실제 이혼(판결)에 적용된 법이 준거법이 될 것이다. 즉 이혼
당사자간 부양의무에 대하여 항상 본 조항이 적용되는 것이 아니라, 이혼이 대한민국에
서 이루어지거나 이혼 판결이 대한민국 법원이 승인한 경우라야 본 조항이 적용됨을
유의해야 한다.

다. 방계혈족간 또는 인척간 부양의무 부존재 주장(제3항)

1) 공통인 본국법(1순위)

방계혈족간 또는 인척간의 부양의무에 대하여 부양의무자는 당사자의 공통 본국법에
의하여 부양의무가 없다는 주장을 할 수 있고,

2) 부양의무자의 상거소지법(2순위)

그러한 공통의 본국법이 없는 경우에는 부양의무자의 상거소지법에 의하여 부양의무
가 없다는 주장을 할 수 있다. 이처럼 부양의무자가 부양의무 없음을 주장할 수 있도록
규정하고 있는 것은 방계혈족이나 인척간은 아주 가까운 사이가 아닐 수도 있고 각국

의 법률이 인정여부에 대하여 차이가 있는 현실을 반영한 것이라 생각된다. 방계혈족간 또는 인척간에 일방이 부당하게 부양의무를 부담하는 것을 방지하는 기능을 한다.

라. 대한민국법 우선적용(제4항)

1) 부양권리자와 부양의무자가 모두 대한민국 국민이고

2) 부양의무자가 대한민국에 상거소가 있다면

3) 대한민국 법에 의한다.

따라서 부양관계가 문제되는 경우, 1)과 2)의 요건을 구비하면 당사자간의 부양의무에 대하여 제1항과 제2항에 우선하여 제4항이 적용되어 대한민국법에 따른다.

마. 적용범위

본조항은 (모든) 친족간의 모든 부양의무에 적용된다. 특히 부양의무의 발생요건(의무자와 권리자), 부양의무의 내용(부양의 범위 등)에 적용된다. 다만, 부양의무의 전제로서 요구되는 친족관계는 당해 친족관계의 성립이 각 준거법 규정으로 우선 인정되어야 할 것이다.

관련판례

서울가정법원 1996. 11. 1. 선고 95드27138 판결: 확정 [위자료및재산분할, 위자료등]

[1] 미국시민권자가 한국인 남편을 상대로 하여 이혼을 원인으로 한 위자료 등을 청구하고 그에 대한 반소가 우리나라 법원에 제기된 경우, 그 재판관할권 유무 및 준거법

미국시민권자가 부(夫)인 대한민국 국민을 피고로 하여 이혼을 원인으로 한 위자료, 재산분할, 양육비 등을 청구하고 그에 대한 반소로서 친권행사자 및 양육자 지정, 면접교섭권 등을 구하는 소가 우리나라 법원에 제기된 경우, 그 미국시민권자가 스스로 미국법원의 재판관할을 주장하지 아니하고 우리나라 법원에 소를 제기하였으므로 본소는 물론 반소에 대하여도 우리나라 법원에 재판관할권이 있고, 이혼에 따른 위자료에 대하여는 그 혼인 공동생활의 주된 근거지 및 그 파탄 원인의 발생지가 우리나라라면 섭외사법 제13조 제1항에 의하여 우리나라의 법률이 그 준거법이 되고, 재산분할은 이혼에 부수하여 부부간의 재산관계를 조정하는 것이므로 혼인의 효력에 관한 같은 법 제16조 및 제17조, 이혼에 관한 같은 법 제18조의 규정을 유추 적용하여 부(夫)인 피고의 본국법인 우리나라의 법률이 그 준거법이 되며, 양육비는 부양의무에 관한 사항으로서 같은 법 제23조에 따라 부양의무자인 피고의 본국법인 우리나라의 법률이, 면접교섭은 친자간의 법률관계에 관한 사항으로서 부(父)인 피고의 본국법인 우리나라의 법률이 각각 그 준거법이 된다.

[2] 미국시민권자의 한국인 남편을 상대로 한 미국법원의 이혼 확정판결이 있기 전에 이미

우리나라 법원에서 한국인 남편이 제기한 소송에 따른 이혼 확정판결이 있는 경우, 미국법원 판결의 효력(무효)

　미국법원의 이혼 확정판결이 우리나라에 거주하고 있는 대한민국 국민을 피고로 한 것이고 그 피고가 이에 적극적으로 응소한 것이 아니라면, 그 판결은 재판관할권이 없는 채 이루어진 것이어서 민사소송법 제203조 제1호의 요건을 구비하였다고 할 수 없어 그 효력이 없을 뿐만 아니라, 그 미국법원의 판결이 있기 전에 이미 우리나라 법원에서 이혼 확정판결이 있었다면, 그 미국법원의 판결은 우리나라 법원의 확정판결에 의하여 이미 혼인관계가 해소된 혼인에 대하여 다시 이혼을 선언한 셈이 되어 이 점에서도 그 미국법원의 판결은 효력이 없다.

　[3] 이혼소송의 확정판결의 기판력이 그 당사자 간의 이혼에 따른 위자료 청구에 미치는지 여부(소극)

　이혼소송에 있어서는 당해 소송에서의 원고가 주장하는 이혼사유가 이유 있는지의 여부만이 심판대상으로 되는 것이므로, 그 소송물은 원고가 주장하는 이혼사유의 존부 및 그에 기한 이혼청구권의 유·무임에 비하여 이혼에 따른 위자료청구 소송의 소송물은 혼인관계 파탄에 상대방의 귀책사유가 있음을 이유로 하는 손해배상 청구권의 존부이므로, 그 두 개의 소송물은 서로 밀접한 관련이 있기는 하지만 서로 법적 근거와 성질을 달리 하는 별개의 소송물이고, 따라서 이혼소송의 확정판결의 효력이 곧바로 그 판결에서 귀책당사자로 판단된 자의 이혼을 원인으로 한 위자료 청구에까지 미친다고 할 수 없다.

12. 그 밖의 친족관계(제47조)

> **제47조(그 밖의 친족관계)**
> 친족관계의 성립 및 친족관계에서 발생하는 권리의무에 관하여 이 법에 특별한 규정이 없는 경우에는 각 당사자의 본국법에 의한다.

　친족관계의 성립 및 친족관계에서 발생하는 권리의무에 대하여 이 법(국제사법)에 특별한 규정이 없는 경우에 제47조가 적용된다. 국제사법 친족부분 규정을 살펴보면 부부관계의 성립, 친자관계의 성립(제40조, 제41조, 제42조), 부부관계와 관련하여 혼인의 효력, 부부재산제, 이혼의 효력(부부간의 법률관계 직접규정은 없음), 친자관계와 관련하여 친자간의 법률관계(제45조 직접 규정하고 있음), 부부·친자관계 포함한 모든 친족간의 부양의무에 대하여 규정하고 있다. 본 조항(제47조)이 의미하는 이법에 특별한 규정이 있는 경우는 이러한 것들을 말하므로, 이러한 것들 이외에 대하여는 제47조가 적용된다고 보아야 한다.

13. 후 견(제48조)

> 제48조(후견)
> ① 후견은 피후견인의 본국법에 의한다.
> ② 대한민국에 상거소 또는 거소가 있는 외국인에 대한 후견은 다음 각호중 어느 하나에 해당하는 경우에 한하여 대한민국 법에 의한다.
> 　1. 그의 본국법에 의하면 후견개시의 원인이 있더라도 그 후견사무를 행할 자가 없거나 후견사무를 행할 자가 있더라도 후견사무를 행할 수 없는 경우
> 　2. 대한민국에서 한정치산 또는 금치산을 선고한 경우
> 　3. 그 밖에 피후견인을 보호하여야 할 긴급한 필요가 있는 경우

가. 피후견인의 본국법(원칙, 제1항)

후견은 피후견인의 본국법에 의한다(제48조 제1항).

나. 대한민국법(예외, 제2항)

대한민국에 상거소 또는 거소가 있는 외국인에 대한 후견이 다음 각호 중 하나에 해당하면 대한민국법에 의한다(제48조 제2항).

1) 그의 본국법에 의하면 후견사무를 행할 자가 없거나 있더라도 그자가 행할 수 없는 경우

2) 대한민국에서 한정치산, 금치산 선고를 한 경우

3) 피후견인 보호를 위해 긴급한 필요가 있는 경우

미성년자(외국인)의 신상이나 감독이 문제될 때는 후견제도에 우선하여 친권제도가 적용되어야 하므로, 친자간의 법률관계 준거법인 제45조에 우선적으로 따르고, 그러한 친권이 이루어지지 않는 경우에만 후견제도가 개시되어 후견의 준거법인 제48조에 따른다. 물론 피후견인이 미성년자인지는 친권과 후견의 전제문제(선결문제)로서 제13조(행위능력)에 따라 우선적으로 검토되어야 할 것이다.

다. 적용범위

후견의 개시, 후견인의 자격, 후견인의 권리와 의무, 후견의 종료 등 후견에 관한 모든 문제에 적용된다.

제7장 상 속

1. 상 속(제49조)

> **제49조(상속)**
> ① 상속은 사망 당시 피상속인의 본국법에 의한다.
> ② 피상속인이 유언에 적용되는 방식에 의하여 명시적으로 다음 각호의 법중 어느 것을 지정하는 때에는 상속은 제1항의 규정에 불구하고 그 법에 의한다.
> 　1. 지정 당시 피상속인의 상거소가 있는 국가의 법. 다만, 그 지정은 피상속인이 사망시까지 그 국가에 상거소를 유지한 경우에 한하여 그 효력이 있다.
> 　2. 부동산에 관한 상속에 대하여는 그 부동산의 소재지법

가. 상속은 사망당시 피상속인의 본국법에 의한다(제1항).

나. 유언지정시 우선적용(제2항)

다만 피상속인이 유언에 적용되는 방식에 의해 다음 각호 중 하나를 준거법으로 지정한 경우

피상속인의 본국법(제1항)에 우선하여 그 법에 의한다.

1) 유언 지정시부터 피상속인 사망당시까지 상거소지를 유지한 경우 지정당시 피상속인의 상거소국가의 법(제1호)

2) 부동산에 관한 상속에 대하여 부동산 소재지법 중 하나를 지정하는 경우(제2호)

3) 단, 선택의 방식은 제50조 제3항(유언의 방식)을 준수(제49조 제2항)

이 경우 상속의 준거법 선택이 유언의 방식에 따른 것이어야 하므로 선택의 방식이 제50조 제3항 유언의 방식을 준수해야 하는 것이다.

다. 적용범위

상속의 준거법은 크게 보아 재산상속, 신분상속 등 모든 상속에 적용된다. 구체적으로 상속 개시의 원인과 시기, 상속인의 자격과 순위, 상속재산의 범위와 내용, 상속의 승인과 포기, 상속분, 기여분, 유류분 등에 적용된다. 그리고 상속 문제의 선결문제로서 상속인 즉 친족관계 확정이 필요하므로 피상속인과의 부부관계(혼인), 친자관계, 기타 친족관계는 각각 해당 준거법규정에 따라 우선적으로 인정되어야 할 것이다. 또한 유언과 관련하여 유언에 의하여 상속재산의 자유로운 처분 가능성과 범위는 유언의 문제가

아닌 상속의 문제로서 제49조에 따른다.

2. 유 언(제50조)

> 제50조(유언)
> ① 유언은 유언 당시 유언자의 본국법에 의한다.
> ② 유언의 변경 또는 철회는 그 당시 유언자의 본국법에 의한다.
> ③ 유언의 방식은 다음 각호중 어느 하나의 법에 의한다.
>   1. 유언자가 유언 당시 또는 사망 당시 국적을 가지는 국가의 법
>   2. 유언자의 유언 당시 또는 사망 당시 상거소지법
>   3. 유언당시 행위지법
>   4. 부동산에 관한 유언의 방식에 대하여는 그 부동산의 소재지법

유언은 일반적으로 유언자체의 효력이 목적이 아니고, 유언을 통하여 의도하는 법률행위가 있기 마련이다. 따라서 유언의 성립과 효력 이외에 추가적으로 유언자가 유언으로 의도한 법률행위의 성립과 효력(실질의 문제)을 검토해야 함은 당연하다. 결국 전자는 유언의 준거법인 제50조가 적용되고, 후자는 각 법률행위의 준거법 규정(ex. 제41조 제2항 유언인지, 제48조 후견인 유언지정, 제49조 제2항 유증)이 적용될 것이다.

가. 유 언(제1항)

유언당시 유언자의 본국법에 의한다.

나. 유언의 변경 또는 철회(제2항)

유언의 변경 또는 철회는 그 당시 유언자의 본국법에 의한다.

다. 유언의 방식(제3항)

유언의 방식은 다음 어느 하나에 의한다.

1) 유언자의 유언당시 또는 사망당시의 국적국가의 법

2) 유언자의 유언당시 또는 사망당시 상거소지법

3) 유언당시 행위지법

4) 부동산에 관한 유언은 그 부동산 소재지법

라. 적용범위

유언의 성립과 효력에 대하여 제50조 제1항이 적용되고, 유언의 방식에 대하여 제50조 제3항이 적용된다. 그러나 제50조에 의하여 유언이 유효하게 성립되었더라도 유언이 의도한 목적인 법률행위(ex. 인지, 유증)의 성립과 효력은 별개로 각 법률행위의 준거법

에 따라 검토해야 한다.

마. 모순되는 유언이 이루어진 경우

전에 이루어진 유언과 모순되는 유언이 후에 이루어진 경우 이를 전 유언에 대한 유언의 철회로 볼 것인지 문제된다.

이러한 경우 유언의 실질(의도)의 문제로 보아야 한다는 견해가 있다.

제8장 어음 수표

제51조(행위능력)

① 환어음, 약속어음 및 수표에 의하여 채무를 부담하는 자의 능력은 그의 본국법에 의한다. 다만, 그 국가의 법이 다른 국가의 법에 의하여야 하는 것을 정한 경우에는 그 다른 국가의 법에 의한다.

② 제1항의 규정에 의하면 능력이 없는 자라 할지라도 다른 국가에서 서명을 하고 그 국가의 법에 의하여 능력이 있는 때에는 그 채무를 부담할 수 있는 능력이 있는 것으로 본다.

제52조(수표지급인의 자격)

① 수표지급인이 될 수 있는 자의 자격은 지급지법에 의한다.

② 지급지법에 의하면 지급인이 될 수 없는 자를 지급인으로 하여 수표가 무효인 경우에도 동일한 규정이 없는 다른 국가에서 행한 서명으로부터 생긴 채무의 효력에는 영향을 미치지 아니한다.

제53조(방식)

① 환어음, 약속어음 및 수표행위의 방식은 서명지법에 의한다. 다만, 수표행위의 방식은 지급지법에 의할 수 있다.

② 제1항의 규정에 의하여 행위가 무효인 경우에도 그 후 행위의 행위지법에 의하여 적법한 때에는 그 전 행위의 무효는 그 후 행위의 효력에 영향을 미치지 아니한다.

③ 대한민국 국민이 외국에서 행한 환어음, 약속어음 및 수표행위의 방식이 행위지법에 의하면 무효인 경우에도 대한민국 법에 의하여 적법한 때에는 다른 대한민국 국민에 대하여 효력이 있다.

제54조(효력)

① 환어음의 인수인과 약속어음의 발행인의 채무는 지급지법에 의하고, 수표로부터 생긴 채무는 서명지법에 의한다.

② 제1항에 규정된 자 외의 자의 환어음 및 약속어음에 의한 채무는 서명지법에 의한다.

③ 환어음, 약속어음 및 수표의 소구권을 행사하는 기간은 모든 서명자에 대하여 발행지법에 의한다.

제55조(원인채권의 취득)

어음의 소지인이 그 발행의 원인이 되는 채권을 취득하는지 여부는 어음의 발행지법에 의한다.

제56조(일부인수 및 일부지급)

① 환어음의 인수를 어음 금액의 일부에 제한할 수 있는지 여부 및 소지인이 일부지급을 수락할 의무가 있는지 여부는 지급지법에 의한다.

② 제1항의 규정은 약속어음의 지급에 준용한다.

제57조(권리의 행사·보전을 위한 행위의 방식)

환어음, 약속어음 및 수표에 관한 거절증서의 방식, 그 작성기간 및 환어음, 약속어음 및 수표상의 권리의 행사 또는 보전에 필요한 그 밖의 행위의 방식은 거절증서를 작성하여야 하는 곳 또는 그 밖의 행위를 행하여야 하는 곳의 법에 의한다.

제58조(상실 및 도난)

환어음, 약속어음 및 수표의 상실 또는 도난의 경우에 행하여야 하는 절차는 지급지법에 의한다.

제59조(수표의 지급지법)

수표에 관한 다음 각호의 사항은 수표의 지급지법에 의한다.

1. 수표가 일람출급을 요하는지 여부, 일람후 정기출급으로 발행할 수 있는지 여부 및 선일자수표의 효력

2. 제시기간

3. 수표에 인수, 지급보증, 확인 또는 사증을 할 수 있는지 여부 및 그 기재의 효력

4. 소지인이 일부지급을 청구할 수 있는지 여부 및 일부지급을 수락할 의무가 있는지 여부

5. 수표에 횡선을 표시할 수 있는지 여부 및 수표에 "계산을 위하여"라는 문구 또는 이와 동일한 뜻이 있는 문구의 기재의 효력. 다만, 수표의 발행인 또는 소지인이 수표면에 "계산을 위하여"라는 문구 또는 이와 동일한 뜻이 있는 문구를 기재하여 현금의 지급을 금지한 경우에 그 수표가 외국에서 발행되고 대한민국에서 지급하여야 하는 것은 일반횡선수표의 효력이 있다.

6. 소지인이 수표자금에 대하여 특별한 권리를 가지는지 여부 및 그 권리의 성질

7. 발행인이 수표의 지급위탁을 취소할 수 있는지 여부 및 지급정지를 위한 절차를 취할 수 있는지 여부

8. 배서인, 발행인 그 밖의 채무자에 대한 소구권 보전을 위하여 거절증서 또는 이와 동일한 효력을 가지는 선언을 필요로 하는지 여부

관련판례

대법원 2008. 9. 11. 선고 2007다74683 판결 [신용장대금]

[판시사항]

모두 대한민국 법인인 신용장 매입은행과 신용장 개설은행 사이에서 이루어진 환어음의 인수 방식에 관하여 우리나라 어음법이 준거법이 될 수 있는지 여부(적극)

[판결요지]

대한민국 법인인 신용장 매입은행과 대한민국 법인인 신용장 개설은행 사이에서 외국에서 이루어진 환어음의 인수 방식에 대하여는 우리나라 어음법도 준거법이 될 수 있는바, 대한민국 법인인 신용장 매입은행과 대한민국 법인인 신용장 개설은행 사이에서 이루어진 환어음의 인수가 어음법 제25조 제1항에 정한 방식을 갖추지 아니한 경우에는 어음법상의 효력을 주장할 수 없고, 위 환어음의 인수가 신용장 거래 과정에서 이루어졌다고 하여 달리 볼 것은 아니다.

제9장 해 상

제60조(해상)

해상에 관한 다음 각호의 사항은 선적국법에 의한다.

1. 선박의 소유권 및 저당권, 선박우선특권 그 밖의 선박에 관한 물권
2. 선박에 관한 담보물권의 우선순위
3. 선장과 해원의 행위에 대한 선박소유자의 책임범위
4. 선박소유자·용선자·선박관리인·선박운항자 그 밖의 선박사용인이 책임제한을 주장할 수 있는지 여부 및 그 책임제한의 범위
5. 공동해손
6. 선장의 대리권

제61조(선박충돌)

① 개항·하천 또는 영해에서의 선박충돌에 관한 책임은 그 충돌지법에 의한다.

② 공해에서의 선박충돌에 관한 책임은 각 선박이 동일한 선적국에 속하는 때에는 그 선적국법에 의하고, 각 선박이 선적국을 달리하는 때에는 가해선박의 선적국법에 의한다.

제62조(해양사고구조)

해양사고구조로 인한 보수청구권은 그 구조행위가 영해에서 있는 때에는 행위지법에 의하고, 공해에서 있는 때에는 구조한 선박의 선적국법에 의한다.

관련판례

1. 대법원 2014. 7. 24. 선고 2013다34839 판결 [배당이의]

[판결요지]

[1] 국제사법 제8조 제1항, 제60조 제1호, 제2호의 내용과 취지에 비추어 보면, 선원의 임금채권을 근거로 하는 선박우선특권의 성립 여부나 선박우선특권과 선박저당권 사이의 우선순위를 정하는 준거법은 원칙적으로 선적국법이라고 할 것이나, 선박이 편의치적이 되어 있어 그

선적만이 선적국과 유일한 관련이 있을 뿐이고, 실질적인 선박 소유자나 선박 운영회사의 국적과 주된 영업활동장소, 선박의 주된 항해지와 근거지, 선원들의 국적, 선원들의 근로계약에 적용하기로 한 법률, 선박저당권의 피담보채권을 성립시키는 법률행위가 이루어진 장소 및 그에 대하여 적용되는 법률, 선박경매절차가 진행되는 법원이나 경매절차에 참가한 이해관계인 등은 선적국이 아닌 다른 특정 국가와 밀접한 관련이 있어 앞서 본 법률관계와 가장 밀접한 관련이 있는 다른 국가의 법이 명백히 존재하는 경우에는 다른 국가의 법을 준거법으로 보아야 한다.

[2] 파나마국에 편의치적 되어 있는 선박의 선장 갑 등이 선박의 근저당권자인 주식회사 을 은행을 상대로 '선박에 관한 임의경매절차에서 을 은행의 근저당권이 갑 등의 임금채권보다 선순위임을 전제로 작성된 배당표'의 경정을 구한 사안에서, 선박우선특권의 성립 여부 등과 가장 밀접한 관련이 있는 법은 선적국인 파나마국 법이 아니라 대한민국 상법이고, 국제사법 제8조 제1항에 따라 대한민국 상법을 적용하면 갑 등의 임금채권이 선박우선특권 있는 채권으로서 을 은행의 근저당권보다 우선하므로, 위 배당표가 위법하다고 본 원심판단을 정당하다고 한 사례.

2. 대법원 2007. 7. 12. 선고 2005다39617 판결 [배당이의]

[판시사항]

[1] 배당이의소송에서 배당이의사유에 관한 증명책임의 분배

[2] 선박우선특권에 의하여 담보되는 피담보채권의 임의대위에 관한 준거법

[3] 선원임금채권의 대위에 관한 준거법

[4] 외국적 요소가 있는 법률관계에 관하여 적용될 외국법의 내용 확인이 불가능한 경우의 법원의 조치

[판결요지]

[1] 배당이의소송에 있어서의 배당이의사유에 관한 증명책임도 일반 민사소송에서의 증명책임 분배의 원칙에 따라야 하므로, 원고가 피고의 채권이 성립하지 아니하였음을 주장하는 경우에는 피고에게 채권의 발생원인사실을 입증할 책임이 있고, 원고가 그 채권이 통정허위표시로서 무효라거나 변제에 의하여 소멸되었음을 주장하는 경우에는 원고에게 그 장애 또는 소멸사유에 해당하는 사실을 증명할 책임이 있다.

[2] 선박우선특권은 일정한 채권을 담보하기 위하여 법률에 의하여 특별히 인정된 권리로서 일반적으로 그 피담보채권과 분리되어 독립적으로 존재하거나 이전되기는 어려우므로, 선박우선특권이 유효하게 이전되는지 여부는 그 선박우선특권이 담보하는 채권의 이전이 인정되는 경우에 비로소 논할 수 있는 것인바, 국제사법 제60조 제1호, 제2호에서 선적국법에 의하도록 규정하고 있는 사항은 선박우선특권의 성립 여부, 일정한 채권이 선박우선특권에 의하여 담보되는지 여부, 선박우선특권이 미치는 대상의 범위, 선박우선특권의 순위 등으로서 선박우선특권에 의하여 담보되는 채권 자체의 대위에 관한 사항은 포함되어 있지 않다고 해석되므로, 그 피담보채권의 임의대위에 관한 사항은 특별한 사정이 없는 한 국제사법 제35조 제2항에 의하여 그 피담보채권의 준거법에 의하여야 한다.

[3] 선박우선특권에 의하여 담보되는 채권이 선원근로계약에 의하여 발생되는 임금채권인

경우 그 임금채권에 관한 사항은 선원근로계약의 준거법에 의하여야 하고, 선원근로계약에 관하여는 선적국을 선원이 일상적으로 노무를 제공하는 국가로 볼 수 있어 선원근로계약에 의하여 발생하는 임금채권에 관한 사항에 대하여는 특별한 사정이 없는 한 국제사법 제28조 제2항에 의하여 선적국법이 준거법이 되므로, 결국 선원임금채권의 대위에 관한 사항은 그 선원임금채권을 담보하는 선박우선특권에 관한 사항과 마찬가지로 선적국법에 의한다.

[4] 외국적 요소가 있는 법률관계에 관하여 적용될 외국법규의 내용을 확정하고 그 의미를 해석함에 있어서는 그 외국법이 그 본국에서 현실로 해석·적용되고 있는 의미·내용대로 해석·적용되어야 하는 것이 원칙이며, 소송 과정에서 그 외국의 판례나 해석기준에 관한 자료가 제출되지 아니하여 그 내용의 확인이 불가능한 경우에 법원으로서는 일반적인 법해석 기준에 따라 법의 의미·내용을 확정할 수 있다.

3. 대법원 2014. 10. 2. 자 2013마1518 결정 [선박임의경매결정에대한즉시항고]

[결정요지]

선박우선특권의 성립 여부, 일정한 채권이 선박우선특권에 의하여 담보되는지 여부 및 선박우선특권이 미치는 대상의 범위는 국제사법 제60조 제1호에 따라 선적국(船籍國)의 법이 준거법이 된다. 그리고 러시아 헌법은 제15조 제4항에서 "일반적으로 승인된 원칙, 국제법 및 러시아 연방의 국제조약은 러시아 연방 법률체계의 일부를 구성한다. 러시아 연방의 국제조약이 법률과 달리 정하고 있는 경우에는 국제조약이 적용된다."라고 규정하고 있으므로, 러시아가 선박우선특권에 관한 국제조약에 가입하고 있는 경우에는 러시아 국적선(國籍船)에 대한 선박우선특권에 관하여는 국제조약이 러시아 국내법에 우선하여 적용된다.

4. 대법원 2014. 12. 24. 선고 2014다27128 판결 [채무부존재확인]

[판시사항]

[1] 선박우선특권에 관한 준거법(＝선적국법)

[2] 외국적 요소가 있는 법률관계에 적용할 외국법규의 의미와 내용의 확정 방법

[3] 갑 외국법인이 소유한 파나마국 선적 선박의 수리업자와 계약을 체결하고 수리업자에게 물품을 공급한 을 등이 물품대금채권에 관하여 선박우선특권을 주장한 사안에서, 수리업자는 갑 법인에 채무를 부담시킬 권한이 없으므로 을 등은 선박우선특권의 준거법인 파나마국 해상법(General Merchant Marine Law) 제244조 제9호의 선박우선특권을 주장할 수 없다고 본 원심판단이 정당하다고 한 사례

[참조조문]

[1] 국제사법 제60조 제1호 [2] 국제사법 제1조, 제5조 [3] 국제사법 제1조, 제5조, 제60조 제1호, 파나마국 해상법(General Merchant Marine Law) 제244조 제9호

[이 유]

상고이유를 판단한다.

1. 선박우선특권의 존부에 관한 상고이유에 대하여

선박우선특권의 성립 여부, 일정한 채권이 선박우선특권에 의하여 담보되는지 여부 및 선박우선특권이 미치는 대상의 범위는 국제사법 제60조 제1호에 따라 선적국(船籍國)의 법이 준거법이 된다(대법원 2007. 7. 12. 선고 2005다39617 판결 참조). 그리고 외국적 요소가 있는 법률관계에 관하여 적용될 외국법규의 내용을 확정하고 그 의미를 해석함에 있어서는 그 외국법이 그 본국에서 현실로 해석·적용되고 있는 의미·내용대로 해석·적용되어야 하는 것이 원칙이다(대법원 2007. 7. 12. 선고 2005다39617 판결 참조).

원심은 그 판시와 같은 사실을 인정한 다음, 파나마 해상법(General Merchant Marine Law) 제244조 제9호의 규정 및 이와 관련한 파나마 대법원 판결들의 내용을 종합하여 볼 때, 이 사건 선박의 소유자인 원고에 대하여 채무를 부담시킬 권한이 없는 이 사건 선박의 수리업자와 물품공급계약을 체결하고 그 수리업자에게 물품을 공급한 피고들은 그 채권에 대하여 이 사건 선박에 관한 선박우선특권의 준거법인 파나마 해상법 제244조 제9호 소정의 선박우선특권을 주장할 수 없다고 판단하였다.

앞서 본 법리와 원심이 채택한 증거 등 기록에 의하여 살펴보면, 원심의 위와 같은 판단은 정당하다. 거기에 파나마 해상법의 선박우선특권에 관한 법리 등을 오해한 위법이 없다.

(.......)

5. 대법원 2014. 11. 27. 자 2014마1099 결정 [경매개시결정에대한이의]

[결정요지]

선박우선특권의 성립 여부와 일정한 채권이 선박우선특권에 의하여 담보되는지 여부 및 선박우선특권이 미치는 대상의 범위는 국제사법 제60조 제1호에 따라 선적국(船籍國)의 법, 즉 선박소유자가 선박의 등기·등록을 한 곳이 속한 국가의 법이 준거법이 되는 것이고, 이러한 법리는 선박이 나용선등록제도에 따라 선적국이 아닌 국가에 나용선등록이 되어 있는 경우에도 마찬가지이다.

[참조조문]

국제사법 제60조 제1호

[이 유]

선박우선특권의 성립 여부와 일정한 채권이 선박우선특권에 의하여 담보되는지 여부 및 선박우선특권이 미치는 대상의 범위는 국제사법 제60조 제1호에 따라 선적국의 법, 즉 선박소유자가 선박의 등기·등록을 한 곳이 속한 국가의 법이 준거법이 되는 것이고(대법원 2007. 7. 12. 선고 2005다39617 판결 참조), 이러한 법리는 선박이 나용선등록제도에 따라 선적국이 아닌 국가에 나용선등록이 되어 있는 경우에도 마찬가지이다.

위 법리와 기록에 따라 살펴보면, 이 사건 선박에 관한 선박우선특권의 준거법은 이 사건 선박의 '나용선등록국법'인 '마샬아일랜드법'이 아니라 '소유권등록국법'인 '독일법'이고, 독일 상법에 따르면 이 사건과 같은 유류대금채권은 선박우선특권에 의하여 담보되지 않는다고 판단하여, 선박우선특권에 기초한 재항고인의 이 사건 임의경매신청을 기각한 원심결정은 정당하다. 거기에 선박우선특권의 준거법에 관한 법리를 오해하여 재판 결과에 영향을 미친 위법이 없다.

6. 대법원 2011. 10. 13. 선고 2009다96625 판결 [선박우선특권이있는채권의부존재확인]

[판시사항]

선박우선특권이 우리나라에서 실행되는 경우에 실행기간을 포함한 실행방법은 우리나라의 절차법에 의하여야 하는지 여부(적극)

[판결요지]

국제사법 제60조 제1호는 해상에 관한 '선박의 소유권 및 저당권, 선박우선특권 그 밖의 선박에 관한 물권'은 선적국법에 의한다고 규정하고 있으므로 선박우선특권의 성립 여부는 선적국법에 의하여야 할 것이나, 선박우선특권이 우리나라에서 실행되는 경우에 실행기간을 포함한 실행방법은 우리나라의 절차법에 의하여야 한다.

7. 대법원 2010. 3. 10. 자 2009마1942 결정 [경매개시결정에대한이의결정에대한이의]

[판시사항]

[1] 선박에 공급한 유류비 채권이 벨리제국 상선등록법에 규정된 선박우선특권 있는 채권에 해당하는데, 이때 선박에 대하여 우선특권을 가지는 채권은 당해 선박에 공급한 유류비 채권에 한정된다고 본 사례

[2] 변제충당에 관한 민법 제476조 내지 제479조의 규정이 임의규정인지 여부(적극) 및 변제충당의 방법

[참조조문]

[1] 국제사법 제5조, 제60조 제1호 [2] 민법 제105조, 제476조, 제477조, 제478조, 제479조

[이 유]

재항고이유를 판단한다.

국제사법 제60조 제1호는 '선박의 소유권 및 저당권, 선박우선특권 그 밖의 선박에 관한 물권'에 관한 사항은 선적국법에 의한다고 규정하고 있고 이 사건 선박의 선적국은 벨리제국이므로, 피신청인이 이 사건 선박에 관하여 선박우선특권을 취득하였는지 여부는 선적국인 벨리제국법에 의하여야 할 것인바, 이 사건 기록에 의하면 벨리제국 상선등록법 제46조 제5항 제f호에서는 "선박에의 공급, 선박을 유지보수 또는 운항하기 위하여 발생한 채무로 인하여 지불하여야 할 금액"을 선박우선특권으로 담보되는 채권으로 규정하고 있음을 알 수 있다. 따라서, 선박에 공급한 유류비 채권은 위 벨리제국 상선등록법에 규정된 선박우선특권 있는 채권에 해당한다고 할 것인바, 이때 선박에 대하여 우선특권을 가지는 채권은 당해 선박에 공급한 유류비 채권에 한정되고 다른 선박에 공급한 유류비 채권으로 당해 선박에 대하여 우선특권을 주장할 수는 없다고 해석함이 상당하다.

한편, 변제충당에 관한 민법 제476조 내지 제479조의 규정은 임의규정이므로 변제자와 변제

받는 자 사이에 위 규정과 다른 약정이 있다면 그 약정에 따라 변제충당의 효력이 발생하고, 위 규정과 다른 약정이 없는 경우에 변제의 제공이 그 채무 전부를 소멸하게 하지 못하는 때에는 민법 제476조의 지정변제충당에 의하여 변제충당의 효력이 발생하고 보충적으로 민법 제477조의 법정변제충당의 순서에 따라 변제충당의 효력이 발생한다(대법원 1987. 3. 24. 선고 84다카1324 판결 참조).

(.......)

앞서 본 법리에 위와 같은 사실을 비추어 보면, 신청인이 피신청인에게 2007. 11. 7. 미화 214,293달러, 같은 달 21. 미화 335,407달러를 지급할 당시 변제충당의 약정이 있었다면 그 약정에 따라 변제충당의 효력이 발생하고, 그러한 약정이 없는 경우 위 각 미화의 지급으로 피신청인에 대한 채무 전부를 소멸하게 하지 못하는 때에는 민법 제476조의 지정변제충당 규정과 민법 제477조의 법정변제충당 규정에 따라 변제충당의 효력이 발생한다고 할 것이다. 그리고 이러한 변제충당으로 이 사건 유류비 채권이 소멸하였다면, 피신청인이 이 사건 계약에 따라 다른 선박의 유류비 등을 지출하여 그 채권이 남아 있다고 하더라도 이 사건 유류비 채권으로서는 이 사건 선박에 대하여 우선특권을 주장할 수 없다고 할 것이다.

그렇다면 원심으로서는 이 사건 유류비 채권이 위와 같은 변제충당 법리에 따라 변제되었는지 여부를 살펴보아 이 사건 선박에 대한 우선특권의 당부를 판단하여야 할 것임에도, 원심이 판시와 같은 점만을 종합하여 이 사건 유류비 채권이 모두 변제되었다고 인정하기에 부족하다고 판단하고 말았으니, 이러한 원심의 판단에는 변제충당에 관한 법리를 오해하여 필요한 심리를 다하지 아니함으로써 재판 결과에 영향을 미친 위법이 있다고 할 것이다.

부칙 〈제10629호, 2011.5.19〉 (지식재산 기본법)

제1조(시행일)
이 법은 공포 후 2개월이 경과한 날부터 시행한다. <단서 생략>

제2조(다른 법률의 개정)
① 부터 ⑤까지 생략
⑥ 국제사법 일부를 다음과 같이 개정한다.
제24조의 제목 "(지적재산권의 보호)"를 "(지식재산권의 보호)"로 하고, 같은 조 중 "지적재산권"을 "지식재산권"으로 한다.
⑦ 부터 <22>까지 생략

제**3**부

기출문제

2012년도 시행 제1회 변호사시험

2013년도 시행 제2회 변호사시험

2014년도 시행 제3회 변호사시험

2015년도 시행 제4회 변호사시험

2016년도 시행 제5회 변호사시험

2017년도 시행 제6회 변호사시험

제1문

　　A주식회사는 대한민국 서울에 유일한 영업소를 두고 기계류의 판매와 유통을 주로 하는 회사로서, 일본 동경에 유일한 영업소를 두고 있는 B주식회사로부터 같은 회사가 제작하는 절삭용 공구를 매수하는 내용의 계약을 체결하였다. 그런데 B주식회사는 계약 직후 발생한 세계적 금융위기의 여파에 따른 원자재확보차질로 인하여 A주식회사에 대하여 기계의 인도를 지체하고 있다.

　　한편 B주식회사는 한국 내 판로확장을 위하여 담당 직원을 한국으로 보내어 한국인 근로자 甲과 乙에 대한 면접을 거쳐서 그들을 채용하기로 결정한 다음, 한국에서 그들과 사이에 계약기간을 1년으로 하는 근로계약을 각 체결하였다. 甲과 乙은 위 근로계약이 체결된 다음 일본으로 건너가 B주식회사의 동경 영업소에서 근무를 시작하였다. 甲과 乙이 근무를 시작한지 2주 후 휴일에 교외에 놀러 나가 공원에서 술을 마시던 중 개인적인 말다툼 끝에 乙이 甲을 폭행하여 甲에게 전치 2개월의 상해를 가하는 사태가 발생하자 B주식회사는 위 폭력 사건을 이유로 甲과 乙을 근로계약의 종료 이전에 해고하였다. 甲과 乙의 상거소는 모두 위 근로계약 이전부터 현재까지 서울에 있다.

　　A주식회사와 B주식회사 사이의 매매계약과 B주식회사와 甲, 乙 사이의 각 근로계약에 관하여 관련 당사자들이 명시적 또는 묵시적으로 준거법을 선택한 바는 없었음을 전제로 한다.

1. A주식회사는 대한민국 법원에 B주식회사를 상대로 공구인도지연으로 인한 손해배상청구소송을 제기하고자 한다. 아래의 각 질문에 답하시오. (30점)

　　(1) A회사와 B회사 사이에 분쟁이 발생할 경우 일본 동경 소재 지방법원을 관할법원으로 하는 전속적인 국제관할의 서면합의가 있는 경우와 그러한 관할합의가 없는 경우로 나누어 각 경우에 대한민국의 법원이 관할권을 가지는지 여부에 대하여 논하시오. (15점)

　　(2) 대한민국의 법원이 관할권을 가지는 경우, 이때 적용될 준거법은 어떤 것인지에 대하여 논하시오. (15점)

2. 甲은 乙을 상대로 상해로 인한 손해배상청구소송을 제기하고자 한다. 이 경우 적용될 준거법은 어떤 것인지에 대하여 논하시오. (20점)

3. 甲과 乙은 B회사를 상대로 근로계약의 종료를 다투는 소송을 제기하고자 한다. 이 경우 어느 국가의 법원에 제소할 수 있는지 및 이 경우 적용될 준거법은 어떤 것인지에 대하여 논하시오. (30점)

변시 1회   1-1-(1)문   15점

> 일본동경지방법원을 전속적 국제관할합의가 있는 경우와 없는 경우로 나누어 각각 대한민국법원이 관할권을 가지는지

1. 국제사법 적용여부

가. 국제사법 제1조

국제사법은 외국적 요소가 있는 법률관계에 대하여 국제재판관할과 준거법을 정하는 것을 목적으로 한다(제1조).

나. 외국적 요소가 있는 법률관계

국제사법이 적용되는 외국적 요소가 있는 법률관계란 법률관계의 구성요소 일부가 다른 국가와 관련이 있는 경우 즉 당사자 1인이 외국인, 목적물이 외국소재, 법률관계(또는 손해)가 외국에서 발생한 경우 등을 말한다.

다. 설 문

제1조의 외국적 요소가 있는 법률관계에 해당한다. 결국 본사건에 국제사법이 적용된다.

2. 국제재판관할

가. 의 의

국제재판관할권이란 외국적(＝섭외적) 요소를 가지는 사건이 특정 국가의 법원에 제소된 경우 그 국가의 법원이 그 사건에 대하여 재판할 수 있는 권한을 말한다. 이는 한 국가의 여러 법원 중에서 어느 법원이 처리할지의 문제인 토지관할과는 구별된다.

나. 결정기준

특정한 국가의 법원으로의 재판관할 합의(즉 합의재판관할)가 있거나 피고가 소제기된 국가의 법원의 재판권에 이의 없이 응소한다면(즉 변론재판관할) 그 국가의 법원이 당연히 재판권을 갖는다. 그러나 이러한 합의재판관할이나 변론재판관할이 없는 경우에 국제재판관할권을 어느 국가의 법원이 갖는지 문제가 된다.

1) 종래학설

가) 역추지설(민소법상 토지관할규정 유추)

국내 민사소송법상 토지관할 규정을 역으로 파악하여 재판적이 있는 나라에 재판권을 정하는 견해이다.

나) 조리설(국제민사소송법의 기본이념)

재판의 적정·공평·신속·경제 등 소송법상 이념에 의해 정하는 견해이다.

다) 수정역추지설(원칙적 역추지설, 여기에 공평 신속 등의 이념고려)

원칙적으로 민소법상 토지관할규정을 유추해서 국제재판관할권을 정하되, 그 결과가 재판의 적정·공평·신속·경제 등 소송법상 이념에 반하는 예외적인 경우에는 조리설에 따른다는 견해이다.

2) 국제사법규정

가) 실질적 관련성(제2조 제1항)

당사자 또는 사안이 대한민국과 실질적 관련성이 있을 때 국제재판관할권 인정하고, 이 때 실질적 관련성은 합리적인 원칙에 따라 판단한다. 이 때 실질적 관련성은 법정지 국가의 법원에 제소될 것임을 합리적으로 예견할 수 있을 정도로 법정지 국가와의 관련성을 의미한다.

나) 실질적 관련성의 구체적 판단(제2조 제2항)

국내토지관할규정을 참작하여 국제재판관할권의 유무를 판단하되, 이 때 국제재판관할 특수성도 고려한다. 즉 토지관할규정을 참작하여 재판적(피고주소지, 의무이행지, 재산소재지, 불법행위지 등)이 있는 곳에 국제재판관할이 인정된다. 다만 국제재판관할의 특수성(재판의 적정·공평·신속·경제)을 충분히 고려하여 조리에 반하는 특별한 사정(원고와 피고의 소송수행상의 불편, 법원의 증거조사 불편, 피고의 법정지 국가에서의 의도적인 경제적인활동의 부존재 등)이 있으면 재판관할권이 부정된다.

3. 전속적 국제재판관할 합의 없는 경우(국제사법 제2조 적용)

전속적 국제제판관할의 합의가 없으므로 국제재판관할 판단에 국제사법 제2조가 적용된다.

가. 민소법상 관할 규정 적용

1) 보통재판적

설문에서 피고의 보통재판적(민소법 제2조), 법인의 보통재판적은 영업소(민소법 제5조)

이므로 일본 동경에 국제재판관할이 인정된다.

2) 특별재판적

설문에서 민소법 제8조 의무이행지에 따라 원고 A의 주소지인 대한민국 서울에 관할이 있다. 따라서 대한민국에 국제재판관할이 인정된다.

설문에서 민소법 제12조에 따라 영업관련 청구는 피고의 영업소의 소재지에 관할이 있다. 따라서 설문의 손해배상청구는 일본 동경에 관할이 있다. 일본에 국제재판관할이 인정된다.

나. 국제재판관할의 특수성고려

원고와 피고의 소송수행과 법원의 증거조사 등 재판진행에 특별히 장애사유가 없어 보인다.

다. 설 문

전속적 국제재판관할의 합의가 없는 경우에는 일본과 대한민국에 모두 국제재판관할이 인정된다.

4. 전속적 국제재판관할 합의가 있는 경우

1) 의의

전속적 국제재판관할이란 대한민국을 포함하여 모든 국가의 재판관할 배제하고 특정의 외국법원만이 재판관할권을 가지는 것으로 합의하는 것을 의미한다.

2) 유효요건(판례)

대한민국 법원의 관할을 배제하고 외국의 법원을 관할법원으로 하는 전속적인 국제관할의 합의가 유효하기 위해서는, 당해 사건이 대한민국 법원의 전속관할에 속하지 아니하고 지정된 외국법원이 그 외국법상 당해 사건에 대하여 관할권을 가져야 하는 외에, 당해 사건이 그 외국법원에 대하여 합리적인 관련성을 가질 것이 요구되고, 그와 같은 전속적인 관할 합의가 현저하게 불합리하고 불공정하여 공서양속에 반하는 법률행위에 해당하지 않는 한 그 관할 합의는 유효하다(대법원 2010. 8. 26. 선고 2010다28185 판결).

3) 설문

가) 전속적 국제재판관할 합의 유효한지

설문의 손해배상청구에 대하여 일본에 대한 전속적 국제재판관할 합의는 우리 판례의 유효효건을 모두 구비하고 있다. 따라서 설문의 전속적 국제재판관할 합의는 유효하다.

나) 국제재판관할의 인정

유효한 전속적 국제재판관할합의에 따라 국제사법 제2조 적용 배제, 즉 대한민국 재판관할권 배제 되고 일본 (동경)법원만이 재판관할권을 가진다.

5. 결

전속적 국제재판관할 합의가 없다면 대한민국과 일본이 관할권을 가지고, 그러한 합의가 있다면 유효한 그 합의에 따라 일본만이 관할권을 가진다.

변시 1회 1-1-(2)문 15점

대한민국 재판관할권 인정시, 준거법은?

---

0. 국제사법 적용여부(생략, 앞문제에서 검토했음, 동일한 청구임)

1. 채권계약의 준거법

가. 주관적 연결(제25조)

1) 명시적 · 묵시적 선택(제1항)

제25조 제1항은 당사자자치의 원칙을 규정하고 있다. 즉 계약의 성립과 효력은 당사자가 명시적 · 묵시적으로 선택한 법에 의한다. 다만, 묵시적 선택은 모든 사정으로부터 합리적으로 인정 가능한 경우이어야 한다.

2) 계약의 일부 준거법 선택(제2항)

계약의 일부에 대하여도 준거법을 선택할 수 있다.

3) 준거법 변경 합의(제3항)

제25조(주관적 연결)와 제26조(객관적 연결)에 의한 준거법을 합의로 변경할 수 있으나, 계약체결 후 이루어진 준거법 변경은 계약의 방식의 유효성과 제3자의 권리에 영향을 미치지 아니한다.

4) 모든 요소가 관련 있는 국가와 다른 국가의 법을 선택(제4항)

모든 요소가 오로지 한 국가와 관련이 있음에도 불구하고, 당사자가 다른 국가의 법을 선택한 경우에는 그 관련된 국가의 강행규정은 적용이 배제되지 않고 반드시 적용되어야 한다. 모든 요소와 관련 있는 국가의 법을 준거법에서 배제하는 합의는 가능하나 이 경우에도 그 관련국가의 강행규정은 준거법 합의에도 불구하고 배제될 수 없고 적용되어야 한다는 것이다.

5) 동조항의 준거법 선택 합의(제5항)

준거법 선택에 관한 당사자 합의의 성립 및 유효성에 대한 준거법에 제29조(계약의 성립 및 유효성)가 준용된다. 결국 제29조에 따라 계약의 성립 및 유효성 판단(제1항)은 그 계약이 유효하게 성립하였을 경우(가정적)라면 이 법상 적용될 준거법을 기준으로 한다. 단, 계약의 불성립 주장(제2항)이 가능한 경우도 있다. 즉 1) 제1항에 의해 결정된 준거법에 의하여 당사자 행위의 효력을 판단하는 것이 모든 사정에 비추어 명백히 부당한 경우에는 2) 당사자는 그의 상거소지법을 원용하여 3) 계약에 동의하지 않았음(계약의 불성립)을 주장할 수 있다.

6) 설문

설문은 제25조가 적용되지 않고 제26조가 문제된다.

나. 객관적 연결(제26조)

준거법을 당사자가 선택하지 않은 경우에 준거법을 객관적으로 결정하는 방법이다.

1) (준거법을 당사자가 선택하지 않은 경우) 그 계약과 가장 밀접한 관련이 있는 국가의 법에 의한다(제1항).

2) 밀접관련성 추정(제2항, 제3항)

준거법을 당사자들이 선택하지 않은 경우 그 계약과 가장 밀접한 관련이 있는 국가의 법이 제1항에 따라 준거법이 된다. 이때 가장 밀접한 국가의 법을 결정하는 것을 보다 용이하게 하기 위해 제2항과 제3항에서 추정규정을 두었다.

가) 특징적 이행계약(제2항)

(1) 원칙

당사자가 계약(양도계약, 이용계약, 위임·도급계약, 용역제공계약)에 따라 이행해야 하는 경우 계약체결시 이행의무자의 상거소가 있는 국가의 법이 가장 밀접한 관련이 있는 것으로 추정한다.

(2) 예외

다만 이러한 계약이 영업활동으로 체결된 경우 영업소 국가의 법이 가장 밀접한 관련이 있는 것으로 추정한다.

나) 부동산에 대한 권리 대상 계약(제3항)

부동산에 대한 권리를 대상으로 하는 계약은 부동산 소재 국가의 법이 가장 밀접한 관련이 있는 것으로 추정한다.

3) 설문

제26조가 적용되고, 제26조 제2항 단서에 따라 일본법이 준거법이 된다(제1호).

2. 결

당사자들 간에 준거법 합의가 없으므로 제26조 제2항 단서에 따라 영업활동에 의한 계약체결이므로 의무자(B) 영업소 소재지 국가인 일본이 가장 밀접한 관련성 있는 국가로 추정되어 일본법이 준거법이 된다(제1항).

변시 **1회**	1-2문	20점

갑이 을을 상대로 한 상해 손해배상청구의 준거법

---

1. 국제사법 적용여부

가. 국제사법 제1조

국제사법은 외국적 요소가 있는 법률관계에 대하여 국제재판관할과 준거법을 정하는 것을 목적으로 한다(제1조).

나. 외국적 요소가 있는 법률관계

국제사법이 적용되는 외국적 요소가 있는 법률관계란 법률관계의 구성요소 일부가 다른 국가와 관련이 있는 경우 즉 당사자 1인이 외국인, 목적물이 외국소재, 법률관계(또는 손해)가 외국에서 발생한 경우 등을 말한다.

다. 설 문

외국적 요소가 있는 법률관계에 해당한다. 결국 본사건에 국제사법이 적용된다.

2. 준거법에 관한 사후적 합의(제33조)

가. 우선 적용

당사자는 제30조(사무관리), 제31조(부당이득), 제32조(불법행위) 규정에도 불구하고, 사무관리 부당이득 불법행위가 각각 발생한 후 합의에 의하여 대한민국법을 준거법으로 선택가능하다.

나. 다만 그로 인하여 제3자의 권리에 영향을 미치지 못한다.

다. 설 문

제33조는 적용되지 않는다.

3. 불법행위의 준거법(제32조)

가. 가해자와 피해자간에 법률관계가 불법행위로 침해된 경우(제3항)

불법행위지법과 상거소지법에 우선하여 그 침해된 법률관계의 준거법에 의한다.

나. 불법행위가 행하여진 당시 동일한 국가 안에 가해자와 피해자의 상거소가 있는 경우 (제2항)

불법행위지법에 우선하여 상거소지 법에 의한다.

다. 그 이외의 경우(제1항)

불법행위의 준거법은 불법행위지의 법에 의한다.

라. 제33조 사후적 합의 최우선

그러나 이러한 준거법보다 가장 우선 적용되는 것은 제33조 사후적 합의에 의한 대한 민국법이다. 다만 사전적 합의는 적용대상이 아님을 유의하여야 한다.

결국 불법행위의 준거법 결정은 제33조 사후적합의, 제32조 제3항 침해된 법률관계 준거법, 제32조 제2항 불법행위시 가해자와 피해자의 동일한 상거소지법, 제32조 제1항 불법행위지법의 순서에 따른다.

마. (가, 나, 다의 경우) 외국법이 적용되는 경우 손해배상청구권의 제한

침해된 법률관계의 준거법, 공통된 상거소지법, 불법행위지법에 의하는 경우에 외국법이 적용되어 불법행위 손해배상청구권의 성질이 명백히 피해자의 적절한 배상을 위한 것이 아니거나 필요정도를 넘는 때에는 이를 인정하지 않는다.

바. 설 문

전술한 바와 같이 당사자간에 준거법 합의(제33조)가 없으므로 제32조가 적용된다. 동일한 상거소지법(제32조 제2항)이 불법행위지(제32조 제1항)에 우선 적용되므로 결국 이사건의 준거법은 갑과 을의 동일한 상거소지인 대한민국법이 준거법이 된다.

4. 결

제32조 제2항에 따라 가해자와 피해자의 동일한 상거소지법인 대한민국법이 준거법이 된다.

변시 1회   1-3문   30점

> 갑과 을의 B회사를 상대로 한 근로계약종료 다투는 소에 대하여 국제재판관할을 갖는 국가, 이 사건의 준거법

1. 국제사법 적용여부

가. 국제사법 제1조

국제사법은 외국적 요소가 있는 법률관계에 대하여 국제재판관할과 준거법을 정하는 것을 목적으로 한다(제1조).

나. 외국적 요소가 있는 법률관계

국제사법이 적용되는 외국적 요소가 있는 법률관계란 법률관계의 구성요소 일부가 다른 국가와 관련이 있는 경우 즉 당사자 1인이 외국인, 목적물이 외국소재, 법률관계(또는 손해)가 외국에서 발생한 경우 등을 말한다.

다. 설 문

설문은 외국적 요소가 있는 법률관계로서 국제사법이 적용된다. 따라서 이하에서는 국제사법 규정에 의해 준거법 등을 검토해 본다.

2. 국제재판관할

가. 의 의

국제재판관할권이란 외국적(＝섭외적) 요소를 가지는 사건이 특정 국가의 법원에 제소된 경우 그 국가의 법원이 그 사건에 대하여 재판할 수 있는 권한을 말한다. 이는 한 국가의 여러 법원 중에서 어느 법원이 처리할지의 문제인 토지관할과는 구별된다.

나. 결정기준

특정한 국가의 법원으로의 재판관할 합의(즉 합의재판관할)가 있거나 피고가 소제기된 국가의 법원의 재판권에 이의 없이 응소한다면(즉 변론재판관할) 그 국가의 법원이 당연히 재판권을 갖는다. 그러나 이러한 합의재판관할이나 변론재판관할이 없는 경우에 국제재판관할권을 어느 국가의 법원이 갖는지 문제가 된다.

1) 종래학설

가) 역추지설(민소법상 토지관할규정 유추)

국내 민사소송법상 토지관할 규정을 역으로 파악하여 재판적이 있는 나라에 재판권을 정하는 견해이다.

나) 조리설(국제민사소송법의 기본이념)

재판의 적정·공평·신속·경제 등 소송법상 이념에 의해 정하는 견해이다.

다) 수정역추지설(원칙적 역추지설, 여기에 공평 신속 등의 이념고려)

원칙적으로 민소법상 토지관할규정을 유추해서 국제재판관할권을 정하되, 그 결과가 재판의 적정·공평·신속·경제 등 소송법상 이념에 반하는 예외적인 경우에는 조리설에 따른다는 견해이다.

2) 국제사법규정

가) 실질적 관련성(제2조 제1항)

당사자 또는 사안이 대한민국과 실질적 관련성이 있을 때 국제재판관할권 인정하고, 이 때 실질적 관련성은 합리적인 원칙에 따라 판단한다. 이 때 실질적 관련성은 법정지 국가의 법원에 제소될 것임을 합리적으로 예견할 수 있을 정도로 법정지 국가와의 관련성을 의미한다.

나) 실질적 관련성의 구체적 판단(제2조 제2항)

국내토지관할규정을 참작하여 국제재판관할권의 유무를 판단하되, 이 때 국제재판관할 특수성도 고려한다. 즉 토지관할규정을 참작하여 재판적(피고주소지, 의무이행지, 재산소재지, 불법행위지 등)이 있는 곳에 국제재판관할이 인정된다. 다만 국제재판관할의 특수성(재판의 적정·공평·신속·경제)을 충분히 고려하여 조리에 반하는 특별한 사정(원고와 피고의 소송수행상의 불편, 법원의 증거조사 불편, 피고의 법정지 국가에서의 의도적인 경제적인활동의 부존재 등)이 있으면 재판관할권이 부정된다.

다. 설 문

설문은 전술한 바와 같이 외국적 요소가 있는 법률관계로서 국제사법이 적용된다. 따라서 국제재판관할 판단시 국제사법 제2조에 의하여 결정할 수 있으므로 제2조 제2항에 따라 국내법상 토지관할규정과 국제재판의 특수성을 기준으로 판단할 수 있다. 그러나 설문은 제28조에 따라 검토한다.

3. 근로계약의 국제재판관할 특칙(제28조 제3항, 제4항, 제5항)

가. 근로자가 원고인 경우(제3항)

근로자는 일상적 노무제공 국가 또는 최후 노무제공 국가에서도 추가적으로 소제기가 가능하다. 다만, 근로자가 일상적으로 한 국가에서 노무를 제공하지 않은 경우에는 사용자가 근로자를 고용한 영업소가 있는(또는 영업소 있었던) 국가에서도 추가적으로 소제기가 가능하다.

나. 근로자가 피고인 경우(제4항)

사용자가 (근로자를 피고로) 제기하는 소는 근로자의 상거소 국가 또는 근로자의 일상적 노무제공 국가에서만 제기할 수 있다. 그 이외에 다른 국가에서의 소제기는 추가적으로라도 허용되지 않는다.

다. 국제재판관할 서면 합의(제5항)

1) 서면합의(제5항 1호, 2호)

근로계약의 당사자들은 서면에 의하여 국제재판관할 합의가 가능하다. 단 그 서면합의는 다음 각호의 요건을 구비한 경우에만 효력을 가진다.

2) 사후적 합의(1호)

분쟁이 이미 발생한 경우 국제재판관할합의(사후적 합의)가 가능하다.

3) 사전적 합의 & 추가적 합의(2호)

근로자의 제소(근로자가 원고인 경우) 가능한 관할법원을 추가적으로 허용하는 경우에만 사전적 합의가 가능하다.

라. 설 문

1) 설문은 근로계약 사건의 국제재판관할을 묻고 있으므로 제2조에 대한 특칙인 제28조 근로계약 국제재판관할 특칙 적용된다.

2) 서면합의 여부
제28조 제5항은 적용되지 않는다.

3) 근로자가 원고인 경우
설문은 제28조 제4항이 아닌 제3항이 적용된다. 제28조 제3항에 따라 갑과 을은 일상적 노무제공 국가(일본) 또는 최후 노무제공 국가(일본)에서도 추가적으로 소제기가 가능하다.

4) 설문에서 일본에 국제재판관할권이 존재하므로 근로자 갑과 을은 설문의 소송을 일본의 법원에 제소가 가능하다.

3. 근로계약의 준거법(제28조 제1항, 제2항)

가. 당사자가 준거법 선택한 경우(근로자 보호 박탈 금지)(제1항)

1) 당사자가 준거법을 선택하였더라도

2) 제2항(당사자가 준거법 선택하지 않은 경우)에 의해 정해진 준거법 소속 국가의 강행규정상 근로자 보호를 박탈할 수 없다.

나. 당사자가 준거법 선택하지 않은 경우(제2항)

1) 당사자가 준거법을 선택하지 않은 경우에 제26조(객관적 연결)에 의하지 않고,

2) 근로자가 일상적으로 노무를 제공하는 국가의 법에 의하며,

3) 일상적으로 노무제공을 한 국가에서 하지 않은 경우에는 사용자가 근로자를 고용한 영업소가 있는 국가의 법에 의한다.

다. 설 문

설문은 제28조 제1항이 아닌 제28조 제2항이 적용된다. 따라서 제28조 제2항에 따라 채권의 객관적 연결(제26조)이 적용되지 않고 일본의 법이 설문의 근로계약상 준거법이 된다.

4. 결

갑과 을은 근로계약관련 소송에 대하여 일본의 법원에 제소할 수 있고(국제재판관할), 이 경우 근로계약의 준거법은 일본법이 된다(준거법).

제 2 문

X회사는 자동차용 대나무 카시트를 수입하여 판매하는 회사로 대한민국 서울에만 영업소를 두고 있다. X회사의 대표이사인 甲은 최근 중국 북경에서 개최된 무역박람회에서, 대나무 카시트를 제조하여 판매하는 회사로 중국 북경에만 영업소를 두고 있는 Y회사 대표이사 乙과 사이에 Y회사가 제작한 대나무 카시트에 대하여 X회사가 대한민국 내 독점수입판매권을 갖기로 합의하였다.

대한민국에 돌아온 甲은 위 합의에 근거하여 2010년 12월 1일 Y회사에게 이메일을 통하여 대나무 카시트의 종류(규격과 색상), 수량 및 대금을 기재하여 주문하였는데, 그 이메일에는 대나무 카시트는 여름계절상품이므로 2011년 3월 1일까지 인도가 완료되어야 한다는 점이 기재되어 있었다.

이에 대하여 Y회사는 거래조건을 경쟁사 등 외부에 공개하지 말아 달라는 요청을 부가하는 것 이외에는 X회사의 이메일 내용을 수락한다는 내용의 이메일을 발송하였다. X회사는 즉시 이를 수령하였고, 이후 이에 대하여 아무런 이의를 제기하지 않았다.

X회사는 2011년 3월 1일 이후까지도 대나무 카시트가 인도되지 아니하자 Y회사에 항의하였던바, Y회사는 동남아시아로부터의 원자재(대나무) 공급이 기후변화로 인하여 차질을 빚게 되어 다른 지역으로부터 원자재(대나무)를 대체확보하여 제작하려면 7개월 정도의 기간이 더 소요될 것으로 예상되므로 2011년 10월 1일까지 인도하겠다고 통보하였다. 이에 대하여 X회사는 Y회사에 대하여 Y회사가 계약을 위반하였다고 주장하였다.

대한민국과 중국은 모두 국제물품매매계약에 관한 국제연합협약의 체약국이다.

1. X회사와 Y회사 사이에 위 대나무 카시트의 매매계약이 성립하였는지 여부 및 성립하였다면 그 계약은 어떠한 조건으로 성립하였는지를 논하시오. (40점)

2. X회사가 Y회사에 대하여 취할 수 있는 구제방법은 어떠한 것이 있는지를 논하시오. (40점)

변시 1회　**2-1문**　　　　　　　　　　　　　　40점

매매계약 성립여부와 성립시 그 계약조건

---

1. 협약적용여부(간략하게 서술)

가. 공통요건 – 국제, 물품, 매매계약(제1조)

1) 국제성

국적이 아닌 영업소를 기준으로 영업소가 서로 다른 국가에 있는 것을 의미한다. 일방의 영업소가 복수인 경우 가장 밀접한 영업소 기준으로 한다(제10조 가호). 일방의 영업소가 없는 경우 그의 상거소를 영업소로 본다(제10조 나호).

2) 물품

물품을 대상으로 하므로, 부동산이나 채권 등은 제외된다.

3) 매매계약

매매계약이어야 하고, 노무서비스공급계약은 제외된다.

가) 제작(생산)물공급계약은 원칙적으로 매매로 간주된다(제3조 1항).

나) 제작(생산)물공급계약 중 매수인이 중요부분 공급시(제3조 1항 단서) 매매로 보지 않는다.

나. 적용유형별 요건

1) 직접적용

해당국가가 모두 체약국인 경우에 위 공통요건(국제성, 물품, 매매)이 충족되면 협약이 직접적용된다(제1조 제1항 가호).

2) 간접적용

해당국가 전부 또는 일부가 비체약국인 경우에 위 공통요건(국제성, 물품, 매매)을 구비하였을 것, 국제사법에 의해 체약국법이 적용될 것, 그 체약국이 제95조 유보선언을 하지 않았을 것을 모두 갖추었다면 협약이 간접적용된다(제1조 제1항 나호).

다. 협약 적용제외여부(제2조, 제3조, 제5조, 제6조)

1) 합의배제(제6조)

당사자간 합의로 적용제외가 가능하다.

2) 적용제외 매매(제2조)

개인용, 가정용 물품매매 등에는 협약이 적용제외된다.

3) 물품제조생산공급계약(제3조)

매수인이 중요부분 공급하는 경우(제3조 제1항 단서)와 공급의무자의 의무의 주된 부분이 노무기타서비스 공급계약인 경우(제3조 제2항)에는 협약이 적용제외된다.

4) 제조물책임(제5조)

물품으로 인한 사람의 사망, 상해에 대한 매도인 책임에는 협약이 적용제외된다.

5) 설문

설문은 위 적용제외라는 예외에 해당 사항 없다.

마. 소 결

설문에 협약이 직접 적용된다. 그리고 합의배제 또는 적용제외 사유가 없다. 따라서 계약성립여부를 협약을 적용하여 판단한다.

2. 계약성립여부

가. 청약의 존재

1) 청약의 요건(제14조)

가) 특정성

청약은 1인 또는 그 이상의 특정인에 대한 계약체결 제안이어야 한다.

나) 확정성

체결제안이 물품, 수량(조항), 대금(조항) 등을 규정하고 있어야 한다.

다) 구속성

상대방이 승낙시 그에 구속된다는 청약자의 표시가 있어야 한다.

2) 청약의 효력발생시기(제15조)

청약이 상대방(승낙자)에게 도달한 때 청약의 효력이 발생한다.

3) 설문

매수인 X의 (2010. 12. 1) 이메일은 청약에 해당한다.

나. 승낙의 존재

1) 의의
승낙이란 청약에 대한 동의표시이다.

2) 효력발생시기(제18조 제2항)
승낙이 청약자(상대방)에게 도달한 때 효력발생하고 결국 이 때 청약과 승낙의 의사가 합치하므로 계약이 성립한다.

3) 승낙기간(제18조 제2항)

가) 승낙기간
승낙기간이란 청약에 대하여 유효하게 승낙을 할 수 있는 기간을 의미한다. 승낙의 의사표시는 청약자가 지정한 기간 내 또는 그 지정이 없으면 합리적 기간 내에 도달하여야 한다.

나) 구두청약
구두청약의 승낙기간은 즉시이므로 구두청약은 즉시 승낙되어야 한다.

다) 승낙기간 후 승낙이 도달한 경우(연착된 승낙)

(1) 원칙
유효한 승낙이 가능한 기간을 도과한 경우이므로 승낙의 효력이 발생하지 않는다. 따라서 승낙거절로 취급되어 계약이 불성립한다.

(2) 예외
연착된 승낙(제21조)의 예외, 즉 a) 청약자가 지체없이 승낙유효통지를 발송한 경우 또는 b) 전달이 정상적이었다면 기간 내 도달 인정시 청약자가 실효통지 발송 않은 경우가 존재한다.

이 두 가지 예외의 경우에는 연착된 승낙이라도 승낙의 효력이 발생하고 따라서 계약이 성립한다.

4) 변경된 승낙(제19조)

가) 의의
승낙을 의도하고 있으나 청약 내용의 변경을 포함하는 청약에 대한 응답을 의미한다(제19조 제1항).

나) 실질적 변경 판단기준(제19조 제3항)
승낙자의 의사표시가 대금, 품질, 수량, 인도장소와 시기, 책임과 분쟁해결에 대한 부가적, 상이한 조건일 때 실질적 변경으로 본다.

다) 종류와 효과

(1) 실질적 변경인 경우(제19조 제1항)

실질적 변경인 승낙은 청약에 대한 거절이면서 동시에 새로운 청약이다. 이때 실질적 변경인 승낙은 상대방의 이의제기여부를 불문하고 동일하게 취급된다.

(2) 실질적 변경이 아니고, 상대방이 이의제기한 경우(제19조 제2항, 제1항)

이러한 승낙의 의사표시는 청약에 대한 거절이면서 동시에 새로운 청약이다. 즉 이러한 경우는 실질적 변경인 경우인 제19조 제1항과 동일하다.

(3) 실질적 변경이 아니고, 상대방이 이의제기하지 않은 경우(제19조 제2항)

이러한 승낙의 의사표시는 변경된 조건 내용대로 변경된 청약에 대하여 승낙한 것이 된다.

라) 설문

(1) 실질적 변경인지

매도인 Y는 거래조건비공개를 추가 조건으로 하였으므로 대금, 품질, 수량, 인도조건, 책임, 분쟁해결과 무관한 것으로 실질적 변경이 아니다.

(2) 계약성립여부

상대방 X가 이러한 단순 변경에 이의제기 하지 않았으므로 변경된 조건대로 승낙한 것이 되고 동일 내용의 계약이 성립한다(제19조 제2항).

다. 계약성립시기(제23조)

1) 청약에 대한 승낙의 효력이 발생한 때에 성립한다.

2) 이 때 "승낙의 효력이 발생한 때"란

가) 제18조 제2항 – 승낙기간 내 승낙이 청약자에게 도달한 때

나) 제18조 제3항 – 승낙기간 내 의사실현행위가 있는 때

다) 제21조 – 연착된 승낙이 도달한 때

3) 설문

제18조 제2항이 적용되어 승낙이 승낙기간(청약자가 지정하지 않아 합리적 기간) 내에 승낙이 도달한 때에 승낙의 효력이 발생한다. 이메일 청약이 발송하여 Y에게 도달한 날(2010. 12. 1)로부터 합리적 기간인 승낙기간 내에 승낙자 Y의 변경된 승낙이 청약자 X에게 도달한 때(Y의 변경된 승낙 이메일 발송날짜 설문상 불분명) 계약이 성립한다(제23조).

3. 결

가. 협약이 적용된다.

나. 계약의 내용

청약에 대한 실질적 변경 아닌 변경된 승낙에 대하여 청약자의 이의제기가 없는 경우이므로 변경된 조건대로 계약이 성립한다(제19조). 즉 청약자 X가 정한 규격, 색상, 수량, 대금, (2011. 3. 1.) 인도기한 내용에 승낙자가 부가한 계약조건 비공개를 내용으로 한 계약이 성립한다. 단, 계약성립시기는 변경된 승낙이 도달한 시점이나 설문상 불분명하다.

변시 1회 | 2-2문 | 40점

> 매수인 X의 매도인 Y에 대한 구제방법

1. 매도인 Y의 의무불이행(매도인의 의무위반 유형)

가. 일반적 의무위반

1) 서류교부의무, 소유권이전의무(제30조)

2) 물품인도의무(제30조) - 장소위반(제31조), 시기위반(제33조)

3) 계약적합의무(제35조 제1항) - 물품의 부적합 판단(제2항)

물품의 통상목적 위반(가호), 계약시 매도인에게 알려진 특별목적 위반, 단 매수인이 매도인의 기술을 신뢰하지 않거나 불합리한 경우 제외(나호), 매도인이 제시한 견본 위반(다호), 통상적이거나 적절한 방법의 포장 위반(라호)

나. 특수한 의무위반

1) 일부부적합(제51조)

2) 기일 전 인도 또는 초과 인도(제52조)

3) 이행기 전 계약해제(제72조)

4) 분할인도 계약해제(제73조)

다. 설 문

1) 서류교부의무, 소유권이전의무(제30조) - 설문과 무관하다.

2) 물품인도의무(제30조) - 장소위반(제31조), 시기위반(제33조)
제33조 시기위반에 해당한다.

3) 계약적합의무(제35조 제1항) - 설문과 무관하다.

4) 일부부적합(제51조) - 설문과 무관하다.

5) 기일 전 인도 또는 초과 인도(제52조) - 설문과 무관하다.

6) 이행기 전 계약해제(제72조)

7) 분할인도 계약해제(제73조)

8) 설문

설문은 제33조, 제30조 인도의무위반에 해당한다.

2. 매수인의 구제수단 개관

가. 일반적 구제수단

1) 이행청구권(제46조 제1항)

2) 대체물인도청구권(제46조 제2항)

3) 부적합치유청구권(제46조 제3항)

4) 부가기간지정권(제47조)

5) 계약해제권(제49조)

6) 대금감액권(제50조)

7) 손해배상청구권(제45조 제1항 나호, 제74조~제77조)

나. 특수한 의무위반에 대한 구제수단

1) 일부부적합(제51조)

2) 기일 전 인도 또는 초과 인도(제52조)

3) 이행기 전 계약해제(제72조)

4) 분할인도 계약해제(제73조)

5) 설문

특수 의무위반시 구제수단은 설문에 해당사항이 없으므로 검토 불필요하다.

3. 설 문 – 매수인 X의 구제수단

1) 이행청구권(제46조 제1항) – 설문 행사 가능하다.

2) 대체물인도청구권(제46조 제2항) – 설문 행사할 수 없다.

3) 부적합치유청구권(제46조 제3항) – 설문 행사할 수 없다.

4) 부가기간지정권(제47조) – 설문 행사 가능하다.

5) 계약해제권(제49조)

가) 매도인의 본질적 계약위반(제25조)이 존재하는 경우(제49조 제1항 가호)

본질적 계약위반에 해당하기 위해서는

(1) 당사자 일방의 계약위반이 있고,

(2) 계약상 가능한 상대방의 기대를 실질적으로 박탈한 정도의 손실을 상대방에게 주는 경우이어야 한다.

(3) 다만, 위반 당사자가 계약체결시 그러한 손실을 예견 불가능하였고(and) 동일부류의 합리적인 사람도 동일한 상황에서 예견불가능하였을 경우가 아니어야 한다.

다만 해제권을 행사하여야 하며, 요건사실 충족만으로 해제의 효과가 당연히 발생하는 것은 아니다.

나) 매도인의 본질적 계약위반이 아닌 경우(제49조 제1항 나호)

(1) 매도인의 인도의무불이행으로서 본질적 계약위반(제25조)이 아닌 경우,

(2) 매수인이 부가기간 지정(제47조 제1항)을 하고, 매도인이 그 부가기간 내에 물품인도의무 이행하지 아니하거나 거절하는 때에 매수인은 계약을 해제할 수 있다.

다) 설문

(1) 본질적 계약위반인지(제25조)

설문상 매도인 Y의 인도의무불이행은 당연히 계약위반에 해당하고, 매매대상인 대나무 카시트 전부에 대한 인도가 지연되어 상대방 매수인 X의 기대를 실질적으로 박탈한 손실이 발생하였다. 또한 위반당사자인 Y가 계약시 그러한 손실을 당연히 예견가능하였으므로 결국 제25조 본질적 계약위반에 해당한다.

(2) 본질적 계약위반의 해제(제49조 제1항 가호)

설문의 경우 매도인 Y의 계약위반이 제25조의 본질적 계약위반에 해당하므로 매수인 X는 제49조 제1항 가호에 따라 즉시 계약해제를 할 수 있다.

6) 대금감액권(제50조)

가) 요건

(1) 물품부적합의 경우여야 한다.

협약 제50조 명문상 물품부적합이라고 규정하고 있으므로 권리부적합의 경우에는 대금감액청구가 불가능하다.

(2) 매도인의 귀책사유와 대금지급여부 불문한다.

대금감액은 매도인의 귀책사유와 매도인의 대금지급여부를 불문한다.

(3) 매도인이 제37조나 제48조에 따라 불이행, 부적합을 치유한 경우가 아니어야 한다 (제50조 단서).

매도인이 부적합, 불이행을 치유한 경우라면 매매계약에 의해 매매하기로 한 완전한 물품을 매매한 것이 되어 감액청구가 불가능하다.

(4) 매수인이 매도인의 제37조, 제48조의 치유제의를 부당거절한 경우가 아니어야 한다 (제50조 단서).

매도인이 부적합, 불이행을 치유 제의하였으나, 매수인이 이러한 치유제의를 부당거절한 경우라면 매수인의 귀책사유(부당거절)로 하자없는 물건의 매매가 불가능하게 되었으므로 매수인의 보호필요성이 소멸하여 매수인의 감액청구를 부정함이 타당하다.

나) 효과 – 인도시 가액비율로 대금감액

대금감액의 비율을 산정하기 위한 전제로서 각 가액의 기준시점은 바로 인도시이다. 매매대금으로 계약시 인정된 금액을 인도시 가액의 비율로 감액할 수 있다.

다) 설문

설문은 대금감액 청구권 행사 불가능하다.

7) 손해배상청구권(제45조 제1항 나호, 제74조~제77조)

가) 발생요건(제45조 제1항 나호)

(1) 의무자의 의무위반 사실만으로 손해배상청구권이 발생한다.

(2) 설문

매도인 Y의 인도의무위반이므로 매수인에게 손해배상청구권이 발생한다. 즉 매수인은 손해배상청구권행사가 가능하다.

나) 원칙적 손해액(제74조)

의무 위반의 결과로 상대방이 입은 손실을 손해금액으로 한다. 단 계약시 의무위반자의 예견 또는 예견가능한 손실 한도 내에서 손해액이 인정된다.

다) 계약해제권행사로 소멸하는지(제81조 제1항)

(1) 제81조 제1항

계약의 해제는 손해배상의무를 제외하고 당사자 쌍방을 계약상의 의무로부터 면하게 한다.

(2) 설문

위와 같이 매수인의 계약해제가 가능하여 설사 계약해제를 하더라도 손해배상청구권은 존속한다.

라) 매도인의 면책여부(제79조)

(1) 당사자 면책 요건(제1항)

   (가) 불이행 당사자는

   (나) 불이행이 통제 불가능한 장애에 기인한다는 점,

   (다) 계약시 장애 고려(예측)가능성 없다는 것,

   (라) 장애시 결과 회피가능성 없다는 것을 입증하는 경우에 면책된다.

(2) 효과

   (가) 당사자는 불이행으로 인한 손해배상책임을 면한다.

   (나) 이 조에 의한 면책은 손해배상책임만 면책될 뿐, 그 외 권리행사는 가능하다.

(3) 제3자 사용시 면책(제2항)

   (가) 요건

      (a) 전부 또는 일부 이행에 제3자를 사용하여

      (b) 그 사용한 제3자의 불이행으로 인한 경우에는

      (c) 당사자(본인)와 사용한 제3자가 모두 제1항에 의해 면책되는 경우라면

   (나) 효과

        당사자(본인)의 손해배상책임이 면제된다.

(4) 설문

   (가) 제3자 사용여부

대표이사 을의 행위는 법인회사의 행위의제되고, 제3자 사용의 문제가 아니므로 제3자 사용시 면책(제79조 제2항)문제가 아니다.

   (나) 당사자면책여부

불이행 당사자인 매도인 Y는 동남아 기후변화라는 통제불가능한 장애에 기인한 것이고, 또한 계약시 기후변화 고려 불가능하고, 장애시 최대한 재료확보노력 등 결과회피노력을 다하고 있으므로 회피가능성도 없다. 따라서 면책되고 손해배상청구권행사 불가능하다.

마) 매수인의 손해경감의무위반여부(제77조)

(1) 의무부담자와 내용

손해경감의무는 손해배상청구권자(계약위반주장자)가 부담하는 의무이다. 손해배상청구권자의 손해경감의무 위반시 경감되었어야 할 손실액만큼 손해배상의무자는 그에게 감액청구가 가능하다.

(2) 설문

매수인이 손해배상청구권을 행사할 수 없으므로 손해경감의무 검토가 불필요하다.

4. 결

매수인 X는 매도인 Y의 인도의무 불이행에 대하여 이행청구권(제46조 제1항), 부가기간 지정권(제47조), 계약해제권(제49조)을 행사할 수 있다.

제1문

　　폐암 말기로 甲국 병원에 입원해 있던 X(대한민국에 상거소를 두고 있으며 국적은 乙국)는 자신을 극진히 간병해 준 간병인 Y(甲국 국적)에게 대한민국에 소재한 X의 집에 보관 중인 X 소유의 그림 1점(유명화가의 작품으로 시가 2,000만 원 상당)을 증여한다는 내용의 유언을 하였다.

　　X는 유언을 함에 있어서 증인 1인의 참여 하에 공증인의 면전에서 유언의 취지를 구수(口授)하고, 위 공증인이 이를 필기낭독하여, X와 그 증인이 그 정확함을 승인한 후 각자 서명하였다. X는 1주일 후 사망하였고, Y는 유증을 승인하였다.

　　유언이 있은 날로부터 1개월 후, Y는 위 그림을 M(대한민국 국적)에게 판매하기로 하고, M과 그 그림에 관한 매매계약을 체결하였다. 매매계약 체결시, 그림의 인도 1개월 후 대한민국에 있는 M의 주소지에서 대금을 지급하기로 하였으며, 매매계약의 준거법을 甲국법으로 지정하였다. 그 후 Y는 매매계약이 정한 인도일에 위 그림을 M에게 인도하였고, 약정한 대금지급일의 15일 전에 M에 대한 대금지급청구권을 P(乙국 국적)에게 양도하였다. 양도인 Y와 양수인 P사이에는 금전소비대차계약이 이미 체결되어 있었고, 금전소비대차계약 체결시 乙국법을 준거법으로 지정하였으며, Y와 P는 대금지급청구권 양도계약의 준거법도 乙국법으로 지정하였다. 양수인 P는 양도인 Y와 아무런 상의 없이 확정일자 있는 서면으로 M에게 채권양도의 통지를 하였다.

　　그런데, 대금지급일이 되어도 M이 대금을 지급하지 아니하자, P는 M을 상대로 대한민국 법원에 대금 및 그 지연이자의 지급을 구하는 소를 제기하였다. M은 대한민국에서 위 사건의 소장 부본을 적법하게 송달받고 기일에 출석, 본안에 관하여 변론하였다.

　　위 사례에 대하여 다음을 전제로 질문에 답하시오.

---

1. 공정증서에 의한 유언에 있어 甲국의 민법은 '증인 1인', 乙국 및 대한민국의 민법은 '증인 2인'의 참여를 요구하고 있으며, 증인의 수를 제외한 나머지 요건은 甲국, 乙국 및 대한민국의 민법이 모두 동일하게 규정하고 있다. X의 유언에 관하여 증인의 수를 제외한 나머지 공통된 요건은 모두 충족된 것으로 본다.
2. 甲국의 국제사법은 "유언의 방식에 관하여는 유언자의 유언 당시 상거소지법에 의한다."라고 규정하고 있다.
3. 지명채권의 양도통지와 관련하여 甲국의 민법은 양도통지의 주체를 '양도인'으로 한정하고 있는 반면, 乙국의 민법은 '양도인 또는 양수인'으로 규정하고 있다.

[질문]

1. 대한민국 법원은 양수인 P가 채무자 M을 상대로 제기한 대금 및 그 지연이자의 지급을 구하는 소에 대하여 국제재판관할권을 가지는가? (25점)

2. X의 유언이 방식에 위배되는지 여부는 어느 국가의 법에 의하여 판단되어야 하는가? 그리고, 그 법에 의하면 X의 유언의 방식이 유효한 것으로 인정되는가? (30점)

3. P는 M에 대하여 채권양도의 효력을 주장할 수 있는가? (25점)

변시 2회　1-1문　　　　　　　　　　25점

> 양수인 P가 채무자 M을 상대로 한 대금 및 지연이자 청구의 소에 대하여 대한민국법원이 국제재판관할을 가지는지

1. 국제사법 적용여부

가. 국제사법 제1조

국제사법은 외국적 요소가 있는 법률관계에 대하여 국제재판관할과 준거법을 정하는 것을 목적으로 한다(제1조).

나. 외국적 요소가 있는 법률관계

국제사법이 적용되는 외국적 요소가 있는 법률관계란 법률관계의 구성요소 일부가 다른 국가와 관련이 있는 경우 즉 당사자 1인이 외국인, 목적물이 외국소재, 법률관계(또는 손해)가 외국에서 발생한 경우 등을 말한다.

다. 설　문

양수인 P가 채무자 M을 상대로 한 대금 및 지연이자 청구에서 당사자 1인이 외국인이어서 국제사법이 적용된다. 따라서 국제사법에 따라 국제재판관할을 검토한다.

2. 국제재판관할

가. 의　의

국제재판관할권이란 외국적(=섭외적) 요소를 가지는 사건이 특정 국가의 법원에 제소된 경우 그 국가의 법원이 그 사건에 대하여 재판할 수 있는 권한을 말한다. 이는 한 국가의 여러 법원 중에서 어느 법원이 처리할지의 문제인 토지관할과는 구별된다.

나. 결정기준

특정한 국가의 법원으로의 재판관할 합의(즉 합의재판관할)가 있거나 피고가 소제기된 국가의 법원의 재판권에 이의 없이 응소한다면(즉 변론재판관할) 그 국가의 법원이 당연히 재판권을 갖는다. 그러나 이러한 합의재판관할이나 변론재판관할이 없는 경우에 국제재판관할권을 어느 국가의 법원이 갖는지 문제가 된다.

1) 종래학설

가) 역추지설(민소법상 토지관할규정 유추)

국내 민사소송법상 토지관할 규정을 역으로 파악하여 재판적이 있는 나라에 재판권을 정하는 견해이다.

나) 조리설(국제민사소송법의 기본이념)

재판의 적정·공평·신속·경제 등 소송법상 이념에 의해 정하는 견해이다.

다) 수정역추지설(원칙적 역추지설, 여기에 공평 신속 등의 이념고려)

원칙적으로 민소법상 토지관할규정을 유추해서 국제재판관할권을 정하되, 그 결과가 재판의 적정·공평·신속·경제 등 소송법상 이념에 반하는 예외적인 경우에는 조리설에 따른다는 견해이다.

2) 국제사법규정

가) 실질적 관련성(제2조 제1항)

당사자 또는 사안이 대한민국과 실질적 관련성이 있을 때 국제재판관할권 인정하고, 이 때 실질적 관련성은 합리적인 원칙에 따라 판단한다. 이 때 실질적 관련성은 법정지 국가의 법원에 제소될 것임을 합리적으로 예견할 수 있을 정도로 법정지 국가와의 관련성을 의미한다.

나) 실질적 관련성의 구체적 판단(제2조 제2항)

국내토지관할규정을 참작하여 국제재판관할권의 유무를 판단하되, 이 때 국제재판관할 특수성도 고려한다. 즉 토지관할규정을 참작하여 재판적(피고주소지, 의무이행지, 재산소재지, 불법행위지 등)이 있는 곳에 국제재판관할이 인정된다. 다만 국제재판관할의 특수성(재판의 적정·공평·신속·경제)을 충분히 고려하여 조리에 반하는 특별한 사정(원고와 피고의 소송수행상의 불편, 법원의 증거조사 불편, 피고의 법정지 국가에서의 의도적인 경제적인활동의 부존재 등)이 있으면 재판관할권이 부정된다.

다. 설 문 – 본 대금 및 지연이자 청구에 대한민국법원이 국제재판관할권을 갖는지

1) 본 사건은 외국적 요소가 있는 법률관계로서 국제사법이 적용되고, 전속적 국제재판관할 합의가 없으므로 국제재판관할권 판단 규정인 국제사법 제2조에 의하여 결정할 수 있다. 제2조 제2항에 따라 국내법상 토지관할규정과 국제재판의 특수성을 기준으로 판단해본다.

2) 국내법상 관할규정적용

가) 보통재판적

피고 M의 주소지인 한국에 국제재판관할이 있다고 볼 수 있다.

나) 특별재판적

의무이행지(민소법 제8조)에 의하여 토지관할이 인정되는데 결국 한국에 국제재판관할이 인정된다(민소법 제8조 유추). 대금의 의무이행지가 대금의 지연이자 의무이행지와 동일하다고 할 것이므로 지연이지청구도 민소법 제8조에 의해 국제재판관할이 한국에 있다.

3) 국제재판관할의 특수성고려

다만 이때도 국제재판관할의 특수성이 고려해야 하나, 원고피고에게 불리하지 않고, 법원이 재판진행에도 목적물인 그림이 한국에 있고 대금채권의 이행지가 한국으로 합의되었으므로 큰 장애가 없다.

4) 결국 설문의 양수인 P가 채무자 M을 상대로 한 대금 및 지연이자 청구에 대하여 국제사법 제2조에 의해 한국의 국제재판관할이 인정된다.

변시 **2회**	1-2문	30점

X의 유언의 방식의 준거법과 X유언의 효력유무

1. 국제사법 적용여부

가. 국제사법(제1조)

국제사법은 외국적 요소가 있는 법률관계에 대하여 국제재판관할과 준거법을 정하는 것을 목적으로 한다(제1조).

나. 외국적 요소가 있는 법률관계

국제사법이 적용되는 외국적 요소가 있는 법률관계란 법률관계의 구성요소 일부가 다른 국가와 관련이 있는 경우 즉 당사자 1인이 외국인, 목적물이 외국소재, 법률관계(또는 손해)가 외국에서 발생한 경우 등을 말한다.

다. 설 문

X의 유언의 방식은 외국적 요소가 있는 법률관계로서 국제사법이 적용된다. 따라서 이하에서는 국제사법 규정에 의해 준거법 등을 검토해 본다.

2. 유언의 준거법(제50조)

가. 유 언

유언당시 유언자의 본국법에 의한다.

나. 유언의 변경 또는 철회

유언의 변경 또는 철회는 그 당시 유언자의 본국법에 의한다.

다. 유언의 방식(제3항)

유언의 방식은 다음 어느 하나에 의한다.

가) 유언자의 유언당시 또는 사망당시의 국적국가의 법

나) 유언자의 유언당시 또는 사망당시 상거소지법

다) 유언당시 행위지법

라) 부동산에 관한 유언은 그 부동산 소재지법

라. 적용범위

유언의 성립과 효력에 대하여 제50조 제1항이 적용되고, 유언의 방식에 대하여 제50조 제3항이 적용된다. 그러나 제50조에 의하여 유언이 유효하게 성립되었더라도 유언이 의도한 목적인 법률행위(ex. 인지, 유증)의 성립과 효력은 별개로 각 법률행위의 준거법에 따라 검토해야 한다.

마. 설 문

1) 유언 방식의 준거법(제50조 제3항)

가) 1호 – 유언자의 유언당시 또는 사망당시의 국적국가의 법

을국 – 을국 민법상 증인 2명 – X의 유언이 무효(요식성)이다.

나) 2호 – 유언자의 유언당시 또는 사망당시 상거소지법

한국 – 한국 민법상 증인 2명 – X의 유언이 무효(요식성)이다.

다) 3호 – 유언당시 행위지법

갑국 – 갑국 민법상 증인 1명 – X의 유언이 유효하다.

라) 4호 – 부동산에 관한 유언은 그 부동산 소재지법

목적물이 그림, 즉 동산이므로 적용되지 않는다. 따라서 1호, 2호, 3호 중 어느 하나에 의한다.

2) 선택적 연결

결국 유언의 방식의 준거법은 선택적 연결이므로 이중 유효한 하나만 따르면 되므로 X의 유언에 갑국법이 준거법이 된다.

3. 반정(제9조)

가. (직접)반정의 허용

우리 국제사법은 직접반정만 명문으로 허용하고 있다. 직접반정이란 우리 국제사법에 의해 외국법이 준거법이 되는 경우에 그 외국의 국제사법이 대한민국법을 준거법으로 하는 경우 대한민국법에 의하는 것을 말한다.

나. (직접)반정의 요건

1) 대한민국(법정지) 국제사법에 의해 외국법이 준거법 지정된 경우에

2) 그 지정된 외국의 국제사법이 다시 대한민국(법정지)법을 준거법으로 지정하면

3) 대한민국(법정지)의 국제사법 규정(우리 국제사법 제9조)에 따라 대한민국(법정지)법을

준거법으로 한다.

다. (직접)반정의 예외적 불허

반정의 요건이 구비된 경우라도 다음의 경우에는 반정이 불허된다.

1) 당사자가 합의에 의해 준거법을 선택한 경우

2) 이 법에 의해 계약의 준거법이 지정된 경우

3) 제46조에 의해 부양의 준거법이 지정된 경우

4) 제50조 제3항의 규정에 의하여 유언의 방식의 준거법이 지정되는 경우

5) 제60조의 규정에 의하여 선적국법이 지정되는 경우

6) 그 밖에 제1항의 규정을 적용하는 것이 이 법의 지정 취지에 반하는 경우

라. 설 문

1) 반정인지(요건 충족여부)

X의 유언의 방식에 대하여 설문은 반정에 해당한다.

2) 반정의 예외인지

반정에 해당하므로 그 예외에 해당하는지도 검토가 필요하다. 유언의 방식의 준거법 지정에는 반정이 적용되지 않는다(제9조 제2항 4호).

3) 결국 설문은 반정에 해당하나 그 예외에도 해당하여 반정이 인정되지 않는다.

4. 소 결

설문의 유언에는 우리 국제사법에 의해 갑국법이 준거법이 되고 이는 반정이나 그 예외에 해당하여 우리나라 법이 준거법이 될 수 없다. 결국 설문의 유언의 방식에 대한 준거법은 갑국법이 된다.

5. 결 – X의 유언의 방식이 유효한지

갑국의 민법은 증인 1인의 참여 요구하고 있다. 설문의 X의 증언은 증인1인만 참여하였지만 갑국의 민법의 요건을 충족하므로 유효하다(나머지 요건은 모두 구비 설문에서 충족한 것으로 전제).

6. 관련쟁점 – 준거법의 수정(제8조)

가. 요 건

1) 이 법에 의해 지정된 준거법이 해당법률관계와 근소한 관련뿐일 것
2) 가장 밀접한 관련이 있는 다른 국가의 법이 명백히 존재할 것
3) 합의에 의한 준거법 선택이 아닐 것

나. 효 과

이 법상 지정된 준거법이 아닌 가장 밀접한 관련이 있는 국가의 법에 의한다. 합의에 의한 준거법 선택의 경우는 제8조의 적용이 배제되므로 합의로 선택한 준거법의 경우 그 대로 이에 따른다.

다. 설 문

이 법상 준거법으로 지정된 갑국법이 근소한 관련뿐이고 가장 밀접한 국가의 법이 명 백히 존재하는지 살펴보아야 한다. 즉 한국법이 가장 밀접한 국가의 법인지가 쟁점이다.

유언자의 국적은 을국, 상거소는 한국, 갑국에서 유언, 수증자 Y는 국적이 갑국, 유언증 여의 대상물인 그림은 한국에 존재하므로 한국법이 가장 밀접한 국가의 법이라고 보기 어 렵다. 따라서 제8조가 적용되지 않아 X의 유언의 방식에는 갑국법이 준거법이 된다.

변시 2회 **1-3문** 25점

> 채무자 M에게 채권양도의 효력을 주장할 수 있는지

1. 국제사법 적용여부

가. 국제사법 제1조

국제사법은 외국적 요소가 있는 법률관계에 대하여 국제재판관할과 준거법을 정하는 것을 목적으로 한다(제1조).

나. 외국적 요소가 있는 법률관계

국제사법이 적용되는 외국적 요소가 있는 법률관계란 법률관계의 구성요소 일부가 다른 국가와 관련이 있는 경우 즉 당사자 1인이 외국인, 목적물이 외국소재, 법률관계(또는 손해)가 외국에서 발생한 경우 등을 말한다.

다. 설 문

외국적 요소가 있는 법률관계로서 국제사법이 적용된다. 따라서 이하에서는 국제사법 규정에 의해 준거법 등을 검토해 본다.

2. 채권양도의 효력

가. 문제점

설문의 Y와 P간의 채권양도는 제34조가 적용된다.

나. 채권의 양도(제34조 제1항)

1) 채권의 양도인과 양수인간의 법률관계(제34조 제1항 본문)

채권의 양도가 있을 때 양당사자 간의 법률관계에 대해서는 이들간의 계약의 준거법에 의한다(제34조 제1항 본문). 즉 채권을 매매하거나 증여한 경우라면 채권의 양도가 발생하나 이때 채권 양도인과 양수인간의 법률관계는 양당사자간의 법률관계인 매매나 증여의 준거법을 따르게 된다.

2) 채권의 양도가능성, 채무자 및 제3자에 대한 채권양도의 효력(제34조 제1항 단서)

채권양도시 채권양도가능성, 채무자와 제3자에 대한 채권양도의 효력은 양도되는 채권의 준거법에 의한다(제34조 제1항 단서). 따라서 채권양도에서 중요한 문제인 채무자 또는 채권의 압류권자나 이중양수인 등 제3자에 대하여 대항하기 위해 채무자에 대한 통지나 채무자의 승낙이 필요한지는 채무자와 제3자에 대한 채권양도의 효력의 문제로서 동조항 단서에 따라 양도되는 채권의 준거법에 따르게 된다.

3) 설문

채권양수인 P가 채무자 M에게 채권양도의 효력을 주장할 수 있는지는 채무자에 대항하기 위한 요건의 문제로서 채권양도의 효력의 문제이다. 이러한 채권양수인 P와 채무자 M 사이에 채권양도의 효력은 제34조 제1항 단서에 따라 양도되는 채권의 준거법에 의한다. 설문의 채권의 준거법 즉 매매대금채권의 준거법에 의하므로 이를 살펴본다.

3. 채권계약의 준거법(매매대금채권의 준거법)

가. 주관적 연결(제25조)

1) 명시적·묵시적 선택(제1항)

제25조 제1항은 당사자자치의 원칙을 규정하고 있다. 즉 계약의 성립과 효력은 당사자가 명시적·묵시적으로 선택한 법에 의한다. 다만, 묵시적 선택은 모든 사정으로부터 합리적으로 인정 가능한 경우이어야 한다.

2) 계약의 일부 준거법 선택(제2항)

계약의 일부에 대하여도 준거법을 선택할 수 있다.

3) 준거법 변경 합의(제3항)

제25조(주관적 연결)와 제26조(객관적 연결)에 의한 준거법을 합의로 변경할 수 있으나, 계약체결 후 이루어진 준거법 변경은 계약의 방식의 유효성과 제3자의 권리에 영향을 미치지 아니한다.

4) 모든 요소가 관련 있는 국가와 다른 국가의 법을 선택(제4항)

모든 요소가 오로지 한 국가와 관련이 있음에도 불구하고, 당사자가 다른 국가의 법을 선택한 경우에는 그 관련된 국가의 강행규정은 적용이 배제되지 않고 반드시 적용되어야 한다. 모든 요소와 관련 있는 국가의 법을 준거법에서 배제하는 합의는 가능하나 이 경우에도 그 관련국가의 강행규정은 준거법 합의에도 불구하고 배제될 수 없고 적용되어야 한다는 것이다.

5) 동조항의 준거법 선택 합의(제5항)

준거법 선택에 관한 당사자 합의의 성립 및 유효성에 대한 준거법에 제29조(계약의 성립 및 유효성)가 준용된다. 결국 제29조에 따라 계약의 성립 및 유효성 판단(제1항)은 그 계약이 유효하게 성립하였을 경우(가정적)라면 이 법상 적용될 준거법을 기준으로 한다. 단, 계약의 불성립 주장(제2항)이 가능한 경우도 있다. 즉 1) 제1항에 의해 결정된 준거법에 의하여 당사자 행위의 효력을 판단하는 것이 모든 사정에 비추어 명백히 부당한 경우에는 2) 당사자는 그의 상거소지법을 원용하여 3) 계약에 동의하지 않았음(계약의 불성립)을 주장할 수 있다.

나. 객관적 연결(제26조)

준거법을 당사자가 선택하지 않은 경우에 준거법을 객관적으로 결정하는 방법이다.

1) (준거법을 당사자가 선택하지 않은 경우) 그 계약과 가장 밀접한 관련이 있는 국가의 법에 의한다(제1항).

2) 밀접관련성 추정(제2항, 제3항)

준거법을 당사자들이 선택하지 않은 경우 그 계약과 가장 밀접한 관련이 있는 국가의 법이 제1항에 따라 준거법이 된다. 이때 가장 밀접한 국가의 법을 결정하는 것을 보다 용이하게 하기 위해 제2항과 제3항에서 추정규정을 두었다.

가) 특징적 이행계약(제2항)

(1) 원칙

당사자가 계약(양도계약, 이용계약, 위임·도급계약, 용역제공계약)에 따라 이행해야 하는 경우 계약체결시 이행의무자의 상거소가 있는 국가의 법이 가장 밀접한 관련이 있는 것으로 추정한다.

(2) 예외

다만 이러한 계약이 영업활동으로 체결된 경우 영업소 국가의 법이 가장 밀접한 관련이 있는 것으로 추정한다.

나) 부동산에 대한 권리 대상 계약(제3항)

부동산에 대한 권리를 대상으로 하는 계약은 부동산 소재 국가의 법이 가장 밀접한 관련이 있는 것으로 추정한다.

다. 설 문

제26조 객관적 연결이 아닌 제25조 주관적 연결이 적용되어 갑국법이 준거법이 된다. 즉 매매대금채권의 준거법은 갑국법이다.

4. 결 – 채권양도 효력 주장가능한지

가. 채권양도의 효력의 준거법

채권양도의 효력은 매매대금채권의 준거법에 의하고, 이는 제25조에 의해 준거법으로 합의한 갑국법이 준거법이 된다. 이때 설문에서 갑국 민법은 채권 양도 주체를 "양도인"으로 한정하고 있다.

나. 설 문

갑국의 민법에 의하면 채무자에 대한 대항요건을 갖추지 못하였다.

따라서 채권양수인 P는 채무자 M에게 채권양도의 효력을 주장할 수 없다.

제 2 문

　　대한민국 인천에 영업소를 두고 있는 A회사(매수인)와 중국 항주에 영업소를 두고 있는 B회사(매도인)는 2012년 7월 10일 순도 100%의 오리털 합계 100,000kg을 kg당 미화 10달러로 A회사의 지정에 따라 분할하여 지정한 곳으로 공급하기로 하고, A회사가 오리털을 공급받은 후 10일 이내에 그 대금을 지급하기로 하였으며, 계약의 준거법을 대한민국 법으로 지정하는 계약을 체결하였다.

　　B회사와 계약체결 전에 A회사는 거래처인 C회사에 오리털을 가공하여 만든 방한복을 공급하는 계약을 체결한 상태였으며, B회사도 A회사와 계약체결시 그 사실을 알고 있었다.

　　A회사는 오리털 10,000kg을 8월 20일까지 미얀마 양곤에 있는 공장에 공급하도록 지정하였다(제1차 공급). B회사는 8월 10일 중국 상해에서 선적하였는데 8월 15일 싱가포르에서 선박회사의 실수로 환적되지 아니하여 공급일인 8월 20일이 지나서까지 싱가포르에 그대로 남아 있게 되었다. 이에 A회사가 항공편으로 신속히 운송하여 줄 것을 요구하였으나 B회사는 항공운송비용이 미화 50,000달러에 이르는 고액이라는 이유로 이에 응하지 아니하였고, A회사가 재차 항공편으로 운송을 요구하였으나 B회사는 다시 이에 응하지 아니하였다. A회사는 베트남에 있는 다른 공급자로부터 9월 10일 오리털 10,000kg을 kg당 미화 15달러로 대금 미화 150,000달러에 구입하였는데 C회사에 대한 공급일이 촉박하여 A회사가 항공운송비용 미화 50,000달러를 부담하여 공급받았다. 또한 A회사는 C회사에 오리털로 가공한 방한복을 지체하여 공급한데 대한 손해배상으로 미화 10,000달러를 지급하였다.

　　A회사는 B회사와의 위 계약에 따라 9월 15일까지 오리털 8,000kg을 미얀마 양곤에 있는 공장에 공급하도록 지정하였는데, B회사가 9월 15일 공급한 오리털의 순도는 50%에 불과하여 방한복을 만드는데 부적합하였다(제2차 공급).

　　A회사는 미얀마 양곤에 있는 공장에 8월 20일까지 공급하도록 지정한 오리털을 B회사가 미얀마 양곤에 있는 공장에 운송하지 아니한 사실을 이유로 9월 20일 제1차 공급 부분에 대하여 계약을 해제한다는 통지를 하였고 9월 23일 B회사에 그 통지가 도달하였다.

　　대한민국과 중국은 모두 국제물품매매계약에 관한 국제연합협약(이하 '협약'이라고 함)의 체약국이다.

---

1. A회사와 B회사의 계약에 협약이 적용되는지 여부를 논하시오. (10점)

2. 제1차 공급 부분에 대하여

가. A회사의 계약해제가 정당한지를 논하시오. (20점)

나. A회사의 손해배상청구가 인정되는지 여부와 그 범위를 논하시오. (20점)

3. 제2차 공급 부분에 대하여 A회사가 변호사에게 구제방법에 관하여 법적 조언을 구하는 경우, 어떠한 법적 의견을 제시할 것인지를 논하시오. (30점)

변시 2회 2-1문 10점

협약적용여부

1. 협약적용여부

가. 공통요건 – 국제, 물품, 매매계약(제1조)

1) 국제성

국적이 아닌 영업소를 기준으로 영업소가 서로 다른 국가에 있는 것을 의미한다. 일방의 영업소가 복수인 경우 가장 밀접한 영업소 기준으로 한다(제10조 가호). 일방의 영업소가 없는 경우 그의 상거소를 영업소로 본다(제10조 나호).

2) 물품

물품을 대상으로 하므로, 부동산이나 채권 등은 제외된다.

3) 매매계약

매매계약이어야 하고, 노무서비스공급계약은 제외된다.

가) 제작(생산)물공급계약은 원칙적으로 매매로 간주된다(제3조 제1항).

나) 제작(생산)물공급계약 중 매수인이 중요부분 공급시(제3조 제1항 단서) 매매로 보지 않는다.

나. 적용유형별 요건

1) 직접적용

해당국가가 모두 체약국인 경우에 위 공통요건(국제성, 물품, 매매)이 충족되면 협약이 직접 적용된다(제1조 제1항 가호).

2) 간접적용

해당국가 전부 또는 일부가 비체약국인 경우에 위 공통요건(국제성, 물품, 매매)을 구비하였을 것, 국제사법에 의해 체약국법이 적용될 것, 그 체약국이 제95조 유보선언을 하지 않았을 것을 모두 갖추었다면 협약이 간접 적용된다(제1조 제1항 나호).

다. 설 문

매수인 영업소 소재국인 한국과 매도인 영업소 소재국인 중국 모두 체약국에 해당한다. 국제성은 영업소가 각 한국과 중국에 있고, 오리털은 물품에 해당하고, 생산물공급계약이지만 매수인 A회사가 중요부분 공급한 경우가 아니므로 매매로 간주되어(제3조 제1항) 공통요건 충족한다.

따라서 협약이 일단 직접 적용된다.

2. 협약 적용제외여부(제2조, 제3조, 제5조, 제6조)

가. 합의배제(제6조)

당사자 간 합의로 적용제외가 가능하다.

나. 적용제외 매매(제2조)

개인용, 가정용 물품매매 등에는 협약이 적용제외된다.

다. 물품제조생산공급계약(제3조)

매수인이 중요부분 공급하는 경우(제3조 제1항 단서)와 공급의무자의 의무의 주된 부분이 노무기타서비스 공급계약인 경우(제3조 제2항)에는 협약이 적용제외된다.

라. 제조물책임(제5조)

물품으로 인한 사람의 사망, 상해에 대한 매도인 책임에는 협약이 적용제외된다.

마. 설 문

설문은 위 적용제외라는 예외에 해당 사항 없다.

3. 결

합의배제 또는 적용제외 사유가 없다. 결국 설문에 협약이 직접 적용된다.

변시 2회 **2-2-가문** 20점

1차공급분에 대한 A회사의 계약해제가 정당한지

1. 매수인의 해제 개관(유형)

가. 매수인의 해제권(제49조 제1항)

나. 매수인의 일부부적합해제(제51조 제1항, 제2항)

다. 이행기 전 해제(제72조 제1항)

라. 분할인도해제(제73조 제1항)

마. 장래분할해제(제73조 제2항)

바. 매수인의 상호관계해제(제73조 제3항)

사. 설 문

A와 B는 오리털 매매계약 후 A의 지정에 따라 분할하여 공급하기로 계약하였으므로 분할인도계약이고, 설문의 계약해제는 분할인도해제(제73조)문제에 해당한다.

2. 분할인도계약해제(제73조)

가. 불이행분할부분의 계약해제(제1항)

1) 물품분할 인도계약의 경우
2) 일방의 분할부분 불이행이 그 부분의 본질적 계약위반이 되는 경우
상대방은 그 분할부분 계약해제 가능하다.

나. 장래분할부분의 계약해제(제2항)

1) 물품분할 인도계약의 경우
2) 일방의 분할부분 불이행이 존재
3) 그 불이행이 장래 분할부분의 본질적 계약위반을 추단하기에 충분한 경우,
4) 합리적인 기간 내라면
상대방은 장래에 향하여 계약해제 가능하다.

다. 상호의존관계의 계약해제(제3항)

1) 어느 인도부분에 대하여 해제하는 경우

2) 이미 인도한 부분 또는 장래의 인도가 해제되는 인도부분과의 상호의존관계에 있고

3) 그로 인하여 계약시 쌍방이 예상했던 목적으로 사용불가한 경우에는

매수인은 이미 인도한 부분 또는 장래의 인도에 대하여도 동시에 계약해제 가능하다.

라. 설 문

1) 제73조 제1, 2, 3항 중 제1항의 해제에 해당한다.

2) 불이행분할부분의 계약해제(제1항)

가) 물품분할 인도계약의 경우

설문은 전술한 바대로 물품분할 인도계약에 해당한다.

나) 일방의 분할부분 불이행이 그 부분의 본질적 계약위반이 되는 경우

(1) 본질적 (계약)위반(제25조)

   (가) 요건

     당사자 일방의 계약위반이 본질적 위반으로 인정되기 위해서는

     (a) 당사자 일방의 계약위반이 있고,

     (b) 계약상 가능한 상대방의 기대를 실질적으로 박탈한 정도의 손실을 상대방에게 주는 경우이어야 한다.

     (c) 다만, 위반 당사자가 계약체결시 그러한 손실을 예견 불가능하였고(and) 동일 부류의 합리적인 사람도 동일한 상황에서 예견불가능하였을 경우가 아니어야 한다.

   (나) 설문

     B의 1차공급분 인도지연이라는 계약위반이 존재하고, A의 기대를 실질적 박탈 손실하였으며, B가 계약시 A의 C와의 계약사실을 알고 있었으므로 위반자 B의 계약시 손해예견가능성이 존재한다. 즉 B의 계약위반은 본질적 계약위반에 해당한다.

다) 소결

매수인 A는 1차 공급분에 대하여 제73조 제1항의 요건을 갖추었으므로 이에 따라 해제가 가능하다.

3. 결

A와 B의 계약은 분할인도계약에 해당하고 B의 1차 공급분 인도 지연(불이행)은 이 부

분에 대하여 본질적 계약위반에 해당하므로 1차 공급분에 대하여 제73조 제1항을 근거로 해제가 가능하다.

만약 1차 공급분이 장래공급분인 2차 공급분에 대하여 본질적 계약위반이 추단되는 경우 제73조 제2항에 따라 장래공급분 해제가 가능하지만, 제73조 제2항이 적용되지 않는다.

마지막으로 1차 공급분 불이행이 이미 인도한 2차 공급분과 상호의존관계에 있다면 제73조 제3항에 따라 2차 공급분도 해제가능할 것이나 오리털이라는 특성과 이로써 방한복을 만드는데 있어 상호의존관계가 없어 보이므로 2차 공급분에 대하여 제73조 제3항에 따른 해제는 불가능할 것이다.

결국 제73조 제1항에 따라 1차 공급분에 대한 해제만이 가능하고, 1차 공급분에 대한 A회사의 해제는 정당하다.

| 변시 2회 | 2-2-나문 | 20점 |

1차 공급분에 대한 A회사의 손해배상청구 인정여부와 그 범위

1. 매도인 Y의 의무불이행(매도인의 의무위반 유형)

가. 일반적 의무위반

1) 서류교부의무, 소유권이전의무(제30조)

2) 물품인도의무(제30조) - 장소위반(제31조), 시기위반(제33조)

3) 계약적합의무(제35조 제1항)

4) 권리적합의무(제41조, 제42조)

나. 특수한 의무위반

1) 일부부적합(제51조)

2) 기일 전 인도 또는 초과 인도(제52조)

3) 이행기 전 계약해제(제72조)

4) 분할인도 계약해제(제73조)

다. 설 문

1) 서류교부의무, 소유권이전의무(제30조) - 설문과 무관하다.

2) 물품인도의무(제30조) - 장소위반(제31조), 시기위반(제33조)
설문은 제33조 시기위반에 해당한다.

3) 계약적합의무(제35조 제1항) - 설문과 무관하다.

4) 권리적합의무(제41조, 제42조) - 설문과 무관하다.

5) 일부부적합(제51조) - 설문과 무관하다.

6) 기일 전 인도 또는 초과 인도(제52조) - 설문과 무관하다.

7) 이행기 전 계약해제(제72조) - 설문과 무관하다.

8) 분할인도 계약해제(제73조) - 설문과 무관하다.

9) 소결
설문은 제33조와 제30조 인도의무위반에 해당한다.

2. 매수인의 구제수단 개관

가. 이행청구권(제46조 제1항)

나. 대체물인도청구권(제46조 제2항)

다. 부적합치유청구권(제46조 제3항)

라. 부가기간지정권(제47조)

마. 계약해제권(제49조)

바. 대금감액권(제50조)

사. 손해배상청구권(제45조 제1항 나호, 제74조~제77조)

아. 일부부적합(제51조)

자. 이행기 전 계약해제(제72조)

차. 분할인도 계약해제(제73조)

카. 설 문

설문에서는 매수인 A의 구제수단중 손해배상청구권만 묻고 있으므로 이것만 검토한다.

3. A의 손해배상청구권인정여부

가. 손해배상청구권(제45조 제1항 나호, 제74조~제77조)

1) 발생요건(제45조 제1항 나호)

가) 의무자의 의무위반 사실만으로 손해배상청구권이 발생한다.

나) 설문

매도인 B의 인도의무위반이므로 매수인 A에게 손해배상청구권 발생한다.

2) 원칙적 손해액(제74조)

가) 의무 위반의 결과로 상대방이 입은 손실을 손해금액으로 한다. 단 계약시 의무위반자의 예견 또는 예견가능한 손실 한도 내에서 손해액이 인정된다.

나) 설문

손해배상 범위와 중복되므로 후술한다.

나. 계약해제권행사로 소멸하는지(제81조 제1항)

1) 제81조 제1항

계약의 해제는 손해배상의무를 제외하고 당사자 쌍방을 계약상의 의무로부터 면하게 한다.

2) 설문

위와 같이 매수인의 계약해제가 가능하여 계약해제하더라도 손해배상청구권은 존속한다. 즉 매도인 B의 손해배상의무는 매수인 A가 해제 후라도 무관하게 존속한다.

다. 매도인의 면책여부(제79조)

1) 당사자 면책 요건(제1항)

가) 불이행 당사자는

나) 불이행이 통제 불가능한 장애에 기인한다는 점,

다) 계약시 장애 고려(예측)가능성 없다는 것,

라) 장애시 결과 회피가능성 없다는 것을 입증하는 경우

2) 효과

가) 불이행으로 인한 손해배상책임을 면한다.

나) 이 조에 의한 면책은 손해배상책임만 면책될 뿐, 그 외 권리행사는 가능하다.

3) 제3자 사용시 면책(제2항)

가) 요건

(1) 전부 또는 일부 이행에 제3자를 사용하여

(2) 그 사용한 제3자의 불이행으로 인한 경우에는

(3) 당사자(본인)와 사용한 제3자가 모두 제1항에 의해 면책되는 경우라면

나) 효과

당사자(본인)의 손해배상책임이 면제된다.

4) 설문

가) 설문은 제3자를 사용하여 의무이행한 경우인 제79조 제2항에 하는 것으로 보인다. 제3자를 사용한 경우로서 구체적인 요건 충족여부를 검토해 본다.

나) 전부 또는 일부 이행에 제3자를 사용하여야 한다.

설문에서 매도인 B는 선박회사와 운송계약을 맺어 인도의무를 이행하는데 선박회사를

사용하고 있다.

다) 그 사용한 제3자의 불이행으로 인한 경우여야 한다.

설문에서 운송하기로 한 선박회사의 환적 실수가 있었으므로 제3자의 불이행으로 인한 경우에 해당한다.

라) 제3자 사용 면책요건이 요구되므로 당사자(본인)와 사용한 제3자가 모두 제1항에 의해 면책되는 경우여야 한다.

제1항의 당사자 면책 요건은 다음과 같다.

(1) 불이행 당사자는

(2) 불이행이 통제 불가능한 장애에 기인한다는 점,

(3) 계약시 장애 고려(예측)가능성 없다는 것,

(4) 장애시 결과 회피가능성 없다는 것을 입증하는 경우

(5) 설문

불이행 당사자인 매도인 B는 불이행이 제3자인 선박회사의 실수였으므로 통제불가능한 장애에 해당하고 계약시 장애 고려가능성이 없고, 장애시 결과회피가능성도 없다.

그러나 제3자인 선박회사는 불이행이 통제불가능한 장애에 기인하는 것이 아니라 자신의 실수에 의한 환적문제이므로 면책요건 갖추지 못하였다.

즉 선박회사는 제1항의 요건 갖추지 못하였고 이에 따라 당사자 B도 면책불가능하다.

라. 소 결

매수인 A의 손해배상청구권은 요건이 충족되고 매도인 B가 면책되지 않으므로 결국 A의 손해배상청구권은 인정된다.

4. 매수인 A의 손해배상청구권의 범위(손해배상액)

가. 손해배상액 원칙(제74조)

1) 제74조

의무 위반의 결과로 상대방이 입은 손실을 손해금액으로 한다. 단 계약시 의무위반자의 예견 또는 예견가능한 손실 한도 내에서 손해액이 인정된다.

2) 설문

항공기 운송추가비용 5만달러는 손실로서 매도인 B가 예견가능하였으므로 손해배상액으로 인정된다.

C회사에 방한복 인도 지연으로 인하여 손해배상으로 지급한 1만달러도 매도인 B도 계약시 이미 알고 있었으므로 손해배상액으로 인정된다.

따라서 제74조에 따라 5만달러＋1만달러＝6만달러가 손해배상액으로 인정된다.

나. 대체거래시 손해배상액(제75조)

1) 요건

계약해제 후에 합리적인 방법으로 합리적인 기간 내에 대체거래시(매수인이 대체물 매수 또는 매도인이 물품 재매각)에 제75조가 적용된다.

2) 효과

이 때 손해배상액은 두 거래간의 차액(계약매매대금과 대체거래 대금의 차액)에 제74조에 따른 손해배상액을 추가로 청구 할 수 있다.

3) 설문

계약대금 10만달러와 대체거래대금(A가 베트남의 다른 회사로부터 오리털 매수) 15만달러의 차액 5만달러를 손해배상으로 청구가능하다. 그리고 이를 초과한 제74조에 따른 손해배상금 항공운송비용 5만달러와 C에 대한 지연손해금 1만달러 합계 6만달러도 청구가능하다.

결국 5만달러＋6만달러＝11만달러를 매수인 A는 매도인 B에게 손해배상으로 청구할 수 있다.

다. 손해경감의무(제77조)

1) 의무부담자와 내용

손해경감의무는 손해배상청구권자(계약위반주장자)가 부담하는 의무이다. 손해배상청구권자의 손해경감의무 위반시 경감되었어야 할 손실액만큼 손해배상의무자는 그에게 감액청구가 가능하다.

2) 설문

매수인 A는 손실경감의무 다한 것으로 보인다. 해상운송이 아닌 항공운송을 이용한 것도 시일이 촉박하여 불가피한 것이었으므로 매수인 A의 손실경감의무 위반은 없다. 따라서 매도인 B는 A의 손해경감의무위반을 이유로 감액청구 불가능하다.

5. 결

매수인 A의 매도인 B에 대한 손해배상청구권은 인정된다. 그 손해배상청구권의 범위는 11만달러이다.

변시 2회 **2-3문** 30점

제2차 공급부분(8000kg)에 대하여 A회사의 구제방법

1. 매도인 B의 의무불이행 유형

가. 일반적 의무위반

1) 서류교부의무, 소유권이전의무(제30조)

2) 물품인도의무(제30조) − 장소위반(제31조), 시기위반(제33조)

3) 계약적합의무(제35조 제1항)

나. 특수한 의무위반

1) 일부부적합(제51조)

매도인이 일부만 인도하였거나, 일부가 부적합한 경우에 적용된다.

2) 기일 전 인도 또는 초과 인도(제52조)

3) 이행기 전 계약해제(제72조)

4) 분할인도 계약해제(제73조)

다. 설 문

매도인 B가 제2차 공급분으로 오리털 8000kg을 인도하였으나 순도가 100%아닌 순도 50%에 불과하여 방한복제조에 부적합하였다.

1) 서류교부의무, 소유권이전의무(제30조) − 설문과 무관하다.

2) 물품인도의무(제30조) − 장소위반(제31조), 시기위반(제33조) − 설문과 무관하다.

3) 계약적합의무(제35조 제1항) − 설문에 해당 가능하다.

4) 일부부적합(제51조) − 설문에 해당 가능하다.

5) 기일 전 인도 또는 초과 인도(제52조) − 설문과 무관하다.

6) 이행기 전 계약해제(제72조)

7) 분할인도 계약해제(제73조)

8) 설문

설문은 2차공급분 오리털 8000kg의 순도가 100%가 아닌 50%에 불과하므로 2차공급분

전부에 하자가 존재한다. 이는 물품부적합의 문제이나 전체 계약 목적물인 10만kg의 일부인 8000kg에 대하여만 존재하는 하자이므로 일부부적합(제51조)의 문제로 처리한다.

2. (일부불인도부적합)매수인의 구제수단 개관

가. 제51조 제1항

1) 매수인의 구제수단(제46조 내지 제50조)을 일부 부족, 일부 부적합한 부분에 대하여 행사가능하다.

2) 이행청구권(제46조 제1항)

3) 대체물인도청구권(제46조 제2항)

4) 부적합치유청구권(제46조 제3항)

5) 부가기간지정권(제47조)

6) 계약해제권(제49조)

7) 대금감액권(제50조)

나. 제51조 제2항

해제에 있어서 일부해제가 원칙이나(제1항), 부족·부적합부분이 본질적 계약위반인 경우에는 계약 전체의 해제가 가능하다(제2항).

3. 설 문 – 2차공급분에 대한 매수인 A의 구제수단

가. 제51조 제1항

매수인의 구제수단(제46조 내지 제50조)을 일부 부족 또는 일부 부적합한 부분에 대하여 행사가능하다.

1) 이행청구권(제46조 제1항) － 행사할 수 없다.

2) 대체물인도청구권(제46조 제2항) － 행사가 가능하다.

3) 부적합치유청구권(제46조 제3항) － 행사할 수 없다.

4) 부가기간지정권(제47조) － 행사가 가능하다.

5) 계약해제

가) 계약해제권(제49조)

계약해제권 행사가 가능하다. 순도 50%는 방한복 제조에 부적합하므로 본질적 계약위반(제25조)에 해당하지만, 설문은 분할 인도계약이므로 제73조 분할인도계약의 해제에 따르는 것이 타당할 것이다.

나) 분할인도계약의 해제(제73조)

(1) 불이행분할부분의 계약해제(제1항)

   (가) 물품분할 인도계약의 경우

   (나) 일방의 분할부분 불이행이 그 부분의 본질적 계약위반이 되는 경우

상대방은 그 분할부분 계약해제 가능하다.

(2) 장래분할부분의 계약해제(제2항)

   (가) 물품분할 인도계약의 경우

   (나) 일방의 분할부분 불이행이 존재

   (다) 그 불이행이 장래 분할부분의 본질적 계약위반을 추단하기에 충분한 경우,

   (라) 합리적인 기간 내라면

상대방은 장래에 향하여 계약해제 가능하다.

(3) 상호의존관계의 계약해제(제3항)

   (가) 어느 인도부분에 대하여 해제하는 경우

   (나) 이미 인도한 부분 또는 장래의 인도가 해제되는 인도부분과의 상호의존관계에 있고,

   (다) 그로 인하여 계약시 쌍방이 예상했던 목적으로 사용불가한 경우에는

매수인은 이미 인도한 부분 또는 장래의 인도에 대하여도 동시에 계약해제 가능하다.

(4) 설문

   (가) 제73조 제1, 2, 3항 중 제1항의 해제에 해당한다.

   (나) 불이행분할부분의 계약해제(제1항)의 요건은 다음과 같다.

     (a) 물품분할 인도계약의 경우

     (b) 일방의 분할부분 불이행이 그 부분의 본질적 계약위반이 되는 경우

상대방은 그 분할부분 계약해제 가능하다.

     (c) 설문

설문은 전술한 바대로 물품분할 인도계약에 해당하고, 제2차 공급부분의 하자가 방한복 제조에 부적합하므로 본질적 계약위반(제25조)에 해당하므로 매수인 A는 제73조 제1항에 따라 제2차 공급분에 대하여 계약을 해제할 수 있다.

6) 대금감액권(제50조)

가) 요건

(1) 물품부적합의 경우여야 한다.

협약 제50조 명문상 물품부적합이라고 규정하고 있으므로 권리부적합의 경우에는 대금

감액청구가 불가능하다.

(2) 매도인의 귀책사유와 대금지급여부 불문한다.

대금감액은 매도인의 귀책사유와 매도인의 대금지급여부를 불문한다.

(3) 매도인이 제37조나 제48조에 따라 불이행, 부적합을 치유한 경우가 아니어야 한다(제50조 단서).

매도인이 부적합, 불이행을 치유한 경우라면 매매계약에 의해 매매하기로 한 완전한 물품을 매매한 것이 되어 감액청구가 불가능하다.

(4) 매수인이 매도인의 제37조, 제48조의 치유제의를 부당거절한 경우가 아니어야 한다(제50조 단서).

나) 효과 – 인도시 가액비율로 대금감액

대금감액의 비율을 산정하기 위한 전제로서 각 가액의 기준시점은 바로 인도시이다. 매매대금으로 계약시 인정된 금액을 인도시 가액의 비율로 감액할 수 있다.

다) 설문

설문의 경우 대금감액청구요건을 모두 충족하여 행사 가능한 것으로 보인다. 하지만 매수인 A는 순도 100%를 재료로 하여 방한복을 생산하는 자이므로 방한복 생산에 부적합한 순도 50%인 2차공급분에 대하여 대금감액을 하여 자신이 일단 소유하는 것은 매수인의 의사에 부합하지 않을 것이다.

7) 손해배상청구권(제45조 제1항 나호, 제74조~제77조)

가) 발생요건(제45조 제1항 나호)

(1) 의무자의 의무위반 사실만으로 손해배상청구권이 발생한다.

(2) 설문

매도인 갑의 물품적합의무위반이므로 매수인에게 손해배상청구권 발생한다.

나) 원칙적 손해액(제74조)

(1) 의무 위반의 결과로 상대방이 입은 손실을 손해금액으로 한다. 단 계약시 의무위반자의 예견 또는 예견가능한 손실 한도 내에서 손해액이 인정된다.

(2) 설문

구체적 손해액 산정 자료가 설문에 없다. 하지만 C회사에 방한복 공급지체 손해 발생하였고 이를 예견가능하므로 손해로 인정될 것이다(제74조).

다) 계약해제권행사로 소멸하는지(제81조 제1항)

(1) 제81조 제1항

계약의 해제는 손해배상의무를 제외하고 당사자 쌍방을 계약상의 의무로부터 면하게 한다.

(2) 설문

전술한 바대로 매수인의 계약해제가 불가능하므로 이 논점은 생략 가능하다.

라) 매도인의 면책여부(제79조)

(1) 당사자 면책 요건(제1항)

(가) 불이행 당사자는

(나) 불이행이 통제 불가능한 장애에 기인한다는 점,

(다) 계약시 장애 고려(예측)가능성 없다는 것,

(라) 장애시 결과 회피가능성 없다는 것을 입증하는 경우에 면책된다.

(2) 효과

(가) 당사자는 불이행으로 인한 손해배상책임을 면한다.

(나) 이 조에 의한 면책은 손해배상책임만 면책될 뿐, 그 외 권리행사는 가능하다.

(3) 설문

설문상 면책사유가 보이지 않는다.

마) 매수인의 손해경감의무위반여부(제77조)

(1) 의무부담자와 내용

손해경감의무는 손해배상청구권자(계약위반주장자)가 부담하는 의무이다. 손해배상청구권자의 손해경감의무 위반시 경감되었어야 할 손실액만큼 손해배상의무자는 그에게 감액청구가 가능하다.

(2) 설문

매수인 A는 설문상 특별히 손해경감의무 위반한 것이 없다.

나. 제51조 제2항

1) 해제에 있어서 일부해제가 원칙이나(제1항), 부족부적합부분이 본질적 계약위반인 경우에는 계약 전체의 해제가 가능하다(제2항).

2) 설문

제51조 제2항은 설문에 적용되지 않는다.

3. 결

매도인 B의 대금지급청구에 대하여 매수인 A는 대금감액권(제50조), 제2차공급분에 대한 계약해제(제73조 제1항), 손해배상청구권(제45조 제1항 나호)을 행사할 수 있다.

제 1 문

　　A국 국적의 남성 甲은 B국에 이민하여 B국의 국적을 취득하고 B국에서 사업을 하면서 살던 중, A국의 국적을 가지고 A국에 살고 있던 여성 乙과 결혼중개업체를 통하여 만나 A국에서 결혼한 후 乙과 함께 B국에서 생활하였다. 甲은 B국 국적을 취득한 후에도 A국 국적을 포기하지 않았으며, 乙은 甲과 혼인에도 불구하고 B국 국적을 취득한 일이 없다. 甲은 乙과 혼인한 후에도 계속 B국에 거주하면서 사업활동을 계속하고 있다. 甲은 결혼 후에도 사업활동으로 취득한 재산 모두를 자신의 명의로 하였고, 가사에 전념하고 있던 乙은 이에 대하여 별다른 이의를 제기하지 않았다. 그런데 乙은 甲이 결혼생활에 충실하지 않고 성격상의 차이도 커 갈등하던 끝에 별거를 결심하고, 甲과 아무런 상의 없이 자신의 부모가 살고 있는 A국으로 돌아와 부모와 함께 생활하고 있다. 경제적 능력이 없는 乙은 A국 법원에 이혼을 구하는 소를 제기하면서 혼인 중 취득한 재산의 분할을 청구하였다.

　　또한 甲과 乙의 혼인 중에 출생한 자녀인 丙은 B국 국적의 丁과 혼인하여 B국에서 丁과 함께 살고 있다. 丙은 A국의 국적법과 B국의 국적법에 의하여 양국의 국적을 각기 취득하여 현재까지 보유하고 있다. A국법과 B국법의 어느 쪽에 의하든, 丙은 아직 성년 연령에 이르지 못하였지만 혼인으로 인하여 성년자로 의제되었다. 경제적으로 생활에 어려움을 겪고 있는 丙은 B국에서 부(父)인 甲을 상대로 부양을 청구하는 소를 제기하였다.

　　한편 乙은 A국에 살면서 극심한 스트레스로 인한 탈모 증세로 고민하던 중, A국을 대상으로 B국에서 광고를 하고 있는 B국 소재 X회사의 탈모치료제 광고를 보고 X회사로 주문서를 발송하여 A국의 자신의 부모의 거주지로 탈모치료제를 배송받았다. 乙과 X회사 간에는 준거법선택에 관하여 아무런 합의가 없었다. 乙은 배송받은 탈모치료제를 개봉하여 자신의 머리에 발랐던바 타는 듯한 통증에 이어 2~3일 내에 심각한 탈모가 발생함과 아울러 피부의 변색과 부스럼 등의 부작용이 발생하므로 이에 바로 병원 치료를 받았으나 영구적인 장애가 남게 되었다. 조사 결과 乙이 사용한 탈모치료제를 제조할 당시 X회사 제조담당자가 배합기계에 배합비율을 잘못 입력함으로써 배합이 잘못된 탈모치료제가 생산되었음이 밝혀졌다. 乙은 A국에서 X회사를 상대로 영구장애에 대한 손해배상청구소송을 제기하였다.

[전제사실]

1. A국과 B국의 국적법은 복수국적을 허용한다.

2. A국과 B국의 국제사법, 민사소송법 및 가사소송법은 대한민국의 그것과 내용이 동일하다.

3. 甲과 乙의 혼인 및 丙과 丁의 혼인은 각기 그 준거법에 따라 유효하게 성립하였다.

4. A국법에 따르면 혼인 중 취득한 재산이라도 부부 일방의 명의로 된 재산은 각 명의자의 재산으로 간주되고, 이에 대하여 이혼시의 재산분할청구권은 인정되지 않는다. 또한 부모는 성년인 자(子)(혼인으로 성년의제된 자를 포함한다)에게도 부양의무를 진다.

5. B국법에 따르면 혼인 중 취득한 재산은 부부의 공유재산으로 간주하고, 이혼을 하는 경우 이를 같은 비율로 분할하는 재산분할청구권이 인정된다. 또한 부모의 미성년인 자(子)에 대한 부양의무는 인정하지만, 그 외의 친족간의 부양의무는 인정하지 않는다.

[질문]

1. A국은 乙의 이혼청구소송과 재산분할청구소송에 대하여, B국은 丙의 부양청구소송에 대하여 각각 국제재판관할권을 가지는가? (15점)

2. A국과 B국이 국제재판관할권을 가진다고 하였을 때, 다음 청구는 인용될 수 있는가?

  가. 乙의 甲에 대한 이혼청구가 인용된다는 전제 하에서, A국에 제기된 乙의 甲에 대한 재산분할청구 (25점)

  나. B국에 제기된 丙의 甲에 대한 부양청구 (15점)

3. 乙의 X회사에 대한 손해배상청구의 준거법에 관하여 논하시오.(乙과 X회사 사이에 준거법에 대한 사후적 합의는 없었음. 「국제물품매매계약에 관한 국제연학협약」은 고려하지 말 것) (25점)

변시 3회　　**1-1문**　　　　　　　　　　　　　　　　　　　15점

> 을의 이혼청구소송에 대한 A국의 국제재판관할권 인정여부(a 사건) / 병의 부양청구소
> 송에 대한 B국의 국제재판관할권 인정여부(b 사건)

1. 국제사법 적용여부

가. 국제사법 제1조

국제사법은 외국적 요소가 있는 법률관계에 대하여 국제재판관할과 준거법을 정하는 것
을 목적으로 한다(제1조).

나. 외국적 요소가 있는 법률관계

국제사법이 적용되는 외국적 요소가 있는 법률관계란 법률관계의 구성요소 일부가 다른
국가와 관련이 있는 경우 즉 당사자 1인이 외국인, 목적물이 외국소재, 법률관계(또는 손
해)가 외국에서 발생한 경우 등을 말한다.

다. 설 문

1) a 사건

제1조의 외국적 요소가 있는 법률관계에 해당하고 국제사법이 적용된다.

2) b 사건

제1조의 외국적 요소가 있는 법률관계에 해당하고 국제사법이 적용된다.

2. 국제재판관할권(제2조)

가. 의 의

국제재판관할권이란 외국적(=섭외적) 요소를 가지는 사건이 특정 국가의 법원에 제소된
경우 그 국가의 법원이 그 사건에 대하여 재판할 수 있는 권한을 말한다. 이는 한 국가의
여러 법원 중에서 어느 법원이 처리할지의 문제인 토지관할과는 구별된다.

나. 결정기준

특정한 국가의 법원으로의 재판관할 합의(즉 합의재판관할)가 있거나 피고가 소제기된
국가의 법원의 재판권에 이의 없이 응소한다면(즉 변론재판관할) 그 국가의 법원이 당연히
재판권을 갖는다. 그러나 이러한 합의재판관할이나 변론재판관할이 없는 경우에 국제재판

관할권을 어느 국가의 법원이 갖는지 문제가 된다.

1) 종래학설

가) 역추지설(민소법상 토지관할규정 유추)

국내 민사소송법상 토지관할 규정을 역으로 파악하여 재판적이 있는 나라에 재판권을 정하는 견해이다.

나) 조리설(국제민사소송법의 기본이념)

재판의 적정·공평·신속·경제 등 소송법상 이념에 의해 정하는 견해이다.

다) 수정역추지설(원칙적 역추지설, 여기에 공평 신속 등의 이념고려)

원칙적으로 민소법상 토지관할규정을 유추해서 국제재판관할권을 정하되, 그 결과가 재판의 적정·공평·신속·경제 등 소송법상 이념에 반하는 예외적인 경우에는 조리설에 따른다는 견해이다.

2) 국제사법규정

가) 실질적 관련성(제2조 제1항)

당사자 또는 사안이 대한민국과 실질적 관련성이 있을 때 국제재판관할권 인정하고, 이 때 실질적 관련성은 합리적인 원칙에 따라 판단한다. 이 때 실질적 관련성은 법정지 국가의 법원에 제소될 것임을 합리적으로 예견할 수 있을 정도로 법정지 국가와의 관련성을 의미한다.

나) 실질적 관련성의 구체적 판단(제2조 제2항)

국내토지관할규정을 참작하여 국제재판관할권의 유무를 판단하되, 이 때 국제재판관할 특수성도 고려한다. 즉 토지관할규정을 참작하여 재판적(피고주소지, 의무이행지, 재산소재지, 불법행위지 등)이 있는 곳에 국제재판관할이 인정된다. 다만 국제재판관할의 특수성(재판의 적정·공평·신속·경제)을 충분히 고려하여 조리에 반하는 특별한 사정(원고와 피고의 소송수행상의 불편, 법원의 증거조사 불편, 피고의 법정지 국가에서의 의도적인 경제적인활동의 부존재 등)이 있으면 재판관할권이 부정된다.

라. 설 문

1) 국제사법 제2조에 의하여 결정할 수 있다. 제2조 제2항에 따라 국내법상 토지관할규정과 국제재판의 특수성을 기준으로 판단해본다. 다만 설문은 근로계약이나 소비자계약의 경우가 아니어서 재판관할 특칙인 제27조, 제28조가 문제되지 않는다.

2) a 사건

보통재판관할규정에 따른 피고 갑의 거소지(주소지)가 현재 B국이고, 국제재판의 특수성을 고려하면, A국은 피고갑의 본국에 불과할 뿐, 이혼과 혼인생활 대부분이 B국에서 이루어지고 있고, 취득재산소재지도 B국(B국에서 사업생활하여 취득하였다는 설시로 보아 B국소재 재산으로 보는 것이 타당)일 뿐만 아니라, A국 법원의 이에 대한 증거조사와 피고 갑의 소송수행에 있어서 심각한 불편이 예상된다. 따라서 국제재판의 특수성을 고려하여 A국의 국제재판관할은 부정함이 타당하다.

3) b 사건

보통재판관할 규정에 따른 피고 갑의 거소지(주소지)인 현재 B국이고, 국제재판의 특수성을 고려하면, 원고와 피고의 가정생활지 및 거주지가 모두 B국이고, 원고와 피고의 소송수행상 불편이나 법원의 관련 증거조사상 불편이 없어 B국의 국제재판관할을 인정함이 타당하다.

3. 결

가. a 사건

A국의 국제재판관할이 부정된다.

나. b 사건

B국의 국제재판관할은 인정된다.

| 변시 **3회** | 1-2-가문 | 25점 |

> a 사건에서 을의 갑에 대한 재산분할청구의 인용가능성

1. 국제사법 적용여부

가. 국제사법 제1조

국제사법은 외국적 요소가 있는 법률관계에 대하여 국제재판관할과 준거법을 정하는 것을 목적으로 한다(제1조).

나. 외국적 요소가 있는 법률관계

국제사법이 적용되는 외국적 요소가 있는 법률관계란 법률관계의 구성요소 일부가 다른 국가와 관련이 있는 경우 즉 당사자 1인이 외국인, 목적물이 외국소재, 법률관계(또는 손해)가 외국에서 발생한 경우 등을 말한다.

다. 설 문 – a 사건

제1조의 외국적 요소가 있는 법률관계에 해당하고 국제사법이 적용된다.

2. 재산분할청구의 성질

가. 의 의

협의상 또는 재판상 이혼한 부부의 일방이 타방 배우자에 대해 혼인중 취득한 재산의 일부 분할청구하는 권리로서 신분관계에 기초한 법정채권이다. 이혼 성립시 비로소 발생한다. 판례는 재산분할청구권에 대해 부부공동재산의 청산을 중심적 요소로 보고, 부양의 성질을 보충적으로 파악하고 있다.

나. 설 문

재산분할청구권은 이혼 성립후에 비로소 성립하는 법정채권이므로 재산분할청구권은 이혼의 효과중 하나로 보아야 한다. 따라서 재산분할청구권의 성립과 효력에 대하여는 이혼의 준거법을 기준으로 판단한다.

(A국의) 판례도 재산분할 청구를 이혼에 부수한 것으로 보아 이혼의 준거법에 따라 판시한 적이 있다(95드27138).

3. 이혼의 준거법(제39조)

가. 원 칙(본문)

이혼에 관하여 제37조를 준용하므로 부부의 동일한 본국법, 동일한 상거소지법, 부부와 가장 밀접지의 법의 순서대로 준거법이 정해진다(제39조 본문, 제37조). 이혼의 준거법을 혼인의 효력의 준거법을 준용하는 것은 이혼이란 혼인의 효력을 소멸시키는 것으로 혼인의 효력의 문제로 파악할 수 있기 때문이다.

나. 예 외(단서)

단, 부부 일방이 대한민국국민(A국 국민)이고 그의 상거소지가 대한민국(A국)이라면 이혼은 대한민국법(A국법)에 의한다. 이혼의 준거법에서 단서가 본문에 우선 적용됨을 주의해야 한다.

다. 설 문

1) 단서적용여부

이들간 이혼은 단서가 적용되어 A국법에 따른다(제39조 단서).

2) 본문적용여부

설문의 경우 본문은 적용되지 않는다.
결국 을의 갑에 대한 재산분할청구는 단서에 따라 A국법이 준거법이 된다.

4. 준거법 수정여부

가. 반정인정 여부(제9조)

1) (직접)반정의 허용

우리 국제사법(A국 국제사법)은 직접반정만 명문으로 허용하고 있다. 직접반정이란 우리 국제사법에 의해 외국법이 준거법이 되는 경우에 그 외국의 국제사법이 대한민국법(A국법)을 준거법으로 하는 경우 대한민국법(A국법)에 의하는 것을 말한다.

2) (직접)반정의 요건

가) 대한민국(법정지, A국) 국제사법에 의해 외국법이 준거법 지정된 경우에
나) 그 지정된 외국의 국제사법이 다시 대한민국(법정지, A국)법을 준거법으로 지정하면
다) 대한민국(법정지, A국)의 국제사법 규정(A국 국제사법 제9조)에 따라
대한민국(법정지, A국)법을 준거법으로 한다.

3) 설문

설문은 반정이 문제되지 않는다.

나. 준거법 지정의 예외(제8조)

1) 요건

가) 이 법에 의해 지정된 준거법이 해당법률관계와 근소한 관련뿐일 것

나) 가장 밀접한 관련이 있는 다른 국가의 법이 명백히 존재할 것

다) 합의에 의한 준거법 선택이 아닐 것

2) 효과

이 법상 지정된 준거법이 아닌 가장 밀접한 관련이 있는 국가의 법에 의한다. 합의에 의한 준거법 선택의 경우는 적용배제되므로 합의로 선택한 준거법의 경우 그대로 이에 따른다.

3) 설문

A국의 국제사법에 따라 지정된 준거법인 (합의의 준거법이 아닌) A국법이 해당 법률관계와 근소한 관련성만을 갖는지가 문제된다. 제8조가 적용되고, 제8조에 따라 A국법이 아닌 B국법이 재산분할청구의 준거법이 된다.

5. 결 – 재산분할청구의 인용여부(본안판단)

B국의 법에 따라 재산분할청구를 판단해야 한다.

설문에서 B국법은 혼인중 취득 재산에 대하여 같은 비율로 재산분할 청구권이 인정되므로 을의 재산분할 청구는 인용된다(만약 준거법 수정이 부정된다면 제39조 단서에 따라 A국법이 준거법이 되고, A국법에 따르면 재산분할 청구는 기각될 것이다).

변시 3회 · 1-2-나문 · 15점

> b 사건에서 병의 갑에 대한 부양청구의 인용가능성

1. 국제사법 적용여부

가. 국제사법 제1조

국제사법은 외국적 요소가 있는 법률관계에 대하여 국제재판관할과 준거법을 정하는 것을 목적으로 한다(제1조).

나. 외국적 요소가 있는 법률관계

국제사법이 적용되는 외국적 요소가 있는 법률관계란 법률관계의 구성요소 일부가 다른 국가와 관련이 있는 경우 즉 당사자 1인이 외국인, 목적물이 외국소재, 법률관계(또는 손해)가 외국에서 발생한 경우 등을 말한다.

다. 설 문 – b 사건

제1조의 외국적 요소가 있는 법률관계에 해당하고 국제사법이 적용된다.

2. 부양의 준거법(제46조)

가. 부양의무(제1항)

부양의무는 부양권리자의 상거소지법에 의한다(제46조 제1항 본문). 이 때 부양권리자의 상거소지법에 의하면 부양권리자가 부양받을 수 없는 경우에는 당사자의 공통의 본국법에 의한다(제46조 제1항 단서).

나. 대한민국(B국)에서 이혼(또는 이혼승인)한 당사자간의 부양의무(제2항)

대한민국(B국)에서 이혼(또는 이혼승인)한 이혼당사자 간의 부양의무는 제1항의 준거법(부양권리자의 상거소지법, 불가시 공통의 본국법)에 우선하여 이혼에 관하여 적용된 법에 의한다(제46조 제2항). 이혼에 관하여 적용된 법이란 이혼의 준거법이 아니라 실제 이혼에 적용된 법을 의미한다.

다. 방계혈족간 또는 인척간 부양의무 부존재 주장(제3항)

1) 공통인 본국법(1순위)

방계혈족간 또는 인척간의 부양의무에 대하여 부양의무자는 당사자의 공통 본국법에 의

하여 부양의무가 없다는 주장을 할 수 있고,

2) 부양의무자의 상거소지법(2순위)

그러한 공통의 본국법이 없는 경우에는 부양의무자의 상거소지법에 의하여 부양의무가 없다는 주장을 할 수 있다. 방계혈족간 또는 인척간에 일방이 부당하게 부양의무를 부담하는 것을 방지하는 기능을 한다.

라. 대한민국법(B국법) 우선적용(제4항)

1) 부양권리자와 부양의무자가 모두 대한민국 국민(B국민)이고
2) 부양의무자가 대한민국(B국)에 상거소가 있다면
3) 대한민국 법(B국법)에 의한다.

따라서 부양관계가 문제되는 경우, 1)과 2)의 요건을 구비하면 당사자간의 부양의무에 대하여 제1항과 제2항에 우선하여 제4항이 적용되어 대한민국법(B국)에 따른다.

마. 적용범위

본조항은 (모든) 친족간의 모든 부양의무에 적용된다. 특히 부양의무의 발생요건(의무자와 권리자), 부양의무의 내용(부양의 범위 등)에 적용된다. 다만, 부양의무의 전제로서 요구되는 친족관계는 당해 친족관계의 성립이 각 준거법 규정으로 우선 인정되어야 할 것이다.

마. 설 문

1) 제1항

이 경우 제1항 단서에 따라 공통인 본국법은 A국법이 된다(B국은 부양청구불가이므로 제외).

2) 제4항

제4항에 따라 B국법이 준거법이 된다.

3) 제4항이 제1항에 대한 특칙으로 우선 적용된다. 결국 설문의 부양청구의 준거법은 B국법이 된다.

3. 준거법 수정여부

가. 반정인정 여부(제9조)

설문은 반정이 문제되지 않는다.

나. 준거법 지정의 예외(제8조)

설문은 제8조가 적용되지 않는다.

4. 결 – 부양청구의 인용가능성

병의 부양청구의 준거법인 B국법에 따르면 성년인 자에 대한 부양의무는 부정되므로 병의 부양청구는 기각될 것이다.

변시 3회 **1-3문** 　　　　　　　　　　　　　　　　　　　　25점

을의 X에 대한 손해배상청구의 준거법

1. 국제사법 적용여부

가. 국제사법 제1조

국제사법은 외국적 요소가 있는 법률관계에 대하여 국제재판관할과 준거법을 정하는 것을 목적으로 한다(제1조).

나. 외국적 요소가 있는 법률관계

국제사법이 적용되는 외국적 요소가 있는 법률관계란 법률관계의 구성요소 일부가 다른 국가와 관련이 있는 경우 즉 당사자 1인이 외국인, 목적물이 외국소재, 법률관계(또는 손해)가 외국에서 발생한 경우 등을 말한다.

다. 설　문

제1조의 외국적 요소가 있는 법률관계에 해당하고 국제사법이 적용된다.

2. 손해배상청구의 종류와 소비자계약 해당여부

가. 손해배상청구의 종류

(불완전이행)채무불이행에 따른 계약상 책임으로서 채무불이행 손해배상청구와 계약과 무관하게 불법행위(피고용인의 과실이 원인이므로 사용자 책임)에 의한 손해배상청구가 가능하다.

나. 소비자계약 해당 여부

소비자 계약이란 소비자가 직업 또는 영업활동 이외의 목적으로 체결한 경우를 의미한다. 설문의 경우 소비자 계약에 해당한다.

3. 국제재판관할권(제2조)

가. 의　의

국제재판관할권이란 외국적(＝섭외적) 요소를 가지는 사건이 특정 국가의 법원에 제소된 경우 그 국가의 법원이 그 사건에 대하여 재판할 수 있는 권한을 말한다. 이는 한 국가의 여러 법원 중에서 어느 법원이 처리할지의 문제인 토지관할과는 구별된다.

나. 결정기준

특정한 국가의 법원으로의 재판관할 합의(즉 합의재판관할)가 있거나 피고가 소제기된 국가의 법원의 재판권에 이의 없이 응소한다면(즉 변론재판관할) 그 국가의 법원이 당연히 재판권을 갖는다. 그러나 이러한 합의재판관할이나 변론재판관할이 없는 경우에 국제재판관할권을 어느 국가의 법원이 갖는지 문제가 된다.

1) 종래학설

가) 역추지설(민소법상 토지관할규정 유추)

국내 민사소송법상 토지관할 규정을 역으로 파악하여 재판적이 있는 나라에 재판권을 정하는 견해이다.

나) 조리설(국제민사소송법의 기본이념)

재판의 적정·공평·신속·경제 등 소송법상 이념에 의해 정하는 견해이다.

다) 수정역추지설(원칙적 역추지설, 여기에 공평 신속 등의 이념고려)

원칙적으로 민소법상 토지관할규정을 유추해서 국제재판관할권을 정하되, 그 결과가 재판의 적정·공평·신속·경제 등 소송법상 이념에 반하는 예외적인 경우에는 조리설에 따른다는 견해이다.

2) 국제사법규정

가) 실질적 관련성(제2조 제1항)

당사자 또는 사안이 대한민국과 실질적 관련성이 있을 때 국제재판관할권 인정하고, 이 때 실질적 관련성은 합리적인 원칙에 따라 판단한다. 이 때 실질적 관련성은 법정지 국가의 법원에 제소될 것임을 합리적으로 예견할 수 있을 정도로 법정지 국가와의 관련성을 의미한다.

나) 실질적 관련성의 구체적 판단(제2조 제2항)

국내토지관할규정을 참작하여 국제재판관할권의 유무를 판단하되, 이 때 국제재판관할 특수성도 고려한다. 즉 토지관할규정을 참작하여 재판적(피고주소지, 의무이행지, 재산소재지, 불법행위지 등)이 있는 곳에 국제재판관할이 인정된다. 다만 국제재판관할의 특수성(재판의 적정·공평·신속·경제)을 충분히 고려하여 조리에 반하는 특별한 사정(원고와 피고의 소송수행상의 불편, 법원의 증거조사 불편, 피고의 법정지 국가에서의 의도적인 경제적인활동의 부존재 등)이 있으면 재판관할권이 부정된다.

다. 설 문

설문은 전술한 바와 같이 외국적 요소가 있는 법률관계로서 국제사법이 적용된다. 따라서 국제재판관할 판단시 국제사법 제2조에 의하여 결정할 수 있으므로 제2조 제2항에 따라 국내법상 토지관할규정과 국제재판의 특수성을 기준으로 판단할 수 있다. 그러나 설문은 제27조가 우선 적용되므로 제27조에 따라 검토한다.

4. 소비자계약의 국제재판관할 특칙(제27조 제4, 5, 6항)

가. 소비자가 원고(제4항)

소비자계약의 경우 소비자는 자신의 상거소국가에서도 추가적으로 소제기가 가능하다. 즉 소비자가 원고인 경우에는 제2조를 배제하는 것이 아니라 제2조에 의한 재판관할권 인정 국가 이외에 추가하여 소비자의 상거소국가에도 재판관할권을 인정하는 것이다.

나. 소비자가 피고(제5항)

소비자의 상대방이 제기하는 소는 소비자의 상거소국가에서만 제기할 수 있다. 즉 소비자의 상대방(즉 일반적으로 기업)이 원고인 경우 즉 소비자가 피고인 경우에는 소비자의 상거소국가에만 재판관할권이 인정되고, 제2조에 의한 재판관할권은 부정된다.

다. 국제재판관할 서면합의(제6항)

1) 서면합의
소비자계약의 당사자들은 서면에 의하여 국제재판관할합의가 가능하다.

2) 사후적 합의
분쟁이 이미 발생한 경우 국제재판관할합의(사후적 합의)가 가능하다.

3) 사전적 합의 & 추가적 합의
소비자의 제소 가능한 관할법원을 추가적으로 허용하는 경우에만 사전적 합의가 가능하다.

라. 설 문

1) 계약상 채무불이행에 기한 손해배상청구
소비자계약의 국제재판관할 특칙(제27조 제4, 5, 6항)이 적용된다. 제4항에 따라 을의 상거소지인 A국에 추가하여 국제재판관할이 인정된다. 따라서 A국에 국제재판관할이 인정된다.

2) 불법행위 손해배상청구

제2조가 적용된다. 제2조 제2항의 국제재판의 특수성을 고려하더라도 A국의 국제재판 관할을 인정함이 타당하다.

5. 소비자 계약상 채무불이행에 따른 손해배상청구의 준거법(제27조)

가. 소비자계약해당여부

설문은 전술한 바와 같이 을의 탈모치료제 구입계약은 소비자계약에 해당한다.

나. 당사자가 준거법 선택한 경우(소비자 보호 박탈 금지)(제1항)

1) 소비자가 직업 또는 영업활동 이외의 목적으로 계약(이하 소비자계약) 체결한 경우,
2) 당사자가 준거법을 선택하였더라도
3) 소비자의 상거소가 있는 국가의 강행규정상 소비자 보호를 박탈할 수 없다.

다. 당사자가 준거법 선택하지 않은 경우(제2항)

이러한(영업활동 이외 목적) 소비자계약에서 당사자가 준거법을 선택하지 않은 경우에는 제26조(객관적 연결)가 아닌 상거소법에 의한다.

라. (영업활동 이외 목적) 소비자계약의 방식(제3항)

제17조가 아닌 소비자의 상거소지법에 의한다.

마. 설 문

제27조 제1항은 문제되지 않는다. 제27조 제2항이 적용되어 A국법이 설문의 계약에 준거법이 된다.

6. 불법행위에 따른 손해배상청구의 준거법(제32조)

가. 준거법에 관한 사후적 합의(제33조)

1) 우선 적용

당사자는 제30조(사무관리), 제31조(부당이득), 제32조(불법행위) 규정에도 불구하고, 사무관리 부당이득 불법행위가 각각 발생한 후 합의에 의하여 대한민국법(A국법)을 준거법으로 선택가능하다.
2) 다만 그로 인하여 제3자의 권리에 영향을 미치지 못한다.
3) 설문

제33조는 적용되지 않는다.

나. 불법행위의 준거법(제32조)

1) 가해자와 파해자간에 법률관계가 불법행위로 침해된 경우(제3항)

불법행위지법과 상거소지법에 우선하여 그 침해된 법률관계의 준거법에 의한다.

2) 불법행위가 행하여진 당시 동일한 국가 안에 가해자와 피해자의 상거소가 있는 경우 (제2항)

불법행위지법에 우선하여 상거소지 법에 의한다.

3) 그 이외의 경우(제1항)

불법행위의 준거법은 불법행위지의 법에 의한다.

4) 제33조 사후적 합의 최우선

그러나 이러한 준거법보다 가장 우선 적용되는 것은 제33조 사후적 합의에 의한 대한민국법(A국법)이다. 다만 사전적 합의는 적용대상이 아님을 유의하여야 한다.

결국 불법행위의 준거법 결정은 제33조 사후적합의, 제32조 제3항 침해된 법률관계 준거법, 제32조 제2항 불법행위시 가해자와 피해자의 동일한 상거소지법, 제32조 제1항 불법행위지법의 순서에 따른다.

5) (가, 나, 다의 경우) 외국법이 적용되는 경우 손해배상청구권의 제한

침해된 법률관계의 준거법, 공통된 상거소지법, 불법행위지법에 의하는 경우에 외국법이 적용되어 불법행위 손해배상청구권의 성질이 명백히 피해자의 적절한 배상을 위한 것이 아니거나 필요정도를 넘는 때에는 이를 인정하지 않는다.

6) 설문

전술한 바와 같이 당사자간에 준거법 합의(제33조)가 없으므로 제32조가 적용된다. 설문의 불법행위 손해배상청구의 준거법도 A국법이 된다(제32조 제3항). 제3항이 제2항과 제1항에 우선 적용되므로 제1항과 제2항은 이 사건에서 문제되지 않는다.

7. 결

가. 채무불이행 손해배상청구

채무불이행 손해배상청구는 A국법이 준거법이 된다.

나. 불법행위 손해배상청구

불법행위 손해배상청구는 A국법이 준거법이 된다.

제 2 문

甲회사는 핸드백을 생산하는 회사로 한국에 영업소를 두고 있다. 甲의 대표이사는 바이어를 발굴하기 위해 영국에서 개최되는 핸드백 박람회에 참석하였다. 미국 내 영업소를 두고 있는 핸드백 판매업체인 乙회사의 대표이사도 핸드백 박람회에 참석하였다가 甲의 대표이사를 만나게 되었고, 甲의 샘플 핸드백 디자인이 마음에 들어 박람회 현장에서 핸드백 매매계약을 체결하였다. 이 계약의 내용은, 甲은 자신이 제시한 샘플과 같은 디자인의 핸드백(이하, '이 사건 핸드백'이라 한다)을 개당 100달러씩 10,000개를 乙에게 판매하고, 乙은 이 핸드백에 자사의 상표를 부착하여 미국 내에서 150달러에 판매한다는 것이다. 이 계약에서 명시적이거나 묵시적으로 준거법에 관한 합의는 없었다. 甲은 약속한 물량의 핸드백을 인도기일에 맞추어 인도하였고, 그 핸드백은 특이한 디자인 덕에 미국 내에서 절찬리에 판매되어 판매개시 한 달 만에 5,000개가 판매되었다.

그러던 중 갑자기 미국에 영업소를 두고 있는 신생 핸드백 업체인 丙이 이 사건 핸드백이 자신의 디자인특허(한국의 디자인권에 상응함)를 침해하였다고 주장하며 乙을 상대로 미국 법원에 판매금지가처분과 100만 달러의 손해배상을 구하는 소송을 제기하였다. 乙은 바로 甲에게 이 사실을 통보하고, 20만 달러의 비용을 들여 소송에 대응하였으나, 이 사건 핸드백의 디자인이 丙의 디자인특허를 침해한 것으로 입증되어 나머지 핸드백 5,000개의 미국 내 판매를 중단하고, 丙이 청구한 손해배상액 중 70만 달러를 지급하는 것으로 합의하게 되었다. 乙은 나머지 핸드백 5,000개를 반품하였으나 乙이 보관하는 과정에서 관리 소홀로 2,000개에 탈색이 발생하였다. 甲은 탈색되지 않은 3,000개의 핸드백을 재가공하여 丙의 디자인특허를 침해하지 않도록 디자인을 대폭 변경한 후 한국 내에서 개당 50달러에 전량 처분하였으며, 탈색된 2,000개는 폐기처분하였다. 乙은 이 계약으로 인한 손해를 만회하기 위하여 甲을 상대로 한국 법원에 소송을 제기하였다.

[전제]

한국과 미국은 「국제물품매매계약에 관한 국제연합협약」(이하, '협약'이라 한다)의 체약국이다.

영국은 협약의 비체약국이다.

미국은 협약 제95조에 따른 유보를 선언한 국가이다.

[질문]

1. 위 계약에 협약이 적용되는지 논하시오. (15점)

(아래 2, 3번 문제는 위 계약에 협약이 적용됨을 전제로 답하시오)

2. (1) 甲의 계약위반 여부 및 (2) 乙이 행사할 수 있는 구제 수단을 열거한 후 각각의 수단이 상황에 비추어 볼 때 적절한 구제 수단인지 논하고, (3) 乙이 청구할 수 있는 손해배상액을 항목별로 언급하고, 甲은 그 손해배상액을 줄이기 위해 어떤 주장을 할 수 있는지 논하시오. (지연손해금은 고려하지 말 것) (50점)

3. 만약 乙이 丙의 디자인특허 침해 소송 제기 시점에 이를 甲엑 바로 통지하지 않고 만연히 미루다가 11개월이 지나서야 甲을 상대로 손해배상청구소송을 제기하였고, 甲은 그때 비로소 자신의 디자인이 丙의 디자인특허를 침해했다는 사실을 처음으로 알게 되었다면, 甲은 어떤 주장을 할 수 있는지 논하시오. (15점)

변시 3회 2-1문   15점

협약적용여부

---

1. 협약적용여부

가. 공통요건 – 국제, 물품, 매매계약(제1조)

1) 국제성

국적이 아닌 영업소를 기준으로 영업소가 서로 다른 국가에 있는 것을 의미한다. 일방의 영업소가 복수인 경우 가장 밀접한 영업소 기준으로 한다(제10조 가호). 일방의 영업소가 없는 경우 그의 상거소를 영업소로 본다(제10조 나호).

2) 물품

물품을 대상으로 하므로, 부동산이나 채권 등은 제외된다.

3) 매매계약

매매계약이어야 하고, 노무서비스공급계약은 제외된다.

가) 제작(생산)물공급계약은 원칙적으로 매매로 간주된다(제3조 제1항).

나) 제작(생산)물공급계약 중 매수인이 중요부분 공급시(제3조 제1항 단서) 매매로 보지 않는다.

나. 적용유형별 요건

1) 직접적용

해당국가가 모두 체약국인 경우에 위 공통요건(국제성, 물품, 매매)이 충족되면 협약이 직접적용된다(제1조 제1항 가호).

2) 간접적용

해당국가 전부 또는 일부가 비체약국인 경우에 위 공통요건(국제성, 물품, 매매)을 구비하였을 것, 국제사법에 의해 체약국법이 적용될 것, 그 체약국이 제95조 유보선언을 하지 않았을 것을 모두 갖추었다면 협약이 간접적용된다(제1조 제1항 나호).

다. 설 문

매도인 갑의 영업소 소재국인 한국과 매수인 을의 영업소 소재국인 미국 모두 체약국이므로 설문은 직접적용문제이다.

국제성은 영업소가 각 한국과 미국에 있고, 설문의 매매대상인 핸드백은 물품에 해당하고, 설문에서 핸드백 10,000개를 매매계약하였다고 설시되어 있으므로 설문은 공통요건을 충족한다.

따라서 협약이 일단 직접적용된다.

2. 협약 적용제외여부(제2조, 제3조, 제5조, 제6조)

가. 합의배제(제6조)

당사자간 합의로 적용제외가 가능하다.

나. 적용제외 매매(제2조)

개인용, 가정용 물품매매 등에는 협약이 적용제외된다.

다. 물품제조생산공급계약(제3조)

매수인이 중요부분 공급하는 경우(제3조 제1항 단서)와 공급의무자의 의무의 주된 부분이 노무기타서비스 공급계약인 경우(제3조 제2항)에는 협약이 적용제외된다.

라. 제조물책임(제5조)

물품으로 인한 사람의 사망, 상해에 대한 매도인 책임에는 협약이 적용제외된다.

마. 설 문

설문은 위 적용제외라는 예외에 해당 사항 없다.

3. 설 문

설문에 합의배제 또는 적용제외 사유가 없어서 결국 협약이 직접 적용된다.

변시 **3회**	2-2- (1), (2), (3)문	50점

(1) 갑의 계약위반여부, (2) 을의 구제수단, (3) 을의 항목별 손해배상액과 배상액 감액 주장들

[(1) 매도인 갑의 계약위반여부]

1. 매도인의 의무위반 유형

가. 일반적 의무위반

1) 서류교부의무, 소유권이전의무(제30조)

2) 물품인도의무(제30조) － 장소위반(제31조), 시기위반(제33조)

3) 계약적합의무(제35조 제1항)

4) 권리적합의무(제41조, 제42조)

나. 특수한 의무위반

1) 일부부적합(제51조)

2) 기일 전 인도 또는 초과 인도(제52조)

3) 이행기 전 계약해제(제72조)

4) 분할인도 계약해제(제73조)

다. 설 문

1) 서류교부의무, 소유권이전의무(제30조) － 설문과 무관하다.

2) 물품인도의무(제30조) － 장소위반(제31조), 시기위반(제33조) 설문과 무관하다.

3) 계약적합의무(제35조 제1항) － 설문과 무관하다.

4) 권리적합의무(제41조, 제42조) － 설문에 해당한다.

5) 일부부적합(제51조) － 설문과 무관하다.

6) 기일 전 인도 또는 초과 인도(제52조) － 설문과 무관하다.

7) 이행기 전 계약해제(72조)

8) 분할인도 계약해제(73조)

9) 설문

권리적합의무 위반 특히 제42조(제41조 단서) 문제에 해당한다.

2. 매도인의 권리적합의무(제41조, 제42조)

설문은 디자인특허에 관한 문제이므로 제42조가 적용된다(제41조 단서).

가. 매도인의 권리적합의무(제42조 제1항)의 요건

1) 계약시 매도인이 알았거나 모를 수 없었던

2) 제3자의 지적재산권 대상이 아닌 물품을 인도해야 한다.

3) 이 때 제3자의 지적재산권은 쌍방이 계약시 전매(사용)예상 국가 또는 그 외 경우 매수인의 영업소국가의 법에 기초한 것이어야 한다.

나. 매도인의 권리적합의무의 예외(제42조 제2항)

1) 매수인이 계약시 제3자의 지적재산권을 알았거나 모를 수 없었던 경우(가호)

2) 매수인이 제공한 설계, 디자인, 방식 등 매수인의 지정에 매도인이 따른 결과로 제3자의 권리주장이 발생한 경우(나호)

다. 설 문

1) 요건 해당여부

설문은 위 3가지 요건 충족한 것으로 보인다.

2) 예외 해당여부

매수인 을의 제공·지정에 따른 결과는 아니다. 다만 계약시 매수인 을이 제3자 병의 권리를 모를 수 없었는지가 문제된다. 을은 병의 디자인 특허를 모를 수 없었다고 인정되어 예외에 해당한다. 결국 매도인 갑의 권리적합의무(제42조)위반이 부정될 것이다.

만약 을이 병의 디자인특허를 모를 수 없다는 것이 부정된다면(즉 을이 모를 수도 있었다면) 매도인의 권리적합의무의 예외에 해당하지 않아 매도인 갑의 의무위반 인정될 것이다.

[(2) 매수인 을의 구제수단]

1. 매수인의 구제수단 개관

가. 이행청구권(제46조 제1항)

나. 대체물인도청구권(제46조 제2항)

다. 부적합치유청구권(제46조 제3항)

라. 부가기간지정권(제47조)

마. 계약해제권(제49조)

바. 대금감액권(제50조)

사. 손해배상청구권(제45조 제1항 나호, 제74조~제77조)

아. 일부부적합(제51조)

자. 이행기 전 계약해제(제72조)

차. 분할인도 계약해제(제73조)

2. 설 문

가. 이행청구권(제46조 제1항) – 행사할 수 없다.

나. 대체물인도청구(제46조 제2항) – 행사할 수 없다.

다. 부적합치유청구(제46조 제3항) – 행사할 수 없다.

라. 부가기간지정권(제47조) – 행사할 수 없다.

마. 계약해제권(제49조)

1) 본질적 계약위반 해제

가) 본질적 계약위반(제25조)의 요건

(1) 당사자 일방의 계약위반이 있고,

(2) 계약상 가능한 상대방의 기대를 실질적으로 박탈한 정도의 손실을 상대방에게 주는 경우이어야 한다.

(3) 다만, 위반 당사자가 계약체결시 그러한 손실을 예견 불가능하였고(and) 동일부류의 합리적인 사람도 동일한 상황에서 예견불가능하였을 경우가 아니어야 한다.

나) 설문

본질적 계약위반에는 해당한다.

2) 매도인의 인도의무위반 해제

설문의 의무위반이 인도의무위반 아니어서 인도의무위반 해제가 불가능하다.

3) 해제권의 상실(제49조 제2항)

매도인이 매수인에게 물품을 인도한 경우 다음의 기간 내에 해제하지 않으면 (매수인의) 해제권이 상실된다.

가) 인도지체의 경우(제2항 가호)

매도인이 인도를 지체하여 매수인에게 계약해제권이 발생한 경우라도 매도인이 매수인에게 물품을 인도한 경우에는 요건을 충족하여 발생한 해제권이 상실될 수 있다. 이 경우 매수인이 (매도인이 자신에게 한) 인도사실을 안 후 합리적인 기간 내에 매수인이 해제권을 행사하지 않으면 해제권은 상실된다.

나) 인도지체 이외의 위반의 경우(제2항 나호)

매수인이 다음의 기간 내에 해제하지 않으면 해제권을 상실한다.

(1) 매수인이 그 위반을 알았거나 알 수 있었던 때로부터 합리적인 기간 내(i호)

(2) 매수인이 제47조 제1항(매수인의 부가기간지정권)의 부가기간이 경과한 때 또는 매도 인이 그 부가기간 내에 이행거절한 때로부터 합리적인 기간 내(ii호)

(3) 매도인이 제48조 제2항(매도인의 불이행치유권) 권한 행사시 매도인이 정한 부가기간 이 경과한 때 또는 매수인이 그 이행수령 거절한 때로부터 합리적인 기간 내(iii호)

다) 설문

(1) 설문은 인도지체(가호)의 문제가 아니다.

(2) 설문은 인도의무 이외의 위반이 있는 경우로서 나호의 적용여부가 문제된다. 또한 설문에는 매수인의 부가지정권 행사나 매도인의 불이행 치유권 행사가 없으므로 (i)호가 문제된다. 매수인 을은 의무위반사실을 알고 합리적인 기간이 경과한 것으로 보이지 않는다.

(3) 따라서 제49조 제2항이 적용되지 않아 매수인 을의 해제권이 상실되지 않는다.

4) 동일상태 반환불능시 해제권상실(제82조)

가) 요건(제82조 제1항)

(1) 매수인이 수령한 상태와 실질적으로 동일한 상태로

(2) 물품의 반환이 불가능한 경우

매수인은 계약해제권 등을 상실한다.

나) 효과(제82조 제1항, 제83조)

매수인은

(1) 계약해제권이 상실된다.

(2) 대체물 청구권이 상실된다.

(3) 그 외 모든 구제권 행사 가능하다(제83조).

다) 상실의 예외(제82조 제2항)

(1) 반환불능이 매수인의 작위, 부작위에 기인하지 않는 경우,

(2) 매수인의 제38조에 따른 검사의 결과로 물품이 멸실 또는 훼손된 경우,

(3) 매수인이 부적합 발견 했거나 발견하였어야 했던 시점 전에 물품이 매각, 소비, 변형된 경우

즉, 이러한 경우에는 동일상태 반환불능이라 하더라도 매수인은 계약해제권과 대체물청구권을 행사할 수 있다.

라) 설문

설문은 탈색으로 동일상태 반환불능에 해당하지만 이는 상실의 예외에는 해당하지 않아 해제권이 상실된다.

5) 소결

결국 매수인 을이 본질적 계약위반으로 해제하는 것은 불가능하다.

바. 대금감액권(제50조)

1) 요건

가) 물품부적합의 경우여야 한다.

협약 제50조 명문상 물품부적합이라고 규정하고 있으므로 권리부적합의 경우에는 대금감액청구가 불가능하다.

나) 매도인의 귀책사유와 대금지급여부 불문한다.

대금감액은 매도인의 귀책사유와 매도인의 대금지급여부를 불문한다.

다) 매도인이 제37조나 제48조에 따라 불이행, 부적합을 치유한 경우가 아니어야 한다(제50조 단서).

매도인이 부적합, 불이행을 치유한 경우라면 매매계약에 의해 매매하기로 한 완전한 물품을 매매한 것이 되어 감액청구가 불가능하다.

라) 매수인이 매도인의 제37조, 제48조의 치유제의를 부당거절한 경우가 아니어야 한다(제50조 단서).

매도인이 부적합, 불이행을 치유 제의하였으나, 매수인이 이러한 치유제의를 부당거절한 경우라면 매수인의 귀책사유(부당거절)로 하자없는 물건의 매매가 불가능하게 되었으므로 매수인의 보호필요성이 소멸하여 매수인의 감액청구를 부정함이 타당하다.

2) 효과 - 인도시 가액비율로 대금감액

대금감액의 비율을 산정하기 위한 전제로서 각 가액의 기준시점은 바로 인도시이다. 매매대금으로 계약시 인정된 금액을 인도시 가액의 비율로 감액할 수 있다.

3) 설문

설문은 대금감액청구 요건인 물품부적합요건을 구비하지 못한다. 따라서 매수인 을은 대금감액청구할 수 없다.

사. 손해배상청구권(제45조 제1항 나호, 제74조~제77조) - [2문-2-(3)]에서 후술.

아. 일부해제(제51조) - 행사할 수 없다.

자. 이행기 전 해제(제72조) - 행사할 수 없다.

차. 분할인도 해제(제73조) - 행사할 수 없다.

3. 결

매수인 을은 손해배상청구권의 행사만 가능하다.

[(3)을의 항목별 손해배상청구액과 갑의 배상액 감액 주장들]

1. 을의 손해배상청구권 인정여부

가. 손해배상청구권(제45조 제1항 나호, 제74조~제77조)

1) 발생요건(제45조 제1항 나호)

가) 의무자의 의무위반 사실만으로 손해배상청구권이 발생한다.

나) 설문

매도인 갑의 권리적합의무위반이므로 매수인 을에게 손해배상청구권 발생한다.

2) 원칙적 손해액(제74조)

가) 의무 위반의 결과로 상대방이 입은 손실을 손해금액으로 한다. 단 계약시 의무위반자의 예견 또는 예견가능한 손실 한도 내에서 손해액이 인정된다.

나) 설문

손해배상 범위와 중복되므로 후술한다.

나. 계약해제권행사로 소멸하는지(제81조 제1항)

1) 제81조 제1항

계약의 해제는 손해배상의무를 제외하고 당사자 쌍방을 계약상의 의무로부터 면하게 한다.

2) 설문

전술한 바와 같이 매수인 을의 계약해제가 불가능하므로 이 문제는 검토가 필요하지 않는 것으로 보인다.

다. 매도인의 면책여부(제79조)

1) 당사자 면책 요건(제1항)

가) 불이행 당사자는

나) 불이행이 통제 불가능한 장애에 기인한다는 점,

다) 계약시 장애 고려(예측)가능성 없다는 것,

라) 장애시 결과 회피가능성 없다는 것을 입증하는 경우에 면책된다.

2) 효과

가) 당사자는 불이행으로 인한 손해배상책임을 면한다.

나) 이 조에 의한 면책은 손해배상책임만 면책될 뿐, 그 외 권리행사는 가능하다.

3) 제3자 사용시 면책(제2항)

가) 요건

(1) 전부 또는 일부 이행에 제3자를 사용하여

(2) 그 사용한 제3자의 불이행으로 인한 경우에는

(3) 당사자(본인)와 사용한 제3자가 모두 제1항에 의해 면책되는 경우라면

나) 효과

당사자(본인)의 손해배상책임이 면제된다.

4) 설문

가) 제3자 사용여부

설문은 매도인 갑이 제3자를 사용한 경우가 아니다.

나) 설문

매도인 갑은 불이행 당사자로서 불이행이 제3자인 병의 디자인 특허를 침해한 것이므로 통제 불가능한 장애에 해당하지 않고, 계약시 미국내 특허를 조사할 수 있었으므로 장애 고려가능성이 있었다. 따라서 매도인 갑은 손해배상책임이 면책되지 않는다.

라. 소 결

매수인 을의 손해배상청구권은 요건 충족되고 매도인 갑이 면책되지 않으므로 결국 을의 손해배상청구권은 인정된다.

2. 매수인 을의 손해배상청구권의 범위(손해배상액)

가. 손해배상액 원칙(제74조)

매수인 을의 해제가 불가능하고, 해제 후 대체거래의 경우가 아니므로 제75조가 적용되지 않고, 해제 후 시가가 존재한 경우가 아니므로 제76조가 적용되지 않는다. 즉 설문에는 제74조가 적용된다.

1) 제74조

의무 위반의 결과로 상대방이 입은 손실을 손해금액으로 한다. 단 계약시 의무위반자의 예견 또는 예견가능한 손실 한도 내에서 손해액이 인정된다(즉 상대방 손실액과 위반자의 예견가능한 손실액중 적은 것이 손해액이 된다).

2) 설문

가) 갑에게 지급한 매수대금과 전매차익의 합계

판매금지되어 반품한 핸드백의 가액이 750만달러이고, 계약내용이 핸드백을 100달러에 사서 미국내에서 150달러에 판다는 것이었으므로 위반자 갑이 계약시 예견가능하였으므로 750만달러가 손해액이 된다. 갑에게 지급한 매수대금 500만달러는 매수인 을의 해제가 불가능하므로 손해액으로 산정가능하고, 계산상 편의를 위해 이를 전매차익과 합산하였다.

나) 소송비용 20만 달러

갑이 계약시 특허침해로 인한 을의 소송비용 지출을 예견할 수 있으므로 소송비용 20만 달러는 손해에 포함된다.

다) 병과의 합의금 70만 달러

갑이 계약시 특허침해로 을의 특허권자 병에 대한 합의금 지출을 예견할 수 있으므로 합의금 70만 달러는 손해액에 포함된다.

나. 설 문

을은 위 항목별 손해액의 총합을 청구할 수 있다.

즉 매수인 을은 매도인 갑에게 750만+20만+70만=840만 달러를 손해배상청구할 수 있다.

3. 매도인의 감액주장

가. 손해경감의무(제77조)

1) 의무부담자와 내용

손해경감의무는 손해배상청구권자(계약위반주장자)가 부담하는 의무이다. 손해배상청구권자의 손해경감의무 위반시 경감되었어야 할 손실액만큼 손해배상의무자는 그에게 감액청구가 가능하다.

2) 설문

매수인 을은 자신의 관리소홀로 2000개가 탈색되어 폐기처분되었다. 매수인 을은 손실경감의무를 위반한 것이다. 따라서 매도인 갑은 매수인 을의 손실경감의무위반을 근거로 10만달러를 감액청구할 수 있다.

4. 결

매수인 을은 매도인 갑에 대하여 매매대금과 전매차익 750만달러, 소송비용 20만달러, 합의금 70만달러를 청구할 수 있다. 그러나 매도인 갑은 매수인 을의 보관소홀로 인하여 폐기처분된 2000개에 대하여 10만달러 감액청구를 할 수 있다. 결국 을은 840만-10만 =830만 달러를 손해배상청구할 수 있다.

변시 3회   **2-3문**   15점

을이 병의 특허소송제기 후 11개월 후에 갑에게 이를 통지하였다면 가능한 갑의 주장

1. 매수인의 권리부적합 통지의무위반(제43조)

가. 요 건

1) 매수인이 제3자의 권리나 권리주장을 알았거나 알았어야 했을 때부터 합리적인 기간 내에

2) 매도인에게 이를 통지해야 한다.

3) 다만 물품부적합통지의무와 달리 제척기간(2년)은 요건이 아니다.

나. 위반의 효과

1) 매수인의 권리부적합 주장권리 상실

매수인은 합리적인 기간 내 권리부적합통지의무를 위반한 경우에는 매도인에 대하여 제 41조, 제42조의 권리부적합을 주장할 수 있는 권리를 상실한다. 즉 매도인이 권리부적합 한 물품을 인도한 경우라도 매수인은 권리적합한 물건의 인도를 청구할 수 없게 된다.

2) 매수인의 권리부적합 주장권리 상실의 예외

매도인이 제3자의 권리나 권리주장을 알고 있었던 경우(모를 수 없었던 경우는 제외)에는 매수인이 합리적인 기간 내 권리부적합통지의무를 위반한 경우라도 매수인의 권리부적합 주장권리가 상실되지 않는다.

다. 설 문

매수인 을이 갑에게 이를 통지한 것은 제3자의 권리주장을 안날로 부터 합리적 기간 내라고 볼 수 없다. 따라서 매수인 을의 권리부적합 통지의무 위반이 인정되고, 그 위반의 효과에 따라 을은 갑에게 권리부적합 주장을 할 수 없다. 또한 제43조 제2항은 적용되지 않으므로 을은 갑에게 권리부적합 주장할 수 없다.

2. 정당한 통지의무 불이행(제44조)

가. 제44조

매수인은 정하여진 통지를 하지 못한 데에 합리적인 이유가 있는 경우에는 제50조에 따라 대금을 감액하거나 이익의 상실을 제외한 손해배상을 청구할 수 있다.

나. 설 문

매수인 을은 병의 소송제기를 알고도 만연히 미루다가 11개월 후에 갑에게 소를 제기하여 알게 하였으므로 갑에게 통지를 못한 데 합리적인 이유가 없다. 따라서 제44조가 적용되지 않는다. 매수인 을은 매도인 갑에게 손해배상청구가 불가능하다.

3. 결

매수인 을의 통지의무 불이행에 합리적인 이유가 없으므로 설문에는 제44조가 적용되지 않고 제43조에 따라 매수인 을은 매도인 갑에게 손해배상을 청구할 수 없다.

제1문

甲은 대한민국 법에 의하여 설립된 발전회사로 대한민국에만 영업소를 두고 있고, 乙은 연방제국가인 A국의 B주 법에 의하여 설립된 천연가스를 추출하여 판매하는 회사로 같은 주에 주된 사무소를, 대한민국 내에 영업소를 두고 있으며, 丙은 대한민국 법에 의하여 설립된 은행으로 대한민국에만 영업소를 두고 있고, 丁은 A국의 B주 법에 의하여 설립된 은행으로 같은 주에만 영업소를 두고 있다.

甲과 乙은 대한민국 서울에서 천연가스공급계약을 체결하였는데, 이에 의하면 "乙은 甲이 운영하고 있는 대한민국 해안에 위치한 천연가스복합화력 발전소에서 천연가스를 인도하여야 하고 액체 상태인 천연가스를 기체 상태로 전환하는 일련의 기술적 지원을 하여야 한다. 이 계약과 관련하여 또는 이 계약으로부터 발생하는 모든 분쟁에 대한 소는 모두 C국 법원에만 제기하여야 한다. 이 계약과 관련하여 또는 이 계약으로부터 발생하는 모든 분쟁은 A국 법에 따라 해석되고 규율되며 국제물품매매계약에 관한 국제연합협약은 적용되지 아니한다."라고 규정되어 있다.

甲은 위 천연가스의 매매대금의 지급을 위하여 丙은행에 乙을 수익자로 하는 신용장 개설을 요청하였고, 丙은행은 乙을 수익자로 한 신용장을 개설하였다. 丁은행은 乙로부터 신용장을 매입하였다.

甲은 위 천연가스공급계약에 기하여 乙로부터 공급받은 천연가스를 발전소의 연료로 사용하였는데 乙이 공급한 천연가스의 품질이 위 천연가스공급계약에서 정한 품질과 달라 발전소 연소실에 손상이 생겨 발전소 가동을 중단하고 수리를 하였다.

[전제사실]
1. 연방제국가인 A국의 연방법인 '에너지 자원 무역거래법'에 의하면, 천연가스를 포함한 모든 에너지 자원 등의 무역거래에 대해서는 위 연방법이 연방 전체에 통일적으로 적용되며, 위 연방법은 천연가스를 포함한 모든 에너지 자원과 관련된 계약을 규율하고 있다.
2. 위 연방법은 같은 법의 적용을 받는 손해배상채무에 대하여 "당사자가 달리 약정하지 않는 한, 불이행 시부터 실제 이행할 때까지 연 7%의 이율에 따른 지연손해금을 지급하여야 한다."라고 규정한다.
3. C국은 이 사건 계약이나 당사자와 아무런 관련이 인정되지 아니한다.
4. 丙은행과 丁은행 사이에 위임계약을 체결한 사실은 없다.

[질문]

1. 甲이 乙을 상대로 대한민국 법원에 손해배상청구의 소를 제기한 경우와 丁은행이 丙은행을 상대로 대한민국 법원에 신용장대금지급청구의 소를 제기한 경우 대한민국 법원이 각각 국제재판관할권을 가지는지를 논하시오. (30점)

2. 甲이 乙을 상대로 대한민국 법원에 채무불이행으로 인한 손해배상청구의 소를 제기한 경우 손해배상청구의 준거법은 무엇인지를 논하시오. (25점)

3. 丁은행이 丙은행을 상대로 대한민국 법원에 신용장대금지급청구의 소를 제기한 경우 신용장대금지급청구의 준거법은 무엇인지를 논하시오. (15점)

4. 2.와 3.의 경우에 대한민국 법원이 각각 지연손해금을 산정함에 있어서 대한민국 법인「소송촉진 등에 관한 특례법」에 의한 이율을 적용하여야 하는지를 논하시오. (10점)

변시 **4회**	1-1문		30점

갑의 청구와 정의 청구에 대한 대한민국법원의 국제재판관할권 여부

---

1. 국제사법 적용여부

가. 국제사법 제1조

국제사법은 외국적 요소가 있는 법률관계에 대하여 국제재판관할과 준거법을 정하는 것을 목적으로 한다(제1조).

나. 외국적 요소가 있는 법률관계

국제사법이 적용되는 외국적 요소가 있는 법률관계란 법률관계의 구성요소 일부가 다른 국가와 관련이 있는 경우 즉 당사자 1인이 외국인, 목적물이 외국소재, 법률관계(또는 손해)가 외국에서 발생한 경우 등을 말한다.

다. 설 문

당사자인 을은 설립의 준거법이 A국의 B주법이고 을의 주된 영업소가 B주에 있으므로 외국법인으로 보아야 한다. 그리고 당사자 정은 설립의 준거법이 A국의 B주법이고 영업소가 B주에 있으므로 외국법인으로 보아야 한다. 따라서 갑의 을에 대한 청구와 정의 병에 대한 청구는 모두 외국법인을 당사자로 하는 것으로서 제1조의 외국적 요소가 있는 법률관계에 해당한다.

결국 양사건에 국제사법이 적용된다.

2. 국제재판관할

가. 의 의

국제재판관할권이란 외국적(=섭외적) 요소를 가지는 사건이 특정 국가의 법원에 제소된 경우 그 국가의 법원이 그 사건에 대하여 재판할 수 있는 권한을 말한다. 이는 한 국가의 여러 법원 중에서 어느 법원이 처리할지의 문제인 토지관할과는 구별된다.

나. 결정기준

특정한 국가의 법원으로의 재판관할 합의(즉 합의재판관할)가 있거나 피고가 소제기된 국가의 법원의 재판권에 이의 없이 응소한다면(즉 변론재판관할) 그 국가의 법원이 당연히 재판권을 갖는다. 그러나 이러한 합의재판관할이나 변론재판관할이 없는 경우에 국제재판

관할권을 어느 국가의 법원이 갖는지 문제가 된다.

1) 종래학설

가) 역추지설(민소법상 토지관할규정 유추)

국내 민사소송법상 토지관할 규정을 역으로 파악하여 재판적이 있는 나라에 재판권을 정하는 견해이다.

나) 조리설(국제민사소송법의 기본이념)

재판의 적정·공평·신속·경제 등 소송법상 이념에 의해 정하는 견해이다.

다) 수정역추지설(원칙적 역추지설, 여기에 공평 신속 등의 이념고려)

원칙적으로 민소법상 토지관할규정을 유추해서 국제재판관할권을 정하되, 그 결과가 재판의 적정·공평·신속·경제 등 소송법상 이념에 반하는 예외적인 경우에는 조리설에 따른다는 견해이다.

2) 국제사법규정

가) 실질적 관련성(제2조 제1항)

당사자 또는 사안이 대한민국과 실질적 관련성이 있을 때 국제재판관할권 인정하고, 이 때 실질적 관련성은 합리적인 원칙에 따라 판단한다. 이 때 실질적 관련성은 법정지 국가의 법원에 제소될 것임을 합리적으로 예견할 수 있을 정도로 법정지 국가와의 관련성을 의미한다.

나) 실질적 관련성의 구체적 판단(제2조 제2항)

국내토지관할규정을 참작하여 국제재판관할권의 유무를 판단하되, 이 때 국제재판관할 특수성도 고려한다. 즉 토지관할규정을 참작하여 재판적(피고주소지, 의무이행지, 재산소재지, 불법행위지 등)이 있는 곳에 국제재판관할이 인정된다. 다만 국제재판관할의 특수성(재판의 적정·공평·신속·경제)을 충분히 고려하여 조리에 반하는 특별한 사정(원고와 피고의 소송수행상의 불편, 법원의 증거조사 불편, 피고의 법정지 국가에서의 의도적인 경제적인활동의 부존재 등)이 있으면 재판관할권이 부정된다.

3. 전속적 국제재판관할 합의가 있는 경우(갑의 청구)

가. 의 의

전속적 국제재판관할이란 대한민국을 포함하여 모든 국가의 재판관할 배제하고 특정의 외국법원만이 재판관할권을 가지는 것으로 합의하는 것을 의미한다.

나. 유효요건(판례)

대한민국 법원의 관할을 배제하고 외국의 법원을 관할법원으로 하는 전속적인 국제관할의 합의가 유효하기 위해서는, 당해 사건이 대한민국 법원의 전속관할에 속하지 아니하고 지정된 외국법원이 그 외국법상 당해 사건에 대하여 관할권을 가져야 하는 외에, 당해 사건이 그 외국법원에 대하여 합리적인 관련성을 가질 것이 요구되고, 그와 같은 전속적인 관할 합의가 현저하게 불합리하고 불공정하여 공서양속에 반하는 법률행위에 해당하지 않는 한 그 관할 합의는 유효하다(대법원 2010. 8. 26. 선고 2010다28185 판결).

다. 설 문

가) 전속적 국제재판관할 합의 유효한지

유효요건상 지정된 외국법원에 대하여 합리적인 관련성이 요구되지만, C국은 갑과 을의 계약과 아무런 관련성이 없으므로 이 요건을 갖추지 못하였다(전제 3.)

갑의 손해배상청구에 대하여 C국에 대한 전속적 국제재판관할 합의는 우리 판례의 유효요건 중 합리적 관련성요건을 구비하지 못하였으므로 설문의 전속적 국제재판관할 합의는 무효이다.

나) 전속적 국제재판관할의 부정

무효인 전속적 국제재판관할합의에 따라 국제사법 제2조가 적용된다. 즉 전속적 국제재판관할 합의가 없는 경우와 동일하게 국제사법 제2조에 따라 국제재판관할을 판단한다.

4. 전속적 국제재판관할 합의 없는 경우(갑의 청구와 정의 청구, 국제사법 제2조 적용)

갑의 청구와 정의 청구는 각각 전속적 국제제판관할의 합의가 없거나 무효이므로 국제재판관할 판단에 국제사법 제2조가 적용된다.

가. 민소법상 관할 규정 적용(참작)

1) 보통재판적

가) 보통재판적은 피고의 보통재판적(민소법 제2조)을 기준으로 하고, 피고가 법인인 경우 그 법인의 보통재판적은 주된 사무소 또는 영업소(민소법 제5조 제1항)이다. 그러나 피고 법인이 외국법인인 경우에는 대한민국에 있는 사무소, 영업소, 또는 주된 업무담당자의 주소에 의한다(민소법 제5조 제2항).

나) 설문

(1) 갑의 청구

피고 을은 외국법인(설립의 준거법이 A국법)으로서 A국에 주된 사무소가 있으나 민소법 제5조 제2항이 적용되므로 영업소가 있는 한국에 국제재판관할이 인정될 수 있다.

(2) 정의 청구

피고 병은 한국법인(설립의 준거법이 한국법)으로서 민소법 제5조 제1항이 적용되어 병의 영업소가 있는 한국에 재판관할이 인정될 수 있다.

2) 특별재판적

가) 특별재판적은 재산권에 관한 소제기시 의무이행지(민소법 제8조), 사무소 또는 영업소의 업무에 관련한 소제기시 그 사무소 또는 영업소 소재지(민소법 제12조), 손해발생지를 포함한 불법행위지(민소법 제18조)에 재판적이 인정된다.

나) 설문

(1) 갑의 청구

계약상 의무이행지(한국에서 천연가스 인도하기로 약정)인 한국(민소법 제8조)에, 영업관련 소이므로 영업소 소재지인 한국(민소법 제12조), 그리고 손해발생지인 발전소 소재지인 한국(민소법 제18조)에 특별재판적이 있다. 따라서 한국에 국제재판관할을 인정할 수 있다.

(2) 정의 청구

신용장통일규칙 등 관련 규정에 의하면 신용장거래에서 발생하는 법률관계에 있어서의 의무이행지는 신용장개설은행 소재지인 한국으로 봄이 상당한 점(민소법 제8조), 영업과 관련한 소로서 영업소 소재지는 한국인 점(민소법 제12조)을 고려할 때 한국에 국제재판관할을 인정할 수 있다.

나. 국제재판관할의 특수성고려

1) 갑의 청구

갑과 을의 영업소가 모두 한국에 있어 원고와 피고의 소송수행이 한국에서 용이하고 목적물 인도와 손해발생이 한국에서 이루어졌으므로 법원의 증거조사도 한국에서 하는 것이 합리적이다. 한국에 실질적 관련성이 인정된다.

2) 정의 청구

은행 정이 신용장개설은행인 병을 상대로 한국 법원에 신용장대금을 청구하는 소를 제기한 설문에서, 피고 병이 한국에만 영업소를 두고 있는 점, 신용장통일규칙 등 관련 규정에 의하면 신용장거래에서 발생하는 법률관계에 있어서의 의무이행지는 신용장개설은행

(병은행) 소재지인 한국으로 봄이 상당한 점을 고려하면 그 분쟁의 당사자 또는 사안이 한국과 실질적 관련이 있어 한국 법원에 국제재판관할이 인정된다.

5. 결

가. 갑의 청구는 전속적 국제재판관할의 합의가 있으나 그 합의가 무효이므로 갑의 청구와 병의 청구 모두 국제사법 제2조에 따라 국제재판관할을 판단한다.

나. 갑의 청구와 정의 청구는 모두 민소법 규정을 참작하여 한국에 국제재판관할이 인정되고 이에 특별히 부당한 점이 없으므로 한국에 실질적 관련성이 인정되어 한국법원에 국제재판관할이 있다.

변시 **4회**　　1-2문　　　　　　　　　　　　　25점

> 갑의 을에 대한 채무불이행 손해배상청구의 준거법

1. 갑의 을에 대한 채무불이행 손해배상청구의 성질

을의 손해배상책임의 성질은 계약상 채무불이행 책임과 불법행위 손해배상책임으로 나누어 볼 수 있으나 설문은 채무불이행책임만을 묻고 있다.

2. 국제사법 적용여부

[1]문에서 서술한 것과 동일하다. 따라서 갑의 청구에 국제사법이 적용된다.

3. 대한민국의 국제재판관할권 존부

[1]문에서 서술한 것과 동일하다. 따라서 갑의 청구에 대하여 대한민국법원의 국제재판관할이 인정된다.

4. 소비자계약(제27조) 적용여부

가. 소비자계약의 의의

소비자계약이란 소비자가 직업 또는 영업활동 이외의 목적으로 체결하는 매매(주로 매수)계약이다. 따라서 제27조는 소비자가 직업 또는 영업활동 이외의 목적으로 계약(이하 소비자계약)을 체결한 경우에만 적용되는 조문이다.

나. 설 문

매수인 갑회사는 발전회사로서 천연가스를 원료로 전기를 생산할 목적으로 구입한 것이므로 영업활동 목적으로 계약체결한 것이어서 제27조의 소비자계약이라고 할 수 없다. 제27조가 적용되지 않는다.

5. 채권(매매계약)의 준거법

가. 주관적 연결(제25조)

1) 명시적 · 묵시적 선택(제1항)

제25조 제1항은 당사자자치의 원칙을 규정하고 있다. 즉 계약의 성립과 효력은 당사자가 명시적·묵시적으로 선택한 법에 의한다. 다만, 묵시적 선택은 모든 사정으로부터 합리

적으로 인정 가능한 경우이어야 한다.

2) 계약의 일부 준거법 선택(제2항)

계약의 일부에 대하여도 준거법을 선택할 수 있다.

3) 준거법 변경 합의(제3항)

제25조(주관적 연결)와 제26조(객관적 연결)에 의한 준거법을 합의로 변경할 수 있으나, 계약체결 후 이루어진 준거법 변경은 계약의 방식의 유효성과 제3자의 권리에 영향을 미치지 아니한다.

4) 모든 요소가 관련 있는 국가와 다른 국가의 법을 선택(제4항)

모든 요소가 오로지 한 국가와 관련이 있음에도 불구하고, 당사자가 다른 국가의 법을 선택한 경우에는 그 관련된 국가의 강행규정은 적용이 배제되지 않고 반드시 적용되어야 한다. 모든 요소와 관련 있는 국가의 법을 준거법에서 배제하는 합의는 가능하나 이 경우에도 그 관련국가의 강행규정은 준거법 합의에도 불구하고 배제될 수 없고 적용되어야 한다는 것이다.

5) 동조항의 준거법 선택 합의(제5항)

준거법 선택에 관한 당사자 합의의 성립 및 유효성에 대한 준거법에 제29조(계약의 성립 및 유효성)가 준용된다. 결국 제29조에 따라 계약의 성립 및 유효성 판단(제1항)은 그 계약이 유효하게 성립하였을 경우(가정적)라면 이 법상 적용될 준거법을 기준으로 한다. 단, 계약의 불성립 주장(제2항)이 가능한 경우도 있다. 즉 1) 제1항에 의해 결정된 준거법에 의하여 당사자 행위의 효력을 판단하는 것이 모든 사정에 비추어 명백히 부당한 경우에는 2) 당사자는 그의 상거소지법을 원용하여 3) 계약에 동의하지 않았음(계약의 불성립)을 주장할 수 있다.

나. 객관적 연결(제26조)

준거법을 당사자가 선택하지 않은 경우에 준거법을 객관적으로 결정하는 방법이다.

다. 설 문

설문은 제26조는 적용되지 않고 제25조가 우선 적용되어 갑의 채무불이행 손해배상청구에 대하여 합의한 A국법이 준거법이 된다.

6. 준거법의 변동

가. 준거법의 지정의 예외(제8조)

설문은 당사자의 합의에 의한 준거법 선택의 경우이므로 제2항에 따라 제8조 제1항을 적용하지 않는다.

나. 준거법지정시의 반정(제9조)

설문은 A국의 국제사법 규정이 주어지지 않았으므로 제9조가 문제되지 않는다.

다. 사회질서에 반하는 외국법의 규정(제10조)

설문은 준거법인 외국법(A국법)의 내용을 주지 않았으므로 제10조가 문제되지 않는다.

7. 결

결국 갑의 청구에 당사자간에 합의한 준거법이 존재하므로 그 합의에 따라 A국법이 준거법이 된다. 그리고 A국법을 살펴보면 설문의 천연가스를 포함한 모든 에너지에 대하여 통일적으로 적용되고 이와 관련한 모든 계약을 규율하고 있음을 알수 있다(전제1.). 따라서 갑의 청구에 A국의 연방법인 '에너지 자원 무역거래법'이 적용된다.

변시 4회 **1-3문** 15점

정의 병에 대한 신용장대금지급청구의 준거법

---

1. 국제사법 적용여부

[1]문에서 서술한 것과 동일하다. 따라서 병의 청구에 국제사법이 적용된다.

2. 대한민국의 국제재판관할권 존부

[1]문에서 서술한 것과 동일하다. 따라서 병의 청구에 대하여 대한민국법원의 국제재판관할이 인정된다.

3. 소비자계약(제27조) 적용여부

가. 소비자계약의 의의

소비자계약이란 소비자가 직업 또는 영업활동 이외의 목적으로 체결하는 매매(주로 매수)계약이다. 따라서 제27조는 소비자가 직업 또는 영업활동 이외의 목적으로 계약(이하 소비자계약)을 체결한 경우에만 적용되는 조문이다.

나. 설 문

병과 정의 계약은 매매(매수)계약이 아니고 또한 정은 제27조의 소비자계약이라고 할 수 없다. 제27조가 적용되지 않는다.

4. 채권(매매계약)의 준거법

가. 주관적 연결(제25조)

명시적 · 묵시적 선택(제1항)

제25조 제1항은 당사자자치의 원칙을 규정하고 있다. 즉 계약의 성립과 효력은 당사자가 명시적 · 묵시적으로 선택한 법에 의한다. 다만, 묵시적 선택은 모든 사정으로부터 합리적으로 인정 가능한 경우이어야 한다.

나. 객관적 연결(제26조)

준거법을 당사자가 선택하지 않은 경우에 준거법을 객관적으로 결정하는 방법이다.

1) (준거법을 당사자가 선택하지 않은 경우) 그 계약과 가장 밀접한 관련이 있는 국가의 법에 의한다(제1항).

2) 밀접관련성 추정(제2항, 제3항)

준거법을 당사자들이 선택하지 않은 경우 그 계약과 가장 밀접한 관련이 있는 국가의 법이 제1항에 따라 준거법이 된다. 이때 가장 밀접한 국가의 법을 결정하는 것을 보다 용이하게 하기 위해 제2항과 제3항에서 추정규정을 두었다.

가) 특징적 이행계약(제2항)

(1) 원칙

당사자가 계약(제1호 양도계약, 제2호 이용계약, 제3호 위임·도급계약 및 용역제공계약)에 따라 이행해야 하는 경우 계약체결시 이행의무자의 상거소가 있는 국가의 법이 가장 밀접한 관련이 있는 것으로 추정한다.

(2) 예외

다만 이러한 계약이 영업활동으로 체결된 경우 영업소 국가의 법이 가장 밀접한 관련이 있는 것으로 추정한다.

나) 부동산에 대한 권리 대상 계약(제3항)

부동산에 대한 권리를 대상으로 하는 계약은 부동산 소재 국가의 법이 가장 밀접한 관련이 있는 것으로 추정한다.

다. 판 례[1]

국제사법 제26조 제1항 은 외국적 요소가 있는 법률관계에서 당사자가 준거법을 선택하지 아니한 경우에 계약은 그 계약과 가장 밀접한 관련이 있는 국가의 법에 의하여야 한다고 규정하고, 제26조 제2항 제3호 에서는 위임사무의 준거법은 위임사무 이행의무 당사자의 계약체결 당시의 주된 사무소 등의 소재지법을 가장 밀접한 관련이 있는 법으로 추정하고 있다. 그런데 신용장에 기한 환어음 등을 매입하는 매입은행은 신용장 개설은행의 수권에 의하여 매입하긴 하지만, 이는 어디까지나 자기의 계산에 따라 독자적인 영업행위로서 매입하는 것이고 신용장 개설은행을 위한 위임사무의 이행으로서 신용장을 매입하는 것은 아니므로, 신용장 개설은행과 매입은행 사이의 신용장대금 상환의 법률관계에 관한 준거법의 결정에는 위임사무의 이행에 관한 준거법의 추정 규정인 국제사법 제26조 제2항 제3호를 적용할 수 없고, 환어음 등의 매입을 수권하고 신용장대금의 상환을 약정하여 신용장대금 상환의무를 이행하여야 하는 신용장 개설은행의 소재지법이 계약과 가장 밀접한 관련이 있는 국가의 법으로서 준거법이 된다.

---

1) 대법원 2011. 1. 27. 선고 2009다10249 판결.

5. 결

당사자인 병과 정 사이에 준거법 합의가 없으므로 제25조가 적용되지 않고, 제26조가 적용된다. 따라서 그 계약과 가장 밀접한 관련있는 국가의 법이 준거법이 된다(제26조 제1항). 그리고 이때의 가장 밀접한 관련성은 제26조 제2항에 따라 판단한다. 병과 정의 법률관계는 판례에 따르면 위임관계가 아닐 뿐만 아니라 설문에서 명시적으로 병과 정 사이에 위임계약이 없다고 하였으므로(전제 4.), 제26조 제2항 제3호는 문제되지 않는다.

판례에 따르면 신용장 개설은행과 매입은행 사이의 신용장대금 상환의 법률관계에 관한 준거법은 환어음 등의 매입을 수권하고 신용장대금의 상환을 약정하여 신용장대금 상환의무를 이행하여야 하는 신용장 개설은행의 소재지법이 계약과 가장 밀접한 관련이 있는 국가의 법으로서 준거법이 된다고 하므로 설문상 신용장개설은행(병은행)의 소재지법인 한국법이 준거법이 된다.

| 변시 **4**회 | 1-4문 | 10점 |

> 갑의 청구와 정의 청구에서 한국의 소촉법상 이율이 적용되는지

1. 지연손해금 채무의 준거법 – 본래채무의 준거법

지연손해금은 채무의 이행지체에 대한 손해배상으로서 본래의 채무에 부수하여 지급되는 것이므로 본래의 채권채무관계를 규율하는 준거법에 의하여 결정되어야 한다.[2]

2. 준거법의 범위

가. 준거법이란 외국적 요소가 있는 법률관계에 적용되는 실체법을 정하는 법이다. 즉 당해 법률관계에 적용되는 실체법은 국제사법에 의한 준거법에 따라 결정되지만 절차법은 준거법이 아닌 법정지법에 따른다. 따라서 소송법(절차법)적 성격이 있는 소촉법이 준거법과 무관하게 법정지법(한국법)으로서 항상 적용되는 것은 아닌지 문제된다.

나. 소촉법상 지연손해금 규정의 성질 – 실체법적 성격 병존

판례[3]는 "소송촉진 등에 관한 특례법 제3조 제1항에서 정하는 법정이율에 관한 규정은 비록 소송촉진을 목적으로 소송절차에 의한 권리구제와 관련하여 적용되는 것이기는 하지만 그 실질은 금전채무의 불이행으로 인한 손해배상의 범위를 정하기 위한 것이다. 따라서 소송촉진 등에 관한 특례법 제3조 제1항에서 정한 법정이율에 관한 규정을 절차법적인 성격을 가지는 것이라고만 볼 수는 없다."고 한다.

3. 결

가. 갑의 청구의 지연손해금 채무

1) 지연손해금 채무의 준거법은 본래 채무(원본 채무)의 준거법을 따른다.

2) 본래 채무인 을의 채무의 준거법은 당사자인 갑과 을이 합의한 A국법이 준거법이 된다. 그리고 A국법을 살펴보면 설문의 천연가스를 포함한 모든 에너지에 대하여 통일적으로 적용되고 이와 관련한 모든 계약을 규율하고 있음을 알 수 있다(전제 1.). 따라서 갑의 청구에 대한 준거법은 A국의 연방법인 '에너지 자원 무역거래법'이 준거법이 된다.

3) A국의 연방법인 '에너지 자원 무역거래법'상 당사자간에 특약이 없는 한, 연 7%의 지연손해금 이율을 적용한다고 규정하고 있다(전제 2.) 그리고 설문에서 당사자인 갑과 을

---

2) 대법원 2011. 1. 27. 선고 2009다10249 판결.
3) 대법원 2011. 1. 27. 선고 2009다10249 판결.

사이에 지연손해금 이율에 관한 합의가 없으므로 A국법상 연 7%의 이율이 적용되고 한국의 소촉법 이율을 적용할 수 없다.

나. 정의 청구의 지연손해금 채무

1) 지연손해금 채무의 준거법은 본래 채무(원본 채무)의 준거법을 따른다.

2) 판례에 따르면 신용장대금 상환의 법률관계에 관한 준거법은 신용장 개설은행의 소재지법이 계약과 가장 밀접한 관련이 있는 국가의 법으로서 준거법이 된다고 하므로 설문상 신용장개설은행(병은행)의 소재지법인 한국법이 본래 채권채무관계(정의 청구)의 준거법이 된다.

3) 판례에 따르면 소촉법상 지연손해금 이율은 절차법적 성격만 인정되는 것이 아니라 실질적으로 볼 때 실체법적 성격도 존재한다. 따라서 소촉법상 이율이 절차법적 성격이 있으나 실체법적 성격도 있으므로 준거법으로서 정의 청구에도 적용된다.

제 2 문

　대한민국 대구에 영업소를 두고 스카프를 제조·판매하는 乙회사는 중국 하남성에 영업소를 두고 실크원단을 제조·판매하는 甲회사로부터 1야드당 C.I.F. 부산 조건 미화 10불로 50,000야드를 구입하기로 하고, 납기는 2014. 8. 30.로 하기로 하였다. 乙회사는 甲회사가 보낸 실크원단 사양에 대한 제품규격(이하 '스펙'이라 한다)에 동의하였다. 乙회사는 2014. 10. 30.까지 실크스카프를 제조하여 장당 미화 50불에 30,000장을 이탈리아 밀라노에 영업소를 두고 있는 丙회사에 주문자 상표 부착 방식으로 인도하기로 하였다는 사실을 甲회사에 설명하면서 납기일을 맞추어 줄 것을 요청하였다.

　丙회사는 실크스카프의 매매대금·수량·규격 및 색상·개품포장 방법 등이 기재된 구매확약서를 乙회사에 메일로 보냈으나, 乙회사는 丙회사의 구매확약서에 대해 동의하면서 다만 乙회사가 보유하고 있는 상이한 개품포장 방법으로 포장하겠다는 답신을 메일로 보냈다. 그에 대하여 丙회사는 乙회사에 별다른 이의를 제기하지 않고 이행기일을 맞추어 줄 것만을 요청하는 메일을 보냈다.

　乙은 2014. 8. 30. 부산항에서 원단을 수령한 후 물품검사를 하던 중 甲이 보내준 스펙과는 달리 세탁을 하면 원단의 색상이 변하고 丙이 요구하는 품질의 실크스카프를 제조하기에는 합당하지 아니하여 2014. 9. 7. 甲에게 이를 통지하면서 계약해제도 함께 표시하였다. 乙은 검사를 여러 번에 걸쳐서 하여 원단 10야드를 사용하였다. 乙은 반환하려던 원단을 창고업자인 戊에게 보관하였으나, 창고에 불이 나는 바람에 원단 1,000야드가 소실되었다. 나머지 원단은 반환하는데 아무런 문제가 없었다. 한편 창고업자 戊는 창고에 임치된 물품에 대하여 화재보험에 가입하고 있었다.

　乙은 丙과의 제품 납기일을 맞추기 위하여 여러 나라에 실크원단을 수소문하던 중 2014. 10. 1. 1야드당 미화 15불로 50,000야드의 실크원단을 베트남에서 긴급하게 수입하였다. 또한 乙은 제품 납기일이 촉박하였기 때문에 항공으로 공수하면서 운송비용으로 1만 불을 추가로 지급하였다.

　크리스마스에 맞추어 실크스카프를 기획 상품으로 판매하려던 丙은 乙이 보내 온 스카프를 2014. 10. 30. 수령하여 검사하던 중 자신이 乙에게 보낸 제품규격상의 바느질 방법과 달라서 스카프에 미세한 틀림현상이 생김을 발견하였다. 그러나 丙은 크리스마스에 맞추어 판매하려던 당초의 계획에 따라 스카프를 수령하였고, 이러한 사실을 지체 없이 乙에게 통지하면서 매매대금을 감액하여 지급하겠다고 통지하였다. 乙은 이러한 丙의 통지에 반발하여 계약된 대로의 대금을 지급할 것을 청구하였다. 스카프의 인도 시 이탈리아에서는 같은 종류의 스카프가 장당 미화 80불에 판매되고 있었고, 품질에 하자가 있는 것은 미화 64불에 판매되고 있었다.

대한민국, 중국, 이탈리아는 국제물품매매계약에 관한 국제연합협약(이하 '협약'이라 한다)의 체약국이다.

[질문]

1. 위의 사안에서 甲과 乙, 乙과 丙 사이의 매매계약에 협약이 적용되는가? (10점)

2. 乙과 丙 사이에 매매계약은 성립하였는가? (10점)

3. 乙이 甲에게 청구할 수 있는 손해배상의 근거와 액수는 어떻게 되는가? (25점)

4. 乙의 계약해제 후 甲·乙 간의 반환범위 및 반환방법은 어떻게 되는가? (25점)

5. 丙이 스카프의 미세한 틀림현상으로 인한 계약대금의 감액이 가능하다면, 그 근거는 무엇이며 얼마로 감액할 수 있는가? (10점)

| 변시 **4회** | 2-1문 | 10점 |

> 갑을매매와 을병매매에 협약적용여부

1. 협약적용여부

가. 공통요건 - 국제, 물품, 매매계약(제1조)

1) 국제성

국적이 아닌 영업소를 기준으로 영업소가 서로 다른 국가에 있는 것을 의미한다. 일방의 영업소가 복수인 경우 가장 밀접한 영업소 기준으로 한다(제10조 가호). 일방의 영업소가 없는 경우 그의 상거소를 영업소로 본다(제10조 나호).

2) 물품

물품을 대상으로 하므로, 부동산이나 채권 등은 제외된다.

3) 매매계약

매매계약이어야 하고, 노무서비스공급계약은 제외된다.

가) 제작(생산)물공급계약은 원칙적으로 매매로 간주된다(제3조 제1항).

나) 제작(생산)물공급계약 중 매수인이 중요부분 공급시(제3조 제1항 단서) 매매로 보지 않는다.

나. 적용유형별 요건

1) 직접적용

해당국가가 모두 체약국인 경우에 위 공통요건(국제성, 물품, 매매)이 충족되면 협약이 직접적용된다(제1조 제1항 가호).

2) 간접적용

해당국가 전부 또는 일부가 비체약국인 경우에 위 공통요건(국제성, 물품, 매매)을 구비하였을 것, 국제사법에 의해 체약국법이 적용될 것, 그 체약국이 제95조 유보선언을 하지 않았을 것을 모두 갖추었다면 협약이 간접적용된다(제1조 제1항 나호).

다. 설 문

1) 갑을의 매매

설문상 매수인 을의 영업소 소재국인 한국과 매도인 갑의 영업소 소재국인 중국 모두 체약국에 해당한다.

국제성은 영업소가 각 한국과 중국에 있고, 실크원단은 물품에 해당하고, 매도인 갑의 실크생산물공급계약이지만 매수인 을이 중요부분을 공급한 경우가 아니므로 매매로 간주되어(제3조 제1항) 공통요건 충족한다.

따라서 협약이 일단 직접적용된다.

2) 을병의 매매

설문상 매도인 을의 영업소 소재국인 한국과 매수인 병의 영업소 소재국인 이탈리아 모두 체약국에 해당한다.

국제성은 영업소가 각 한국과 이탈리아에 있고, 스카프는 물품에 해당하고, 매도인 을의 스카프생산물공급계약이지만 매수인 병이 중요부분을 공급한 경우가 아니므로 매매로 간주되어(제3조 제1항) 공통요건 충족한다.

따라서 협약이 일단 직접적용된다.

2. 협약 적용제외여부(제2조, 제3조, 제5조, 제6조)

가. 합의배제(제6조)

당사자간 합의로 적용제외가 가능하다.

나. 적용제외 매매(제2조)

개인용, 가정용 물품매매 등에는 협약이 적용제외된다.

다. 물품제조생산공급계약(제3조)

매수인이 중요부분 공급하는 경우(제3조 제1항 단서)와 공급의무자의 의무의 주된 부분이 노무기타서비스 공급계약인 경우(제3조 제2항)에는 협약이 적용제외된다.

라. 제조물책임(제5조)

물품으로 인한 사람의 사망, 상해에 대한 매도인 책임에는 협약이 적용제외된다.

마. 설 문

설문의 갑을매매와 을병매매는 모두 위 적용제외(제2조, 제3조, 제4조, 제5조, 제6조)라는 예외에 해당 사항 없다.

3. 설 문

갑을매매와 을병매매에 합의배제 또는 적용제외 사유가 없다. 결국 설문의 두 매매계약에 협약이 직접 적용된다.

변시 **4**회	2-2문	10점

> 을과 병 사이에 매매계약 성립여부

1. 협약적용여부(간략하게 서술)

설문에 협약이 직접 적용된다. 그리고 합의배제 또는 적용제외 사유가 없다. 따라서 계약성립여부를 협약을 적용하여 판단한다.

2. 계약성립여부

가. 청약의 존재

1) 청약의 요건(제14조)

가) 특정성

청약은 1인 또는 그 이상의 특정인에 대한 계약체결 제안이어야 한다.

나) 확정성

체결제안이 물품, 수량(조항), 대금(조항) 등을 규정하고 있어야 한다.

다) 구속성

상대방이 승낙시 그에 구속된다는 청약자의 표시가 있어야 한다.

2) 청약의 효력발생시기(제15조)

청약이 상대방(승낙자)에게 도달한 때 청약의 효력이 발생한다.

3) 설문

상대방 을이라는 특정인에 대하여(특정성), 병이 보낸 메일은 실크스카프(물품), 수량, 대금, 규격, 색상, 개품포장방법 등이 기재된 구매확약서를 포함하고 있고(확정성), 단순한 문의가 아닌 구매'확약'서 송부이므로 을의 승낙시 계약에 구속될 의사표시(매매성립)가 있다(구속성). 따라서 매수인 병의 구매확약서 이메일은 청약에 해당한다.

나. 승낙의 존재

1) 의의

승낙이란 청약에 대한 동의표시이다.

2) 효력발생시기(제18조 제2항)

승낙이 청약자(상대방)에게 도달한 때 효력발생하고 결국 이 때 청약과 승낙의 의사가

합치하므로 계약이 성립한다.

3) 승낙기간(제18조 제2항)

가) 승낙기간

승낙기간이라 청약에 대하여 유효하게 승낙을 할 수 있는 기간을 의미한다. 승낙의 의사표시는 청약자가 지정한 기간 내 또는 그 지정이 없으면 합리적 기간 내에 도달하여야 한다.

나) 구두청약

구두청약의 승낙기간은 즉시이므로 구두청약은 즉시 승낙되어야 한다.

다) 승낙기간 후 승낙이 도달한 경우(연착된 승낙)

(1) 원칙

유효한 승낙이 가능한 기간을 도과한 경우이므로 승낙의 효력이 발생하지 않는다. 따라서 승낙거절로 취급되어 계약이 불성립한다.

(2) 예외

연착된 승낙(제21조)의 예외 즉 a)청약자가 지체없이 승낙유효통지를 발송한 경우 또는 b)전달이 정상적이었다면 기간 내 도달 인정시 청약자가 실효통지 발송 않은 경우가 존재한다.

이 두가지 예외의 경우에는 연착된 승낙이라도 승낙의 효력이 발생하고 따라서 계약이 성립한다.

4) 변경된 승낙(제19조)

가) 의의

승낙을 의도하고 있으나 청약 내용의 변경을 포함하는 청약에 대한 응답을 의미한다(제19조 제1항).

나) 실질적 변경 판단기준(제19조 제3항)

승낙자의 의사표시가 대금, 품질, 수량, 인도장소와 시기, 책임과 분쟁해결에 대한 부가적, 상이한 조건일 때 실질적 변경으로 본다.

다) 종류와 효과

(1) 실질적 변경인 경우(제19조 제1항)

실질적 변경인 승낙은 청약에 대한 거절이면서 동시에 새로운 청약이다. 이때 실질적 변경인 승낙은 상대방의 이의제기여부를 불문하고 동일하게 취급된다.

(2) 실질적 변경이 아니고, 상대방이 이의제기한 경우(제19조 제2항, 제1항)

이러한 승낙의 의사표시는 청약에 대한 거절이면서 동시에 새로운 청약이다. 즉 이러한 경우는 실질적 변경인 경우인 제19조 제1항과 동일하다.

(3) 실질적 변경이 아니고, 상대방이 이의제기하지 않은 경우(제19조 제2항)

이러한 승낙의 의사표시는 변경된 조건 내용대로 변경된 청약에 대하여 승낙한 것이 된다.

라) 설문

(1) 실질적 변경인지

매도인 을은 개품포장방법에 대한 조건만 변경하였으므로 이는 대금, 품질, 수량, 인도조건, 책임, 분쟁해결과 무관한 것으로 실질적 변경 아니다(제19조 제3항).

(2) 계약성립여부

매수인 병이 을의 이러한 단순 변경에 이의제기 하지 않았으므로 변경된 조건대로 승낙한 것이 되고 동일 내용의 계약이 성립한다(제19조 제2항).

다. 계약성립시기(제23조)

1) 청약에 대한 승낙의 효력이 발생한 때에 성립한다.
2) 이 때 "승낙의 효력이 발생한 때"란

가) 제18조 제2항– 승낙기간 내 승낙이 청약자에게 도달한 때
나) 제18조 제3항– 승낙기간 내 의사실현행위가 있는 때
다) 제21조– 연착된 승낙이 도달한 때

3) 설문

제18조 제2항이 적용되어 승낙이 승낙기간(청약자가 지정하지 않아 합리적 기간) 내에 승낙이 도달한 때에 승낙의 효력이 발생한다. 매수인 병의 이메일 청약이 발송되어 을에게 도달한 날로부터 합리적 기간인 승낙기간 내에 승낙자 을의 변경된 승낙이 청약자 병에게 도달한 때(을의 변경된 승낙 이메일 발송날짜 설문상 불분명) 계약이 성립한다(제23조).

(따라서 설문은 계약성립여부만 물을뿐 성립시기를 묻고 있지 않다.)

3. 결

가. 협약이 적용되고 청약이 존재한다.

나. 계약의 성립여부

청약에 대한 실질적 변경 아닌 변경된 승낙에 대하여 청약자의 이의제기가 없는 경우

이므로 변경된 조건대로 계약이 성립한다(제19조). 즉 청약자 병이 정한 규격, 색상, 수량, 대금, (2014. 10. 30.)인도기한 내용에 승낙자 을이 부가한 변경된 개품포장방법을 내용으로 한 계약이 성립한다. 단, 계약성립시기는 변경된 승낙이 도달한 시점이나 설문상 불분명하다.

변시 **4**회	2-3문	25점

매수인 을의 매도인 갑에 대한 손해배상청구의 근거와 액수

1. 매도인의 의무위반 유형

가. 물품의 계약적합의무(제35조 제1항)

매도인은 계약에서 정한 수량, 품질 및 종류에 적합하고, 계약에서 정한 방법으로 용기에 담겨지거나 포장된 물품을 인도하여야 한다(제35조 제1항).

나. 매도인의 물품부적합 간주(제35조 제2항)

1) 동종 물품의 통상 사용 목적에 맞지 않은 경우(가호), 2) 계약 체결시 매도인에게 명시적 또는 묵시적으로 알려진 특별한 목적에 맞지 않은 경우로서 매수인이 매도인의 기술과 판단을 신뢰하지 아니한 경우 또는 신뢰하는 것이 불합리한 경우는 제외(나호), 3) 매도인이 견본 또는 모형을 매수인에게 제시한 물품의 품질을 가지고 있지 아니한 경우(다호), 4) 물품에 대하여 통상의 방법으로 또는 적절한 방법으로 용기에 담겨지거나 포장되어있지 않은 경우(라호)에는 매도인의 물품적합성(물품 적합의무)위반이라고 본다. 다만 합의로 달리 정한 경우를 제외(담보책임의 임의성)하므로 별도의 합의가 있는 경우라면 물품적합성 위반이 아닌 계약에 적합한 것이 된다.

다. 매도인의 물품부적합 면책(제35조 제3항)

계약 체결시에 매수인이 물품의 부적합을 알았거나 모를 수 없었던 경우에는 매도인은 물품의 부적합에 대한 책임을 지지 아니한다(즉 면책된다).

라. 설 문

설문에서 매도인 갑은 자신이 제시한 실크원단의 스펙에 미달하였으나 이에 대한 별도의 합의가 없으므로 제35조 제2항 (다)호에 따라 이를 물품부적합으로 본다. 또한 계약시 매수인 을이 이러한 물품부적합(실크원단 품질미달)에 대하여 알았거나 모를 수 없었던 경우가 아니므로 매도인이 물품부적합에 대하여 면책되지 않는다(제35조 제3항). 즉 설문은 일단 매도인 갑의 물품적합의무(제35조 제1항) 위반으로 보이나 최종적으로 매도인 갑의 물품적합의무위반이 인정되기 위해서는 추가적인 요건 검토가 필요하다.

2. 물품부적합과 매도인 책임범위

가. 운송포함 매매의 위험이전 시기(제67조)

1) 송부매매에서 매도인이 특정장소에서 교부의무가 없는 경우(제67조 제1항 제1문)

위험은 매매계약에 따라 매수인에게 전달하기 위하여 물품이 제1운송인에게 교부된 때에 매수인에게 이전한다. 즉 물품이 제1운송인에게 교부된 때에 위험이 이전된다.

2) 송부매매에서 매도인이 특정한 장소에서 교부의무가 있는 경우(제67조 제1항 제2문)

매도인이 특정한 장소에서 물품을 운송인에게 교부하여야 하는 경우에는, 위험은 그 장소에서 물품이 운송인에게 교부될 때까지 매수인에게 이전하지 아니한다. 즉 그 특정장소에서 물품의 운송인에게 교부된 때에 위험이 이전된다.

3) 설문

설문의 갑을매매는 운송을 포함하는 송부매매계약으로서 특정한 장소인 부산에서 목적물 교부의무가 있는 경우이므로 부산에서 물품이 운송인에게 교부된 때 매수인에게 위험이 이전된다. 결국 설문에서 위험의 이전시기는 부산에서 물품이 (운송인에게) 교부된 때이다.

나. 물품부적합 판단 시점(제36조)

1) 본조는 위험의 이전과 관련하여 계약적합성의 판단 시점을 규정하고 있다.

2) 위험이전시까지 존재하였던 부적합(제1항)

매수인에게 위험이 이전하는 시점까지 존재하였던 물품의 부적합에 대하여 그 부적합이 위험이전 후에 판명된 경우라도 매도인이 계약과 협약상 책임을 진다.

3) 위험이전시 이후에 발생한 부적합(제2항)

위험이전시 이후에 발생한 부적합은 원칙적으로 매도인이 책임을 부담하지 않는다. 다만 위험이전시 이후에 발생한 부적합이라도 a) 그것이 매도인의 의무위반에 기인하는 경우, b) 일정기간을 정하여 매도인이 한 품질이나 상태에 대한 보증에 위반하는 경우에는 매도인이 물품부적합에 대하여 책임을 진다.

4) 설문

설문의 물품부적합(실크원단하자)은 위험이전시(부산에서 실크원단 교부시)까지 존재하였던 부적합이므로 매도인 갑이 이에 대한 책임을 부담한다(제36조 제1항).

3. 물품부적합의 전제요건 – 매수인의 검사의무와 통지의무

매도인의 물품부적합담보책임을 묻기 위해서 매수인은 물품을 검사하여야(제38조) 하고,

그 결과 부적합을 발견하였다면 매도인에게 통지해야(제39조) 한다.

가. 물품의 검사의무(제38조)

1) 원칙적인 검사기간(제1항)

매수인은 실행 가능한 단기간 내에 물품을 검사하여야 한다.

2) 송부매매시 검사기간(제2항)

계약에 물품의 운송이 포함되는(송부매매) 경우에 매수인은 물품이 목적지 도착한 후까지 검사하여야 한다.

3) 운송중 목적지 변경 또는 재송부시 검사기간(제3항)

가) 매수인이 검사할 합리적인 기회를 갖지 못한 채

나) (매수인이) 운송 중에 목적지를 변경하거나 전송(재송부)한 경우에

다) 매도인이 계약 체결시 목적지 변경 또는 전송의 가능성을 알았거나 알 수 있었던 경우 물품이 새로운 목적지에 도착한 후까지 검사하여야 한다.

4) 설문

설문의 매매는 운송이 포함된 매매이므로 매수인 을은 물품이 목적지인 부산에 도착한 후까지 검사하여야 한다(제38조 제2항). 그런데 매수인 을은 부산에서 수령 후 검사를 하였으므로 협약상 검사기간(제38조)을 준수하였다.

나. 매수인의 물품부적합의 통지의무(제39조)

1) 요건(제39조 제1항, 제2항)

가) 매수인이 부적합을 발견하였거나 발견 가능한 때부터 합리적인 기간 내에(and)

나) 발견하였거나 발견가능한 부적합에 대하여(and)

다) 매도인에게 그 부적합을 특정하여 통지해야 하고(and)

라) 그 통지는 늦어도 제척기간(2년) 또는 보증기간 내에 해야 한다.

2) 위반의 효과 – 매수인의 물품부적합 주장 권리 상실

매수인이 제39조의 물품부적합 통지의무를 위반한 경우에 매수인은 a) 매도인에 대한 이행청구권(제46조), b) 계약해제권(제49조), c) 대금감액청구권(제50조), d) 손해배상청구권(제45조 제1항 나호, 제74조부터 제77조) 등 매도인의 계약위반에 대한 매수인의 구제로서 권리들을 주장할 수 없게 된다. 다만 매수인이 위 기간 내에 부적합 통지를 해태한 경우에도 매도인이 알았거나 모를 수 없었던 물품의 부적합에 대하여 매수인에게 알리지 않은 경우에는 매수인은 그 부적합을 주장할 권리를 상실하지 않는다(제40조).

3) 설문

매수인 을이 하자를 통지한 시기(2014. 9. 7.)가 부적합을 발견한 때(2014. 8. 30.)부터 합리적인 기간 내인지가 특별히 문제된다. 하자를 발견하고 즉시 통지가 가능하므로 일주일 정도의 기간경과가 합리적인 기간을 도과한 것이라고 볼 수도 있으나 설문상 매수인 을은 하자의 정확성을 확보하기 위해 하자검사를 여러 번 실시하였다고 하였으므로 일주일 정도의 기간 경과는 이러한 하자검사에 필요한 합리적인 기간이라고 판단된다. 그리고 이러한 합리적인 기간 내에 발견한 부적합(색상변화와 품질부적합)에 대하여 특정하여 제척기간인 2년내에 통지한 것이므로 매수인 을은 제39조 통지의무 또한 준수한 것이다.

다. 소 결

따라서 매수인 을은 제38조 검사의무와 제39조 통지의무를 준수하였다.

4. 매수인의 손해배상 청구권 발생

실크원단의 물품부적합에 대하여 매수인 을은 제38조 검사의무와 제39조 통지의무를 준수하였고, 위험이전시인 특정장소 부산에서 교부시 이전에 존재하는 하자로서 매도인 갑이 책임을 부담하고, 매수인 을이 매매계약시 이러한 부적합에 대하여 알았거나 모를 수 없었던 경우가 아니므로 매도인이 면책되지 않는 물품적합의무 위반이 존재한다.

5. 매수인의 손해배상청구권(제45조 제1항 나호, 제74조~제77조)

가. 발생여부

1) 발생요건(제45조 제1항 나호)

가) 의무자의 의무위반 사실만으로 손해배상청구권이 발생한다.

나) 설문
매도인 갑의 물품적합의무위반이므로 매수인 을에게 손해배상청구권 발생하였다.

2) 계약해제권행사로 소멸하는지(제81조 제1항)

가) 제81조 제1항
계약의 해제는 손해배상의무를 제외하고 당사자 쌍방을 계약상의 의무로부터 면하게 한다.

나) 설문
매수인 을은 2014. 9. 7. 하자통지와 동시에 계약해제통지를 하였다. 매수인 을의 계약해제가 만약 적법한 것이더라도 해제는 손해배상의무를 제외한 다른 채무들만을 면하게 하므로 손해배상청구권(채무)은 해제로 소멸하지 않는다.

3) 매도인의 면책여부(제79조)

가) 당사자 면책 요건(제1항)

(1) 불이행 당사자는

(2) 불이행이 통제 불가능한 장애에 기인한다는 점,

(3) 계약시 장애 고려(예측)가능성 없다는 것,

(4) 장애시 결과 회피가능성 없다는 것을 입증하는 경우에 면책된다.

나) 효과

(1) 당사자는 불이행으로 인한 손해배상책임을 면한다.

(2) 이 조에 의한 면책은 손해배상책임만 면책될 뿐, 그 외 권리행사는 가능하다.

다) 제3자 사용시 면책(제2항)

(1) 요건

    (가) 전부 또는 일부 이행에 제3자를 사용하여

    (나) 그 사용한 제3자의 불이행으로 인한 경우에는

    (다) 당사자(본인)와 사용한 제3자가 모두 제1항에 의해 면책되는 경우라면

(2) 효과

당사자(본인)의 손해배상책임이 면제된다.

4) 설문

가) 제3자 사용여부

설문은 매도인 갑이 이행에 있어서 제3자를 사용한 경우라는 사정이 보이지 않는다.

나) 설문

이 사건 손해는 불이행당사자인 매도인 갑이 통제 불가능한 장애가 아닌 생산과 품질 관리를 잘못하였고 자신이 이행가능하다고 계약시 인정된 품질을 지키지 못하여 발생한 장애에 기인한다. 따라서 매도인 갑은 면책되지 않는다.

나. 손해배상 범위

1) 손해배상액 원칙(제74조)

가) 제74조

일방의 계약위반으로 인한 상대방 손실액이다. 단 위반당사자의 계약시 예견 또는 예견 가능한 손실을 한도로 한다(즉 상대방 손실액과 위반자의 예견가능한 손실액중 적은 것이 손해

액이 된다).

나) 설문

갑이 하자있는 원단을 공급하여 촉박한 납품기일을 맞추기 위하여 을이 대체원단을 베트남으로부터 긴급수입하였다 이 때 신속한 원단 수급을 위해 항공수송을 이용하여 그 운송비 1만달러가 지출되었다. 이는 매도인 갑의 계약위반(물품부적합)으로 인한 매수인 을의 손실액이고, 이는 위반당사자인 매도인 갑이 계약시 예견가능한 손실이다. 따라서 1만달러는 손해배상액에 포함된다(제74조).

2) 대체거래시 손해배상액(제75조)

가) 요건

계약해제 후에 합리적인 방법으로 합리적인 기간 내에 대체거래시(매수인이 대체물 매수 또는 매도인이 물품 재매각)에 제75조가 적용된다.

나) 효과

이 때 손해배상액은 계약매매대금과 대체거래 대금의 차액에 제74조 손해배상액을 추가로 청구 할 수 있다.

다) 설문

갑과 을간의 매매대금 50만(＝5만야드×10달러)달러와 대체거래대금(매수인 을이 대체원단 긴급매수) 75만달러(＝5만야드×15달러)의 차액 25만달러를 손해배상으로 청구가능하다. 그리고 이를 초과한 제74조에 따른 손해배상금 긴급 대체원단 수입으로 인한 항공운송비 1만달러도 청구가능하다.

결국 25만달러＋1만달러＝26만달러를 매수인 을은 매도인 갑에게 손해배상으로 청구할 수 있다.

3) 제3자 창고에의 보관비용(제87조)

가) 제3자 창고에의 기탁

물품보관 조치를 취해야 하는 당사자는 그 비용이 불합리하지 않는 한 상대방 비용으로 제3자의 창고에 임치할 수 있다(제87조).

나) 설문

계약을 해제하여 하자 있는 원단을 반환하여야 하는 매수인 을은 반환 시까지 보관조치를 취해야 한다. 그 보관을 제3자인 무의 창고에 임치하였으므로 창고 보관비용은 상대방인 갑에게 청구 가능하다.

4) 손해경감의무(제77조)

가) 의무부담자와 내용

손해경감의무는 손해배상청구권자(계약위반주장자)가 부담하는 의무이다. 손해배상청구권자의 손해경감의무 위반시 경감되었어야 할 손실액만큼 손해배상의무자는 그에게 감액청구가 가능하다.

나) 설문

매수한 원단에 대하여 을이 특별히 관리보관상 잘못이 없고, 병과의 납품기일을 준수하기 위해 신속하게 제3자로부터 대체매수하여 손해의 확대를 방지하였고 항공수입도 납품기일이 촉박하여 불가피한 것이었으므로 매수인 을의 손실경감의무 위반은 없어 보인다. 따라서 매도인 갑은 매수인 을의 손해경감의무위반을 이유로 감액청구 불가능하다.

5) 위험부담과 관계

가) 위험부담(제66조)

제66조는 "위험이 매수인에게 이전된 후에 물품이 멸실 또는 훼손되더라도 매수인은 대금지급의무를 면하지 못한다. 다만, 그 멸실 또는 훼손이 매도인의 작위 또는 부작위로 인한 경우에는 그러하지 아니하다"라고 규정하고 있다.

나) 설문

설문에서 창고업자 무의 화재로 인하여 소실된 원단 1000야드에 대한 위험은 매수인에게 위험이 이전(부산에서 매수인 교부)된 후에 발생한 것이므로 매수인 을은 이에 대한 매매대금의무를 면하지 못한다. 그리고 이 화재는 매도인의 행위와 무관하므로 단서가 적용되는 것도 아니다. 따라서 매도인 갑은 매수인 을에게 소실된 1000야드에 대한 매매대금(10달러×1000야드＝1만 달러)을 청구할 수 있다.

6. 결

물품부적합이라는 매도인 갑의 계약위반에 대하여 매수인 을은 손해배상청구권(제45조 제1항 나호, 26만달러)을 행사할 수 있다. 그리고 갑에게 반환될 때까지 무의 창고에 보관한 비용은 갑에게 추가 청구가능하다. 다만 매도인 갑이 소실된 1000야드에 대한 매매대금(1만 달러)을 청구하여 상계하면 25만달러를 청구할 수 있다.

변시 4회 **2-4문** 25점

을의 계약해제 후 갑을간 반환범위 및 반환 방법

0. 매수인의 해제 개관(유형)

가. 매수인의 해제권(제49조 제1항)

나. 매수인의 일부부적합해제(제51조 제1항, 제2항)

다. 이행기 전 해제(제72조 제1항)

라. 분할인도해제(제73조 제1항)

마. 장래분할해제(제73조 제2항)

바. 매수인의 상호관계해제(제73조 제3항)

1. 계약해제권 발생요건(제49조)

가. 매도인의 본질적 계약위반(제25조)**이 존재하는 경우**(제49조 제1항 가호)

본질적 계약위반에 해당하기 위해서는

1) 당사자 일방의 계약위반이 있고,

2) 계약상 가능한 상대방의 기대를 실질적으로 박탈한 정도의 손실을 상대방에게 주는 경우이어야 한다.

3) 다만, 위반 당사자가 계약체결시 그러한 손실을 예견 불가능하였고(and) 동일부류의 합리적인 사람도 동일한 상황에서 예견불가능하였을 경우가 아니어야 한다.

다만 해제권을 행사하여야 하며, 요건사실 충족만으로 해제의 효과가 당연히 발생하는 것은 아니다.

나. 매도인의 본질적 계약위반이 아닌 경우(제49조 제1항 나호)

1) 매도인의 인도의무불이행으로서 본질적 계약위반(제25조)이 아닌 경우,

2) 매수인이 부가기간 지정(제47조 제1항)을 하고, 매도인이 그 부가기간 내에 물품인도 의무 이행하지 아니하거나 거절하는 때에 매수인은 계약을 해제할 수 있다.

다. 설 문

1) 본질적 계약위반인지(제25조)

설문에서 원단의 하자는 5만야드 모두 색상이 변하였고 스카프 제조에 부적합한 품질을 보유하고 있다. 이는 매도인 갑의 물품부적합이라는 계약위반이 있고, 5만야드 모두 제품생산에 사용할 수 없으므로 계약상 가능한 상대방 을의 기대를 실질적으로 박탈하는 정도의 손실이며, 위반당사자 갑이 매매목적물이 을의 제품생산에 필수적인 원자재라는 것을 알았으므로 계약체결시 그러한 손실은 예견가능하였으므로 본질적 계약위반에 해당한다.

2) 본질적 계약위반의 해제(제49조 제1항 가호)

설문의 경우 매도인 갑의 계약위반이 제25조의 본질적 계약위반에 해당하므로 매수인 을은 제49조 제1항 가호에 따라 즉시 계약해제를 할 수 있다. 다만 매수인 을의 해제권이 상실되는지 검토가 필요하다.

2. 해제권의 상실

가. 해제권의 상실(제49조 제2항)

매도인이 매수인에게 물품을 인도한 경우 다음의 기간 내에 해제하지 않으면 (매수인의) 해제권이 상실된다. 즉 해제권의 상실은 매도인이 매수인에게 물품인도를 완료한 경우에만 발생하는 문제이다.

1) 인도지체의 경우(제2항 가호)

매도인이 인도를 지체하여 매수인에게 계약해제권이 발생한 경우라도 매도인이 매수인에게 물품을 인도한 경우에는 요건을 충족하여 발생한 해제권이 상실될 수 있다. 이 경우 매수인이 (매도인이 자신에게 한) 인도사실을 안 후 합리적인 기간 내에 매수인이 해제권을 행사하지 않으면 해제권은 상실된다.

2) 인도지체 이외의 위반의 경우(제2항 나호)

매수인이 다음의 기간 내에 해제하지 않으면 해제권을 상실한다.

가) 매수인이 그 위반을 알았거나 알 수 있었던 때로부터 합리적인 기간 내

나) 매수인이 제47조 제1항(매수인의 부가기간지정권)의 부가기간이 경과한 때 또는 매도인이 그 부가기간 내에 이행거절한 때로부터 합리적인 기간 내

다) 매도인이 제48조 제2항(매도인의 불이행치유권) 권한 행사시 매도인이 정한 부가기간이

경과한 때 또는 매수인이 그 이행수령 거절한 때로부터 합리적인 기간 내

3) 설문

설문에서 갑의 의무위반은 인도지체의 경우(제2항 가호)가 아니고, 매수인의 부가기간지정권행사(제2항 나호 ii호)나 매도인의 불이행치유권행사(제2항 나호 iii호)가 없으므로 매수인 을이 매도인 을의 의무위반을 알았던 때로부터 합리적인 기간내에 해제권을 행사하지 않으면 상실된다(제2항 나호 i호). 매수인 을은 2014. 8. 30.에 수령하고 검사 후 물품부적합에 대한 확신을 하고 2014. 9. 7. 계약을 해제하였으므로 검사로 인한 기간 경과를 고려할 때 합리적인 기간 내임은 분명하다. 따라서 을의 해제권은 상실되지 않는다.

나. 물품반환 불가능(제82조)

1) 요건

가) 매수인이 수령한 상태와 실질적으로 동일한 상태

나) 물품의 반환이 불가능한 경우

2) 효과
매수인은

가) 계약해제권 상실

나) 대체물 청구권 상실

다) 그 외 모든 구제권 행사 가능(제83조)

3) 상실의 예외(제82조 제2항)

가) 반환불능이 매수인의 작위, 부작위에 기인하지 않는 경우,

나) 매수인의 제38조에 따른 검사의 결과로 물품이 멸실 또는 훼손된 경우,

다) 매수인이 부적합 발견 했거나 발견하였어야 했던 시점 전에 물품이 매각, 소비, 변형된 경우

즉 이러한 경우에는 동일상태 반환불능이라 하더라도 매수인은 계약해제권과 대체물청구권을 행사할 수 있다.

4) 설문

설문에서 매수인 을은 수령한 5만야드를 동일한 상태로 반환하는 것이 불가능하므로 계약해제권이 상실될 수 있다(제82조 제1항). 그러나 반환 불가능한 10야드는 검사의 결과로 인한 것(제82조 제2항 나호)이고, 소실된 1000야드는 창고화재로 인한 것으로 매수인의 작위 또는 부작위에 기인하지 않으므로(제82조 제2항 가호), 상실의 예외에 해당한다. 결국

매수인 을은 수령한 5만야드를 동일한 상태로 반환할 수 없음에도 불구하고 해제권을 보유한다(제82조 제2항).

다. 매도인의 본질적 계약위반과 위험부담(제70조)

1) 제70조

제70조에 따라 a) 매도인이 본질적 계약위반한 경우, b) 제67, 68, 69조에 의해 물품의 위험이 매수인에게 이전되더라도, c) 매수인이 매도인의 본질적 계약위반을 이유로 행사할 수 있는 계약해제권(제49조), 손해배상청구권(제74조 내지 제77조), 대체물인도청구권(제46조 제2항)을 행사할 수 있다.

2) 설문

문[3]에서 전술한 바와 같이 설문은 a) 매도인 갑의 본질적 계약위반이 인정되는 경우, b)물품의 위험이 매수인 을에게 이전되는 경우이다. 이러한 경우에도 제70조에 따라 매수인 을이 매도인 갑의 본질적 계약위반을 이유로 하는 계약해제권 행사는 가능하다.

라. 소 결

제49조 제2항의 해제권 상실과 제82조의 해제권 상실에 모두 해당하지 않고 위험이전되는 경우라도 계약해제권 행사에는 영향이 없으므로(제70조), 갑의 본질적 계약위반에 대하여 매수인 을은 해제권을 행사할 수 있다.

3. 해제의 효과

가. 계약해제의 효력(제81조)

이 협약상 계약해제로 계약은 해제는 다음과 같은 효력을 갖는다.

1) 손해배상의무 부담

2) 손해배상의무 이외의 모든 의무 면제

3) 이미 이행한 부분 원상회복의무 부담(쌍방 의무간 동시이행관계)

나. 이익반환의무(제84조)

1) 매도인의 이익반환의무

매도인은 대금반환시 지급된 날로부터 그에 대한 이자도 지급하여야 한다.

2) 매수인의 이익반환의무

가) 요건

(1) 매수인이 물품의 전부 또는 일부를 반환해야 하는 경우, 또는

(2) 반환불능임에도 상실의 예외(제82조 제2항)로서 매수인이 계약해제하거나 대체물인도청구한 경우에 발생한다.

나) 효과

매수인은 물품의 전부 또는 일부로부터 발생된 모든 이익을 매도인에게 지급해야 한다.

다. 설 문

1) 갑의 손해배상의무는 부담해야 하지만, 그 이외의 모든 (갑과 을의) 채무는 면제된다.

2) 갑과 을이 이행한 부분은 서로 반환해야 하고 이들 의무는 동시이행되어야 한다.

3) 매도인 갑의 대금반환과 매수인 을의 원물반환시 그에 대한 이익(이자)도 반환해야 한다.

4. 결 – 반환범위와 반환방법

문[3]에서 검토한 을의 손배청구권(26만달러와 창고보관 비용)은 갑에게 행사가능하다. 손해배상채무 이외의 모든 채무는 면제되므로 문제되지 않는다. 매도인 갑이 이행한 원단 5만야드와 매수인 을이 지급한 매매대금 50만불(설문상 지급여부 불분명하나 지급한 것으로 가정함)의 원상회복이 이루어 져야한다. 매도인 갑은 매매대금 50만불과 수령시부터 그에 대한 이자를 매수인 을에게 지급해야 하고, 매수인 을은 수령한 원단 중 반환가능한 48990야드는 그대로 원물반환하고, 반환이 불가능한 1010야드(검사로 사용한 10야드와 소실된 1000야드)에 대하여는 가액반환(1010야드×매매가 10불＝1만100불)해야 하고 이들 반환의무는 서로 동시이행되어야 한다.

변시 **4회**   2-5문   10점

병의 을에 대한 대금감액청구의 근거와 감액 액수

1. 병의 대금감액청구권 근거

가. 요 건(제50조)

1) 물품부적합의 경우여야 한다.

협약 제50조 명문상 물품부적합이라고 규정하고 있으므로 권리부적합의 경우에는 대금감액청구가 불가능하다.

2) 매도인의 귀책사유와 대금지급여부 불문한다.

대금감액은 매도인의 귀책사유와 매도인의 대금지급여부를 불문한다.

3) 매도인이 제37조나 제48조에 따라 불이행, 부적합을 치유한 경우가 아니어야 한다 (제50조 단서).

매도인이 부적합, 불이행을 치유한 경우라면 매매계약에 의해 매매하기로 한 완전한 물품을 매매한 것이 되어 감액청구가 불가능하다.

4) 매수인이 매도인의 제37조, 제48조의 치유제의를 부당거절한 경우가 아니어야 한다 (제50조 단서).

매도인이 부적합, 불이행을 치유 제의하였으나, 매수인이 이러한 치유제의를 부당거절한 경우라면 매수인의 귀책사유(부당거절)로 하자없는 물건의 매매가 불가능하게 되었으므로 매수인의 보호필요성이 소멸하여 매수인의 감액청구를 부정함이 타당하다.

나. 설 문

1) 물품부적합의 경우여야 한다.

설문은 매도인 을이 보낸 규격과 달리 스카프에 틀림현상이 발생한 것이 문제이므로 물품부적합에 해당한다.

2) 매도인의 귀책사유와 대금지급여부 불문한다.

매도인 을의 귀책사유와 대금지급여부는 요건이 아니다.

3) 매도인이 제37조나 제48조에 따라 불이행, 부적합을 치유한 경우가 아니어야 한다 (제50조 단서).

매도인 을이 부적합(스카프 틀림현상)을 치유한 경우가 아니다.

4) 매수인이 매도인의 제37조, 제48조의 치유제의를 부당거절한 경우가 아니어야 한다

(제50조 단서).

매도인 을이 스카프의 부적합에 대하여 치유 제의한 적이 없으므로 매수인 병의 부당 거절이 문제되지 않는다.

5) 결국 설문은 대금감액의 요건을 모두 충족하였으므로 매수인 병은 매도인 을에게 대금감액청구가 가능하다.

2. 병의 대금감액 범위

가. 대금감액효과 – 인도시 가액비율로 대금감액

대금감액의 비율을 산정하기 위한 전제로서 각 가액의 기준시점은 바로 인도시이다. 매매대금으로 계약시 인정된 금액을 인도시 가액의 비율로 감액할 수 있다.

나. 설 문

계약대금은 50달러×3만장＝150만달러, 이탈리아에서 정상물품의 인도시 가액은 80달러이고 인도된 부적합 물품의 인도시 가액은 64달러이다.

150만달러×(80달러－64달러) / 80달러＝30만달러를 매수인 병이 매도인 갑에게 감액청구할 수 있다.

3. 결

매수인 병은 매도인 을에게 계약대금 150만달러 중 30만달러를 감액청구할 수 있다.

甲은 미술품 매매업을 영위하는 법인으로 A국에만 영업소를 두고 있다. 甲은 대한민국에 상거소를 두고 있는 유명한 화가인 乙로부터 그가 그린 그림 1점을 팔아 달라는 의뢰를 받고 위 그림을 송부받았다. 甲은 곧바로 B국에만 영업소를 두고 있는 보험회사인 丙의 보험약관을 검토한 후 丙에게 위 그림의 멸실, 훼손, 분실, 도난, 횡령, 기타 제3자의 불법침해로 인한 손해를 담보하는 보험계약의 체결을 위한 청약을 하고 보험료를 납입하였다. 丙의 보험약관에는 "보험상 일체의 청구에 대한 책임 및 그 지급에 관하여 영국법 및 영국관습을 준거법으로 하여 해결하기로 한다."는 영국법 준거조항이 포함되어 있다. 그후 甲은 A국에서 화랑을 경영하는 丁으로부터 위 그림의 구매희망자가 있다는 연락을 받고 위 그림의 매매를 중개하여 줄 것을 요청하면서 위 그림을 丁에게 송부하였다. 위 그림을 수령한 丁은 마치 자신의 소유인 양 가장하여 자신의 화랑에서 그 사정을 알지 못하는 자신의 고객인 戊에게 위 그림을 매각하고 그 대금을 유용하였다. 위 그림의 회수가 어려워지자 甲은 丙에 대하여 보험금을 지급해 줄 것을 청구하였다. 丙은 이 사건 보험사고는 보험계약의 청약을 받고 승낙여부를 심사하는 중에 발생한 것이어서 보험계약이 성립하지 아니한 것이라고 주장하였다. 이에 대하여 甲은 보험계약의 체결을 위한 청약을 하면서 보험료를 납입하였으므로 보험회사의 승낙통지에 관계없이 1월의 기간이 경과하면 승낙으로 간주되는 것이고 이 사건의 경우 그 기간이 경과하였으므로 보험계약이 성립하였다고 주장하였다.

丁은 위 그림을 戊에게 처분하기 전에 정밀복사기로 위 그림을 대량으로 복제하여 두었다가 위 그림을 처분한 후 복제품을 대한민국으로 반입하여 수요자들에게 판매하였다. 대한민국에서 미술품에 대한 수요가 증가하여 미술품의 가격이 상승하자 戊는 대한민국으로 위 그림을 가져와서 위와 같은 착복사실을 모르는 己에게 위 그림을 매각하였다.

[전제사실]

1. 위 보험계약과 가장 밀접한 관련이 있는 국가는 A국으로 인정된다.

2. A국법에 의하면 보험계약을 체결함에 있어 보험계약자가 청약을 하면서 보험료를 납입하면 보험회사의 승낙통지에 관계없이 1월의 기간이 경과하면 승낙으로 간주되어 보험계약이 성립한다.

3. B국법에 의하면 보험회사가 보험계약의 청약을 받고 승낙여부를 심사하는 중에 보

험사고가 발생한 경우에는 보험계약은 성립하지 아니한다.

4. A국법에 의하면 선의취득이 인정되지 아니한다.

5. 저작권보호에 관한 국제조약은 고려하지 아니한다.

[질문]

1. 甲이 丙을 상대로 대한민국 법원에 위 보험계약에 기한 보험금의 지급을 구하는 소를 제기한 경우 위 보험계약이 성립하였는지 여부에 대한 준거법은 무엇인지 논하시오. (30점)

2. 乙이 丁을 상대로 대한민국 법원에

    가. 丁이 위 그림을 착복하여 戊에게 처분한 불법행위로 인한 손해배상을 구하는 경우 그 준거법은 무엇인지 논하시오. (10점)

    나. 丁이 위 복제품을 대한민국으로 반입하여 판매한 것에 대하여 저작권침해로 인한 손해배상을 구하는 경우 그 준거법은 무엇인지 논하시오. (10점)

3. 乙이 己를 상대로 대한민국 법원에 소유권에 기하여 위 그림의 인도를 구하는 소를 제기한 경우

    가. 대한민국 법원이 국제재판관할권을 가지는지 논하시오. (10점)

    나. 己가 위 그림의 소유권을 취득하는지 여부를 논하되 戊가 위 그림을 매수한 시점, 戊가 위 그림을 대한민국으로 가져온 시점, 戊가 위 그림을 己에게 처분한 시점별로 구분하여 소유권의 변동을 순차적으로 설명하시오. (20점)

변시 5회　1-1문　30점

갑과 병의 보험계약의 성립여부에 관한 준거법

1. 국제사법 적용여부

가. 국제사법 제1조

국제사법은 외국적 요소가 있는 법률관계에 대하여 국제재판관할과 준거법을 정하는 것을 목적으로 한다(제1조).

나. 외국적 요소가 있는 법률관계

국제사법이 적용되는 외국적 요소가 있는 법률관계란 법률관계의 구성요소 일부가 다른 국가와 관련이 있는 경우 즉 당사자 1인이 외국인, 목적물이 외국소재, 법률관계(또는 손해)가 외국에서 발생한 경우 등을 말한다.

다. 설　문

갑은 A국에만 영업소를, 병은 B국에만 영업소를 두고 있고, 이들간에 체결된 보험계약은 A국과 B국에서 체결되었으며, 외국법인 영국법을 준거법으로 하는 합의가 존재하므로 외국적 요소가 있는 법률관계로서 국제사법이 적용된다.

결국 본사건에 국제사법이 적용된다.

2. 계약 성립여부의 준거법(제29조)

가. 계약의 성립 및 유효성 판단(제1항)

계약의 성립 및 유효성 판단은 그 계약이 유효하게 성립하였을 경우(가정적)라면 이 법상 적용될 준거법을 기준으로 한다.

나. 계약의 불성립 주장(제2항)

1) 제1항에 의해 결정된 준거법에 의하여 당사자 행위의 효력을 판단하는 것이 모든 사정에 비추어 명백히 부당한 경우에는

2) 당사자는 그의 상거소지법을 원용하여

3) 계약에 동의하지 않았음(계약의 불성립)을 주장할 수 있다.

다. 설 문

설문의 보험계약의 성립여부에 관한 준거법은 제29조 제1항에 따라 그 계약이 유효하게 성립하였을 경우 이 법상 적용될 준거법이 된다. 갑병간 보험계약이 유효할 경우 이 법상 적용될 준거법은 계약의 준거법(제25조, 제26조)에 따라 판단한다.

3. 채권계약의 준거법(제25조, 제26조)

가. 주관적 연결(제25조)

1) 명시적·묵시적 선택(제1항)

제25조 제1항은 당사자자치의 원칙을 규정하고 있다. 즉 계약의 성립과 효력은 당사자가 명시적·묵시적으로 선택한 법에 의한다. 다만, 묵시적 선택은 모든 사정으로부터 합리적으로 인정 가능한 경우이어야 한다.

2) 계약의 일부 준거법 선택(제2항)

계약의 일부에 대하여도 준거법을 선택할 수 있다.

3) 준거법 변경 합의(제3항)

제25조(주관적 연결)와 제26조(객관적 연결)에 의한 준거법을 합의로 변경할 수 있으나, 계약체결 후 이루어진 준거법 변경은 계약의 방식의 유효성과 제3자의 권리에 영향을 미치지 아니한다.

4) 모든 요소가 관련 있는 국가와 다른 국가의 법을 선택(제4항)

5) 동조항의 준거법 선택 합의(제5항)

6) 설문

설문에서 당사자 갑과 병간에 준거법합의가 존재한다. 다만 '보험금청구에 대한 책임과 그 지급'에 대하여 영국법을 적용하기로 (준거법)합의하였다. 이 준거법 합의는 일부에 대한 준거법 합의로서 유효하다. 그러나 설문은 갑병간 보험계약의 성립의 준거법이 문제되고 있으므로 이에 대하여는 준거법 합의가 없는 경우(제26조)에 해당한다.

나. 객관적 연결(제26조)

준거법을 당사자가 선택하지 않은 경우에 준거법을 객관적으로 결정하는 방법이다.

 1) (준거법을 당사자가 선택하지 않은 경우) 그 계약과 가장 밀접한 관련이 있는 국가의 법에 의한다(제1항).

2) 밀접관련성 추정(제2항, 제3항)

준거법을 당사자들이 선택하지 않은 경우 그 계약과 가장 밀접한 관련이 있는 국가의 법이 제1항에 따라 준거법이 된다. 이때 가장 밀접한 국가의 법을 결정하는 것을 보다 용이하게 하기 위해 제2항과 제3항에서 추정규정을 두었다.

가) 특징적 이행계약(제2항)

(1) 원칙

당사자가 계약(양도계약, 이용계약, 위임·도급계약, 용역제공계약)에 따라 이행해야 하는 경우 계약체결시 이행의무자의 상거소가 있는 국가의 법이 가장 밀접한 관련이 있는 것으로 추정한다.

(2) 예외

다만 이러한 계약이 영업활동으로 체결된 경우 영업소 국가의 법이 가장 밀접한 관련이 있는 것으로 추정한다.

나) 부동산에 대한 권리 대상 계약(제3항)

부동산에 대한 권리를 대상으로 하는 계약은 부동산 소재 국가의 법이 가장 밀접한 관련이 있는 것으로 추정한다.

3) 설문

당사자 갑과 병간에 보험금청구 이외(즉 보험계약 성립여부)에 대하여는 준거법 합의 없으므로 제26조 객관적 연결이 적용된다. 이 사건 보험계약의 준거법은 계약과 가장 밀접한 관련이 있는 국가의 법이 준거법이 된다(제26조 제1항). 따라서 이 사건 갑과 병의 보험계약에 대하여 '전제 1.'에서 가장 밀접한 국가는 A국이라고 하였으므로 추정이 번복되어 A국법이 준거법이 된다.

3. 결

갑과 병간의 보험계약의 성립여부에 대한 준거법은 A국법이 된다(제29조, 제26조 제1항).

변시 **5회**	1-2문	20점

> 정의 횡령에 대한 불법행위 손해배상청구의 준거법(10점)과 정의 저작권침해 손해배상청구의 준거법(10점)

1. 국제사법 적용여부

가. 국제사법 제1조

국제사법은 외국적 요소가 있는 법률관계에 대하여 국제재판관할과 준거법을 정하는 것을 목적으로 한다(제1조).

나. 외국적 요소가 있는 법률관계

국제사법이 적용되는 외국적 요소가 있는 법률관계란 법률관계의 구성요소 일부가 다른 국가와 관련이 있는 경우 즉 당사자 1인이 외국인, 목적물이 외국소재, 법률관계(또는 손해)가 외국에서 발생한 경우 등을 말한다.

다. 설 문

정은 국적을 알 수 없으나 한국인은 아닌 것으로 보이고, 착복과 저작권 침해라는 각각의 불법행위를 A국에서 하였으므로 두 청구(법률관계) 모두 외국적 요소가 있는 법률관계로서 국제사법이 적용된다.

결국 각 청구에 국제사법이 적용된다.

2. 정의 그림착복에 대한 손해배상청구

가. 준거법에 관한 사후적 합의(제33조)

당사자는 제30조(사무관리), 제31조(부당이득), 제32조(불법행위) 규정에도 불구하고, 사무관리 부당이득 불법행위가 각각 발생한 후 합의에 의하여 대한민국법을 준거법으로 선택가능하다. 다만 그로 인하여 제3자의 권리에 영향을 미치지 못한다.

나. 불법행위의 준거법(제32조)

1) 가해자와 피해자간에 법률관계가 불법행위로 침해된 경우(제3항)
불법행위지법과 상거소지법에 우선하여 그 침해된 법률관계의 준거법에 의한다.

2) 불법행위가 행하여진 당시 동일한 국가 안에 가해자와 피해자의 상거소가 있는 경우

(제2항)

불법행위지법에 우선하여 상거소지 법에 의한다.

3) 그 이외의 경우(제1항)

불법행위의 준거법은 불법행위지의 법에 의한다.

다. 설 문

을과 정사이에 사후적으로 준거법 합의가 없으므로 제33조가 아닌 제32조가 적용된다. 따라서 제1항에 따라 불법행위지 즉 매매행위(착복)지인 A국법(자신의 화랑에서 무에게 매매하였으므로)이 준거법이 된다.

3. 정의 저작권침해에 대한 손해배상청구[1)]

가. 지적재산권의 보호(제24조)

지식재산권의 보호는 그 침해지법에 의한다. 이는 지적재산권의 침해에 대한 불법행위의 준거법에 대하여 제32조 불법행위 준거법에 대한 특별규정으로 이해된다.

나. 판 례

판례는 한국에서 일본의 상표를 위조한 사건에서 "국제사법 제24조에 의하면, 지적재산권의 침해로 인한 불법행위의 준거법은 그 침해지법이 된다할 것이므로 일본 보따리상들의 일본에서의 일본 상표권 침해행위에 피고가 교사 또는 방조하였음을 이유로 하는 이 부분 손해배상청구의 당부는 침해지법인 일본 상표법 제37조 등의 해석에 따라야 할 것이다."라고 하여 보호국(상표등록국)을 침해지로 보고 있다(대법원 2004. 7. 22. 선고 2003다62910 판결).

다. 설 문

지적재산권 보호에 관한 사항은 침해지법에 따라야하므로 저작권 침해행위지법이 아닌 저작권 보호국법을 준거법으로 하여야한다. 을의 정에 대한 저작권침해 손해배상청구는 복제·판매지인 A국법이 아닌 보호국인 한국법이 준거법이 된다.

---

1) 전제 5.에서 저작권에 대한 국제조약을 고려하지 않는다고 하였으므로 정의 저작권침해에 대하여 국제사법에 의하여 그 준거법을 결정하여야한다.

변시 5회 1-3문 30점

> 을의 기에 대한 그림인도청구의 국제재판관할(10점)과 기의 그림에 대한 소유권 취득 여부(20점)

1. 국제사법 적용여부

가. 국제사법 제1조

국제사법은 외국적 요소가 있는 법률관계에 대하여 국제재판관할과 준거법을 정하는 것을 목적으로 한다(제1조).

나. 외국적 요소가 있는 법률관계

국제사법이 적용되는 외국적 요소가 있는 법률관계란 법률관계의 구성요소 일부가 다른 국가와 관련이 있는 경우 즉 당사자 1인이 외국인, 목적물이 외국소재, 법률관계(또는 손해)가 외국에서 발생한 경우 등을 말한다.

다. 설 문

(당사자가 모두 한국인이라고 할지라도) 설문의 그림이 외국 A국에서 영업하는 갑법인에게 매도의뢰하고 송부하여 A국에서 정과 무사이의 무단매매가 이루어졌으므로 모두 외국적 요소가 있는 법률관계로서 국제사법이 적용된다.

결국 설문에 국제사법이 적용된다.

2. 국제재판관할권(제2조)

가. 의 의

국제재판관할권이란 외국적(＝섭외적) 요소를 가지는 사건이 특정 국가의 법원에 제소된 경우 그 국가의 법원이 그 사건에 대하여 재판할 수 있는 권한을 말한다.

나. 결정기준

합의재판관할이나 변론재판관할이 없는 경우에 국제재판관할권을 어느 국가의 법원이 갖는지 문제가 된다.

1) 종래학설

가) 역추지설(민소법상 토지관할규정 유추)

국내 민사소송법상 토지관할 규정을 역으로 파악하여 재판적이 있는 나라에 재판권을 정하는 견해이다.

나) 조리설(국제민사소송법의 기본이념)

재판의 적정 · 공평 · 신속 · 경제 등 소송법상 이념에 의해 정하는 견해이다.

다) 수정역추지설(원칙적 역추지설, 여기에 공평 신속 등의 이념고려)

원칙적으로 민소법상 토지관할규정을 유추해서 국제재판관할권을 정하되, 그 결과가 재판의 적정 · 공평 · 신속 · 경제 등 소송법상 이념에 반하는 예외적인 경우에는 조리설에 따른다는 견해이다.

2) 국제사법규정

가) 실질적 관련성(제2조 제1항)

당사자 또는 사안이 대한민국과 실질적 관련성이 있을 때 국제재판관할권 인정하고, 이 때 실질적 관련성은 합리적인 원칙에 따라 판단한다. 이 때 실질적 관련성은 법정지 국가의 법원에 제소될 것임을 합리적으로 예견할 수 있을 정도로 법정지 국가와의 관련성을 의미한다.

나) 실질적 관련성의 구체적 판단(제2조 제2항)

국내토지관할규정을 참작하여 국제재판관할권의 유무를 판단하되, 이 때 국제재판관할 특수성도 고려한다. 즉 토지관할규정을 참작하여 재판적(피고주소지, 의무이행지, 재산소재지, 불법행위지 등)이 있는 곳에 국제재판관할이 인정된다. 다만 국제재판관할의 특수성(재판의 적정 · 공평 · 신속 · 경제)을 충분히 고려하여 조리에 반하는 특별한 사정(원고와 피고의 소송수행상의 불편, 법원의 증거조사 불편, 피고의 법정지 국가에서의 의도적인 경제적인활동의 부존재 등)이 있으면 재판관할권이 부정된다.

다. 설 문 – 본 손해배상청구에 대한민국법원이 국제재판관할권을 갖는지

1) 국내법상 관할규정적용

국내관할 규정상 피고의 주소지(민소법 제5조 제2항)가 보통재판관할로 인정되므로 피고기의 주소지인 한국에 관할이 인정된다.

즉 국내법상 관할규정을 적용하면 한국에 국제재판관할이 있다고 볼 수 있다.

2) 국제재판관할의 특수성고려

다만 이때도 국제재판관할의 특수성이 고려해야 하나, 원고 을은 한국이 상거소이고 피고 기도 한국에 거주하고 있는 것으로 보이므로 이들의 소송수행에 불편이 없고 현재 그림이 한국에 소재하고 있으므로 한국에 국제재판관할을 인정함이 타당하다.

3. 기의 소유권 취득 여부

가. 법률관계의 성질

기의 소유권취득여부는 선의 취득을 포함한 물권의 성립과 효력에 관한 사항이므로 물권의 준거법(제19조)에 따른다.

나. 물권의 준거법(제19조)

1) 동산과 부동산에 관한 물권 그리고 등기해야하는 권리는 목적물의 소재지법에 의한다(제1항).

2) 이러한 권리의 득실변경은 원인행위 또는 사실의 완성 당시 목적물 소재지법에 의한다(제2항).

제19조 제2항은 물권변동의 원인이나 요건사실이 완성되지 않은 상태에서 목적물의 소재지가 변경된 경우 원인된 사실의 완성당시 목적물 소재지법에 따른다(제19조 제2항).

다. 설 문 - 각 시점의 준거법과 소유권

1) 무의 매수시점

정과 무의 매매시 목적물이 A국에 소재하였으므로 그림의 소유권 변경은 A국법에 따른다(제19조 제2항). 따라서 이 경우 여전히 을이 소유자이다.

2) 무가 한국반입시점

무가 매수 후 한국에 그림을 반입한 경우 정과의 매매행위 이후에 새로운 원인행위가 존재하는 것이 아니므로 소재지 변경으로 인하여 준거법이 변경되지 않는다. 그림이 한국에 소재하나 여전히 을이 소유자이다.

3) 기의 매수시점

무와 기의 매매시 목적물이 한국에 소재하였으므로 그림의 소유권 변경은 한국법에 따른다(제19조 제2항). 한국법[2]은 선의취득을 인정하고 있으므로 이 경우 무권리자인 무로부터 기가 선의로 양수하여 점유하였으므로 기의 소유권이 인정된다.

---

2) 민법 제249조는 선의취득을 인정하고 있으며, ① 동산을 객체로, ② 양도인이 무권리자로 점유하고 있을 것, ③ 양수인이 유효한 거래행위를 통하여 평온·공연·선의·무과실로 양수할 것, ④ 양수인이 점유를 취득할 것을 그 요건으로 하고 있다.

제 2 문

　　甲은 러시아에만 영업소가 있는 식료품도매회사이고 乙은 대한민국에만 영업소가 있는 식료품회사이다. 2015. 5. 15. 甲은 대한민국에 둔 임시연락사무소를 통하여 乙과 냉장포장 김치와 진공포장 건사과 매매계약을 체결하였다. 그 계약의 내용은 甲이 중국에서 조달하여 공급하는 배추를 재료로 乙이 국내산 양념 재료를 사용하여 가공한 냉장포장 김치 10톤과 진공포장된 건사과 1톤을 乙이 甲에게 각 미화 5만 달러에 매도하되, 2015년 6월말까지는 선적항인 부산항에서 양 물품을 선적하여 운송인에게 인도하고, 준거법은 러시아법으로 한다는 것이었다. 甲, 乙은 위 계약체결을 서면화하지는 않았다. 한편, 냉장포장 김치 가격에서 甲이 공급하는 중국산 배추의 가격이 차지하는 비중은 10%이다.

　　乙은 甲에게 위 물품을 인도할 때 송장(送狀, invoice)을 첨부하였는데, 이 송장 뒷면에는 여러 조항들이 영어로 기재되어 있었고 그중 관할을 대한민국 법원으로 지정한다는 조항이 포함되어 있었다.

　　乙은 2015. 6. 30. 부산항에서 목적항인 러시아 보스토치니 항으로 향하는 선박에 계약한 물품을 선적하였다. 그런데 그 선박이 부산항을 출발하여 경유항인 나가사끼 항에 입항하였을 때 선박의 소유자가 연료유 대금을 지급하지 못하였다는 이유로 연료유 공급업자가 당해 선박을 압류하여, 결국 당해 선박은 예정된 운항기간을 훨씬 넘긴 2015. 8. 2.에야 보스토치니 항에 도착하였다. 2015. 8. 3. 냉장포장 김치는 모두 유통기한을 넘겨 검역과정에서 수입금지 조치를 받고 보스토치니 항에서 전량 폐기되었다. 한편 진공포장된 건사과는 2015. 8. 3. 식품검역증서가 위조되었다는 이유로 수입금지 조치를 받고 전량 몰수되었다.

　　2015. 8. 3. 乙이 매매대금의 지급을 청구하자 甲은 2015. 8. 4. 대금지급을 거절하고, 물품의 부적합과 서류교부의무 위반을 이유로 매매계약을 해제하는 통지를 하였다.

　　대한민국, 러시아는 모두「국제물품매매계약에 관한 국제연합협약」(이하 '협약')의 체약국이다. 러시아는 협약 제96조에 따라 유보선언을 한 체약국이다.

1. 이 사건 계약에서 협약 적용과 관련된 논점들을 기술하라. (30점)
　(이하 2, 3, 4문은 계약이 성립되었음을 전제로 함)

2. 乙이 보낸 송장의 내용 중 관할 조항이 계약의 내용이 되는가? (10점)

3. 乙은 냉장포장 김치 매매대금의 지급을 받을 수 있는가? (20점)

4. 乙은 진공포장 건사과 매매대금의 지급을 받을 수 있는가? (20점)

변시 **5회**	2-1문	30점

> 이 사건 계약의 협약적용여부

1. 협약적용여부

가. 공통요건 – 국제, 물품, 매매계약(제1조)

1) 국제성

국적이 아닌 영업소를 기준으로 영업소가 서로 다른 국가에 있는 것을 의미한다. 일방의 영업소가 복수인 경우 가장 밀접한 영업소 기준으로 한다(제10조 가호). 일방의 영업소가 없는 경우 그의 상거소를 영업소로 본다(제10조 나호).

2) 물품

물품을 대상으로 하므로, 부동산이나 채권 등은 제외된다.

3) 매매계약

매매계약이어야 하고, 노무서비스공급계약은 제외된다.

가) 제작(생산)물공급계약은 원칙적으로 매매로 간주된다(제3조 제1항).

나) 제작(생산)물공급계약 중 매수인이 중요부분 공급시(제3조 제1항 단서) 매매로 보지 않는다.

나. 적용유형별 요건

1) 직접적용

해당국가가 모두 체약국인 경우에 위 공통요건(국제성, 물품, 매매)이 충족되면 협약이 직접적용된다(제1조 제1항 가호).

2) 간접적용

해당국가 전부 또는 일부가 비체약국인 경우에 위 공통요건(국제성, 물품, 매매)을 구비하였을 것, 국제사법에 의해 체약국법이 적용될 것, 그 체약국이 제95조 유보선언을 하지 않았을 것을 모두 갖추었다면 협약이 간접적용된다(제1조 제1항 나호).

다. 설 문

설문에서 매도인 을의 영업소 소재국인 한국은 체약국이고, 매수인 갑의 영업소 소재국인 러시아도 체약국이다. 따라서 직접적용이 문제되고, 공통요건인 국제성, 물품, 매매 계약을 모두 충족한다.

즉 설문은 양당사자들의 영업소가 각각 한국과 인도네시아에 있고, 김치와 건사과는 모두 물품에 해당하고, 이들 매매계약을 체결하였으므로 공통요건 충족하여 일단 협약이 직접 적용될 수 있다.

2. 협약 적용제외여부(제2조, 제3조, 제5조, 제6조)

가. 합의배제(제6조)

당사자간 합의로 적용제외가 가능하다.

나. 적용제외 매매(제2조)

개인용, 가정용 물품매매 등에는 협약이 적용제외된다.

다. 물품제조생산공급계약(제3조)

매수인이 중요부분 공급하는 경우(제3조 제1항 단서)와 공급의무자의 의무의 주된 부분이 노무기타서비스 공급계약인 경우(제3조 제2항)에는 협약이 적용제외된다.

라. 제조물책임(제5조)

물품으로 인한 사람의 사망, 상해에 대한 매도인 책임에는 협약이 적용제외된다.

마. 설 문

1) 설문은 협약의 직접적용 문제이나 당사자 간에 준거법을 체약국인 러시아법으로 합의하여 협약적용에 대하여 합의배제한 사실이 없다(제6조).

2) 매수인 갑은 식료품도매회사로서 그 영업활동으로 이 사건 매매계약들을 체결한 것이므로 개인용 또는 가정용 매매에 해당하지 않는다(제2조).

3) 김치매매계약과 관련하여 매수인이 배추를 공급하였으므로 제3조가 문제될 수 있다. 매수인이 중요부분을 공급한 경우란 실질적 가액을 기준으로 판단하므로 갑이 공급한 배추 가액이 전체의 10%에 불과하다고 설시하였으므로 중요부분으로 볼 수 없다. 따라서 김치매매계약도 제3조 제1항 단서에 해당하지 않아 협약의 적용이 배제되지 않는다(제3조).

3. 제96조 유보선언과 협약의 적용[3]

가. 원 칙 - 계약의 형식상 자유(제11조)

계약은 원칙적으로 어떠한 제한도 없는 자유로운 방식으로 가능하다. 따라서 체결이나

---

3) 저자의 로스쿨국제거래법(2015년) 10면 관련쟁점 정리 참조.

입증에 있어서 서면이 반드시 필요한 것도 아니다. 즉 협약상 적용대상이 되는 계약은 불요식 계약이다.

나. 예 외 - 제96조상의 유보선언

1) 제96조

국가의 법률상 매매계약 체결 또는 입증 등에 서면을 요구하는 체약국은 제12조를 근거로 계약의 변경이나 종료, 청약, 승낙의 의사표시를 서면으로 하지 않아도 되는 제11조, 제29조, 제2편의 규정에 대하여 당사자 일방이 그 체약국에 영업소를 가지고 있는 경우위 규정들의 적용을 배제한다는 취지의 선언을 할 수 있다.

2) 제12조

제96조의 유보선언을 한 경우 유보선언 국가에 일방의 영업소가 있다면, 서면성을 배제하고 방식상 자유를 인정하는 제11조, 제29조, 제2편은 그 매매계약에 적용되지 않아 계약은 반드시 서면으로 체결되어야 한다. 이러한 제12조를 배제하거나 변경하는 합의는 효력이 없다. 따라서 이들 국가에 일방의 영업소가 있는 경우에는 계약은 반드시 서면으로 체결되어야 한다.

다. 설 문

설문에서 매수인 갑의 영업소 소재국인 러시아가 제96조 유보선언을 하고, 그 결과 양당사자가 이 사건 계약체결을 서면화하지 않았으므로 제12조에 따라 국내법상 계약 방식의 위반을 이유로 그 계약은 무효이다.

4. 결

(생략)

변시 5회 **2-2문** 10점

을의 송장의 관할조항이 계약 내용이 되는지

---

1. 계약성립여부

계약의 성립에는 청약과 승낙이 존재하여야 하는바, 설문에서 갑과 을이 매매계약을 체결하였다고 전제하였으므로 김치와 건사과 매매계약의 성립은 인정[4]된다.

2. 계약의 변경과 종료(제29조)

가. 원 칙

원칙적으로 계약은 당사자의 합의만으로 변경·종료될 수 있다(제29조 제1항).

나. 예 외(제29조 제2항)

1) 다만, 서면계약상

2) 합의변경 또는 종료는 서면으로 해야 한다는 규정이 있는 경우에는

3) 다른 방법으로 합의변경 또는 종료될 수 없고, 서면에 의하여 합의변경 종료되어야 한다.

4) 그러나 자신의 행동에 의한 상대방의 신뢰는 그 한도 내에서 보호된다. 즉 자신의 행동을 믿고 행동한 상대방에 대해서는 계약의 변경 종료가 서면에 의한 것이 아니라는 이유로 변경종료가 무효라는 주장을 할 수 없다는 의미이다. 이러한 행동에 해당하는 경우로는 채무면제나 화해 등을 들 수 있다.

5) 만약 매매계약을 서면이 아닌 구두의 방식으로 체결하였다면, 구두계약에는 제29조 제2항이 적용되지 않으므로 구두계약상 계약의 변경종료는 서면에 의하기로 합의하였더라도 구두 합의만으로 계약의 변경종료가 가능하다.

다. 제96조상의 유보선언

국가의 법률상 매매계약 체결 또는 입증 등에 서면을 요구하는 체약국은 제12조를 근거로 계약의 변경이나 종료, 청약, 승낙의 의사표시를 서면으로 하지 않아도 되는 제11조, 제29조, 제2편의 규정에 대하여 당사자 일방이 그 체약국에 영업소를 가지고 있는 경우 위 규정들의 적용을 배제한다는 취지의 선언을 할 수 있다.

---

4) 설문은 변경된 승낙(제19조)의 문제가 아니고, 제96조 유보선언과도 무관함을 유의해야 한다.

3. 결

설문의 갑을간 계약은 관할에 대한 내용없이 서면이 아닌 구두로 체결되었으나 그 후 국제재판관할을 한국으로 한다는 조항을 을이 갑에게 송장으로 통지하였다. 이러한 관할 조항 통지는 계약의 변경에 해당하고 제29조가 적용된다. 그러나 갑을 간의 계약이 러시아의 제96조 유보선언과 무관하게 서면 방식이 아니어도 변경이 가능하나 이에 대하여 합의가 부존재하므로 계약의 변경이 부정된다. 즉 을의 송장 중 관할 조항은 계약의 내용이 되지 않는다.

변시 **5회**　2-3문　　　　　　　　　　　　　20점

김치에 대한 을의 매매대금지급청구 가능성

1. 계약성립여부

계약의 성립에는 청약과 승낙이 존재하여야 하는바, 설문에서 갑과 을이 매매계약을 체결하였다고 전제하였으므로 김치와 건사과 매매계약의 성립은 인정된다.

2. 물품부적합과 매수인의 해제

가. 운송포함 매매의 위험이전 시기(제67조)

1) 매도인이 특정장소에서 교부의무가 없는 경우(제67조 제1항 제1문)

위험은 매매계약에 따라 매수인에게 전달하기 위하여 물품이 제1운송인에게 교부된 때에 매수인에게 이전한다. 즉 물품이 제1운송인에게 교부된 때에 위험이 이전된다.

2) 매도인이 특정한 장소에서 교부의무가 있는 경우(제67조 제1항 제2문)

매도인이 특정한 장소에서 물품을 운송인에게 교부하여야 하는 경우에는, 위험은 그 장소에서 물품이 운송인에게 교부될 때까지 매수인에게 이전하지 아니한다. 즉 그 특정장소에서 물품의 운송인에게 교부된 때에 위험이 이전된다.

3) 설문

설문의 갑을간 매매는 운송을 포함하는 매매계약으로서 특정한 장소인 부산에서 목적물 교부의무가 있는 경우이므로 부산에서 물품이 운송인에게 교부된 때 매수인 갑에게 위험이 이전된다. 결국 설문에서 위험의 이전시기는 부산에서 물품이 (운송인에게) 교부된 때이다.

나. 물품부적합 판단 시점(제36조)

1) 본조는 위험의 이전과 관련하여 계약적합성의 판단 시점을 규정하고 있다.

2) 위험이전시까지 존재하였던 부적합(제1항)

매수인에게 위험이 이전하는 시점까지 존재하였던 물품의 부적합에 대하여 그 부적합이 위험이전 후에 판명된 경우라도 매도인이 계약과 협약상 책임을 진다.

3) 위험이전시 이후에 발생한 부적합(제2항)

위험이전시 이후에 발생한 부적합은 원칙적으로 매도인이 책임을 부담하지 않는다. 다만 위험이전시 이후에 발생한 부적합이라도 a) 그것이 매도인의 의무위반에 기인하는 경우, b) 일정기간을 정하여 매도인이 한 품질이나 상태에 대한 보증에 위반하는 경우에는 매도인이 물품부적합에 대하여 책임을 진다.

4) 설문

설문의 물품부적합(연료업자의 선박압류로 인한 유통기한 경과)은 위험이전시(부산에서 교부시)이후에 발생한 부적합으로 그것이 매도인의 의무위반에 기인하거나 매도인의 보증에 위반하는 경우에 해당하지 않으므로 매도인 을이 이에 대한 책임을 부담하지 않는다.

다. 매수인 갑의 계약 해제 가능여부

설문의 물품부적합(연료업자의 선박압류로 인한 유통기한 경과)은 전술한 바와 같이 매도인 을이 이에 대한 책임을 부담하지 않으므로 매수인 갑이 이를 이유로 계약해제할 수 없다.

3. 위험의 이전과 매수인의 대금지급

가. 운송포함매매의 위험이전시기(제67조)

설문의 갑을간 매매는 운송을 포함하는 매매계약으로서 특정한 장소인 부산에서 목적물 교부의무가 있는 경우이므로 부산에서 물품이 운송인에게 교부된 때 매수인 갑에게 위험이 이전된다. 결국 설문에서 위험의 이전시기는 부산에서 물품이 (운송인에게) 교부된 때이다.

나. 위험이전의 효과(제66조)

위험이 매수인에게 이전된 후 물품 멸실 훼손된 경우라도 매수인은 대금을 지급해야 한다(제66조 본문). 다만 멸실·훼손이 매도인의 작위부작위로 인한 경우에는 매수인은 대금지급의무를 면한다(제66조 단서).

다. 설 문

설문은 위험이 매수인 갑에게 이전(부산에서 인도)된 후 유통기한이 경과하여 전량 폐기(멸실·훼손)된 것으로서 이러한 멸실·훼손이 매도인 을의 행위로 인한 것이 아니므로 매수인 갑은 대금을 지급해야 한다.

4. 결

매도인 을은 김치에 대하여 매매대금을 지급받을 수 있다.

건사과에 대한 을의 매매대금지급청구 가능성

1. 계약성립여부

계약의 성립에는 청약과 승낙이 존재하여야 하는바, 설문에서 갑과 을이 매매계약을 체결하였다고 전제하였으므로 김치와 건사과 매매계약의 성립은 인정된다.

2. 매도인의 의무위반

매도인은 물품에 관한 서류를 계약에 적합하도록 정한 시기, 장소, 방식에 따라 서류를 교부하여야 한다(제34조). 설문은 매도인 을이 위조된 건사과 검역증서를 교부하였으므로 제34조 위반에 해당한다.

3. 매수인의 계약해제권(제49조)

가. 매도인의 본질적 계약위반(제25조)이 존재하는 경우(제49조 제1항 가호)

본질적 계약위반에 해당하기 위해서는

1) 당사자 일방의 계약위반이 있고,

2) 계약상 가능한 상대방의 기대를 실질적으로 박탈한 정도의 손실을 상대방에게 주는 경우이어야 한다.

3) 다만, 위반 당사자가 계약체결시 그러한 손실을 예견 불가능하였고(and) 동일부류의 합리적인 사람도 동일한 상황에서 예견불가능하였을 경우가 아니어야 한다.

나. 매도인의 본질적 계약위반이 아닌 경우(제49조 제1항 나호)

1) 매도인의 인도의무불이행으로서 본질적 계약위반(제25조)이 아닌 경우,

2) 매수인이 부가기간 지정(제47조 제1항)을 하고, 매도인이 그 부가기간 내에 물품인도의무 이행하지 아니하거나 거절하는 때에 매수인은 계약을 해제할 수 있다.

다. 설　문

1) 본질적 계약위반인지(제25조)

설문에서 매도인 을은 위조된 검역증서를 교부하여 의무위반이 존재하고, 건사과 1톤 전량이 몰수되어 계약상 가능한 상대방 갑의 기대를 실질적으로 박탈하는 정도의 손실을 발생시켰으며, 위반당사자 을 계약체결시 검역증서 불비로 건사과가 몰수될 수 있다는 것

을 알고 있는 것으로 보이므로 갑의 그러한 손실을 예견가능하였다. 따라서 을의 위조된 건사과 검역증서 교부는 본질적 계약위반에 해당한다.

2) 본질적 계약위반의 해제(제49조 제1항 가호)

설문의 경우 매도인 을의 계약위반이 제25조의 본질적 계약위반에 해당하므로 매수인 갑은 제49조 제1항 가호에 따라 즉시 계약해제를 할 수 있다.

4. 해제권 상실여부

가. 해제권의 상실(제49조 제2항)

1) 인도지체 이외의 위반의 경우(제2항 나호) 매도인이 매수인에게 물품을 인도한 경우 다음의 기간 내에 해제하지 않으면 (매수인의) 해제권이 상실된다.

가) 매수인이 그 위반을 알았거나 알 수 있었던 때로부터 합리적인 기간 내(i호)

나) 매수인이 제47조 제1항(매수인의 부가기간지정권)의 부가기간이 경과한 때 또는 매도인 이 그 부가기간 내에 이행거절한 때로부터 합리적인 기간 내(ii호)

다) 매도인이 제48조 제2항(매도인의 불이행치유권) 권한 행사시 매도인이 정한 부가기간이 경과한 때 또는 매수인이 그 이행수령 거절한 때로부터 합리적인 기간 내(iii호)

2) 설문

설문은 매도인 을이 검역증서를 위조하여 교부한 경우이고 매수인 갑은 건사과가 검역 증서위조를 이유로 몰수된 바로 다음날 해제하였으므로 의무위반사실을 알고 합리적인 기간이 경과한 것으로 보이지 않는다.

결국 설문은 매수인 을의 해제권이 상실되지 않는다.

나. 동일상태 반환불능시 해제권상실(제82조)

1) 요건(제82조 제1항)

매수인이 수령한 상태와 실질적으로 동일한 상태로 물품의 반환이 불가능한 경우 매수인은 계약해제권 등을 상실한다.

2) 상실의 예외(제82조 제2항)

가) 반환불능이 매수인의 작위, 부작위에 기인하지 않는 경우,

나) 매수인의 제38조에 따른 검사의 결과로 물품이 멸실 또는 훼손된 경우,

다) 매수인이 부적합 발견 했거나 발견하였어야 했던 시점 전에 물품이 매각, 소비, 변형된 경우

즉 이러한 경우에는 동일상태 반환불능이라 하더라도 매수인은 계약해제권과 대체물청구권을 행사할 수 있다.

3) 설문

설문은 검역증서가 위조된 문제로 건사과는 동일상태로 반환이 가능한 경우이므로 제82조가 문제되지 않는다. 즉 제82조가 적용되지 않아 해제권이 상실되지 않으므로 매수인 갑은 해제가능하다.

5. 위험이전과 계약해제(제70조)

매도인이 본질적 계약위반을 한 경우에는, 제67조, 제68조 및 제69조는 매수인이 그 위반을 이유로 구할 수 있는 구제를 방해하지 아니한다(제70조). 따라서 위험이 이전되었더라도 매수인 갑은 매도인 을의 본질적 계약위반(건사과 전량 몰수)을 이유로 계약해제권을 행사할 수 있다.

6. 결

매도인 을은 건사과에 대하여 매매대금을 지급받을 수 없다.

제1문

　　A국인 甲과 A국인 乙은 대한민국에 상거소를 두고 있다. 甲과 乙은 100명의 하객이 참석한 가운데 서울에서 혼인식을 거행하였다. 甲은 유효한 유언장을 혼인 전에 작성하였고 자신의 재산상속에 관한 준거법으로 대한민국법을 지정하였다.

　　태국법에 따라 설립되고 태국에 주된 영업소를 둔 丙여행사는 한글 홈페이지를 개설하여 한국인을 대상으로 태국 신혼여행 상품을 홍보하고 있다. 甲과 乙은 인터넷 검색으로 동 상품에 만족하고 丙의 대한민국 지점을 방문하여 기획여행계약을 체결하였으나, 계약의 준거법은 지정되지 아니하였다. 이 여행계약에 따르면 丙의 직원이 현지에서의 선택관광 상품을 안내하도록 되어 있다. 그 후 甲과 乙은 예정대로 태국으로 신혼여행을 갔다.

　　한편 丙의 직원인 丁(국적은 A국이며 태국에 상거소를 두고 있음)은 현지에서 소형 선박을 소유하여 호객하는 무허가 불법업자인 戊로부터 뒷돈을 받고, 甲과 乙에게 戊의 선박을 안내하였다. 그런데 항해 도중 그들이 탑승한 소형 선박이 정비불량으로 침몰하여 甲과 乙 모두 실종되었다. 태국경찰은 실종자 수색 끝에 甲과 乙을 발견하였으나, 乙은 이미 사망한 상태였고 甲은 구조된 후 3일 뒤 사망하였다.

[전제사실]
1. 아래 질문 3., 4.에서 甲의 부모는 甲이 丙과 체결한 기획여행계약상 甲의 지위와 동일한 것으로 간주한다.
2. A국법상 자녀가 없는 부부 중 일방이 사망한 경우, 그의 재산 전부는 생존 배우자에게 상속된다.

[질문]
1. 乙의 부모는 甲과 乙의 혼인이 유효하게 성립하지 않았다고 주장하는바, 그 당부를 판단하는 준거법은 무엇인지 논하시오(대한민국 「국제사법」에 따라 답할 것). (10점)

2. 甲의 부모는 乙의 재산이 甲에게 상속된 뒤, 乙의 재산 및 甲의 재산 모두가 다시 甲의 부모에게 상속되었다고 주장한다. 甲과 乙의 유효한 혼인이 성립되었음을 전제로, 이러한 甲의 부모의 주장에 대한 준거법은 무엇인지 논하시오(대한민국 「국제사법」에 따라 답할 것). (15점)

3. 甲의 부모는 丙이 기획여행업자로서 甲에 대한 보호의무를 다하지 못하였다고 하면서 계약위반책임을 주장하고, 아울러 丙이 丁에 대한 지휘·감독을 소홀히 한 결과 甲의 생명을 침해하는 결과가 발생하였다고 하면서 불법행위책임을 주장한다.

　가. 甲의 부모는 이러한 두 가지 근거로 발생한 손해배상청구권이 자신들에게 상속되었다고 주장하면서 丙을 상대로 손해배상청구의 소를 대한민국 법원에 제기하였다. 대한민국 법원의 국제재판관할권의 당부를 논하시오. (15점)

　나. 대한민국 법원에 국제재판관할권이 인정됨을 전제로, 甲의 부모의 청구 각각에 대한 준거법은 무엇인지 논하시오. (15점)

4. 대한민국 법원은 甲에 대한 丙의 계약위반책임과 불법행위책임을 모두 부정하였다고 가정한다. 그러나 丙은 丁의 불법행위가 성립한다고 판단하여 선의로 甲의 부모에게 손해를 배상하였다. 그 후 丙은 변제자대위에 근거하여 丁을 상대로 甲의 부모의 손해배상청구권을 주장한다. 대한민국 법원에서 재판한다면,

　가. 丙이 이전받았다고 주장하는 손해배상청구권 그 자체에 대한 준거법은 무엇인지 논하시오. (10점)

　나. 丁을 상대로 한 상기 丙의 주장이 타당한지 여부에 대한 준거법은 무엇인지 논하시오. (15점)

변시 6회   1-1문   10점

갑과 을의 혼인의 성립에 관한 준거법

---

0. 국제사법 적용여부

문제의 설명에 따라 본사건에 한국의 국제사법이 적용된다.

1. 혼인의 성립의 준거법(제29조)

제29조 제1항 실질적 성립요건과 제29조 제2항 형식적 성립요건을 구비하여야 갑과 을의 혼인이 유효하게 성립한다고 주장할 수 있다.

2. 혼인의 실질적 성립요건(제1항)

가. 혼인의 성립요건은 혼인당시 각 당사자의 본국법에 의한다. 이때 성립요건은 방식을 제외한 실질적 성립요건을 의미한다. 제36조 제1항은 "각" 당사자의 본국법에 의한다고 규정하고 있는 바, 양당사자의 혼인시 본국법에 따를 때에도 양당사자의 본국법이 다른 경우에 준거법 처리가 문제될 수 있다. 혼인은 근본적으로 양당사자, 즉 남녀 간의 대등한 지위에서 이루어지는 것이므로 각자의 준거법이 누적적 연결이 아닌 배분적 연결이 타당하며, 우리 국제사법 제36조도 그 규정상 배분적 연결을 취하고 있다고 보아야 할 것이다. 즉 혼인의 당사자는 자신의 본국법에 따라 자신의 요건구비를 개별적으로 검토하게 될 것이다.

나. 설 문

혼인 당시 각 당사자인(갑과 을)의 본국법인 A국법이 준거법이 된다.

3. 혼인의 형식적 성립요건(제2항)

가. 혼인거행지법 또는 당사자 일방의 본국법에 의한다. 다만, 대한민국에서 혼인을 거행하였고 당사자 일방이 대한민국 국민인 때에는 대한민국법에 의한다. 제2항 본문이 혼인의 방식에 대하여 혼인거행지법 또는 당사자 일방의 본국법에 의한다고 규정하고 있으므로 두 개의 법 중 하나만이라도 의할 때 방식이 구비되면 방식은 유효하게 된다.

나. 설 문

일방이 한국인이 아니므로 단서가 적용되지 않고, 본문에 따라 혼인거행지법인 한국법 또는 일방의 본국법인 A국법이 준거법이 된다.

4. 결

갑과 을 간의 혼인의 실질적 성립요건은 A국법이, 형식적 성립요건은 한국법 또는 A국법이 준거법이 된다.

변시 6회 　1-2문　 　　　　　　　　　　　　 15점

> 을의 재산이 갑을 통해 갑의 부모에게 상속되었다는 주장의 준거법(15점)

0. 국제사법 적용여부

문제의 설명에 따라 본 사건에 한국의 국제사법이 적용된다.

0. 상속의 준거법의 적용범위

상속 문제의 선결문제로서 상속인 즉 친족관계 확정이 필요하므로 피상속인과의 부부관계(혼인), 친자관계, 기타 친족관계는 각각 해당 준거법규정에 따라 우선적으로 인정되어야 할 것이다. 설문에서 갑의 부모와의 관계는 문제되지 않고, 갑과 을의 혼인관계는 유효하게 성립한 것으로 주었으므로 친족관계의 문제는 검토하지 않는다.

1. 상속의 준거법(제49조)

가. 상속은 사망당시 피상속인의 본국법에 의한다(제1항).

나. 유언지정시 우선적용(제2항)

다만, 피상속인이 유언에 적용되는 방식에 의해 다음 각호 중 하나를 준거법으로 지정한 경우 피상속인의 본국법(제1항)에 우선하여 그 법에 의한다.

1) 유언 지정시부터 피상속인 사망당시까지 상거소지를 유지한 경우 지정당시 피상속인의 상거소국가의 법(제1호)

2) 부동산에 관한 상속에 대하여 부동사 소재지법 중 하나를 지정하는 경우(제2호)

3) 다만, 선택의 방식은 제50조 제3항(유언의 방식)을 준수해야 할 것(제49조 제2항)

이 경우 상속의 준거법 선택이 유언의 방식에 따른 것이어야 하므로 선택의 방식이 제50조 제3항 유언의 방식을 준수해야 하는 것이다.

다. 적용범위

상속의 준거법은 크게 보아 재산상속, 신분상속 등 모든 상속에 적용된다. 구체적으로 상속 개시의 원인과 시기, 상속인의 자격과 순위, 상속재산의 범위와 내용, 상속의 승인과 포기, 상속분, 기여분, 유류분 등에 적용된다.

2. 설 문

갑을간 상속의 준거법은 사망당시 피상속인의 본국법 즉 을의 본국법인 A국법이 준거법이 된다(갑의 유언지정은 적용되지 않는다).

갑과 갑의 부모간 상속의 준거법은 피상속인 갑이 유언지정을 하였으므로 제2항이 문제되고, 갑의 유언은 방식을 구비한 유효한 것이고, 유언지정시부터 사망시까지 상거소지 한국을 유지하였으므로 지정당시 피상속인 갑의 상거소국가의 법인 한국법이 준거법이 된다.

> 가. 갑의 부모의 계약위반손해배상청구권과 불법행위손해배상청구에 대한 국제재판관할권(15점)
>
> 나. 갑의 부모의 계약위반손해배상청구권 및 불법행위손해배상청구의 준거법(15점)

I. 가. 문

1. 국제사법 적용여부

가. 국제사법 제1조

국제사법은 외국적 요소가 있는 법률관계에 대하여 국제재판관할과 준거법을 정하는 것을 목적으로 한다(제1조).

나. 외국적 요소가 있는 법률관계

국제사법이 적용되는 외국적 요소가 있는 법률관계란 법률관계의 구성요소 일부가 다른 국가와 관련이 있는 경우 즉 당사자 1인이 외국인, 목적물이 외국소재, 법률관계(또는 손해)가 외국에서 발생한 경우 등을 말한다.

다. 설 문

손해배상청구사건에서 피고 병 법인이 외국법인이고, 해당 여행계약의 실행지, 계약위반행위 및 사고발생지가 A국이므로 갑의 부모의 손해배상청구는 외국적 요소가 있는 법률관계로서 국제사법이 적용된다.

결국 본사건에 국제사법이 적용된다.

2. 소비자계약 해당여부

가. 소비자계약이란 소비자가 직업 또는 영업활동 이외의 목적으로 체결한 경우를 의미한다. 설문의 경우 소비자인 갑과 을이 여행계약을 체결한 것은 자신의 직업이나 영업활동과 무관한 것이므로 소비자계약에 해당한다.

나. 제27조 제1항 각호 해당여부

설문에서 병 여행사가 개설한 한국홈페이지에 A국여행을 홍보하는 광고가 있고, 병의 한국지접에서 계약을 체결하였으므로 제27조 제1항 제1호 및 제2호에 해당한다. 따라서 설문의 매매계약은 제27조가 적용될 수 있다.

3. 국제재판관할권(제2조)

가. 의 의

국제재판관할권이란 외국적(＝섭외적) 요소를 가지는 사건이 특정 국가의 법원에 제소된 경우 그 국가의 법원이 그 사건에 대하여 재판할 수 있는 권한을 말한다. 이는 한 국가의 여러 법원 중에서 어느 법원이 처리할지의 문제인 토지관할과는 구별된다.

나. 결정기준

1) 종래학설

가) 역추지설(민소법상 토지관할규정 유추)

국내 민사소송법상 토지관할 규정을 역으로 파악하여 재판적이 있는 나라에 재판권을 정하는 견해이다.

나) 조리설(국제민사소송법의 기본이념)

재판의 적정·공평·신속·경제 등 소송법상 이념에 의해 정하는 견해이다.

다) 수정역추지설(원칙적 역추지설, 여기에 공평 신속 등의 이념고려)

원칙적으로 민소법상 토지관할규정을 유추해서 국제재판관할권을 정하되, 그 결과가 재판의 적정·공평·신속·경제 등 소송법상 이념에 반하는 예외적인 경우에는 조리설에 따른다는 견해이다.

2) 국제사법규정

가) 실질적 관련성(제2조 제1항)

당사자 또는 사안이 대한민국과 실질적 관련성이 있을 때 국제재판관할권 인정하고, 이 때 실질적 관련성은 합리적인 원칙에 따라 판단한다.

나) 실질적 관련성의 구체적 판단(제2조 제2항)

국내토지관할규정을 참작하여 국제재판관할권의 유무를 판단하되, 이 때 국제재판관할 특수성도 고려한다.

다. 설 문

설문은 전술한 바와 같이 외국적 요소가 있는 법률관계로서 국제사법이 적용된다. 따라서 국제재판관할 판단시 국제사법 제2조에 의하여 결정할 수 있으므로 제2조 제2항에 따라 국내법상 토지관할규정과 국제재판의 특수성을 기준으로 판단할 수 있다. 그러나 설문은 소비자계약의 경우이므로 그 재판관할에 대하여는 제2조에 대한 특칙인 제27조가 우선 적용되므로 제27조에 따라 검토한다.

4. 소비자계약의 국제재판관할 특칙(제27조 제4, 5, 6항)

가. 소비자가 원고(제4항)

소비자계약의 경우 소비자는 자신의 상거소국가에서도 추가적으로 소제기가 가능하다. 즉 소비자가 원고인 경우에는 제2조를 배제하는 것이 아니라 제2조에 의한 재판관할권 인정 국가 이외에 추가하여 소비자의 상거소국가에도 재판관할권을 인정하는 것이다.

나. 소비자가 피고(제5항)

소비자의 상대방이 제기하는 소는 소비자의 상거소국가에서만 제기할 수 있다. 즉 소비자의 상대방(즉 일반적으로 기업)이 원고인 경우 즉 소비자가 피고인 경우에는 소비자의 상거소국가에만 재판관할권이 인정되고, 제2조에 의한 재판관할권은 부정된다.

다. 국제재판관할 서면 합의(제6항)

1) 서면합의

소비자계약의 당사자들은 서면에 의하여 국제재판관할 합의가 가능하다.

2) 사후적 합의

분쟁이 이미 발생한 경우 국제재판관할합의(사후적 합의)가 가능하다.

3) 사전적 합의 & 추가적 합의

소비자의 제소 가능한 관할법원을 추가적으로 허용하는 경우에만 사전적 합의가 가능하다.

라. 설 문

1) 설문의 손해배상청구에는 소비자계약의 국제재판관할 특칙(제27조 제4, 5, 6항)이 적용된다. 재판관할에 대한 사후적 합의가 없으므로 제6항은 문제되지 않는다. (전제 1.에서 갑과 갑의 부모가 여행계약상 지위가 동일하다고 하였으므로) 소비자인 갑(갑의 부모)이 원고인 경우이므로 제4항에 따라 자신(갑)의 상거소지인 한국에도 추가하여 국제재판관할이 인정된다. 따라서 한국에 국제재판관할이 인정된다.

2) 그리고 제27조 제4항에 따라 소비자가 원고인 경우 제2조에 의한 국제재판관할을 배제하는 것이 아니므로 제2조에 따른 국제재판관할을 검토해본다. 제2조에 따른 국제재판관할은 피고영업지, 의무이행지, 불법행위지인 A국과 피고 외국법인의 한국 영업소[1]의

주소인 한국에 인정된다.

5. 결

설문은 제2조와 제27조 제4항에 의해 대한민국법원에 국제재판관할권이 인정된다.

II. 나. 문

1. 계약위반 손해배상청구의 준거법(제27조)

가. 소비자계약해당여부

설문은 전술한 바와 같이 갑의 여행계약은 소비자계약에 해당한다.

나. 당사자가 준거법 선택한 경우(소비자 보호 박탈 금지)(제1항)

1) 소비자가 직업 또는 영업활동 이외의 목적으로 계약(이하 소비자계약) 체결한 경우,
2) 당사자가 준거법을 선택하였더라도
3) 소비자의 상거소가 있는 국가의 강행규정상 소비자 보호를 박탈할 수 없다.

다. 당사자가 준거법 선택하지 않은 경우(제2항)

이러한(영업활동 이외 목적) 소비자계약에서 당사자가 준거법을 선택하지 않은 경우에는 제26조(객관적 연결)가 아닌 소비자의 상거소법에 의한다.

라. (영업활동 이외 목적) 소비자계약의 방식(제3항)

제17조가 아닌 소비자의 상거소지법에 의한다.

마. 설 문

준거법에 대한 사후적 합의가 없었으므로 제27조 제1항은 문제되지 않는다. 제27조 제2항이 적용되어 소비자의 상거소지법이 준거법이 되므로 소비자 갑의 상거소지인 한국법이 설문의 계약위반 손해배상청구의 준거법이 된다.

2. 불법행위 손해배상청구의 준거법

가. 준거법에 관한 사후적 합의(제33조)

1) 우선 적용

당사자는 제30조(사무관리), 제31조(부당이득), 제32조(불법행위) 규정에도 불구하고, 사

---

1) 민사소송법 제5조 제2항 참조.

무관리 부당이득 불법행위가 각각 발생한 후 합의에 의하여 대한민국법을 준거법으로 선택가능하다.

2) 다만 그로 인하여 제3자의 권리에 영향을 미치지 못한다.

3) 설문

설문에서 불법행위 준거법에 대하여 갑과 병사이에 사후적 합의가 없다. 제33조 적용되지 않는다.

나. 불법행위의 준거법(제32조)

1) 가해자와 피해자간에 법률관계가 불법행위로 침해된 경우(제3항)

불법행위지법과 상거소지법에 우선하여 그 침해된 법률관계의 준거법에 의한다.

2) 불법행위가 행하여진 당시 동일한 국가 안에 가해자와 피해자의 상거소가 있는 경우(제2항)

불법행위지법에 우선하여 상거소지 법에 의한다.

3) 그 이외의 경우(제1항)

불법행위의 준거법은 불법행위지의 법에 의한다.

4) 제33조 사후적 합의 최우선

결국 불법행위의 준거법 결정은 제33조 사후적합의, 제32조 제3항 침해된 법률관계 준거법, 제32조 제2항 불법행위시 가해자와 피해자의 동일한 상거소지법, 제32조 제1항 불법행위지법의 순서에 따른다.

5) (가. 나. 다의 경우) 외국법이 적용되는 경우 손해배상청구권의 제한

침해된 법률관계의 준거법, 공통된 상거소지법, 불법행위지법에 의하는 경우에 외국법이 적용되어 불법행위 손해배상청구권의 성질이 명백히 피해자의 적절한 배상을 위한 것이 아니거나 필요정도를 넘는 때에는 이를 인정하지 않는다.

6) 설문

전술한 바와 같이 당사자간에 준거법 합의(제33조)가 없으므로 제32조가 적용된다. 이 사건은 여행사가 여행계약상 의무를 위반하여 사고를 유발한 것이므로 가해자와 피해자간(갑)에 법률관계가 존재하고 이 법률관계가 불법행위로 침해된 경우에 해당한다(제3항). 따라서 침해된 법률관계의 준거법이 그 준거법이 된다.

위 II. 1.에서 법률관계(갑과 병의 계약)의 준거법은 소비자 갑의 상거소지법인 한국법이 준거법이므로 설문의 불법행위 손해배상청구의 준거법도 한국법이 된다.

변시 **6회** 1-4문 25점

> 가. 병이 주장하는 손해배상청구권(즉 갑의 부모의 정에 대한 손해배상청구권)의 준거법(15점)
> 나. 정을 상대로 한 병의 변제자대위 주장의 타당성에 대한 준거법(15점)

I. 가. 문

1. 국제사법 적용여부

가. 국제사법 제1조

국제사법은 외국적 요소가 있는 법률관계에 대하여 국제재판관할과 준거법을 정하는 것을 목적으로 한다(제1조).

나. 외국적 요소가 있는 법률관계

국제사법이 적용되는 외국적 요소가 있는 법률관계란 법률관계의 구성요소 일부가 다른 국가와 관련이 있는 경우 즉 당사자 1인이 외국인, 목적물이 외국소재, 법률관계(또는 손해)가 외국에서 발생한 경우 등을 말한다.

다. 설 문

사망한 갑은 A국인이고, 상대방 정은 A국인이며, 정의 불법행위와 갑의 사망이 태국에서 발생하였으므로 갑의 부모의 정에 대한 손해배상청구권은 외국적 요소가 있는 법률관계로서 국제사법이 적용된다.

결국 본사건에 국제사법이 적용된다.

2. 불법행위 손해배상청구의 준거법

가. 준거법에 관한 사후적 합의(제33조)

1) 우선 적용

당사자는 제30조(사무관리), 제31조(부당이득), 제32조(불법행위) 규정에도 불구하고, 사무관리 부당이득 불법행위가 각각 발생한 후 합의에 의하여 대한민국법을 준거법으로 선택가능하다.

2) 다만 그로 인하여 제3자의 권리에 영향을 미치지 못한다.

3) 설문

설문에서 불법행위 준거법에 대하여 갑의 부모(또는 갑)와 정사이에 사후적 합의가 없다. 제33조 적용되지 않는다.

나. 불법행위의 준거법(제32조)

1) 가해자와 피해자간에 법률관계가 불법행위로 침해된 경우(제3항)

불법행위지법과 상거소지법에 우선하여 그 침해된 법률관계의 준거법에 의한다.

2) 불법행위가 행하여진 당시 동일한 국가 안에 가해자와 피해자의 상거소가 있는 경우 (제2항)

불법행위지법에 우선하여 상거소지 법에 의한다.

3) 그 이외의 경우(제1항)

불법행위의 준거법은 불법행위지의 법에 의한다.

4) 제33조 사후적 합의 최우선

결국 불법행위의 준거법 결정은 제33조 사후적 합의, 제32조 제3항 침해된 법률관계 준거법, 제32조 제2항 불법행위시 가해자와 피해자의 동일한 상거소지법, 제32조 제1항 불법행위지법의 순서에 따른다.

5) 설문(제32조 제1항)

전술한 바와 같이 당사자간에 준거법 합의(제33조)가 없으므로 제32조가 적용된다. 이 사건은 여행사의 직원이 불법적으로 무허가 불법업자에게 갑과 을을 소개하여 그 배를 이용하게 한 것을 원인으로 갑이 사망한 것이므로 가해자 정과 피해자 갑 사이에 법률관계가 존재하지 않으므로 제32조 제3항이 적용되지 않는다. 따라서 불법행위시 갑의 상거소지와 정의 상거소지는 각각 한국과 태국으로 다르기 때문에 불법행위시 가해자와 피해자의 동일한 상거소지법인 제2항이 적용되지 않는다. 결국 제32조 제1항에 따라 불법행위지인 태국법이 갑의 부모의 정에 대한 불법행위 손해배상청구의 준거법이 된다.

3. 보 론 – 준거법지정의 예외(제8조)

가. 요 건

1) 이 법에 의해 지정된 준거법이 해당법률관계와 근소한 관련뿐일 것

2) 가장 밀접한 관련이 있는 다른 국가의 법이 명백히 존재할 것

3) 합의에 의한 준거법 선택이 아닐 것(제8조 제2항)

나. 효 과

이 법상 지정된 준거법이 아닌 가장 밀접한 관련이 있는 국가의 법에 의한다.

다. 설 문

설문은 합의에 의한 준거법 지정(제8조 제2항)이 아니고, 국제사법에 의하여 지정된 준거법인 태국법은 가해자 병, 정, 무 등의 불법행위지이고, 갑을의 사망(결과발생)지이므로 근소한 관련 뿐이라고 보기 어려워 제8조가 적용되지 않는다(태국법이 준거법).

II. 나. 문

1. 국제사법 적용여부

가. 국제사법 제1조

국제사법은 외국적 요소가 있는 법률관계에 대하여 국제재판관할과 준거법을 정하는 것을 목적으로 한다(제1조).

나. 외국적 요소가 있는 법률관계

국제사법이 적용되는 외국적 요소가 있는 법률관계란 법률관계의 구성요소 일부가 다른 국가와 관련이 있는 경우 즉 당사자 1인이 외국인, 목적물이 외국소재, 법률관계(또는 손해)가 외국에서 발생한 경우 등을 말한다.

다. 설 문

병여행사는 태국법인 즉 외국법인이고 주된 영업소가 태국에 소재하며, 불법행위지 및 결과발생지가 태국이므로 갑의 부모의 손해배상청구권에 대한 변제자대위 존부에 대한 이 사건은 외국적 요소가 있는 법률관계로서 국제사법이 적용된다.

결국 본사건에 국제사법이 적용된다.

2. 법률관계의 성질

이 사건은 갑의 부모의 손해배상청구권에 대한 변제자대위에 관한 문제이므로 이 사건에서 병에게 변제자대위가 인정되는지에 관한 사항으로 보아야한다. 이는 법률에 의한 채권의 이전의 문제(변제자대위)로서 제35조가 적용되나, 설문은 병에게 변제할 책임(의무)가 없음에도 선의로 배상한 것이므로 임의대위의 문제 제35조 제2항이 적용된다.

3. 법률에 의한 채권의 이전의 준거법(제35조)

가. 법정대위(제1항)

그 이전의 원인이 된 구채권자와 신채권자간의 법률관계의 준거법에 의한다.

나. 임의대위(제2항)

제3자가 의무가 없음에도 임의로 변제한 경우 즉 임의대위의 경우에는 이전되는 채권의 준거법에 따른다.

다. 설 문 – 이전되는 채권의 준거법(제35조 제2항, 제32조 제1항)

즉 설문은 병의 변제자대위 주장은 한국법원이 병의 계약위반책임과 불법행위 책임을 모두 부정하여 병에게 변제할 책임(의무)이 없음에도 선의로 배상한 것이므로 임의대위의 문제이다. 따라서 국제사법 제35조 제2항에 따라 이전되는 채권의 준거법에 의하고 설문의 이전되는 채권은 갑의 부모의 정에 대한 불법행위 손해배상청구권이다. 위 가. 문에서 살펴본바와 같이 그 준거법인 태국법이 병의 주장의 타당성에 대한 준거법이 된다.

제 2 문

甲은 대한민국에서 택배업을 영위하는 회사로 서울에만 영업소를 두고 있다. 乙은 드론을 제작·판매하는 회사로 영국 런던에만 영업소를 두고 있다. 甲과 乙은 2016. 3. 2. 화물운송용 드론 100대의 매매계약(이하 '이 사건 계약'이라 한다)을 체결하였는데, 선적일은 2016. 6. 30., 가격은 1대당 미화 1만 달러로 약정하였다. 乙의 이 사건 계약상 의무에는 드론 운영체계 노하우를 甲에게 전수하고 甲의 임직원들을 교육시키는 것까지 포함되어 있으며, 甲은 이에 대하여 추가로 미화 20만 달러를 지급하여야 한다.

이 사건 계약에서 특정한 드론제작에는 X특허기술이 적용된 자동항법장치의 탑재가 필수적이다. 이에 乙은 X특허기술을 보유한 일본 도쿄에만 영업소를 둔 丙회사에게 자동항법장치의 탑재를 의뢰하였다. 그런데 2016. 5. 30. 동경 일원에 진도 7.5의 강진이 발생하여 丙의 생산공장 대부분이 파괴되었고, 이를 복구하기 위해서는 최소 1년의 기간이 소요될 것이 확실하다. 丙은 이러한 상황을 乙에게 2016. 6. 1. 통지하였다.

乙은 丙에게 의뢰한 부분을 제외한 드론 동체의 제작 및 그 밖의 공정을 거의 완료하였으나, 丙의 자동항법장치가 탑재되지 않은 상태에서 甲이 원하는 수준의 드론 화물운송은 불가능하다. 乙은 甲에게 위 사실을 2016. 6. 3. 상세히 통지하였다. 한편 乙은 대안을 찾으려 노력하였으나, 丙의 기술수준을 대체할 수 있는 다른 이행보조자를 찾을 수 없었다. 그로부터 2016. 6. 30.이 지나도록 乙은 甲에게 1대의 드론도 선적하지 못하였다. 乙이 드론 100대를 인도하지 않음으로써 甲이 입은 막대한 신용하락과는 별도로 영업상 손실은 미화 15만 달러에 달한다.

[전제사실]
1. 영국은 「국제물품매매계약에 관한 국제연합협약」(이하 '협약'이라 한다)의 비체약국이며, 법정지인 대한민국의 「국제사법」에 따라 이 사건 계약의 준거법으로 대한민국법이 결정되었다.
2. 丙은 乙의 독립적인 이행보조자로 간주한다.
3. 질문 2.를 해결함에 있어 질문 3.에서 제시된 사실관계는 고려하지 아니한다.

[질문]
1. 이 사건 계약에 협약이 적용되는지 논하시오. (20점)

2. 2016. 7. 30. 甲은 乙을 상대로 위 미화 15만 달러의 영업상 손실에 대한 손해배상청구의 소를 서울중앙지방법원에 제기하였다. 甲이 乙을 상대로 제기한 손해배상청구의 당부에 대하여 논하시오. (30점)

3. 甲의 손해배상청구의 소 제기 이후 다음 3가지 상황이 발생한 경우, 甲이 乙을 상대로 구할 수 있는 이 사건 계약상 구제수단에 대하여 논하시오(손해배상청구 구제수단은 논의에서 제외함). (30점)

　(1) 乙이 뒤늦게 丙이 오래전에 생산한 X특허기술 구 버전의 자동항법장치 재고품을 제3국에서 발견하여 이를 구매·탑재한 드론 50대를 甲에게 2016. 10. 30. 인도하였고, 甲은 이를 수령하였다.

　(2) 인도된 50대 드론의 가치는 1대당 미화 7,000 달러에 해당한다.

　(3) 나머지 50대는 상기 강진의 영향으로 앞으로도 전혀 인도되지 못할 것이 확실하다.

변시 6회 | **2-1문** | 20점

이 사건 계약의 협약적용여부

1. 협약적용여부

가. 공통요건 – 국제, 물품, 매매계약(제1조)

1) 국제성

국적이 아닌 영업소를 기준으로 영업소가 서로 다른 국가에 있는 것을 의미한다. 일방의 영업소가 복수인 경우 가장 밀접한 영업소 기준으로 한다(제10조 가호). 일방의 영업소가 없는 경우 그의 상거소를 영업소로 본다(제10조 나호).

2) 물품

물품을 대상으로 하므로, 부동산이나 채권 등은 제외된다.

3) 매매계약

매매계약이어야 하고, 노무서비스공급계약인 경우는 제외된다.

가) 제작(생산)물공급계약은 원칙적으로 매매로 간주된다(제3조 제1항).

나) 제작(생산)물공급계약 중 매수인이 중요부분 공급시(제3조 제1항 단서) 매매로 보지 않는다.

다) 의무의 주된 부분이 노무서비스계약인 경우는 제외된다(제3조 제2항).

나. 적용유형별 요건

1) 직접적용

해당국가가 모두 체약국인 경우에 위 공통요건(국제성, 물품, 매매)이 충족되면 협약이 직접적용된다(제1조 제1항 가호).

2) 간접적용

해당국가 전부 또는 일부가 비체약국인 경우에 위 공통요건(국제성, 물품, 매매)을 구비하였을 것, 국제사법에 의해 체약국법이 적용될 것, 그 체약국이 제95조 유보선언을 하지 않았을 것을 모두 갖추었다면 협약이 간접적용된다(제1조 제1항 나호).

다. 설 문

1) 매도인 갑의 영업소 소재국인 한국은 체약국이지만, 매수인 을의 영업소 소재국인

영국은 비체약국이다. 따라서 간접적용이 문제된다.

　2) 공통요건인 국제성, 물품, 매매 계약을 모두 충족한다.

　설문은 갑과 을의 영업소가 각각 한국과 영국에 있고(국제성), 드론은 물품에 해당하고 (물품), 노하우전수와 교육등 노무서비스공급계약(20만달러)이 존재하나 이는 물품매매계약 부분(100만달러)과 비교할 때, 의무의 주된부분이 노무서비스계약인 경우가 아니어서 결국 매매계약한 경우(매매계약)이므로 공통요건을 충족한다.

　3) 간접적용을 위해서는 국제사법에 의해 체약국법이 적용되는 것과 그 체약국이 제95 조 유보선언하지 않을 것이 추가적으로 문제된다.

2. 간접적용여부

가. 국제사법 적용여부

1) 국제사법 제1조

국제사법은 외국적 요소가 있는 법률관계에 대하여 국제재판관할과 준거법을 정하는 것 을 목적으로 한다(제1조).

2) 설문

을회사는 영국런던에만 영업소를 두고있는 외국법인으로 보이고, 계약대금을 미화로 산 정하는 등 갑을간 이 사건 매매계약은 외국적 요소가 있는 법률관계에 해당한다.

결국 본 사건에 국제사법이 적용된다.

나. 이 사건 계약의 준거법

설문의 전제 1.에서 한국의 국제사법에 따른 이 사건 계약의 준거법이 한국법이라고 하 였다.

다. 설 문 - 간접적용여부

1) 국제사법에 의해 체약국법이 적용되는 것

설문의 전제 1.에서 한국의 국제사법에 따른 이 사건 계약의 준거법이 한국법이라고 하 였고, 한국은 체약국이므로 국제사법에 의해 체약국법이 적용되는 요건을 충족한다.

2) 그 체약국이 제95조 유보선언하지 않을 것

한국은 제95조 유보선언을 하지 않은 국가이므로 본요건 충족한다.

3) 즉 이 사건은 간접적용요건을 충족하여 협약이 간접적용된다.

3. 결

갑을간 매매계약에 협약이 간접적용된다.

변시 6회	2-2문	30점

> 갑이 을에 대하여 서울중앙지법에 제기한 영업손실(15만달러) 손해배상청구의 당부

1. 서

갑의 을에 대한 영업손실 손해배상청구의 당부는 갑의 을에 대한 손해배상청구권의 존부와 그 범위에 대한 문제이다.

2. 매수인의 손해배상청구권 존부(제45조 제1항 나호, 제74조~제77조)

가. 발생요건(제45조 제1항 나호)

1) 의무자의 의무위반 사실만으로 손해배상청구권이 발생한다.

2) 설문

매도인 을은 X특허기술을 장착하지 못하여 계약시 알려진 택배운송목적 드론에 맞지 아니하므로 물품이고, 정해진 인도기일에 인도를 하지 못하였으므로 물품인도의무(제33조)를 위반하였다. 따라서 매수인 갑의 손해배상청구권이 발생한다.

나. 원칙적 손해액(제74조)

의무 위반의 결과로 상대방이 입은 손실을 손해금액으로 한다. 단 계약시 의무위반자의 예견 또는 예견가능한 손실 한도 내에서 손해액이 인정된다.

3. 계약해제권행사로 소멸하는지(제81조 제1항)

가. 제81조 제1항

계약의 해제는 손해배상의무를 제외하고 당사자 쌍방을 계약상의 의무로부터 면하게 한다.

나. 설 문

만약 매수인이 해제권을 행사하더라도 매수인의 손해배상채권은 여전히 존재한다.

4. 매도인의 면책여부(제79조)

가. 당사자 면책 요건(제1항)

1) 불이행 당사자는

2) 불이행이 통제 불가능한 장애에 기인한다는 점,

3) 계약시 장애 고려(예측)가능성 없다는 것,

4) 장애시 결과 회피가능성 없다는 것을 입증하는 경우에 면책된다.

나. 효 과

1) 당사자는 불이행으로 인한 손해배상책임을 면한다.

2) 이 조에 의한 면책은 손해배상책임만 면책될 뿐, 그 외 권리행사는 가능하다.

다. 제3자 사용시 면책(제2항)

1) 요건

가) 전부 또는 일부 이행에 제3자를 사용하여

나) 그 사용한 제3자의 불이행으로 인한 경우에는

다) 당사자(본인)와 사용한 제3자가 모두 제1항에 의해 면책되는 경우라면

라. 효 과

당사자(본인)의 손해배상책임이 면제된다.

마. 설 문

설문은 제3자인 병을 사용한 경우(제2항)이다. 즉 제3자 병의 불이행으로 매도인 갑의 의무위반이 발생한 것이다. 불이행 당사자 매도인 갑은 불이행이 진도 7.5의 강진이라는 통제불가능한 장애에 기인하고, 이는 계약시 고려가 불가능하고, 그 결과를 회피도 불가능한 것이므로 면책된다. 또한 제3자 병도 매도인 갑과 동일한 이유로 면책된다. 따라서 매도인 갑은 위 불이행으로 인한 손해배상책임을 부담하지 않는다(제79조 제2항, 제1항).

5. 결

매수인 갑의 매도인 을에 대한 손해배상청구는 인정되지 않을 것이다.

변시 6회 | **2-3문** | 30점

> (갑의 손해배상청구의 소제기 후) 각 상황발생시 매수인 갑의 매도인 을에 대한 계약상 구제수단

1. 매도인의 의무불이행유형

가. 일반적 의무위반

1) 서류교부의무, 소유권이전의무(제30조)

2) 물품인도의무(제30조) — 장소위반(제31조), 시기위반(제33조)

3) 계약적합의무(제35조 제1항) — 물품의 부적합 판단(제2항)

물품의 통상목적 위반(가호), 계약시 매도인에게 알려진 특별목적 위반, 단 매수인이 매도인의 기술을 신뢰하지 않거나 불합리한 경우 제외(나호), 매도인이 제시한 견본 위반(다호), 통상적이거나 적절한 방법의 포장 위반(라호)

나. 특수한 의무위반[2]

1) 일부부적합(제51조)

2) 기일 전 인도 또는 초과 인도(제52조)

3) 이행기 전 계약해제(제72조)

4) 분할인도 계약해제(제73조)

다. 설 문

1) 설문은 100대 드론 매매계약 중 50대는 불가항력(강진)에 의한 인도불가능하고, 나머지 50대는 인도기일인 2016. 6. 30.이 경과한 2016. 10. 30.에 인도하였다.

2) 인도불가 50대

매도인 을의 인도의무위반이고 계약수량 100대중 50대에 대한 일부 불인도이다.

3) 인도지체 50대

매도인 을의 인도의무(특히 시기)위반이고 구버전 X특허기술이 탑재되어 계약적합의무

---

2) 수험편의상 즉 쟁점누락방지를 위해 저자가 만들어낸 유형이므로 답안작성시에는 생략하는 것이 바람직하다.

를 위반하였다.

4) 위 각 드론 50대는 모두 일부부적합(제51조)에 해당한다.[3]

2. 매수인의 구제수단 개관

가. 제51조 제1항

1) 매수인의 구제수단(제46조 내지 제50조)을 일부 부족, 일부 부적합한 부분에 대하여 행사가능하다.

2) 이행청구권(제46조 제1항)

3) 대체물인도청구권(제46조 제2항)

4) 부적합치유청구권(제46조 제3항)

5) 부가기간지정권(제47조)

6) 계약해제권(제49조)

7) 대금감액권(제50조)

나. 제51조 제2항

해제에 있어서 일부해제가 원칙이나(제1항), 부족·부적합부분이 본질적 계약위반인 경우에는 계약 전체의 해제가 가능하다(제2항).

3. 인도불가인 드론 50대에 대한 매수인의 구제수단

가. 제51조 제1항

매수인의 구제수단(제46조 내지 제50조)을 일부 부족 또는 일부 부적합한 부분에 대하여 행사가능하다.

1) 이행청구권(제46조 제1항)
불가항력에 의한 불가능이므로 행사할 수 없다.

2) 대체물인도청구권(제46조 제2항)
불가항력에 의한 불가능이므로 행사할 수 없다.

3) 부적합치유청구권(제46조 제3항)
불가항력에 의한 불가능이므로 행사할 수 없다.

---

3) 이에 대하여 견해대립이 있을 수도 있다.

4) 부가기간지정권(제47조)

불가항력에 의한 불가능이므로 실익이 없다.

5) 계약해제권(제49조)

상대방의 계약상 기대를 실질적으로 박탈하는 정도의 손실에 해당하므로 본질적 계약위반(제25조)에 해당하므로 해제권 행사 가능하다.

6) 대금감액권(제50조)

인도되지 않아 행사할 수 없다.

7) 손해배상청구권[4](제45조 제1항 나호, 제74조~제77조)

제79조에 따라 면책되어 행사할 수 없다.

나. 제51조 제2항

가) 해제에 있어서 일부해제가 원칙이나(제1항), 부족부적합부분이 본질적 계약위반인 경우에는 계약 전체의 해제가 가능하다(제2항).

나) 설문

인도불가인 드론 50대부분은 드론 100대 전체 계약에 대하여 본질적 계약위반이라고 보기 힘들다. 따라서 500단위 계약전체에 대하여 계약해제를 할 수는 없다.

다. 소 결

인도불가인 드론 50대부분에 대하여 계약해제가 가능하다.

4. 인도지체된 드론 50대에 대한 매수인의 구제수단

가. 제51조 제1항

매수인의 구제수단(제46조 내지 제50조)을 일부 부족, 일부 부적합한 부분에 대하여 행사가능하다.

1) 이행청구권(제46조 제1항)

이미 수령하였으므로 행사할 수 없다.

2) 대체물인도청구권(제46조 제2항)

이미 수령하였으므로 행사할 수 없다.

---

4) 문제에서 손해배상청구는 제외하라고 하였으나, 본서에서는 수험편의상 서술하였다.

3) 부적합치유청구권(제46조 제3항)

이미 수령하였으나 더 이상 최신버전의 자동항법장치를 구할 수 없으므로 행사할 수 없다.

4) 부가기간지정권(제47조)

이미 수령하였으나 더 이상 최신버전의 자동항법장치를 구할 수 없으므로 행사할 수 없다.

5) 계약해제권(제49조)

상대방의 계약상 기대를 실질적으로 박탈하는 정도의 손실에 해당하지 않아 본질적 계약위반(제25조)이 아니므로 해제권 행사 불가능하다.

6) 대금감액권(제50조)

최신버전 드론은 대당 1만달러이나, 구버전 드론은 대당 7000달러이므로 50대에 대한 감액분 15만달러 감액청구가 가능하다.

7) 손해배상청구권[5](제45조 제1항 나호, 제74조~제77조)

제79조에 따라 면책되어 행사할 수 없다.

나. 제51조 제2항

가) 해제에 있어서 일부해제가 원칙이나(제1항), 부족부적합부분이 본질적 계약위반인 경우에는 계약 전체의 해제가 가능하다(제2항).

나) 설문

전체에 대하여도 본질적 계약위반이 아니므로 계약전체를 해제할 수 없다.

다. 소 결

인도치제된 50대에 대하여 15만달러 대금감액청구가 가능하다.

5. 결

인도불가 드론 50대는 일부부적합에 해당하고 이 부분에 대하여 매수인 갑은 매도인 을에 대하여 일부 계약해제가 가능하다. 인도지체된 드론 50대는 일부부적합에 해당하고, 이 부분에 대하여 매수인 갑은 매도인 을에 대하여 15만달러 대금감액청구가 가능하다.

---

5) 문제에서 손해배상청구는 제외하라고 하였으나, 본서에서는 수험편의상 서술하였다.

부록

국제물품매매계약에 관한 국제연합 협약
국제사법

국제물품매매계약에 관한 국제연합 협약

제1편　적용범위와 총칙

제1장　적용범위

제1조 (1) 이 협약은 다음의 경우에, 영업소가 서로 다른 국가에 있는 당사자간의 물품매매계약에 적용된다.

　　(가) 해당 국가가 모두 체약국인 경우, 또는

　　(나) 국제사법 규칙에 의하여 체약국법이 적용되는 경우

　(2) 당사자가 서로 다른 국가에 영업소를 가지고 있다는 사실은, 계약으로부터 또는 계약체결 전이나 그 체결시에 당사자간의 거래나 당사자에 의하여 밝혀진 정보로부터 드러나지 아니하는 경우에는 고려되지 아니한다.

　(3) 당사자의 국적 또는 당사자나 계약의 민사적·상사적 성격은 이 협약의 적용 여부를 결정하는 데에 고려되지 아니한다.

제2조 이 협약은 다음의 매매에는 적용되지 아니한다.

　　(가) 개인용·가족용 또는 가정용으로 구입된 물품의 매매

　　　다만, 매도인이 계약체결 전이나 그 체결시에 물품이 그와 같은 용도로 구입된 사실을 알지 못하였고, 알았어야 했던 것도 아닌 경우에는 그러하지 아니하다.

　　(나) 경매에 의한 매매

　　(다) 강제집행 그 밖의 법령에 의한 매매

　　(라) 주식, 지분, 투자증권, 유통증권 또는 통화의 매매

　　(마) 선박, 소선(小船), 부선(浮船), 또는 항공기의 매매

　　(바) 전기의 매매

제3조 (1) 물품을 제조 또는 생산하여 공급하는 계약은 이를 매매로 본다. 다만, 물품을 주문한 당사자가 그 제조 또는 생산에 필요한 재료의 중요한 부분을 공급하는 경우에는 그러하지 아니하다.

　(2) 이 협약은 물품을 공급하는 당사자의 의무의 주된 부분이 노무 그 밖의 서비스의 공급에 있는 계약에는 적용되지 아니한다.

제4조 이 협약은 매매계약의 성립 및 그 계약으로부터 발생하는 매도인과 매수인의 권리 의무만을 규율한다. 이 협약에 별도의 명시규정이 있는 경우를 제외하고, 이 협약은 특히 다음과 관련이 없다.

   (가) 계약이나 그 조항 또는 관행의 유효성

   (나) 매매된 물품의 소유권에 관하여 계약이 미치는 효력

제5조 이 협약은 물품으로 인하여 발생한 사람의 사망 또는 상해에 대한 매도인의 책임에는 적용되지 아니한다.

제6조 당사자는 이 협약의 적용을 배제할 수 있고, 제12조에 따를 것을 조건으로 하여 이 협약의 어떠한 규정에 대하여도 그 적용을 배제하거나 효과를 변경할 수 있다.

제 2 장 총 칙

제7조 (1) 이 협약의 해석에는 그 국제적 성격 및 적용상의 통일과 국제거래상의 신의 준수를 증진할 필요성을 고려하여야 한다.

   (2) 이 협약에 의하여 규율되는 사항으로서 협약에서 명시적으로 해결되지 아니하는 문제는, 이 협약이 기초하고 있는 일반원칙, 그 원칙이 없는 경우에는 국제사법 규칙에 의하여 적용되는 법에 따라 해결되어야 한다.

제8조 (1) 이 협약의 적용상, 당사자의 진술 그 밖의 행위는 상대방이 그 당사자의 의도를 알았거나 모를 수 없었던 경우에는 그 의도에 따라 해석되어야 한다.

   (2) 제1항이 적용되지 아니하는 경우에 당사자의 진술 그 밖의 행위는, 상대방과 동일한 부류의 합리적인 사람이 동일한 상황에서 이해하였을 바에 따라 해석되어야 한다.

   (3) 당사자의 의도 또는 합리적인 사람이 이해하였을 바를 결정함에 있어서는 교섭, 당사자간에 확립된 관례, 관행 및 당사자의 후속 행위를 포함하여 관련된 모든 사항을 적절히 고려하여야 한다.

제9조 (1) 당사자는 합의한 관행과 당사자간에 확립된 관례에 구속된다.

   (2) 별도의 합의가 없는 한, 당사자가 알았거나 알 수 있었던 관행으로서 국제거래에서 당해 거래와 동종의 계약을 하는 사람에게 널리 알려져 있고 통상적으로 준수되고 있는 관행은 당사자의 계약 또는 그 성립에 묵시적으로 적용되는 것으로 본다.

제10조 이 협약의 적용상,

   (가) 당사자 일방이 둘 이상의 영업소를 가지고 있는 경우에는, 계약체결 전이나 그 체결시에 당사자 쌍방에 알려지거나 예기된 상황을 고려하여 계약 및 그 이행과 가장 밀접한 관련이 있는 곳이 영업소로 된다.

(나) 당사자 일방이 영업소를 가지고 있지 아니한 경우에는 그의 상거소를 영업소로 본다.

제11조 매매계약은 서면에 의하여 체결되거나 입증될 필요가 없고, 방식에 관한 그 밖의 어떠한 요건도 요구되지 아니한다. 매매계약은 증인을 포함하여 어떠한 방법에 의하여도 입증될 수 있다.

제12조 매매계약, 합의에 의한 매매계약의 변경이나 종료, 청약·승낙 그 밖의 의사표시를 서면 이외의 방법으로 할 수 있도록 허용하는 이 협약 제11조, 제29조 또는 제2편은 당사자가 이 협약 제96조에 따라 유보선언을 한 체약국에 영업소를 가지고 있는 경우에는 적용되지 아니한다. 당사자는 이 조를 배제하거나 그 효과를 변경할 수 없다.

제13조 이 협약의 적용상 『서면』에는 전보와 텔렉스가 포함된다.

제2편 계약의 성립

제14조 (1) 1인 또는 그 이상의 특정인에 대한 계약체결의 제안은 충분히 확정적이고, 승낙시 그에 구속된다는 청약자의 의사가 표시되어 있는 경우에 청약이 된다. 제안이 물품을 표시하고, 명시적 또는 묵시적으로 수량과 대금을 지정하거나 그 결정을 위한 조항을 두고 있는 경우에, 그 제안은 충분히 확정적인 것으로 한다.

(2) 불특정 다수인에 대한 제안은 제안자가 반대 의사를 명확히 표시하지 아니하는 한, 단지 청약의 유인으로 본다.

제15조 (1) 청약은 상대방에게 도달한 때에 효력이 발생한다.

(2) 청약은 철회될 수 없는 것이더라도, 회수의 의사표시가 청약의 도달 전 또는 그와 동시에 상대방에게 도달하는 경우에는 회수될 수 있다.

제16조 (1) 청약은 계약이 체결되기까지는 철회될 수 있다. 다만, 상대방이 승낙의 통지를 발송하기 전에 철회의 의사표시가 상대방에게 도달되어야 한다.

(2) 그러나 다음의 경우에는 청약은 철회될 수 없다.

   (가) 승낙기간의 지정 그 밖의 방법으로 청약이 철회될 수 없음이 청약에 표시되어 있는 경우, 또는

   (나) 상대방이 청약이 철회될 수 없음을 신뢰하는 것이 합리적이고, 상대방이 그 청약을 신뢰하여 행동한 경우

제17조 청약은 철회될 수 없는 것이더라도, 거절의 의사표시가 청약자에게 도달한 때에는 효력을 상실한다.

제18조 (1) 청약에 대한 동의를 표시하는 상대방의 진술 그 밖의 행위는 승낙이 된다. 침묵 또는 부작위는 그 자체만으로 승낙이 되지 아니한다.

(2) 청약에 대한 승낙은 동의의 의사표시가 청약자에게 도달하는 시점에 효력이 발생한다. 동의의 의사표시가 청약자가 지정한 기간 내에, 기간의 지정이 없는 경우에는 청약자가 사용한 통신수단의 신속성 등 거래의 상황을 적절히 고려하여 합리적인 기간 내에 도달하지 아니하는 때에는, 승낙은 효력이 발생하지 아니한다. 구두의 청약은 특별한 사정이 없는 한 즉시 승낙되어야 한다.

(3) 청약에 의하여 또는 당사자간에 확립된 관례나 관행의 결과로 상대방이 청약자에 대한 통지없이, 물품의 발송이나 대금지급과 같은 행위를 함으로써 동의를 표시할 수 있는 경우에는, 승낙은 그 행위가 이루어진 시점에 효력이 발생한다. 다만, 그 행위는 제2항에서 정한 기간 내에 이루어져야 한다.

제19조 (1) 승낙을 의도하고 있으나, 부가, 제한 그 밖의 변경을 포함하는 청약에 대한 응답은 청약에 대한 거절이면서 또한 새로운 청약이 된다.

　　(2) 승낙을 의도하고 있고, 청약의 조건을 실질적으로 변경하지 아니하는 부가적 조건 또는 상이한 조건을 포함하는 청약에 대한 응답은 승낙이 된다. 다만, 청약자가 부당한 지체없이 그 상위(相違)에 구두로 이의를 제기하거나 그러한 취지의 통지를 발송하는 경우에는 그러하지 아니하다. 청약자가 이의를 제기하지 아니하는 경우에는 승낙에 포함된 변경이 가하여진 청약 조건이 계약 조건이 된다.

　　(3) 특히 대금, 대금지급, 물품의 품질과 수량, 인도의 장소와 시기, 당사자 일방의 상대방에 대한 책임범위 또는 분쟁해결에 관한 부가적 조건 또는 상이한 조건은 청약 조건을 실질적으로 변경하는 것으로 본다.

제20조 (1) 청약자가 전보 또는 서신에서 지정한 승낙기간은 전보가 발송을 위하여 교부된 시점 또는 서신에 표시되어 있는 일자, 서신에 일자가 표시되지 아니한 경우에는 봉투에 표시된 일자로부터 기산한다. 청약자가 전화, 텔렉스 그 밖의 同時的 통신수단에 의하여 지정한 승낙기간은 청약이 상대방에게 도달한 시점으로부터 기산한다.

　　(2) 승낙기간중의 공휴일 또는 비영업일은 기간의 계산에 산입한다. 다만, 기간의 말일이 청약자의 영업소 소재지의 공휴일 또는 비영업일에 해당하여 승낙의 통지가 기간의 말일에 청약자에게 도달될 수 없는 경우에는, 기간은 그 다음의 최초 영업일까지 연장된다.

제21조 (1) 연착된 승낙은 청약자가 상대방에게 지체 없이 승낙으로서 효력을 가진다는 취지를 구두로 통고하거나 그러한 취지의 통지를 발송하는 경우에는 승낙으로서의 효력이 있다.

　　(2) 연착된 승낙이 포함된 서신 그 밖의 서면에 의하여, 전달이 정상적이었다면 기간 내에 청약자에게 도달되었을 상황에서 승낙이 발송되었다고 인정되는 경우에는, 그 연착된 승낙은 승낙으로서의 효력이 있다. 다만, 청약자가 상대방에게 지체 없이 청약이 실효되었다는 취지를 구두로 통고하거나 그러한 취지의 통지를 발송하는 경우에는 그러하지 아니하다.

제22조 승낙은 그 효력이 발생하기 전 또는 그와 동시에 회수의 의사표시가 청약자에게 도달하는 경우에는 회수될 수 있다.

제23조 계약은 청약에 대한 승낙이 이 협약에 따라 효력을 발생하는 시점에 성립된다.

제24조 이 협약 제2편의 적용상, 청약, 승낙 그 밖의 의사표시는 상대방에게 구두로 통고된 때 또는 그 밖의 방법으로 상대방 본인, 상대방의 영업소나 우편주소에 전달된 때, 상대방이 영업소나 우편주소를 가지지 아니한 경우에는 그의 상거소에 전달된 때에 상대방에게 "도달"된다.

제3편 물품의 매매

제 1 장 총 칙

제25조 당사자 일방의 계약위반은, 그 계약에서 상대방이 기대할 수 있는 바를 실질적으로 박탈할 정도의 손실을 상대방에게 주는 경우에 본질적인 것으로 한다. 다만, 위반 당사자가 그러한 결과를 예견하지 못하였고, 동일한 부류의 합리적인 사람도 동일한 상황에서 그러한 결과를 예견하지 못하였을 경우에는 그러하지 아니하다.

제26조 계약해제의 의사표시는 상대방에 대한 통지로 행하여진 경우에만 효력이 있다.

제27조 이 협약 제3편에 별도의 명시규정이 있는 경우를 제외하고, 당사자가 이 협약 제3편에 따라 상황에 맞는 적절한 방법으로 통지, 청구 그 밖의 통신을 한 경우에, 당사자는 통신의 전달 중에 지연이나 오류가 있거나 또는 통신이 도달되지 아니하더라도 그 통신을 주장할 권리를 상실하지 아니한다.

제28조 당사자 일방이 이 협약에 따라 상대방의 의무이행을 요구할 수 있는 경우에도, 법원은 이 협약이 적용되지 아니하는 유사한 매매계약에 관하여 자국법에 따라 특정이행을 명하는 판결을 하여야 하는 경우가 아닌 한, 특정이행을 명하는 판결을 할 의무가 없다.

제29조 (1) 계약은 당사자의 합의만으로 변경 또는 종료될 수 있다.

(2) 서면에 의한 계약에 합의에 의한 변경 또는 종료는 서면에 의하여야 한다는 규정이 있는 경우에, 다른 방법으로 합의 변경 또는 합의 종료될 수 없다. 다만, 당사자는 상대방이 자신의 행동을 신뢰한 한도까지는 그러한 규정을 원용할 수 없다.

제 2 장 매도인의 의무

제30조 매도인은 계약과 이 협약에 따라 물품을 인도하고, 관련 서류를 교부하며 물품의 소유권을 이전하여야 한다.

제 1 절 물품의 인도와 서류의 교부

제31조 매도인이 물품을 다른 특정한 장소에서 인도할 의무가 없는 경우에, 매도인의 인도의무는 다음과 같다.

　(가) 매매계약에 물품의 운송이 포함된 경우에는, 매수인에게 전달하기 위하여 물품

을 제1운송인에게 교부하는 것.

(나) (가)호에 해당되지 아니하는 경우로서 계약이 특정물에 관련되거나 또는 특정한 재고품에서 인출되는 불특정물이나 제조 또는 생산되는 불특정물에 관련되어 있고, 당사자 쌍방이 계약 체결시에 그 물품이 특정한 장소에 있거나 그 장소에서 제조 또는 생산되는 것을 알고 있었던 경우에는, 그 장소에서 물품을 매수인의 처분 하에 두는 것.

(다) 그 밖의 경우에는, 계약 체결시에 매도인이 영업소를 가지고 있던 장소에서 물품을 매수인의 처분 하에 두는 것.

제32조 (1) 매도인이 계약 또는 이 협약에 따라 물품을 운송인에게 교부한 경우에, 물품이 하인(荷印), 선적서류 그 밖의 방법에 의하여 그 계약의 목적물로서 명확히 특정되어 있지 아니한 때에는, 매도인은 매수인에게 물품을 특정하는 탁송통지를 하여야 한다.

(2) 매도인이 물품의 운송을 주선하여야 하는 경우에, 매도인은 상황에 맞는 적절한 운송수단 및 그 운송에서의 통상의 조건으로, 지정된 장소까지 운송하는 데 필요한 계약을 체결하여야 한다.

(3) 매도인이 물품의 운송에 관하여 부보(附保)할 의무가 없는 경우에도, 매도인은 매수인의 요구가 있으면 매수인이 부보하는데 필요한 모든 가능한 정보를 매수인에게 제공하여야 한다.

제33조 매도인은 다음의 시기에 물품을 인도하여야 한다.

(가) 인도기일이 계약에 의하여 지정되어 있거나 확정될 수 있는 경우에는 그 기일

(나) 인도기간이 계약에 의하여 지정되어 있거나 확정될 수 있는 경우에는 그 기간 내의 어느 시기. 다만, 매수인이 기일을 선택하여야 할 사정이 있는 경우에는 그러하지 아니하다.

(다) 그 밖의 경우에는 계약 체결후 합리적인 기간 내.

제34조 매도인이 물품에 관한 서류를 교부하여야 하는 경우에, 매도인은 계약에서 정한 시기, 장소 및 방식에 따라 이를 교부하여야 한다. 매도인이 교부하여야 할 시기 전에 서류를 교부한 경우에는, 매도인은 매수인에게 불합리한 불편 또는 비용을 초래하지 아니하는 한, 계약에서 정한 시기까지 서류상의 부적합을 치유할 수 있다. 다만, 매수인은 이 협약에서 정한 손해배상을 청구할 권리를 보유한다.

제 2 절 물품의 적합성과 제3자의 권리주장

제35조 (1) 매도인은 계약에서 정한 수량, 품질 및 종류에 적합하고, 계약에서 정한 방법으로 용기에 담겨지거나 포장된 물품을 인도하여야 한다.

(2) 당사자가 달리 합의한 경우를 제외하고, 물품은 다음의 경우에 계약에 적합하지 아

니한 것으로 한다.

(가) 동종 물품의 통상 사용목적에 맞지 아니한 경우,

(나) 계약 체결시 매도인에게 명시적 또는 묵시적으로 알려진 특별한 목적에 맞지 아니한 경우. 다만, 그 상황에서 매수인이 매도인의 기술과 판단을 신뢰하지 아니하였거나 또는 신뢰하는 것이 불합리하였다고 인정되는 경우에는 그러하지 아니하다.

(다) 매도인이 견본 또는 모형으로 매수인에게 제시한 물품의 품질을 가지고 있지 아니한 경우.

(라) 그러한 물품에 대하여 통상의 방법으로, 통상의 방법이 없는 경우에는 그 물품을 보존하고 보호하는 데 적절한 방법으로 용기에 담겨지거나 포장되어 있지 아니한 경우.

(3) 매수인이 계약 체결시에 물품의 부적합을 알았거나 또는 모를 수 없었던 경우에는, 매도인은 그 부적합에 대하여 제2항의 (가)호 내지 (라)호에 따른 책임을 지지 아니한다.

제36조 (1) 매도인은 위험이 매수인에게 이전하는 때에 존재하는 물품의 부적합에 대하여, 그 부적합이 위험 이전 후에 판명된 경우라도, 계약과 이 협약에 따라 책임을 진다.

(2) 매도인은 제1항에서 정한 때보다 후에 발생한 부적합이라도 매도인의 위무위반에 기인하는 경우에는 그 부적합에 대하여 책임을 진다. 이 의무위반에는 물품이 일정기간 통상의 목적이나 특별한 목적에 맞는 상태를 유지한다는 보증 또는 특정한 품질이나 특성을 유지한다는 보증에 위반한 경우도 포함된다.

제37조 매도인이 인도기일 전에 물품을 인도한 경우에는, 매수인에게 불합리한 불편 또는 비용을 초래하지 아니하는 한, 매도인은 그 기일까지 누락분을 인도하거나 부족한 수량을 보충하거나 부적합한 물품에 갈음하여 물품을 인도하거나 또는 물품의 부적합을 치유할 수 있다. 다만, 매수인은 이 협약에서 정한 손해배상을 청구할 권리를 보유한다.

제38조 (1) 매수인은 그 상황에서 실행가능한 단기간 내에 물품을 검사하거나 검사하게 하여야 한다.

(2) 계약에 물품의 운송이 포함되는 경우에는, 검사는 물품이 목적지에 도착한 후까지 연기될 수 있다.

(3) 매수인이 검사할 합리적인 기회를 가지지 못한 채 운송중에 물품의 목적지를 변경하거나 물품을 전송(轉送)하고, 매도인이 계약 체결시에 그 변경 또는 전송의 가능성을 알았거나 알 수 있었던 경우에는, 검사는 물품이 새로운 목적지에 도착한 후까지 연기될 수 있다.

제39조 (1) 매수인이 물품의 부적합을 발견하였거나 발견할 수 있었던 때로부터 합리적인 기간 내에 매도인에게 그 부적합한 성질을 특정하여 통지하지 아니한 경우에는, 매수인

은 물품의 부적합을 주장할 권리를 상실한다.

 (2) 매수인은 물품이 매수인에게 현실로 교부된 날부터 늦어도 2년 내에 매도인에게 제
  1항의 통지를 하지 아니한 경우에는, 물품의 부적합을 주장할 권리를 상실한다. 다
  만, 이 기간제한이 계약상의 보증기간과 양립하지 아니하는 경우에는 그러하지 아
  니하다.

제40조 물품의 부적합이 매도인이 알았거나 모를 수 없었던 사실에 관한 것이고, 매도인
 이 매수인에게 이를 밝히지 아니한 경우에는, 매도인은 제38조와 제39조를 원용할 수
 없다.

제41조 매수인이 제3자의 권리나 권리주장의 대상이 된 물품을 수령하는 데 동의한 경우
 를 제외하고, 매도인은 제3자의 권리나 권리주장의 대상이 아닌 물품을 인도하여야 한
 다. 다만, 그러한 제3자의 권리나 권리주장이 공업소유권 그 밖의 지적재산권에 기초하
 는 경우에는, 매도인의 의무는 제42조에 의하여 규율된다.

제42조 (1) 매도인은, 계약 체결시에 자신이 알았거나 모를 수 없었던 공업소유권 그 밖
 의 지적재산권에 기초한 제3자의 권리나 권리주장의 대상이 아닌 물품을 인도하여야 한
 다. 다만, 제3자의 권리나 권리주장이 다음 국가의 법에 의한 공업소유권 그 밖의 지적
 재산권에 기초한 경우에 한한다.

  (가) 당사자 쌍방이 계약 체결시에 물품이 어느 국가에서 전매되거나 그 밖의 방법으
   로 사용될 것을 예상하였던 경우에는, 물품이 전매되거나 그 밖의 방법으로 사
   용될 국가의 법

  (나) 그 밖의 경우에는 매수인이 영업소를 가지는 국가의 법

 (2) 제1항의 매도인의 의무는 다음의 경우에는 적용되지 아니한다.

  (가) 매수인이 계약 체결시에 그 권리나 권리주장을 알았거나 모를 수 없었던 경우

  (나) 그 권리나 권리주장이 매수인에 의하여 제공된 기술설계, 디자인, 방식 그 밖의
   지정에 매도인이 따른 결과로 발생한 경우

제43조 (1) 매수인이 제3자의 권리나 권리주장을 알았거나 알았어야 했던 때로부터 합리
 적인 기간 내에 매도인에게 제3자의 권리나 권리주장의 성질을 특정하여 통지하지 아니
 한 경우에는, 매수인은 제41조 또는 제42조를 원용할 권리를 상실한다.

 (2) 매도인이 제3자의 권리나 권리주장 및 그 성질을 알고 있었던 경우에는 제1항을 원
  용할 수 없다.

제44조 제39조 제1항과 제43조 제1항에도 불구하고, 매수인은 정하여진 통지를 하지 못
 한 데에 합리적인 이유가 있는 경우에는 제50조에 따라 대금을 감액하거나 이익의 상실
 을 제외한 손해배상을 청구할 수 있다.

제 3 절 매도인의 계약위반에 대한 구제

제45조 (1) 매도인이 계약 또는 이 협약상의 의무를 이행하지 아니하는 경우에 매수인은 다음을 할 수 있다.

　(가) 제46조 내지 제52조에서 정한 권리의 행사

　(나) 제74조 내지 제77조에서 정한 손해배상의 청구

　(2) 매수인이 손해배상을 청구하는 권리는 다른 구제를 구하는 권리를 행사함으로써 상실되지 아니한다.

　(3) 매수인이 계약위반에 대한 구제를 구하는 경우에, 법원 또는 중재판정부는 매도인에게 유예기간을 부여할 수 없다.

제46조 (1) 매수인은 매도인에게 의무의 이행을 청구할 수 있다. 다만, 매수인이 그 청구와 양립하지 아니하는 구제를 구한 경우에는 그러하지 아니하다.

　(2) 물품이 계약에 부적합한 경우에, 매수인은 대체물의 인도를 청구할 수 있다. 다만, 그 부적합이 본질적 계약위반을 구성하고, 그 청구가 제39조의 통지와 동시에 또는 그 후 합리적인 기간 내에 행하여진 경우에 한한다.

　(3) 물품이 계약에 부적합한 경우에, 매수인은 모든 상황을 고려하여 불합리한 경우를 제외하고, 매도인에게 수리에 의한 부적합의 치유를 청구할 수 있다. 수리 청구는 제39조의 통지와 동시에 또는 그 후 합리적인 기간 내에 행하여져야 한다.

제47조 (1) 매수인은 매도인의 의무이행을 위하여 합리적인 부가기간을 정할 수 있다.

　(2) 매도인으로부터 그 부가기간 내에 이행을 하지 아니하겠다는 통지를 수령한 경우를 제외하고, 매수인은 그 기간중 계약위반에 대한 구제를 구할 수 없다. 다만, 매수인은 이행지체에 대한 손해배상을 청구할 권리를 상실하지 아니한다.

제48조 (1) 제49조를 따를 것을 조건으로, 매도인은 인도기일 후에도 불합리하게 지체하지 아니하고 매수인에게 불합리한 불편 또는 매수인의 선급 비용을 매도인으로부터 상환받는 데 대한 불안을 초래하지 아니하는 경우에는, 자신의 비용으로 의무의 불이행을 치유할 수 있다. 다만, 매수인은 이 협약에서 정한 손해배상을 청구할 권리를 보유한다.

　(2) 매도인이 매수인에게 이행의 수령 여부를 알려 달라고 요구하였으나 매수인이 합리적인 기간 내에 그 요구에 응하지 아니한 경우에는, 매도인은 그 요구에서 정한 기간 내에 이행을 할 수 있다. 매수인은 그 기간중에는 매도인의 이행과 양립하지 아니하는 구제를 구할 수 없다.

　(3) 특정한 기간 내에 이행을 하겠다는 매도인의 통지는 매수인이 그 결정을 알려야 한다는 제2항의 요구를 포함하는 것으로 추정한다.

　(4) 이 조 제2항 또는 제3항의 매도인의 요구 또는 통지는 매수인에 의하여 수령되지

아니하는 한 그 효력이 발생하지 아니한다.

제49조 (1) 매수인은 다음의 경우에 계약을 해제할 수 있다.

(가) 계약 또는 이 협약상 매도인의 의무 불이행이 본질적 계약위반으로 되는 경우

(나) 인도 불이행의 경우에는, 매도인이 제47조 제1항에 따라 매수인이 정한 부가기간 내에 물품을 인도하지 아니하거나 그 기간 내에 인도하지 아니하겠다고 선언한 경우.

(2) 그러나 매도인이 물품을 인도한 경우에는, 매수인은 다음의 기간 내에 계약을 해제하지 아니하는 한 계약해제권을 상실한다.

(가) 인도지체의 경우, 매수인이 인도가 이루어진 것을 안 후 합리적인 기간 내

(나) 인도지체 이외의 위반의 경우, 다음의 시기로부터 합리적인 기간 내

(1) 매수인이 그 위반을 알았거나 또는 알 수 있었던 때

(2) 매수인이 제47조 제1항에 따라 정한 부가기간이 경과한 때 또는 매도인이 그 부가기간 내에 의무를 이행하지 아니하겠다고 선언한 때.

(3) 매도인이 제48조 제2항에 따라 정한 부가기간이 경과한 때 또는 매수인이 이행을 수령하지 아니하겠다고 선언한 때

제50조 물품이 계약에 부적합한 경우에, 대금의 지급 여부에 관계없이 매수인은 현실로 인도된 물품이 인도시에 가지고 있던 가액이 계약에 적합한 물품이 그때에 가지고 있었을 가액에 대하여 가지는 비율에 따라 대금을 감액할 수 있다. 다만, 매도인이 제37조나 제48조에 따라 의무의 불이행을 치유하거나 매수인이 동 조항에 따라 매도인의 이행 수령을 거절한 경우에는 대금을 감액할 수 없다.

제51조 (1) 매도인이 물품의 일부만을 인도하거나 인도된 물품의 일부만이 계약에 적합한 경우에, 제46조 내지 제50조는 부족 또는 부적합한 부분에 적용된다.

(2) 매수인은 인도가 완전하게 또는 계약에 적합하게 이루어지지 아니한 것이 본질적 계약위반으로 되는 경우에 한하여 계약 전체를 해제할 수 있다.

제52조 (1) 매도인이 이행기 전에 물품을 인도한 경우에, 매수인은 이를 수령하거나 거절할 수 있다.

(2) 매도인이 계약에서 정한 것보다 다량의 물품을 인도한 경우에, 매수인은 초과분을 수령하거나 이를 거절할 수 있다. 매수인이 초과분의 전부 또는 일부를 수령한 경우에는 계약대금의 비율에 따라 그 대금을 지급하여야 한다.

제 3 장 매수인의 의무

제53조 매수인은 계약과 이 협약에 따라, 물품의 대금을 지급하고 물품의 인도를 수령하

여야 한다.

제1절 대금의 지급

제54조 매수인의 대금지급의무에는 그 지급을 위하여 계약 또는 법령에서 정한 조치를 취하고 절차를 따르는 것이 포함된다.

제55조 계약이 유효하게 성립되었으나 그 대금을 명시적 또는 묵시적으로 정하고 있지 아니하거나 이를 정하기 위한 조항을 두지 아니한 경우에는, 당사자는 반대의 표시가 없는 한, 계약 체결시에 당해 거래와 유사한 상황에서 매도되는 그러한 종류의 물품에 대하여 일반적으로 청구되는 대금을 묵시적으로 정한 것으로 본다.

제56조 대금이 물품의 중량에 따라 정하여지는 경우에, 의심이 있는 때에는 순중량에 의하여 대금을 결정하는 것으로 한다.

제57조 (1) 매수인이 다른 특정한 장소에서 대금을 지급할 의무가 없는 경우에는, 다음의 장소에서 매도인에게 이를 지급하여야 한다.

   (가) 매도인의 영업소, 또는

   (나) 대금이 물품 또는 서류의 교부와 상환하여 지급되어야 하는 경우에는 그 교부가 이루어지는 장소

(2) 매도인은 계약 체결후에 자신의 영업소를 변경함으로써 발생하는 대금지급에 대한 부수비용의 증가액을 부담하여야 한다.

제58조 (1) 매수인이 다른 특정한 시기에 대금을 지급할 의무가 없는 경우에는, 매수인은 매도인이 계약과 이 협약에 따라 물품 또는 그 처분을 지배하는 서류를 매수인의 처분하에 두는 때에 대금을 지급하여야 한다. 매도인은 그 지급을 물품 또는 서류의 교부를 위한 조건으로 할 수 있다.

(2) 계약에 물품의 운송이 포함되는 경우에는, 매도인은 대금의 지급과 상환하여서만 물품 또는 그 처분을 지배하는 서류를 매수인에게 교부한다는 조건으로 물품을 발송할 수 있다.

(3) 매수인은 물품을 검사할 기회를 가질 때까지는 대금을 지급할 의무가 없다. 다만, 당사자간에 합의된 인도 또는 지급절차가 매수인이 검사 기회를 가지는 것과 양립하지 아니하는 경우에는 그러하지 아니하다.

제59조 매수인은 계약 또는 이 협약에서 지정되거나 확정될 수 있는 기일에 대금을 지급하여야 하며, 이 경우 매도인의 입장에서는 어떠한 요구를 하거나 절차를 따를 필요가 없다.

제 2 절 인도의 수령

제60조 매수인의 수령의무는 다음과 같다.

　　(가) 매도인의 인도를 가능하게 하기 위하여 매수인에게 합리적으로 기대될 수 있는 모든 행위를 하는 것, 및

　　(나) 물품을 수령하는 것

제 3 절 매수인의 계약위반에 대한 구제

제61조 (1) 매수인이 계약 또는 이 협약상의 의무를 이행하지 아니하는 경우에 매도인은 다음을 할 수 있다.

　　(가) 제62조 내지 제65조에서 정한 권리의 행사

　　(나) 제74조 내지 제77조에서 정한 손해배상의 청구

　(2) 매도인이 손해배상을 청구하는 권리는 다른 구제를 구하는 권리를 행사함으로써 상실되지 아니한다.

　(3) 매도인이 계약위반에 대한 구제를 구하는 경우에, 법원 또는 중재판정부는 매수인에게 유예기간을 부여할 수 없다.

제62조 매도인은 매수인에게 대금의 지급, 인도의 수령 또는 그 밖의 의무의 이행을 청구할 수 있다. 다만, 매도인이 그 청구와 양립하지 아니하는 구제를 구한 경우에는 그러하지 아니하다.

제63조 (1) 매도인은 매수인의 의무이행을 위하여 합리적인 부가기간을 정할 수 있다.

　(2) 매수인으로부터 그 부가기간 내에 이행을 하지 아니하겠다는 통지를 수령한 경우를 제외하고, 매도인은 그 기간중 계약위반에 대한 구제를 구할 수 없다. 다만, 매도인은 이행지체에 대한 손해배상을 청구할 권리를 상실하지 아니한다.

제64조 (1) 매도인은 다음의 경우에 계약을 해제할 수 있다.

　　(가) 계약 또는 이 협약상 매수인의 의무 불이행이 본질적 계약위반으로 되는 경우

　　(나) 매수인이 제63조 제1항에 따라 매도인이 정한 부가기간 내에 대금지급 또는 물품수령 의무를 이행하지 아니하거나 그 기간 내에 그러한 의무를 이행하지 아니하겠다고 선언한 경우.

　(2) 그러나 매수인이 대금을 지급한 경우에는, 매도인은 다음의 기간 내에 계약을 해제하지 아니하는 한 계약해제권을 상실한다.

　　(가) 매수인의 이행지체의 경우, 매도인이 이행이 이루어진 것을 알기 전

　　(나) 매수인의 이행지체 이외의 위반의 경우, 다음의 시기로부터 합리적인 기간 내

(1) 매도인이 그 위반을 알았거나 또는 알 수 있었던 때

(2) 매도인이 제63조 제1항에 따라 정한 부가기간이 경과한 때 또는 매수인이 그 부가기간 내에 의무를 이행하지 아니하겠다고 선언한 때.

제65조 (1) 계약상 매수인이 물품의 형태, 규격 그 밖의 특징을 지정하여야 하는 경우에, 매수인이 합의된 기일 또는 매도인으로부터 요구를 수령한 후 합리적인 기간 내에 그 지정을 하지 아니한 경우에는, 매도인은 자신이 보유하는 다른 권리를 해함이 없이, 자신이 알고 있는 매수인의 필요에 따라 스스로 지정할 수 있다.

(2) 매도인은 스스로 지정하는 경우에 매수인에게 그 상세한 사정을 통고하고, 매수인이 그와 다른 지정을 할 수 있도록 합리적인 기간을 정하여야 한다. 매수인이 그 통지를 수령한 후 정하여진 기간 내에 다른 지정을 하지 아니하는 경우에는, 매도인의 지정이 구속력을 가진다.

제 4 장 위험의 이전

제66조 위험이 매수인에게 이전된 후에 물품이 멸실 또는 훼손되더라도 매수인은 대금지급의무를 면하지 못한다. 다만, 그 멸실 또는 훼손이 매도인의 작위 또는 부작위로 인한 경우에는 그러하지 아니하다.

제67조 (1) 매매계약에 물품의 운송이 포함되어 있고, 매도인이 특정한 장소에서 이를 교부할 의무가 없는 경우에, 위험은 매매계약에 따라 매수인에게 전달하기 위하여 물품이 제1운송인에게 교부된 때에 매수인에게 이전한다. 매도인이 특정한 장소에서 물품을 운송인에게 교부하여야 하는 경우에는, 위험은 그 장소에서 물품이 운송인에게 교부될 때까지 매수인에게 이전하지 아니한다. 매도인이 물품의 처분을 지배하는 서류를 보유할 권한이 있다는 사실은 위험의 이전에 영향을 미치지 아니한다.

(2) 제1항에도 불구하고 위험은 물품이 하인(荷印), 선적서류, 매수인에 대한 통지 그 밖의 방법에 의하여 계약상 명확히 특정될 때까지 매수인에게 이전하지 아니한다.

제68조 운송중에 매도된 물품에 관한 위험은 계약 체결시에 매수인에게 이전한다. 다만, 특별한 사정이 있는 경우에는, 위험은 운송계약을 표창하는 서류를 발행한 운송인에게 물품이 교부된 때부터 매수인이 부담한다. 그럼에도 불구하고, 매도인이 매매계약의 체결시에 물품이 멸실 또는 훼손된 것을 알았거나 알았어야 했고, 매수인에게 이를 밝히지 아니한 경우에는, 그 멸실 또는 훼손은 매도인의 위험으로 한다.

제69조 (1) 제67조와 제68조가 적용되지 아니하는 경우에, 위험은 매수인이 물품을 수령한 때, 매수인이 적시에 이를 수령하지 아니한 경우에는 물품이 매수인의 처분 하에 놓여지고 매수인이 이를 수령하지 아니하여 계약을 위반하는 때에 매수인에게 이전한다.

(2) 매수인이 매도인의 영업소 이외의 장소에서 물품을 수령하여야 하는 경우에는, 위험은 인도기일이 도래하고 물품이 그 장소에서 매수인의 처분 하에 놓여진 것을 매수인이 안 때에 이전한다.

(3) 불특정물에 관한 계약의 경우에, 물품은 계약상 명확히 특정될 때까지 매수인의 처분하에 놓여지지 아니한 것으로 본다.

제70조 매도인이 본질적 계약위반을 한 경우에는, 제67조, 제68조 및 제69조는 매수인이 그 위반을 이유로 구할 수 있는 구제를 방해하지 아니한다.

제 5 장 매도인과 매수인의 의무에 공통되는 규정

제 1 절 이행이전의 계약위반과 분할인도계약

제71조 (1) 당사자는 계약체결 후 다음의 사유로 상대방이 의무의 실질적 부분을 이행하지 아니할 것이 판명된 경우에는, 자신의 의무 이행을 정지할 수 있다.

(가) 상대방의 이행능력 또는 신용도의 중대한 결함

(나) 계약의 이행 준비 또는 이행에 관한 상대방의 행위

(2) 제1항의 사유가 명백하게 되기 전에 매도인이 물품을 발송한 경우에는, 매수인이 물품을 취득할 수 있는 증권을 소지하고 있더라도 매도인은 물품이 매수인에게 교부되는 것을 저지할 수 있다. 이 항은 매도인과 매수인간의 물품에 관한 권리에 대하여만 적용된다.

(3) 이행을 정지한 당사자는 물품의 발송 전후에 관계없이 즉시 상대방에게 그 정지를 통지하여야 하고, 상대방이 그 이행에 관하여 적절한 보장을 제공한 경우에는 이행을 계속하여야 한다.

제72조 (1) 계약의 이행기일 전에 당사자 일방이 본질적 계약위반을 할 것이 명백한 경우에는, 상대방은 계약을 해제할 수 있다.

(2) 시간이 허용하는 경우에는, 계약을 해제하려고 하는 당사자는 상대방이 이행에 관하여 적절한 보장을 제공할 수 있도록 상대방에게 합리적인 통지를 하여야 한다.

(3) 제2항의 요건은 상대방이 그 의무를 이행하지 아니하겠다고 선언한 경우에는 적용되지 아니한다.

제73조 (1) 물품을 분할하여 인도하는 계약에서 어느 분할부분에 관한 당사자 일방의 의무 불이행이 그 분할부분에 관하여 본질적 계약위반이 되는 경우에는, 상대방은 그 분할부분에 관하여 계약을 해제할 수 있다.

(2) 어느 분할부분에 관한 당사자 일방의 의무 불이행이 장래의 분할부분에 대한 본질적 계약위반의 발생을 추단하는 데에 충분한 근거가 되는 경우에는, 상대방은 장래

에 향하여 계약을 해제할 수 있다. 다만, 그 해제는 합리적인 기간 내에 이루어져야 한다.

(3) 어느 인도에 대하여 계약을 해제하는 매수인은, 이미 행하여진 인도 또는 장래의 인도가 그 인도와의 상호 의존관계로 인하여 계약 체결시에 당사자 쌍방이 예상했던 목적으로 사용될 수 없는 경우에는, 이미 행하여진 인도 또는 장래의 인도에 대하여도 동시에 계약을 해제할 수 있다.

제 2 절 손해배상액

제74조 당사자 일방의 계약위반으로 인한 손해배상액은 이익의 상실을 포함하여 그 위반의 결과 상대방이 입은 손실과 동등한 금액으로 한다. 그 손해배상액은 위반 당사자가 계약 체결시에 알았거나 알 수 있었던 사실과 사정에 비추어, 계약위반의 가능한 결과로서 발생할 것을 예견하였거나 예견할 수 있었던 손실을 초과할 수 없다.

제75조 계약이 해제되고 계약해제 후 합리적인 방법으로, 합리적인 기간 내에 매수인이 대체물을 매수하거나 매도인이 물품을 재매각한 경우에, 손해배상을 청구하는 당사자는 계약대금과 대체거래대금과의 차액 및 그 외에 제74조에 따른 손해액을 배상받을 수 있다.

제76조 (1) 계약이 해제되고 물품에 시가가 있는 경우에, 손해배상을 청구하는 당사자는 제75조에 따라 구입 또는 재매각하지 아니하였다면 계약대금과 계약해제시의 시가와의 차액 및 그 외에 제74조에 따른 손해액을 배상받을 수 있다. 다만, 손해배상을 청구하는 당사자가 물품을 수령한 후에 계약을 해제한 경우에는, 해제시의 시가에 갈음하여 물품 수령시의 시가를 적용한다.

(2) 제1항의 적용상, 시가는 물품이 인도되었어야 했던 장소에서의 지배적인 가격, 그 장소에 시가가 없는 경우에는 물품 운송비용의 차액을 적절히 고려하여 합리적으로 대체할 수 있는 다른 장소에서의 가격을 말한다.

제77조 계약위반을 주장하는 당사자는 이익의 상실을 포함하여 그 위반으로 인한 손실을 경감하기 위하여 그 상황에서 합리적인 조치를 취하여야 한다. 계약위반을 주장하는 당사자가 그 조치를 취하지 아니한 경우에는, 위반 당사자는 경감되었어야 했던 손실액만큼 손해배상액의 감액을 청구할 수 있다.

제 3 절 이 자

제78조 당사자가 대금 그 밖의 연체된 금액을 지급하지 아니하는 경우에, 상대방은 제74조에 따른 손해배상청구권을 해함이 없이, 그 금액에 대한 이자를 청구할 수 있다.

제 4 절 면 책

제79조 (1) 당사자는 그 의무의 불이행이 자신이 통제할 수 없는 장애에 기인하였다는 것과 계약 체결시에 그 장애를 고려하거나 또는 그 장애나 그로 인한 결과를 회피하거나 극복하는 것이 합리적으로 기대될 수 없었다는 것을 증명하는 경우에는, 그 의무불이행에 대하여 책임이 없다.

(2) 당사자의 불이행이 계약의 전부 또는 일부의 이행을 위하여 사용한 제3자의 불이행으로 인한 경우에는, 그 당사자는 다음의 경우에 한하여 그 책임을 면한다.

　(가) 당사자가 제1항의 규정에 의하여 면책되고, 또한

　(나) 당사자가 사용한 제3자도 그에게 제1항이 적용된다면 면책되는 경우

(3) 이 조에 규정된 면책은 장애가 존재하는 기간 동안에 효력을 가진다.

(4) 불이행 당사자는 장애가 존재한다는 것과 그 장애가 자신의 이행능력에 미치는 영향을 상대방에게 통지하여야 한다. 불이행 당사자가 장애를 알았거나 알았어야 했던 때로부터 합리적인 기간 내에 상대방이 그 통지를 수령하지 못한 경우에는, 불이행 당사자는 불수령으로 인한 손해에 대하여 책임이 있다.

(5) 이 조는 어느 당사자가 이 협약에 따라 손해배상 청구권 이외의 권리를 행사하는 것을 방해하지 아니한다.

제80조 당사자는 상대방의 불이행이 자신의 작위 또는 부작위에 기인하는 한, 상대방의 불이행을 주장할 수 없다.

제 5 절 해제의 효력

제81조 (1) 계약의 해제는 손해배상의무를 제외하고 당사자 쌍방을 계약상의 의무로부터 면하게 한다. 해제는 계약상의 분쟁해결조항 또는 해제의 결과 발생하는 당사자의 권리의무를 규율하는 그 밖의 계약조항에 영향을 미치지 아니한다.

(2) 계약의 전부 또는 일부를 이행한 당사자는 상대방에게 자신이 계약상 공급 또는 지급한 것의 반환을 청구할 수 있다. 당사자 쌍방이 반환하여야 하는 경우에는 동시에 반환하여야 한다.

제82조 (1) 매수인이 물품을 수령한 상태와 실질적으로 동일한 상태로 그 물품을 반환할 수 없는 경우에는, 매수인은 계약을 해제하거나 매도인에게 대체물을 청구할 권리를 상실한다.

(2) 제1항은 다음의 경우에는 적용되지 아니한다.

　(가) 물품을 반환할 수 없거나 수령한 상태와 실질적으로 동일한 상태로 반환할 수

없는 것이 매수인의 작위 또는 부작위에 기인하지 아니한 경우

(나) 물품의 전부 또는 일부가 제38조에 따른 검사의 결과로 멸실 또는 훼손된 경우

(다) 매수인이 부적합을 발견하였거나 발견하였어야 했던 시점 전에, 물품의 전부 또는 일부가 정상적인 거래과정에서 매각되거나 통상의 용법에 따라 소비 또는 변형된 경우

제83조 매수인은, 제82조에 따라 계약해제권 또는 대체물인도청구권을 상실한 경우에도, 계약과 이 협약에 따른 그 밖의 모든 구제권을 보유한다.

제84조 (1) 매도인은 대금을 반환하여야 하는 경우에, 대금이 지급된 날부터 그에 대한 이자도 지급하여야 한다.

(2) 매수인은 다음의 경우에는 물품의 전부 또는 일부로부터 발생된 모든 이익을 매도인에게 지급하여야 한다.

(가) 매수인이 물품의 전부 또는 일부를 반환하여야 하는 경우

(나) 물품의 전부 또는 일부를 반환할 수 없거나 수령한 상태와 실질적으로 동일한 상태로 전부 또는 일부를 반환할 수 없음에도 불구하고, 매수인이 계약을 해제하거나 매도인에게 대체물의 인도를 청구한 경우

제6절 물품의 보관

제85조 매수인이 물품 인도의 수령을 지체하거나 또는 대금지급과 물품 인도가 동시에 이루어져야 함에도 매수인이 대금을 지급하지 아니한 경우로서, 매도인이 물품을 점유하거나 그 밖의 방법으로 그 처분을 지배할 수 있는 경우에는, 매도인은 물품을 보관하기 위하여 그 상황에서 합리적인 조치를 취하여야 한다. 매도인은 매수인으로부터 합리적인 비용을 상환 받을 때까지 그 물품을 보유할 수 있다.

제86조 (1) 매수인이 물품을 수령한 후 그 물품을 거절하기 위하여 계약 또는 이 협약에 따른 권리를 행사하려고 하는 경우에는, 매수인은 물품을 보관하기 위하여 그 상황에서 합리적인 조치를 취하여야 한다. 매수인은 매도인으로부터 합리적인 비용을 상환받을 때까지 그 물품을 보유할 수 있다.

(2) 매수인에게 발송된 물품이 목적지에서 매수인의 처분하에 놓여지고, 매수인이 그 물품을 거절하는 권리를 행사하는 경우에, 매수인은 매도인을 위하여 그 물품을 점유하여야 한다. 다만, 대금 지급 및 불합리한 불편이나 경비소요없이 점유할 수 있는 경우에 한한다. 이 항은 매도인이나 그를 위하여 물품을 관리하는 자가 목적지에 있는 경우에는 적용되지 아니한다. 매수인이 이 항에 따라 물품을 점유하는 경우에는, 매수인의 권리와 의무에 대하여는 제1항이 적용된다.

제87조 물품을 보관하기 위한 조치를 취하여야 하는 당사자는 그 비용이 불합리하지 아

니하는 한, 상대방의 비용으로 물품을 제3자의 창고에 임치할 수 있다.

제88조 (1) 제85조 또는 제86조에 따라 물품을 보관하여야 하는 당사자는 상대방이 물품을 점유하거나 반환받거나 또는 대금이나 보관비용을 지급하는 데 불합리하게 지체하는 경우에는, 상대방에게 매각의사를 합리적으로 통지하는 한, 적절한 방법으로 물품을 매각할 수 있다.

(2) 물품이 급속히 훼손되기 쉽거나 그 보관에 불합리한 경비를 요하는 경우에는, 제85조 또는 제86조에 따라 물품을 보관하여야 하는 당사자는 물품을 매각하기 위하여 합리적인 조치를 취하여야 한다. 이 경우에 가능한 한도에서 상대방에게 매각의사가 통지되어야 한다.

(3) 물품을 매각한 당사자는 매각대금에서 물품을 보관하고 매각하는 데 소요된 합리적인 비용과 동일한 금액을 보유할 권리가 있다. 그 차액은 상대방에게 반환되어야 한다.

제4편 최종규정

제89조 국제연합 사무총장은 이 협약의 수탁자가 된다.

제90조 이미 발효하였거나 또는 앞으로 발효하게 될 국제협정이 이 협약이 규율하는 사항에 관하여 규정을 두고 있는 경우에, 이 협약은 그러한 국제협정에 우선하지 아니한다. 다만, 당사자가 그 협정의 당사국에 영업소를 가지고 있는 경우에 한한다.

제91조 (1) 이 협약은 국제물품매매계약에 관한 국제연합회의의 최종일에 서명을 위하여 개방되고, 뉴욕의 국제연합 본부에서 1981년 9월 30일까지 모든 국가에 의한 서명을 위하여 개방된다.

　(2) 이 협약은 서명국에 의하여 비준, 수락 또는 승인되어야 한다.

　(3) 이 협약은 서명을 위하여 개방된 날부터 서명하지 아니한 모든 국가의 가입을 위하여 개방된다.

　(4) 비준서, 수락서, 승인서 또는 가입서는 국제연합 사무총장에게 기탁되어야 한다.

제92조 (1) 체약국은 서명, 비준, 수락, 승인 또는 가입시에 이 협약 제2편 또는 제3편에 구속되지 아니한다는 취지의 선언을 할 수 있다.

　(2) 제1항에 따라 이 협약 제2편 또는 제3편에 관하여 유보선언을 한 체약국은, 그 선언이 적용되는 편에 의하여 규율되는 사항에 관하여는 이 협약 제1조 제1항에서 말하는 체약국으로 보지 아니한다.

제93조 (1) 체약국이 그 헌법상 이 협약이 다루고 있는 사항에 관하여 각 영역마다 다른 법체계가 적용되는 2개 이상의 영역을 가지고 있는 경우에, 그 국가는 서명, 비준, 수락, 승인 또는 가입시에 이 협약을 전체 영역 또는 일부영역에만 적용한다는 취지의 선언을 할 수 있으며, 언제든지 새로운 선언을 함으로써 전의 선언을 수정할 수 있다.

　(2) 제1항의 선언은 수탁자에게 통고하여야 하며, 이 협약이 적용되는 영역을 명시하여야 한다.

　(3) 이 조의 선언에 의하여 이 협약이 체약국의 전체영역에 적용되지 아니하고 하나 또는 둘 이상의 영역에만 적용되며 또한 당사자의 영업소가 그 국가에 있는 경우에는, 그 영업소는 이 협약의 적용상 체약국에 있지 아니한 것으로 본다. 다만, 그 영업소가 이 협약이 적용되는 영역에 있는 경우에는 그러하지 아니하다.

　(4) 체약국이 제1항의 선언을 하지 아니한 경우에 이 협약은 그 국가의 전체영역에 적용된다.

제94조 (1) 이 협약이 규율하는 사항에 관하여 동일하거나 또는 밀접하게 관련된 법규를

가지는 둘 이상의 체약국은, 양당사자의 영업소가 그러한 국가에 있는 경우에 이 협약을 매매계약과 그 성립에 관하여 적용하지 아니한다는 취지의 선언을 언제든지 행할 수 있다. 그러한 선언은 공동으로 또는 상호간에 단독으로 할 수 있다.

(2) 이 협약이 규율하는 사항에 관하여 하나 또는 둘 이상의 비체약국과 동일하거나 또는 밀접하게 관련된 법규를 가지는 체약국은 양 당사자의 영업소가 그러한 국가에 있는 경우에 이 협약을 매매계약과 그 성립에 대하여 적용하지 아니한다는 취지의 선언을 언제든지 행할 수 있다.

(3) 제2항에 의한 선언의 대상이 된 국가가 그 후 체약국이 된 경우에, 그 선언은 이 협약이 새로운 체약국에 대하여 효력이 발생하는 날부터 제1항의 선언으로서 효력을 가진다. 다만, 새로운 체약국이 그 선언에 가담하거나 또는 상호간에 단독으로 선언하는 경우에 한한다.

제95조 어떤 국가든지 비준서, 수락서, 승인서 또는 가입서를 기탁할 때, 이 협약 제1조 제1항 (나)호에 구속되지 아니한다는 취지의 선언을 행할 수 있다.

제96조 그 국가의 법률상 매매계약의 체결 또는 입증에 서면을 요구하는 체약국은 제12조에 따라 매매계약, 합의에 의한 매매계약의 변경이나 종료, 청약, 승낙 기타의 의사표시를 서면 이외의 방법으로 하는 것을 허용하는 이 협약 제11조, 제29조 또는 제2편의 어떠한 규정도 당사자 일방이 그 국가에 영업소를 가지고 있는 경우에는 적용하지 아니한다는 취지의 선언을 언제든지 행할 수 있다.

제97조 (1) 서명시에 이 협약에 따라 행한 선언은 비준, 수락 또는 승인시 다시 확인되어야 한다.

(2) 선언 및 선언의 확인은 서면으로 하여야 하고, 또한 정식으로 수탁자에게 통고하여야 한다.

(3) 선언은 이를 행한 국가에 대하여 이 협약이 발효함과 동시에 효력이 생긴다. 다만, 협약의 발효 후 수탁자가 정식으로 통고를 수령한 선언은 수탁자가 이를 수령한 날부터 6월이 경과된 다음달의 1일에 효력이 발생한다. 제94조에 따른 상호간의 단독선언은 수탁자가 최후의 선언을 수령한 후 6월이 경과한 다음달의 1일에 효력이 발생한다.

(4) 이 협약에 따라 선언을 행한 국가는 수탁자에게 서면에 의한 정식의 통고를 함으로써 언제든지 그 선언을 철회할 수 있다. 그러한 철회는 수탁자가 통고를 수령한 날부터 6월이 경과된 다음달의 1일에 효력이 발생한다.

(5) 제94조에 따라 선언이 철회된 경우에는 그 철회의 효력이 발생하는 날부터 제94조에 따라 다른 국가가 행한 상호간의 선언의 효력이 상실된다.

제98조 이 협약에 의하여 명시적으로 인정된 경우를 제외하고는 어떠한 유보도 허용되지 아니한다.

제99조 (1) 이 협약은 제6항의 규정에 따를 것을 조건으로, 제92조의 선언을 포함하고 있는 문서를 포함하여 10번째의 비준서, 수락서, 승인서 또는 가입서가 기탁된 날부터 12월이 경과된 다음달의 1일에 효력이 발생한다.

(2) 10번째의 비준서, 수락서, 승인서 또는 가입서가 기탁된 후에 어느 국가가 이 협약을 비준, 수락, 승인 또는 가입하는 경우에, 이 협약은 적용이 배제된 편을 제외하고 제6항에 따를 것을 조건으로 하여 그 국가의 비준서, 수락서, 승인서 또는 가입서가 기탁된 날부터 12월이 경과된 다음달의 1일에 그 국가에 대하여 효력이 발생한다.

(3) 1964년 7월 1일 헤이그에서 작성된 『국제물품매매계약의 성립에 관한 통일법』(1964년 헤이그성립협약)과 『국제물품매매계약에 관한 통일법』(1964년 헤이그매매협약)중의 하나 또는 모두의 당사국이 이 협약을 비준, 수락, 승인 또는 이에 가입하는 경우에는 네덜란드 정부에 통고함으로써 1964년 헤이그매매협약 및/또는 1964년 헤이그성립협약을 동시에 폐기하여야 한다.

(4) 1964년 헤이그매매협약의 당사국으로서 이 협약을 비준, 수락, 승인 또는 가입하는 국가가 제92조에 따라 이 협약 제2편에 구속되지 아니한다는 뜻을 선언하거나 또는 선언한 경우에, 그 국가는 이 협약의 비준, 수락, 승인 또는 가입시에 네덜란드 정부에 통고함으로써 1964년 헤이그매매협약을 폐기하여야 한다.

(5) 1964년 헤이그성립협약의 당사국으로서 이 협약을 비준, 수락, 승인 또는 가입하는 국가가 제92조에 따라 이 협약 제3편에 구속되지 아니한다는 뜻을 선언하거나 또는 선언한 경우에, 그 국가는 이 협약의 비준, 수락, 승인 또는 가입시 네덜란드정부에 통고함으로서 1964년 헤이그성립협약을 폐기하여야 한다.

(6) 이 조의 적용상, 1964년 헤이그성립협약 또는 1964년 헤이그매매협약의 당사국에 의한 이 협약의 비준, 수락, 승인 또는 가입은 이들 두 협약에 관하여 당사국에게 요구되는 폐기의 통고가 효력을 발생하기까지 그 효력이 발생하지 아니한다. 이 협약의 수탁자는 이에 관한 필요한 상호조정을 확실히 하기 위하여 1964년 협약들의 수탁자인 네덜란드 정부와 협의하여야 한다.

제100조 (1) 이 협약은 제1조 제1항 (가)호 또는 (나)호의 체약국에게 협약의 효력이 발생한 날 이후에 계약체결을 위한 제안이 이루어진 경우에 한하여 계약의 성립에 대하여 적용된다.

(2) 이 협약은 제1조 제1항 (가)호 또는 (나)호의 체약국에게 협약의 효력이 발생한 날 이후에 체결된 계약에 대하여만 적용된다.

제101조 (1) 체약국은 수탁자에게 서면에 의한 정식의 통고를 함으로써 이 협약 또는 이 협약 제2편 또는 제3편을 폐기할 수 있다.

(2) 폐기는 수탁자가 통고를 수령한 후 12월이 경과한 다음달의 1일에 효력이 발생한

　다. 통고에 폐기의 발효에 대하여 보다 장기간이 명시된 경우에 폐기는 수탁자가
통고를 수령한 후 그 기간이 경과되어야 효력이 발생한다.

　1980년 4월 11일에 비엔나에서 동등하게 정본인 아랍어, 중국어, 영어, 프랑스어, 러시
아어 및 스페인어로 각 1부가 작성되었다.

　그 증거로서 각국의 전권대표들은 각국의 정부로부터 정당하게 위임을 받아 이 협약에
서명하였다.

국제사법

제 1 장 총 칙

제1조(목적)

이 법은 외국적 요소가 있는 법률관계에 관하여 국제재판관할에 관한 원칙과 준거법을 정함을 목적으로 한다.

제2조(국제재판관할)

① 법원은 당사자 또는 분쟁이 된 사안이 대한민국과 실질적 관련이 있는 경우에 국제재판관할권을 가진다. 이 경우 법원은 실질적 관련의 유무를 판단함에 있어 국제재판관할 배분의 이념에 부합하는 합리적인 원칙에 따라야 한다.

② 법원은 국내법의 관할 규정을 참작하여 국제재판관할권의 유무를 판단하되, 제1항의 규정의 취지에 비추어 국제재판관할의 특수성을 충분히 고려하여야 한다.

제3조(본국법)

① 당사자의 본국법에 의하여야 하는 경우에 당사자가 둘 이상의 국적을 가지는 때에는 그와 가장 밀접한 관련이 있는 국가의 법을 그 본국법으로 정한다. 다만, 그 국적중 하나가 대한민국인 때에는 대한민국 법을 본국법으로 한다.

② 당사자가 국적을 가지지 아니하거나 당사자의 국적을 알 수 없는 때에는 그의 상거소(상거소)가 있는 국가의 법(이하 "상거소지법"이라 한다)에 의하고, 상거소를 알 수 없는 때에는 그의 거소가 있는 국가의 법에 의한다.

③ 당사자가 지역에 따라 법을 달리하는 국가의 국적을 가지는 때에는 그 국가의 법 선택 규정에 따라 지정되는 법에 의하고, 그러한 규정이 없는 때에는 당사자와 가장 밀접한 관련이 있는 지역의 법에 의한다.

제4조(상거소지법)

당사자의 상거소지법(상거소지법)에 의하여야 하는 경우에 당사자의 상거소를 알 수 없는 때에는 그의 거소가 있는 국가의 법에 의한다.

제5조(외국법의 적용)

법원은 이 법에 의하여 지정된 외국법의 내용을 직권으로 조사·적용하여야 하며, 이를 위하여 당사자에게 그에 대한 협력을 요구할 수 있다.

제6조(준거법의 범위)

이 법에 의하여 준거법으로 지정되는 외국법의 규정은 공법적 성격이 있다는 이유만으로 그 적용이 배제되지 아니한다.

제7조(대한민국 법의 강행적 적용)

입법목적에 비추어 준거법에 관계없이 해당 법률관계에 적용되어야 하는 대한민국의 강행규정은 이 법에 의하여 외국법이 준거법으로 지정되는 경우에도 이를 적용한다.

제8조(준거법 지정의 예외)

① 이 법에 의하여 지정된 준거법이 해당 법률관계와 근소한 관련이 있을 뿐이고, 그 법률관계와 가장 밀접한 관련이 있는 다른 국가의 법이 명백히 존재하는 경우에는 그 다른 국가의 법에 의한다.

② 제1항의 규정은 당사자가 합의에 의하여 준거법을 선택하는 경우에는 이를 적용하지 아니한다.

제9조(준거법 지정시의 반정(반정))

① 이 법에 의하여 외국법이 준거법으로 지정된 경우에 그 국가의 법에 의하여 대한민국 법이 적용되어야 하는 때에는 대한민국의 법(준거법의 지정에 관한 법규를 제외한다)에 의한다.

② 다음 각호중 어느 하나에 해당하는 경우에는 제1항의 규정을 적용하지 아니한다.

1. 당사자가 합의에 의하여 준거법을 선택하는 경우
2. 이 법에 의하여 계약의 준거법이 지정되는 경우
3. 제46조의 규정에 의하여 부양의 준거법이 지정되는 경우
4. 제50조제3항의 규정에 의하여 유언의 방식의 준거법이 지정되는 경우
5. 제60조의 규정에 의하여 선적국법이 지정되는 경우
6. 그 밖에 제1항의 규정을 적용하는 것이 이 법의 지정 취지에 반하는 경우

제10조(사회질서에 반하는 외국법의 규정)

외국법에 의하여야 하는 경우에 그 규정의 적용이 대한민국의 선량한 풍속 그 밖의 사회질서에 명백히 위반되는 때에는 이를 적용하지 아니한다.

제 2 장 사 람

제11조(권리능력)

사람의 권리능력은 그의 본국법에 의한다.

제12조(실종선고)

법원은 외국인의 생사가 분명하지 아니한 경우에 대한민국에 그의 재산이 있거나 대한민국 법에 의하여야 하는 법률관계가 있는 때, 그 밖에 정당한 사유가 있는 때에는 대한

민국 법에 의하여 실종선고를 할 수 있다.

제13조(행위능력)

① 사람의 행위능력은 그의 본국법에 의한다. 행위능력이 혼인에 의하여 확대되는 경우에도 또한 같다.

② 이미 취득한 행위능력은 국적의 변경에 의하여 상실되거나 제한되지 아니한다.

제14조(한정후견개시, 성년후견개시 심판 등)

법원은 대한민국에 상거소 또는 거소가 있는 외국인에 대하여 대한민국 법에 의하여 한정후견개시, 성년후견개시, 특정후견개시 및 임의후견감독인선임의 심판을 할 수 있다. <개정 2016.1.19>

[제목개정 2016.1.19]

제15조(거래보호)

① 법률행위를 행한 자와 상대방이 법률행위의 성립 당시 동일한 국가안에 있는 경우에 그 행위자가 그의 본국법에 의하면 무능력자이더라도 법률행위가 행하여진 국가의 법에 의하여 능력자인 때에는 그의 무능력을 주장할 수 없다. 다만, 상대방이 법률행위 당시 그의 무능력을 알았거나 알 수 있었을 경우에는 그러하지 아니하다.

② 제1항의 규정은 친족법 또는 상속법의 규정에 의한 법률행위 및 행위지 외의 국가에 있는 부동산에 관한 법률행위에는 이를 적용하지 아니한다.

제16조(법인 및 단체)

법인 또는 단체는 그 설립의 준거법에 의한다. 다만, 외국에서 설립된 법인 또는 단체가 대한민국에 주된 사무소가 있거나 대한민국에서 주된 사업을 하는 경우에는 대한민국 법에 의한다.

제 3 장 법률행위

제17조(법률행위의 방식)

① 법률행위의 방식은 그 행위의 준거법에 의한다.

② 행위지법에 의하여 행한 법률행위의 방식은 제1항의 규정에 불구하고 유효하다.

③ 당사자가 계약체결시 서로 다른 국가에 있는 때에는 그 국가중 어느 한 국가의 법이 정한 법률행위의 방식에 의할 수 있다.

④ 대리인에 의한 법률행위의 경우에는 대리인이 있는 국가를 기준으로 제2항에 규정된 행위지법을 정한다.

⑤ 제2항 내지 제4항의 규정은 물권 그 밖에 등기하여야 하는 권리를 설정하거나 처분하

는 법률행위의 방식에 관하여는 이를 적용하지 아니한다.

제18조(임의대리)
① 본인과 대리인간의 관계는 당사자간의 법률관계의 준거법에 의한다.
② 대리인의 행위로 인하여 본인이 제3자에 대하여 의무를 부담하는지의 여부는 대리인의 영업소가 있는 국가의 법에 의하며, 대리인의 영업소가 없거나 영업소가 있더라도 제3자가 이를 알 수 없는 경우에는 대리인이 실제로 대리행위를 한 국가의 법에 의한다.
③ 대리인이 본인과 근로계약 관계에 있고, 그의 영업소가 없는 경우에는 본인의 주된 영업소를 그의 영업소로 본다.
④ 본인은 제2항 및 제3항의 규정에 불구하고 대리의 준거법을 선택할 수 있다. 다만, 준거법의 선택은 대리권을 증명하는 서면에 명시되거나 본인 또는 대리인에 의하여 제3자에게 서면으로 통지된 경우에 한하여 그 효력이 있다.
⑤ 대리권이 없는 대리인과 제3자간의 관계에 관하여는 제2항의 규정을 준용한다.

제 4 장 물 권

제19조(물권의 준거법)
① 동산 및 부동산에 관한 물권 또는 등기하여야 하는 권리는 그 목적물의 소재지법에 의한다.
② 제1항에 규정된 권리의 득실변경은 그 원인된 행위 또는 사실의 완성 당시 그 목적물의 소재지법에 의한다.

제20조(운송수단)
항공기에 관한 물권은 그 국적소속국법에 의하고, 철도차량에 관한 물권은 그 운행허가국법에 의한다.

제21조(무기명증권)
무기명증권에 관한 권리의 득실변경은 그 원인된 행위 또는 사실의 완성 당시 그 무기명증권의 소재지법에 의한다.

제22조(이동중의 물건)
이동중의 물건에 관한 물권의 득실변경은 그 목적지법에 의한다.

제23조(채권 등에 대한 약정담보물권)
채권·주식 그 밖의 권리 또는 이를 표창하는 유가증권을 대상으로 하는 약정담보물권은 담보대상인 권리의 준거법에 의한다. 다만, 무기명증권을 대상으로 하는 약정담보물권은 제21조의 규정에 의한다.

제24조(지식재산권의 보호)

지식재산권의 보호는 그 침해지법에 의한다. <개정 2011.5.19>

[제목개정 2011.5.19]

제 5 장 채 권

제25조(당사자 자치)

① 계약은 당사자가 명시적 또는 묵시적으로 선택한 법에 의한다. 다만, 묵시적인 선택은 계약내용 그 밖에 모든 사정으로부터 합리적으로 인정할 수 있는 경우에 한한다.

② 당사자는 계약의 일부에 관하여도 준거법을 선택할 수 있다.

③ 당사자는 합의에 의하여 이 조 또는 제26조의 규정에 의한 준거법을 변경할 수 있다. 다만, 계약체결후 이루어진 준거법의 변경은 계약의 방식의 유효성과 제3자의 권리에 영향을 미치지 아니한다.

④ 모든 요소가 오로지 한 국가와 관련이 있음에도 불구하고 당사자가 그 외의 다른 국가의 법을 선택한 경우에 관련된 국가의 강행규정은 그 적용이 배제되지 아니한다.

⑤ 준거법 선택에 관한 당사자의 합의의 성립 및 유효성에 관하여는 제29조의 규정을 준용한다.

제26조(준거법 결정시의 객관적 연결)

① 당사자가 준거법을 선택하지 아니한 경우에 계약은 그 계약과 가장 밀접한 관련이 있는 국가의 법에 의한다.

② 당사자가 계약에 따라 다음 각호중 어느 하나에 해당하는 이행을 행하여야 하는 경우에는 계약체결 당시 그의 상거소가 있는 국가의 법(당사자가 법인 또는 단체인 경우에는 주된 사무소가 있는 국가의 법)이 가장 밀접한 관련이 있는 것으로 추정한다. 다만, 계약이 당사자의 직업 또는 영업활동으로 체결된 경우에는 당사자의 영업소가 있는 국가의 법이 가장 밀접한 관련이 있는 것으로 추정한다.

　1. 양도계약의 경우에는 양도인의 이행

　2. 이용계약의 경우에는 물건 또는 권리를 이용하도록 하는 당사자의 이행

　3. 위임·도급계약 및 이와 유사한 용역제공계약의 경우에는 용역의 이행

③ 부동산에 대한 권리를 대상으로 하는 계약의 경우에는 부동산이 소재하는 국가의 법이 가장 밀접한 관련이 있는 것으로 추정한다.

제27조(소비자계약)

① 소비자가 직업 또는 영업활동 외의 목적으로 체결하는 계약이 다음 각호중 어느 하나

에 해당하는 경우에는 당사자가 준거법을 선택하더라도 소비자의 상거소가 있는 국가의 강행규정에 의하여 소비자에게 부여되는 보호를 박탈할 수 없다.

1. 소비자의 상대방이 계약체결에 앞서 그 국가에서 광고에 의한 거래의 권유 등 직업 또는 영업활동을 행하거나 그 국가 외의 지역에서 그 국가로 광고에 의한 거래의 권유 등 직업 또는 영업활동을 행하고, 소비자가 그 국가에서 계약체결에 필요한 행위를 한 경우
2. 소비자의 상대방이 그 국가에서 소비자의 주문을 받은 경우
3. 소비자의 상대방이 소비자로 하여금 외국에 가서 주문을 하도록 유도한 경우

② 당사자가 준거법을 선택하지 아니한 경우에 제1항의 규정에 의한 계약은 제26조의 규정에 불구하고 소비자의 상거소지법에 의한다.

③ 제1항의 규정에 의한 계약의 방식은 제17조제1항 내지 제3항의 규정에 불구하고 소비자의 상거소지법에 의한다.

④ 제1항의 규정에 의한 계약의 경우에 소비자는 그의 상거소가 있는 국가에서도 상대방에 대하여 소를 제기할 수 있다.

⑤ 제1항의 규정에 의한 계약의 경우에 소비자의 상대방이 소비자에 대하여 제기하는 소는 소비자의 상거소가 있는 국가에서만 제기할 수 있다.

⑥ 제1항의 규정에 의한 계약의 당사자는 서면에 의하여 국제재판관할에 관한 합의를 할 수 있다. 다만, 그 합의는 다음 각호중 어느 하나에 해당하는 경우에 한하여 그 효력이 있다.

1. 분쟁이 이미 발생한 경우
2. 소비자에게 이 조에 의한 관할법원에 추가하여 다른 법원에 제소하는 것을 허용하는 경우

제28조(근로계약)

① 근로계약의 경우에 당사자가 준거법을 선택하더라도 제2항의 규정에 의하여 지정되는 준거법 소속 국가의 강행규정에 의하여 근로자에게 부여되는 보호를 박탈할 수 없다.

② 당사자가 준거법을 선택하지 아니한 경우에 근로계약은 제26조의 규정에 불구하고 근로자가 일상적으로 노무를 제공하는 국가의 법에 의하며, 근로자가 일상적으로 어느 한 국가안에서 노무를 제공하지 아니하는 경우에는 사용자가 근로자를 고용한 영업소가 있는 국가의 법에 의한다.

③ 근로계약의 경우에 근로자는 자신이 일상적으로 노무를 제공하거나 또는 최후로 일상적 노무를 제공하였던 국가에서도 사용자에 대하여 소를 제기할 수 있으며, 자신이 일상적으로 어느 한 국가안에서 노무를 제공하지 아니하거나 아니하였던 경우에는 사용자가 그를 고용한 영업소가 있거나 있었던 국가에서도 사용자에 대하여 소를 제기할

수 있다.

④ 근로계약의 경우에 사용자가 근로자에 대하여 제기하는 소는 근로자의 상거소가 있는 국가 또는 근로자가 일상적으로 노무를 제공하는 국가에서만 제기할 수 있다.

⑤ 근로계약의 당사자는 서면에 의하여 국제재판관할에 관한 합의를 할 수 있다. 다만, 그 합의는 다음 각호중 어느 하나에 해당하는 경우에 한하여 그 효력이 있다.

1. 분쟁이 이미 발생한 경우
2. 근로자에게 이 조에 의한 관할법원에 추가하여 다른 법원에 제소하는 것을 허용하는 경우

제29조(계약의 성립 및 유효성)

① 계약의 성립 및 유효성은 그 계약이 유효하게 성립하였을 경우 이 법에 의하여 적용되어야 하는 준거법에 따라 판단한다.

② 제1항의 규정에 의한 준거법에 따라 당사자의 행위의 효력을 판단하는 것이 모든 사정에 비추어 명백히 부당한 경우에는 그 당사자는 계약에 동의하지 아니하였음을 주장하기 위하여 그의 상거소지법을 원용할 수 있다.

제30조(사무관리)

① 사무관리는 그 관리가 행하여진 곳의 법에 의한다. 다만, 사무관리가 당사자간의 법률관계에 기하여 행하여진 경우에는 그 법률관계의 준거법에 의한다.

② 다른 사람의 채무를 변제함으로써 발생하는 청구권은 그 채무의 준거법에 의한다.

제31조(부당이득)

부당이득은 그 이득이 발생한 곳의 법에 의한다. 다만, 부당이득이 당사자간의 법률관계에 기하여 행하여진 이행으로부터 발생한 경우에는 그 법률관계의 준거법에 의한다.

제32조(불법행위)

① 불법행위는 그 행위가 행하여진 곳의 법에 의한다.

② 불법행위가 행하여진 당시 동일한 국가안에 가해자와 피해자의 상거소가 있는 경우에는 제1항의 규정에 불구하고 그 국가의 법에 의한다.

③ 가해자와 피해자간에 존재하는 법률관계가 불법행위에 의하여 침해되는 경우에는 제1항 및 제2항의 규정에 불구하고 그 법률관계의 준거법에 의한다.

④ 제1항 내지 제3항의 규정에 의하여 외국법이 적용되는 경우에 불법행위로 인한 손해배상청구권은 그 성질이 명백히 피해자의 적절한 배상을 위한 것이 아니거나 또는 그 범위가 본질적으로 피해자의 적절한 배상을 위하여 필요한 정도를 넘는 때에는 이를 인정하지 아니한다.

제33조(준거법에 관한 사후적 합의)

당사자는 제30조 내지 제32조의 규정에 불구하고 사무관리·부당이득·불법행위가 발생한 후 합의에 의하여 대한민국 법을 그 준거법으로 선택할 수 있다. 다만, 그로 인하여 제3자의 권리에 영향을 미치지 아니한다.

제34조(채권의 양도 및 채무의 인수)

① 채권의 양도인과 양수인간의 법률관계는 당사자간의 계약의 준거법에 의한다. 다만, 채권의 양도가능성, 채무자 및 제3자에 대한 채권양도의 효력은 양도되는 채권의 준거법에 의한다.

② 제1항의 규정은 채무인수에 이를 준용한다.

제35조(법률에 의한 채권의 이전)

① 법률에 의한 채권의 이전은 그 이전의 원인이 된 구채권자와 신채권자간의 법률관계의 준거법에 의한다. 다만, 이전되는 채권의 준거법에 채무자 보호를 위한 규정이 있는 경우에는 그 규정이 적용된다.

② 제1항과 같은 법률관계가 존재하지 아니하는 경우에는 이전되는 채권의 준거법에 의한다.

제 6 장 친 족

제36조(혼인의 성립)

① 혼인의 성립요건은 각 당사자에 관하여 그 본국법에 의한다.

② 혼인의 방식은 혼인거행지법 또는 당사자 일방의 본국법에 의한다. 다만, 대한민국에서 혼인을 거행하는 경우에 당사자 일방이 대한민국 국민인 때에는 대한민국 법에 의한다.

제37조(혼인의 일반적 효력)

혼인의 일반적 효력은 다음 각호에 정한 법의 순위에 의한다.

1. 부부의 동일한 본국법
2. 부부의 동일한 상거소지법
3. 부부와 가장 밀접한 관련이 있는 곳의 법

제38조(부부재산제)

① 부부재산제에 관하여는 제37조의 규정을 준용한다.

② 부부가 합의에 의하여 다음 각호의 법중 어느 것을 선택한 경우에는 부부재산제는 제1항의 규정에 불구하고 그 법에 의한다. 다만, 그 합의는 일자와 부부의 기명날인 또는

서명이 있는 서면으로 작성된 경우에 한하여 그 효력이 있다.

1. 부부중 일방이 국적을 가지는 법
2. 부부중 일방의 상거소지법
3. 부동산에 관한 부부재산제에 대하여는 그 부동산의 소재지법

③ 외국법에 의한 부부재산제는 대한민국에서 행한 법률행위 및 대한민국에 있는 재산에 관하여 이를 선의의 제3자에게 대항할 수 없다. 이 경우 그 부부재산제에 의할 수 없는 때에는 제3자와의 관계에 관하여 부부재산제는 대한민국 법에 의한다.

④ 외국법에 의하여 체결된 부부재산계약은 대한민국에서 등기한 경우 제3항의 규정에 불구하고 이를 제3자에게 대항할 수 있다.

제39조(이혼)

이혼에 관하여는 제37조의 규정을 준용한다. 다만, 부부중 일방이 대한민국에 상거소가 있는 대한민국 국민인 경우에는 이혼은 대한민국 법에 의한다.

제40조(혼인중의 친자관계)

① 혼인중의 친자관계의 성립은 자(子)의 출생 당시 부부중 일방의 본국법에 의한다.

② 제1항의 경우 부(父)가 자(子)의 출생전에 사망한 때에는 사망 당시 본국법을 그의 본국법으로 본다.

제41조(혼인 외의 친자관계)

① 혼인 외의 친자관계의 성립은 자(子)의 출생 당시 모의 본국법에 의한다. 다만, 부자간의 친자관계의 성립은 자(子)의 출생 당시 부(父)의 본국법 또는 현재 자(자)의 상거소지법에 의할 수 있다.

② 인지는 제1항이 정하는 법 외에 인지 당시 인지자의 본국법에 의할 수 있다.

③ 제1항의 경우 부(父)가 자(子)의 출생전에 사망한 때에는 사망 당시 본국법을 그의 본국법으로 보고, 제2항의 경우 인지자가 인지전에 사망한 때에는 사망 당시 본국법을 그의 본국법으로 본다.

제42조(혼인외 출생자에 대한 준정(準正))

① 혼인외의 출생자가 혼인중의 출생자로 그 지위가 변동되는 경우에 관하여는 그 요건인 사실의 완성 당시 부(父) 또는 모의 본국법 또는 자(子)의 상거소지법에 의한다.

② 제1항의 경우 부(父) 또는 모가 그 요건인 사실이 완성되기 전에 사망한 때에는 사망 당시 본국법을 그의 본국법으로 본다.

제43조(입양 및 파양)

입양 및 파양은 입양 당시 양친(養親)의 본국법에 의한다.

제44조(동의)

제41조 내지 제43조의 규정에 의한 친자관계의 성립에 관하여 자(子)의 본국법이 자(子) 또는 제3자의 승낙이나 동의 등을 요건으로 할 때에는 그 요건도 갖추어야 한다.

제45조(친자간의 법률관계)

친자간의 법률관계는 부모와 자(子)의 본국법이 모두 동일한 경우에는 그 법에 의하고, 그 외의 경우에는 자(子)의 상거소지법에 의한다.

제46조(부양)

① 부양의 의무는 부양권리자의 상거소지법에 의한다. 다만, 그 법에 의하면 부양권리자가 부양의무자로부터 부양을 받을 수 없는 때에는 당사자의 공통 본국법에 의한다.

② 대한민국에서 이혼이 이루어지거나 승인된 경우에 이혼한 당사자간의 부양의무는 제1항의 규정에 불구하고 그 이혼에 관하여 적용된 법에 의한다.

③ 방계혈족간 또는 인척간의 부양의무의 경우에 부양의무자는 부양권리자의 청구에 대하여 당사자의 공통 본국법에 의하여 부양의무가 없다는 주장을 할 수 있으며, 그러한 법이 없는 때에는 부양의무자의 상거소지법에 의하여 부양의무가 없다는 주장을 할 수 있다.

④ 부양권리자와 부양의무자가 모두 대한민국 국민이고, 부양의무자가 대한민국에 상거소가 있는 경우에는 대한민국 법에 의한다.

제47조(그 밖의 친족관계)

친족관계의 성립 및 친족관계에서 발생하는 권리의무에 관하여 이 법에 특별한 규정이 없는 경우에는 각 당사자의 본국법에 의한다.

제48조(후견)

① 후견은 피후견인의 본국법에 의한다.

② 대한민국에 상거소 또는 거소가 있는 외국인에 대한 후견은 다음 각호중 어느 하나에 해당하는 경우에 한하여 대한민국 법에 의한다.

   1. 그의 본국법에 의하면 후견개시의 원인이 있더라도 그 후견사무를 행할 자가 없거나 후견사무를 행할 자가 있더라도 후견사무를 행할 수 없는 경우

   2. 대한민국에서 한정치산 또는 금치산을 선고한 경우

   3. 그 밖에 피후견인을 보호하여야 할 긴급한 필요가 있는 경우

제 7 장 상 속

제49조(상속)
① 상속은 사망 당시 피상속인의 본국법에 의한다.
② 피상속인이 유언에 적용되는 방식에 의하여 명시적으로 다음 각호의 법중 어느 것을 지정하는 때에는 상속은 제1항의 규정에 불구하고 그 법에 의한다.
  1. 지정 당시 피상속인의 상거소가 있는 국가의 법. 다만, 그 지정은 피상속인이 사망 시까지 그 국가에 상거소를 유지한 경우에 한하여 그 효력이 있다.
  2. 부동산에 관한 상속에 대하여는 그 부동산의 소재지법

제50조(유언)
① 유언은 유언 당시 유언자의 본국법에 의한다.
② 유언의 변경 또는 철회는 그 당시 유언자의 본국법에 의한다.
③ 유언의 방식은 다음 각호중 어느 하나의 법에 의한다.
  1. 유언자가 유언 당시 또는 사망 당시 국적을 가지는 국가의 법
  2. 유언자의 유언 당시 또는 사망 당시 상거소지법
  3. 유언당시 행위지법
  4. 부동산에 관한 유언의 방식에 대하여는 그 부동산의 소재지법

제 8 장 어음수표

제51조(행위능력)
① 환어음, 약속어음 및 수표에 의하여 채무를 부담하는 자의 능력은 그의 본국법에 의한다. 다만, 그 국가의 법이 다른 국가의 법에 의하여야 하는 것을 정한 경우에는 그 다른 국가의 법에 의한다.
② 제1항의 규정에 의하면 능력이 없는 자라 할지라도 다른 국가에서 서명을 하고 그 국가의 법에 의하여 능력이 있는 때에는 그 채무를 부담할 수 있는 능력이 있는 것으로 본다.

제52조(수표지급인의 자격)
① 수표지급인이 될 수 있는 자의 자격은 지급지법에 의한다.
② 지급지법에 의하면 지급인이 될 수 없는 자를 지급인으로 하여 수표가 무효인 경우에도 동일한 규정이 없는 다른 국가에서 행한 서명으로부터 생긴 채무의 효력에는 영향

을 미치지 아니한다.

제53조(방식)

① 환어음, 약속어음 및 수표행위의 방식은 서명지법에 의한다. 다만, 수표행위의 방식은 지급지법에 의할 수 있다.

② 제1항의 규정에 의하여 행위가 무효인 경우에도 그 후 행위의 행위지법에 의하여 적법한 때에는 그 전 행위의 무효는 그 후 행위의 효력에 영향을 미치지 아니한다.

③ 대한민국 국민이 외국에서 행한 환어음, 약속어음 및 수표행위의 방식이 행위지법에 의하면 무효인 경우에도 대한민국 법에 의하여 적법한 때에는 다른 대한민국 국민에 대하여 효력이 있다.

제54조(효력)

① 환어음의 인수인과 약속어음의 발행인의 채무는 지급지법에 의하고, 수표로부터 생긴 채무는 서명지법에 의한다.

② 제1항에 규정된 자 외의 자의 환어음 및 약속어음에 의한 채무는 서명지법에 의한다.

③ 환어음, 약속어음 및 수표의 소구권을 행사하는 기간은 모든 서명자에 대하여 발행지법에 의한다.

제55조(원인채권의 취득)

어음의 소지인이 그 발행의 원인이 되는 채권을 취득하는지 여부는 어음의 발행지법에 의한다.

제56조(일부인수 및 일부지급)

① 환어음의 인수를 어음 금액의 일부에 제한할 수 있는지 여부 및 소지인이 일부지급을 수락할 의무가 있는지 여부는 지급지법에 의한다.

② 제1항의 규정은 약속어음의 지급에 준용한다.

제57조(권리의 행사보전을 위한 행위의 방식)

환어음, 약속어음 및 수표에 관한 거절증서의 방식, 그 작성기간 및 환어음, 약속어음 및 수표상의 권리의 행사 또는 보전에 필요한 그 밖의 행위의 방식은 거절증서를 작성하여야 하는 곳 또는 그 밖의 행위를 행하여야 하는 곳의 법에 의한다.

제58조(상실 및 도난)

환어음, 약속어음 및 수표의 상실 또는 도난의 경우에 행하여야 하는 절차는 지급지법에 의한다.

제59조(수표의 지급지법)

수표에 관한 다음 각호의 사항은 수표의 지급지법에 의한다.

1. 수표가 일람출급을 요하는지 여부, 일람후 정기출급으로 발행할 수 있는지 여부 및 선일자수표의 효력

  2. 제시기간

  3. 수표에 인수, 지급보증, 확인 또는 사증을 할 수 있는지 여부 및 그 기재의 효력

  4. 소지인이 일부지급을 청구할 수 있는지 여부 및 일부지급을 수락할 의무가 있는지 여부

  5. 수표에 횡선을 표시할 수 있는지 여부 및 수표에 "계산을 위하여"라는 문구 또는 이와 동일한 뜻이 있는 문구의 기재의 효력. 다만, 수표의 발행인 또는 소지인이 수표면에 "계산을 위하여"라는 문구 또는 이와 동일한 뜻이 있는 문구를 기재하여 현금의 지급을 금지한 경우에 그 수표가 외국에서 발행되고 대한민국에서 지급하여야 하는 것은 일반횡선수표의 효력이 있다.

  6. 소지인이 수표자금에 대하여 특별한 권리를 가지는지 여부 및 그 권리의 성질

  7. 발행인이 수표의 지급위탁을 취소할 수 있는지 여부 및 지급정지를 위한 절차를 취할 수 있는지 여부

  8. 배서인, 발행인 그 밖의 채무자에 대한 소구권 보전을 위하여 거절증서 또는 이와 동일한 효력을 가지는 선언을 필요로 하는지 여부

제 9 장 해 상

제60조(해상)

해상에 관한 다음 각호의 사항은 선적국법에 의한다.

  1. 선박의 소유권 및 저당권, 선박우선특권 그 밖의 선박에 관한 물권

  2. 선박에 관한 담보물권의 우선순위

  3. 선장과 해원의 행위에 대한 선박소유자의 책임범위

  4. 선박소유자·용선자·선박관리인·선박운항자 그 밖의 선박사용인이 책임제한을 주장할 수 있는지 여부 및 그 책임제한의 범위

  5. 공동해손

  6. 선장의 대리권

제61조(선박충돌)

① 개항·하천 또는 영해에서의 선박충돌에 관한 책임은 그 충돌지법에 의한다.

② 공해에서의 선박충돌에 관한 책임은 각 선박이 동일한 선적국에 속하는 때에는 그 선적국법에 의하고, 각 선박이 선적국을 달리하는 때에는 가해선박의 선적국법에 의한다.

제62조(해양사고구조)

해양사고구조로 인한 보수청구권은 그 구조행위가 영해에서 있는 때에는 행위지법에 의하고, 공해에서 있는 때에는 구조한 선박의 선적국법에 의한다.

부칙 〈제6465호, 2001.4.7〉

①(시행일) 이 2001년 7월 1일부터 시행한다.

②(준거법 적용의 법은 시간적 범위) 이 법 시행전에 생긴 사항에 대하여는 종전의 섭외사법에 의한다. 다만, 이 법 시행 전후에 계속(계속)되는 법률관계에 관하여는 이 법 시행 이후의 법률관계에 한하여 이 법의 규정을 적용한다.

③(국제재판관할에 관한 경과조치) 이 법 시행당시 법원에 계속(계속)중인 사건에 관하여는 이 법의 국제재판관할에 관한 규정을 적용하지 아니한다.

④(다른 법률의 개정) 중재법중 다음과 같이 개정한다.

제29조제1항중 "섭외사법"을 "국제사법"으로 한다.

부칙(지식재산 기본법) 〈제10629호, 2011.5.19〉

제1조(시행일) 이 법은 공포 후 2개월이 경과한 날부터 시행한다. 〈단서 생략〉

제2조(다른 법률의 개정) ①부터 ⑤까지 생략

⑥ 국제사법 일부를 다음과 같이 개정한다.

제24조의 제목 "(지적재산권의 보호)"를 "(지식재산권의 보호)"로 하고, 같은 조 중 "지적재산권"을 "지식재산권"으로 한다.

⑦부터 ㉒까지 생략

판례색인

대법원 1983. 12. 13. 선고 83도41 판결 ··· 215

대법원 1985. 5. 28. 선고 84다카966 판결 ··· 200

대법원 1987. 3. 24. 선고 84다카1324 판결 ··· 244

대법원 1988. 2. 23. 선고 86다카737 판결 ······················· 154, 225, 226

대법원 1990. 4. 10. 선고 89다카20252 판결 ······················· 129, 156

대법원 1991. 2. 22. 선고 90다카19470 판결 ··· 132

대법원 1991. 4. 26. 선고 90다카8098 판결 ··· 206

대법원 1991. 12. 10. 선고 91다14123 판결 ····························· 204, 205

대법원 1991. 12. 10. 선고 91므535 판결 ··· 215

대법원 1993. 9. 28. 선고 93다20832 판결 ··· 27

대법원 1994. 1. 28. 선고 93다18167 판결 ··· 200

대법원 1994. 6. 28. 선고 94므413 판결 ··· 215

대법원 1995. 11. 21. 선고 93다39607 판결 ····························· 115, 119

대법원 1996. 2. 9. 선고 94다30041 판결 ··· 132

대법원 1996. 3. 8. 선고 95다28779 판결 ··· 139

대법원 1996. 11. 22. 선고 96도2049 판결 ··· 214

대법원 1997. 5. 9. 선고 95다34385 판결 ····································· 72, 198

대법원 1997. 7. 25. 선고 97다19656 판결 ··· 205

대법원 1998. 2. 10. 선고 97다44737 판결 ··· 170

대법원 1998. 7. 14. 선고 96다39707 판결 ··· 169

대법원 1998. 12. 17. 선고 97다39216 전원합의체 판결 ··············· 112

대법원 1999. 12. 10. 선고 98다9038 판결 ··· 138

대법원 2000. 5. 12. 선고 2000다12259 판결 ··· 170

대법원 2000. 6. 9. 선고 98다35037 판결 ··· 113

대법원 2001. 7. 27. 선고 99다55533 판결 ··· 176

대법원 2001. 11. 27. 선고 99다8353 판결 ··· 186

대법원 2003. 1. 10. 선고 2000다70064 판결 ··· 130

대법원 2003. 10. 24. 선고 2001다72296 판결 ······································· 205

대법원 2004. 3. 25. 선고 2001다53349 판결 ·· 207
대법원 2004. 6. 25. 선고 2002다56130, 56147 판결 ·································· 170, 191
대법원 2004. 7. 9. 선고 2003다23168 판결 ·· 132
대법원 2004. 7. 22. 선고 2003다62910 판결 ····························· 162, 166, 376
대법원 2005. 1. 14. 선고 2001다81320 판결 ··· 199
대법원 2005. 1. 27. 선고 2002다59788 판결 ··· 113
대법원 2005. 3. 24. 선고 2003다5535 판결 ·· 205
대법원 2005. 11. 25. 선고 2002다59528 판결 ······································· 138, 168
대법원 2006. 5. 26. 선고 2005므884 판결 ························· 113, 134, 136, 137
대법원 2006. 12. 7. 선고 2006다53627 판결 ······································· 189, 192
대법원 2007. 6. 29. 선고 2006다5130 판결 ·· 187
대법원 2007. 7. 12. 선고 2005다39617 판결 ······································· 240, 242
대법원 2007. 11. 15. 선고 2006다72567 판결 ··· 190
대법원 2008. 1. 31. 선고 2004다26454 판결 ······································· 110, 159
대법원 2008. 2. 1. 선고 2006다71724 판결 ·· 169
대법원 2008. 3. 13. 선고 2006다68209 판결 ··· 112
대법원 2008. 4. 24. 선고 2005다75071 판결 ··· 195
대법원 2008. 5. 29. 선고 2006다71908, 71915 판결 ······················· 115, 119
대법원 2008. 9. 11. 선고 2007다74683 판결 ··· 238
대법원 2010. 3. 10. 자 2009마1942 결정 ··· 243
대법원 2010. 4. 29. 선고 2009다68910 판결 ··· 144
대법원 2010. 7. 15. 선고 2010다18355 판결 ····························· 117, 120, 124
대법원 2010. 8. 26. 선고 2010다28185 판결 ············· 112, 123, 187, 250, 337
대법원 2010. 9. 9. 선고 2009다105383 판결 ··· 176
대법원 2010. 10. 14. 선고 2010다47438 판결 ··· 30
대법원 2011. 1. 27. 선고 2009다10249 판결 ····················· 178, 198, 344, 346
대법원 2011. 2. 8. 자 2010마970 결정 ··· 132
대법원 2011. 2. 10. 선고 2010다77385 판결 ··· 29
대법원 2011. 4. 28. 선고 2009다19093 판결 ··· 122
대법원 2011. 4. 28. 선고 2010도15350 판결 ··· 183
대법원 2011. 5. 26. 선고 2009다15596 판결 ··· 196
대법원 2011. 10. 13. 선고 2009다96625 판결 ··· 243
대법원 2011. 11. 24. 선고 2010다76290 판결 ··· 177

대법원 2012. 2. 16. 선고 2011다45521 전원합의체 판결 ·· 174
대법원 2012. 4. 26. 선고 2010다10689, 10696 판결 ·· 26
대법원 2012. 5. 24. 선고 2009다22549 판결 ·· 120
대법원 2012. 7. 16. 자 2009마461 결정 ·· 181
대법원 2012. 8. 30. 선고 2010다73826, 73833 판결 ·· 26
대법원 2012. 10. 25. 선고 2009다77754 판결 ·· 171, 198
대법원 2013. 8. 22. 선고 2013다32574 판결 ·· 161
대법원 2013. 11. 28. 선고 2011다103977 판결 ·· 65
대법원 2014. 4. 10. 선고 2012다7571 판결 ·· 116
대법원 2014. 5. 16. 선고 2013므1196 판결 ·· 119
대법원 2014. 7. 24. 선고 2013다34839 판결 ·· 134, 239
대법원 2014. 10. 2. 자 2013마1518 결정 ·· 241
대법원 2014. 11. 27. 자 2014마1099 결정 ·· 242
대법원 2014. 12. 11. 선고 2012다119443 판결 ·· 109
대법원 2014. 12. 24. 선고 2014다27128 판결 ·· 241
대법원 2015. 1. 15. 선고 2012다4763 판결 ·· 165
대법원 2015. 1. 29. 선고 2012다108764 판결 ·· 173
대법원 2015. 2. 12. 선고 2012다21737 판결 ·· 118
대법원 2015. 2. 26. 선고 2012다79866 판결 ·· 197
대법원 2015. 3. 20. 선고 2012다118846 판결 ·· 185
대법원 2015. 5. 28. 선고 2012다104526 판결 ·· 173
대법원 2015. 10. 15. 선고 2015다1284 판결 ·· 147
대법원 2016. 1. 28. 선고 2015다207747 판결 ·· 148
대법원 2016. 5. 12. 선고 2015다49811 판결 ·· 130
대법원 2016. 6. 23. 선고 2015다5194 판결 ·· 175
대법원 2016. 12. 29. 선고 2013므4133 판결 ·· 179
대법원 2017. 5. 30. 선고 2012다23832 판결 ·· 143

[하급심판례]
서울고등법원 1994. 3. 4. 선고 92나61623 제10민사부판결 ·· 109, 169
서울고등법원 2001. 2. 27. 선고 2000나8863 판결 ·· 131
서울고등법원 2007. 12. 4. 선고 2006나112603 판결 ·· 201
서울고등법원 2008. 7. 8. 선고 2007나80093 판결 ·· 163

서울고등법원 2011. 10. 27. 선고 2011나8463 판결 ······················· 66
서울고등법원 2013. 1. 23. 선고 2012나24622 판결 ······················· 166
서울고등법원 2013. 3. 28. 선고 2012나72225 판결 ······················· 161
서울고등법원 2013. 7. 19. 선고 2012나59871 판결 ······················· 23
서울고등법원 2014. 1. 17. 선고 2013나17874 판결 ······················· 124
서울고등법원 2015. 6. 9. 선고 2012나29269 판결 ······················· 176

부산고등법원 2001. 2. 2. 선고 99나5033 판결 ······························· 169

광주고등법원 2016. 7. 6. 선고 2014나1166 판결 ··························· 121

서울지방법원 1997. 1. 23. 선고 95가합39156 판결 ······················· 114
서울지방법원 1999. 7. 20. 선고 98가합48946 판결 ······················· 140
서울지방법원 2002. 12. 24. 선고 2002가합32672 중간판결 ············· 121
서울중앙지법 2007. 8. 30. 선고 2006가합53066 판결 ·················· 163

서울지방법원동부지원 1995. 2. 10. 선고 93가합19069 판결 ············ 139, 146, 201
서울지방법원동부지원 1999. 10. 8. 선고 98가합17242 판결 ·············· 200

서울가정법원 1984. 2. 10. 선고 83드209 판결 ·················· 139, 221, 222
서울가정법원 1985. 10. 31. 선고 84드7150 심판 ························· 131
서울가정법원 1990. 11. 28. 선고 89드73468 심판 ························· 139
서울가정법원 1991. 5. 9. 선고 90드75828 판결 ························· 136
서울가정법원 1992. 2. 18. 선고 91드82748 판결 ························· 224
서울가정법원 1992. 4. 23. 선고 91드63419 판결 ························· 228
서울가정법원 1996. 10. 31. 선고 94드9245 판결 ························· 115
서울가정법원 1996. 11. 1. 선고 95드27138 판결 ············ 114, 220, 221, 222, 230, 232
서울가정법원 2009. 12. 18. 선고 2009르2577 판결 ························· 213
서울가정법원 2013. 2. 22. 자 2012느합356 심판 ························· 229
서울가정법원 2014. 6. 27. 선고 2013드단91378 판결 ····················· 216

서울행정법원 2008. 6. 19. 선고 2007구합26322 판결 ·················· 189

청주지방법원 1997. 6. 27. 선고 96드1493 판결 ························· 213

울산지방법원 2014. 2. 6. 선고 2012가합3810 판결 ····················· 121

신 현 식

[저자 약력]
　서울대학교 법학과 졸업
　고려대학교 법학전문대학원 졸업
　제2회 변호사시험 합격
　현) 법률사무소 목민

[주요 저서]
　로스쿨 국제거래법(학연, 2016)
　RB변시기출모의해설 국제거래법사례형(학연, 2017)
　RB변시기출모의해설 형사법기록형(학연, 2017)
　PARFAIT 주관식 형사소송법(좋은책, 2017)

로스쿨 국제거래법 [2017 개정판]

2017년 11월 15일 초판 인쇄
2017년 11월 20일 초판 1쇄 발행

저 자 신　　현　　식
발행인 배　　효　　선
발행처 도서
　　　　출판 法 文 社

주 소 10881 경기도 파주시 회동길 37-29
등 록 1957년 12월 12일/제2-76호(윤)
전 화 (031)955-6500~6 FAX (031)955-6525
E-mail (영업) bms@bobmunsa.co.kr
　　　　(편집) edit66@bobmunsa.co.kr
홈페이지 http://www.bobmunsa.co.kr
조 판 법 문 사 전 산 실

정가 25,000원　　　　ISBN 978-89-18-09128-0